梁滿倉　等注譯
吳樹平

新譯三國志（二）魏書㈡

三民書局

國家圖書館出版品預行編目資料

新譯三國志(二)魏書㈡／梁滿倉,吳樹平等注譯.——
初版三刷.——臺北市：三民，2024
面；　公分.——(古籍今注新譯叢書)

ISBN 978-957-14-5791-8（全套:精裝）
1.三國志 2.注釋

622.301

古籍今注新譯叢書

新譯三國志(二)魏書㈡

注譯者	梁滿倉　吳樹平等
創辦人	劉振強
發行人	劉仲傑
出版者	三民書局股份有限公司(成立於1953年)

三民網路書店
https://www.sanmin.com.tw

地址	臺北市復興北路386號　(復北門市)　(02)2500-6600 臺北市重慶南路一段61號(重南門市)　(02)2361-7511
出版日期	初版一刷2013年5月 初版三刷2024年5月
全套不分售 ISBN	978-957-14-5791-8

新譯三國志 目次

第二冊 魏書(二)

卷二十

卷十一　魏書十一

袁張涼國田王邴管傳第十一

【題解】本卷記述了四類人物。第一類為袁渙、張範、涼茂、國淵等人。這些人有識見，有才具，政績突出。他們進退有節，不失守身之原則。第二類為田疇、王脩。田疇忠於漢室，不為富貴動心；王脩先事袁氏，後歸曹操，為袁氏，為曹氏，皆忠心效命。第三類為邴原、管寧。名播海內外，行為高潔，眾望所歸，曹魏政權多次以厚禮徵聘，皆不應命。第四類為張臶、胡昭。此二人上不事天子，下不友諸侯，不以仕宦辱身，博學授徒，隱居以終其身，蓋為憤世疾俗者流。

1 袁渙，字曜卿，陳郡扶樂❶人也。父滂，為漢司徒❷。當時諸公子❸多越法度，而渙清靜，舉動必以禮。郡命為功曹❹，郡中姦吏皆自引去。後辟公府❺，舉高第❻，遷侍御史❼。除譙❽令，不就。劉備之為豫州❾，舉渙茂才❿。後避地⓫江、淮間，為袁術⓬所命。術每有所咨訪，渙常正議⓭，術不能抗，然敬之不敢不禮也。頃之，呂布擊術於阜陵[14]，渙往從之，遂復為布所拘留。布初與劉備和親[15]，後離隙。布欲使渙作書詈辱[16]備，渙不可，再三彊之，不許。布大怒，以兵[17]脅渙曰：「為之則生，不為則死。」渙顏色不變，笑而應之曰：「渙聞唯德可以辱人，不聞以罵。使彼固君子邪，且不恥將軍之言，彼誠小人邪，將復將軍之意[18]，則辱在此不在於彼。且渙他日之事劉將軍，猶今日之事將軍也，如一旦去此，復罵將軍，可乎？」布慚而止。

2 布誅，渙得歸太祖[19]。渙言曰：「夫兵者，凶器也[20]，不得已而用之。鼓[21]之以道德，征之以仁義，兼撫其民而除其害。夫然，故可與之死而可與之生。自大亂[22]以來十數年矣，民之欲安，甚於倒縣[23]，然而暴亂未息者，何也？意者[24]政失其道歟！渙聞明君善於救世，故世亂則齊[25]之以義，時偽則鎮之以樸[26]；世異事變，治國不同，不可不察也。夫制度損益[27]，此古今之不必同者也。若夫兼愛天下而反之於正，雖以武平亂而濟之以德，誠百王不易之道也。公明哲超世，古之所以得其民者，公既勤[28]之矣，今之所以失其民者，公既戒之矣，海內賴公，得免於危亡之禍，然而民未知義，其惟公所以訓之，則天下幸甚！」太祖深納焉。拜為沛南部都尉[29]。

3 是時新募民開屯田㉚，民不樂，多逃亡。渙白㉛太祖曰：「夫民安土重遷，不可卒㉜變，易以順行，難以逆動，宜順其意，樂之者乃取，不欲者勿彊。」太祖從之，百姓大悅。遷為梁相㉝。渙每敕諸縣：「務存㉞鰥寡高年，表異孝子貞婦。常談㉟曰：『世治則禮詳，世亂則禮簡。』全在斟酌之間耳。方今雖擾攘，難以禮化，然在吾所以為之。」為政崇教訓，恕思㊱而後行，外溫柔而內能斷。以病去官，百姓思之。後徵為諫議大夫、丞相軍祭酒㊲。前後得賜甚多，皆散盡之，家無所儲，終不問產業，乏則取之於人，不為皦察之行㊳，然時人服其清。

4 魏國初建，為郎中令㊴，行御史大夫事㊵。渙言於太祖曰：「今天下大難已除，文武並用，長久之道也。以為可大收篇籍㊶，明先聖之教，以易民視聽，使海內斐然向風㊷，則遠人不服可以文德來之㊸。」太祖善其言。時有傳劉備死者，羣臣皆賀；渙以嘗為備舉吏，獨不賀。居官數年卒，太祖為之流涕，賜穀二千斛㊹，一教「以太倉㊺穀千斛賜郎中令之家」，一教「以垣下㊻穀千斛與曜卿家」，外不解其意。教曰：「以太倉穀者，官法也；以垣下穀者，親舊也。」文帝聞渙昔拒呂布之事，問渙從弟敏：「渙勇怯何如？」敏對曰：「渙貌似和柔，然其臨大節，處危難，雖賁育㊼不過也。」渙子侃，亦清粹閑素，有父風，歷位郡守尚書㊽。

5 初，渙從弟霸，公恪有功幹[49]，魏初為大司農[50]，及同郡何夔[51]並知名於時。而霸子亮，夔子曾，與侃復齊聲[52]友善。亮貞固[53]有學行，疾何晏、鄧颺[54]等，著論以譏切[55]之，位至河南尹[56]、尚書。霸弟徽，以儒素[57]稱。遭天下亂，避難交州[58]。司徒辟，不至。徽弟敏，有武藝而好水功[59]，官至河隄謁者[60]。

6 張範，字公儀，河內修武[61]人也。祖父歆，為漢司徒。父延，為太尉[62]。太傅袁隗[63]欲以女妻範，範辭不受。性恬靜樂道[64]，忽於榮利，徵命無所就。弟承，字公先，亦知名，以方正[65]徵，拜議郎[66]，遷伊闕[67]都尉。董卓作亂，承欲合徒眾與天下共誅卓。承弟昭時為議郎，適從長安來，謂承曰：「今欲誅卓，眾寡不敵，且起一朝之謀，戰阡陌之民[68]，士不素撫，兵不練習，難以成功。卓阻兵[69]而無義，固不能久；不若擇所歸附，待時而動，然後可以如志。」承然之，乃解印綬間行[70]歸家，與範避地揚州[71]。袁術備禮招請，範稱疾不往，術不彊屈也。遣承與相見，術問曰：「昔周室陵遲[72]，則有桓、文之霸[73]；秦失其政，漢接而用之。今孤[74]以土地之廣，士民之眾，欲徼福[75]齊桓，擬迹高祖[76]，何如？」承對曰：「在德不在彊。夫能用德以同天下之欲，雖由匹夫之資，而興霸王之功，不足為難。若苟僭擬[77]，干時[78]而動，眾之所棄，誰能興之？」術不悅。是時，太祖將征冀州[79]，術復問曰：「今曹公欲以弊兵數千，敵十萬之眾，可謂不量力矣！子以為何如？」承乃曰：「漢德雖衰，天命未改[80]，今曹公挾天子以令天下，雖敵百萬之眾可也。」術作色[81]不懌，承去之。

7 太祖平冀州，遣使迎範。範以疾留彭城[82]，遣承詣[83]太祖，太祖表以為諫議大夫。範子陵及承子戩為山東賊所得，範直詣賊請二子，賊以陵還範。範謝曰：「諸君相還兒厚矣。夫人情雖愛其子，然吾憐戩之小，請以陵易之。」賊義其言[84]，悉以還範。太祖自荊州[85]還，範得見於陳[86]，以為議郎，參丞相軍事，甚見[87]敬重。太祖征伐，常令範及邴原[88]留，與世子[89]居守。太祖謂文帝：「舉動必諮此二人。」世子執子孫禮。救恤窮乏，家無所餘，中外[90]孤寡皆歸焉。贈遺無所逆，亦終不用，及去，皆以還之。建安十七年卒。魏國初建，承以丞相參軍祭酒領趙郡[91]太守，政化大行[92]。太祖將西征，徵承參軍事，至長安，病卒。

8 涼茂，字伯方，山陽[93]昌邑人也。少好學，論議常據經典，以處是非。太祖辟[94]為司空掾，舉高第，補侍御史。時泰山[95]多盜賊，以茂為泰山太守，旬月之間，襁負[96]而至者千餘家。轉為樂浪[97]太守。公孫度在遼東[98]，擅留茂，不遣之官，然茂終不為屈。度謂茂及諸將曰：「聞曹公遠征，鄴[99]無守備，今吾欲以步卒三萬，騎萬匹，直指鄴，誰能禦之？」諸將皆曰：「然。」又顧謂茂曰：「於君意何如？」茂答曰：「比者[100]海內大亂，社稷[101]將傾，將軍擁十萬之眾，安坐而觀成敗，夫為人臣者，固若是邪！曹公憂國家之危敗，愍[102]百姓之苦毒，率義兵為天下誅殘賊，功高而德廣，可謂無二矣。以海內初定，民始安集[103]，故未責將軍之罪耳！而將軍乃欲稱兵[104]西向，則存亡之效，不崇朝[105]而決。將軍其勉之！」諸將聞茂言，皆震動。良久，度曰：「涼君言是也。」後徵還[106]為魏郡[107]太守、甘陵[108]相，所在有績。文帝為五官將，茂以選為長史[109]，遷左軍師。魏國初建，遷尚書僕射，後為中尉奉常[110]。文帝在東宮[111]，茂復為太子太傅[112]，甚見敬禮。卒官。

9 國淵，字子尼，樂安[113]蓋[114]人也。師事鄭玄。後與邴原、管寧等避亂遼東。既還舊土[115]，太祖辟為司空掾屬，每於公朝論議，常直言正色，退無私焉。太祖欲廣置屯田，使淵典其事。淵屢陳損益，相土處民[116]，計民置吏，明功課之法[117]，五年中倉廩豐實，百姓競勸[118]樂業。太祖征關中，以淵為居府長史，統留事。田銀、蘇伯反河間[119]，銀等既破，後有餘黨，皆應伏法。淵以為非首惡，請不行刑。太祖從之，賴淵得生者千餘人。破賊文書，舊以一為十，及淵上首級，如其實數。

太祖問其故，淵曰：「夫征討外寇，多其斬獲之數者，欲以大武功，且示民聽120也。河間在封域121之內，銀等叛逆，雖克捷有功，淵竊恥之。」太祖大悅，遷魏郡太守。

10　時有投書誹謗者，太祖疾之，欲必知其主。淵請留其本書，而不宣露。其書多引二京賦122，淵勑功曹曰：「此郡既大，今在都輦123，而少學問者。其簡開解年少124，欲遣就師。」功曹差三人，臨遣引見，訓以「所學未及，二京賦，博物125之書也，世人忽略，少有其師，可求能讀者從受之」。又密喻旨。旬日126得能讀者，遂往受業。吏因請使作箋，比方其書127，與投書人同手。收攝128案問，具得情理。遷太僕。居列卿位，布衣蔬食，祿賜散之舊故宗族，以恭儉自守，卒官。

【章　旨】以上記述了袁渙、張範、涼茂、國淵等人的事跡。袁渙勸曹操行仁義、撫百姓、治亂世，以贏得民心。袁渙外柔內剛，臨危難大節，能果斷處置。張範兄弟選擇了曹操，為曹操所倚重，甚見信用。涼茂之阻止公孫度襲鄴，助曹操成功。國淵為曹操屯田理財，巧破謗書之案，顯示其治獄才華。

【注　釋】❶陳郡扶樂　陳郡，郡名。治所在今河南淮陽。扶樂，縣名。治所在今河南扶溝東南。❷司徒　東漢時丞相稱為司徒，總理全國政事。裴注引袁宏《漢紀》：「滂字公熙，純素寡欲，終不言人之短。當權寵三盛，或以同異致禍，滂獨中立於朝，故愛憎不及焉。」❸諸公子　王公大臣的子弟。❹功曹　郡守的佐吏，稱功曹史，簡稱功曹，相當於郡守的祕書長，除掌人事外，並與聞一郡政務。❺公府　指公車府，掌管宮南闕門，以及吏民上書，招待被徵召而來的士人。❻舉高第　考核獲得優等。漢代制度，凡徵召來的士人，通過策試，量等授官。❼侍御史　官名。位在御史大夫之下，或給事殿中，或舉劾非法，或督察郡縣，或奉使出外執行任務。❽譙　縣名。治所在今安徽亳州。❾豫州　州名。治所在今安徽亳州。時劉備任豫州牧。❿茂才　即秀才，因避漢光武帝劉秀之諱而改。秀才為漢代舉薦人才的一種科目。⓫避地　因避禍移居他鄉。⓬袁術　字公路，汝南汝陽（今河南商水縣西南）人。出身於四世三公的大官僚家庭。袁紹之弟。董卓專權，他逃往南陽，後割據揚州。東漢建安二年（西元一九七年）稱帝於壽春。後被曹操所破，病死。⓭正議　議論正直。⓮阜陵　縣名。治所在今安徽全椒東。⓯和親　友好親善。⓰詈辱　責罵侮辱。⓱兵　兵器，如刀劍之類。⓲將復將軍之意　將會以牙還牙、以罵對罵。⓳渙得歸太祖　據裴注引《袁氏世紀》，呂布被殺後，袁渙在呂布軍中，見到曹操，「獨高揖不為禮，太祖甚嚴憚之」。當時曹操又給眾官車乘，使取呂布軍中物品，隨其所欲。眾人皆重載，唯渙取書數百卷、資糧而已。曹操更加器重袁渙，渙亦歸服曹氏。⓴夫兵者二句　《韓非子・存韓》：「故曰，兵者凶器也，不可不審用也。」㉑鼓　鼓吹；提倡。㉒大亂　指董卓之亂。㉓倒縣　倒掛。縣，通「懸」。㉔意者　抑或。古代漢語中，以這種不肯定之詞表達肯定之意。㉕齊　治理。㉖鎮之以樸　鎮，正。樸，樸實。㉗制度損益　典章制度的增刪。《論語・為政》：「殷因於夏禮，所損益，可知也；周因於殷禮，所損益，可知也。」此處正用此意。㉘勤　致力。㉙沛南部都尉　沛，郡國名。治所在今安徽濉溪縣。南部都尉，漢景帝時改郡尉為都尉，輔佐郡守掌管全郡軍事。於繁劇之地，可設南、北二都尉。㉚屯田　自漢以來，政府利用軍隊或農民、商人開墾土地，徵取收成以為軍餉，稱為屯田。有軍屯、民屯、商屯之別。此處指民屯。㉛白　稟白，猶請示。㉜卒　通「猝」。突然。㉝梁相　梁，王國名。王都在今河南商丘南。相，王國的行政長官，由中央委派。其職掌除王國政事外，還肩負監察國王行動的任務。職位與郡守相當。㉞存　存問；慰問。㉟常談　即常言。㊱恕思　以寬厚之心周密考慮。㊲諫議大夫句　諫議大夫，官名。屬光祿勳，掌議論，無定員。丞相軍祭酒，官名。丞相府的軍事參謀。其中德高年長者為祭酒，猶參謀長。㊳皦察之行　處心積慮的顯示其清白。㊴郎中令　官名。為皇帝身邊親近的高級官員，主要職掌為守衛宮殿門戶。㊵行御史大夫事　代行御史大夫的職事。御史大夫，位僅次於丞相的高級官員，與丞相、太尉合稱「三公」。主要職掌為監察、執法，並掌重要文書圖籍。㊶篇籍　各種文章圖書。㊷斐然向風　形容仰慕對方的德政或良好的風向。㊸以文德來之　用禮樂教化招致遠方之人。㊹斛　古代容量單位，十斗為一斛。三國時一斛約合今二十點四五公升。㊺太倉　古代京城儲糧的官倉。㊻垣下　築牆藏糧謂之垣。此「垣下」殆私家藏糧處也。㊼賁育　指古代的勇士孟賁、夏育，據說他們能力舉千鈞。㊽郡守尚書　郡守，即郡太守，一郡的最高行政長官。尚書，東漢時政歸尚書，為協助皇帝處理政務的高級官員。㊾公恪有功幹　公正謹慎而有才幹。功，原作「公」，今從中華書局印本。(50)大司農　官名。為九卿之一。掌租稅、錢糧、鹽鐵等，為中央最高的財政長官。(51)何夔　字叔龍，陽夏（今河南太康）人。曹操當政時任司空掾、長廣太守，曾平定樂安、濟南一帶的海寇。文帝時封成陽亭侯。(52)齊聲　齊名。(53)貞固　固守正道，堅貞不移。(54)何晏鄧颺　何晏，字平叔，何進之孫。為人好儀容，顧盼自喜。尚魏公主，官至侍中尚書。後與曹爽謀反，被司馬懿所殺。鄧颺，字玄茂，南陽（今河南南陽）人。官至侍中尚書。其人浮華而好財貨。後因為曹爽黨羽被殺。(55)譏切　譏諷切責。(56)河南尹　東漢京城洛陽地區的行政長官。(57)儒素　儒家的學行。(58)交州　州名。漢武帝所置「十三刺史部」之一，東漢建安八年（西元二〇三年）改刺史部為交州。治所在今廣東廣州。(59)水功　水利。(60)河隄謁者　官名。主管河道水利的官員。(61)河內修武　河內，郡名。治所在今河南武陟西南。修武，縣名。治所在今河南獲嘉。(62)太尉　為全國最高軍事長官。(63)太傅袁隗　太傅，為輔佐國君之官，位在太師之下。袁隗，袁紹的叔父，字次陽。獻帝初為太傅。袁紹、袁術起兵反董卓，董卓殺死袁隗以洩忿。(64)樂道　樂於聖賢之道。(65)方正　漢代選拔人才科目之一。以品德端正之士人充之。(66)議郎　為郎官之一種，掌顧問應對，得參預朝政。(67)伊闕　地名。又名龍門，其地在今河南洛陽南。(68)戰阡陌之民　使阡陌中的農民參戰。「阡陌」為田間小路，這裏指代農民。(69)阻兵　倚仗兵勢。(70)閒行　潛行。(71)揚州　州名。東漢治所在今安徽和縣，三國魏時移治今安徽壽縣。(72)周室陵遲　周王朝日漸衰落。(73)桓文之霸　春秋時，齊桓公和晉文公先後稱霸諸侯。(74)孤　古代王侯的謙稱之詞，意為寡德之人。(75)徼福　求取福祿。(76)擬迹高祖　效法漢高祖劉邦的作為。(77)若苟僭擬　若，假設之詞。苟，苟且。僭擬，以帝王而自擬，越分行事。(78)干時　違背時勢。(79)冀州　州名。治所在今河北柏鄉北，三國魏時移治今河北冀州。(80)漢德雖衰二句　言漢王朝雖然氣運衰敗，但還不到改朝換代之時。(81)作色　臉色突變。(82)彭城　縣名。治所在今江蘇徐州。(83)詣　前往。(84)賊義其言　賊人認為他講的話符合道義。「義」用為動詞。(85)荊州　州名。東漢治所在今湖南常德東北。三國魏治所在今湖北襄樊。(86)陳　郡國名。西漢為淮陽國，東漢時改為陳國，治所在今河南淮陽，東漢末獻帝時改為陳郡。(87)見　被。(88)邴原　人名。詳見本卷下文。(89)世子　王侯正妻所生的長子。(90)中外　指父族、母族的親戚。中，母親的兄弟姐妹之子為內兄弟。外，父親的姐妹之子稱外兄弟。(91)趙郡　治所在今河北邯鄲西南。(92)政化大行　政治教化普遍推行。(93)山陽　郡名。治所在今山東金鄉西北。(94)辟　徵召。(95)泰山　郡名。治所在今山東泰安東。(96)襁負　用布帶將嬰兒兜負背上。裴注引《博物記》：「襁，織縷為之，廣八寸，長二尺，以約小兒於背上，負之而行。」(97)樂浪　郡名。治所在今朝鮮平壤南。(98)公孫度在遼東　公孫度，字升濟，襄平（今遼寧遼陽）人。初為郡吏，官至遼東太守。東伐高句驪，西擊烏桓，越海南取東萊諸縣，自立為遼東侯、平州牧。曹操封其為永寧鄉侯，不受。後病死。遼東，郡名。治所在今遼寧義縣。❾鄴　都邑名。東漢建安十八年（西元二一三年）曹操為魏王，定都於此。曹丕代漢，定都洛陽，鄴仍為五都之一。其地在今河北臨漳西南鄴鎮、三臺村迤東一帶。❿比者　近來。⓫社稷　土神和穀神。古代立國，以土地穀物為本，故必立社壇與稷壇，祭神乞求五穀豐登。故社稷代稱國家。⓬愍　同「憫」。哀憐。⓭安集　即安輯，安居和睦。⓮稱兵　興兵。⓯崇朝　指天亮至早飯前一段時間，極言時間很短。⓰還　中華書局印本作「遷」。⓱魏郡　治所在今河北臨漳西南。⓲甘陵　縣名。治所在今河北清河縣。⓳長史　官名。漢代的丞相、太尉乃至將軍等高官，都置長史，總管府內事務。⓴中尉奉常　官名。中尉，掌京師治安，兼主北軍。奉常，即太常，為九卿之一，掌宗廟禮儀，兼掌選試博士。是中央最高的禮儀官員。⓫東宮　太子所居之處，因也用來指代太子。⓬太子太傅　太子的輔導官員。⓭樂安　郡國名。治所在今山東高青西北。⓮蓋　縣名。治所在今山東沂源東南。⓯舊土　故鄉。⓰相土處民　按土地的多寡肥瘠安置百姓。⓱功課之法　即考課之法，考核官吏優劣的條法。⓲勸　勉勵。⓳河間　縣名。治所在今河北獻縣東南。⓴示民聽　讓百姓聞知鼓舞。121封域　疆域。122二京賦　即張衡所作〈西京賦〉和〈東京賦〉。123都輦　京師。輦，為天子所乘之車。猶今言天子腳下。124開解年少　調智力發達能解事的少年。125博物　博學多識。126旬日　十天左右。127比方其書　比較他的筆跡。128收攝　逮捕。

【語譯】袁渙，字曜卿，陳郡扶樂縣人。父親袁滂，任漢朝司徒。當時很多王公大臣的子弟大都違犯法令制度，但袁渙清靜自守，一舉一動必遵循禮儀。郡府任命他為功曹，郡裏面奸詐邪惡的官吏都自行辭官離去。後來他被徵召到公車府，考核獲得優等，升任侍御史。又被任命為譙縣縣令，沒有就職。劉備任豫州牧，薦舉袁渙為茂才。後來因避禍移居長江、淮河一帶，被袁術所任用。袁術每當有事諮詢他，袁渙常常議論正直，袁術也不能和他抗辯，可是敬畏他，不敢不以禮相待。不久，呂布在阜陵攻打袁術，袁渙跟隨袁術前去，於是再被呂布所拘留。呂布當初與劉備親善友好，後來產生了嫌怨。呂布想讓袁渙寫信辱罵劉備，袁渙不同意，呂布再三強迫他，他還是不答應。呂布大怒，用兵器脅迫袁渙說：「你寫就讓你活命，不寫就叫你死。」袁渙面不改色，笑著回答他說：「我聽說只有用道德可以羞辱人，沒有聽說用詈罵可以使人屈辱。如果劉備本來是個君子，就會不齒將軍對他的辱罵，如果他是個小人，則會反唇相罵，那麼受辱的是您而不是他。況且我昔日事奉過劉將軍，就像今日事奉將軍您一樣，假如我有一天離開這裏，回過頭來辱罵將軍，可以嗎？」呂布感到慚愧而作罷。

2 呂布遭誅殺後，袁渙得以歸附太祖。袁渙說：「兵器，是一種凶器，迫不得已時才使用它。靠道德鼓吹民眾，靠仁義征服民眾，同時安撫民眾為他們消除禍害。這樣，可以同民眾共死生。自從天下大亂以來十餘年了，百姓想安定，比倒掛著的人更渴望得到解救，但暴亂沒有平息，是什麼原因呢？我想或許是政事失去正道的緣故吧！我聽說聖明的君主善於拯救世道，所以世道動亂就用仁義來治理，時世欺詐就用樸實來整治；時代不同，事物變化，治國之道也隨之不同，這不可不加細察。制度的興革損益，這一點古今是不必相同的。至於兼愛天下，撥亂反正，即使是用武力平息動亂也要以道德濟助，這誠然是百代不變的道理。您明智超越世俗，古代君王得民心的做法，您已經努力在做了；當今的君王失去民心的教訓，您已引以為戒了，天下百姓都依賴您，才能免於危亡的禍患，可是百姓不明白大義，只有您是可以教導他們的。這就是天下人的大幸！」太祖深切的接受了這個意見。任命袁渙為沛郡南部都尉。

3 這時剛開始招募民眾開墾屯田，民眾不樂意，許多人逃亡。袁渙稟告太祖說：「人民安於故土不肯輕易遷徙，不可能突然改變，順著百姓的意願易於行事，違逆百姓的意願難於成事，應當順著他們的意願，樂意的就加以吸收，不願意的不要強迫。」太祖聽從了他的建議，百姓非常高興。袁渙升任梁國相。袁渙每每告誡各縣說：「務必慰問鰥寡年老的人，特別表彰孝子和貞節婦女。常言說：『社會安定就禮節周到，社會動亂就禮節簡慢。』全在於考量斟酌之間罷了。當今天下雖然混亂不安，難以用禮儀道德教化百姓，然而在於我們怎樣去做。」袁渙為政崇尚教化開導，考慮周到之後才行動。外表溫柔而內心果決能斷。因病辭去官職，百姓很想念他。後來徵召為諫議大夫、丞相軍祭酒。先後得到很多賞賜，他全部分發給別人，家無積蓄。他始終不過問家產之事，匱乏時就向別人討取，不故作清白，可是當時的人們都佩服他的清廉。

4 魏國剛創建時，袁渙任郎中令，代理御史大夫的職務。袁渙告訴太祖說：「當今天下大難已經解除，文治武功要同時運用，這是國家長治久安的方法。我認為可以大量收集圖書典籍，宣揚前代聖人的教化，用來改變百姓的觀念，使天下聞風嚮慕，那麼遠方的人如果不歸附，可以用文德招徠他們。」太祖認為他說的很好。當時有傳言說劉備死了，大臣們都來慶賀；袁渙因為曾經被劉備薦舉為官，只有他不慶賀。袁渙任官幾年後死去，太祖為他的死流下眼淚，賞賜穀子二千斛，頒布教令，一則說「用京城太倉的穀子千斛賜給郎中令的家」，另一則說「用私家小倉的穀子千斛給予曜卿家」。外人不明白是什麼意思。太祖又下教令說：「用京城太倉的穀子，是官府規定的法度；用私家小倉的穀子，因為他是我的親近故舊。」文帝聽說袁渙過去拒絕呂布要他寫信辱罵劉備的事，就去問袁渙的堂弟袁敏：「袁渙是勇敢還是怯弱？」袁敏回答說：「袁渙外貌看似溫和柔順，可是他面臨大節，處在危難關頭，即使孟賁、夏育也超不過他。」袁渙的兒子袁侃，也清靜純潔、閑雅質樸，有他父親的風範，歷官郡守、尚書。

5 當初，袁渙的堂弟袁霸，為人公正、謹慎，有才幹，魏國初建時任大司農，和同郡何夔同時知名於世。而袁霸的兒子袁亮，何夔的兒子何曾，與袁侃齊名，相互友好。袁亮堅守正道，有學問德行，憎恨何晏、鄧颺等人，寫文章諷刺譴責他們，官至河南尹、尚書。袁霸弟弟袁徽，以具有儒者的學識德行著稱。遇到天下大亂，在交州避難。司徒府徵召他，他不肯就任。袁徽的弟弟袁敏，有武藝而喜愛水利事業，官至河隄謁者。

6 張範，字公儀，河內郡脩武縣人。祖父張歆，曾任漢朝司徒。父親張延，曾任太尉。太傅袁隗想把女兒嫁給張範，張範推辭沒有接受。張範性格恬淡安靜，喜愛聖賢之道，不重名利，官府徵召他任官，都沒有就職。他的弟弟張承，字公先，也知名於世，朝廷以方正徵召他，任命為議郎，升伊闕都尉。董卓作亂，張承想集聚他的部眾與天下豪傑共同誅殺董卓。張承的弟弟張昭當時擔任議郎，正好從長安過來，對張承說：「現在要誅滅董卓，寡不敵眾，不是對手，況且起於一時的計謀，勢必驅使農民作戰，士人平素沒有受到撫慰，戰士沒有經過訓練，難以成功。董卓擁兵自重多行不義，本不可能長久；不如選擇一個歸身之處，等待時機行動，這樣便可以實現志願。」張承聽從了他，於是解下官印，潛行回家，與張範避禍揚州。袁術備下禮物招請他，張範稱病沒有前去，袁術沒有強迫他屈從。張範派張承去會見袁術，袁術問道：「從前周王室衰落時，就有齊桓公、晉文公稱霸；秦朝失去政權，漢朝接著取而代之。現在我憑藉著廣大的土地，眾多的軍士百姓，想求得齊桓公般的福分，仿效漢高祖的事跡，你看如何呢？」張承回答說：「一統天下在於德行不在於兵強。若有用德政來統一天下的欲望，即使僅具一個普通人的資質，建立霸王的功業，沒有什麼難的。假若苟且僭越稱王，違背時勢行動，被眾人所拋棄，誰能成功呢？」袁術聽了很不高興。這時，太祖準備征討冀州，袁術又問道：「現在曹公想用幾千名疲憊的士兵，對抗我的十萬大軍，可以說是不自量力了！你以為怎麼樣？」張承就說：「漢朝的氣運雖然衰微了，但天命尚未改變，現在曹公挾制天子號令天下，即使與百萬大軍對抗，也是可以的。」袁術變了臉色，很不愉快，張承就離開了他。

7 太祖平定冀州，派遣使者迎接張範。張範因病留在彭城，派張承前往太祖那裏，太祖上表朝廷任命張承為諫議大夫。張範的兒子張陵和張承的兒子張戩被山東盜賊所獲，張範直接到盜賊那裏請求釋放兩人，盜賊把張陵還給了張範。張範感謝說：「各位把兒子還給我，很寬厚的了。疼愛兒子雖是人之常情，但是我憐憫張戩年紀小，請讓我用張陵交換張戩。」盜賊認為他講的話符合道義，把兩人都歸還給他。太祖從荊州回來，張範在陳縣見到太祖，太祖任用他為議郎，參與丞相府軍事，很受敬重。太祖出兵征伐，常命令張範及邴原留下，與世子留守。太祖對文帝說：「你有所行動，一定要諮詢這兩個人。」世子對他們兩人施以晚輩的禮節。張承常常周濟窮困貧乏的人家，家中沒有多餘的財產，父母親族中的孤兒寡母都來投奔他。對於餽贈給他的東西，他來者不拒，也始終不用，等到離開之時，全部退還他人。建安十七年去世。魏國建立初期，張承以丞相參軍祭酒兼任趙郡太守，大力推行德政教化。太祖準備西征時，徵召張承參與軍事，張承到達長安，因病去世。

8 涼茂，字伯方，山陽郡昌邑縣人。年少時喜好學習，發表議論時經常引經據典，以此來判斷是非。太祖徵召他擔任司空掾，考核獲得優等，補任侍御史。當時泰山郡多有盜賊，太祖任命涼茂為泰山郡太守，一月之中，百姓攜兒帶女來投奔的達一千多家。轉任樂浪郡太守。公孫度在遼東郡，擅自扣留涼茂，不讓他赴任，可是涼茂始終不被他屈服。公孫度告訴涼茂及眾將領說：「聽說曹公遠征，鄴城沒有防備，現在我想用三萬步兵，一萬騎兵，直攻鄴城，誰能夠擋得住我呢？」眾將領都說：「對。」公孫度又回頭看著涼茂說：「你意思怎麼樣呢？」涼茂回答說：「近來天下大亂，漢室將要傾覆滅亡，將軍擁有十萬兵眾，安然坐觀勝敗，作為臣子的人，難道能夠這樣嗎！曹公憂慮國家的危亡，哀憐百姓的苦難，率領義兵為天下百姓誅殺兇惡的賊人，功高而德厚，可以說沒有第二個人了。由於天下剛剛平定，百姓開始安定下來，所以尚未指責將軍的罪過罷了！將軍竟然想發兵西進，那麼結果是誰存誰亡，很快就可以決定。希望將軍好自為之吧！」諸位將領聽到涼茂的話，都感到震驚。過了很久，公孫度說：「涼君的話是對的。」後來徵調涼茂為魏郡太守、甘陵相，他所任之處都有政績。文帝任五官中郎將，涼茂因此選為長史，升任左軍師。魏國建立初期，升任尚書僕射，後來擔任中尉、奉常。魏文帝為太子時，涼茂再次擔任太子太傅，很受敬重禮遇。死於任上。

9 國淵，字子尼，樂安國蓋縣人。他以師禮侍奉鄭玄。後來與邴原、管寧等人避亂到遼東。返回故鄉後，太祖徵召他為司空掾屬官，每次在司空府議論國事，國淵總是直言不諱，臉色嚴肅，退朝後沒有私交。太祖打算大規模設置屯田，派國淵掌管這件事。國淵屢次向太祖陳述利弊，按照土地肥瘠來安置百姓，計算民眾多寡來設置官吏，明確考核官吏業績的辦法，五年之間倉庫充盈，百姓競相勸勉樂於農事。太祖征伐關中地區時，任用國淵為留守府的長史，統一管理留守事務。田銀、蘇伯在河間反叛，田銀等人被打敗後，其黨羽都應被判處死刑。國淵認為他們並非首惡分子，請求不要行刑。太祖聽從了他的意見，因國淵得以活命的有一千多人。破敵後向上報功的文書，過去都是把「一」說成「十」，而國淵上報的首級數，卻跟實際一致。太祖問他此事的緣由，國淵說：「討伐外敵，多報斬殺和俘虜敵人數目，是想以此炫耀武功，並讓老百姓聽聞之後受鼓舞。河間在我疆域之中，田銀等人叛亂造反，雖然戰勝有功，但我私下以此為恥。」太祖十分高興，升任國淵為魏郡太守。

當時有人寫信對太祖進行誹謗，太祖痛恨這人，一定要知道誰是主謀。國淵請求密留這封誹謗信，不要宣揚洩漏出去。這封信多處引用了〈二京賦〉，國淵命令功曹說：「魏郡地域廣大，現在又是都城所在，有學問的人卻不多。你可挑些聰明解事的年輕人，我想讓他們從師學習。」功曹選派了三人，臨走時國淵接見了他們，告誡他們說「你們所學還不足，〈二京賦〉是博識多知的記載，世人忽略了它，很少有能講解它的教師，可以去尋求能讀懂的人，跟從他學習」。又祕密的把用意告訴這三人。十天左右找到了能讀懂〈二京賦〉的人，於是前往學習。官吏趁機請這人寫出〈二京賦〉的箋注，拿箋注的筆跡與誹謗信的筆跡比較，二者同出於一人之手。於是收捕這人進行審問，弄清了全部情況。國淵調升太僕。位居九卿，但他平時穿布衣，粗食淡飯，把所得俸祿和賞賜分給了親朋故舊和宗族的人，堅持恭謹節儉，死於任官之時。

1 田疇，字子泰，右北平無終❶人也。好讀書，善擊劍。初平❷元年，義兵起，董卓遷帝于長安。幽州牧❸劉虞歎曰：「賊臣作亂，朝廷播蕩❹，四海俄然❺，莫有固志。身備宗室遺老❻，不得自同於眾。今欲奉使展效臣節❼，安得不辱命❽之士乎？」眾議咸曰：「田疇雖年少，多稱其奇。」疇時年二十二矣。虞乃備禮請與相見，大悅之，遂署為從事❾，具其車騎。將行，疇曰：「今道路阻絕，寇虜縱橫，稱官奉使，為眾所指名。願以私行，期於得達而已。」虞從之。疇乃歸，自選其家客❿與年少之勇壯慕從者二十騎俱往。虞自出祖⓫而遣之。既取道，疇乃更上西關⓬，出塞，傍北山⓭，直趣朔方⓮，循閒徑⓯去，遂至長安致命。詔拜騎都尉⓰。疇以為天子方蒙塵⓱未安，不可以荷佩⓲榮寵，固辭不受。朝廷高其義。三府⓳並辟，皆不就。得報，馳還，未至，虞已為公孫瓚所害。疇至，謁祭虞墓，陳發章表，哭泣而去。瓚聞之大怒，購求⓴獲疇，謂曰：「汝何自哭劉虞墓，而不送章報於我也？」疇答曰：「漢室衰頹[21]，人懷異心，唯劉公不失忠節。章報所言，於將軍未美，恐非所樂聞，故不進也。今將軍方舉大事以求所欲，既滅無罪之君，又讎守義之臣[22]，誠行此事，則燕、趙之士將皆蹈東海而死耳，豈忍有從將軍者乎！」瓚壯其對，釋不誅也。拘之軍下，禁其故人莫得與通。或說瓚曰：「田疇義士，君弗能禮，而又囚之，恐失眾心。」瓚乃縱遣疇。

2 疇得北歸，率舉宗族他附從數百人，掃地而盟[23]曰：「君仇不報，吾不可以立於世！」遂入徐無山[24]中，營深險平敞地而居，躬耕[25]以養父母。百姓歸之，數年間至五千餘家。疇謂其父老曰：「諸君不以疇不肖[26]，遠來相就。眾成都邑，而莫相統一，恐非久安之道，願推擇其賢長者以為之主。」皆曰：「善。」同僉[27]推疇。疇曰：「今來在此，非苟安而已，將圖大事，復怨雪恥。竊恐未得其志，而輕薄之徒自相侵侮，偷快[28]一時，無深計遠慮。疇有愚計，願與諸君共施之，可乎？」皆曰：「可。」疇乃為約束相殺傷、犯盜、諍訟[29]之法，法重者至死，其次抵罪，二十餘條。又制為婚姻嫁娶之禮，興舉學校講授之業，班[30]行其眾，眾皆便之，至道不拾遺。北邊翕然[31]服其威信，烏丸、鮮卑[32]並各遣譯使致貢遺[33]，疇悉撫納，令不為寇。袁紹數遣使招命，又即授將軍印，因安輯所統，疇皆拒不受㉞。紹死，其子尚又辟焉，疇終不行。

3 疇常忿烏丸昔多賊殺其郡冠蓋㉟，有欲討之意而力未能。建安十二年，太祖北征烏丸，未至，先遣使辟疇，又命田豫喻指㊱。疇戒其門下趣治嚴㊲。門人謂曰：「昔袁公慕君，禮命㊳五至，君義不屈；今曹公使一來而君若恐弗及者，何也？」疇笑而應之曰：「此非君所識也。」遂隨使者到軍，署司空戶曹掾㊴，引見諮議。明日出令曰：「田子泰非吾所宜吏者。」即舉茂才，拜為蓨㊵令，不之官，隨軍次㊶無終。時方夏水雨，而濱海洿下㊷，濘滯不通，虜亦遮守蹊要㊸，軍不得進。太祖患之，以問疇。疇曰：「此道，秋夏每常有水，淺不通車馬，深不載舟船，為難久矣。舊北平郡治在平岡，道出盧龍㊹，達于柳城㊺；自建武㊻以來，陷壞斷絕，垂二百載㊼，而尚有微徑可從㊽。今虜將以大軍當由無終，不得進而退，懈弛無備。若嘿回軍，從盧龍口越白檀㊾之險，出空虛之地，路近而便，掩其不備，蹋頓㊿之首可不戰而禽也。」太祖曰：「善。」乃引軍還，而署大木(51)表於水側路傍曰：「方今暑夏，道路不通，且俟秋冬，乃復進軍。」虜候騎(52)見之，誠以為大軍去也。太祖令疇將其眾為鄉導(53)，上徐無山，出盧龍，歷平岡，登白狼堆(54)，去柳城二百餘里，虜乃驚覺。單于(55)身自臨陣，太祖與交戰，遂大斬獲，追奔逐北[56]，至柳城。軍還入塞，論功行封，封疇亭侯[57]，邑五百戶。疇自以始為居難[58]，率眾遁逃，志義不立[59]，反以為利，非本意也，固讓。太祖知其至心，許而不奪。

4 遼東斬送袁尚首，令「三軍敢有哭之者斬」。疇以嘗為尚所辟，乃往弔祭。太祖亦不問。疇盡將其家屬及宗人三百餘家居鄴。太祖賜疇車馬穀帛，皆散之宗族知舊。從征荊州還，太祖追念疇功殊美，恨前聽疇之讓，曰：「是成一人之志，而虧王法大制也。」於是乃復以前爵封疇。疇上疏陳誠，以死自誓。太祖不聽，欲引拜之，至于數四，終不受。有司劾疇狷介[60]違道，苟[61]立小節，宜免官加刑。太祖重其事，依違[62]者久之。乃下世子及大臣博議，世子以疇同於子文辭祿[63]，申胥逃賞[64]，宜勿奪以優其節[65]。尚書令[66]荀彧、司隸校尉[67]鍾繇亦以為可聽。太祖猶欲侯之[68]。疇素與夏侯惇善，太祖語惇曰：「且往以情喻之，自從君所言[69]，無告吾意也。」惇就疇宿，如太祖所戒。疇揣知其指，不復發言。惇臨去，乃拊疇背曰：「田君，主意殷勤[70]，曾不能顧乎[71]！」疇答曰：「是何言之過也！疇，負義逃竄之人耳，蒙恩全活，為幸多矣。豈可賣盧龍之塞，以易賞祿哉？縱國私疇，疇獨不愧於心乎？將軍雅知疇者，猶復如此，若必不得已，請願效死刎首於前。」言未卒，涕泣橫流。惇具答太祖。太祖喟然知不可屈，乃拜為議郎。年四十六卒。子又早死。文帝踐阼[72]，高疇德義，賜疇從孫續爵關內侯[73]，以奉其嗣。

5 王脩，字叔治，北海[74]營陵人也。年七歲喪母。母以社日[75]亡，來歲鄰里社，脩感念母，哀甚。鄰里聞之，為之罷社。年二十，游學南陽[76]，止張奉舍。奉舉家得疾病，無相視者，脩親隱恤[77]之，病愈乃去。初平中，北海孔融[78]召以為主簿[79]，守高密令[80]。高密孫氏素豪俠，人客數犯法。民有相劫者，賊入孫氏，吏不能執。脩將[81]吏民圍之，孫氏拒守，吏民畏憚不敢近。脩令吏民：「敢有不攻者與同罪。」孫氏懼，乃出賊。由是豪彊懾服。舉孝廉[82]，脩讓邴原，融不聽。時天下亂，遂不行。頃之，郡中有反者。脩聞融有難，夜往奔融。賊初發，融謂左右曰：「能冒難來，唯王脩耳！」言終而脩至。復署功曹。時膠東[83]多賊寇，復令脩守膠東令。膠東人公沙盧宗彊[84]，自為營塹[85]，不肯應發調[86]。脩獨將數騎徑入其門，斬盧兄弟，公沙氏驚愕莫敢動。脩撫慰其餘，由是寇少止。融每有難，脩雖休歸在家，無不至。融常賴脩以免。

6 袁譚在青州[87]，辟脩為治中從事[88]，別駕[89]劉獻數毀短脩。後獻以事當死，脩理[90]之，得免。時人益以此多[91]焉。袁紹又辟脩除[92]即墨令，後復為譚別駕。紹死，譚、尚有隙。尚攻譚，譚軍敗，脩率吏民往救譚。譚喜曰：「成吾軍者，王別駕也。」譚之敗，劉詢起兵漯陰[93]，諸城皆應。譚歎息曰：「今舉州皆[94]叛，豈孤之不德邪！」脩曰：「東萊[95]太守管統雖在海表，此人不反，必來。」後十餘日，統果棄其妻子來赴譚，妻子為賊所殺，譚更以統為樂安太守。譚復欲攻尚，脩諫曰：「兄弟還相攻擊，是敗亡之道也。」譚不悅，然知其志節。後又問脩：「計安出？」脩曰：「夫兄弟者，左右手也。譬人將鬬而斷其右手，而曰『我必勝』，若是者可乎？夫棄兄弟而不親，天下其誰親之！屬有讒人[96]，固將交鬬其間，以求一朝之利，願明使君[97]塞耳勿聽也。若斬佞臣[98]數人，復相親睦，以禦四方，可以橫行天下。」譚不聽，遂與尚相攻擊，請救於太祖。太祖既破冀州，譚又叛。太祖遂引軍攻譚於南皮[99]。脩時運糧在樂安，聞譚急，將所領兵及諸從事數十人往赴譚。至高密，聞譚死，下馬號哭曰：「無君焉歸？」遂詣太祖，乞收葬譚屍。太祖欲觀脩意，默然不應。脩復曰：「受袁氏厚恩，若得收斂譚屍，然後就戮，無所恨。」太祖嘉其義，聽之。以脩為督軍糧，還樂安。譚之破，諸城皆服，唯管統以樂安不從命。太祖命脩取統首，脩以統亡國之忠臣，因解其縛，使詣太祖。太祖悅而赦之。袁氏政寬，在職勢者多畜聚。太祖破鄴，籍沒審配等家財物貲以萬數[100]。及破南皮，閱脩家，穀不滿十斛，有書數百卷。太祖歎曰：「士不妄有名。」乃禮辟為司空掾，行司金中郎將[101]，遷魏郡太守。為治，抑彊扶弱，明賞罰，百姓稱之。魏國既建，為大司農郎中令。太祖議行肉刑[102]，脩以為時未可行，太祖採其議。徙為奉常[103]。其後嚴才反，與其徒屬數十人攻掖門[104]。脩聞變，召車馬未至，便將官屬步至宮門。太祖在銅爵臺[105]望見之，曰：「彼來者必王叔治也。」相國[106]鍾繇謂脩：「舊，京城有變，九卿各居其府。」脩曰：「食其祿，焉避其難？居府雖舊，非赴難之義[107]。」頃之，病卒官。子忠，官至東萊太守、散騎常侍。初，脩識高柔[108]於弱冠[109]，異王基[110]於童幼，終皆遠至[111]，世稱其知人。

【章旨】以上記述了田疇與王脩二人的事跡。田疇清節高蹈，為復漢室之仇，助曹操平定遼東，但堅不仕曹，不圖富貴。王脩亦豪俠之士，與孔融為生死之交。他先事袁氏，後事曹操，皆忠心耿耿。

【注釋】❶右北平無終　右北平，郡名。治所在今河北豐潤東南。無終，縣名。治所在今天津市薊縣。❷初平　東漢獻帝劉協年號，西元一九〇—一九三年。❸幽州牧　幽州刺史。幽州，州名。治所在今北京市西南。牧，即州刺史，掌一州的軍政大權。❹播蕩　流亡不定。❺俄然　郝經《續後漢書》作「囂然」，擾亂。❻備宗室遺老　備，備位。謙詞，指聊以充數。宗室，皇帝的本族。遺老，前朝舊臣。❼展效臣節　表達做臣子的忠貞。❽不辱命　即不辱使命，能完成使命。❾署為從事　署，暫時充任。從事，州郡長官的僚屬，佐長官辦理事務。❿家客　即家奴，當時世家大族都擁有眾多的家奴。⓫祖　餞行。古代出行前祭路神，以求一路平安。後世因稱餞行為祖餞。⓬西關　即居庸關，在今北京市昌平西北，為出入西北的咽喉。⓭北山　即陰山，在今內蒙古自治區中部。⓮趣朔方　趣，同「趨」。朔方，郡名。治所在今內蒙古自治區杭錦旗。⓯間徑偏僻小路。徑，原作「逕」，今據中華書局印本校改。⑯騎都尉　官名。掌統率皇帝的羽林騎兵。⑰蒙塵　流亡遭難。⑱苟佩　承受。⑲三府　即太尉、司徒、司空三公的府衙。⑳購求　懸賞捉拿。㉑衰積　衰敗。㉒既滅無罪之君二句　古代上下級關係亦可視為君臣關係，不專指帝王與臣下。此處君指劉虞，臣為田疇自謂。㉓掃地而盟　古人盟誓時，清掃地上塵土，以便席地下跪，對天盟誓。㉔徐無山　山名。在今河北遵化東。㉕躬耕　親自耕種。㉖不肖　無才德。㉗僉　全部。㉘偷快　苟且快意。㉙諍訟　即爭訟、爭執。㉚班　同「頒」。頒布。㉛翕然　一致。㉜烏丸鮮卑　烏丸，即烏桓，民族名。東胡別支。秦末被匈奴所滅，餘部遷至烏桓山自保，遂稱烏桓。鮮卑，民族名。亦東胡的一支。漢初居於遼東，後漢時移於匈奴故地，勢力漸盛。㉝貢遺　貢獻和饋贈。㉞受　原作「當」。據《三國志集解》，監本作「留」，元本作「受」。今從元本。㉟冠蓋　禮帽和車蓋。本為官員服御的標幟，故借指官吏。㊱田豫喻指　田豫傳達旨意。田豫，字國讓，雍奴（今天津市武清東北）人。魏文帝初年任護烏丸校尉，威震沙漠。官至并州刺史，後去官。㊲趣治嚴　急速整理行裝。趣，促；急速。治嚴，治裝，整理行裝，東漢避明帝劉莊諱，將莊、裝字改為嚴。㊳禮命　按禮儀規定的委任文書。㊴戶曹掾　官名。掌管民戶、祀祠、農桑的官員。㊵蓨　縣名。治所在今河北景縣南。㊶次　駐紮。㊷洿下　低窪。㊸遮守蹊要　把守險要之處。㊹盧龍　塞名。其地在今河北省喜峰口一帶，古有塞道，自今薊縣東北經遵化，循灤河河谷出塞。是河北平原通往東北的交通要道。㊺柳城　縣名。治所在今遼寧朝陽南。㊻建武　東漢光武帝劉秀年號，西元二五－五六年。㊼垂二百載　將近二百年。㊽有微徑可從　有小路可行。㊾白檀　縣名。治所在今河北承德西南。㊿蹋頓　烏桓族酋長。51署大木　在大木上寫字。52候騎　偵察騎兵。53鄉導　即嚮導。54白狼堆　即白狼山。在今內蒙古自治區喀喇沁東旗。55單于　匈奴最高首領稱號。56北　敗。57亭侯　東漢制度，列侯功大者食縣，小者食鄉、亭。58居難　處於患難之中。錢大昕《廿二史考異》以為當作「君難」，謂獻帝被董卓挾持。此說義長。59志義不立　正義的志向還沒有實現。60狷介　清高自守。61苟　苟且。62依違　遲疑不決。63子文辭祿　子文為春秋時楚國令尹，他捐棄自己的家財，救楚國的危難。曾三仕令尹，又三罷之，無喜怒之色。孔子稱其為忠。事見《左傳》宣公四年、莊公三十年。64申胥逃賞　申胥即申包胥，春秋時楚國之貴族，吳國攻破楚國，申包胥至秦國求救兵，在秦廷哭了七天七夜，終於感動秦國出兵救楚。楚王欲賞賜他，他逃走不受。事見《左傳》定公四、五年。65優其節　褒揚他的氣節。66尚書令　本為少府屬官，掌章奏文書。東漢政歸尚書，尚書令成為對皇帝負責總攬一切政務的首腦。67司隸校尉　掌糾察京師百官及所轄附近各郡，相當於州刺史。眾人對田疇處世之道的議論，裴注引《魏書》、《魏略》有比較詳細的記述，可參閱。68侯之　封他為侯。69從君所言　任憑你說什麼話。70殷勤　也作「慇懃」。情意懇切。71曾不能

顧乎　難道不能考慮一下嗎。曾，豈。[72]踐阼　登上皇帝的寶座。[73]從孫續爵關內侯　從孫，姪孫。關內侯，秦漢時置，位次於列侯。[74]北海　郡名。治所在今山東昌樂東南。[75]社日　古代祭祀土神的日子。漢以後，一般用戊日，以立春後第五個戊日為春社，立秋後第五個戊日為秋社，適當春分、秋分前後。在社日，里社舉行各種賽會。[76]南陽　郡名。治所在今河南南陽。[77]隱恤　憐憫救助。[78]孔融　字文舉，魯國（今山東曲阜）人。少有俊才。獻帝時為北海相，立學校，表儒術。後任太中大夫。漢末之亂，志在靖難，然才疏意廣，迄無成功。後被曹操所殺。[79]主簿　官名。中央及郡縣均置此職，主管文書，辦理日常事務。[80]守高密令　代理高密縣令。高密，縣名。治所在今山東高密西南。[81]將　率領。[82]孝廉　漢代選拔官員的科目之一。孝廉即選取孝順廉潔的人。[83]膠東　縣名。治所在今山東平度東南。[84]宗彊　宗族豪強。[85]營塹　營壘壕溝。[86]發調　指官府徵發的租稅、傜役等。[87]青州　州名。治所在今山東淄博臨淄北。[88]治中從事　官名。漢以後三公及州郡長官皆多自辟僚屬，多以從事為稱，如從事史、從事中郎、別駕從事、治中從事之類。皆為長官的助理。[89]別駕　即別駕從事，亦州刺史的佐吏。[90]理　審理。[91]多　稱讚；讚美。[92]除　擔任。[93]漯陰　漯水之北。漯水故道自今河南浚縣、山東莘縣、聊城、臨邑、濱縣等縣境入海。劉詢之反，殆即在以上諸地一帶。[94]皆　中華書局印本作「背」，於義較長。[95]東萊　郡名。治所在今山東龍口東。[96]屬有讒人　屬，恰好。讒人，詆毀他人、挑撥離間的人。[97]明使君　明達的使君。使君，對州郡長官的尊稱。[98]佞臣　善於花言巧語阿諛奉承的人。[99]南皮　縣名。治所在今河北南皮。[100]籍沒審配句　籍沒，抄沒家產入官。審配，字正南，魏郡（治今河北臨漳西南舊鄴縣）人。袁紹為冀州牧，以審配為治中。袁紹死，審配奉袁尚為主，守鄴。曹操攻陷鄴城，不屈被殺，家產被抄沒。貲，同「資」。原作「貨」，今從中華書局印本。[101]司金中郎將　兼理掌金屬冶煉之官員。[102]肉刑　殘害肉體的刑罰。古代有墨、劓、剕、宮等酷刑。[103]奉常　官名。即太常。漢代為九卿之一。掌宗廟禮儀，兼掌選試博士。中華書局印本作「奉尚」，即奉常。[104]掖門　皇宮的旁門。[105]銅爵臺　即銅雀臺，在鄴城，曹操建。臺高十丈，周圍殿屋一百二十間，於臺樓頂置大銅雀，故名。[106]相國　戰國以後，各國設相，稱為相國、相邦，後改為丞相，為輔佐皇帝的最高官員。[107]赴難之義　救助君主危難的道義。[108]高柔　字文惠，陳留（今河南開封東南）人。曹操平袁氏，任其為菅長，歷法曹掾。魏文帝時任治書執法。明帝時封延壽亭侯，後轉太尉。[109]弱冠　古代男子二十歲加冠，行成人禮，稱之為弱冠。[110]王基　字伯輿，曲城人。經學家鄭玄的弟子，舉孝廉。曾平毌丘儉、文欽之亂。官至鎮東將軍、都督揚州諸軍事，封東武侯。[111]遠至　做了高官。

【語　譯】田疇，字子泰，右北平郡無終縣人，喜好讀書，擅長擊劍。初平元年，關東義兵興起，董卓挾持漢獻帝遷都長安。幽州牧劉虞嘆息說：「亂臣賊子作亂，皇上流離失所，天下動盪不安，沒有人有堅定的信心。我身為皇室遺老，不能同大眾一樣。現在我想派使者朝見天子，展現臣子效忠的志節，可是到哪裏找不辱使命之士呢？」眾人議論時都說：「田疇雖然年輕，多數人都稱讚他是奇才。」當時田疇年僅二十二歲而已。劉虞就準備禮物請他來會面，見面後對他很滿意，於是讓他暫任州牧的佐吏，替他準備了車馬。臨行前，田疇說：「現在道路受阻中斷，賊寇橫行，以官員名義奉命出使，會眾所矚目。我願意便裝私下出行，只期望能抵達目的地就行了。」劉虞同意了。田疇回去後，親自挑選了家客與年輕勇敢強壯而仰慕他的隨從二十名一起騎馬前去。劉虞親自為他們餞行。上路之後，田疇便改上居庸關，出塞外，沿著陰山山麓，直奔朔方，順著小路到達長安，完成使命。皇上任命他為騎都尉。田疇認為皇上正流亡在外尚未安定下來，不可承受榮耀恩寵，堅決推辭，不肯接受。朝廷讚揚他的道義。三公府同時徵用他，他都不去就職。得到朝廷的回覆文書後，田疇驅馬返回，還未到達幽州，劉虞已經被公孫瓚殺害。田疇回到幽州，拜祭劉虞的墳墓，陳述朝廷的文書內容，痛哭後離去。公孫瓚聽到此事後大怒，用重金懸賞抓獲了田疇。對他說：「你為什麼親自到劉虞墓前哭泣，而不把朝廷的文書送給我？」田疇回答說：「漢室衰微，人們懷有二心，只有劉公沒有喪失忠臣氣節。朝廷文書所說的，對於將軍您來說未必是稱美，恐怕不是你樂意聽到的，所以沒有呈送給你。現在將軍正大舉起兵以求實現自己的想法，你已經殺了無罪的上司，又仇視他堅守正義的部下，如果真的這樣做，那麼燕、趙之士都將投身東海而死，哪裏有違背良心跟從將軍的人呢！」公孫瓚認為他的回答有氣魄，就將他開釋沒有殺他。把他拘押在軍中，禁止他的朋友和他往來。有人勸公孫瓚說：「田疇是位義士，您不能以禮相待，還把他囚禁起來，恐怕會失去人心。」公孫瓚這才釋放送走了田疇。

2 田疇得以北歸家鄉，帶領全宗族和其他依附的民眾幾百人，清掃地面跪下發誓說：「君仇不報，我們不能立身於世！」於是進入徐無山中，找到深阻險要且平坦開闊的地方安頓下來，親自耕種來養活父母。百姓前來歸附，幾年中達到五千多家。田疇對父老們說：「各位父老不認為我田疇不賢，遠道前來投奔我，人多了就成了城邑，而沒有人統領，恐怕不是長久安定的辦法，希望推選賢能年長的人當大家的頭領。」大家都說：「好。」眾人全都推舉田疇。田疇說：「今天來到這裏，不是為了苟且偷安而已，而是要策劃大事，報仇雪恥。我擔心還沒有實現大志，一些輕浮鄙薄的人就自相欺辱，苟且快活一時，沒有深謀遠慮。我有一個不高明的計劃，願意與諸位一起來實施，可以嗎？」大家都說：「可以。」田疇就制訂了懲治相互殺傷、偷盜、爭訟的法規，犯重法的處死，其次的抵罪，共二十餘條。還制訂了婚姻嫁娶的禮制，興辦學校講授學業，在部眾中頒布實行，大眾都感到方便，甚至做到了路不拾遺。北方邊境的部族一致敬服他的威信，烏丸、鮮卑人並各自派翻譯使者呈送貢品，田疇安撫他們並接受全部貢物，讓他們不要侵犯。袁紹幾次派遣使者招請他，並即刻授給將軍印，讓他安定所統部眾，田疇都拒絕沒有接受。袁紹死後，他的兒子袁尚又徵召田疇，田疇始終沒有前去。

3 田疇經常忿恨烏丸人過去多次殺害這個郡的官吏，有征討的打算，但力量不濟。建安十二年，太祖北征烏丸，還未到達，先派遣使者去徵召田疇，又命田豫告知自己的意旨。田疇命令手下趕快整理行裝。手下對他說：「以前袁公愛慕您，多次以禮徵聘您，您大義不屈；如今曹公使者一來，而您猶恐來不及似的，是什麼原因呢？」田疇笑著回答說：「這不是你們所能理解的。」於是隨從使者到達曹公軍營，被任命為司空戶曹掾，太祖接見了他並與他商議。第二天太祖下達命令：「田子泰不是我隨便用為小吏的人。」立刻推薦他為茂才，任命他為蓨縣令，田疇沒有前往上任，跟隨軍隊留在無終。當時正值夏天雨季，這裏地近海邊地勢低下，道路泥濘不通，敵人又把守險要之處，軍隊不能前進。太祖為此憂慮不已，因而詢問田疇。田疇說：「這條道路，夏秋二季常常積水，水淺時不能通過車馬，水深時也不能行船，造成的困難已很久了。前北平郡治所在平岡，道經盧龍，可以到達柳城；自從建武以來，道路毀壞斷絕，將近二百年，但仍有小路可以通行。現在敵人認為我大軍將取道無終，料定我軍將不能前進而撤退，因而鬆懈沒有防備，如果我軍悄悄掉頭，從盧龍口越過白檀的險要地方，從敵人空虛不備的地方出兵，路程近而便捷，攻其不備，蹋頓的首級可以不戰而斬獲了。」太祖說：「說得好。」於是率兵返回，在路旁水邊樹立大木寫著：「現在正當盛夏，道路不通，暫且等到秋冬之際，然後再進軍。」敵人巡邏的騎兵看到大木，真的認為太祖的大軍撤退了。太祖命令田疇率領他的部下擔任嚮導，登上徐無山，出盧龍口，經過平岡縣，登上白狼堆，距離柳城二百多里，敵人這才驚覺。單于親自臨陣，太祖與單于交戰，大有斬獲，追擊逃亡的敵人，到達柳城。太祖回軍入塞，論功行賞，封田疇為亭侯，食邑五百戶。田疇自己認為當初是因為君主遭難，才率眾逃走，如今正義的心願尚未實現，反而得到好處，不是自己的本意，堅決推辭。太祖理解他的至誠之心，答應他不受封賞。

4 遼東公孫康斬了袁尚送來首級，太祖下令說「軍中膽敢為袁尚哭祭的人斬首」。田疇因為曾經被袁尚徵召過，便前去弔唁奠祭。太祖也不追究。田疇帶著他的全部家屬和同宗族人三百多家居住在鄴城。太祖賜給他的車馬穀物絲帛，他全都分給了族人和舊友。田疇隨從太祖征討荊州回來，太祖回想起田疇的功績異常卓著，後悔先前聽信了田疇的推辭，說：「這是成全了個人的心願，卻損壞了國家的法令制度。」於是又把先前的爵位賜封給他。田疇上書述說自己的誠意，誓死不受。太祖沒有聽從，想派人扶持他受封，以至四次，田疇最終還是沒有接受。有關部門彈劾田疇清高自好，違背道義，隨意立小節，應當免官，施加刑罰。太祖很重視這件事，遲疑不決了好久。才下令讓世子及大臣們廣泛的討論，世子認為田疇與楚國的子文辭受俸祿、吳國的申胥逃賞相同，不應強迫他改變做法，用以褒揚他的節操。尚書令荀彧、司隸校尉鍾繇也認為可以順從田疇。太祖還是想封他為侯。田疇素來與夏侯惇友好，太祖對夏侯惇說：「你到田疇那裏以情勸諭他，任你怎麼說都可以，只是不要告訴他這是我的意思。」夏侯惇來到田疇住所，依照太祖告訴他的去做。田疇揣摩他的來意，不再開口說話。夏侯惇臨走時，拍著田疇的背說：「田君，主上的心意懇切，你難道不能考慮一下嗎！」田疇回答說：「你這話太過分了！我田疇是個負義逃竄的人而已，承蒙主上的恩惠保全活命，已經很幸運了。難道可以出賣盧龍要塞，來換取封賞利祿嗎？縱然國家偏愛我，我田疇難道不有愧於心嗎？將軍是素來了解我的人，尚且如此，如果實在不得已，請允許我在你面前自刎明志。」話未說完，眼淚橫流。夏侯惇把所有情況回報太祖。太祖嘆息，知道田疇不能屈從，於是任命他為議郎。田疇四十六歲時去世。他的兒子也死得早。文帝即帝位，尊崇田疇的品德道義，賜田疇的姪孫田續關內侯的爵位，作為他的後嗣。

5　王脩，字叔治，北海郡營陵縣人。七歲時母親去世。母親在社日這天去世，第二年社日鄰里祭祀土神，王脩思念母親，十分哀傷。鄰里們聽說了此事，便停止了祭祀。二十歲時，到南陽遊學，住在張奉家。張奉全家人患病，沒有人來看望，王脩憐憫他們，悉心照料，到他們全家病好了這才離去。初平年間，北海相孔融徵召他擔任主簿，代理高密縣令。高密縣孫氏一向強橫任俠，他的家人門客屢犯法令。百姓有被搶劫的，賊人逃入孫氏家中，官吏們不敢捉拿。王脩帶領官吏百姓包圍了孫家，孫氏抗拒堅守，官吏百姓畏懼，不敢靠近，王脩命令官吏百姓：「有膽敢不攻打的人，與賊人同罪。」孫氏害怕了，便把賊人交出來。從此地方上強橫霸道的人都畏懼屈服。王脩被薦舉為孝廉，他推讓給邴原，孔融不答應。當時天下大亂，王脩沒有成行。不久，郡中有人反叛。王脩得知孔融有危難，連夜奔赴孔融那裏。盜賊剛發生時，孔融對身邊的人說：「能夠冒著危險來救助我的，只有王脩而已！」話剛說完，王脩就來了。王脩再次代理郡功曹。當時膠東多有賊寇，又命令王脩代理膠東縣令。膠東人公沙盧宗族強大，自己修建了營壘壕溝，不服從官府的徵調。王脩獨自率領數名騎兵逕入公沙盧家，斬殺公沙盧的兄弟，公沙家族的人驚恐得沒有人敢行動。王脩安撫了其他的人，從此盜賊活動稍有收斂。孔融每次有難，王脩即使休假在家，沒有不去拯救他的。孔融常依靠王脩幫助得以免除禍患。

6　袁譚在青州時，徵召王脩任治中從事，別駕劉獻屢次詆毀王脩。後來劉獻因犯罪判處死刑，王脩審理這件案子，劉獻得免死罪。當時人因此更加讚美王脩。袁紹又徵召王脩擔任即墨縣令，後來又任袁譚的別駕。袁紹死後，袁譚、袁尚有嫌隙。袁尚攻打袁譚，袁譚軍隊戰敗，王脩率領吏民百姓前去救援袁譚。袁譚高興的說：「保全我軍的人，是王別駕啊。」袁譚兵敗時，劉詢在漯陰起兵，各城全都響應。袁譚嘆息說：「如今全州都背叛我，難道是我沒有德行嗎！」王脩說：「東萊太守管統雖然在海邊，這個人不會反叛，肯定會來。」十多天後，管統果然拋妻棄子前來奔赴袁譚，妻兒被賊寇殺害，袁譚改任管統為樂安太守。袁譚又想攻打袁尚，王脩勸諫說：「兄弟相互攻擊，是失敗滅亡之路啊。」袁譚聽了很不高興，但他了解王脩的志向節操。後來又問王脩：「有什麼計謀？」王脩說：「兄弟，如同左右手。譬如一個人將要與人搏鬥卻砍斷他的右手，而說『我肯定勝利』，像這樣可以取勝嗎？拋棄兄弟而不親愛，天下還有什麼人可親愛呢！屬下有撥弄是非的人，必定會在中間挑起爭鬥，來求取一時的利益，希望明智的大人塞住耳朵不要聽信啊。如果殺掉幾個巧言獻媚的下屬，兄弟又互相親愛和睦，用來抵禦四面八方的侵擾，就可以橫行於天下了。」袁譚沒有聽從，便與袁尚相互攻擊，向太祖請求救援。太祖攻下冀州後，袁譚又背叛太祖。太祖便率軍在南皮攻打袁譚。王脩當時在樂安運糧，聽到袁譚處境危急，帶領他統率的軍隊和各從事幾十人奔赴袁譚。到達高密，聽說袁譚被殺，下馬號啕大哭說：「沒有您我歸向何處呢？」於是前往太祖那裏，請求收殮袁譚的屍體埋葬。太祖想觀察王脩的意圖，便默不作聲。王脩又說：「我蒙受袁氏的深厚恩德，如果能夠收殮袁譚的屍體，然後被殺，也沒有什麼遺憾。」太祖嘉許他的義氣，答應了他。後來任用王脩為運糧督軍，返回樂安。袁譚戰敗時，各城全都降服，只有管統固守樂安沒有歸服。太祖命令王脩去取管統的首級。王脩認為管統是亡國的忠臣，因此替他鬆了綁，叫他前去拜見太祖，太祖高興的赦免了他。袁氏政令寬鬆，有職有勢的人都積聚了很多財富。太祖攻下鄴城，抄沒了審配等人的家產數以萬計。等到攻下南皮，檢視王脩家，穀物卻不足十斛，只有書數百卷。太祖嘆息著說：「氣節之士不是虛有其名。」於是以禮徵召王脩為司空掾，代理司金中郎將，升任魏郡太守。王脩治理政務，抑制豪強，扶持弱小，賞罰分明，百姓稱讚他。魏國建立後，王脩擔任大司農、郎中令。太祖討論實行肉刑，王脩認為當時不能推行，太祖採納了他的意見。王脩轉任奉常。此後嚴才反叛，與他的部屬幾十人攻打魏王宮的旁門。王脩聽說發生變亂，召集的車馬沒有到來，便帶領官屬步行到宮門。太祖在銅爵臺遠遠望見他，說：「那個前來的人一定是王叔治。」相國鍾繇對王脩說：「按舊例，京城發生變亂，九卿都待在各自的官府。」王脩說：「吃國家的俸祿，怎麼能躲避禍難呢？守在官府雖然是舊例，但不是拯救國難的正義行為。」不久，王脩病死於任上。他的兒子王忠，官至東萊太守、散騎常侍。當初，王脩在高柔二十歲時就認為他將來會有出息，王基還在幼童時王脩就看出他與眾不同，最後二人都位至高官，世人稱讚王脩有知人之明。

1 邴原，字根矩，北海朱虛❶人也。少與管寧俱以操尚稱，州府辟命皆不就。黃巾❷起，原將家屬入海，住鬱洲❸山中。時孔融為北海相，舉原有道❹。原以黃巾方盛，遂至遼東，與同郡劉政俱有勇略雄氣。遼東太守公孫度畏惡欲殺之，盡收捕其家，政得脫。度告諸❺縣：「敢有藏政者與同罪。」政窘急，往投原，原匿之月餘，時東萊太史慈❻當歸，原因以政付之。既而謂度曰：「將軍前日欲殺劉政，以其為己害。今政已去，君之害豈不除哉！」度曰：「然。」原曰：「君之畏政者，以其有智也。今政已免，智將用矣，尚奚❼拘政之家？不若赦之，無重怨。」度乃出之。原又資送❽政家，皆得歸故郡。原在遼東，一年中往歸原居者數百家，游學之士，教授之聲，不絕。

2 後得歸，太祖辟為司空掾。原女早亡，時太祖愛子倉舒亦沒，太祖欲求合葬，原辭曰：「合葬，非禮也。原之所以自容於明公❾，公之所以待原者，以能守訓典❿而不易也。若聽明公之命，則是凡庸也，明公焉以為哉？」太祖乃止，徙署丞相徵事⓫。崔琰為東曹掾⓬，記讓⓭曰：「徵事邴原、議郎張範⓮，皆秉德純懿⓯，志行忠方⓰，清靜足以厲俗⓱，貞固足以幹事⓲，所謂龍翰鳳翼⓳，國之重寶。舉而用之，不仁者遠。」代涼茂為五官將長史，閉門自守，非公事不出。太祖征吳，原從行，卒。

3 是後大鴻臚鉅鹿張泰、河南尹扶風龐迪以清賢稱[20]，永寧太僕東郡張閣以簡質聞[21]。

4 管寧，字幼安，北海朱虛人也。年十六喪父，中表[22]愍其孤貧，咸共贈賵[23]，悉辭不受，稱財[24]以送終。長八尺[25]，美須眉。與平原[26]華歆、同縣邴原相友，俱游學於異國，並敬善陳仲弓。天下大亂，聞公孫度令行於海外，遂與原及平原王烈等至於遼東。度虛館以候之。既往見度，乃廬於山谷[27]。時避難者多居郡南，而寧居北，示無遷志，後漸來從之。太祖為司空，辟寧，度子康絕命不宣[28]。

5 王烈者，字彥方，於時名聞在原、寧之右[29]。辭公孫度長史，商賈自穢[30]。太祖命為丞相掾，徵事，未至，卒於海表。

6 中國[31]少安，客人皆還，唯寧晏然[32]若將終焉。黃初四年，詔公卿舉獨行君子[33]，司徒華歆薦寧。文帝即位，徵寧，遂將家屬浮海還郡，公孫恭送之南郊，加贈服物。自寧之東也，度、康、恭前後所資遺[34]，皆受而藏諸[35]。既已西渡，盡封還之。詔以寧為太中大夫，固辭不受。明帝即位，太尉華歆遜位讓寧，遂下詔曰：「太中大夫管寧，耽懷道德，服膺六藝[36]，清虛足以侔古[37]，廉白可以當世[38]。曩遭王道衰缺，浮海遁居，大魏受命，則襁負而至，斯蓋應龍潛升[39]之道，聖賢用舍[40]之義。而黃初以來，徵命屢下，每輒辭疾，拒違不至。豈朝廷之政，與生殊趣，將安樂山林，往而不能反[41]乎！夫以姬公[42]之聖，而耇德[43]不降，則鳴鳥弗聞。以秦穆[44]之賢，猶思詢乎黃髮[45]。況朕寡德，曷能不願聞道于子大夫哉！今以寧為光祿勳[46]。禮有大倫[47]，君臣之道，不可廢也。望必速至，稱朕意焉[48]。」

又詔青州刺史曰：「寧抱道懷貞[49]，潛翳海隅[50]，比下徵書[51]，違命不至，盤桓利居[52]，高尚其事。雖有素履[53]幽人之貞，而失考父茲恭[54]之義，使朕虛心引領[55]歷年，其何謂邪？徒欲懷安，必肆其志[56]，不惟古人亦有翻然改節以隆斯民[57]乎！日逝月除，時方已過，澡身浴德[58]，將以曷為？仲尼有言：『吾非斯人之徒與而誰與哉[59]！』其命別駕從事郡丞掾[60]，奉詔以禮發遣寧詣行在所[61]，給安車、吏從、茵蓐、道上廚食[62]，上道先奏。」寧稱草莽臣[63]上疏曰：「臣海濱孤微[64]，罷農無伍，祿運[65]幸厚。橫蒙陛下纂承洪緒[66]，德侔三皇[67]，化溢有唐[68]。久荷渥澤[69]，積祀一紀[70]，不能仰答陛下恩養之福。沉委篤痾[71]，寢疾彌留[72]，逋違臣隸顛倒[73]之節，夙宵[74]戰怖，無地自厝[75]。臣元年十一月被公車司馬令[76]所下州郡，八月甲申詔書徵臣，更賜安車、衣被、茵蓐，以禮發遣，光寵並臻[77]，優命[78]屢至，怔營竦息[79]，悼心失圖[80]。思自陳聞，申展愚情，而明詔抑割[81]，不令稍脩章表，是以鬱滯，訖于今日。誠謂乾覆[82]，恩有紀極[83]，不意靈潤[84]，彌以隆赫[85]。奉今年二月被州郡所下三年十二月辛酉詔書，重賜安車、衣服，別駕從事與郡功曹以禮發遣，又特被璽書，以臣為光祿勳，躬秉勞謙，引喻周、秦[86]，損上益下。受詔之日，精魄飛散，靡所投死。臣重自省揆[87]，德非園、綺[88]而蒙安車之榮，功無竇融[89]而蒙璽封之寵，楶棁駑下[90]，荷棟梁之任，垂沒之命，獲九棘[91]之位，懼有朱博鼓妖之眚[92]。又年疾日侵，有加無損，不任扶輿進路以塞元責[93]。望慕閶闔[94]，徘徊闕庭[95]，謹拜章陳情，乞蒙哀省，抑恩聽放，無令骸骨填於衢路[96]。」自黃初至于青龍[97]，徵命相仍，常以八月賜牛酒[98]。詔書問青州刺史程喜：「寧為守節高乎，審老疾尪頓[99]邪？」喜上言：「寧有族人管貢為州吏，與寧鄰比，臣常使經營消息。貢說：『寧常著皁[100]帽、布襦袴、布裙，隨時單複[101]，出入閨庭，能自任杖，不須扶持。四時祠祭，輒自力彊，改加衣服，著絮巾，故在遼東所有白布單衣，親薦饌饋[102]，跪拜成禮。寧少而喪母，不識形象，常特加觴[103]，泫然[104]流涕。又居宅離水七八十步，夏時詣水中澡灑手足，闚於園圃。』臣揆寧前後辭讓之意，獨自以生長潛逸[105]，耆艾[106]智衰，是以棲遲[107]，每執謙退。此寧志行所欲必全，不為守高。」

7 正始(108)二年，太僕陶丘一、永寧衛尉(109)孟觀、侍中(110)孫邕、中書侍郎(111)王基薦寧曰：

8 「臣聞龍鳳隱耀(112)，應德而臻，明哲潛遁，俟時而動。是以鸑鷟鳴岐(113)，周道興隆(114)，四皓(115)為佐，漢帝用康(116)。伏見(117)太中大夫管寧，應二儀之中和(118)，總九德(119)之純懿，含章素質(120)，冰潔淵清(121)，玄虛澹泊，與道逍遙；娛心黃老(122)，游志(123)六藝，升堂入室(124)，究其閫奧(125)，韜(126)古今於胸懷，包道德之機要。中平(127)之際，黃巾陸梁(128)，華夏傾蕩，王綱弛頓。遂避時難，乘桴(129)越海，羈旅遼東三十餘年。在乾之姤(130)，匿景(131)藏光，嘉遁(132)養浩，韜韞(133)儒墨(134)，潛化傍流(135)，暢於殊俗(136)。

9 「黃初四年，高祖文皇帝(137)疇諮羣公，思求雋乂(138)，故司徒華歆舉寧應選，公車特徵，振翼遐裔(139)，翻然來翔。行遇屯厄(140)，遭罹疾病，即拜太中大夫。烈祖明皇帝(141)嘉美其德，登(142)為光祿勳。寧疾彌留，未能進道。今寧舊疾已瘳(143)，行年八十，志無衰倦。環堵篳門(144)，偃息(145)窮巷，飯鬻(146)餬口，并日而食(147)，吟詠詩書，不改其樂。困而能通，遭難必濟，經危蹈險，不易其節，金聲玉色，久而彌彰。揆其終始，殆天所祚(148)，當贊大魏，輔亮雍熙(149)。袞職(150)有闕，羣下屬望(151)。昔高宗刻象(152)，營求賢哲，周文啟龜(153)，以卜良佐。況寧前朝(154)所表，名德已著，而久棲遲，未時引致，非所以奉遵明訓(155)，繼成前志也。陛下踐阼，纂承洪緒。聖敬(156)日躋，超越周成(157)。每發德音(158)，動諮師傅(159)。若繼二祖招賢故典(160)，賓禮儁邁(161)，以廣緝熙(162)，濟濟(163)之化，侔於前代。

10 「寧清高恬泊，擬跡前軌(164)，德行卓絕，海內無偶。歷觀前世玉帛所命(165)，申公、枚乘、周黨、樊英(166)之儔，測其淵源(167)，覽其清濁，未有厲俗獨行若寧者也。誠宜束帛加璧(168)，備禮徵聘，仍授几杖(169)，延登東序(170)，敷陳墳素(171)，坐而問(172)道，上正璇璣(173)，協和皇極(174)，下阜羣生(175)，彝倫攸敘(176)，必有可觀，光益大化。若寧固執匪石(177)，守志箕山(178)，追迹洪崖(179)，參蹤巢、許(180)。斯亦聖朝同符唐、虞，優賢揚歷(181)，垂聲千載。雖出處殊塗(182)，俯仰(183)異體，至於興治美俗，其揆一也。」

11 於是特具安車蒲輪(184)，束帛加璧聘焉。會寧卒，時年八十四。拜子邈郎中(185)，後為博士(186)。初，寧妻先卒，知故(187)勸更娶，寧曰：「每省曾子(188)、王駿(189)之言，意常嘉之，豈自遭之而違本心哉？」

【章　旨】以上記述了邴原和管寧二人的事跡。邴原之忠正、清廉，不扳附富貴，以能幹而著稱；管寧之苦守清節，不慕富貴，曹魏政權多次優禮相加，仍不出仕。高蹈守節，出於至誠。

【注　釋】❶朱虛　縣名。治所在今山東臨朐東南。❷黃巾　東漢末張角軍，以黃巾包頭，故稱黃巾軍。❸鬱洲　又名田橫島，相傳秦末田橫曾居此。在今山東連雲港市東雲臺山一帶。❹有道　漢代選拔官員的科目之一。選拔道德才藝之士為官。❺諸　原作「州」。《三國志集解》云：「宋本、元本『州』作『諸』。」今從宋元舊刻。❻太史慈　字子義，東萊黃（今山東龍口）人。先為郡吏，坐事避禍遼東，後歸孫策，為建昌都尉。為人善射，箭不虛發。❼奚　為什麼。❽資送　資助財物。❾明公　對權貴長官的尊稱。❿訓典　古代先王的典則。⓫徵事　丞相府之屬官。裴注引《獻帝起居注》曰：「建安十五年，初置徵事二人，原與平原王烈俱以選補。」⓬崔琰為東曹掾　崔琰，字季珪，東武城（今山東武城東北）人。曾學於鄭玄，先歸袁紹，後歸曹操，官至中尉。後受讒，被曹操賜死。崔琰儀表堂堂，甚有威儀，曾做曹操替身以接見匈奴使者。東曹掾，丞相府之屬官。⓭記讓　即上奏記而謙讓。奏記，屬官向長官、百姓向州郡上書，都稱奏記。⓮張範　字公儀，脩武（今河南獲嘉）人。仕魏，為議郎、參丞相軍事。太祖出征，他與邴原輔世子留守。⓯秉德純懿　品德純美。⓰忠方　忠誠正直。⓱厲俗　激勵世俗。⓲貞固足以幹事　語出《易經．乾卦》。幹事，本指能圓滿的辦好事情，後世稱幹練的辦事才能為幹事。⓳龍翰鳳翼　猶言龍飛鳳翔。⓴大鴻臚句　裴注引荀綽《冀州記》曰：「鉅鹿張貔，字邵虎。祖父泰，字伯陽，有名於魏。父邈，字叔遼，遼東太守。著名〈自然好學論〉，在《嵇康集》。為人弘深有遠識，恢恢然，使求之者莫之能測也。宦歷二(官)〔宮〕，元康初為城陽太守，未行而卒。」大鴻臚，官名。九卿之一。掌襄贊禮儀及接待少數民族人物。鉅鹿，郡名。治所在今河北寧晉西南。扶風，郡名。治所在今陝西興平東南。㉑永寧太僕句　此句下原有以下一段文字：「杜恕著《家戒》稱閣曰：『張子臺，視之似鄙樸人，然其心中不知天地間何者為美，何者為好，敦然似如與陰陽合德者。作人如此，自可不富貴，然而患禍當何從而來？世有高亮如子臺者，皆多力慕，體之不如也。』」據《三國志集解》引李慈銘說，此係裴松之注誤為正文。永寧，即永寧宮，漢代為皇太后所居之宮。太僕，官名。九卿之一。掌皇帝的車馬。此處張閣所任之太僕，專掌皇太后的車馬。東郡，郡名。治所在今河南濮陽。㉒中表　稱姑母的兒女為外表，舅父、姨母的兒女為內表，互稱中表。㉓賵　助葬用的如車馬束帛等財物。㉔稱財　根據自己的財力。㉕尺　漢代的一尺當今二十三點二公分。㉖平原　郡名。治所在今山東平原南。㉗廬於山谷　在山谷中結廬而居。㉘絕命不宣　扣押曹操的召命文書不予宣布。㉙右　古代以右為上。㉚商賈自

穢　以經商來自汙。古時賤視商人，故以商自汙。(31)中國　指中原地區。(32)晏然　安然。(33)獨行君子　操行高尚的人。「獨行」也是漢代選拔人才科目之一，漢武帝元狩六年曾「舉獨行之君子，徵至行在所」。《後漢書》有〈獨行傳〉。(34)資遺　贈送財物。(35)藏諸　即藏儲。(36)六藝　指儒家的六種經典，即：《詩》、《書》、《禮》、《樂》、《易》、《春秋》。(37)侔古　比肩古人。(38)當世　即用世。(39)應龍潛升　應龍，古代神話中為有翼的龍，五百年為角龍，又千年為應龍，是一種吉祥的神物。潛升，潛伏或飛騰，喻隱居或出仕。(40)用舍　即用行捨藏。《論語・述而》：「子謂顏淵曰：『用之則行，舍之則藏，唯我與爾有是夫！』」即：任用我即行王道，不用我則藏智以待時。(41)反　通「返」。(42)姬公　即周公，西周初年政治家。周武王之弟，曾助武王滅商。武王死後，由他攝政，相傳他制禮作樂，建立各種典章制度。是古代聖賢之一。(43)耇德　高年有德之人。(44)秦穆　即秦穆公，春秋時秦國君主，西元前六五九—前六二一年在位。他在位時，任用百里奚等，曾俘晉惠公，滅梁、芮兩國。後又向西發展，滅十二國，稱霸西戎。(45)黃髮　指高年老人。(46)光祿勳　官名。即郎中令，掌宿衛侍從。(47)大倫　人倫大道。指人與人關係的根本準則。(48)稱朕意焉　使我稱心如意。朕，古代皇帝自稱。(49)抱道懷貞　堅持道義，心繫貞操。(50)潛翳海隅　隱蔽於天涯海角。(51)比下徵書　連連下發徵召文書。(52)盤桓利居　徘徊於便利之處。(53)素履　淳樸的行為。(54)考父茲恭　典出《左傳》昭公七年：「及正考父佐戴、武、宣，三命茲益恭。」正考父為宋國大夫，三次任命，官至上卿，更加謙恭。茲，通「滋」。更加。(55)引領　翹首盼望。(56)肆其志　縱其情，快其意。(57)隆斯民　使百姓興盛。(58)澡身浴德　高潔其身，修養品德。(59)吾非斯人之徒與而誰與哉　語出《論語・微子》。意為：我不同這樣的人在一起又同誰在一起呢。(60)郡丞掾　郡太守的助手。(61)行在所　皇帝出京所在之地稱行在所。(62)給安車句　安車，一馬所駕的舒適小車。茵蓐，褥墊。廚食，供應豐美的飲食。(63)草莽臣　與朝廷臣相對。《孟子・萬章下》：「在國曰市井之臣，在野曰草莽之臣。」(64)孤微　弱勢輕微之人。(65)祿運　猶言官運。(66)纂承洪緒　繼承大統。(67)三皇　說法不一，一般指伏犧、神農、黃帝。(68)有唐　「有」字無義。唐，指陶唐氏帝堯。(69)渥澤　即恩澤。(70)積祀一紀　祀，即「年」。一紀，十二年為一紀。(71)篤痾　重病。(72)彌留　久病且死。(73)逋違臣隸顛倒　違背了作為臣子的品德。逋違，違背。臣隸，臣子、奴僕。顛倒，猶顛沛，《論語・里仁》：「君子無終食之間違仁，造次必於是，顛沛必於是。」(74)夙宵　早晚。(75)自厝　自容。(76)公車司馬令　官名。其職掌之一是負責朝廷的徵召，接待被徵來京士人。(77)臻　至。(78)優命　優遇的詔命。(79)怔營竦息　恐懼不安。(80)悼心失圖　傷心得沒了主意。(81)抑割　折止；拒絕。(82)乾覆　皇上恩澤所及。乾，天，指天子。覆，蓋。(83)紀極　極限。(84)靈潤　皇上的恩澤。(85)彌以隆赫　更加崇高顯著。(86)周秦　指上文周朝的周公和秦國的秦穆公。(87)揆　衡量。(88)園綺　即漢初的東園公和綺里季。二人為「商山四皓」中人。四皓為當時德高望重的隱士，劉邦求之而不得。劉邦欲廢太子劉盈，商山四皓出山輔佐劉盈，劉邦才打消廢太子的念頭。(89)竇融　東漢初年大臣。曾向光武帝劉秀獻馬，劉秀賜以璽書，並任其為涼州牧。事見《後漢書・竇融傳》。(90)楶棁駑下　比喻小材。《漢書・敘傳》引班彪《王命論》有「楶棁之材不荷棟梁之任」之語，即此處所本。楶棁，柱頭斗拱與梁上短柱。(91)九棘　指九卿。魏明帝有任管寧為光祿勳之命，光祿勳為九卿之一，故云。相傳古代羣臣上朝時，立九棘為標幟，區別等級地位。《周禮・秋官・朝士》：「左九棘，孤、卿、大夫位焉；……右九棘，公、侯、伯、子、男位焉。」(92)朱博鼓妖之眚　事見《漢書・五行志》。哀帝建平二年（西元前五年），御史大夫朱博被任為丞相，在接受任命之時，忽有大聲如鐘鳴。黃門郎揚雄、李尋以為是《尚書・洪範》所說的鼓妖作怪，應在大臣不當晉升。不久朱博坐罪自殺。眚，災異。(93)扶輿進路以塞元責　意為：病弱之身禁不住進京路上的顛簸，以充當重任。扶輿，盤旋；顛簸。進路，進京之路。元責，大責。(94)閶闔　皇宮之正門。(95)闕庭　宮廷。(96)衢路　大路。(97)青龍　魏明帝曹叡年號，西元二三三—二三七年。(98)牛酒　牛和酒。對高年賜牛酒是一種常例。(99)尪頓　衰弱不堪。(100)皁　黑色。(101)單複　單衣和裌衣。(102)親薦饌饋　親自供上祭祀的食物。(103)觴盛滿酒的酒杯。(104)泫然　淚流滿面。(105)潛逸　隱逸。(106)耆艾　年紀老邁。(107)棲遲　淹留；隱遁。(108)正始　魏齊王曹芳年號，西元二四〇—二四九年。(109)永寧衛尉　主永寧宮警衛。衛尉，官名。九卿之一，掌管宮門禁衛，主南軍。(110)侍中　官名。侍從皇帝左右，出入宮廷。(111)中書侍郎　為中書省長官中書監、中書令之副，掌通奏。(112)隱耀　隱藏光影。(113)鸑鷟鳴岐　《國語・周語上》：「周之興也，鸑鷟鳴于岐山」。鸑鷟，鳳鳥的別稱。岐，岐山，在今陝西岐山縣東北。(114)興隆　《三國志集解》云：「宋本作『隆興』。」(115)四皓　指秦末漢初的四位隱士，東園公、甪里先生、綺里季、夏黃公。因隱居商山，故稱。(116)用康　因而得安於位。(117)伏見　猶言「我以為」。臣下對皇帝陳述自己的看法時，往往用「伏見」起首，以表謙敬。(118)二儀之中和　二儀，指天地、陰陽。中和，中庸之道。儒家以為能致中和，則無事不達於和諧的境界。《禮記・中庸》：「喜怒哀樂之未發謂之中，發而皆中節謂之和……致中和，天地位焉，萬物育焉。」(119)九德　九種品德，即忠、信、敬、剛、柔、積、固、貞、順。(120)含章素質　含章，含美於內，即內在之美。素質，本質。(121)冰潔淵清　即冰潔水清。(122)黃老　黃帝和老子的學說。道家以黃帝、老子為祖，因稱道家學說為黃老之學。(123)游志　留心。(124)升堂入室　指學問造詣精深。語出《論語・先進》：「由（人名）也升堂矣，未入於室。」(125)閫奧　本指內室深隱處，此處引申為深奧的境界。(126)韜　用為動詞，囊括。(127)中平　東漢靈帝劉宏年號，西元一八四—一八九年。(128)陸梁　猖獗。(129)乘桴　《論語・公冶長》：「子曰：道不行，乘桴浮於海。」以喻避世。桴，竹木所編的小筏。(130)在乾之姤　意謂：管寧在兵亂中，避居海表，韜光養晦。乾，為《周易・乾卦》，六十四卦之一。其辭曰「潛龍勿用」。姤，為《周易・姤卦》，亦六十四卦之一，其辭曰「柔遇剛也。」[131]景　通「影」。[132]嘉遁　合乎道義的退隱。[133]韜韞　掩藏。[134]儒墨　儒家和墨家。[135]傍流　指諸子百家之學說。[136]殊俗　即殊域。[137]高祖文皇帝　魏文帝曹丕，廟號高祖。[138]雋乂　才俊之士。[139]遐裔　邊遠地區。[140]屯厄　艱難困苦。[141]烈祖明皇帝　魏明帝曹叡，廟號烈祖。[142]登　升。[143]瘳　病癒。[144]環堵篳門　環堵，四周土圍牆。篳門，荊條竹片編的籬笆門。[145]偃息　安居。[146]鬻　「粥」的本字。[147]并日而食　隔一天吃一頓飯。[148]殆天所祚　大概是上天所賜之福。[149]雍熙　和樂之世。[150]袞職　三公之職。古代三公著繡袞龍的禮服，因稱三公之職為袞職。[151]屬望　注望；注目。[152]高宗刻象　高宗為商朝國王武丁。據說高宗曾夢見賢人，醒後刻其像求之民間，果然找到那位賢人。見《尚書・說命上》。[153]周文啟龜　周文王用龜背占卜，以求得良佐。[154]前朝　指魏文帝、魏明帝時。[155]明訓　聖賢的教導。這裏指魏文帝、魏明帝有關的詔令。[156]聖敬　聖明威嚴。[157]周成　即周成王。周朝在周成王、周康王之時，被後世稱為「盛世」。[158]德音　聖德之音。[159]師傅　師傅之官為皇帝道德學問的輔佐官員，如太師、太傅。此職大都為大臣的加官，無實際職守。[160]二祖招賢故典　指二祖招賢的詔令。二祖，指高祖文帝、烈祖明帝。故典，舊有的成憲。[161]儁邁　才高年邁者。[162]緝熙　光明盛世。[163]濟濟　盛大美好。[164]擬跡前軌　遵循前代聖賢的軌跡。[165]玉帛所命　被朝廷所徵召的人才。玉帛為徵召時的贈禮。[166]申公枚乘句　申公，西漢魯人，以《詩》授徒而知名。八十多歲時，漢武帝以安車蒲輪徵召。見《漢書・儒林傳》。枚乘，西漢淮陰人，以文賦知名。為漢武帝所徵召。見《漢書・枚乘傳》。周黨，後漢太原廣武人，二次為光武帝所徵召。見《後漢書・逸民列傳》。樊英，後漢魯陽人。習京氏《易》，兼明《五經》，漢順帝徵至，賜几杖，待以師傅之禮。見《後漢書・方術列傳》。[167]淵源　學術淵源。[168]束帛加璧　束帛之上加玉璧，古代聘問的重禮。帛五匹為束。[169]几杖　几案與手杖。供老年人依靠和行路之用。[170]東序　為古代最高教育學術機構。因其在王宮之東，故稱東序。[171]墳素　相傳古代有典籍「三墳」、「五典」、「八索」（素）、「九丘」之目，故以墳素代稱典籍。[172]問　《三國志集解》云：「宋本『問』作『論』。」[173]璇璣　用玉為飾的天體觀測儀器，即渾儀的前身，古代測天文以正四時。這裏引申為協調政事。[174]皇極　帝王統治的準則。[175]下阜羣生　使百姓富足興旺。羣生，百姓。[176]彝倫攸敘　意謂：使自然、社會和人的關係順暢，不失其序。彝倫，為天地人之間的關係。攸，所。敘，序；順暢。[177]匪石　即「非石」，比喻意志堅定，不可更改。《詩經・邶風・柏舟》：「我心匪石，不可轉也。」意為：我的心不是石頭，石雖堅尚可轉動，我心堅不可轉。[178]守志箕山　此用許由之典。相傳帝堯要把君位讓給許由，他逃至箕山隱居。堯又請他做九州長官，他以水洗耳，不願聽到。[179]洪崖　上古仙人。一說為黃帝之臣，一說堯時已三千歲。隱居西山洪崖。[180]參蹤巢許　效法巢父、許由的行事。[181]揚歷　表彰其事跡。

182 出處殊塗　出仕和隱居道路不同。183 俯仰　在下和在上，與上文之「出處」相應。184 蒲輪　在車輪上裹蒲草以減震，以示對被徵者禮敬。185 郎中　官名。掌皇帝的車、騎、門戶，內充侍衛，外從作戰。186 博士　官名。漢武帝置《五經》博士，掌經學傳授。187 知故　知交舊友。188 曾子　名參，春秋魯國人，孔子弟子，以孝著稱。其妻死，不再娶，人問其故。他回答：二子俱佳，不須再娶。見《韓詩外傳》。189 王駿　西漢人。喪妻不再娶，人問之，答曰：「德非曾子，何敢再娶！」見《漢書・王吉傳》。

【語　譯】 邴原，字根矩，北海國朱虛縣人。年少時與管寧都以節操高尚著名。州府徵召都不前往就職。黃巾軍起事，邴原帶領他的家屬逃亡入海，住在鬱洲山中。當時孔融擔任北海國相，以「有道」科目薦舉邴原。邴原認為黃巾軍勢力正盛，便到了遼東。他與同郡人劉政都有勇有謀，一身英雄氣概。遼東太守公孫度又畏懼又憎恨劉政，想殺掉他，逮捕劉政全家，劉政逃脫了。公孫度告誡各縣：「膽敢藏匿劉政的人，與他同罪。」劉政窘迫危急，前往投奔邴原，邴原藏匿了他一個多月。當時東萊郡的太史慈要返回故里，邴原趁機把劉政託付給他。然後對公孫度說：「將軍前些日子要殺死劉政，認為他是您的禍害。現在劉政已經離去，您的禍害豈不是除掉了嗎！」公孫度說：「是的」。邴原說：「您之所以懼怕劉政，是因為他有智略。現在劉政已經逃走，他的智謀將得以施展了，為什麼還要扣留劉政的家人呢？不如赦免他們，不要加深怨恨。」公孫度於是釋放了劉政家屬。邴原又資助劉政的家屬，讓他們都返回故里。邴原在遼東時，一年中前往歸附他的有幾百家，遊學的士人來往不斷，傳授學業的讀書聲琅琅不絕。

2 後來邴原得以從遼東返回，太祖征召他任司空掾。邴原的女兒早死，當時太祖心愛的兒子倉舒也死了，太祖想把他們合葬，邴原推辭說：「冥婚合葬，不符合禮儀。我邴原之所以能在您這裏安身，您曹公之所以這樣對待我，是因為您我都能堅守先賢教導的禮儀典則而不變啊。如果我聽從您的命令，那就是凡夫俗子了，您怎麼會這麼做呢？」太祖於是作罷，調邴原代理丞相徵事。崔琰擔任東曹掾，上奏記謙讓說：「徵事邴原、議郎張範，都懷有純美的品德，行為志向忠誠端正，清廉沉靜，足以激勵世俗，堅守正道，足以辨好事情，他們是人們所說的龍飛鳳翔，是國家的重要珍寶。推舉並任用他們，沒有仁德的人就會遠離。」邴原取代涼茂擔任五官將長史，閉門自守，不是公務就不外出。太祖征伐吳國，邴原隨從出征，死於軍中。

3 此後大鴻臚鉅鹿人張泰、河南尹扶風人龐迪因清廉賢良聞名，永寧宮太僕東郡人張閣因為簡樸質實而聞名。

4 管寧，字幼安，北海國朱虛縣人。十六歲時父親去世，表兄弟憐憫他孤弱貧苦，都送了助葬的物品，他全都辭謝沒有收受，以自己有限的財力安葬了父親。管寧身高八尺，鬍鬚眉毛都長得很美。與平原郡的華歆、同縣人邴原相友好，都在外地遊學，他們都敬重陳仲弓。天下大亂時，他們聽說公孫度的政令推行於海外，就與邴原及平原郡的王烈等人到了遼東。公孫度空出館舍等候他們。管寧前往會見公孫度後，就建屋住在山谷裏。當時避難的人大多住在郡南，可是管寧住在郡北，表示自己沒有遷移的打算，後來人們漸漸的來歸附他。太祖任司空時，徵召管寧，但公孫度的兒子公孫康將太祖的徵召令扣了下來，不向管寧宣布。

5 王烈，字彥方，在當時他的名聲在邴原、管寧之上。他辭去公孫度的長史一職，以經商糟蹋自己的名聲。太祖任命他為丞相掾、徵事，他沒有到任，死在遼東海邊。

6 中原稍微安定後，客居遼東的人都回返故鄉，只有管寧安然不動，像要在這裏終老。黃初四年，朝廷下詔公卿薦舉志節高尚的人，司徒華歆推薦了管寧。文帝即位，徵召管寧。於是管寧帶著家屬渡海回鄉，公孫恭送他們到南郊，贈給衣服物品。自從管寧到遼東後，公孫度、公孫康、公孫恭前後所贈送的財物，他都接受收藏起來。渡海西還時，他把這些財物原封不動的全部歸還他們。朝廷下詔任管寧太中大夫，管寧堅辭不受。明帝即位，太尉華歆讓位給管寧，就下詔書說：「太中大夫管寧，深懷道德，心繫六藝，清靜超脫，足以與古人比肩，廉潔清白，可以擔當重任。從前，遭逢王道衰敗，渡海隱居，現在大魏王朝承命立國，就攜兒帶女歸來，這正是應龍或潛或升的原則，聖賢用則行、捨則藏的道理。從黃初以來，多次下達徵召的命令，他每每託病推辭，違命拒不到任。難道朝廷的政事，與你的志趣不同，將安樂於山林，一去而不返嗎！以周公的聖明，年老有德之士不來歸依，那麼他也聽不到鳳鳥的鳴聲。以秦穆公的賢德，還想著諮詢老人。何況朕德行不夠，怎會不希望從你那兒聽到道義之論呢！現在任命管寧為光祿勳。禮制的人倫原則，君臣間的道義，是不可廢棄的。希望你一定迅速來京，滿足朕的心願。」又下令對青州刺史說：「管寧持守正義，胸懷貞操，隱居在海濱的角落，朝廷接連不斷下達徵召文書，他違命不肯前來，徘徊隱居之處，認為這是高尚之舉。雖然有淳樸隱士的節操，可是有違正考父恭謹接受任命的義理，使朕誠心誠意翹首盼望多年，他這是幹什麼呀？徒然想要貪圖安逸，一定要滿足自己的志向，不想想古人也有幡然改節以使百姓興盛的呀！日月流逝，時間正在過去，修養身心使之純潔，這樣究竟是為什麼？孔子說過：『我不和這樣的人在一起，還能與誰在一起呢！』」現在命令青州的別駕從事和北海郡的郡丞掾，敬捧詔書，按照禮儀送管寧到朕所在之處，供給他安車、吏從、茵蓐、路上飲食，上路之前事先奏報。」管寧自稱草莽臣上疏說：「臣是海濱孤單低下的人，一個疲弱的農夫，又無勢援，但幸虧官運很盛。現在遇到了陛下繼承大業的時機，陛下德行比得上三皇，教化超過了唐堯。長期蒙受陛下的恩澤，已經十二年，實在無法上報陛下恩養臣的福澤。臣深患重病，臥病久久不起，違背了臣隸應為君上奔走效力的節操，從早到晚戰戰兢兢，無地自容。臣於青龍元年十一月承公車司馬令下達徵召令到州郡，令中說八月甲申日，朝廷下詔徵召臣下，又賜給安車、衣被、茵蓐，按禮儀發送上路，榮耀恩寵並來，優遇的詔命屢至，使臣惶恐憂懼，內心傷感，主意不定。臣想上表向皇上說明情況，申明愚情。可是皇上下詔拒絕，不讓臣寫章上表，因此鬱結遲疑，直到今天。臣誠以為陛下天覆地載的恩德已達極致，沒想到主上恩澤，更加隆重彰顯。接到今年二月轉由州郡下達的三年十二月辛酉日的詔書，再賜臣安車、衣服，別駕從事與郡功曹按禮儀發送臣上路，又特別授臣加蓋玉璽的詔書，讓臣擔任光祿勳，皇上親自勞神，辭意謙和，援引周、秦之事相勸喻，損毀皇上的尊嚴，更加優寵臣下。接到詔書之日，臣魂飛魄散，尋死無處。臣重新自我省視衡量，臣沒有東園公、綺里季的德行，卻恩蒙安車的榮光，沒有竇融的功勞，卻承受璽書的寵耀，才能低下，卻被委以棟梁大任，年老垂死之軀，卻獲得九卿的高位，擔心會發生朱博鼓妖的災禍。臣年老經常患病，病情有增無減，不堪路途勞頓顛簸，去完成皇上交給的大任。臣仰慕宮門，心神徘徊於朝廷，謹呈上奏章，說明不能效忠的情由，乞蒙皇上憐憫省察，俯施恩澤，聽任臣自放在外，不要使屍骨委棄於道路。」從黃初年間到青龍年間，朝廷徵召他的詔令接連不斷，並常在每年八月賜他牛、酒。

朝廷下詔詢問青州刺史程喜：「管寧到底是堅守節操以為高尚？還是確實年老有病衰弱不堪？」程喜上奏說：「管寧族人管貢擔任州中小吏，與管寧是鄰居，我常讓他探察管寧的情況。管貢說：『管寧經常戴著黑帽，穿著布衣布裙，按時令季節換穿衣服，出入家門，能夠自扶拐杖行走，不用別人扶持。四時祭祀，常常自己勉力強行，換下衣服，繫上絮巾，穿上從遼東帶回的白布單衣，親自敬獻祭品，跪拜成禮。管寧年少時母親去世，他不記得母親的模樣，祭祀時常常特地在母親牌位前多奉一杯酒，淚流滿面。他的住室距離水邊七八十步，夏天到水中洗濯手足，常到菜園裏看看。』臣猜測管寧前後辭讓的想法，他認為自己長期生活在隱居的環境中，年紀老邁，智力衰減，因而隱遁不出，常抱謙讓退避之志。這是管寧想要保全自己的志向操行，並不是自命清高。」

7 正始二年，太僕陶丘一、永寧衛尉孟觀、侍中孫邕、中書侍郎王基薦舉管寧，說：

8 「臣等聽說，龍鳳隱藏牠的光彩，是要等有德之君而出，賢明聖哲的人隱居不仕，是等待時機而行動。因此鳳凰在岐山鳴叫，周朝就興隆起來，四皓出來輔佐，漢惠帝就地位穩固。我以為，太中大夫管寧的操行體現了天地二儀的中正和諧之道，具備了九種清純美好的德行，深含著文彩與樸素的品質，品德如冰之潔，如水之清，沉靜謙虛，寡欲恬淡，醉心於王道，安閒自得；以黃老學說愉悅心志，又遍究儒家六藝，升堂入室，造詣精深，探索精微道理，胸中藏有古今的韜略，囊括道德的精要。中平年間，黃巾軍猖獗，國家動盪傾覆，朝政廢弛衰敗。管寧躲避災難，乘船渡海，寄居遼東三十多年。在天下遭難之時，他韜光養晦，隱居以存養浩然之氣，蘊含融會儒墨二家的學說，又貫通諸子百家，使這些學說通行於偏遠地區。

9 「黃初四年，高祖文皇帝諮詢羣公，希望找到才能出眾的人，所以司徒華歆薦舉管寧應選，朝廷以公車特別徵召，管寧從邊遠的遼東振翅動身，翻然來歸，中途經歷艱難險阻，遭受疾病侵襲，朝廷立刻任命他為太中大夫。烈祖明皇帝嘉許讚美他的德行，升任他為光祿勳。管寧病重將死，沒能上路進京。現在他舊病已除，年紀將近八十，志行沒有衰退。家中四周土牆環圍，荊條作門，臥息窮巷，粥飯餬口，兩天吃一餐，吟《詩》誦《書》，不改自己的樂趣。他身處困境，卻心情暢快，遭遇禍難，必能渡過，歷經危困，不改節操，銅鐘之聲，美玉之色，時間越長越加彰顯。考察他的一貫表現，大概是上天賜予國家的人才，應當輔佐大魏，助成社會太平、百姓和樂的盛世。現在三公之職有缺，管寧是眾望所歸。以前，殷高宗刻了夢中聖賢的形象，來尋訪賢哲人士，周文王用龜占卜，以求賢良的輔佐。何況管寧是前朝所表彰的人，聲名德行已很顯赫，但長期淹留，沒有及時應召來朝，這不是遵從聖賢的教誨，繼承先王的遺志。陛下即位，繼承大業。聖望日益提高，超過了周成王。每當有所指示，都向太師、太傅諮詢。如能繼承二祖招納賢人的典範，禮遇俊傑長者，從而使仁德廣施，那麼我朝的聖明教化之功，就可以與前代媲美。

10 「管寧清高淡泊，遵循前賢的軌跡，德行卓越，海內無雙。遍觀前代朝廷所徵召的賢才，像申公、枚乘、周黨、樊英這類人物，觀察他們的學問深廣，考察他們品德的清濁，沒有像管寧那樣操行特出可以勸勵風俗的人。確實應以絹帛玉璧，以周延的禮節召請，並授給几杖，延請他進入太學，讓他講述各種經典，坐而論道，上可以協調政務，調理皇上施政的方針，下可以使百姓富足，使自然、社會和人的關係和諧，這樣一定會成效顯著，使聖賢教化發揚光大。假如管寧堅守自己的節操，堅決隱居不仕，追隨洪崖仙人，效法巢父、許由。這也說明我聖朝可與唐、虞相比，優禮賢人，表揚他們的事跡，這樣做就會名揚千古。雖然出仕、隱居不同，為民、為官相異，但對於興隆政教，優化風俗，作用是一致的。」

11 於是朝廷特地準備安車蒲輪，束帛加玉璧徵聘管寧。適逢管寧去世，享年八十四歲。朝廷任命管寧的兒子管邈為郎中，後來擔任博士。當初，管寧妻子先去世，老朋友勸他再娶，管寧說：「每當想到曾子、王駿的話，心裏常認為他們講得好，豈能自己遭遇這類事情時，便違背自己的本意呢？」

1 時鉅鹿❶張臶，字子明，潁川❷胡昭，字孔明，亦養志不仕。臶少游太學❸，學兼內外❹，後歸鄉里。袁紹前後辟命，不應，移居上黨❺。并州❻牧高幹表除樂平⑦令，不就，徙遁常山⑧，門徒且數百人，遷居任縣⑨。太祖為丞相，辟，不詣。太和⑩中，詔求隱學之士⑪能消災復異者，郡累上珩，發遣，老病不行。廣平⑫太守盧毓到官三日，綱紀⑬白承前致版⑭謁珩。毓教曰：「張先生所謂上不事天子，下不友諸侯者也。此豈版謁所可光飾⑮哉！」但遣主簿奉書致羊酒⑯之禮。青龍四年辛亥⑰詔書：「張掖郡玄川⑱溢涌，激波奮蕩，寶石負圖⑲，狀像靈龜⑳，宅㉑于川西，嶷然磐峙㉒，倉質素章㉓，麟鳳龍馬，煥炳㉔成形，文字告命㉕，粲然著明。太史令㉖高堂隆上言：古皇聖帝所未嘗蒙，實有魏之禎命㉗，東序之世寶㉘。」事頒㉙天下。任令于綽連齎㉚以問珩，珩密謂綽曰：「夫神以知來，不追已往，禎祥先見而後廢興從之。漢已久亡，魏已得之，何所追興徵祥乎！此石，當今之變異而將來之禎瑞也。」正始元年㉛，戴鵀之鳥㉜，巢珩門陰㉝。珩告門人曰：「夫戴鵀陽鳥㉞，而巢門陰，此凶祥也。」乃援琴歌詠，作詩二篇，旬日而卒，時年一百五歲。是歲，廣平太守王肅至官，教下縣曰：「前在京都，聞張子明，來至問之，會其已亡，致痛惜之。此君篤學隱居，不與時競，以道樂身。昔絳縣老人屈在泥塗㉟，趙孟升之，諸侯用㊱睦。愍其耆勤好道，而不蒙榮寵，書到，遣吏勞問其家，顯題門戶㊲，務加殊異，以慰既往，以勸將來。」

2　胡昭始避地冀州，亦辭袁紹之命，遁還鄉里。太祖為司空丞相，頻加禮辟。昭往應命，既至，自陳一介野生㊳，無軍國之用，歸誠求去。太祖曰：「人各有志，出處異趣，勉卒雅尚㊴，義不相屈。」昭乃轉居陸渾山㊵中，躬耕樂道，以經籍自娛。閭里㊶敬而愛之。建安二十三年，陸渾長㊷張固被書㊸調丁夫，當給漢中㊹。百姓惡憚遠役，並懷擾擾㊺。民孫狼等因興兵殺縣主簿，作為叛亂，縣邑殘破。固率將十餘吏卒，依昭住止，招集遺民，安復社稷㊻。狼等遂南附關羽。羽授印給兵，還為賊寇㊼，到陸渾南長樂亭，自相約誓，言：「胡居士㊽賢者也，一不得犯其部落㊾。」一川㊿賴昭，咸無怵惕。天下安輯，徙宅宜陽(51)。正始中，驃騎將軍(52)趙儼、尚書黃休、郭彝、散騎常侍荀顗、鍾毓、太僕庾嶷、弘農(53)太守何楨等遞薦昭曰：「天真高絜，老而彌篤。玄虛靜素，有夷、皓(54)之節。宜蒙徵命，以勵風俗。」至嘉平二年(55)，公車特徵，會卒，年八十九。拜子纂郎中。

初，昭善史書(56)，與鍾繇、邯鄲淳、衛覬、韋誕(57)並有名，尺牘(58)之迹，動見模楷焉。

【章　旨】以上為本卷記述的第四類人物，即張臶與胡昭。二人上不事天子，下不事諸侯，不以仕宦辱身，隱居授徒以終。

【注釋】❶鉅鹿 郡名。東漢治所在今河北寧晉西南。❷潁川 郡名。治所在今河南禹州。❸太學 中國古代的國立大學，漢武帝元朔五年（西元前一二四年）始置，立《五經》博士。❹內外 指經學和讖緯之學。❺上黨 郡名。東漢末治所在今山西長治北。❻并州 州名。治所在今山西太原西南。❼樂平 縣名。治所在今山西昔陽。❽常山 郡名。治所在今河北元氏西北。❾任縣 縣名。治所在今河北任縣。❿太和 魏明帝曹叡年號，西元二二七—二三二年。⓫隱學之士 隱居而碩學之人。⓬廣平 郡名。治所在今河北雞澤東南。⓭綱紀 州郡的主簿。⓮版 手版，猶今之名片。⓯光飾 榮耀。⓰羊酒 羊和酒，饋贈的禮物。⓱青龍四年辛亥 青龍四年，西元二三六年。青龍，魏明帝曹叡年號，西元二三三—二三七年。辛亥，即辛亥日。上脫月份。⓲張掖郡玄川 張掖，郡名。治所在今甘肅張掖西北。玄川，即黑河，一稱甘州河。在甘肅省西北部河西走廊。弱水源流之一。⓳圖 即「河圖」。一種傳說神祕的圖案，一說即八卦。漢代鄭玄認為河出圖是帝王受命的祥瑞。⓴靈龜 龜的一種，其甲可用來占卜。㉑宅 停留。㉒嶷然磐峙 高高聳立。㉓倉質素章 青地白紋。倉，青色。素，白色。㉔煥炳 光輝燦爛。㉕告命 告示。㉖太史令 史官，春秋時太史掌起草文書，策命諸侯大夫，記載史事，編寫史書，兼掌國家典籍、天文曆法、祭祀等。到魏晉時，僅掌推算曆法。㉗禎命 吉祥之兆。㉘世寶 傳世的寶物。㉙頒 原作「班」，中華書局印本作「頒」，據改。㉚齎 拿；持。㉛正始元年 西元二四〇年。正始，魏齊王曹芳年號，西元二四〇—二四九年。㉜戴鵀之鳥 即戴勝，形狀如雀，頭有冠，五色，如方勝，故名。㉝門陰 門後。㉞陽鳥 在明亮處活動結巢的鳥。㉟絳縣老人屈在泥塗 事見《左傳》襄公三十年。春秋時，晉國絳縣老人七十四歲，被迫西服勞役。大臣趙孟問知，老人所在縣令為趙之屬吏，趙向老人謝罪：「使您屈在泥塗，這是我的罪過！」任老人為絳縣師。魯國得知此事，以為晉國多君子，不敢侵辱晉國。絳縣，在今山西翼城東。泥塗，泥濘的道路。此處引申為卑下的地位。㊱用 因。㊲顯題門戶 在門上題匾進行表彰。㊳一介野生 一個粗鄙的書生。㊴勉卒雅尚 鼓勵其堅持高尚的志向。㊵陸渾山 在陸渾縣，今河南嵩縣東北。㊶閭里 所居之里巷，即鄉里。㊷長 當時制度，大縣之長官稱令，小縣之長官稱長。㊸被書 接受命令。㊹漢中 郡名。治所在今陝西漢中東。㊺擾擾 躁動不安。㊻社稷 此指社會秩序。㊼賊寇 據《三國志集解》，宋本作「寇賊」。㊽居士 有才德而未做官的人。㊾部落 集居之地。㊿川 兩山之間的沖積地帶。殆古陸渾縣境為兩山之間的沖積平原。(51)宜陽 縣名。今河南屬縣。(52)驃騎將軍 將軍的名號。位在三公之下，品秩同大將軍。(53)弘農 郡名。治所在今河南靈寶北。(54)夷皓 夷即伯夷，商末周初人。周武王滅商，伯夷與其弟叔齊恥食周粟，隱於首陽山，飢餓而死。皓即商山四皓。已見上文注。(55)嘉平二年 西元二五〇年。嘉平，魏齊王曹芳年號，西元二四九—二五四年。(56)史書 漢代稱令史所習之書體為史書。即當時通行的漢隸。[57]鍾繇句　四人皆為當時著名書法家。[58]尺牘　書信。古代書信用一尺長的簡牘書寫，故稱。

【語　譯】當時鉅鹿郡人張臶，字子明，潁川郡人胡昭，字孔明，也都修身養性不做官。張臶少年遊學於太學，兼通經學和圖讖，後來回到鄉里。袁紹先後徵召他任職，都不應命，遷移到上黨居住。并州牧高幹上表朝廷，任命他為樂平縣令，不前去赴任，遷往常山隱居，門徒將近數百人，後又遷到任縣居住。太祖當了丞相，徵召他，他仍不去。太和年間，朝廷下詔訪求隱居的學者，能夠消除災害變異的人，郡裏多次舉薦上報張臶，並發送上路進京，因為年老多病未能成行。廣平太守盧毓到任的第三天，主簿報告說，太守應像前任一樣持名片拜謁張臶。盧毓訓示說：「張先生正是所說的那類上不事奉天子，下不結交諸侯的人。這樣的人豈是名片拜謁可以使他引為光榮的嗎！」只派主簿帶去問候信，送去羊酒以示禮敬。青龍四年某月辛亥日，朝廷下詔：「張掖郡黑河橫溢湧流，波濤翻騰，沖出寶石，上有圖形，其狀像靈龜，停留在河的西岸，高峻穩固，通體青色，有白色圖象，像麒麟鳳凰飛龍奔馬，燦然成形，還有顯示天意的文字，清晰可見。太史令高堂隆上言：「古聖皇明君也未蒙受這樣的寶石之賜，這實在是大魏的祥瑞，應作為國家世代相傳的寶物。」此事頒布全國各地。任縣縣令于綽攜帶詔書和石上文字向張臶請教，張臶私下對于綽說：「神物可據以預知未來，但不可據以追究往事，吉祥之兆出現在先，廢舊興新在後。漢朝久已滅亡，魏室已得天下，哪還需要再去追尋魏室興盛的祥瑞呢！這塊石頭，顯示的是今日的災變，未來的吉兆。」正始元年，戴鵀鳥在張臶家門後做巢。張臶告訴門人說：「戴鵀是喜歡光亮的陽鳥，但在背陰處做巢，這是凶兆。」於是操琴歌唱，作詩兩首，十多天後去世，死時一百零五歲。這一年，廣平太守王肅到任，下令給屬縣說：「我從前在京城，聽說過張子明，上任後問起這個人，不巧他已去世，我哀痛憐惜他。這位先生學問淵深，隱居在家，不與時人相爭，以大道自娛。從前絳縣老人處境卑賤，趙孟提攜他，各國諸侯因此和睦。我憐憫張臶年老勤勉，喜好正道，卻不享榮耀。我的文書到後，縣裏要派官員慰問他的家人，要在他的門上題匾加以褒揚。一定要給予他特殊榮譽，以此來撫慰逝去的賢者，激勵將來的人們。」

2　胡昭起初在冀州避亂，也辭謝袁紹的徵召任命，逃回家鄉。太祖擔任司空、丞相，多次以禮徵召他。胡昭前往應召，到了之後，自陳是一個粗鄙的書生，沒有治軍治國的才能，真心的請求歸去。太祖說：「人各有志，出仕或在野志趣不同，努力成就你的一生追求吧，我絕不讓你屈就。」胡昭於是遷到陸渾縣山中居住。親自耕作，樂於先王之道，以研習經學典籍自得其樂。鄉里人尊敬、熱愛他。建安二十三年，陸渾縣長張固接到徵調丁夫的公文，應當派丁夫往漢中服役。老百姓厭惡且懼怕去遠方服役，民心紛亂不定。縣民孫狼等人因此起兵殺死縣主簿，發動叛亂，縣城遭到破壞。張固帶領十多名吏卒，去依附胡昭居處，召集殘餘縣民，平定叛亂，恢復縣內的社會秩序。孫狼等人便南去依附關羽。關羽授與孫狼官印，撥給他士兵，讓他回去寇擾當地，孫狼回到陸渾南面的長樂亭，與部下發誓約定，說：「胡居士是賢德之人，一律不准侵犯他居住的村落。」整個山谷地帶的百姓仰賴胡昭的名聲，都沒有受驚擾。天下太平後，他遷家至宜陽。正始年間，驃騎將軍趙儼，尚書黃休、郭彝，散騎常侍荀顗、鍾毓，太僕庾嶷，弘農太守何楨等人接連舉薦胡昭說：「他本性純真高潔，年老後更加篤誠。淡泊素靜，有伯夷、四皓的節操。應當受到徵召，來激勵社會風俗。」到了嘉平二年，朝廷用公車特加徵召，不巧他死了，終年八十九歲。任命他兒子胡纂為郎中。當初，胡昭擅長隸書，與鍾繇、邯鄲淳、衛顗、韋誕都有名聲，他的書信手跡，經常被人臨摹。

評曰：袁渙、邴原、張範躬履清蹈❶，進退以道，蓋是貢禹❷、兩龔❸之匹。涼茂、國淵亦其次也。張承名行亞範，可謂能弟矣。田疇抗節❹，王脩忠貞，足以矯俗；管寧淵雅高尚，確然不拔；張臶、胡昭闔門守靜，不營當世：故并錄焉。

【章　旨】以上為陳壽對本卷所記述的人物作了簡潔的評價。

【注　釋】❶躬履清蹈　履行清高篤實之節。❷貢禹　西漢人，官至御史大夫。為人清廉正直，直言敢諫，不貪圖祿位。❸兩龔　即龔舍、龔勝。西漢人。二人俱博學而高第，俱屢以病棄官，不貪祿位。王莽秉政時，徵勝，勝絕食而死。細玩陳壽以貢禹比擬袁渙、邴原等人之行事，似對曹氏篡漢，暗藏貶斥，亦《春秋》之筆。❹抗節　堅守節操。

【語　譯】評論說：袁渙、邴原、張範清純篤實，仕進隱退都遵循正道，是漢朝的貢禹、兩龔一類的人物。涼茂、國淵也是與他們相同的人物。張承的名聲和操行次於張範，可說是真會做弟弟。田疇堅守節操，王脩忠誠貞正，足以矯正末俗；管寧學問淵深品德高尚，志節堅定不移；張臶、胡昭閉門自守，淡泊安靜，不鑽營仕途：因此把他們的事迹都加以記述。

【研　析】本卷所記述的人物中，尤可注意的有二人：一為田疇，一為管寧。

田疇確為天下奇士。他疾恨董卓亂漢，發誓要為漢室復仇。為了漢室，他率二十餘年少勇壯之士，千辛萬苦奔赴長安，為漢室效命。宗室幽州牧劉虞被公孫瓚所害，田疇不顧個人安危，為劉虞收屍哭祭。他之所以如此，蓋因「漢室衰積，人懷異心，唯劉公不失忠節」也。

為了替漢室復仇，他率宗族數百人入徐無山中，加以訓練教化，積蓄力量，待時而舉。他的作為，深刻影響著後人。田疇之後一千四百餘年，清入關之後，河北大儒孫奇逢家鄉被圈占，率族人入保定西山，授以文武之略，準備抗清。孫奇逢的作為，完全效法田疇。可見田疇對後人影響之深。

曹操征烏桓，大軍阻於泥濘，田疇為之劃策，親自為嚮導，從間道直搗烏桓老巢柳城，遂大破烏桓。田疇之所以為征烏桓獻計出力，一者烏桓長期為漢室之患，二者蓋因烏桓「昔多賊殺其郡冠蓋，有欲討之意而力未能」也。可見田疇意在為漢室除患害，為家鄉冠蓋復仇，非為曹氏也。

在破烏桓戰爭中，田疇立有大功，但不受曹操亭侯之封，後來曹氏又多次欲封侯任官，田疇以死自誓。田疇為何拒官封呢？田疇說：「志義不立，反以為利，非本意也」。他的「志義」是為漢室復仇，董卓雖除，董卓第二即曹操正「挾天子以令諸侯」，曹操為漢室之賊，田疇如何能接受他的封賞！

時代造就了田疇這個忠於漢室的悲劇性人物。

另一人物是管寧。管寧博學名高，品格高潔不入流俗。起初因中原大亂，他與邴原、王烈等人投奔遼東的公孫度，欲有所作為。而公孫度亦是割據一方的軍閥，並無恢復漢室之志，令他大失所望。

管寧回到中原，曹魏政權多次以高規格禮儀重禮徵聘，管寧皆以老邁疾病相拒。因管寧是海內外的人望，曹魏政權明知管寧不會應聘，而越發千方百計、大張聲勢加以禮聘，以博得其求賢若渴的美名。而管寧對曹氏代漢並不認同，而又無可如何，故而高蹈不仕。管寧並非自鳴清高、待價而沽者流，而實有內心的苦衷。

管寧不仕的另一原因，其同鄉友人華歆趨炎附勢，在曹魏政權中受寵信、任高官，而正是由華歆出面推薦管寧；少年讀書時，華歆羡慕高官的榮華富貴，管寧與其割席而坐，成為膾炙人口的「管寧割席」的典故，管寧如何能與華歆同流合汙呢！（魏連科注釋）

卷十二 魏書十二

崔毛徐何邢鮑司馬傳第十二

【題解】本卷記述了崔琰、毛玠、徐奕、何夔、邢顒、鮑勛、司馬芝等人的事跡，他們都是有識見、有能力、品格高、性格正直而不事逢迎的人物，代表了曹魏政權官場中的正氣。他們不畏權貴，敢於面折君短，公正廉潔不受請託，即使對王公貴胄、太后太子，也不屈服。如崔琰誡訓太子曹丕、敢於抗言曹操；毛玠為立嫡，冒死相爭，刀鋸在前，面無畏色；徐奕的不畏權奸，曹操託以重事；何夔的事母至孝、戢亂安民；邢顒的德行堂堂，為同僚所欽佩；鮑勛的守正不撓，執法不避權貴，勸阻勞民傷財無功的爭戰；司馬芝父子善斷疑案、勇斷宮中淫祀案等等。這些人的作為都是為國為民，為國家奠基業，為民平冤造福，理應受到保護。可惜的是他們或被殺，或被貶，或鬱鬱而終，這是他們本身的悲劇，也是國家的悲劇。

1 崔琰，字季珪，清河❶東武城❷人也。少樸訥❸，好擊劍，尚❹武事。年二十三，鄉移為正❺，始感激❻，讀論語、韓詩❼。至年二十九，乃結公孫方等就鄭玄❽受學。學未朞❾，徐州黃巾❿賊攻破北海⓫，玄與門人到不其山⓬避亂⓭。時穀糴縣之⑭，玄罷謝⑮諸生。琰既受遣，而寇盜充斥⑯，西道不通。於是周旋青、徐、兗、豫⑰之郊，東下壽春⑱，南望江、湖⑲。自去家四年乃歸，以琴書自娛。

2 大將軍⑳袁紹聞而辟㉑之。時士卒橫暴，掘發丘隴㉒，琰諫曰：「昔孫卿㉓有言：『士不素教㉔，甲兵㉕不利，雖湯武㉖不能以戰勝。』今道路暴骨，民未見德㉗，宜敕郡縣掩骼埋胔㉘，示憯怛㉙之愛，追文王之仁㉚。」紹以為騎都尉㉛。後紹治兵黎陽㉜，次于延津㉝，琰復諫曰：「天子在許㉞，民望助順㉟，不如守境述職㊱，以寧區宇㊲。」紹不聽，遂敗于官渡㊳。及紹卒，二子交爭，爭欲得琰。琰稱疾固辭，由是獲罪，幽於囹圄㊴，賴陰夔㊵、陳琳㊶營救得免。

3 太祖破袁氏，領㊷冀州牧，辟琰為別駕從事㊸，謂琰曰：「昨案戶籍㊹，可得三十萬眾，故為大州也。」琰對曰：「今天下分崩，九州幅裂㊺，二袁兄弟㊻親尋干戈，冀方蒸庶㊼暴骨原野。未聞王師㊽仁聲㊾先路，存問㊿風俗，救其塗炭(51)，而校計(52)甲兵，唯此為先，斯豈鄙州士女(53)所望於明公(54)哉！」太祖改容謝(55)之。于時(56)賓客皆伏失色(57)。

4 太祖征并州(58)，留琰傅文帝於鄴(59)。世子(60)仍出田獵，變易服乘(61)，志在驅逐。琰書諫曰：「蓋聞盤于游田(62)，書之所戒，魯隱觀魚，春秋譏之(63)，此周、孔之格言[64]，二經之明義。殷鑒夏后，詩稱不遠[65]，子卯不樂，禮以為忌[66]，此又近者之得失，不可不深察也。袁族富彊，公子寬放[67]，盤游滋侈[68]，義聲不聞，哲人君子，俄有色斯之志[69]，熊羆壯士，墮於吞噬之用[70]，固所以擁徒百萬，跨有河朔[71]，無所容足也。今邦國殄瘁[72]，惠康未洽[73]，士女企踵[74]，所思者德。況公親御戎馬[75]，上下勞慘[76]，世子宜遵大路[77]，慎以行正，思經國之高略，內鑒近戒，外揚遠節，深惟儲副[78]，以身為寶。而猥襲虞旅之賤服[79]，忽馳騖[80]而陵險，志雉兔之小娛，忘社稷之為重，斯誠有識所以惻心[81]也。唯世子燔翳捐褶[82]，以塞眾望，不令老臣獲罪於天。」世子報曰：「昨奉嘉命[83]，惠示雅數[84]，欲使燔翳捐褶。翳已壞矣，褶亦去焉。後有此比，蒙復誨諸[85]。」

太祖為丞相，琰復為東西曹掾屬徵事[86]。初授東曹時，教曰：「君有伯夷[87]之風，史魚[88]之直，貪夫慕名而清，壯士尚稱[89]而厲，斯可以率時者已。故授東曹，往踐厥[90]職。」魏國初建，拜尚書[91]。時未立太子，臨菑侯植有才而愛。太祖狐疑[92]，以函令密訪於外。唯琰露板[93]答曰：「蓋聞春秋之義，立子以長[94]，加五官將[95]仁孝聰明，宜承正統。琰以死守之。」植，琰之兄女壻也。太祖貴其公亮[96]，喟然[97]歎息，遷中尉[98]。

6 琰聲姿高暢[99]，眉目疏朗，鬚長四尺[100]，甚有威重，朝士瞻望[101]，而太祖亦敬憚[102]焉。琰嘗薦鉅鹿[103]楊訓，雖才好[104]不足，而清貞守道[105]，太祖即禮辟之。後太祖為魏王，訓發表稱贊功伐[106]，褒述盛德。時人或笑訓希世浮偽[107]，謂琰為失所舉。琰從訓取表草視之，與訓書曰：「省[108]表，事佳耳[109]！時乎時乎，會當有變時。」琰本意譏論者好譴呵[110]而不尋情理也。有白琰此書傲世怨謗[111]者，太祖怒曰：「諺言『生女耳』，『耳』非佳語。『會當有變時』，意指不遜[112]。」於是罰琰為徒隸[113]，使人視之，辭色[114]不撓。太祖令曰：「琰雖見刑[115]，而通賓客，門若市人，對賓客虯鬚[116]直視，若有所瞋[117]。」遂賜琰死。

7 始琰與司馬朗[118]善，晉宣王[119]方壯，琰謂朗曰：「子之弟，聰哲明允[120]，剛斷英跱[121]，殆[122]非子之所及也。」朗以為不然，而琰每秉[123]此論。琰從弟[124]林，少無名望，雖姻族[125]猶多輕之，而琰常曰：「此所謂大器晚成者也，終必遠至。」涿郡[126]孫禮[127]、盧毓[128]始入軍府，琰又名之[129]曰：「孫疏亮亢烈[130]，剛簡能斷[131]，盧清警明理，百鍊不消，皆公才也。」後林、禮、毓咸至鼎輔[132]。及琰友人公孫方[133]、宋階早卒，琰撫其遺孤，恩若己子。其鑒識篤義[134]，類皆如此。

8 初，太祖性忌[135]，有所不堪[136]者，魯國孔融、南陽許攸、婁圭，皆以恃舊不虔[137]見誅。而琰最為世所痛[138]惜，至今冤之。

【章旨】以上為〈崔琰傳〉。崔琰有才學有識見。處戰亂之世，先投袁紹，袁紹不能用其謀；後為曹氏父子所用，多所獻替。終因才高而不羈，被猜疑成性的曹操所害。

【注釋】❶清河　郡名。治所在今山東臨清東。❷東武城　縣名。治所在今山東武城東北。❸樸訥　作風質樸，不善言辭。❹尚　崇尚。❺正　即正卒。漢制，男子從二十三歲起需服兵役兩年。一年在本郡服役，稱為正卒，另一年或戍守邊境，或到京師守衛皇宮，稱為戍卒或衛士。其餘時間為本郡的預備兵，至五十六歲始免。❻感激　感動、激發。與現代漢語感謝之意有別。❼論語韓詩　《論語》，書名，為孔子的弟子及再傳弟子關於孔子言行的記錄，共二十篇。是儒家經典之一。《韓詩》，漢代燕國人韓嬰撰。漢初傳授《詩經》的有四家：魯、齊、韓、毛。韓嬰著《韓詩內傳》四卷、《外傳》四卷，南宋後僅存《外傳》。此書援引歷史故事以解釋《詩》義，與經義不相比附。❽鄭玄　字康成，高密（今山東高密）人。東漢大經學家。他博通羣經，並一一為之注釋。今存《毛詩箋》、《周禮》、《儀禮》、《禮記》注。他是漢代經學集大成者，世稱「鄭學」。❾朞　一週年。❿黃巾　東漢末年張角軍頭著黃巾，故名。⓫北海　王國名。治所在今山東昌樂東南。⓬不其山　山名。在今山東嶗山境。⓭亂　中華書局印本作「難」。⓮穀糴縣之　能買到的糧食與實際需要相差甚遠。糴，買進糧食。縣，即「懸」的本字，相差懸絕。⓯罷謝　辭退。⓰充斥　到處都是。⓱周旋青徐兗豫　在青、徐、兗、豫四州之間輾轉。青，青州，治所在今山東淄博臨淄北。兗，兗州，治所在今山東金鄉東北。豫，豫州，治所在今安徽亳州。⓲壽春　縣名。治所在今安徽壽縣。⓳南望江湖　南至長江、巢湖一帶。⓴大將軍　官名。為將軍的最高稱號，職掌統兵征伐。東漢時，為中央政府的執政官，位在三公之上，但不常設。㉑辟　徵召。㉒丘隴　指墳丘和墳山，即指墳墓。㉓孫卿　即荀況，戰國時趙國人，時人尊稱為荀卿，漢代避宣帝劉詢諱，因改為孫卿。他是戰國時著名的思想家，有《荀子》一書傳世。㉔士不素教　兵士平時不訓練。以下三句，出於《荀子．議兵》。㉕甲兵　鎧甲和兵器。㉖湯武　商湯、周武王。商湯滅夏，周武王滅商，二王均以武功著稱。㉗民未見德　百姓未受恩德。㉘掩骼埋胔　埋葬屍體。骼，朽骨。胔，腐肉。㉙憯怛　憂傷痛苦。㉚追文王之仁　追效周文王的仁德。據《呂氏春秋．孟冬紀．異用》載：周文王使人挖池，得死人之骨，文王令另加埋葬。天下人聽到後說：「文王真是賢人，恩澤施及朽骨，何況生人呢！」㉛騎都尉　官名。職掌統率皇帝的羽林騎兵。㉜黎陽　縣名。治所在今河南浚縣東北。

㉝次于延津　駐紮在延津。延津，津渡名。古代黃河流經今河南延津西北至滑縣以北一段，為重要渡口，總稱延津。據《水經注》，其在今延津縣西北的渡口，亦名靈昌津；其東又有棘津，亦名石濟津或南津。其在舊滑縣之北的，名延壽津。歷代作戰，常為行兵之地。㉞許　縣名。治所在今河南許昌東。魏黃初二年（西元二二一年）改名許昌。㉟民望助順　百姓希望支持順從朝廷。㊱述職　諸侯向天子陳述職守。《孟子·梁惠王下》：「晏子曰：『諸侯朝於天子曰述職。述職者，述所職也。』」㊲區宇　疆土。㊳官渡　地名。其地在今河南中牟東北。㊴囹圄　監獄。㊵陰夔　人名。曾任豫州刺史，後歸袁尚。㊶陳琳　字孔璋。廣陵（今江蘇揚州）人。初為何進主簿，後歸袁紹，紹敗，歸曹操。琳與王粲等以文學知名，為建安七子之一。㊷領　兼任較低的職務謂之領。㊸別駕從事　官名。簡稱別駕，為州牧刺史的佐吏。刺史巡視轄境時，別駕乘驛車隨行，故名。魏晉以後，諸州別駕總理眾務，職權甚重，當時論者稱其居刺史之半。㊹案戶籍　查考戶口簿。㊺幅裂　像布幅一樣撕裂。㊻二袁兄弟　指袁紹之子袁譚、袁尚。㊼蒸庶　即「烝庶」。庶民百姓。㊽王師　帝王的軍隊。這裏指曹操所率之軍。㊾仁聲　指上古樂曲〈雅〉、〈頌〉的演奏聲。《詩》之〈雅〉、〈頌〉，多陳述先王之教，故此處指仁義教化。㊿存問　慰問。51塗炭　比喻處境極端困苦。如處泥水炭火之中。52校計　計量。53士女　指成年男女。54明公　古代對有地位之人的尊稱。這裏指曹操。55謝　道歉。56時　原作「是」，今從中華書局印本。57失色　因驚訝佩服而臉色驟變。58并州　州名。治所在今山西太原西南。59鄴　都邑名。秦置縣，漢後為魏郡治所，東漢末先後為冀州相州治所。建安十八年（西元二一三年）曹操為魏王，定都於此。其地在今河北臨漳西南鄴鎮、三臺村迤東一帶。60世子　即太子，古代帝王諸侯正妻所生之長子。此指曹丕。61服乘　服飾和車馬。62盤于游田　《尚書·無逸》：「文王不敢盤于遊田。」盤，樂。田，田獵；打獵。63魯隱觀魚二句　《春秋》隱公五年：「春，公矢魚於棠。」《左傳》：「公將如棠觀魚者……臧僖伯稱疾不從。書曰：『公矢魚於棠』，非禮也。」譏，譏刺。64周孔之格言　《尚書·無逸》，周公為訓導成王而作；《春秋》，孔子所修，故云。格言，含有教育意義可作準則的言論。65殷鑒夏后二句　《詩經·大雅·蕩》：「殷鑒不遠，在夏后之世。」殷，商朝。鑒，鑑戒。夏后，即夏桀。此句意為：商朝的鑑戒不遠，就在夏桀之世。66子卯不樂二句　《禮記·檀弓下》：「（晉）知悼子卒，未葬。平公飲酒……（杜蕢）曰：『子卯不樂。』」鄭玄注：「紂以甲子死，桀以乙卯亡，王者之疾日，不以舉樂為吉事，所以自戒懼。」此句意為：子日卯日不作樂，因為這是桀、紂的死日，以為鑑戒。67寬放　放縱。68滋侈　更加放縱無度。69哲人君子二句　意為哲人君子看到袁氏的不義行為，頃刻間便欲離去。俄，俄頃；立刻。《論語·鄉黨》：「色斯舉美，翔而後集。」朱熹《集注》曰：「言鳥見人顏色不善，則飛去。」70熊羆壯士二句　意為：袁氏部下的武將，懶於為其盡爪牙之力。熊羆，兩種兇

猛的動物。此喻武將。墮，通「惰」。怠惰。噬，咬。(71)河朔　泛指黃河以北地區，原為袁氏的勢力所在。(72)邦國殄瘁　《詩經・大雅・瞻卬》：「人之云亡，邦國殄瘁。」邦國，指各地。殄瘁，疾苦。(73)惠康未洽　沒有普遍享受恩惠安康。洽，廣博。(74)企踵　踮起腳跟，表示企盼之至。(75)親御戎馬　親自跨馬征戰。(76)勞慘　勞苦。(77)大路　大道；正道。(78)儲副　也稱儲君，即準備繼位的太子。(79)猥襲虞旅之賤服　猥，苟且。此指降低身分。襲，穿。虞旅之賤服，掌管山林澤苑、田獵官吏所穿的微賤服裝。此指行獵時所穿的獵裝。(80)馳騖　奔馳。(81)惻心　痛心。(82)唯世子燔翳捐褶　唯，表示希望的副詞。燔翳捐褶，燒毀射獵的器具，丟棄虞旅之服。燔，焚燒。翳，射獵者的掩蔽物，猶偽裝。褶，戎裝便服。(83)嘉命　敬詞，好意的教誨。(84)雅數　高雅的責備。(85)諸　同「之」。代詞。(86)東西曹掾屬徵事　曹操任丞相後，下設東西曹掾屬，主持選官等事，又設徵事二人，崔琰曾任東西曹掾和徵事。(87)伯夷　商末孤竹君之長子，父死，與其弟叔齊互讓君位，古代以為廉士。《孟子・萬章下》：「伯夷，目不視惡色，耳不聽惡聲，非其君不事，非其民不使。治則進，亂則退……當紂之時，居北海之濱，以待天下之清，故聞伯夷之風者，頑夫廉，懦夫有立志。」(88)史魚　春秋時衛國史官，以正直著稱。《論語・衛靈公》：「直哉史魚！邦有道如矢，邦無道如矢。」(89)尚稱　尊崇。(90)厥　其。(91)尚書　官名，東漢時協助天子處理政務。(92)狐疑　猶豫不決。(93)露板　不加密封的文書。(94)春秋之義二句　此「子」指嗣子，繼位之子。《春秋公羊傳》隱公元年：「立適（嫡）以長不以賢，立子以貴不以長。」(95)五官將　官名。即五官中郎將。時曹丕任此職，故代指曹丕。此時五官中郎將為丞相之副。(96)公亮　公平正直。(97)喟然　嘆氣狀。(98)中尉　官名。即漢代的執金吾。曹操建立魏國，設置中尉，為掌宮室周圍治安的長官。(99)聲姿高暢　聲音洪亮，身材雄偉。(100)鬚長四尺　漢代一尺合今二十三點二公分。(101)瞻望　仰望。(102)敬憚　敬畏。裴注引《先賢行狀》曰：「琰清忠高亮，雅識經遠，推方直道，正色於朝。魏氏初載，委授銓衡，總齊清議，十有餘年。文武羣才，多所明拔。朝廷歸高，天下稱平。」(103)鉅鹿　郡名。治所在今河北寧晉西南。(104)才好　才能。(105)守道　恪守道義。(106)功伐　功績。(107)希世浮偽　迎合世俗，浮誇虛偽。(108)省　仔細察看。(109)耳　語氣詞，有僅僅可以但還有所保留之意。與現代漢語中的「罷了」相當。所以下文曹操說：「『耳』非佳語。」(110)譴呵　譴責喝叱。(111)怨謗　對上怨恨指責。(112)不遜　不敬；不軌。因「會當有變時」一語，易被人理解為變天的言論，當然是大不敬的了。(113)徒隸　服勞役的罪犯。(114)辭色　言辭和神態。(115)見刑　受刑。(116)虬鬚　卷曲的鬍鬚。這裏指氣忿，怒氣吹彎了鬍鬚。(117)瞋　忿怒。(118)司馬朗　司馬防之子，司馬懿之兄。董卓之亂，朗自長安歸里。曹操掌政時，官至兗州刺史。(119)晉宣王　即司馬懿。司馬昭封晉王，追尊其父司馬懿為宣王。(120)明允　明察公允。(121)英跱　才智特出。(122)殆　大概。(123)秉　持。(124)從弟　堂弟。(125)姻族　姻親和族人。(126)涿郡　郡名。治所在今河北涿州。「郡」字原誤作「縣」，今據中華書局印本校改。127孫禮 字德達，容城（今河北屬縣）人。曹操當政時，為陽平太守，後官至司空，封亭侯。128盧毓 字子家，盧植子。魏文帝時任安平、廣平太守，後官至司空，封容城侯。129名之 稱讚他們。130疏亮亢烈 通達明敏，正直剛毅。131剛簡能斷 剛強質實，善於決斷。132鼎輔 宰輔。指三公輔政大臣。133方 原作「育」。《三國志集解》云：「宋本『育』作『方』。」今從宋本。134篤義 篤行仁義。135忌 忌刻。136不堪 不能忍受。137不虔 不敬。138痛 原作「歎」。《三國志集解》云：「各本『歎』作『痛』。」今從眾本。

【語譯】崔琰，字季珪，清河郡東武城縣人。年輕時質樸不善言辭，愛好擊劍，崇尚武事。二十三歲時，由鄉兵轉為正卒，才開始奮發努力，閱讀《論語》、《韓詩》。到二十九歲，結識了公孫方等人到鄭玄門下受業。學習未滿一年，徐州黃巾賊攻下北海國，鄭玄與他的弟子們逃到不其山避難。當時能買到的糧食很少，鄭玄於是辭退所有弟子。崔琰已被遣散回家，但當時到處是盜賊，西行的道路不通。崔琰便輾轉於青州、徐州、兗州、豫州等處的四郊，往東到壽春，向南至長江、巢湖一帶。自從離開家鄉四年後才歸來，以彈琴讀書自娛自樂。

2 大將軍袁紹聽說後徵召他。袁紹的士兵橫行殘暴，挖掘墳墓，崔琰勸諫說：「過去孫卿說過：『士兵平時不訓練，武器不銳利，即使是商湯、周武王也不能打勝仗。』現在道路上屍骨暴露，百姓沒有蒙受恩德，您應當命令各郡縣掩埋屍骨，以表示憂傷悲痛的愛心，追效周文王的仁德。」袁紹任命他為騎都尉。後來袁紹在黎陽練兵，駐紮在延津，崔琰又規勸說：「天子在許都，百姓希望支持順從朝廷，我們不如安守邊境向天子表示臣服，使境內安寧。」袁紹沒有聽從，於是在官渡戰敗。到了袁紹死後，他的兩個兒子交相爭鬥，都想爭得崔琰。崔琰聲稱有病堅決推辭，因此獲罪，被囚禁在監獄中，依賴陰夔、陳琳的營救才得以免罪。

3 太祖打敗袁紹，兼任冀州牧，徵召崔琰任別駕從事，太祖對崔琰說：「昨天查考戶籍簿，可以獲得三十萬人，所以是一個大州啊。」崔琰回答說：「當今天下分崩離析，九州分裂，袁尚、袁譚兄弟間大動干戈，冀州境內百姓屍骨遍野。沒有聽到王者之師首先施行恩德，慰問民間疾苦，解救百姓於苦難之中，而卻把計算兵眾的多少放在首位，這哪裏是我們州裏男女百姓對您的期望啊！」太祖改變了臉色向他道歉。當時在場的賓客都低著頭面帶驚異佩服之色。

4　太祖征討并州，留下崔琰在鄴城輔佐文帝曹丕。這時尚為太子的曹丕經常外出打獵，改換獵服和車乘，一心想著追逐獵物。崔琰上書進諫說：「聽說沉溺於遊玩打獵，是《尚書》所禁戒的，魯隱公到棠地觀魚，被《春秋》所譏刺，這是周公、孔子的準則言論，兩部經書的明確教誨。商朝以夏王朝為鑑戒，《詩經》說『殷鑒不遠』；子日卯日不能行樂，《禮記》認為是忌諱的日子。這裏又有近來的成敗得失的事例，不能不深切省察：袁氏家族富強，公子放縱，娛樂遊逸更加無度，聽不進仁義之言，賢人君子，很快便有離去的想法，勇猛的壯士，也懶於為之盡力，所以袁氏父子固然擁有百萬大軍，占有黃河以北廣大地區，但最終卻沒有立足之地。現在國家困苦，仁惠安樂沒有普施，男男女女踮起腳跟，所渴望的就是德政。何況曹公親自指揮軍隊，上下勞苦，您應該走正道，謹慎的端正品行，思索治理軍國的良策，內心以最近的事為鑑戒，在外發揚先賢的節操，深思王位繼承者的重任，珍愛自身。而您卻隨意穿上打獵的低下服裝，縱橫奔馳，登越險阻，傾心於捕獲野雞野兔的小娛樂，忘記了以國家大事為重，這確實是有識之士所感到痛心的。希望您燒毀弓矢器具，丟棄獵服，以滿足民眾的期望，不要使老臣我得罪上天。」太子回覆說：「昨天捧讀您的善意的教導，惠示高雅的道理，想讓我焚燒弓矢器具，丟棄騎服。現在弓矢器具已經焚燒，獵服也已經丟棄了。以後如有這類事，請您再教誨我。」

5　太祖擔任丞相，崔琰又擔任東西曹掾的屬官徵事。最初任命他為東曹掾時，太祖告諭他說：「您有伯夷的風範，史魚的正直，貪婪之人敬仰您的名聲而變得清廉，壯士仰慕您的聲譽而更加激勵自己，您真可以作時代的表率，因此任命您為東曹掾，去就職上任吧。」魏國建立初期，任命他為尚書。當時還沒有確立太子，臨菑侯曹植有才學受到太祖的寵愛。太祖對立太子一事猶豫不決，用書信向朝臣祕密徵求意見。只有崔琰用不緘封的信回答說：「聽說《春秋》的大義，應立長子為太子，加上五官將仁惠孝順，聰明能幹，應該繼承王位，我崔琰願用生命護衛他。」曹植，是崔琰兄長的女婿。太祖讚賞崔琰公平正直，長聲讚嘆，升任他為中尉。

6 崔琰聲音宏亮，身形雄偉，眉清目秀，鬚長四尺，非常有威嚴，朝中官員都仰望他，而太祖也敬畏他。崔琰曾經向太祖推薦鉅鹿郡人楊訓，他認為楊訓雖然才學不足，但清廉忠直，恪守正道，太祖就按禮儀徵召任用了他。後來太祖當了魏王，楊訓上表讚揚太祖的功績，褒揚他的盛德。當時有人譏笑楊訓是迎合世俗，浮誇虛偽，認為崔琰薦人失誤。崔琰從楊訓那裏拿到表章草稿看了後，給楊訓寫信說：「看了表章，好事一椿罷了！時勢啊時勢啊，應當會有變化的時候。」崔琰的本意是譏諷那些發議論的人喜好指責他人而不循情理。有人稟告太祖說崔琰這封信是傲視世人，怨恨誹謗，太祖生氣的說：「諺語說『生女耳』，用『耳』不是好話。『應當有變化的時候』，用意不軌。」於是處罰崔琰去做徒隸，派人監視他，崔琰的言辭和神態都不屈服，太祖下令說：「崔琰雖被判刑，而仍與賓客來往，門庭若市，對賓客吹鬍子瞪眼，好像懷有怨恨情緒。」於是下令賜死崔琰。

7 起初崔琰與司馬朗友好，晉宣王司馬懿正值壯年，崔琰對司馬朗說：「你的弟弟，聰慧多識，明察公允，剛毅果斷，才智特出，恐怕不是你比得上的。」司馬朗以為不是這樣，而崔琰常持這種論點。崔琰的堂弟崔林，年輕時沒有名望，即使是他的親戚也大都看不起他，而崔琰常說：「這就是所謂大器晚成的人，最終一定有大成就。」涿郡的孫禮、盧毓剛進入軍府，崔琰又稱讚他們說：「孫禮通達明敏，正直剛烈，堅強簡直，善於決斷，盧毓清敏機警，明智達理，百鍊也不會銷熔，他們都是三公的人選。」後來崔林、孫禮、盧毓都官至宰輔。崔琰的朋友公孫方、宋階都早逝，崔琰撫育了他們的遺孤，對孤兒的慈愛就像自己的子女。他的識人明鑑、篤行仁義，都像這樣。

8 最初，太祖性格忌刻，他所不能容忍的人，如魯國孔融、南陽許攸、婁圭，都因仗恃與太祖有舊交而出言不敬被誅殺。而崔琰最為世人所痛惜，直到現在還有人認為他冤枉。

1 毛玠，字孝先，陳留❶平丘❷人也。少為縣吏，以清公稱。將避亂荊州❸，未至，聞劉表[4]政令不明，遂往[5]魯陽[6]。太祖臨[7]兗州，辟為治中從事[8]。玠語[9]太祖曰：「今天下分崩，國主遷移，生民廢業，饑饉流亡，公家無經歲之儲，百姓無安固之志，難以持久。今袁紹、劉表，雖士民眾彊，皆無經遠之慮，未有樹基建本者也。夫兵義者勝，守位以財，宜奉天子以令不臣[10]，修耕植，畜[11]軍資，如此則霸王[12]之業可成也。」太祖敬納其言，轉幕府[13]功曹[14]。

2 太祖為司空丞相[15]，玠嘗為東曹掾[16]，與崔琰並典選舉[17]。其所舉用，皆清正之士，雖於時有盛名而行不由本者，終莫得進。務以儉率人，由是天下之士莫不以廉節自勵，雖貴寵之臣，輿服不敢過度。太祖歎曰：「用人如此，使天下人自治，吾復何為哉！」文帝為五官將，親自詣玠，屬所親眷[18]。玠答曰：「老臣以能守職，幸得免戾[19]，今所說人非遷次[20]，是以不敢奉命。」大軍還鄴，議所并省[21]。玠請謁不行[22]，時人憚之，咸欲省東曹。乃共白曰：「舊西曹為上，東曹為次，宜省東曹。」太祖知其情，令曰：「日出於東，月盛於東，凡人言方，亦復先東，何以省東曹？」遂省西曹。初，太祖平柳城[23]，班[24]所獲器物，特以素屏風素馮几[25]賜玠，曰：「君有古人之風，故賜君古人之服[26]。」玠居顯位，常布衣蔬食[27]，撫育孤兄子甚篤，賞賜以振施貧族[28]，家無所餘。遷右軍師[29]。魏國初建，為尚書僕射(30)，復典選舉。時太子未定，而臨菑侯植有寵，玠密諫曰：「近者袁紹以嫡庶不分(31)，覆宗滅國。廢立大事，非所宜聞。」後羣僚會，玠起更衣(32)，太祖目指曰：「此古所謂國之司直(33)，我之周昌(34)也。」

3 崔琰既死，玠內不悅。後有白玠者：「出見黥面(35)反者，其妻子沒為官奴婢，玠言曰：『使天不雨者蓋此也。』」太祖大怒，收玠付獄。大理(36)鍾繇詰玠曰：「自古聖帝明王，罪及妻子。書云：『左不共左，右不共右，予則孥戮女(37)。』司寇(38)之職，男子入于罪隸，女子入于舂槀(39)。漢律，罪人妻子沒為奴婢，黥面。漢法所行黥墨之刑，存於古典。今真奴婢祖先有罪，雖歷百世，猶有黥面供官，一以寬良民之命，二以宥并罪之辜(40)。此何以負於神明之意，而當致旱？案典謀(41)，急恆寒若，舒恆燠若(42)，寬則亢陽(43)，所以為旱。玠之吐言，以為寬邪，以為急也？急當陰霖(44)，何以反旱？成湯聖世，野無生草(45)，周宣令主(46)，旱魃(47)為虐。亢旱以來，積三十年，歸咎(48)黥面，為相值不(49)？衛人伐邢，師興而雨(50)，罪惡無徵(51)，何以應天？玠譏謗之言，流於下民，不悅之聲，上聞聖聽。玠之吐言，勢不獨語，時見黥面，凡為幾人？黥面奴婢，所識知邪？何緣得見，對之歎言？時以語誰？見答云何？以何日月？於何處所？事已發露，不得隱欺，具以狀對。」

玠曰：「臣聞蕭生縊死，困於石顯[52]；賈子放外，讒在絳、灌[53]；白起賜劍於杜郵[54]，晁錯致誅於東市[55]，伍員絕命於吳都[56]，斯數子者，或妒其前，或害其後。臣垂齠執簡[57]，累勤取官，職在機近[58]，人事所竄[59]。屬臣以私，無勢不絕，語臣以冤，無細不理[60]。人情淫利[61]，為法所禁，法禁於利，勢能害之。青蠅[62]橫生，為臣作謗，謗臣之人，勢不在他。昔王叔、陳生爭正王廷[63]，宣子平理，命舉其契[64]，是非有宜，曲直有所，春秋嘉焉，是以書之。臣不言此，無有時、人。說臣此言，必有徵要。乞蒙宣子之辨，而求王叔之對。若臣以曲聞，即刑之日，方之安駟[65]之贈；賜劍之來，比之重賞之惠。謹以狀對。」時桓階、和洽進言救玠。玠遂免黜，卒于家。太祖賜棺器錢帛，拜子機郎中[66]。

【章旨】以上為〈毛玠傳〉。毛玠獻「奉天子以令不臣」的策略，深中曹操之下懷。毛玠清廉正直，不徇私情。曹操殺崔琰，毛玠不平，終被免官，卒於家。

【注釋】❶陳留　郡名。治所在今河南開封東南。❷平丘　縣名。治所在今河南長垣西南。❸荊州　州名。治所在今湖南常德東。❹劉表　字景升，東漢遠支皇族，山陽高平（今山東微山縣西北）人。東漢末任荊州刺史，據有今湖南、湖北地方。後病死，其子劉琮降於曹操。❺往　原誤作「住」，今據中華書局印本校改。❻魯陽　縣名。治所在今河南魯山縣。❼臨治理。❽治中從事　官名。為州牧、刺史的佐吏，主管財穀文書。❾語　原作「謂」。《三國志集解》云：「各本『謂』作『語』。」今從眾本。❿不臣　不忠於君主或背叛君主。⓫畜　同「蓄」。⓬霸王　古代稱有天下者為王，諸侯之長為霸。⓭幕府　將軍府。時曹操行奮武將軍。⑭功曹　將軍府屬吏。⑮司空丞相　司空為丞相的加銜，司空在東漢末為三公（太尉、司徒、司空）之一，只是參議國事，並無實際職守。丞相則是輔佐皇帝處理政務的職事官。加三公銜，以示地位崇高。⑯東曹掾　丞相下的屬官，東曹掾主管二千石級的官員及軍吏的任免，西曹掾主管丞相府官員的任免。⑰典選舉　主管選拔官員。⑱屬所親眷　為親戚升官說情。屬，通「囑」。親眷，親戚。⑲戾　罪過。⑳非遷次　不在升遷之列。㉑并省　機構的合併與裁省。㉒請謁不行　拒絕為求官或升官之人的請求。㉓柳城　縣名。治所在今遼寧遼陽南。㉔班　分賞。㉕素屏風素馮几　即本色的屏風和憑几。馮，通「憑」。古代席地跪坐，座側設小几，以供依靠小息。㉖服　這裏指服用的器物。㉗蔬食　粗茶淡飯。㉘振施貧族　救濟貧窮的族人。振施，即「賑施」。㉙右軍師　曹操為丞相時所置的官屬，掌監察軍務。㉚尚書僕射　官名。東漢時為尚書令的助手。東漢政歸尚書，故尚書僕射職權漸重。末年分置左、右僕射。魏晉以後，尚書令、尚書僕射同居宰相之任。㉛袁紹以嫡庶不分　「嫡庶」為嫡子和庶子。正妻所生為嫡子，妾所生為庶子。袁紹之長子袁譚為正妻所生，少子袁尚為妾所生。袁紹偏愛少子尚，死後遺命傳位袁尚，因而引起兄弟爭奪，而兩敗俱亡。㉜更衣　古人入廁的婉詞，猶今日云去洗手間。㉝司直　謂正直者。《詩經・鄭風・羔裘》：「彼其之子，邦之司直。」㉞周昌　漢高祖欲廢太子劉盈，周昌時為御史大夫，當廷極力爭諫：「臣口不能言，然臣期期（口吃所致）知其不可。陛下欲廢太子，臣期期不奉詔。」見《漢書・周昌傳》。㉟黥面　古代的一種肉刑，即墨刑。以刀在臉上刺字，塗以墨，終生去不掉。㊱大理　即漢之廷尉，魏國建立後改稱大理。掌司法刑獄。㊲左不共左三句　《尚書・甘誓》：「左不攻於左，汝不恭命；右不攻於右，汝不恭命……予則孥戮汝。」共，通「恭」。奉行。女，同「汝」。古代戰車乘三人，御者居中，車左的人負責用箭射敵人，車右的人負責以矛刺殺敵人。此句意謂：車左不盡射殺之職，車右不盡刺殺之職，我不但殺了你，還要殺戮你的妻子和兒女。㊳司寇　古官名。周制，秋官大司寇為六卿之一，掌刑獄。㊴男子入于罪隸二句　《周禮・秋官・司厲》：「其奴（孥）男子入於罪隸，女子入於舂稾。」罪隸，罪犯的家屬沒入官府為奴，供使役。舂稾，罪犯家屬女性則沒入官府作舂米和製弓箭的苦役。㊵并罪之辜　受罪犯牽連之罪。辜，罪。㊶典謀　「謀」、「謨」同。典謨，為先王之典謨，指《尚書》。㊷急恆寒若二句　此語本《尚書・洪範》：「曰豫，恆燠若，曰急，恆寒若」。恆，經常。舒，緩。燠，暖；熱。若，語末助詞。㊸亢陽　陽氣太盛。㊹陰霖　連綿陰雨。㊺成湯聖世二句　《呂氏春秋・季秋紀・順民》：「湯克夏而正天下，天大旱，五年不收。」成湯，即商湯，商朝開國君主。㊻周宣令主　周宣，即周宣王。他在位期間，有惠政，國力大增。史稱宣王中興。令主，賢明的君主。㊼旱魃　主乾旱之神。《詩經・大雅・雲漢》：「旱既大甚，滌滌山川。旱魃為虐，如惔如焚。」即是描述周宣王時乾旱的情形。㊽歸

咎　歸罪於。㊾為相值不　是合適的嗎。㊿衛人伐邢二句　《左傳》僖公十九年：「衛人伐邢，以報菟圃之役。於是大旱……師興而雨。」衛，國名。開國君主是周武王之弟康叔，都朝歌（今河南淇縣）。衛在當時屬大國之列。邢，古小國，西元前十一世紀周分封的諸侯國。國都在今河北邢臺。師興，軍隊出征。51無徵　沒有徵兆。52蕭生縊死二句　蕭生即蕭望之，西漢大臣，漢宣帝時任大鴻臚、太子太傅、前將軍等官。元帝即位，甚受尊重。後被宦官弘恭、石顯陷害，被迫自殺。見《漢書．蕭望之傳》。53賈子放外二句　「賈子」即賈誼，西漢著名有才之臣，政論家。文帝時召為博士，一年之中，超遷至太中大夫，並主張改正朔，易服色，制法度，興禮樂。為大臣周勃、灌嬰等排擠，貶為長沙王太傅，抑鬱而死。見《漢書．賈誼傳》。絳，周勃封絳侯，故稱。54白起賜劍於杜郵　白起為戰國時秦國著名將領，武功卓著。秦、趙長平之戰，白起坑殺趙軍四十多萬人。秦欲攻趙都邯鄲，白起與秦昭王、相國范雎意見不合，范雎乘機讒毀，秦昭王下令將白起逐出秦都咸陽。白起出咸陽十里，至杜郵（今陝西咸陽東），秦王賜劍，令白起自殺。見《史記．白起王翦列傳》。55鼂錯致誅於東市　鼂錯，漢景帝時任御史大夫，深得景帝信任。曾建議削減諸侯王的封地，以減弱諸侯王勢力，景帝採納。諸侯王以「誅鼂錯以清君側」為名，發動叛亂。爰盎等人乘機中傷，於是鼂錯被斬。見《漢書．鼂錯傳》。東市，在長安城中，為漢代處決犯人的地方。後人因以東市指代刑場。56伍員絕命於吳都　伍員字子胥，春秋楚人。因其父伍奢被楚平王所殺，伍員逃入吳國，曾助吳王闔閭刺殺吳王僚，奪得王位，助吳王攻入楚郢都。後因勸吳王夫差絕越國之和並停止伐齊，遂被疏遠。至奉命使齊，託其子於齊大夫鮑氏。夫差知之大怒，賜劍令其自殺。見《史記．吳太伯世家》。57垂齠執簡　毛玠因「少年為吏」，故云。垂齠，即「垂髫」。古時兒童不束髮，頭髮下垂，因以稱童年。執簡，手執簡牘文書。指辦理文書的衙門小吏。58機近　指在皇帝身邊任機要之事。59人事所竄　請託不斷。人事，說情；請託。竄，紛擾。60理　審理。61淫利　追求不正當的利益。62青蠅　蒼蠅的一種，常用以比喻進讒的小人。《詩經．小雅．青蠅》：「營營青蠅，止于樊，豈弟君子，無信讒言。」63王叔陳生句　據《左傳》襄公十年：「周天子之卿士王叔陳生與伯輿爭權，周靈王偏袒伯輿，晉侯派范宣子去周天子處調和矛盾。范宣子讓雙方當廷論辯，伯輿辯詞理直，王叔無以應之。64契　即契要之辭、答辯之詞。65安驅　即安車，古代一種乘坐舒適的轎車。因此車用四匹馬駕駛，故稱。66郎中　官名。屬郎中令。管理皇帝的車騎，宿衛宮殿，出充車騎。

【語　譯】毛玠，字孝先，陳留郡平丘縣人。年輕時擔任縣裏的小吏，以清廉公正著稱。他準備到荊州躲避戰亂，尚未到達，聽說劉表的政令不清明，就前往魯陽了。太祖治理兗州時，徵召他任治中從事。毛玠告訴太祖說：「當今天下四分五裂，君主遷徙，百姓荒廢生產事業，飢寒交迫，流離失所，國家沒有一年的積糧，百姓沒有安居穩定之心，是難以持久的。現在袁紹、劉表，雖然兵強民多，但都沒有深謀遠慮，沒有建立根本大業的想法。以正義用兵可以取勝，守住地位要靠財力，應當擁戴天子來號令不臣服的人，倡導農耕，積儲軍用物資，這樣霸王的事業就可以成功了。」太祖恭敬的採納了他的意見，將他轉為幕府功曹。

2 太祖任司空丞相時，毛玠曾任東曹掾，與崔琰一起掌管選拔官員。他所選拔任用的人，都是清廉正直的士人，那些雖在當時負有盛名但行為不守本分的人，最終沒有得到進用。他致力以儉樸的美德為他人表率。因此天下的士人沒有不用廉潔的節操自我勉勵的，即使是受到尊敬寵信的朝臣，在乘車著裝上也不敢超過標準。太祖讚嘆說：「像這樣任用人才，能使天下人自己約束自己，我還要做什麼呢！」文帝擔任五官將時，親自拜訪毛玠，託付他任用自己的親戚。毛玠回答說：「老臣因為能守職盡責，才僥倖得以免罪，現在您提到的人不在升遷之列，所以臣不敢遵從命令。」太祖率領的大軍返回鄴城後，商議合併精簡機構。由於毛玠拒絕請託，當時的人畏懼他，都想撤掉東曹。就一起上告說：「過去是西曹為上，東曹為次，應當裁撤東曹。」太祖了解其中的實情，下令說：「太陽從東方出來，月亮最亮時也是在東方，凡是人們說到方位，也還是首先說到東，為什麼要裁撤東曹呢？」於是裁撤西曹。起初，太祖平定柳城時，分賞所繳獲的器物，特意將本色素淨的屏風和靠几賜給毛玠，說：「您有古人的風範，所以賜給您古人的用具。」毛玠身居高位，常常穿布衣吃粗食，撫育兄長的孤兒非常盡力，將所得賞賜用來救濟貧苦的族人，家裏沒有多餘的財產。升任右軍師。魏國剛剛建立時，擔任尚書僕射，又主管選舉官吏。當時太子尚未確立，而臨菑侯曹植受到太祖的寵愛，毛玠祕密的向太祖進諫說：「近來袁紹因為嫡庶不分，導致家族傾覆國家滅亡。廢立太子是大事，不應當如所聽聞的那樣。」後來羣臣聚會，毛玠起身如廁，太祖目送毛玠說：「這就是古人所說的國家的鯁直之臣，我的周昌啊。」

3 崔琰死後，毛玠心中不快。後來有人告發毛玠說：「毛玠外出看到受黥刑的反叛者，罪犯的妻兒被沒入官府當奴婢，毛玠說：『讓上天不下雨的原因，大概就是這個吧。』」太祖大為憤怒，逮捕毛玠入獄。大理鍾繇審問毛玠說：「自古以來聖明的帝王，治罪都要累及罪犯的妻兒。《尚書》說：『車左不奉行車左的職責，車右不奉行車右的職責，我要殺你們並累及你們的妻兒。』《周禮》所記司寇的職責，是將犯罪男子沒入官府當奴隸，女子收入官府服舂米、做箭桿的勞役。漢代的律法，罪犯的妻兒沒入官府當奴婢，臉上要刺字。漢代律法所施行的黥墨之刑，保存在古代經典中。現在真正的奴婢是他們的祖先有罪，即使是經歷百年，還有要黥面給官府做奴婢的。一則寬緩了對良民百姓勞役的徵調，二則寬免了受株連者的罪過。這怎麼是辜負神明的意志，而會導致旱災呢？按照《尚書》上說的，政治苛急，就經常寒冷，政治寬緩，就經常溫暖，寬緩就會陽氣太盛，所以出現乾旱。你毛玠說的話，是認為寬緩了呢，還是苛急了呢？苛急就會導致陰雨連綿，怎麼反而會天旱呢？成湯的聖明時代，郊野因旱不生青草，周宣王是賢明的君主，但旱魔肆虐。自從大旱以來，持續了三十年，將此歸咎於黥面，合適嗎？衛國討伐邢國，軍隊出發後就下雨，要是沒有罪惡的徵兆，怎麼會感應上天呢？你毛玠譏諷誹謗的話，流傳於下層民眾之間，不高興的呼聲，大王已經聽到了。你毛玠所說的話，勢必不是自言自語，當時看到黥面的，總共是幾個人？黥面奴婢，你認識嗎？是什麼原因你能見到他們，並替他們感嘆呢？當時你是對誰說？他們回答了些什麼？在什麼時候？什麼地方？事情已經暴露，不能隱瞞欺騙，要將全部情況交代出來。」毛玠說：「臣聽說蕭望之自縊而死，是由於被石顯陷害陷入困境；賈誼被流放外地，是由於周勃、灌嬰的讒言中傷；白起在杜郵受劍自殺，晁錯在東市被腰斬，伍員在吳國的都城被迫自殺，這幾個人，有的是當面被人嫉妒，有的是背後受人陷害。臣從少年時就任小吏，因勤勤懇懇而得到官位，處在機要職位，說情請託的人來往不斷。託付私人事情的，沒有一個有權勢的人不被拒絕，把冤屈告訴給我的，沒有一件細小的案件不加以審理。人情總是追求不正當利益，這是被法律禁止的，法律禁止貪利，貪利者勢必陷害執法的人。像蒼蠅一樣的好進讒言的小人四處橫生，對臣進行誹謗，誹謗臣的人，一定不是別的原因。過去周朝的王叔、陳生在朝廷論辯曲直時，由范宣子評判是非，他讓雙方提供文件依據，是非曲直，判斷合理，《春秋》稱讚他，所以記錄了這件事。臣沒有說過這樣的話，當然更沒有時間、證人。說臣講過這樣的話，一定要有證據。請求派范宣子那樣的人來判別是非，請求像王叔那樣與人對質。假如臣理屈詞窮，我受刑的那天，好比是送給我安車駟馬；送來自殺的賜劍，好比是得到重賞般的恩惠。謹將實情回答如上。」當時桓階、和洽上書營救毛玠。毛玠於是被免刑罷官，死在家裏。太祖賜給他棺材、金錢和布匹，任用他的兒子毛機為郎中。

1 徐奕，字季才，東莞❶人也。避亂❷江東❸，孫策禮命❹之。奕改姓名，微服❺還本郡。太祖為司空，辟為掾屬❻，從西征馬超。超破，軍還。時關中新服，未甚安，留奕為丞相長史❼，鎮撫西京❽。西京稱其威信。轉為雍州❾刺史，復還為東曹屬。丁儀等見寵於時，並害之，而奕終不為動。出為魏郡❿太守。太祖征孫權，徙為留府長史⓫，謂奕曰：「君之忠亮⓬，古人不過也，然微太嚴。昔西門豹佩韋以自緩⓭，夫能以柔弱制剛彊者，望之於君也。今使君統留事，孤無復還顧之憂也。」魏國既建，為尚書，復典選舉，遷尚書令⓮。

2 太祖征漢中⓯，魏諷⓰等謀反，中尉楊俊左遷⓱。太祖歎曰：「諷所以敢生亂心，以吾爪牙之臣無遏姦防謀者故也。安得如諸葛豐⓲者，使代俊乎！」桓階曰：「徐奕其人也。」太祖乃以奕為中尉，手令曰：「昔楚有子玉，文公為之側席而坐⓳；汲黯在朝，淮南為之折謀⓴。詩稱『邦之司直㉑』，君之謂與！」在職數月，疾篤㉒乞退，拜諫議大夫㉓，卒。

【章　旨】以上為〈徐奕傳〉。徐奕初從孫策，後從曹操。徐奕為人正直，曹操任用他管司法，並寄予厚望。不數月而卒。

【注　釋】❶東莞　郡名。治所在今山東沂水縣北。❷亂　中華書局印本作「難」。❸江東　長江在安徽蕪湖與江蘇南京之間作西南、東北流向，習慣上稱自此以下長江南岸地區為江東。三國時為孫吳的根據地。❹禮命　以禮授官。❺微服　指穿平民的衣著。❻掾屬　輔佐長官的屬吏。❼丞相長史　三公的輔佐官員。東漢時三公均設長史。時曹操為司空丞相，在三公之列。長史總領公府事務。❽西京　即長安。西漢建都長安，東漢建都洛陽，對洛陽而言，故稱西京。❾雍州　州名。東漢興平元年（西元一九四年）分涼州置。三國魏治所在今陝西西安西北。❿魏郡　治所在今河北臨漳西南。⓫留府長史　丞相曹操出征，長史為留守相府的總管。⓬忠亮　忠誠亮節。⓭西門豹佩韋以自緩　西門豹為戰國時魏國人。魏文侯時任鄴縣令。因性急，常佩韋以自緩。《韓非子・觀行》：「西門豹之性急，故佩韋以自緩，董安于之性緩，故佩弦以自急。」佩韋，佩帶柔皮，以自警性急。⓮尚書令　東漢政歸尚書，尚書令實際上是輔佐皇帝總攬政務的政府首腦。⓯漢中　郡名。治所在今陝西漢中東。⓰魏諷　字子京，沛人（一說濟陰人）。鍾繇徵其為西曹掾，與長樂衛尉陳禕陰謀襲擊鄴城，以害曹操。陳禕懼，告之曹操，魏諷被殺。⓱中尉楊俊左遷　中尉楊俊被降職。中尉，官名。掌京城治安，兼主北軍。楊俊，字季才，獲嘉（今河南獲嘉）人。曾任丞相掾屬、南陽太守。魏建國，遷中尉。因魏諷反，楊俊自貶為平原太守。因楊俊曾稱美曹植，被魏文帝曹丕以事付獄，後自殺。左遷，古以右為上，左遷即貶官。⓲諸葛豐　西漢人。元帝時任司隸校尉（掌糾察京師百官），舉劾無所避。外戚許章貴幸不法，諸葛豐欲收捕之，許章逃入宮中。⓳楚有子玉二句　子玉為成得臣字，春秋時楚國人。楚成王時，伐陳有功，為楚令尹（宰相）。後與晉兵戰於城濮，兵敗自殺。《史記・晉世家》，晉、楚城濮之戰中，「晉焚楚軍，火數日不息，文公嘆。左右曰：『勝楚而君猶憂，何？』文公曰：『吾聞能戰勝安者唯聖人，是以懼。且子玉猶在，庸可喜乎！』」側席，側席而坐，表示不安。⓴汲黯在朝二句　汲黯，字長孺，濮陽人。漢武帝時任東海太守、主爵都尉。直言敢諫，不避權貴。《史記・汲鄭列傳》，漢武帝時，「淮南王（劉安）謀反，憚黯，曰：『好直諫，守節死義，難惑以非。』」折謀，陰謀受挫。㉑邦之司直　此語出自《詩經》，已見上注。意為：國家的正直之臣。㉒疾篤　病重。㉓諫議大夫　官名。屬郎中令，掌議論。

【語　譯】徐奕，字季才，東莞郡人。躲避戰亂到了江東，孫策依禮任命他為官。徐奕改換名姓，穿著平民衣服返回本郡。太祖擔任司空，徵召他擔任佐屬，隨從西征馬超。打敗馬超後，軍隊返回。當時關中剛剛歸服，不是十分安定，太祖留徐奕擔任丞相長史，鎮守安撫西京，西京人稱頌他有威信。調任雍州刺史，回來又擔任東曹屬官。丁儀等人在當時很被寵信，同時陷害他，而徐奕始終不被動搖。出任魏郡太守。太祖征伐孫權，調他擔任留守公府的長史，太祖對徐奕說：「您的忠誠亮節，古人也比不上，只是稍嫌嚴苛。過去西門豹用佩帶柔皮的辦法提醒自己性子要和緩，能夠以柔克剛，這是我對您的期望啊。現在讓您統管留守事宜，我再沒有後顧之憂了。」魏國建立後，徐奕擔任尚書，仍掌管選官，後升任尚書令。

2 太祖征討漢中，魏諷等人謀反，中尉楊俊遭貶職。太祖感嘆說：「魏諷膽敢生叛亂之心的緣故，是因為我的親信臣子中沒有能遏制邪惡防止陰謀叛亂的人。如何能得到像諸葛豐那樣的人，讓他代替楊俊呢！」桓階說：「徐奕就是那樣的人。」太祖於是任徐奕為中尉，下手令說：「過去楚國有子玉，晉文公因此坐不安席；汲黯在朝，淮南王的陰謀被挫。《詩經》上說的『邦之司直』，說的就是您吧！」在職幾個月，病重請求退職，太祖任命他為諫議大夫，病逝。

1 何夔，字叔龍，陳郡❶陽夏❷人也。曾祖父熙，漢安帝時官至車騎將軍❸。夔幼喪父，與母兄居，以孝友稱。長八尺❹三寸，容貌矜嚴❺。避亂淮南❻。後袁術❼至壽春，辟之，夔不應，然遂為術所留。久之，術與橋蕤❽俱攻圍蘄陽❾，蘄陽為太祖固守。術以夔彼郡人，欲脅令說蘄陽❿。夔謂術謀臣李業曰：「昔柳下惠聞伐國之謀而有憂色，曰：『吾聞伐國不問仁人，斯言何為至於我哉⓫！』」遂遁匿灊山⓬。術知夔終不為己用，乃止。術從兄山陽⓭太守遺母，夔從姑也，是以雖恨夔而不加害。

2 建安二年⑭，夔將還鄉里，度⑮術必急追，乃間行⑯得免，明年到本郡。頃之，太祖辟為司空掾屬。時有傳袁術軍亂者，太祖問夔曰：「君以為信不？」夔對曰：「天之所助者順，人之所助者信。術無信順之實，而望天人之助，此不可以得志於天下。夫失道之主，親戚叛之，而況於左右乎！以夔觀之，其亂必矣。」太祖曰：「為國⑰失賢則亡。君不為術所用，亂，不亦宜乎！」太祖性嚴，掾屬公事，往往加杖；夔常畜毒藥，誓死無辱，是以終不見及。出為城父⑱令。遷長廣⑲太守。郡濱山海，黃巾未平，豪傑多背叛，袁譚就加以官位。長廣縣人管承，徒眾三千餘家，為寇害。議者欲舉兵攻之。夔曰：「承等非生而樂亂也，習於亂，不能自還，未被德教，故不知反⑳善。今兵迫之急，彼恐夷滅㉑，必并力戰。攻之既未易拔，雖勝，必傷吏民。不如徐喻以恩德，使容自悔，可不煩㉒兵而定。」乃遣郡丞㉓黃珍往，為陳成敗，承等皆請服。夔遣吏成弘領校尉㉔，長廣縣丞等郊迎奉牛酒，詣郡。牟平㉕賊從錢，眾亦數千，夔率郡兵與張遼共討定之。東牟㉖人王營，眾三千餘家，脅昌陽縣㉗為亂。夔遣吏王欽等，授以計略，使離散之。旬月㉘皆平定。

3 是時太祖始制新科㉙下州郡，又收租稅綿絹㉚。夔以郡初立，近以師旅㉛之後，不可卒㉜繩以法，乃上言曰：「自喪亂已來㉝，民人失所，今雖小安，然服教日淺。所下新科，皆以明罰敕法㉞，齊一大化㉟也。所領六縣，疆域初定，加以饑饉，若一切齊以科禁，恐或有不從教者。有不從教者不得不誅，則非觀民設教㊱隨時之意也。先王辨九服之賦㊲以殊遠近，制三典㊳之刑以平治亂，愚以為此郡宜依遠域新邦㊴之典，其民間小事，使長吏臨時隨宜㊵，上不背正法，下以順百姓之心。比及三年，民安其業，然後齊之以法，則無所不至矣。」太祖從其言。徵還，參丞相軍事㊶。海賊郭祖寇暴樂安㊷、濟南㊸界，州郡苦之。太祖以夔前在長廣有威信，拜樂安太守。到官數月，諸城悉平。

4 入為丞相東曹掾。夔言於太祖曰：「自軍興以來，制度草創，用人未詳其本，是以各引其類，時忘道德。夔聞以賢制爵，則民慎德㊹；以庸制祿，則民興功㊺。以為自今所用，必先核之鄉閭，使長幼順敘㊻，無相踰越。顯忠直之賞，明公實之報，則賢不肖之分，居然別矣。又可修保舉故不以實之令㊼，使有司別受其負㊽。在朝之臣，時受教與曹並選者，各任其責㊾。上以觀朝臣之節，下以塞爭競之源，以督羣下，以率萬民，如是則天下幸甚。」太祖稱善。魏國既建，拜尚書僕射。

文帝為太子，以涼茂為太傅(50)，夔為少傅(51)；特命二傅與尚書東曹(52)並選太子諸侯官屬。茂卒，以夔代茂。每月朔(53)，太傅入見太子，太子正法服(54)而禮焉；他日無會儀(55)。夔遷太僕(56)，太子欲與辭，宿戒供(57)，夔無往意；乃與書請之，夔以國有常制，遂不往。其履正(58)如此。然於節儉之世，最為豪汰(59)。文帝踐阼(60)，封成陽亭侯，邑三百戶。疾病，屢乞遜位。詔報曰：「蓋禮賢親舊(61)，帝王之常務也。以親則君有輔弼(62)之勳焉，以賢則君有醇固(63)之茂焉。夫有陰德(64)者必有陽報(65)，今君疾雖未瘳(66)，神明聽之矣(67)。君其即安，以順朕意。」薨(68)，謚曰靖侯。子曾嗣，咸熙(69)中為司徒(70)。

【章旨】以上為〈何夔傳〉。何夔為人仁孝，初從袁術，後從曹操，幫助曹操撫定反叛之眾多起。又助曹操制訂撫民的法律條文，撫綏之功顯著。主張選賢任能，太子曹丕對他亦禮敬有加。

【注釋】❶陳郡　郡名。治所在今河南淮陽。❷陽夏　縣名。治所在今河南太康。❸曾祖父熙二句　裴注引華嶠《漢書》曰：「熙字孟孫，少有大志，不拘小節。身長八尺五寸，體貌魁梧，善為容儀。舉孝廉，為謁者，贊拜殿中，音動左右。和帝（佳）〔偉〕之，歷位司隸校尉、大司農。永初三年，南單于與烏丸俱反，以熙行車騎將軍征之，累有功。烏丸請降，單于復稱臣如舊。會熙暴疾卒。」漢安帝，即東漢安帝劉祜。西元一〇七—一二五年在位。車騎將軍，將軍的名號，掌車騎征伐。東漢時任此職者多為皇親、嬖臣。❹尺　漢代一尺合今二十三點二公分。❺矜嚴　莊重嚴肅。❻淮南　郡國名。治所在今安徽壽縣。裴注引《魏書》曰：漢末閹臣用事，夔從父衡為尚書，有直言，由是在黨中，諸父兄皆禁錮。夔嘆曰：「天地閉，賢人隱。」故不應宰司之命。❼袁術　字公路，東漢汝陽（今河南商水縣西南）人。袁紹弟。董卓專權，他逃往南陽，據有其地。後率眾割據揚州。被曹操所破，病死。❽橋蕤　袁術部將。❾蘄陽　縣名。治所在今湖北蘄春。❿說蘄陽　勸說蘄陽守將歸降。⓫昔柳下惠四句　柳下惠，即展禽，因其食邑柳下，諡惠，故稱。春秋時魯國大夫。《春秋繁露・對膠西王越大夫不得為仁第三十二》：「昔者魯君問於柳下惠曰：『我欲攻齊，如何？』柳下惠對曰：『不可。』退而有憂色，曰：『吾聞之也，謀伐國者，不問於仁人也，此何為至於我？』」⓬灊山　又名天柱山、霍山，在今安徽霍山縣西北。⓭山陽　郡名。治所在今山東金鄉西北。⓮建安二年　西元一九七年。建安，東漢獻帝劉協年號，西元一九六—二二〇年。⓯度　預料。⓰閒行　從偏僻小路祕密而行。⓱為國　治國。⓲城父　縣名。治所在今安徽亳州東南。⓳長廣　郡名。治所在今山東萊陽東。⓴反　通「返」。㉑夷滅　平滅。㉒煩　勞。㉓郡丞　太守的副官。㉔校尉　將軍之下的武官。㉕牟平　縣名。治所在今山東福山西北。㉖東牟　縣名。治所在今山東牟平。㉗昌陽縣　治所在今山東文登南。㉘旬月　一個月的時間。㉙新科　新制訂的法令條律。㉚綿絹　絲棉和絲織品。㉛師旅　軍隊。這裏指戰爭。㉜卒　通「猝」。突然。㉝喪亂已來　戰亂以來。㉞明罰敕法　申明處罰整飭之法。《周易・噬嗑》：「先王以明罰敕法。」㉟齊一大化　統一政令。㊱觀民設教　考察民情來制訂教化的具體措施。《周易・觀》：「先王以省方觀民設教。」㊲辨九服之賦　相傳古代天子所住京都以外的地方按遠近分為九等地區，稱為九服。方千里稱王畿，其外方五百里叫侯服，又其外方五百里叫甸服，又其外方五百里叫男服，又其外方五百里叫采服，又其外方五百里叫衛服，又其外方五百里叫蠻服，又其外方五百里叫夷服，又其外方五百里叫鎮服，又其外方五百里叫藩服。此句意為：分別地區的遠近確定賦稅的數量。㊳三典　指輕、中、重三類刑法。典即法。《周禮・秋官・大司寇》：「掌建邦之三典，以佐王刑邦國，詰四方。一曰刑新國，用輕典；二曰刑平國，用中典；三曰刑亂國，用重典」。㊴遠域新邦　指遠地新歸服的地區。㊵隨宜　因時制宜。㊶參丞相軍事　官名。丞相府軍事參謀。㊷樂安　郡名。治所在今山東高青西北。㊸濟南　王國名。治所在今山東章丘西。㊹以賢制爵二句　因賢德而授予爵位，則百姓注重德行的修養。㊺以庸制祿二句　因功勞而給以俸祿，則百姓注重建功。庸，功勞。㊻順敘　順序。㊼脩保舉句　實行保舉他人做官而故意隱瞞實情的條令。㊽負　責。㊾在朝之臣三句　盧弼《三國志集解》云：「未詳其義。」按：此三句意謂：朝臣受命與東曹一起主管選官之事者，後果按責任大小，各負其責。㊿太傅　即太子太傅，輔佐東宮太子德業的官員。即後世東宮三太（太子太師、太子太傅、太子太保）之一。(51)少傅　即太子少傅，位在太子太傅之下。即後世的東宮三少（太子少師、太子少傅、太子少保）之一。(52)尚書東曹　尚書令之東曹掾，掌選官。(53)朔　舊曆每月的初一為朔日，簡稱朔。(54)法服　禮服。(55)他日無會儀　其他日子沒有會面的規定。(56)太僕　官名。九卿之一，掌皇帝輿馬及馬政。(57)宿戒供　即宿戒於供帳。古代舉行祭祀等禮儀之前，參加祭祀的人須齋戒兩次。宿，再。此句意為：太子想在齋戒的供帳中與他會面。58履正　履行正道。59豪汰　過分奢華。60踐阼　登上帝位。61親舊　親近舊臣。62輔弼　輔佐。63醇固　純正堅定。64陰德　暗中助人之德。65陽報　公開的報答。66瘳病癒。67神明聽之矣　神明已經答應使你痊癒。68薨　王侯之死稱為薨。69咸熙　魏元帝曹奐年號，西元二六四－二六五年。70司徒　三國時司徒即丞相。

【語譯】何夔，字叔龍，陳郡陽夏縣人。曾祖父何熙，漢安帝時官至車騎將軍。何夔幼年喪父，與母親、兄長同住，因孝順父母友愛兄弟著稱。他身高八尺三寸，容貌莊重嚴肅。避亂到淮南。後來袁術到壽春，徵召任用他，何夔沒有應命，於是被袁術扣留。過了很久，袁術與橋蕤同時圍攻蘄陽，蘄陽被太祖堅守。袁術認為何夔是那個郡的人，打算脅迫他勸降蘄陽。何夔對袁術的謀臣李業說：「從前柳下惠聽到要攻伐別國的謀劃後面帶憂慮的說：『我聽說進攻一個國家，是不去詢問仁人的，這話為何來問我呢！』」於是遁逃藏匿到灊山。袁術知道何夔終究不被自己所用，這才作罷。袁術的堂兄山陽太守袁遺的母親，是何夔的堂姑，所以袁術雖然懷恨何夔卻不加害於他。

2 建安二年，何夔將要回返故里，預料袁術必定會緊急追趕，於是走小路才免於追捕，第二年回到本郡。不久，太祖徵召他擔任司空掾屬。當時傳言袁術軍隊發生內訌，太祖問何夔說：「您認為可信嗎？」何夔回答說：「上天所幫助的是順應天命的人，百姓所幫助的是取信於民的人。袁術沒有順天命取信於民的實際作為，卻希望老天和百姓的幫助，這是不可能得志於天下的。失去道義的君主，親戚都要叛離，何況他身邊的人呢！依我看來，他的軍隊發生內訌是必然的。」太祖說：「治理國家，失去賢才就會滅亡。您不被袁術所任用，發生內訌，不也理所當然嗎！」太祖性格嚴厲，掾屬及公職人員，常常遭棍棒責打；何夔經常備有毒藥，誓死不受侮辱，所以最終沒有遭受棒打。何夔出任城父縣令，升任長廣郡太守。長廣郡依山傍海，黃巾軍尚未被平定，豪傑之士多有背叛，袁譚就給他們封官授職。長廣縣人管承，擁有部眾三千多家，寇亂為害。有人建議要發兵討伐管承，何夔說：「管承等人並非生性喜好作亂，只因習於戰亂生活，不能自拔，加上沒有受到道德教化，所以不知道改惡從善。如今軍隊進逼急迫，他們害怕被消滅，一定會合力死戰。攻打他既不容易取勝，就算勝了，一定傷害吏民百姓。不如慢慢的用恩德曉諭他們，容許他們自行悔悟，可以不用動武而平定。」於是派郡丞黃珍前往，對他們陳述成敗利害，管承等人都請求歸降。何夔派遣官吏成弘兼任校尉，同長廣縣縣丞等人帶著牛和酒在城郊迎接，一起來到長廣郡城。牟平賊從錢，他的部眾也有幾千人，何夔帶領長廣郡的部隊與張遼一起平定了他。東牟人王營，擁有部眾三千多家，脅迫昌陽縣民作亂。何夔派遣吏員王欽等，授給他計策，使王營的部屬分崩離析。一個月內各地叛亂都被平定。

3 這時太祖開始制訂新的法令向下傳達到各個州郡，並徵收租稅和絲綿織品。何夔認為本郡剛剛建立，近期又處於戰亂之後，不可倉促用法令來約束，於是上書說：「自從戰亂以來，民眾流離失所，現在雖然稍稍安定，但是接受教化的時間還不久。所下達的新法令，都是申明懲罰整飭的法條，來統一政令。我所管轄的六縣，轄區剛剛確定，加上饑荒，如果全部用法令來禁制處罰，恐怕會有不服從政令的人。不服從政令又不得不誅殺，那麼就違背了根據民情進行教化因時制宜的本意了。古代聖王把京都以外的地方分為九等交納賦稅來區別遠近，制訂三類不同的刑法來平定動亂，我認為這個郡應當比照邊遠疆域新立政區的法度，那些民間小事，派長吏根據情況臨時採用相應措施，上不違國家的法律，下也順應了百姓的心意。到了三年以後，百姓都安居樂業，然後用法令來整齊劃一，就沒有什麼行不通的了。」太祖聽從了他的意見。徵召他回京，擔任丞相府軍事參謀。海賊郭祖在樂安、濟南一帶為寇作亂，州郡官民都深以為苦。太祖認為何夔以前在長廣郡很有威信，任命他為樂安太守。到職不過幾個月，各個縣城全都平定。

4 何夔進入丞相府擔任東曹掾。何夔對太祖說：「您自從興兵以來，各種制度剛剛草創，用人沒有詳查他們的底細，所以他們各自引薦自己的同類，往往忽略了被推薦人的道德素質。我聽說依據賢能授予爵位，那麼百姓就會謹慎的修治德行；根據功勞確定俸祿，那麼民眾就會注重立功。我認為從今而後選用人，必定要先到鄉里查核，使得長幼有序，不相互超越。顯揚對忠直之人的獎賞，申明對踏實為公者的報答，那麼賢能與無才德的區分，就十分清楚了。還可以制定故意不按實際薦舉人才的法條，使主管官員各自承擔責任。在朝的大臣，接受教令與東曹一起選官的人，各自擔負責任。上可用來觀察朝廷大臣的節操，下可以堵塞相互爭奪的根源，以此來督察羣臣，率領民眾，這樣就是天下人的莫大幸運。」太祖稱讚他說得好。魏國建立後，任命何夔為尚書僕射。文帝為太子時，任命涼茂為太傅，何夔為少傅；特別命令太傅、少傅與尚書東曹共同挑選太子諸侯的屬官。涼茂死後，何夔取代涼茂為太傅。每月初一，太傅進宮面見太子，太子身著禮服向太傅致禮；其他日子則沒有會見的規例。何夔升任太僕，太子打算跟他辭行，並約他在齋戒之處見面，但何夔沒有前往的意思；於是太子寫信邀請他，何夔認為國家有規範、制度，終究沒有前去。他履行正道就是這樣。可是他在節儉的時代，生活最為奢華。文帝登基即帝位，封何夔為成陽亭侯，食邑三百戶。他身體有病，多次請求退職。皇上下詔回覆說：「禮遇賢人，親善老臣，這是帝王經常性的事務。以親近而論，您有輔佐君王的功勳；以賢德而言，您有純正堅定的優秀品德。有陰德的人就一定會有陽報，現在您的病雖未痊癒，但神明已經保佑您痊癒了。望您安心養病，以順應朕的心意。」何夔死後，諡號為靖侯。他的兒子何曾繼爵，咸熙年間擔任司徒。

1 邢顒，字子昂，河間❶鄚❷人也。舉孝廉❸，司徒辟，皆不就。易姓字❹，適右北平❺，從田疇❻游。積五年，而太祖定冀州❼。顒謂疇曰：「黃巾起來二十餘年，海內鼎沸❽，百姓流離。今聞曹公法令嚴。民厭亂矣，亂極則平。請以身先。」遂裝還鄉里❾。田疇曰：「邢顒，民之先覺❿也。」乃見太祖，求為鄉導以克柳城⓫。

2 太祖辟顒為冀州從事⓬，時人稱之曰：「德行堂堂邢子昂。」除廣宗⓭長，以故將⓮喪棄官。有司⓯舉正，太祖曰：「顒篤於舊君，有一致之節，勿問也。」

更辟司空掾⑯，除行唐⑰令，勸民農桑，風化大行。入為丞相門下督⑱，遷左馮翊⑲，病，去官。是時，太祖諸子高選官屬，令曰：「侯家吏，宜得淵深法度如邢顒輩。」遂以為平原侯植家丞⑳。顒防閑㉑以禮，無所屈撓，由是不合。庶子㉒劉楨書諫植曰：「家丞邢顒，北土之彥，少秉高節，玄靜澹泊，言少理多，真雅士也。楨誠不足同貫㉓斯人，並列左右。而楨禮遇殊特，顒反疏簡㉔，私懼觀者將謂君侯習近不肖㉕，禮賢不足，採庶子之春華㉖，忘家丞之秋實㉗。為上招謗，其罪不小，以此反側㉘。」後參丞相軍事，轉東曹掾。初，太子未定，而臨菑侯植有寵，丁儀等並贊翼㉙其美。太祖問顒，顒對曰：「以庶代宗㉚，先世之戒也。願殿下㉛深重察之！」太祖識其意，後遂以為太子少傅，遷太傅。文帝踐阼，為侍中㉜尚書僕射，賜爵關內侯㉝，出為司隸校尉㉞，徙太常㉟。黃初四年㊱薨。子友嗣。

【章旨】以上為〈邢顒傳〉。邢顒與田疇友善，二人助曹操攻克遼東柳城，平定遼東。又為曹植家丞，以禮約束之。操欲立曹植為太子，邢顒以為不可，不能「以庶代宗」，終立曹丕為太子。

【注釋】❶河間　郡名。治所在今河北獻縣東南。❷鄚　縣名。治所在今河北任丘。❸孝廉　漢代選拔人才的科目之一。由各郡國推薦孝順廉潔之士充之。選為孝廉，往往被任為郎官。在東漢尤為求仕進的必由之路。❹姓字　姓名。❺右北平　郡名。治所在今河北豐潤東南。❻田疇　字子泰，無終（今天津市薊縣）人。東漢末豪士，高蹈不仕。詳見本書卷十一〈田疇傳〉。❼冀州　州名。治所在今河北柏鄉北。❽鼎沸　動亂。❾裝還鄉里　整理行裝歸還故鄉。❿先覺　所謂先知先覺的人。⑪柳城　縣名。治所在今遼寧朝陽南。⑫從事　州刺史的屬官。漢以後的三公及州郡長官，多自置僚屬，統稱之為從事。⑬廣宗　縣名。治所在今河北威縣東。⑭故將　指原郡太守。郡太守主持政務之外，又統領軍隊，故以「將」相稱。此處指原河間郡守。⑮有司　古代設官，各有所司，故稱有司。⑯司空掾　司空的佐官。⑰行唐　縣名。治所在今河北行唐。⑱丞相門下督　丞相府中的辦事僚屬。⑲左馮翊　行政區域名，也是官名。西漢改左內史置，轄區相當一郡，長官相當於太守。治所在今陝西西安西北。⑳家丞　諸侯王的家臣。漢制，列侯食邑千戶以上可置家丞。諸侯家丞即諸侯家的總管。㉑防閑　約束。㉒庶子　官名。太子的屬官。漢以後為太子侍從官的一種。㉓同貫　同列。㉔疏簡　疏慢無禮。㉕不肖　自謙之詞，謂無才無德之人。⑳春華　即春花。這裏引申為美麗的外表。㉗秋實　秋天的果實。這裏引申為豐厚的內涵。㉘反側　臥不安席。㉙贊翼　贊助。㉚以庶代宗　「庶」指庶子，按封建宗法制度，正妻所生的長子為嫡長子，是合法的繼承人。除嫡長子外，正妻所生的其他兒子及妾生子，均稱為庶子。曹丕、曹植雖為同母所生，因丕長於植，故稱曹植為庶子。宗，宗子，即嫡長子，指曹丕。㉛殿下　對諸侯王的尊稱。時曹操為魏王，故稱。㉜侍中　官名。秦始置，兩漢沿置。起初此職僅伺應雜事，由於近在皇帝左右，地位漸重。遂成為自列侯以下官員的加銜，以示優寵，無定員。㉝關內侯　爵位名。為秦漢二十等爵位中的第十九級，位在通侯之次。㉞司隸校尉　官名。掌糾察京師百官及附近各郡。㉟太常　官名。掌宗廟禮儀，兼掌博士之選舉。㊱黃初四年　西元二二三年。黃初，魏文帝曹丕年號，西元二二〇—二二六年。

【語譯】邢顒，字子昂，河間郡鄚縣人。他被薦舉為孝廉，司徒府徵召他，都不肯就職。於是他改名換姓，到右北平，與田疇交遊。過了五年，太祖平定了冀州。邢顒對田疇說：「黃巾起事以來已二十多年，天下沸騰，百姓流離失所。現在聽說曹公的法令嚴明。百姓厭惡戰亂了，亂到了極點就要安定。請讓我先去投奔他。」於是整裝返回故里。田疇說：「邢顒，是眾人中先知先覺的人。」於是田疇前去面見太祖，請求擔任嚮導攻克柳城。

2　太祖徵召邢顒擔任冀州從事，當時的人稱譽他說：「德行堂堂邢子昂。」他被任命為廣宗縣縣長，因舉薦他為孝廉的郡太守去世，他棄官而替郡太守服喪。有關的官員要檢舉治罪，太祖說：「邢顒對舊主有深厚情意，有始終如一的節操，不必追究了。」改任他為司空掾，又任命他為行唐縣令，他勸勉百姓從事農桑，普遍推行教化。又進入丞相府擔任門下督，升任左馮翊，因病辭官。這時，太祖以高標準為各個兒子徵選官屬，下令說：「諸侯家的官吏，應當選像邢顒那樣精通法令制度的人。」於是任用他為平原侯曹植的家丞。邢顒用禮儀約束曹植，沒有曲從，因此與曹植不合。庶子劉楨寫信勸諫曹植說：「家丞邢顒，是北方的英才，年輕時就具有高尚的節操，沉靜寡欲，言少理多，是真正的高雅之士。我實在不配與這個人同列，並列在您左右。可是您對我的禮遇特別優厚，對邢顒反而疏忽簡慢，我私下擔心旁觀的人會說您喜歡親近沒有賢德的人，禮待賢士不盡心，您只採摘庶子的春花，而忽略了家丞的秋實。給您招來非議，罪過不小，因此我坐臥不安。」後來邢顒擔任丞相府軍事參謀，調任東曹掾。起初，太子尚未確立，而臨菑侯曹植受太祖寵愛，丁儀等人都讚頌他的美才。太祖詢問邢顒，邢顒回答說：「拿庶子代替嫡子，這是先世的禁戒。希望殿下特別慎重的考慮！」太祖明白他的意思，後來就任用他為太子少傅，升任太傅。文帝即位，邢顒擔任侍中尚書僕射，賜爵為關內侯，出任司隸校尉，遷任太常。黃初四年去世。他的兒子邢友繼承他的爵位。

1 鮑勛，字叔業，泰山❶平陽❷人也，漢司隸校尉鮑宣❸九世孫。宣後嗣有從上黨❹徙泰山者，遂家焉。勛父信，靈帝時為騎都尉❺，大將軍何進遣東募兵。後為濟北❻相，協規太祖❼，身以遇害。語在董卓傳、武帝紀。建安十七年❽，太祖追錄信功，表封❾勛兄邵新都亭侯。辟勛丞相掾❿。

2 二十二年，立太子，以勛為中庶子⓫。徙黃門侍郎⓬，出為魏郡西部都尉⓭。太子郭夫人⓮弟為曲周⓯縣吏，斷盜官布，法應棄市⓰。太祖時在譙⓱，太子留鄴，數⓲手書為之請罪。勛不敢擅縱，具列上。勛前在東宮⓳，守正不撓，太子固不能悅，及重此事，恚望滋甚[20]。會郡界休兵[21]有失期[22]者，密敕中尉[23]奏免勛官。久之，拜侍御史[24]。延康元年[25]，太祖崩[26]，太子即王位，勛以駙馬都尉[27]兼侍中。

3 文帝受禪[28]，勛每陳「今之所急，唯在軍農，寬惠百姓。臺榭苑囿[29]，宜以為後」。文帝將出游獵，勛停車上疏曰：「臣聞五帝三王[30]，靡不明本立教[31]，以孝治天下。陛下仁聖惻隱，有同古烈[32]。臣冀當繼蹤前代[33]，令萬世可則[34]也。如何在諒闇[35]之中，修馳騁之事[36]乎！臣冒死以聞，唯[37]陛下察焉。」帝手毀其表而競行獵，中道頓息[38]，問侍臣曰：「獵之為樂，何如八音[39]也？」侍中劉曄對曰：「獵勝於樂。」勛抗辭曰：「夫樂，上通神明，下和人理，隆治致化[40]，萬邦咸乂[41]。故移風易俗，莫善於樂。況獵，暴華蓋[42]於原野，傷生育之至理，櫛風沐雨，不以時隙[43]哉？昔魯隱觀漁於棠，春秋譏之。雖陛下以為務[44]，愚臣所不願也。」因奏：「劉曄佞諛[45]不忠，阿順陛下過戲之言。昔梁丘據取媚於遄臺[46]，曄之謂也。請有司議罪以清皇朝。」帝怒作色，罷還，即出勛為右中郎將[47]。

4 黃初四年[48]，尚書令陳羣、僕射司馬宣王並舉勛為宮正[49]，宮正即御史中丞[50]也。帝不得已而用之，百寮[51]嚴憚，罔[52]不肅然。六年秋，帝欲征吳，羣臣大議，勛面諫曰：「王師屢征而未有所克者，蓋以吳、蜀脣齒相依，憑阻山水，有難拔之勢故也。往年龍舟飄蕩，隔在南岸，聖躬蹈危，臣下破膽。此時宗廟[53]幾至傾覆，為百世之戒。今又勞兵襲遠，日費千金，中國[54]虛耗，令黠虜[55]玩威[56]，臣竊以為不可。」帝益忿之，左遷勛為治書執法[57]。

帝從壽春還，屯陳留郡界。太守孫邕見，出過勛。時營壘未成，但立標埒[58]，邕邪行不從正道，軍營令史[59]劉曜欲推[60]之，勛以塹壘未成，解止[61]不舉。大軍還洛陽，曜有罪，勛奏絀遣[62]，而曜密表勛私解邕事。詔曰：「勛指鹿作馬，收付廷尉[63]。」廷尉法議：「正刑五歲[64]。」三官[65]駮：「依律罰金二斤。」帝大怒曰：「勛無活分[66]，而汝等敢縱之！收三官以下付刺姦[67]，當令十鼠同穴。」太尉鍾繇、司徒華歆、鎮軍大將軍陳羣、侍中辛毗、尚書衛臻、守廷尉高柔等並表「勛父信有功於太祖」，求請勛罪。帝不許，遂誅勛。勛內行[68]既脩，廉而能施，死之日，家無餘財。後二旬，文帝亦崩，莫不為勛歎恨。

【章　旨】以上為〈鮑勛傳〉。鮑勛以法懲治曹丕之內弟，曹丕即位後，仍被倚重。勸文帝強兵興農、寬惠百姓，請緩建亭臺樓閣，勸止遊獵，阻止伐吳，雖遭貶降，仍持正不阿。終被文帝誅死。

【注　釋】❶泰山　郡名。治所在今山東泰安東。❷平陽　縣名。治所在今山東曲阜附近。❸鮑宣　字子都，西漢大臣。王莽秉政，遇害。❹上黨　郡名。治所在今山西長治北。❺騎都尉　武官名。掌統率皇帝的羽林騎兵。❻濟北　王國名。治所在今山東長清南。❼協規太祖　幫太祖劃策。❽建安十七年　西元二一二年。建安，東漢獻帝劉協年號，西元一九六—二二〇年。❾表封　上表請封。裴注引《魏書》：「邵有父風，太祖嘉之，加拜騎都尉，使持節。邵薨，子融嗣。」❿丞相掾　丞相的屬官。⓫中庶子　即太子中庶子，太子的屬官。⓬黃門侍郎　皇帝的侍從官。常侍從皇帝，傳達詔命。⓭西部都尉　都尉為掌一郡的地方軍事長官。事務繁瑣沉重之郡，分設東、西或南、北部都尉。⓮太子郭夫人　即曹丕的夫人，曹丕即位後，為郭皇后。⓯曲周　縣名。治所在今河北曲周東北。⓰棄市　在鬧市執行死刑並棄屍街頭示眾。⓱譙　縣名。治所在今安徽亳州。⓲數　多次。⓳東宮　太子所居之宮殿，故以東宮指代太子。⓴恚望滋甚　怨恨更加嚴重。㉑休兵　休假之兵。㉒失期　超過歸隊的期限。㉓敕中尉　令中尉。敕，令。中尉，官名。掌京師治安。㉔侍御史　官名。給事殿中，或舉劾非法，或督察郡縣，或奉使出外執行指定任務。㉕延康元年　西元二二〇年。延康，東漢獻帝劉協年號，西元二二〇年。㉖崩　古代皇帝去世曰崩。㉗駙馬都尉　官名。漢武帝時置，掌皇帝副車之馬。㉘受禪　接受前朝讓出的帝位。禪讓之說，只是掩蓋奪權鬥爭的稱美之詞。讓者為迫不得已，受者為勢在必得。㉙臺榭苑囿　在高臺上修築的樓閣及皇家畜養禽獸的園林。㉚五帝三王　五帝，說法不一，一般指伏羲、神農、黃帝、堯、舜。都是遠古的部落首領。三王，一般指夏禹、商湯、周文王。㉛靡不明本立教　靡，沒有。明本，倡明根本。漢代以孝治天下，這裏的本即指孝。立教，確立教化的方針。㉜古烈　古代聖明的帝王。㉝冀當繼蹤前代　期望繼跡前人的功業。㉞萬世可則　令萬世作為典範。㉟諒闇　也作「亮陰」、「梁闇」等，指古代帝王之居喪期。㊱馳騁之事　指田獵之事。㊲唯　表示希望的副詞。㊳頓息　稍事休息。㊴八音　古代指鐘、磬、琴、瑟等八種不同材質的樂器演奏的樂曲。這裏指音樂。㊵隆治致化　提高治理程度，達到大化天下的目標。㊶乂　治理。㊷華蓋　帝王的車蓋。㊸時隙　空閒時間。㊹務　致力之事。㊺佞諛　巧言取媚。㊻梁丘據取媚於遄臺　《左傳》昭公二十年：齊景公打獵歸，晏嬰在遄臺侍候。梁丘據亦馳馬而至。齊景公說：「只有梁丘據與我協調。」晏嬰說：「您說行，他也說行，您說不行，他也說不行。這是逢迎討好。」㊼中郎將　官名。掌守衛皇宮，外出充車騎。㊽黃初四年　西元二二三年。黃初，魏文帝曹丕年號，西元二二〇—二二六年。㊾宮正　三國時魏黃初四年改御史中丞為宮正。後改為臺主，不久改回為中丞。㊿御史中丞　御史大夫的佐官，受公卿奏事，舉劾案章。後御史大夫轉為大司空，中丞即為御史臺之長。(51)百寮　百官。(52)罔　無。(53)宗廟　天子祭祀祖先的處所。封建國家是家天下，皇帝的家廟即作為國家的象徵。(54)中國　中原。(55)黠虜　狡猾之敵。(56)玩威　輕慢國威。(57)治書執法　三國魏所置官，掌劾奏，位在御史中丞之下。(58)標埒　地面上樹立的標誌。(59)軍營令史　軍營裏的文書官。(60)推　追究。(61)解止　即解之。(62)絀遣　貶斥發遣。(63)廷尉　官名。九卿之一，掌刑獄，為最高司法長官。

(64)正刑五歲　服五年勞役。(65)三官　廷尉正、廷尉監、廷尉平，均為廷尉的屬官。(66)活分　活命之理。(67)刺姦　漢代有執法刺奸之官，曹魏時設刺奸掾、刺奸主簿，皆為執法之官。(68)內行　平日家居的操行。

【語　譯】 鮑勛，字叔業，泰山郡平陽縣人，漢司隸校尉鮑宣第九代孫。鮑宣的後代有從上黨遷徙到泰山的，於是在此安家。鮑勛的父親鮑信，漢靈帝時擔任騎都尉，大將軍何進派他到東部招募士兵。後來擔任濟北相，協助太祖，在戰爭中身亡。這些事記載在〈董卓傳〉、〈武帝紀〉裏。建安十七年，太祖追論鮑信的功勞，上表封鮑勛的哥哥鮑邵為新都亭侯。徵召鮑勛擔任丞相掾。

2 建安二十二年，確立太子，任命鮑勛為太子中庶子。遷任黃門侍郎，外調擔任魏郡西部都尉。太子郭夫人的弟弟擔任曲周縣的縣吏，被定罪為偷盜官府的布匹，根據法律應該斬首示眾。太祖當時在譙縣，太子留守鄴城，多次親手寫信給鮑勛為妻弟求情。鮑勛不敢擅自釋放他，把他的罪行全部列舉上報。鮑勛先前在東宮時，堅守正道而不屈從，太子本來就不喜歡，加上又出現這件事，怨恨之情更為嚴重。適逢郡內休假的士兵中有超過歸隊期限的，就密令中尉上奏罷免鮑勛的官職。很久以後，任命他為侍御史。延康元年，太祖去世，太子即王位，鮑勛以駙馬都尉的身分兼任侍中。

3 文帝接受漢獻帝禪讓登上帝位，鮑勛常常說「現在的當務之急，只在軍事和農耕，對百姓寬厚仁惠。亭臺樓榭和園林的建設，應當以後再考慮」。文帝準備出行打獵，鮑勛阻止御車上疏說：「我聽說五帝三王，沒有不修明治國的根本，推行教化，用孝道治理天下的。陛下仁愛聖明，富有同情心，如同古代聖明的帝王。臣希望陛下繼承前代偉業，使萬世可以效法。為何在居喪的日子裏，去做馳騁狩獵的事呢！臣冒死陳言上聞，希望陛下明察。」文帝親手撕毀了鮑勛的表章而縱情打獵。半路休息時，問身邊的侍臣說：「打獵的快樂，與音樂相比如何？」侍中劉曄回答說：「打獵的樂趣超過音樂。」鮑勛爭辯說：「音樂，上能通達神明，下能調和人間的準則，使政治興盛，達到教化的目的，萬國都得到治理。移風易俗，沒有比音樂更好的了。況且打獵，御體暴露在原野裏，違反了養生之理，何況風吹雨淋，不能按時休息呢？從前魯隱公在棠地觀看捕魚，《春秋》譏刺他。雖然陛下一定要這麼做，但是愚臣不希望您這麼做。」接著上奏說：「劉曄巧言諂媚沒有忠誠，阿諛奉承陛下過當的戲言。從前梁丘據在遄臺取媚齊景公，劉曄就是這種人。請求有關部門論定他的罪行，以清除朝廷的奸邪。」文帝面有怒色，結束打獵回去，立即外放鮑勛為任右中郎將。

4 黃初四年，尚書令陳羣、僕射司馬懿同時推舉鮑勛擔任宮正，宮正就是御史中丞。文帝不得已任用了他，百官深自敬畏，無不肅然恭謹。黃初六年秋天，文帝想要征討吳國，羣臣大肆討論，鮑勛當面進諫文帝說：「朝廷的軍隊屢次征討卻沒有打敗敵人，實在因為吳、蜀二國唇齒相依，憑藉高山江水的險阻，有著難以攻克的形勢的緣故啊。前些年陛下親征時御船在江面上飄蕩，阻隔在長江南岸，聖上身處危險境地，臣下嚇破了膽。這時國家幾乎到了覆滅的境地，成為百世的鑑戒。如今又要勞師動眾去襲擊遠方，每天耗損大量軍費，中原財物虛耗，使狡詐的敵人輕慢我國威，臣私下認為不可如此。」文帝更加惱怒他，把鮑勛貶為治書執法。

5 文帝從壽春返回，駐紮在陳留郡境內。太守孫邕晉見文帝，出來後造訪鮑勛。當時營壘尚未建成，只立有標誌，孫邕走斜道沒有行正路，軍營中的令史劉曜想要追究他的責任，鮑勛以壕溝和營壘尚未建成，便停止追究，沒有舉報。大軍回到洛陽，劉曜犯了罪，鮑勛上奏要貶黜劉曜，而劉曜祕密上表告發鮑勛私自寬免孫邕一事。文帝下詔說：「鮑勛指鹿為馬，逮捕送交廷尉處理。」廷尉按律法議處：「判正刑五年。」三官進行反駁：「依照法律只應罰金二斤。」文帝大為憤怒的說：「鮑勛沒有活命的道理，而你們竟敢縱放他！把三官以下的人收捕交付刺姦執法，讓這些鼠輩同處一穴。」太尉鍾繇、司徒華歆、鎮軍大將軍陳羣、侍中辛毗、尚書衛臻、代理廷尉高柔等一起上書說：「鮑勛的父親鮑信對太祖有功。」請求赦免鮑勛的罪過。文帝不答應，於是誅殺了鮑勛。鮑勛平時居家的操行完美，為政廉潔能施捨他人，死的時候，家裏沒有多餘的財產。過了二十天，文帝也去世了，沒有人不為鮑勛之死嘆息遺憾。

1 司馬芝，字子華，河內❶溫❷人也。少為書生，避亂荊州，於魯陽山❸遇賊，同行者皆棄老弱走，芝獨坐守老母。賊至，以刃臨芝，芝叩頭曰：「母老，唯在諸君！」賊曰：「此孝子也，殺之不義。」遂得免害，以鹿車④推載母。居南方十餘年，躬耕守節。

2 太祖平荊州，以芝為菅⑤長。時天下草創，多不奉法。郡主簿⑥劉節，舊族豪俠，賓客千餘家，出為賊盜，入亂吏治⑦。頃之，芝差節客王同等為兵，掾史據白⑧：「節家前後未嘗給繇⑨，若至時藏匿，必為留負⑩。」芝不聽，與節書曰：「君為大宗⑪，加股肱郡⑫，而賓客每不與役，既眾庶怨望⑬，或⑭流聲上聞。今調⑮同等為兵，幸⑯時發遣。」兵已集郡，而節藏同等，因令督郵⑰以軍興詭責縣，縣掾史窮困，乞代同行。芝乃馳檄⑱濟南，具陳節罪。太守郝光素敬信芝，即以節代同行，青州號芝「以郡主簿為兵」。遷廣平⑲令。征虜將軍劉勳，貴寵驕豪，又芝故郡將⑳，賓客子弟在界數犯法。勳與芝書，不著姓名，而多所屬託，芝不報其書，一皆如法。後勳以不軌誅，交關㉑者皆獲罪，而芝以見稱。

3 遷大理正㉒。有盜官練㉓置都廁上者，吏疑女工，收以付獄。芝曰：「夫刑罪之失，失在苛暴。今贓物先得而後訊其辭，若不勝掠㉔，或至誣服㉕。誣服之情，不可以折獄㉖。且簡而易從，大人之化㉗也。不失有罪，庸世㉘之治耳。今宥㉙

所疑，以隆㉚易從之義，不亦可乎！」太祖從其議。歷甘陵㉛、沛㉜、陽平㉝太守，所在有績。黃初中，入為河南尹㉞，抑彊扶弱，私請不行。會內官㉟欲以事託芝，不敢發言，因芝妻伯父董昭。昭猶憚芝，不為通。芝為教與羣下曰：「蓋君㊱能設教㊲，不能使吏必不犯也。吏能犯教，而不能使君必不聞也。夫設教而犯，君之劣也；犯教而聞，吏之禍也。君劣於上，吏禍於下，此政事所以不理也。可不各勉之哉！」於是下吏莫不自勵。門下循行嘗疑門幹㊳盜簪，幹辭不符，曹執為獄。芝教曰：「凡物有相似而難分者，自非離婁㊴，鮮能不惑。就其實然，循行何忍重惜一簪，輕傷同類乎！其寢㊵勿問。」

明帝即位，賜爵關內侯。頃之，特進㊶曹洪㊷乳母當，與臨汾公主侍者共事
4 無澗㊸神繫獄。卞太后㊹遣黃門詣府傳令，芝不通，輒敕洛陽獄考竟㊺，而上疏曰：「諸應死罪者，皆當先表須報。前制書禁絕淫祀㊻以正風俗，今當等所犯妖刑，辭語始定，黃門吳達詣臣，傳太皇太后令。臣不敢通，懼有救護，速聞聖聽，若不得已，以垂宿留㊼。由事不早竟，是臣之罪，是以冒犯常科㊽，輒敕縣考竟，擅行刑戮，伏須㊾誅罰。」帝手報曰：「省表，明卿至心，欲奉詔書，以權㊿行事，是也。此乃卿奉詔之意，何謝之有？後黃門復往，慎勿通也。」芝居官十一

年，數議科條所不便者。其在公卿間，直道而行。會諸王來朝，與京都人交通，坐免[51]。

5 後為大司農[52]。先是諸典農[53]各部吏民，末作治生[54]，以要[55]利入。芝奏曰：「王者之治，崇本抑末[56]，務農重穀。王制[57]：『無三年之儲，國非其國也。』管子區言[58]以積穀為急。方今二虜[59]未滅，師旅不息，國家之要，惟在穀帛。武皇帝特開屯田之官，專以農桑為業。建安中，天下倉廩充實，百姓殷足。自黃初以來，聽諸典農治生，各為部下之計，誠非國家大體所宜也。夫王者以海內為家，故傳[60]曰：『百姓不足，君誰與足！』富足之由，在於不失天時而盡地力。今商旅所求，雖有加倍之顯利，然於一統之計，已有不貲[61]之損，不如墾田益一畝之收也。夫農民之事田，自正月耕種，耘鋤條桑[62]，耕熯[63]種麥，穫刈[64]築場[65]，十月乃畢。治廩繫橋[66]，運輸租賦，除道理梁[67]，墐塗[68]室屋，以是終歲，無日不為農事也。今諸典農，各言：『留者為行者宗田計[69]，課其力[70]，勢不得不爾。不有所廢，則當素有餘力。』臣愚以為不宜復以商事雜亂，專以農桑為務，於國計為便。」明帝從之。

6 每上官有所召問，常先見掾史，為斷其意故[71]，教其所以答塞之狀，皆如所度[72]。芝性亮直，不矜廉隅[73]。與賓客談論，有不可意[74]，便面折其短[75]，退無異言。卒於官，家無餘財，自魏迄今為河南尹者莫及芝。

7 芝亡，子岐嗣，自河南丞[76]轉廷尉正[77]，遷陳留相。梁郡[78]有繫囚[79]，多所連及，數歲不決。詔書徙獄於岐屬縣，縣請豫治牢具[80]。岐曰：「今囚有數十，既巧詐難符，且已倦楚毒[81]，其情易見。豈當復久處囹圄邪！」及囚至，詰之，皆莫敢匿詐，一朝決竟[82]，遂超為廷尉。是時大將軍爽專權[83]，尚書何晏、鄧颺等為之輔翼。南陽圭泰嘗以言迕旨[84]，考繫廷尉。颺訊獄，將致泰重刑。岐數[85]颺曰：「夫樞機大臣[86]，王室之佐，既不能輔化成德，齊美古人，而乃肆其私忿，枉論無辜。使百姓危心，非此焉在？」颺於是慚怒而退。岐終恐久獲罪，以疾去官。居家未朞而卒，年三十五。子肇嗣。

【章旨】以上為〈司馬芝傳〉。司馬芝對母極孝，遇亂，以孝行免害。從曹操，治豪右，不徇私情。任司法官，扶弱抑強。主張疑事寧可信其無，開古代無罪推定的先河。禁淫祀，王公貴族亦以法治罪。又主張重農抑商，與農積穀，為國家富強之計。其子司馬岐有父風，亦以廉明執法而著稱。

【注釋】❶河內　郡名。治所在今河南武陟西南。❷溫　縣名。治所在今河南溫縣西南。❸魯陽山　山名。在今河南魯山縣。❹鹿車　一種人力推挽的小車。❺菅　縣名。治所在今山東濟陽東北。❻主簿　漢代從中央至各郡縣，均設主簿，典領文書簿籍，辦理日常政務。❼出為賊盜二句　出縣界為盜賊，入縣界則擾亂政務。吏治，政務。❽白　中華書局印本作「曰」。

❾給繇　服徭役。❿留負　留下缺額。負，虧欠。⓫大宗　有勢力的大族。⓬股肱郡　指有著拱衛京師作用的要地。股肱，大腿和小臂，為人體活動的重要部位。⓭眾庶怨望　百姓怨恨。⓮或　原作「咸」。《三國志集解》云：「宋本『咸』作『或』。」今據宋本校改。⓯調　原誤作「條」。殿本《考證》云北宋本作「調」，據改。⓰幸　希望。這是命令的委婉說法。⓱督郵　漢代各郡的重要屬吏，代表太守督察縣鄉，宣達條令，兼司獄訟捕亡等。每郡分若干部，每部設一督郵。⓲馳檄　飛傳文書。檄，用以徵召、曉諭、聲討的文書。⓳廣平　縣名。治所在今河北雞澤東南。⓴郡將　即郡尉，掌一郡軍事。㉑交關　勾結。㉒大理正　官名。廷尉屬官，掌審理疑獄。㉓官練　官府督造的白絹。㉔掠　拷打。㉕誣服　冤屈招認。㉖折獄　判案。㉗大人之化　猶先王之化。《周易・繫辭》：「簡則易從。」㉘庸世　平常時代。㉙宥　寬免。㉚隆　尊崇。㉛甘陵　郡名。治所在今山東臨清東北。㉜沛　郡名。治所在今安徽濉溪縣。㉝陽平　郡名。治所在今山東莘縣。㉞河南尹　政區名，也是政區長官名。河南尹為東漢京師洛陽的京畿郡。㉟內官　宮內近侍臣僚。㊱君　古代的君，不專指君主，各級長官亦可稱君。㊲設教　制訂條令。㊳門下循行嘗疑門幹　「門下循行」和「門幹」，俱為河南尹的屬吏。據《漢官儀》：河南尹書佐五十人，循行二百三十人，幹小吏二百三十一人。㊴離婁　古人名。相傳他有超常的視力，能於百步之外，見秋毫之末。《孟子・離婁》：「離婁之明，公輸子之巧，不以規矩，不能成方員。」㊵寢　罷止。㊶特進　官名。朝廷授予功高或有特殊地位的大臣，為加銜，無實職。㊷曹洪　字子廉，沛國譙（今安徽亳州）人，曹操從弟。救曹操於討伐董卓之役，從征張邈、呂布、劉表有功，累遷鷹揚校尉、驃騎將軍等。文帝時因舍客犯法，被免官削爵土。明帝即位後，復為後將軍。詳見本書卷九〈曹洪傳〉。㊸無澗　裴注云：「無澗，山名，在洛陽東北。」㊹卞太后　武帝曹操的皇后，魏文帝曹丕之母。㊺考竟　拷問至死。㊻制書禁絕淫祀　制書，皇帝命令的一種。淫祀，不合禮制的祭祀。㊼宿留　保留。㊽常科　常法。㊾伏須　伏地等待。敬詞。㊿權　權變；因事制宜。指改變上文所說之「常科」行事。(51)坐免　坐罪免官。(52)大司農　官名。九卿之一。掌全國錢穀，為中央最高財政長官。(53)典農　即典農中郎將，三國時魏置。分置於屯田的地區，掌管農業生產、民政和田租，職權如郡太守。(54)末作治生　經營工商業為生。對本業而言，指工商業。古代以農為本，賤視工商業，故稱其為末作。(55)要　謀取。(56)崇本抑末　重視本業（農業生產），抑制末作（工商業）。(57)王制　儒家經書《禮記》中之一篇。(58)管子區言　清人沈欽韓以為，《管子》一書中〈任法〉至〈內業〉等篇稱為〈區言〉。(59)二虜　二敵，指吳國和蜀國。(60)傳　儒家經典的通稱。「百姓不足，君誰與足」，出自《論語・顏淵》。(61)不貲　數目很大，不能以資財計。(62)條桑　採摘桑葉。(63)熯　通「暵」。耕麥田。(64)穫刈　收割。(65)築場　打場脫粒。(66)治廩繫橋　修理倉庫，整理橋車。橋，為一種山地的運輸工具。(67)除道理梁　整修道路和

橋梁。68墐塗　泥抹房屋。69宗田計　疑當作「綜田計」，綜理屯田各種事務。70課其力　為其雇用勞力。71意故　緣故。72度　揣測。73不矜廉隅　不誇耀自己的廉正。矜，誇耀。廉隅，品行廉潔端正。74不可意　不合己意。75面折其短　當面斥責對方的失誤。76河南丞　河南尹的佐官。其職秩與郡丞同。77廷尉正　即大理正，掌審訊疑案。78梁郡　郡名。治所在今河南商丘東南。79繫囚　在押的罪犯。80豫治牢具　預先治備監獄設施。81楚毒　酷刑。82決竟　審決完畢。83大將軍爽專權　「爽」即曹爽，曹操姪孫。曹芳即位，他與司馬懿受遺詔輔政，用何晏等人為心腹，與司馬懿爭權，被懿所殺。詳見本書卷九〈曹爽傳〉。84迕旨　違背了曹爽的旨意。旨，中華書局印本作「指」，二字通。85數　責備。86樞機大臣　朝廷的機要大臣。鄧颺為尚書，掌朝政之機要，故云。

【語　譯】司馬芝，字子華，河內郡溫縣人。年輕時是個讀書人，躲避戰亂到了荊州，在魯陽山遇到賊寇，同行的人都丟下老弱逃跑，唯獨司馬芝坐著守護老母親。賊寇到來，用刀逼迫司馬芝，司馬芝叩頭說：「我母親年老，生死就在諸位了！」賊寇說：「這是個孝子，殺了他是不義的。」於是得以免死，他用手推著小車載著母親離去。在南方居住十多年，親自耕種，堅守節操。

2　太祖平定荊州，任用司馬芝為菅縣縣長。當時天下處於草創時期，許多人都不遵守法紀。郡主簿劉節，是當地世家舊族，強橫任俠，擁有一千多家賓客，他們出外當盜賊，在內擾亂吏治。不久，司馬芝差派劉節的門客王同等人服役，掾史據實稟告：「劉節家的門客向來不曾服役，如果到時候他藏匿王同等人，必定會有缺額。」司馬芝不聽，給劉節寫信說：「你身為有勢力的世家大族，又任拱衛京師要郡的官員，而你的賓客每每不服徭役，這已使百姓怨懣，有可能傳開來使上級知道。現在調派王同等人服役，希望你按時發送派遣。」服兵役的人已經集中在郡府，而劉節藏匿王同等人，司馬芝於是令督郵以軍興大事督責菅縣掾史，縣掾史左右為難，只得乞求代王同前去當兵。司馬芝於是飛速傳達檄文到濟南郡，詳述劉節的罪行。太守郝光一向敬重信任司馬芝，當即令劉節代王同服役，青州盛傳司馬芝「用郡主簿當兵」。升任廣平縣令。征虜將軍劉勳，顯貴受寵，驕縱蠻橫，又是司馬芝過去的上司郡將，他的賓客子弟在轄區內多次犯法。劉勳寫信給司馬芝，不具姓名，而多有請託，司馬芝不給他回信，一一依法處治。後來劉勳因為圖謀不軌而被誅，與他勾結的人都因此獲罪，而司馬芝因此被人稱揚。

3 司馬芝遷升為大理正。有人偷盜官府的白絹放在都亭的廁所上，吏員懷疑是女工所為，逮捕女工下獄。司馬芝說：「審理犯罪案件的失誤，在於過分苛刻殘暴。現在先拿到贓物然後審訊供辭，如果犯人受不了拷打，可能會屈打成招。用屈打成招的情節，不能以此斷案。何況寬簡容易遵從，這是聖人的教化。不漏掉有罪的人，這是平常世道的治理方法。現在寬免所懷疑的人，用來弘揚容易遵從的道理，不也可以嗎！」太祖聽取了他的建議。司馬芝歷任甘陵、沛、陽平三郡太守，所任職之處都有政績。黃初年間，入京擔任河南尹，抑制豪強扶助弱小，以私情請託都行不通。有一次宮內官員想託司馬芝辦事，不敢開口，透過司馬芝妻子的伯父董昭傳話。董昭也畏懼司馬芝，不敢開口。司馬芝因此教育下屬說：「上司能設立教令，但不能使官員一定不觸犯。官員能觸犯教令，但不能使上司一定不知道。設立教令而被觸犯，是上司低劣無能；觸犯教令而被上司所知，是下吏的災禍。上司在上低劣無能，下吏在下為禍，這就是政事不能得到治理的原因。能不各自勉勵嗎！」從此他的下屬沒有不自我勉勵的。他的門下循行曾懷疑門幹偷盜他的簪子，門幹的供辭不相符合，吏曹執意立案。司馬芝教導大家說：「大凡事物有相似而難以分辨的情況，自己又不是離婁，很少能不被迷惑。即使是門幹所為，循行怎麼忍心愛惜一根簪子，輕易傷害自己的同事呢！這事就作罷不要追究了。」

4 明帝即位，賜司馬芝關內侯的爵位。不久，特進曹洪的奶媽當氏，與臨汾公主的侍者一起奉侍無澗山神被捕下獄。卞太后派遣黃門宦官到大理府傳達詔令，司馬芝不予接見，並立即下令洛陽獄官把二人拷打而死，然後上疏說：「各個應該處死的罪犯，都應事先表奏等待批覆。以前下制書禁止不合禮制的祭祀來端正風俗，現在當氏等人所犯的邪惡罪行，供辭才審定，黃門宦官吳達來到臣下這裏，傳達太皇太后的詔令。臣不敢接見，怕有營救維護當氏等人的情形。這事如果緊急上報皇上，皇上迫於不得已，就會下令加以保護。因為事情不能早些處理完畢，這是臣下的罪過，因此違犯常規，立即命令縣獄拷問致死，擅自執行刑法，臣下伏地等待治罪。」明帝親筆回覆說：「看了奏表，明白你的一片至誠，你按詔書精神，隨機應變的處治，這是對的。你是遵奉詔書意旨行事，為什麼要謝罪呢？以後黃門宦官再去，千萬不可接見。」司馬芝當官十一年，多次議及不合理的法律條文。他在公卿中，依循正道行事。適逢諸王朝見皇上，由於諸王與京都的人士交結，司馬芝坐罪被免官。

5 後來司馬芝任大司農。在這以前各典農部屬的吏員百姓，經營工商業為生，獲取些許利潤。司馬芝上奏說：「聖王治世，推崇農業抑制工商業，努力發展農業，重視糧食生產。〈王制〉上說：『沒有三年的儲備，國家就不成國家了。』《管子・區言》認為積蓄糧食是當務之急。現在吳、蜀兩個敵人沒有消滅，戰事不息，國家的大事，只在發展糧食和布帛的生產。武皇帝特意設置屯田官，專門管理農桑事務。建安年間，天下倉庫充盈，百姓富足。自從黃初以來，聽任各典農經營工商業，各自為部下的生計打算，實在不是國家整體利益所容許的。君主以天下海內為家，所以《論語・顏淵》上說：『百姓不富足，君王又怎麼能富足！』富足的原由，在於不失天時而充分利用地力。現在各屯田區經商所得，雖有加倍的明顯利潤，但是對於國家統一的大計，已造成不可計數的損失，比不上多開墾一畝地所增加的收益對國家更為有利。農民耕種田地，從正月裏開始耕地播種，然後鋤苗採桑，燒草種麥，收割打場，十月才結束。又得修倉庫備運具，運送租賦，修路架橋，整修住房，一年到頭，沒有一天不在為農事忙碌。現在各位屯田官員，各自說：『留下的人代替出外經商的人耕田並繳納租穀，是情勢逼得不得不這樣做。既然沒有荒廢農業，就說明行有餘力。』愚臣認為不應該再讓工商事業攪亂屯田區的秩序，屯田區應專門從事農桑，對國家大計更為有利。」明帝聽從了這個意見。

6 每當上司有所召見詢問，司馬芝常常先召集下屬，幫助判斷上司的意圖，教下屬用來答覆解釋的辦法，結果都像他推估的那樣。司馬芝性情坦蕩正直，不誇耀自己的清廉正直。與賓客談論時，凡有不滿意的地方，就當面斥責那人的失誤，退下來後便不說不同的話。司馬芝死在當官任上，家裏沒有多餘的錢財，從曹魏到現在，任河南尹的人沒有人比得上司馬芝。

7 司馬芝去世後，兒子司馬岐繼承了爵位，從河南丞轉任廷尉正，升任陳留國相。梁郡獄中有拘押的囚犯，案情多有牽連，幾年不能結案。皇帝下詔要求把這些案件轉到司馬岐下屬的縣裏審理，縣裏請求預先添置監牢中的設施。司馬岐說：「如今囚犯有幾十人，他們的詐偽供詞與事實難以相符，加上已經被酷刑折磨夠了，案情的真實情況就容易發現。怎麼能夠再把他們長久關在監獄中呢！」等到囚犯提到之後，司馬岐一一審問他們，沒有人敢於隱瞞欺詐，一下子就判決結案，司馬岐因此被超升為廷尉。這時大將軍曹爽專權，尚書何晏、鄧颺等人為他的輔佐。南陽郡人圭泰曾因言論違反了他們的意旨，被關押在廷尉獄中。鄧颺審問案情，將判圭泰重刑。司馬岐責備鄧颺說：「中樞機要大臣，是王室的輔佐，你們既不能輔助教化成就聖德，媲美古人，竟然大肆發洩私忿，冤枉無辜。使百姓心中恐懼，不是你們這種做法又是什麼呢？」鄧颺因此羞慚惱怒而離去。司馬岐怕時間久了終究會被鄧颺等人陷害，就託病去職。在家裏住了不到一年就死了，終年三十五歲，他的兒子司馬肇繼承了他的爵位。

評曰：徐奕、何夔、邢顒貴尚❶峻厲，為世名人。毛玠清公素履❷，司馬芝忠亮不傾，庶乎❸不吐剛茹柔❹。崔琰高格最優，鮑勛秉正無虧❺，而皆不免其身，惜哉！大雅貴「既明且哲❻」，虞書尚「直而能溫❼」，自非兼才，疇克備諸❽！

【章旨】以上為史家對徐奕、崔琰等人的公正清廉、品格高尚的讚辭，同時對他們不能免禍而痛心。

【注釋】❶貴尚　崇尚。❷清公素履　清廉公正，行為淳樸。❸庶乎　差不多；大概。❹吐剛茹柔　喻怕硬欺軟。《詩經・大雅・烝民》：「維仲山甫，柔亦不茹，剛亦不吐，不侮矜寡，不畏強御。」❺秉正無虧　執守正道品德不虧。❻大雅貴既明且哲　《詩經・大雅・烝民》：「既明且哲，以保其身。」既明且哲，謂既通達又明智。❼虞書尚直而能溫　〈虞書〉為《尚書》的一部分，包括〈堯典〉、〈皋陶謨〉，《古文尚書》又增〈舜典〉、〈大禹謨〉、〈益稷〉，合為五篇。〈虞書〉基本上是記載舜帝時的史事。直而能溫，本〈舜典〉：「直而溫，寬而柔，剛而無虐，簡而無傲。」❽疇克備諸　疇，誰。克，能。備諸，即備之乎。「諸」為「之乎」二字的合音。

【語　譯】評論說：徐奕、何夔、邢顒崇尚嚴整，是當世的名人。毛玠清廉公正，淳樸踏實，司馬芝忠貞不二，大概不會欺軟怕硬。崔琰格調高尚，最為優秀，鮑勛堅守正道行為不虧，但他們都或被殺或被罷職不能免於殺身之禍，可惜啊！《詩經・大雅・烝民》所頌揚的通達明智，《尚書・虞書》所崇尚的正直溫和，若沒有超人的才具，誰能兼備各種優秀品德呢！

【研　析】本卷所記述的人物中，尤可注意的有二人：一為崔琰，一為毛玠。

崔琰乃冀州名士，他的一生可以說是書生名士從政的悲劇。他先從袁紹，勸袁紹行仁義、安百姓。袁紹對此不感興趣，以為是書生之見，當作耳旁風，故而失敗。

後從曹操，曹操當時已破袁紹，領冀州牧，打算在冀州大量徵兵，崔琰為了家鄉，也為曹氏，講了一番大道理，說：「冀州百姓正暴骨原野，您不施行仁政，救百姓，反而計較徵兵的數量，這可不是本州百姓所期望的呀！」弄得曹操很尷尬。以曹操的性格，怎能容得此事！曹操表面上雖「改容謝之」，實已暗中埋下殺機。

曹操任丞相、封魏王，欲立太子，次子曹植有才而受曹操寵愛，因曹植非嫡長子，曹操猶豫不決，祕密徵求群臣的意見。崔琰卻以半公開的形式，引《春秋》之義，主張立長子曹丕。曹植是崔琰的姪女婿，而他不主張立曹植，確實出於公心。但這種半公開的回答，意見又與曹操相左，曹操當然甚為不快。這是曹操殺他的又一動因。

崔琰的相貌人品，在朝士中聲望很高，而「太祖亦敬憚焉」，聲威震主，也是招致殺身之禍的原因之一。

崔琰所薦舉的楊訓，上表歌頌魏王曹操的功德，遭朝臣譏諷，崔琰認為是好事，並加了幾句評語。進讒者斷章取義，認為崔琰「意指不遜」，曹操已忍無可忍，遂藉機殺死崔琰。

毛玠也是曹操的謀臣之一。他分析時局，認為曹操行「奉天子以令不臣」是最佳策略，曹操自然樂於採納。

與崔琰一樣，在立太子這件事上，他祕密進諫，認為「袁紹以嫡庶不分，覆宗滅國」。曹操雖然表面稱讚他是「我之周昌」，而內心著實不快。

毛玠與崔琰關係密切，崔琰被殺，毛玠內心不服，此事當然會被曹操察覺，忌恨在心。進讒小人，見機而作，誣稱毛玠同情被黥面的罪人，認為將罪人的妻子沒為官奴太殘忍，並說「使天不雨者蓋此也」。曹操大怒，將其收獄免官。毛玠之所以沒被賜死，因他比之崔琰，鋒芒不是太露，沒有使曹操過分難堪，幸免一死。

崔琰聲威遠播，恃才傲物，直道而行，不事逢迎，招來殺身之禍。其他如孔融、許攸、婁圭、鮑勛等都因恃才具、恃舊識，被曹操或被曹丕所誅殺。

公正直行、不善揣摩逢迎的，如徐奕，如司馬芝父子，都被罷黜。

臣之事君，若遇開明、寬容之主，可以直道而行；若遇猜忌、狹量之主，如馴獸然，如何才能既保全身家，又有利於國，是值得人們深深思索的。(魏連科注譯)

卷十三　魏書十三

鍾繇華歆王朗傳第十三

【題解】本卷是一篇合傳，敘述了鍾繇、華歆、王朗三人的出身、經歷及其「業績」。又附述了鍾毓、王肅的事跡。鍾繇等三人在漢朝都是舉孝廉出身，官至黃門侍郎或太守，所作所為受到曹操欣賞與表徵。曹操為魏公，建立魏國，他們三人都做過魏國的高級官吏。曹丕篡漢，曹魏政權建立，他們也加官進爵，得到曹魏皇帝特殊、優厚的待遇。從他們三人所處的時代來看，有勢力的軍閥都在積極的籠絡人才，士大夫也都投靠有勢力的軍閥，至於「大節」，他們並不看得多麼重要。

本卷還敘述了王朗父子及孫叔然等人的經學成就。

1 鍾繇，字元常，潁川❶長社❷人也。嘗與族父❸瑜俱至洛陽❹，道遇相者❺，曰：「此童有貴相，然當厄❻於水，努力慎之！」行未十里，度❼橋，馬驚，墮水幾死。瑜以相者言中，益貴繇，而供給資費，使得專學。舉孝廉❽，除❾尚書郎❿、陽陵⓫令，以疾去。辟⓬三府⓭，為廷尉正⓮、黃門侍郎⓯。是時，漢帝⓰在西京⑰，李傕、郭汜等亂長安中⑱，與關東⑲斷絕。太祖⑳領兗州㉑牧㉒，始遣使上書㉓。傕、汜等以為「關東欲自立天子，今曹操雖有使命，非其至實」，議留太祖使，拒絕其意。繇說傕、汜等曰：「方今英雄並起，各矯命㉔專制，唯曹兗州乃心王室㉕，而逆其忠款㉖，非所以副㉗將來之望也。」傕、汜等用繇言，厚加答報，由是太祖使命遂得通。太祖既數聽荀彧之稱繇，又聞其說傕、汜，益虛心㉘。後傕脅㉙天子，繇與尚書郎韓斌同策謀。天子得出長安，繇有力㉚焉。拜御史中丞㉛，遷侍中尚書僕射㉜，并錄前功封東武亭侯㉝。

2 時關中㉞諸將馬騰㉟、韓遂㊱等，各擁彊兵相與爭。太祖方有事山東㊲，以關右㊳為憂。乃表繇以侍中守㊴司隸校尉㊵，持節㊶督關中諸軍，委之以後事，特使不拘科制㊷。繇至長安，移書騰、遂等，為陳禍福，騰、遂各遣子入侍。太祖在官渡㊸，與袁紹㊹相持，繇送馬二千㊺餘匹給軍。太祖與繇書曰：「得所送馬，甚應其急。關右平定，朝廷無西顧之憂，足下㊻之勳也。昔蕭何㊼鎮守關中，足食成軍，亦適當爾。」其後匈奴單于㊽作亂平陽㊾，繇帥諸軍圍之，未拔；而袁尚㊿所置河東太守(51)郭援到河東，眾甚盛。諸將議欲釋之去，繇曰：「袁氏方彊，援之來，關中陰(52)與之通，所以未悉叛者，顧吾威名故耳。若棄而去，示之以弱，所在之民，誰非寇讎[53]？縱吾欲歸，其得至乎！此為未戰先自敗也。且援剛愎[54]好勝，必易[55]吾軍，若渡汾為營，及其未濟擊之，可大克也。」張既[56]說馬騰會擊援，騰遣子超[57]將精兵逆[58]之。援至，果輕渡汾[59]，眾止之，不從。濟[60]水未半，擊，大破之，斬援，降單于。語在既傳。其後河東衛固[61]作亂，與張晟、張琰及高幹[62]等並為寇，繇又率諸將討破之。自天子西遷，洛陽人民單盡[63]，繇徙關中民，又招納亡叛以充之，數年間民戶稍實。太祖征關中，得以為資，表繇為前軍師[64]。

3 魏國[65]初建，為大理[66]，遷相國[67]。文帝[68]在東宮[69]，賜繇五熟釜[70]，為之銘曰：「於赫有魏[71]，作漢藩輔[72]。厥相惟鍾[73]，實幹心膂[74]。靖恭夙夜[75]，匪遑安處[76]。百寮師師[77]，楷茲度矩[78]。」數年，坐西曹掾魏諷謀反[79]，策罷就第[80]。文帝即王位[81]，復為大理。及踐阼[82]，改為廷尉，進封崇高鄉侯。遷太尉[83]，轉封平陽鄉侯。時司徒[84]華歆、司空[85]王朗，並先世名臣。文帝罷朝，謂左右曰：「此三公者，乃一代之偉人也，後世殆[86]難繼矣！」明帝[87]即位，進封定陵侯，增邑五百，并前千八百戶，遷太傅[88]。繇有膝疾，拜起不便。時華歆亦以高年疾病，朝見皆使載輿車，虎賁[89]舁[90]上殿就坐。是後三公有疾，遂以為故事[91]。

4 初，太祖下令，使平議死刑可宮割[92]者。繇以為「古之肉刑[93]，更歷[94]聖人[95]，宜復施行，以代死刑。」議者以為非悅民之道，遂寢。及文帝臨饗[96]羣臣，詔謂：「太祖[97]欲復肉刑，此誠聖王之法。公卿當善共議。」議未定，會[98]有軍事，復寢。太和[99]中，繇上疏[100]曰：「大魏受命[101]，繼蹤[102]虞、夏[103]。孝文革法[104]，不合古道。先帝[105]聖德，固天所縱[106]，墳典[107]之業，一以貫之。是以繼世[108]，仍發明詔，思復古刑，為一代法。連有軍事，遂未施行。陛下[109]遠追二祖[110]遺意，惜斬趾[111]可以禁惡，恨入死之無辜，使明習律令，與羣臣共議。出本當右趾而入大辟[112]者，復行此刑。書云：『皇帝清問下民，鰥寡有辭于苗。』[113]此言堯[114]當除蚩尤[115]、有苗之刑，先審問於下民之有辭者也。若今蔽獄[116]之時，訊問三槐[117]、九棘[118]、羣吏、萬民，使如孝景[119]之令，其當棄市[120]，欲斬右趾者許之。其黥、劓、左趾、宮刑者，自如孝文，易以髡[121]、笞[122]。能有姦者，率[123]年二十至四五十，雖斬其足，猶任生育。今天下人少於孝文之世，下計所全，歲三千人。張蒼[124]除肉刑，所殺歲以萬計。臣欲復肉刑，歲生三千人。子貢[125]問能濟民可謂仁乎？子曰：『何事於仁，必也聖乎，堯、舜其猶病諸！』[126]又曰：『仁遠乎哉？我欲仁，斯仁至矣[127]。』若誠行之，斯民永濟。」書奏，詔曰：「太傅學優才高，留心政事，又於刑理深遠。此大事，公卿羣僚善共平議。」司徒王朗議，以為「繇欲輕減大辟之條，以增益刖刑之數，此即起偃[128]為豎[129]，化尸為人矣。然臣之愚，猶有未合微異之意。夫五刑[130]之屬，著在科律[131]，自有減死一等之法，不死即為減。施行已久，不待遠假[132]斧鑿於彼肉刑，然後有罪次也。前世仁者，不忍肉刑之慘酷，是以廢而不用。不用已來，歷年數百。今復行之，恐所減之文未彰[133]於萬民之目，而肉刑之問已宣於寇讎之耳，非所以來遠人也。今可按繇所欲輕之死罪，使減死之髡、刖。嫌其輕者，可倍其居作[134]之歲數。內有以生易死不訾[135]之恩，外無以刖易釱[136]駭耳之聲。」議者百餘人，與朗同者多。帝以吳、蜀未平，且寢。

太和四年，繇薨[137]。帝素服臨弔[138]，謚[139]曰成侯。子毓嗣。初，文帝分毓戶邑[140]，封繇弟演及子劭、孫豫列侯。

【章　旨】以上為〈鍾繇傳〉。依次記述了以下內容：一、早期仕歷。二、幫助曹操使者與朝廷建立聯繫；說服關中馬騰、韓遂遣子入侍，加強朝廷對他們的控制；在曹、袁官渡之戰，鍾繇向曹軍輸送馬兩千餘匹；平定匈奴平陽之亂；遷徙關中百姓，招納亡叛，充實洛陽人戶，為爾後曹操征討關中奠定人力資源。三、文帝、明帝時期的歷官情況。四、上疏建議以肉刑代替死刑。

【注　釋】❶潁川　郡名。治所在今河南禹州。❷長社　縣名。治所在今河南長葛東。❸族父　同族之叔伯。❹洛陽　地名。東漢的都城，在今河南洛陽東北。❺相者　觀察人的形貌，預言命運的人。❻厄　災難。❼度　同「渡」。過。❽孝廉　本為漢代選舉官吏的兩種科目名。孝，指孝順父母。廉，指廉潔之士。漢武帝元光元年（西元前一三四年），令郡國各舉孝廉一人，後來合稱孝廉。東漢時，郡國人口二十萬，每年舉孝廉一人，為求仕進者必由之路。❾除　拜官授職。❿尚書郎　官名。東漢之制，取孝廉中有才能者入尚書臺，在皇帝左右處理政務，初入臺稱守尚書郎中，滿一年稱尚書郎，三年稱侍郎。⓫陽陵　縣名。原名弋陽。漢景帝前五年（西元前一五二年），在此築陵，並改弋陽為陽陵。在今陝西高陵西南。⓬辟　徵召。⓭三府　即太尉、司徒、司空府。⓮廷尉正　為掌刑獄的廷尉卿的屬官。漢制，廷尉下有廷尉正、廷尉左監、廷尉左平，皆為司法官，掌平決詔獄。⓯黃門侍郎　官名。侍從皇帝，傳達詔令。因給事於黃闥（宮門）之內，故稱黃門侍郎。⓰漢帝　此指漢獻帝。⓱西京　都名。指長安，在今陝西西安西北，西漢建都於此。⓲李傕郭汜等句　指董卓被殺後，其部將李傕、郭汜等人圍陷長安，專擅朝政，進而爭權相攻。其事詳見本書卷六〈董卓傳〉附李傕、郭汜。⓳關東　地區名。泛指函谷關或潼關以東地區。⓴太祖　指曹操。曹丕建立魏國，追諡曹操為武皇帝，稱太祖。事見本書卷一〈武帝紀〉。㉑兗州　州名。治所在今山東金鄉西北。㉒牧　東漢末為一州最高的軍事行政長官。㉓遣使上書　裴松之注引《世語》：「太祖遣使從事王必致命天子。」㉔矯命　詐稱帝王之命。㉕乃心王室　語出《尚書・顧命》：「雖爾身在外，乃心罔不在王室。」意謂雖然你們身在朝廷之外，而心卻無不在王室。後稱忠於朝廷為「乃心王室」。㉖忠款　忠誠。㉗副　符合。㉘虛心　心無成見，可引申為慕仰。㉙脅　脅迫。即以武力逼迫。㉚力　功勞。㉛御史中丞　官名。秦始置，西漢末期為御史臺長官。㉜侍中尚書僕射　官名。即尚書僕射再加侍中之銜。侍中，為列侯以下至郎中的加官，接近皇帝，侍從其左右，出入宮廷。秦始置，兩漢沿用。尚書僕射，尚書令的副手，為其出入宮廷，故加侍中銜。㉝亭侯　爵位名。即食祿於亭的列侯。亭，為鄉以下的行政機構。《後漢書・百官志五》：「列侯……以賞有功，功大者食縣，小者食鄉、亭。」㉞關中　所指範圍不一，一般指今陝西省。此指函谷關以西及今陝西和甘肅東北秦嶺以北的地區。㉟馬騰　字壽成，扶風茂陵（今陝西興平）人。伏波將軍馬援之後。初平中，拜征東將軍，後轉拜前將軍，假節，封槐里侯。事見本書卷三十六〈馬超傳〉。㊱韓遂　字文約，金城郡（今甘肅永靖）人。靈帝時，擁兵十餘萬，與馬騰割據涼州。獻帝時，率軍反對曹操，被擊敗。不久，為部下所殺。事見《後漢書・董卓列傳》及本書卷一〈武帝紀〉、卷六〈董卓傳〉。㊲山東　漢代通指崤山或華山以東地區。㊳關右　即關西。古人以西為右，故名。泛指函谷關或潼關以西的地區。㊴守　猶「攝」。暫時署理職務。㊵司隸校尉　官名。漢武帝初置，秩比二千石。《後漢書・百官志》：「持節掌察舉百官以下及京師近郡犯法者。」相當於州刺史。㊶節　符節。古代使者持之以為執行命令的憑證。㊷科制　科條制度。㊸官渡　地名。在今河南中牟東北，以臨古官渡水而得名。㊹袁紹　字本初，汝南汝陽（今河南商水縣西南）人，祖上四世三公。有清名，好交結，與曹操友善。東漢末與何進謀誅宦官，董卓之亂起，在冀州起兵討董卓，為關東聯軍盟主。後占據冀、青、幽、并四州，成為北方最強大的割據勢力。在官渡之戰中被曹操打敗，後病死。詳見《後漢書・袁紹列傳》、本書卷六〈袁紹傳〉。(45)二　原作「一」。宋本、元本均作「二」，《三國志・武帝紀》建安五年裴松之注引《鍾繇傳》亦作「二」，今據校改。(46)足下　稱呼對方的敬辭。古代用於下稱上或同輩相稱。(47)蕭何　西漢初大臣。沛縣（今江蘇沛縣）人，秦末佐劉邦起兵。劉邦即皇帝位，論功以蕭何第一。任丞相，封酇侯。事見《史記・蕭相國世家》、《漢書・蕭何傳》。(48)單于　匈奴最高首領的稱號。全稱應為撐犁孤塗單于。匈奴語「撐犁」是「天」，「孤塗」是「子」，「單于」是「廣大」之意。通常簡稱為「單于」。(49)平陽　郡名。治所在今山西臨汾西南。(50)袁尚　字顯甫，袁紹少子。袁紹去世，袁尚繼袁紹位。後與曹操戰，敗走遼東，遼東太守公孫康誘斬之。事見本書卷六〈袁紹傳〉。(51)河東太守　河東郡的最高行政長官。河東，郡名。治所在今山西夏縣西北。(52)陰　暗地裏。(53)寇讎　仇敵。(54)剛愎　強硬任性。(55)易　輕視。(56)張既　字德容，馮翊高陵（今陝西高陵）人。從曹操破馬超後，為京兆尹。魏國建立，為尚書，出為雍州刺史，後為涼州刺史，封西鄉侯。事見本書卷十五〈張既傳〉。(57)超　即馬超，字孟起，扶風茂陵（今陝西興平）人。馬騰子。蜀漢建立，任驃騎將軍。事見本書卷三十六〈馬超傳〉。(58)逆　迎。(59)汾　即汾河。黃河第二大支流。在山西省中部。(60)濟　渡河。(61)衛固　河東郡掾。(62)高幹　袁紹之甥。袁紹使鎮并州。官渡之戰，袁紹敗，曹操攻下鄴城，高幹以并州降，曹操復以高幹為并州刺史。後高幹叛，欲南奔荊州，為上洛都尉捕斬之。事見本書卷六〈袁紹傳〉。(63)單盡　窮盡。此指人口很少。單，通「殫」。盡，竭盡。(64)前軍師　官名。魏晉至南北朝，軍隊分前、後、左、右軍。軍師，職掌監察軍務。(65)魏國　漢獻帝建安十八年（西元二一三年）五月，曹操進爵魏公。以冀州之河東、河內、魏郡、趙國、中山、常山、鉅鹿、安平、甘陵、平原凡十郡封魏公。魏國置丞相以下羣卿百寮，皆如漢初諸侯王之制。都鄴（故城在今河北臨漳西南）。二十一年夏五月，又進曹操為魏王。(66)大理　官名。即廷尉，掌刑獄，為九卿之一。鍾繇所任之大理乃魏國之大理，非中央之大理。《三國志集解》盧弼注：「建安十八年魏國始置大理。」(67)相國　官名。為全國最高之行政長官。秦有左右丞相，漢高帝即位，置一丞相，十一年（西元前一九六年）更名相國。鍾繇之遷相國，亦魏國之相國。(68)文帝　即曹丕，字子桓，沛國譙（今安徽亳州）人，曹操子，三國時魏國的建立者。西元二二〇—二二六年在位。事見本書卷二〈文帝紀〉。(69)東宮　太子所居之宮。曹丕為曹操太子，故亦稱東宮。(70)五熟釜　古代的一種炊具。一釜中分若干格，可以同時烹調數種食物。(71)於赫有魏　於赫，讚嘆詞。於，嘆詞。赫，顯耀貌。有，詞頭，無實義。(72)藩輔　輔佐、保衛。(73)厥相惟鍾　句意為「其相鍾繇」。厥，其。惟，助詞。(74)實幹心膂　用以喻親信得力的人，是國家的主幹與心膂。實，是。幹，主幹。心膂，人的心與膂是身體的重要部分。膂，脊骨。(75)靖恭夙夜　意謂早晚謹慎的恭奉職守。靖恭，恭謹的奉守；靜肅恭謹。夙夜，早晚；朝夕。(76)匪遑安處　意謂沒有時間休息。匪，同「非」。遑，閒暇。安處，安居。(77)百寮師師　語出《尚書・皐陶謨》：「俊乂在官，百僚師師。」意謂為百官所效法。百僚，百官。寮，同「僚」。師師，效法；師法。(78)楷兹度矩　意謂相國之行，實為百官之楷模和遵循的法則。楷，楷模；典範。兹，此；如此。度矩，法度；規則。(79)坐西曹掾魏諷謀反　坐，由於；為著。指犯罪的因由。西曹掾，官名，丞相府屬官，掌屬吏任免。魏諷謀反事，《三國志・武帝紀》裴松之注引《世語》：「諷，字子京，沛人，有惑眾才，傾動鄴都，鍾繇由是辟焉。大軍未反，諷潛結徒黨，又與長樂衛尉陳禕謀襲鄴。未及期，禕懼，告之太子，誅諷，坐死者數十人。」(80)策罷就第　意謂被免官。策，皇帝的詔書。罷，罷官。就第，回到自己家中。(81)文帝即王位　曹操死，曹丕繼魏王之位。(82)踐阼　亦作「踐祚」。古代廟堂寢前有兩階，主階在東，稱為阼階，阼階上為主位，因稱皇帝即位為「踐阼」。指皇帝即位。踐，履。(83)太尉　官名。為全國最高武官。漢武帝改稱大司馬。東漢與司徒、司空並稱三公。歷代多沿置，漸變為加官。(84)司徒　官名。西周始置。金文多作「司土」。春秋時沿置。掌管國家的土地和人民。西漢哀帝時，改丞相為大司徒。建武二十七年去「大」。(85)司空　官名。為三公之一。掌水土、郊祀之事。(86)殆　大概；恐怕。(87)明帝　即曹叡，字元仲，曹丕子。西元二二六－二三九年在位。能詩文，與曹操、曹丕並稱魏之「三祖」。事見本書卷三〈明帝紀〉。(88)太傅　光武帝即位，以卓茂為太傅，薨，因省。其後，每帝初即位輒置太傅錄尚書事，薨輒省。後歷代沿置，多為大官的加銜，並無實職。傅，傅之德義也。(89)虎賁　官名。言如猛虎之奔走，喻其勇猛。漢武帝置期門郎，至平帝元始元年（西元一年）更名虎賁郎，置中郎將，主宿衛，無定員，多至千人。(90)舁　抬。(91)故事　舊例；舊的典章制度。(92)平議死刑可宮割　讓羣臣討論犯死罪者可以以宮刑代替。平議，評議；討論。平，通「評」。宮割，指宮刑，又稱腐刑。中國古代五刑之一。破壞男子生殖器或婦女生殖機能的刑罰。約在商、周時開始採用。最初用於懲罰「淫罪」，後來也適用於謀反、叛逆等罪。(93)肉刑　古代殘害肉體的刑罰。有墨（亦稱黥刑。用刀刺割犯人的額頰等處，再塗上墨，使長入肌膚，不能去掉）、劓（割掉鼻子）、刖（斷足）、宮等類。(94)更歷　經歷。(95)聖人　指帝王。(96)臨饗　親以酒食款待。(97)太祖　宋本作「大理」。(98)會　恰好。(99)太和　魏明帝曹叡年號，西元二二七－二三三年。(100)疏　奏章。臣下向皇帝陳述意見或提出異議的一種文體。(101)受命　古代帝王自稱受命於天。此指曹魏的建立。(102)繼蹤　繼承。(103)虞夏　指有虞氏（舜）、夏后氏（禹），皆古代的賢君。(104)孝文革法　指漢文帝廢除肉刑。(105)先帝　指魏文帝曹丕。(106)天所縱　謂天所使。(107)墳典　即「三墳」（三皇時代的書籍）「五典」（五帝時代的書籍），此泛指古代的典章制度。(108)繼世　繼承皇位。(109)陛下 謂帝王宮殿的臺階之下，轉而為對帝王的尊稱。(110)二祖 指太祖曹操、高祖曹丕。(111)斬趾 古代五刑之一，斷足的刑罰，亦稱「剕刑」。一說「剕刑」即髕刑或臏刑，是切除膝蓋骨的刑罰，與斷足的刖刑不同。(112)大辟 死刑。(113)書云三句 語出《尚書・呂刑》。君帝詢問下民的疾苦，鰥寡之人都對有苗發出怨言。書，即《尚書》，又稱《書經》，儒家經典之一。皇帝，非同秦、漢之皇帝。皇訓君，指帝堯。清問，清審詳問。有辭于苗，對於苗民有怨言。苗，亦稱有苗或三苗，中國古代部族名。據《史記・五帝本紀》記載，其地在江、淮、荊州。(114)堯 即唐堯。古帝名。帝嚳之子，名放勳。初封於陶，又封於唐，號陶唐氏。居平陽（今山西臨汾西南）。(115)蚩尤 傳說中九黎族的國君，不聽黃帝的命令，作亂，為黃帝所擒殺。(116)蔽獄 決獄；定罪。蔽，審斷。(117)三槐 指「三公」。語出《周禮・秋官・朝士》：「面三槐，三公位焉。」相傳周代宮廷外種有三棵槐樹，三公朝天子時，面向三槐而立。後世因以三槐為三公的代稱。(118)九棘 指九卿。語出《周禮・秋官・朝士》：「左九棘，孤、卿、大夫位焉，羣士在其後，右九棘，公、侯、伯、子、男位焉，羣吏在其後。」九棘後為九卿的代稱。相傳古代羣臣外朝時，立九棘為標幟，以區別等級職位。(119)孝景 即漢景帝，文帝子，名啟。西元前一五六—前一四一年在位。(120)棄市 在鬧市執行死刑，並將屍體暴露街頭示眾。(121)髡 古代刑罰之一，即剃去犯人的頭髮。(122)笞 古代刑罰之一，即用竹板、鞭、杖抽打犯人的背部或臀部。(123)率 一般。(124)張蒼 西漢大臣，曆算家。陽武（今河南原陽東南）人。秦時為御史，入漢曾任代、趙相，御史大夫，丞相。封北平侯，曾改定音律、曆法。年百餘歲乃卒。《史記》、《漢書》有傳。(125)子貢 姓端木，名賜，孔子弟子。春秋時衛國人。能言善辯，善經商。曾任魯、衛相。事見《論語》及《史記・仲尼弟子列傳》、《貨殖列傳》。(126)子曰四句 語出《論語・雍也》。意謂：「哪裏僅是仁道，那一定是聖德了，堯、舜或許也難以做到啊！」子，古代對男子的美稱或尊稱。此指孔子。(127)仁遠乎哉三句 語出《論語・述而》。意謂：「仁難道離我們遠嗎？我打算行仁，仁便來了。」(128)偃 仰面倒下。指死。(129)豎 和地面垂直，即立起來。指活。(130)五刑 指古代五種輕重不同的刑罰。即墨（黥）、劓、剕、宮、大辟。(131)科律 此二字原重，今從宋本。(132)假 借。(133)彰 明。此謂公布。(134)居作 指犯人在監獄中服役。(135)不訾 同「不貲」。不可估量。(136)釱 古代刑具。在頸曰「鉗」，在足曰「釱」。(137)薨 古代諸侯、大臣死稱薨。(138)臨弔 哭弔死者。(139)諡 古代帝王及官員死後，根據其生前的事跡給予一個含有一定褒貶意義的稱號為諡。即所謂「諡者，行之迹；號者，功之表；大行受大名，細行受細名。行出於己，名生於人」。(140)文帝分毓戶邑 此句疑有誤。按：鍾毓嗣侯當在鍾繇死後。鍾繇死於明帝太和四年，不可能有「文帝分毓戶邑」之事。

【語　譯】 鍾繇，字元常，潁川郡長社縣人。曾與同族叔伯鍾瑜一同到洛陽，途中遇到一個看相的人，那人說：「這孩子有貴人之相，然而有遭水患的災厄，要格外小心謹慎啊！」前行不到十里，過橋時馬受驚嚇，鍾繇跌落水中，差點淹死。鍾瑜因看相的人說準了，就更加重視鍾繇，供給他生活費用，使他得以專心向學。鍾繇被舉薦為孝廉，任命為尚書郎、陽陵縣令，因病辭職。三公府徵召，任命他為廷尉正、黃門侍郎。這時，漢獻帝在西京，李傕、郭汜等人在長安作亂，與關東聯繫斷絕。太祖兼任兗州牧，這才派遣使者上書朝廷。李傕、郭汜等人以為「關東想要自立天子，現在曹操雖派來使者，但不是他的真實意圖」，便商議扣留太祖的使者，拒絕太祖的想法。鍾繇勸告李傕、郭汜等人說：「當今英雄並起，各自假託皇帝詔命獨斷專行，只有曹兗州心繫朝廷，你們拒絕他的誠意，這不符合未來的希望。」李傕、郭汜等人採納了鍾繇的意見，給太祖使者豐厚的回報，從此太祖的使者和命令才得以通達。太祖已經多次聽過荀彧稱讚鍾繇，又聽說他勸告李傕、郭汜，因此，對鍾繇愈加虛心相待。後來李傕脅迫天子，鍾繇與尚書郎韓斌共同出謀劃策。天子能夠離開長安，鍾繇是有功勞的。鍾繇被任命為御史中丞，升任侍中尚書僕射，加上以前記錄的功勞封為東武亭侯。

2 當時關中諸將馬騰、韓遂等人，各自擁有強大的兵力互相征戰。太祖正好山東地區有戰事，又憂慮關西局勢。於是上表讓鍾繇以侍中的身分暫時署理司隸校尉，持節督率關中諸軍，將後方事務委託給他，特許他不受科條制度的制約。鍾繇到達長安，寫信給馬騰、韓遂等人，向他們陳述禍福利害關係，馬騰、韓遂於是各自派遣兒子來京侍奉皇帝。太祖在官渡與袁紹對峙，鍾繇送去二千多匹馬供給軍中。太祖寫信給鍾繇說：「得到您所送來的馬匹，解決了緊急需要。關西平定，朝廷沒有西顧之憂，是您的功勞。從前蕭何鎮守關中，糧食充足，軍隊完整，您與他這種情況相同。」後來匈奴單于在平陽郡作亂，鍾繇率領諸軍圍攻匈奴，沒有攻下；而袁尚所設的河東太守郭援到達河東，人多勢盛。諸將領商議，想要放棄圍攻匈奴，撤軍離去，鍾繇說：「袁氏正當強盛之時，郭援到來，關中有人暗中與他勾結交通，他們沒有全部背叛的緣故，只是顧忌我的威名罷了。如果放棄而離開這裏，是以弱示人，所在之地的民眾，哪一個不是我們的仇敵呢？即使我們想回去，能回得去嗎！這就是尚未交戰而先自取敗。況且郭援剛愎自用，爭勇好勝，一定會輕視我軍，如果他們渡過汾河紮營，我們在他還沒有完全渡河時進攻，可以大獲全勝。」張既勸說馬騰合力攻打郭援，馬騰派兒子馬超率領精兵迎戰。郭援到達，果然要輕率的渡過汾河，部眾勸阻他，他不聽從。當郭援部隊渡河不到一半時，鍾繇進擊，大破敵軍。殺了郭援，使單于投降。這事載於〈張既傳〉。後來河東衛固作亂，與張晟、張琰及高幹等人一起寇掠，鍾繇又率領諸將征討，打敗了他們。自天子西遷長安，洛陽人口稀少，鍾繇遷移關中百姓，又招納逃亡叛亂之人來補充，數年之間，戶口漸增人口充實。太祖征討關中時，即憑藉於此，上表任命鍾繇為前軍師。

3 魏國建立初期，鍾繇任大理卿，遷升為相國。文帝為太子時，賜給鍾繇五熟釜，為他撰寫銘文說：「赫赫魏國，為漢輔佐。相國鍾繇，魏之棟梁。日夜操勞，無暇安坐。百官效法，實為楷模。」幾年後，由於受西曹掾魏諷謀反的牽連，鍾繇被免官回家。文帝即王位後，鍾繇又擔任大理卿。等到文帝即帝位，改任為廷尉，進封崇高鄉侯。升任太尉，轉封平陽鄉侯。當時司徒華歆、司空王朗，同為前代名臣。文帝退朝時，對左右說：「此三公，是一代偉人，後世恐怕難有這樣的人才了！」明帝即位，進封鍾繇為定陵侯，增加食邑五百戶，合併以前的共一千八百戶，遷升太傅。鍾繇有膝蓋方面的毛病，跪拜起立很不方便。當時華歆也因年高有病，朝見時，明帝都讓他們乘坐輿車，由虎賁郎抬著上殿就坐。從這以後，三公有病，就以此作為舊例。

4 當初，太祖下令，讓羣臣討論死刑允許改判宮刑的問題。鍾繇認為：「古代的肉刑，歷經聖主採用，應當再度實行，用以替代死刑。」參與討論的人以為這不是取悅百姓之道，便擱置下來。等到文帝宴饗羣臣時，下詔書說：「太祖想要恢復肉刑，這確實是聖王之法。公卿們應當好好的共同討論。」討論還沒有定論，正逢發生戰爭，又擱置下來。太和年間，鍾繇上疏說：「大魏承受天命，繼承虞、夏。漢孝文帝革新法令，不符合古代的法則。先帝的聖明之德，確實是上天使然，對古代的典章制度，始終如一的貫徹執行。所以繼承皇位後，便發布聖明的詔令，想恢復古代的刑罰，成為一代的法典。因為連續發生戰爭，便沒有實施。陛下遠追太祖、高祖的遺願，哀憐那些為阻止作惡被砍去腳趾的人，痛心那些被處死的無辜之人，使人習知法令，與羣臣一起討論。給那些本當判砍去右趾而被列入死刑的人一條生路，仍實行這種砍掉右趾的刑罰。《尚書》說：『皇帝詢問百姓的疾苦時，鰥寡之人都對有苗有怨言。』這是說帝堯在廢除蚩尤、有苗的刑罰時，首先仔細詢問那些有怨言的百姓。如果現在斷案時，詢問三公、九卿、羣臣、百姓，使之如同漢孝景帝之法，那些罪當處死棄屍街頭的人，想要以斬右趾來代替死刑，可以答應他們。對那些被判黥刑、劓刑、砍左趾、宮刑的犯人，自然像漢孝文帝時期，改用髡刑、笞刑。能夠犯姦淫罪的人，一般年齡在二十歲到四五十歲，雖然砍去他的腳，還是能夠生育。現在天下人口少於漢孝文帝時，臣下估計所保全的人，每年有三千人。張蒼取消肉刑，所殺的人每年數以萬計。臣欲恢復肉刑，每年使三千人活命。子貢問能夠拯救百姓，可以說是仁愛嗎？孔子說：『哪裏僅是仁愛，那一定是聖德了，堯、舜恐怕都難以做到啊！』又說：『仁離我們遠嗎？我打算行仁，這仁便來了。』如果真的能實行它，百姓就會永遠得到好處。」奏書呈上後，明帝下詔說：「太傅學識優秀才能高超，關心政事，對刑律了解深透。這是件大事，公卿百官要好好的共同討論。」司徒王朗發表意見，認為「鍾繇想減少死刑條款，來增加刖刑的律條數量，可使倒斃的人站立起來，把死屍變成活人。但臣的愚見，和他尚有稍微不同的想法。五刑的條款，撰寫在律條中，本來就有減死一等的法令，判處不死就是減刑。實施已久，用不著憑藉斧鑿而興肉刑，然後才有犯罪的等次。前代的仁愛之人，不忍心肉刑的殘酷，所以廢除不用。不用以來，已經歷了數百年。現在又實行它，恐怕所要減少的條文還沒有公布在百姓眼前，而實行肉刑的消息已宣揚到了寇仇的耳內，這不是招附遠方人的辦法。現在可以按照鍾繇所想減輕的死罪，把死罪減為髡刑、刖刑。若嫌太輕，可以把他們在獄中服役的年數加倍。這樣，對內有用生來換死的不可估量的恩德，對外沒有以刖刑更換釱刑的駭人聽聞的名聲。」參加討論的一百多人，與王朗意見相同的居多。明帝因為吳、蜀尚未平定，暫且擱置下來。

5 太和四年，鍾繇去世。明帝身穿喪服哭臨弔喪，賜謚號為成侯。兒子鍾毓繼承爵位。當初，文帝從鍾毓的食邑中分出一部分，封鍾繇的弟弟鍾演和兒子鍾劭、孫鍾豫為列侯。

1 毓字稚叔。年十四為散騎侍郎❶，機捷談笑，有父風。太和初，蜀相諸葛亮圍祁山❷，明帝欲西征，毓上疏曰：「夫策貴廟勝❸，功尚帷幄❹，不下殿堂之上，而決勝千里之外。車駕❺宜鎮守中土❻，以為四方威勢之援。今大軍西征，雖有百倍之威，於關中之費，所損非一。且盛暑行師，詩人所重，實非至尊動軔❼之時也。」遷黃門侍郎。時大興洛陽宮室，車駕便幸❽許昌❾，天下當朝正許昌。許昌偪狹，於城南以氈為殿，備設魚龍曼延❿，民罷⓫勞役。毓諫，以為「水旱不時，帑藏⓬空虛，凡此之類，可須⓭豐年」。又上「宜復關內開荒地，使民肆力⓮於農」。事遂施行。正始⓯中，為散騎常侍⓰。大將軍⓱曹爽⓲盛夏興軍伐蜀，蜀拒守，軍不得進。爽方欲增兵，毓與書曰：「竊以為廟勝之策，不臨矢石⓳；王者之兵，有征無戰。誠以干戚可以服有苗⓴，退舍足以納原寇㉑，不必縱吳漢于江關㉒，騁韓信於井陘㉓也。見可而進，知難而退，蓋自古之政㉔。惟公侯詳㉕之！」爽無功而還。後以失爽意，徙侍中，出為魏郡㉖太守。爽既誅，入為御史中丞、侍中廷尉。聽君父已沒㉗，臣子得為理謗，及士為侯，其妻不復配嫁，毓所創也。

2 正元㉘中，毌丘儉㉙、文欽㉚反，毓持節至揚㉛、豫州㉜班行㉝赦令，告諭士民，還為尚書㉞。諸葛誕㉟反，大將軍司馬文王㊱議自詣壽春㊲討誕。會吳大將孫壹㊳

率眾降，或以為「吳新有釁㊴，必不能復出軍。東兵已多，可須後問」。毓以為「夫論事料敵，當以己度人。今誕舉㊵淮南㊶之地以與吳國，孫壹所率，口不至千，兵不過三百。吳之所失，蓋為無幾。若壽春之圍未解，而吳國之內轉安，未可必其不出也」。大將軍曰：「善。」遂將毓行。淮南既平，為青州㊷刺史㊸，加後將軍㊹，遷都督徐州㊺諸軍事，假節㊻，又轉都督荊州㊼。景元四年薨，追贈車騎將軍㊽，諡曰惠侯。子駿嗣。毓弟會，自有傳。

【章　旨】以上記述鍾繇之子鍾毓嗣爵後為官、進諫及從司馬昭破毌丘儉、文欽諸事。

【注　釋】❶散騎侍郎　官名。侍從皇帝左右，掌規諫，評議尚書奏事。❷祁山　山名。在今甘肅禮縣東。漢在西漢水北岸山上築城，極為嚴固，即祁山堡，為軍事必爭之地。相傳蜀漢丞相諸葛亮曾六出祁山攻魏。但據本書卷三十五〈諸葛亮傳〉，亮出兵攻魏只五次，而出祁山者僅兩次。❸廟勝　指臨戰前朝廷制定克敵制勝的謀略。廟，廟堂。❹帷幄　軍帳。❺車駕　本指皇帝外出時所乘之車。因用為皇帝的代稱。❻中土　中原地區。❼動軔　指車子起行。軔，剎住車輪轉動的木頭。❽幸　指帝王親臨。❾許昌　縣名。在今河南許昌東。東漢建安二年（西元一九七年）曹操迎漢獻帝都此。原稱許，魏文帝黃初二年（西元二二一年）改為許昌。❿魚龍曼延　古代百戲節目，魚龍和曼延皆為變幻的戲術，大致是由人裝扮成珍異動物並表演。張衡〈西京賦〉云：「巨獸百尋，是為漫延。」薛綜注：「作大獸長八十丈，所謂魚龍曼延也。」⓫罷　同「疲」。⓬帑藏　指國庫或國庫所藏的金帛。⓭須　等待。⓮肆力　盡力。⓯正始　魏齊王曹芳年號，西元二四〇—二四九年。⓰散騎常侍　官名。即漢時的散騎（皇帝的騎從）和中常侍的合稱。其職務為在皇帝左右規諫過失，以備顧問。常侍，原作「侍郎」，今從《三國志集解》引盧明楷說校改。⓱大將軍　武官名。為將軍之最高稱號。職掌統兵征戰，多由貴戚擔任。掌握政權，職位甚高，與聞政事。⓲曹爽　字昭伯，沛國譙（今安徽亳州）人。曹真子，曹操姪孫。魏明帝時，任武衛將軍。曹芳即位，他同司馬懿受遺詔輔政。用何晏等為心腹，與司馬懿爭奪權位，為司馬懿所殺。事見本書卷九〈曹爽傳〉。⑲矢石　箭和礧石。古代作戰發矢拋石，以打擊敵人。礧，轉石，推石自高處下擊。⑳干戚可以服有苗　干，盾。戚，斧的一種。此為舞者所執的舞具。相傳舜命禹征有苗，有苗不服，禹引兵而還。舜乃提倡文德教化，舞干、羽於兩階，七旬，有苗即來歸服。㉑退舍足以納原寇　據《左傳》僖公二十五年（西元前六三五年），晉侯伐原（古國名，姬姓，始封之君為周文王子，在今山西沁水。後東遷，在今河南濟源西北），下令攜帶三日糧。至三日，原不降。晉侯乃命撤軍，兵才退三十里，原以為晉守信用，便投降了。舍，古時行軍三十里為一舍。㉒縱吳漢于江關　吳漢，東漢大臣，字子顏，南陽宛縣（今河南南陽）人。助劉秀滅王郎，並征討銅馬。劉秀即位，任大司馬，封廣平侯。江關，又名瞿塘關。在今重慶市奉節長江北岸赤甲山上。據《後漢書・吳漢列傳》：建武十一年（西元三五年），吳漢曾率征南大將岑彭等討伐公孫述，岑彭等破荊門後，吳漢長驅進入江關。㉓騁韓信於井陘　韓信，淮陰（今江蘇淮陰）人。初從項羽，繼歸劉邦。破魏、趙，取燕、齊，占據黃河下游地區，劉邦封其為齊王。不久與劉邦會兵垓下（今安徽靈璧）滅項羽。漢朝建立，改封楚王。有人告他謀反，降為淮陰侯。後又以謀反罪為呂后所殺。《史記》、《漢書》有傳。井陘，即井陘口，在今河北井陘東。據《史記・淮陰侯列傳》：韓信統領數萬部隊與趙國二十萬部隊戰於井陘口，大獲全勝，斬殺趙大將陳餘，虜趙王歇。㉔政　同「征」。征伐。㉕詳　審慎。㉖魏郡　郡名。治所在今河北臨漳西南。㉗沒　死亡。㉘正元　魏高貴鄉公曹髦年號，西元二五四－二五六年。㉙毌丘儉　字仲恭，河東聞喜（今山西聞喜）人。複姓毌丘，名儉。與司馬懿定遼東。以功封安邑侯。遷左將軍，後為鎮東將軍，督揚州。魏正元二年（西元二五五年）正月，與文欽矯太后詔舉兵反。司馬師統中外軍討之。儉敗，被殺。事見本書卷二十八〈毌丘儉傳〉。㉚文欽　字仲若，譙郡（今安徽亳州）人。性暴無禮，倨傲陵上，不奉官法。王淩奏欽貪殘，曹爽以鄉里故，不治欽事。曹爽誅後，欽常內懼。會毌丘儉往，乃陰共結謀，舉兵反，戰敗亡吳，吳以欽為都護，假節、鎮北大將軍，幽州牧，封譙侯。事見本書卷二十八〈毌丘儉傳〉及裴松之注。㉛揚　揚州。三國魏、吳各置揚州，魏治所在今安徽壽縣，吳治所在今江蘇南京。㉜豫州　州名。治所在今安徽亳州。㉝班行　同「頒行」。布告周知。㉞尚書　官名。尚，執掌之意，或稱尚書為掌書。漢武帝提高皇權，設尚書在皇帝左右辦事，掌管文書章奏，地位逐漸重要。東漢正式成為協助皇帝處理政務的官員，從此三公權力大為削弱。魏、晉以後尚書事務益繁。㉟諸葛誕　字公休，琅邪陽都（今山東沂南南）人。毌丘儉、文欽反，以諸葛誕為鎮東大將軍、儀同三司、都督揚州，轉征東大將軍。王淩、毌丘儉夷滅，誕懼不自安。魏甘露二年五月，徵為司空，誕接詔書愈恐，遂反。六月，大將軍司馬昭討之。三年，諸葛誕敗，傳首京師，夷三族。事見本書卷二十八〈諸葛誕傳〉。㊱司馬文王　即司馬昭，字子上，河內溫縣（今河南溫縣）人。其子司馬炎代魏稱帝，建立晉朝，追尊司馬昭為文帝。㊲壽春　縣名。治所在今安徽壽縣。㊳孫壹　孫吳宗室，孫奐之子，呂據、滕胤妻兄。任孫吳征南將軍、夏口督等職。呂、滕被殺後懼而降曹魏，任車騎將軍、交州牧、儀同三司等職。詳見本書卷五十一宗室孫靜附傳。㊴釁　間隙；破綻。㊵舉　全；皆。㊶淮南　郡名。治所在今安徽壽縣。㊷青州　州名。治所在今山東臨淄北。㊸刺史　官名。西漢武帝時，分全國為十三部（州），部置刺史，察問郡縣，為監察官性質，官階低於郡守。靈帝時，改刺史為州牧，居郡守之上，掌握一州的軍政大權。自三國至南北朝各州多置刺史。㊹後將軍　將軍名號。有前、後、左、右將軍，漢不常置。或有前、後，或有左、右，皆典京師兵衛四夷屯警。㊺徐州　州名。東漢治所在今山東郯城，三國時魏治所在今江蘇徐州。㊻假節　持節。古代使臣出使，持節以為憑證，故叫假節。魏晉以後為官名。有使持節、持節、假節等，其權力大小有別。使持節權力最大，可誅殺二千石以下的犯官；持節次之；假節又次之，可殺違犯軍令的人。㊼荊州　州名。東漢治所在今湖南常德東北，其後屢有遷移。劉表為荊州牧，治所在今湖北襄樊，關羽督荊州，治江陵。㊽車騎將軍　將軍名號。漢文帝始置，以其舅薄昭為車騎將軍。其後時置時罷。漢靈帝多以此職拜嬖臣，贈亡人。歷代多置此官。

【語　譯】鍾毓，字稚叔，十四歲擔任散騎侍郎，機警敏捷，談笑風生，有父親遺風。太和初年，蜀漢丞相諸葛亮圍攻祁山，明帝想西征，鍾毓上疏說：「策略貴在於朝廷上就已制定了取勝的計畫，功業推尚在帷幄運籌中就已建立。不下殿堂，而決勝於千里之外。皇上應鎮守中原，作為四方威力強大的後援。現在大軍西征，即使有百倍的威力，然而在關中的費用，所消耗的不是一點點。況且在酷暑行軍，是詩人所重點關注的，實在不是皇上啟程的時候。」鍾毓調升黃門侍郎，當時大規模的興建洛陽宮殿，皇上駕幸許昌，天下官員應到許昌朝見。許昌城狹小，就在城南用氈子搭建了殿堂，設置魚龍曼延的遊樂項目，百姓因此疲於勞役。鍾毓進諫，認為「水災旱災不斷發生，國庫空虛，凡是這類事，可等到豐收之年再進行」。又上書說「應該免除關內開墾的荒地的賦稅，使百姓盡力於農業生產」。這些事情都得以實施。正始年間，鍾毓擔任散騎常侍。大將軍曹爽在盛夏興兵伐蜀，蜀軍抵抗堅守，軍隊不能前進。曹爽正準備增加兵力，鍾毓給他寫信說：「我私下認為在朝廷中就能克敵制勝的策略，不是面對矢石；王者之師，只有征討，不去交戰。這的確是舞動干戚可使有苗歸附，退卻三十里可以使原國歸順，不必在江關讓吳漢縱兵，在井陘使韓信馳騁。看到可行就前進，了解困難就撤退，這大概是自古以來征戰常規。希望您審慎考慮！」曹爽無功而返。後來因為鍾毓不合曹爽的心意，被調離侍中的職務，出任魏郡太守。曹爽被誅殺後，鍾毓調入朝廷擔任御史中丞、侍中廷尉。允許君父去世後，臣子可為君父辯誣，以及士人為侯後，其妻不再改嫁，這都是鍾毓所創立的。

2 正元年間，毌丘儉、文欽反叛，鍾毓持節到揚州、豫州頒布赦免令，告諭百姓，回朝後擔任尚書。諸葛誕反叛，大將軍司馬文王與眾人商議想親自到壽春討伐諸葛誕。正值吳國大將孫壹率部眾投降，有人認為「吳國近來內部有矛盾，一定不能再次發兵。我們在東邊部署的兵力已很多，發兵的事等待以後再說」。鍾毓認為「討論事情，預料敵情，應當根據自身的情況揣度他人。現在諸葛誕把淮南之地全給予吳國，孫壹所率領的部眾，人口不滿一千，士兵不超過三百。吳國所失去的，大概沒有多少。如果壽春的包圍沒有解除，而吳國內部又變得安定，不能肯定他們一定不出兵」。大將軍說：「好。」於是帶領鍾毓出發。淮南平定後，鍾毓擔任青州刺史，加領後將軍，升任都督徐州諸軍事，假節，又轉任都督荊州。景元四年去世，追贈車騎將軍，諡號惠侯。兒子鍾駿繼承爵位。鍾毓的弟弟鍾會，自己單獨有傳。

1 華歆，字子魚，平原❶高唐❷人也。高唐為齊名都，衣冠❸無不游行市里。歆為吏，休沐❹出府，則歸家闔門❺。議論持平，終不毀傷❻人。同郡陶丘洪❼亦知名，自以明見❽過歆。時王芬❾與豪傑❿謀廢靈帝⓫。語在武紀。芬陰呼歆、洪共定計，洪欲行，歆止之曰：「夫廢立大事，伊、霍⓬之所難。芬性疏⓭而不武，此必無成，而禍將及族。子其無往！」洪從歆言而止。後芬果敗，洪乃服。舉孝廉，除郎中⑭，病，去官。靈帝崩⑮，何進⑯輔政，徵河南⑰鄭泰⑱、潁川荀攸⑲及歆等。歆到，為尚書郎。董卓⑳遷天子長安，歆求出為下邽㉑令，病不行，遂從藍田㉒至南陽㉓。時袁術㉔在穰㉕，留歆。歆說術使進軍討卓，術不能用。歆欲棄去，會天子使太傅馬日磾㉖安集關東，日磾辟歆為掾㉗。東至徐州，詔即拜歆豫章㉘太守，以為政清靜不煩，吏民感而愛之。孫策㉙略地江東，歆知策善用兵，乃幅巾㉚奉迎。策以其長者，待以上賓之禮。後策死。太祖在官渡，表天子徵歆。孫權㉛欲不遣，歆謂權曰：「將軍奉王命，始交好曹公，分義㉜未固，使僕㉝得為將軍效心，豈不有益乎？今空留僕，是為養無用之物，非將軍之良計也。」權悅，乃遣歆。賓客舊人送之者千餘人，贈遺數百金。歆皆無所拒，密各題識㉞，至臨去，悉聚諸物，謂諸賓客曰：「本無拒諸君之心，而所受遂多。念單車遠行，將以懷璧為罪㉟，願賓客為之計。」眾乃各留所贈，而服其德。

2 歆至，拜議郎㊱，參司空軍事，入為尚書，轉侍中，代荀彧㊲為尚書令㊳。太祖征孫權，表歆為軍師。魏國既建，為御史大夫㊴。文帝即王位，拜相國，封安樂鄉侯。及踐阼，改為司徒。歆素清貧，祿賜以振施親戚故人，家無擔石㊵之儲。公卿嘗並賜沒入㊶生口㊷，唯歆出而嫁之。帝歎息，下詔曰：「司徒，國之儁老㊸，所與和[44]陰陽理庶事也。今大官重膳[45]，而司徒蔬食，甚無謂也。」特賜御衣，及為其妻子男女皆作衣服。三府議：「舉孝廉，本以德行，不復限以試經。」歆以為：「喪亂[46]以來，六籍[47]墮廢，當務存立，以崇王道[48]。夫制法者，所以經[49]盛衰。今聽孝廉不以經試，恐學業遂從此而廢。若有秀異，可特徵用。患於無其人，何患不得哉？」帝從其言。

3 黃初[50]中，詔公卿舉獨行君子[51]，歆舉管寧[52]，帝以安車[53]徵之。明帝即位，進封博平侯，增邑五百戶，并前千三百戶，轉拜太尉。歆稱病乞退，讓位於寧。帝不許。臨當大會，乃遣散騎常侍繆襲[54]奉詔喻指[55]曰：「朕新莅庶事，一日萬幾[56]，懼聽斷之不明。賴有德之臣，左右[57]朕躬，而君屢以疾辭位。夫量主擇君，不居其朝，委榮棄祿，不究其位，古人固有之矣，顧[58]以為周公[59]、伊尹則不然。潔身[60]徇節[61]，常人為之，不望之於君。君其力疾[62]就會，以惠予一人[63]。將立席几筵，命百官總己[64]，以須君到，朕然後御坐。」又詔襲：「須歆必起，乃還。」歆不得已，乃起。

4 太和中，遣曹真[65]從子午道[66]伐蜀，車駕東幸許昌。歆上疏曰：「兵亂以來，過踰二紀[67]。大魏承天受命，陛下以聖德當成康之隆[68]，宜弘[69]一代之治，紹三王[70]

之迹。雖有二賊(71)負險延命，苟聖化日躋(72)，遠人懷德，將襁負(73)而至。夫兵不得已而用之，故戢(74)而時動。臣誠願陛下先留心於治道，以征伐為後事。且千里運糧，非用兵之利；越險深入，無獨克之功。如聞今年徵役，頗失農桑之業。為國者以民為基，民以衣食為本。使中國無飢寒之患，百姓無離土之心，則天下幸甚，二賊之釁，可坐而待也。臣備位宰相，老病日篤，犬馬之命將盡，恐不復奉望鑾蓋(75)，不敢不竭臣子之懷，唯陛下裁察！」帝報曰：「君深慮國計，朕甚嘉之。賊憑恃山川，二祖勞於前世，猶不克平，朕豈敢自多(76)，謂必滅之哉！諸將以為不一探取，無由自弊，是以觀兵以闚其釁。若天時未至，周武還師(77)，乃前事之鑒，朕敬不忘所戒。」時秋大雨，詔真引軍還。太和五年，歆薨，諡曰敬侯(78)。子表嗣。初，文帝分歆戶邑，封歆弟緝列侯。表，咸熙(79)中為尚書。

【章　旨】以上為〈華歆傳〉。傳中首先記述了他善於洞察形勢，阻止陶丘洪參預謀廢靈帝；利用他的智慧，周旋於各派勢力之間；為官處世，品格高尚。其次，記述他在文帝時，位極羣臣，仍清貧如洗。再次，記述他於明帝時，不貪戀高位，稱病乞退。最後記述他太和年間上疏諫阻伐蜀。

【注　釋】❶平原　郡國名。西漢置郡，治所在今山東平原西南，東漢、魏或為郡或為國。❷高唐　縣名。治所在今山東禹城西南。❸衣冠　古代士以上戴冠。衣冠連稱，是古代士以上的服裝。引申為世族、士紳。❹休沐　休息沐浴，為古代官吏的例假。漢律：吏五日一休沐，言休息以洗沐也。❺闔門　關門。闔，關閉。❻毀傷　指責、詆毀。❼陶丘洪　盧弼《三國志集解》卷十〈魏書·荀攸傳〉注引《後漢書》李賢曰《青州先賢傳》：「洪，字子林，平原人。清達博辯，文冠當代。舉孝廉，不行。辟太尉府，年三十卒。」❽明見　聰明有見識。❾王芬　本書卷一〈武帝紀〉：「冀州刺史王芬、南陽許攸、沛國周旌等，連結豪傑，謀廢靈帝，立合肥侯，以告太祖，太祖拒之。芬等遂敗。」❿豪傑　此指地方豪強，即依仗權勢橫行一方的人。⓫靈帝　名宏，章帝玄孫。桓帝崩，無子，皇太后與父城門校尉竇武定策禁中，迎立為帝。西元一六八—一八九年在位。⓬伊霍　伊尹和霍光。伊尹，商湯的大臣，助湯滅夏。伊尹名伊，尹是官名。一說伊尹名摯。傳說他奴隸出身，為有莘國陪嫁之臣，湯用為「小臣」，後來任以國政。霍光，西漢大臣。字子孟，河東平陽（今山西臨汾）人。驃騎將軍霍去病異母弟。昭帝即位，霍光與金日磾、上官桀、桑弘羊等受武帝遺詔輔政，任大司馬大將軍。昭帝崩，迎立昌邑王劉賀為帝，不久即廢，又立宣帝。霍光秉政前後二十餘年。事見《漢書·霍光傳》。⓭疎　疏放。即放縱，不拘小節。⓮郎中　官名。屬光祿勳。管理車、騎、門戶，內充侍衛，外從作戰。秩比三百石。⓯崩　帝王死為崩。⓰何進　字遂高，南陽宛（今河南南陽）人。以妹為靈帝皇后，任大將軍。靈帝死，他立少帝，專斷朝政。因謀誅宦官，為宦官所殺。事見《後漢書·何進列傳》。⓱河南　郡名。治所在今河南洛陽東北。⓲鄭泰　字公業，河南開封（今河南開封）人。何進輔政，以鄭泰為尚書侍郎。後去官，董卓拜為議郎。與何顒、荀攸等謀殺董卓，事洩，逃奔袁術。事見《後漢書·鄭泰列傳》。⓳荀攸　曹操謀士。字公達，潁川潁陰（今河南許昌）人。東漢末何進當權時，任黃門侍郎。後歸曹操，為汝南太守，入為尚書，任尚書令。事見本書卷十〈荀攸傳〉。⓴董卓　字仲穎，隴西臨洮（今甘肅岷縣）人。東漢昭寧元年（西元一八九年），率兵入洛陽，廢少帝，立獻帝，專斷朝政。曹操與袁紹等起兵反對，他挾獻帝西遷長安，自為太師。事見《後漢書·董卓列傳》、本書卷六〈董卓傳〉。㉑下邽　縣名。在今陝西渭南東北。㉒藍田　縣名。在今陝西藍田。㉓南陽　郡名。治所在今河南南陽。㉔袁術　字公路，汝南汝陽（今河南商水縣西南）人。袁紹從弟。董卓專政，他據有南陽，後率眾割據揚州，建安二年稱帝於壽春，後為曹操所破。事見本書卷六〈袁術傳〉。㉕穰　縣名。在今河南鄧州。㉖馬日磾　字翁叔，扶風茂陵（今陝西興平）人。馬融族子。歷位九卿，獻帝初為太傅。㉗掾　佐吏的通稱。㉘豫章　郡名。治所在今江西南昌。㉙孫策　字伯符，吳郡富春（今浙江富陽）人。孫堅子。漢興平二年（西元一九五年）率軍渡江，削平當地的割據勢力，據有吳、會稽五郡。其後又奪取廬江郡，依靠南北士族，在江東地區建立了孫氏政權。事見本書卷四十六〈孫策傳〉。㉚幅巾　古代男子以絹一幅束髮，以示文雅。㉛孫權　即吳大帝，三國時吳國的建立者。西元二二九—二五二年在位。事見本書卷四十七〈吳主傳〉。㉜分義　交情；情分。㉝僕　古時自稱的謙詞。㉞題識　作上標記。㉟懷璧為罪　《左傳》桓公十年：「初，虞叔有玉，虞公求旃，弗獻，既而悔之，曰：周諺有之：『匹夫無罪，懷璧其罪。』吾焉用此，其以賈害也？」楊伯峻注：「猶言我何必用此璧，將以之買禍也？」舊時用以比喻財多招禍或懷才遭忌。㊱議郎　西漢置。掌顧問應對，無定員，屬光祿勳，官秩高於中郎、侍郎、郎中，秩六百石。東漢時地位更高，得參與朝政。㊲荀彧　字文若，潁川潁陰（今河南許昌）人。曹操的謀士。東漢建安元年（西元一九六年），建議曹操迎獻帝都許，使曹操取得有利的政治形勢。不久，任尚書令，參與軍國大事。事見本書卷十〈荀彧傳〉。㊳尚書令　官名。西漢為少府屬官，掌章奏文書。漢武帝以後，職權漸重。東漢政務皆歸尚書，尚書令成為直接對皇帝負責總攬一切政令的首腦。㊴御史大夫　秦、漢時為僅次於丞相的中央高級官吏。主要職務為監察、執法，兼掌重要文書圖籍。西漢時，丞相缺位，往往以御史大夫遞補。與丞相、太尉合稱三公。㊵擔石　古代度量單位。比喻微少，常用來形容米粟為數不多。㊶沒入　沒收犯罪者的家屬或財產入官。㊷生口　指俘虜或奴隸。㊸儁老　指才德出眾的公卿。儁，同「俊」。老，古代對臣子的尊稱。㊹和　協調；治理。㊺重膳　泛指豐盛的膳食。㊻喪亂　死喪禍亂。此指東漢末年的軍閥混戰。㊼六籍　儒家的六部經典：《詩》、《書》、《易》、《禮》、《春秋》、《樂》。㊽王道　以仁政治理天下的辦法。與「霸道」相對。㊾經　治理。㊿黃初　魏文帝曹丕年號，西元二二〇—二二六年。(51)獨行君子　指志節高尚，不隨俗沉浮的人。(52)管寧　字幼安，北海朱虛（今山東臨朐東南）人。魏文帝徵他為太中大夫，明帝又徵他為光祿勳，皆固辭不就。事見本書卷十一〈管寧傳〉。(53)安車　用一匹馬拉的可以坐乘的小車。古者乘四馬之車，立乘。此為坐乘，故名安車。(54)繆襲　東海郡（今山東郯城北）人。有才學，官至尚書、光祿勳。(55)指　同「旨」。(56)萬幾　指帝王日常處理的紛繁政務。(57)左右　幫助；輔助。(58)顧　但。(59)周公　周文王子，周武王弟。姬姓名旦，因食采於周（在今陝西岐山縣北），故稱周公。輔佐周武王、周成王，在政治上有許多建樹。其事見《史記·周本紀》、〈魯周公世家〉。(60)潔身　使自己純潔，不受腐蝕。(61)徇節　亦作「殉節」。堅守氣節，至死不變。(62)力疾　勉強支撐病體。(63)予一人　古代帝王的自稱。(64)總己　指各統己職。總，統領；統管。語出《論語·憲問》：「君薨，百官總己以聽於冢宰三年。」(65)曹真　字子丹，曹操族子。魏明帝太和四年（西元二三〇年）遷大司馬。八月，曹真發兵伐蜀，從子午谷道南入，會大霖雨，詔還軍。事見本書卷九〈曹真傳〉。(66)子午道　古道路名。從關中到漢中的南北通道。古人以子為北方，以午為南方，故名。(67)紀　世。(68)成康之隆　指西周成王和康王時代的興盛。據《史記·周本紀》記載：「成康之際，天下安寧。刑錯四十餘年不用。」(69)弘　弘揚；光大。(70)三王　夏禹、商湯、周文王和周武王。(71)二賊　指吳、蜀。(72)躋　登；升。(73)襁負　用布幅把嬰兒兜負在背上。語出《論語·子路》：「四方之民襁負其子而至矣。」襁，背負嬰兒所用的布兜。(74)戢　收藏；聚集。(75)鑾蓋　天子車駕的裝飾物。此用以指代天子。鑾，裝於軛首或車衡上的飾物。蓋，即車的傘蓋。[76]自多 自誇。[77]周武還師 意謂時機尚不成熟。據《史記・周本紀》：武王即位九年，東觀兵盟津不期而會者八百諸侯。諸侯皆曰：「紂可伐矣。」武王曰：「汝未知天命，未可也。」乃還師。[78]謚曰敬侯 裴松之注引《魏書》：歆時年七十五。[79]咸熙 魏元帝曹奐年號，西元二六四—二六五年。

【語　譯】華歆，字子魚，平原郡高唐縣人。高唐是齊地的名城，士紳沒有不到城內遊覽市里的。華歆為吏時，休假的日子離開官府，回家就把大門關起來。議論問題公允平和，始終不詆毀別人。同郡人陶丘洪也很有名望，自己認為聰明見識超過華歆。當時王芬與地方豪強謀劃廢黜漢靈帝。文字記載在〈武帝紀〉中。王芬暗中招呼華歆、陶丘洪共同商定計策，陶丘洪想前去，華歆阻止他說：「廢立皇帝是件大事，伊尹、霍光都感到為難。王芬性格放縱，而又沒有勇力，這事一定不能成功，而災難將要連累家族。您還是不要去！」陶丘洪聽了華歆的勸告沒有前去。後來王芬果然失敗，陶丘洪便十分佩服華歆。華歆被薦舉為孝廉，任官為郎中，患病，辭去官職。漢靈帝逝世，何進輔佐朝政，徵召河南郡的鄭泰、潁川郡的荀攸及華歆等人。華歆到達之後，任命他為尚書郎。董卓把漢獻帝遷徙到長安，華歆請求離開都城出任下邽縣令，有病，沒有到職，就從藍田到了南陽。當時袁術在穰縣，留下華歆。華歆勸說袁術派遣軍隊討伐董卓，袁術未能採納。華歆想要離開袁術而去，這時正好天子派太傅馬日磾安撫關東，馬日磾聘任華歆為掾屬。向東到達徐州，皇帝詔命立即任命華歆為豫章太守。因為華歆處理政務清廉寧靜，不煩瑣，官民受感動而愛戴他。孫策攻取江東，華歆知道孫策善於用兵，便頭纏幅巾前往奉迎。孫策認為他是年高有德的人，用上賓的禮節接待他。後來孫策去世了。太祖在官渡，上表天子徵召華歆。孫權不想遣送華歆，華歆對孫權說：「將軍您尊奉王命，才剛開始與曹公交好，交情還不牢固，讓我能為將軍奉獻誠心，難道沒有好處嗎？現在空留下我，是養了無用的東西，這不是將軍的良策。」孫權聽了很高興，於是遣送華歆去京。賓客故舊來送行的一千多人，贈送他數百金。華歆都沒有拒收，暗地裏每一份都作了標記，等到離去時，把接受的禮金都聚集在一起，對眾賓客們說：「我本來沒有拒絕諸位的意思，因而所接受的東西很多。考慮到孤車遠行，將會因懷藏美玉而獲災禍，希望諸位對這件事好好想想。」眾賓客就各自留下所贈的禮金，佩服華歆的品德。

2 華歆到達後，任議郎，參預司空府軍事，入朝任尚書，轉任侍中，代替荀彧擔任尚書令。太祖征討孫權，上表推薦華歆為軍師。魏國建立後，任御史大夫。文帝繼魏王位，任相國，封安樂鄉侯。等到魏王即帝位，改任司徒。華歆一向清貧，俸祿和所得賞賜都用來周濟親戚故舊，家中沒有一點積蓄。公卿都曾被賞賜沒入官府的奴僕，只有華歆把她們嫁了出去。文帝感嘆，下詔說：「司徒是國家德才出眾之人，所參與的是調和陰陽，處理各種政務。現在大臣們有豐盛的膳食，而司徒蔬食淡飯，實在說不過去。」於是特地賜給他御服，還為他的妻子兒女都縫製了衣服。三公府協商決定：「推舉孝廉，以德行為標準，不再用考試經書的辦法來限制。」華歆以為：「自時局動亂以來，《六經》毀壞廢棄，應當努力保存恢復，以推崇王道。制定法令，為的是治理國家。現在若允許孝廉不用《六經》來考試，恐怕學業就從此荒廢。如果有優秀出眾的人才，可以特別徵用。擔心的是沒有那樣的人才，怎能擔心得不到呢？」文帝聽從了他的意見。

3 黃初年間，詔令公卿薦舉道德優異的人，華歆推薦了管寧。文帝用安車徵召他。明帝繼位，進封華歆為博平侯，增加食邑五百戶，合併先前的共一千三百戶，轉任太尉。華歆推說有病請求辭職，把官位讓給管寧。明帝不允許。臨到羣臣朝會時，明帝便派散騎常侍繆襲手奉詔書宣示自己的意旨說：「我剛剛親理政務，日理萬機，擔心聽不明白，決斷失當。想依靠有才德的大臣來輔助我，而您多次以疾病為由辭職。量主擇君而仕，不處其朝，拋棄榮譽和俸祿，不求職位，古人固然有這樣的，但我認為周公和伊尹就不是這樣。潔身自好，堅守節操，普通人都能這樣做，我不希望您如此。您勉力支撐病體參加朝會，施惠於我。我將站在几筵旁，命百官各統己職，等待您的到來，我然後就座。」又詔令繆襲：「一定等華歆起身再回來。」華歆不得已，便啟程赴朝會。

4 太和年間，派遣曹真從子午谷道討伐蜀國，皇帝東行駕幸許昌。華歆上疏說：「戰亂以來，已過了兩代。大魏承受天命，陛下憑著聖德，處於周成王、康王一樣的盛世，應當弘揚這一代的政績，繼承夏禹、商湯、周文武王的聖跡。雖有吳、蜀二賊憑藉險要苟延殘喘，如果聖明教化日益提高，遠方的人懷念恩德，將會背負嬰兒前來歸附。軍隊是不得已而使用它，所以聚合起來，依時而動。臣誠懇的希望陛下首先注意國家治理的方法，把征戰作為以後的事情。況且千里運糧，不是用兵的有利條件，越過險阻，深入敵境，不會有勝果獨享的事情。聽說今年徵集徭役，就給農桑帶來很大的損失。治理國家，要以百姓為基礎，百姓以衣食為根本。如果國家沒有飢寒之憂，百姓沒有離鄉之念，那麼天下的人都很幸運，二賊的裂痕，就可以立坐而待了。臣忝充宰相的職位，年老多病，日益嚴重，如同犬馬一般的命即將結束，恐怕不能再侍奉陛下了，臣不敢不盡做臣子的心意，希望陛下判斷明察！」明帝回覆說：「您深慮國家大計，我非常讚賞。敵人依山恃水，二祖前世辛勞，尚且不能平定。我怎敢自誇，認為一定可以消滅他們！將領們認為不去試探進攻他們，他們不可能自己衰敗滅亡，所以出軍揚威以窺伺他們的破綻。如果時機未到，從前周武王盟津撤軍，就是我們的借鑑。我謹慎的不敢忘記您對我的勸誡。」當時正值秋季大雨，明帝詔令曹真帶領軍隊返回。太和五年，華歆去世，諡為敬侯。他的兒子華表繼承爵位。起初，文帝從華歆的食邑中分出一部分，封華歆的弟弟華緝為列侯。華表，咸熙年間擔任尚書。

1 王朗，字景興，東海❶郯❷人也。以通經，拜郎中，除菑丘❸長。師太尉楊賜❹，賜薨，棄官行服❺。舉孝廉，辟公府，不應。徐州刺史陶謙❻察朗茂才❼。時漢帝在長安，關東兵起，朗為謙治中❽，與別駕❾趙昱❿等說謙曰：「春秋⓫之義，求諸侯莫如勤王⓬。今天子越⓭在西京，宜遣使奉承⓮王命。」謙乃遣昱奉章至長安。天子嘉其意，拜謙安東將軍⓯。以昱為廣陵⓰太守，朗會稽⓱太守。孫策渡江略地，朗功曹⓲虞翻⓳以為力不能拒，不如避之。朗自以身為漢吏，宜保城邑，遂舉兵與策戰，敗績，浮海至東治⓴。策又追擊，大破之。朗乃詣策。策以朗儒雅㉑，詰讓[22]而不害。雖流移窮困，朝不謀夕，而收卹[23]親舊，分多割少[24]，行義甚著。

2 太祖表徵之，朗自曲阿[25]展轉江海，積年乃至。拜諫議大夫[26]，參司空軍事。魏國初建，以軍祭酒[27]領魏郡太守，遷少府[28]、奉常[29]、大理。務[30]在寬恕，罪疑從輕。鍾繇明察當法，俱以治獄見稱。

3 文帝即王位，遷御史大夫，封安陵亭侯。上疏勸育民省刑曰：「兵起已來三十餘年，四海蕩覆，萬國殄瘁[31]。賴先王芟除[32]寇賊，扶育孤弱，遂令華夏[33]復有綱紀。鳩集[34]兆民[35]，于茲魏土，使封鄙[36]之內，雞鳴狗吠，達於四境，蒸庶[37]欣欣，喜遇升平。今遠方之寇未賓[38]，兵戎之役未息，誠令復除[39]足以懷遠人[40]，良宰[41]足以宣德澤，阡陌[42]咸修，四民[43]殷熾[44]，必復過於曩時[45]而富於平日矣。易稱敕法[46]，書著祥刑[47]，一人有慶，兆民賴之[48]，慎法獄之謂也。昔曹相國以獄市為寄[49]，路溫舒疾治獄之吏[50]。夫治獄者得其情，則無冤死之囚；丁壯者得盡地力，則無饑饉[51]之民；窮老者得仰食倉廩[52]，則無餒餓之殍[53]；嫁娶以時，則男女無怨曠[54]之恨；胎養必全，則孕者無自傷之哀；新生必復，則孩者無不育之累；壯而後役，則幼者無離家之思；二毛[55]不戎，則老者無頓伏之患。醫藥以療其疾，寬繇[56]以樂其業，威罰以抑其強，恩仁以濟其弱，賑貸以贍其乏。十年之後，既笄(57)者必盈巷。二十年之後，勝兵(58)者必滿野矣。」

4 及文帝踐阼，改為司空，進封樂平鄉侯。時帝頗出游獵，或昏夜還宮。朗上疏曰：「夫帝王之居，外則飾周衛(59)，內則重禁門(60)，將行則設兵而後出幄，稱警而後踐墀(61)，張弧(62)而後登輿，清道(63)而後奉引(64)，遮列(65)而後轉轂(66)，靜室而後息駕，皆所以顯至尊，務戒慎，垂法教也。近日車駕出臨捕虎，日昃(67)而行，及昏而反(68)，違警蹕(69)之常法，非萬乘(70)之至慎也。」帝報曰：「覽表，雖魏絳稱虞箴以諷晉悼(71)，相如陳猛獸以戒漢武(72)，未足以喻。方今二寇未殄，將帥遠征，故時入原野以習戎備。至於夜還之戒，已詔有司施行。」

5 初，建安(73)末，孫權始遣使稱藩(74)，而與劉備(75)交兵。詔議：「當興師與吳并取蜀不？」朗議曰：「天子之軍，重於華、岱(76)，誠宜坐(77)曜天威，不動若山。假使權親與蜀賊相持，搏戰曠日，智均力敵，兵不速決，當須軍興以成其勢者，然後宜選持重之將，承(78)寇賊之要，相時而後動，擇地而後行，一舉可(79)無餘事。今權之師未動，則助吳之軍無為(80)先征。且雨水方盛，非行軍動眾之時。」帝納其計。黃初中，鵜鶘(81)集靈芝池(82)，詔公卿舉獨行君子。朗薦光祿大夫(83)楊彪(84)，且稱疾，讓位於彪。帝乃為彪置吏卒，位次三公。詔曰：「朕求賢於君而未得，君乃翻然[85]稱疾，非徒[86]不得賢，更[87]開失賢之路，增玉鉉[88]之傾。無乃[89]居其室出其言不善，見違於君子乎！君其勿有後辭。」朗乃起。

6 孫權欲遣子登[90]入侍，不至。是時車駕徙許昌，大興屯田，欲舉軍東征。朗上疏曰：「昔南越守善，嬰齊入侍，遂為冢嗣，還君其國[91]。康居驕黠，情不副辭，都護奏議以為宜遣侍子，以黜無禮[92]。且吳濞之禍，萌於子入[93]，隗囂之叛，亦不顧子[94]。往者聞權有遣子之言而未至，今六軍[95]戒嚴，臣恐輿人[96]未暢[97]聖旨，當謂國家愠[98]於登之逋留[99]，是以為之興師。設師行而登乃至，則為所動者至大，所致者至細，猶未足以為慶。設其傲狠，殊無入志，懼彼輿論之未暢者，並懷伊邑[100]。臣愚以為宜敕別征諸將，各明奉禁令，以慎守所部。外曜烈威，內廣耕稼，使泊然[101]若山，澹然[102]若淵，勢不可動，計不可測。」是時，帝以成軍遂行，權子不至，車駕臨江而還。

7 明帝即位，進封蘭陵侯，增邑五百，并前千二百戶。使至鄴[103]省文昭皇后[104]陵，見百姓或有不足。是時方營修宮室，朗上疏曰：「陛下即位已來，恩詔屢布，百姓萬民莫不欣欣。臣頃奉使北行，往反道路，聞眾徭役，其可得蠲[105]除省減者甚多。願陛下重留日昃[106]之聽，以計制寇。昔大禹[107]將欲拯天下之大患，故乃先卑其宮室，儉其衣食，用能盡有九州[108]，弼[109]成五服[110]。句踐[111]欲廣其禦兒[112]之疆，馘[113]夫差[114]於姑蘇[115]，故亦約其身以及家，儉其家以施國，用能囊括五湖[116]，席卷三江[117]，取威中國，定霸華夏。漢之文、景亦欲恢弘[118]祖業，增崇洪緒[119]，故能割意於百金之臺[120]，昭儉於弋綈之服[121]，內減太官[122]而不受貢獻，外省徭賦而務農桑，用能號稱升平，幾致刑錯[123]。孝武[124]之所以能奮其軍勢，拓其外境，誠因祖考畜積[125]素足，故能遂成大功。霍去病[126]，中才之將，猶以匈奴未滅，不治第宅。明卹[127]遠者略[128]近，事外者簡內。自漢之初及其中興，皆於金革[129]略寢之後，然後鳳闕[130]猥閈[131]，德陽[132]並起。今當建始[133]之前足用列朝會，崇華[134]之後足用序內官[135]，華林[136]、天淵[137]足用展游宴，若且先成閶闔[138]之象魏[139]，使足用列遠人之朝貢者，修城池，使足用絕踰越，成國險，其餘一切，且須豐年。一以勤耕農為務，習戎備[140]為事，則國無怨曠，戶口滋息[141]，民充兵彊，而寇戎不賓，緝熙[142]不足，未之有也。」轉為司徒。

8 時屢失皇子，而後宮就館[143]者少，朗上疏曰：「昔周文[144]十五而有武王[145]，遂享十子之祚[146]，以廣諸姬之胤[147]。武王既老而生成王[148]，成王是以鮮[149]於兄弟。此二王者，各樹聖德，無以相過，比其子孫之祚，則不相如。蓋生育有早晚，所產有眾寡也。陛下既德祚兼彼二聖，春秋高於姬文育武之時矣，而子發未舉於椒蘭之奧房，藩王未繁於掖庭之眾室[150]。以成王為喻，雖未為晚，取譬伯邑[151]，則不為夙。周禮[152]六宮內官百二十人，而諸經常說，咸以十二為限，至於秦漢之末，或以千百為數矣。然雖彌猥[153]，而就時[154]於吉館[155]者或甚鮮，明『百斯男[156]』之本，誠在於一意，不但在於務廣也。老臣悽悽[157]，願國家同祚於軒轅[158]之五五[159]，而未及周文之二五[160]，用為伊邑。且少小常苦被褥泰[161]溫，泰溫則不能便柔膚弱體，是以難可防護，而易用感慨。若常令少小之縕袍[162]，不至於甚厚，則必咸保金石之性，而比壽於南山[163]矣。」帝報曰：「夫忠至者辭篤，愛重者言深。君既勞思慮，又手筆將順[164]，三復德音[165]，欣然無量。朕繼嗣未立，以為君憂，欽納[166]至言[167]，思聞良規[168]。」朗著易、春秋、孝經[169]、周官傳[170]，奏議論記，咸傳於世。太和二年薨，諡曰成侯。子肅嗣。初，文帝分朗戶邑，封一子列侯，朗乞封兄子詳。

【章　旨】以上為〈王朗傳〉。依次敘述其出身、為會稽太守、救卹貧困的義行；後被徵調入京，魏國初年，以軍祭酒領魏郡太守，遷少府、奉常、大理等官；曹丕繼魏王位，王朗為御史大夫，曹丕篡漢，王朗改任司空，規勸、進諫，忠心耿耿；最後敘述王朗的論著及去世等情況。

【注　釋】❶東海　郡名。治所在今山東郯城北。❷郯　原作「郡」，今從宋本。❸菑丘　縣名。治所在今安徽宿遷東北。

❹楊賜　字伯獻，弘農華陰（今陝西華陰）人，太尉楊震之孫。曾授靈帝《尚書》。遷少府、光祿勳。歷官司空、司徒、太尉。事見《後漢書・楊震列傳》附。❺行服　服喪；守孝。❻陶謙　字恭祖，丹楊（今安徽宣州）人。曾官幽州刺史，徵拜議郎。黃巾起，朝廷以陶謙為徐州刺史，征討徐州黃巾軍。事見本書卷八〈陶謙傳〉。❼茂才　即秀才。漢以來薦舉人員科目之一。東漢時為避光武帝劉秀名諱，改秀才為茂才。❽治中　官名。漢代置治中從事史，為刺史的助理。鄭樵《通志・職官略》注：「居中治事，主眾曹文書。」❾別駕　官名。漢置別駕從事史，為州刺史的佐吏。刺史巡視轄境時，別駕乘驛車隨行，故名。魏承漢制，諸州置別駕，總理眾務，職權甚重，當時論者稱其職居刺史之半。❿趙昱　琅邪（今山東臨沂）人，舉孝廉，除莒長，徐州牧陶謙初辟為別駕從事，舉茂才，遷廣陵太守。事見《三國志・陶謙傳》裴松之注。⓫春秋　儒家經典之一，為編年體史書。相傳為孔子依據魯國史官所編《春秋》加以整理修訂而成。《春秋》文字簡短，寓有褒貶之義，後世稱為「春秋筆法」。⓬勤王　為王室盡力。當帝王的統治受到內亂外患的威脅時，臣子用兵力救援王朝，謂之勤王。⓭越　遠。⓮奉承　接受；承受。⓯安東將軍　官名。將軍名號。當時戰亂頻繁，軍事占首要地位，身任要職的官員多半有將軍稱號，並不一定統兵，只是為了提高其地位。以征、鎮、安、平為序，最貴者為征東、征西將軍。安東將軍，位在「四征」、「四鎮」將軍之下。⓰廣陵　郡名。漢治所在今江蘇揚州。三國魏移治今江蘇清江。⓱會稽　郡名。治所在今浙江紹興。⓲功曹　官名。郡守的佐吏，相當於郡守的總務長。除掌人事外，並參與一州的政務。又稱功曹史。⓳虞翻　字仲翔，會稽餘姚（今浙江餘姚）人。三國吳經學家。初為王朗功曹，歷事孫策、孫權。事見本書卷五十七〈虞翻傳〉。⓴東治　縣名。治所在今福建福州。㉑儒雅　博學的儒者。㉒詰讓　責問。㉓收卹　收容賑濟。㉔分多割少　指財物分給別人的多，自己留取的少。㉕曲阿　縣名。治所在今江蘇丹陽。㉖諫議大夫　官名。《漢書・百官公卿表》：「武帝元狩五年（西元前一一八年）初置諫大夫，秩比八百石。光武中興改為諫議大夫。」凡大夫、議郎皆掌議論，屬光祿勳，無定員。㉗軍祭酒　官名。參謀軍事官員中資望較高者。祭酒，原非官名，古代舉行盛大宴會或祭祀時，推年高望重的人先舉酒祭地，遂稱位尊者或年長者為祭酒。漢平帝時置《六經》祭酒，秩上卿，後置博士祭酒。為《五經》博士之首。㉘少府　官名。九卿之一。掌山海地澤收入、皇室手工業製造和宮中御衣、寶貨、珍膳等，為皇帝的私府。㉙奉常　官名。即太常，九卿之一。掌禮儀祭祀。秦為奉常，漢景帝中六年（西元前一四四年）改太常。㉚務　致力。㉛殄瘁　困苦。㉜芟除　除去雜草。引申為斬伐、消滅。㉝華夏　古代漢族的自稱。華，意為「榮」。夏，意為中國人。㉞鳩集　聚集。㉟兆民　眾百姓。兆，言數目極多。古以十萬為億，十億為兆。㊱封鄙　疆域。封，疆界。鄙，邊遠地區。㊲蒸庶　眾百姓。蒸，同「烝」。眾多。庶，古代指百姓、眾民。㊳賓　順從；歸服。㊴復

除　謂免除人民的徭役和賦稅。㊵懷遠人　使遠方的人歸向。㊶良宰　有才德的官員。㊷阡陌　田間的小路。南北曰阡，東西曰陌。㊸四民　指士、農、工、商。㊹殷熾　繁盛。㊺曩時　從前。㊻易稱敕法　意謂《周易》上提倡整頓法令。語出《周易・噬嗑・象》：「雷電噬嗑，先王以明罰敕法。」稱，稱道；提倡。敕，整頓；整飭。㊼書著祥刑　語出《尚書・呂刑》：「有邦有土，告爾祥刑。」意謂《尚書》上強調施行善刑，即不專靠刑罰而重視教化。著，明顯；突出。祥，善。㊽一人有慶二句　語出《尚書・呂刑》，意謂一個人做了好事，億萬人民都能得到幸福。慶，善事。賴，利。㊾曹相國以獄市為寄　曹相國，即曹參，西漢初大臣，沛縣（今江蘇沛縣）人。好黃老之術。曾為齊相九年，後繼蕭何為漢惠帝丞相。他上調中央時，對繼任齊相的人說：「以齊獄市為寄，慎勿擾也。」意思是：應當把齊國的獄市作為奸人的寄寓場所，對於獄市那樣的地方要謹慎，不要去干擾。獄，指教唆犯罪、包攬訴訟、資助盜賊的場所。市，指投機倒耙、用私斗秤、欺騙顧客的場所。寄，寄寓之地。即要讓齊國的獄市作為奸人活動、存在的地方，不去干擾他們，不施峻法，不行嚴刑，不要使奸人無容身之所而作亂。曹參事見《史記・曹相國世家》、《漢書・曹參傳》。㊿路溫舒疾治獄之吏　路溫舒，字長君，西漢鉅鹿東里（今屬河北省）人。少學律令，宣帝時，上書言尚德緩刑，認為審獄苛刻，刑罰嚴重，是最大的失敗。主張治理國家，要尚德緩刑。反對嚴刑峻法。遷臨淮太守，有治績。事見《漢書・路溫舒傳》。(51)饑饉　災荒。穀不熟為饑，菜不收為饉。(52)倉廩　糧倉。穀藏曰倉，米藏曰廩。一說，方為倉，圓為廩。此指糧倉的糧食。(53)餒餓之殍　餒，飢餓。殍，餓死的人。(54)怨曠　此指怨女曠夫。謂男女不及時婚嫁。(55)二毛　指老年人。人老，頭髮花白。黑白二色，故曰二毛。(56)繇　同「徭」。徭役。(57)笄　簪，用以插定髮髻或弁冕。女子年十五行笄禮，表示成年。(58)勝兵　能夠勝任當兵。(59)周衛　嚴密的警衛。周，密。(60)重禁門　嚴門禁。重，嚴。禁門，宮門。(61)踐墀　踩踏臺階。(62)弧　木弓。(63)清道　警戒。古代帝王或大官出巡要清道，禁止行人往來。(64)奉引　導引車駕。(65)遮列　列隊攔遮。車駕出時，清道禁行人，虎賁伺非常，謂之「遮列」。(66)轉轂　車輪轉動，指發車。(67)日昃　太陽西偏。(68)反　同「返」。(69)警蹕　古指帝王出入嚴加戒備，斷絕行人。警，警戒。蹕，清道。帝王出稱警，入言蹕。(70)萬乘　指天子。周制天子地方千里，出兵車萬乘。故以萬乘指代天子。(71)魏絳稱虞箴句　見《左傳》襄公四年。魏絳引〈虞人之箴〉來諷諫晉悼公。魏絳，人名，即魏莊子。春秋時晉國大夫，戰國時魏國的祖先。稱，引用；說。虞箴，即〈虞人之箴〉。是虞人勸誡國君不要沉湎於田獵的一篇箴言。虞人，官名。西周始置，掌管山澤。箴，箴言。用以勸誡他人或自己為目的的一種文體。諷，用委婉的言辭勸說。晉悼，晉國的國君晉悼公。(72)相如陳猛獸句　相如，即司馬相如，辭賦家。字長卿，西漢蜀郡成都（今四川成都）人。漢武帝時因獻賦被任命為郎。著有〈子虛賦〉、〈上林賦〉、〈大人賦〉、〈諫獵疏〉等，因以諷諫。事見《史記・司馬相如列傳》、《漢書・司馬相如傳》。陳，陳述。猛獸，漢武帝「好自擊熊彘，馳逐野獸」。司馬相如〈諫獵疏〉則認為「本非天子之所宜近」。[73]建安　東漢獻帝劉協年號，西元一九六—二二〇年。[74]藩　藩屬；藩臣。[75]劉備　即蜀漢昭烈帝。三國時蜀漢的建立者。西元二二一—二二三年在位。事見本書卷三十二〈先主傳〉。[76]華岱　華山與泰山。[77]坐　不動。[78]承　同「懲」。懲罰、打擊。[79]可　宋本作「更」。[80]無為　用不著；沒必要。[81]鵜鶘　大型鳥類，體長可達二公尺，羽多白色。翼大而闊，四趾間有全蹼相連。下頷底部有一大的皮囊，稱「喉囊」，能伸縮，可用以兜食魚類。性喜羣居，主要棲息在沿海湖沼、河川地帶。[82]靈芝池　池名。魏黃初三年（西元二二二年）建，在今洛陽東北魏洛陽故城內。[83]光祿大夫　官名。《漢書・百官公卿表》：漢武帝太初元年（西元前一〇四年）「更中大夫為光祿大夫，秩比二千石」。掌議論顧問應對，無定員，屬光祿勳。魏晉以後皆為加官及贈褒之官。[84]楊彪　字文先，弘農華陰（今陝西華陰）人。曹丕為帝，欲以楊彪為太尉，彪以年邁多病固辭，乃授光祿大夫，賜几杖衣袍，待以賓主之禮。魏黃初六年（西元二二五年），年八十四，卒於家。事見《後漢書・楊震列傳》附。[85]翻然　反倒；反而。[86]非徒　不但。[87]更　反；卻。[88]玉鉉　古代舉鼎的器具，在鼎的最高處，用來提鼎之兩耳。後來比喻處於高位的大臣。[89]無乃　莫非；豈不是。[90]登　孫登。孫權長子，孫權為吳王，立為王太子，稱帝，復以為皇太子。二十一年後病逝，享年三十三歲。見本書卷五十九〈孫登傳〉。[91]昔南越守善四句　《史記・南越列傳》載：武帝建元四年（西元前一三七年），趙佗孫趙胡繼位為南越王，向漢稱臣，遣太子嬰齊入朝廷宿衛。後十餘年趙胡病，嬰齊請歸，漢遣其歸國。胡死，嬰齊嗣立。冢嗣，即太子、嫡長子。[92]康居驕黠四句　《漢書・西域傳》載：漢成帝時康居王遣子侍漢，然自以距漢絕遠，驕慢。都護郭舜上書言：康居驕黠，「宜歸其侍子，絕勿復使，以章漢家不通無禮之國」。康居，古西域城國名。東臨烏孫、大宛，南接大月氏、安息，西與奄蔡交界。約在今巴爾喀什湖與鹹海之間的地方。驕黠，驕慢狡猾。副，符合。都護，官名。漢宣帝時設西域都護，為駐西域地區的最高長官。侍子，古指諸侯或屬國的國君，派遣入京城侍奉皇帝的兒子。[93]吳濞之禍二句　漢文帝、景帝採用賈誼、鼂錯削減諸侯王封地的辦法，逐漸削弱諸侯王的勢力。吳王劉濞藉口「誅鼂錯以清君側」為名，聯合楚、趙、膠東、膠西、濟南、淄川等六國舉兵，直指漢朝京城長安。漢朝中央派周亞夫為太尉，三個月內即擊平吳楚，其他五國也先後平定。諸王或自殺或被殺。吳濞，即吳王劉濞，漢高祖劉邦兄劉仲之子。[94]隗囂之叛二句　隗囂，字季孟，東漢初天水成紀（今甘肅秦安）人。新莽末，被當地豪強擁立，據有天水、武都、金城等郡。一度依附劉玄。不久，自稱西部上將軍。事見《後漢書・隗囂列傳》。其傳載，隗囂遣其長子隗恂入侍朝廷，後隗囂反叛，隗恂被殺。[95]六軍　軍隊。《周禮・夏官・司馬》：「凡制軍，萬有二千五百人為軍。王六軍，大國三軍，次國二軍，小國一軍。」(96)輿人　眾人。(97)暢　通曉。(98)慍　發怒。(99)逋留　稽留；拖延。(100)伊邑　鬱悒；憂悶；心情不舒暢。邑，同「悒」。(101)泊然　靜默無為；恬淡。(102)澹然　安靜；安定。(103)鄴　都邑名。在今河北臨漳西南。東漢建安十八年（西元二一三年）曹操封魏王，都於此。(104)文昭皇后　文帝妃，姓甄氏。曹操攻破冀州，曹丕納甄氏於鄴，有寵，生明帝及東鄉公主。曹丕即帝位，甄氏失意，有怨言。曹丕大怒，魏黃初二年六月，遣使賜其死，葬於鄴。明帝曹叡即位，諡為文昭皇后。事見本書卷五〈文昭甄皇后傳〉。(105)蠲　免除。(106)日昃　即太陽偏西。用以比喻君主勤於政務，太陽偏西，顧不上吃飯。(107)大禹　亦稱夏禹、戎禹。《史記．夏本紀》：夏禹，鯀之子。堯之時洪水滔天，堯命鯀治水。「九年而水不息」。「舜攝行天子之政，巡狩。行視鯀之治水無狀，乃殛鯀於羽山以死」，乃命禹治水。「禹傷先人父鯀功之不成受誅，乃勞身焦思，居外十三年，過家門不敢入」，採取疏通河道的辦法終於治平洪水。功成，被舜選為繼承人。(108)九州　傳說中中國上古的行政區劃。起於春秋戰國，說法不一。西漢以前都認為是大禹治水後所劃分。《尚書．禹貢》以冀、兗、青、徐、揚、荊、豫、梁、雍為九州。(109)弼　輔佐。(110)五服　古代對王畿外圍區域劃分的等級，由近及遠，每五百里為一服。其名稱為：甸服、侯服、綏服、要服、荒服。服，取服事天子之意。服的遠近不同，對天子的義務亦不同。詳見《尚書．禹貢》。(111)句踐　春秋末期越國的國君。西元前四九六─前四六五年在位。句踐曾被吳王夫差打敗。屈辱求和，臥薪嘗膽，奮發圖強。終於轉弱為強，於西元前四七三年滅掉吳國，成為春秋末期的霸主。(112)禦兒　地名。在今浙江桐鄉崇德鎮東南，為越國北境，與吳國相鄰。(113)馘　指所割下的左耳。古代戰時割取所殺敵人的左耳，用以計功。(114)夫差　春秋末期吳國的國君。吳王闔閭之子。西元前四九五─前四七三年在位。曾攻破越都，迫使越國屈服。又在艾陵（今山東泰安東南）大敗齊軍。西元前四八二年在黃池（今河南封丘西南）與諸侯會盟，和晉爭霸，越乘虛攻破吳都。後越再興兵攻吳，他兵敗自殺。吳亡。(115)姑蘇　吳國的國都，因西南有姑蘇山得名。地在今江蘇蘇州。(116)五湖　此泛指太湖流域所有的湖泊。(117)三江　此指吳江、錢塘江和浦陽江。(118)恢弘　發揚。(119)洪緒　偉大的業績。(120)割意於百金之臺　《史記．孝文本紀》載：漢文帝曾打算建一露臺，召工匠計算經費，要一百金。漢文帝說：「一百金相當於十戶中等人家的資產，我要露臺幹什麼！」於是不建。(121)昭儉於弋綈之服　《史記．孝文本紀》：「上常衣綈衣，所幸慎夫人，令衣不得曳地，幃帳不得文繡，以示敦樸，為天下先。」昭，明；表示。弋，同「黓」。黑色。綈，一種質地粗糙厚實的絲織品。(122)太官　官名。少府的屬官。掌皇帝飲食宴會。(123)刑錯　無人犯法，刑罰擱置不用。錯，同「措」。擱置。(124)孝武　即西漢武帝。(125)畜積　積聚。畜，同「蓄」。(126)霍去病　西漢名將。河東平陽（今山西臨汾西南）人，大將軍衛青姐子。漢武帝元狩二年（西元前一二一年），霍去病為驃騎將軍，將萬餘騎出隴西，其年，兩次大敗匈奴，控制河西地區，打開了通往西域的道路。元狩四年，又和衛青共同擊敗匈奴主力。漢武帝要為他建造府第，他拒絕說：「匈奴未滅，無以家為也。」事見《史記·衛將軍驃騎列傳》、《漢書·衛青傳》。[127]卹　憂慮；考慮。[128]略　簡省。[129]金革　甲兵。金，戈兵之屬。革，甲冑之屬。[130]鳳闕　漢代宮闕名。後泛指宮殿、朝廷。[131]猥閑　猥，眾多。閑，門高大的樣子。[132]德陽　宗廟名。《漢書·景帝紀》：景帝中四年春三月，起德陽宮。顏師古注引臣瓚：「是景帝廟也。帝自作之，諱不言廟，故言宮。」此指宗廟。[133]建始　殿名。[134]崇華　殿名。《三國志集解》注引胡三省：「建始、崇華二殿，皆在洛陽北宮。」[135]內官　指後宮的女官嬪嬙之類。[136]華林　指華林園。本名芳林園，魏正始初因避齊王曹芳諱改。在今洛陽東洛陽故城內。[137]天淵　即天淵池，在華林園內，為華林園中的一景。[138]閶闔　本為傳說中的天門。此指皇宮的正門。[139]象魏　天子、諸侯宮門外的一對高大建築，亦稱「闕」或「觀」。[140]戎備　戰備。[141]滋息　繁殖生息。[142]緝熙　光明貌。[143]就館　婦人臨產時移居側室分娩。引申為生子。《禮記·內則》：「妻將生子，及月辰，居側室。」館即側室。[144]周文　即周文王。周武王即位，諡為文王。事見《史記·周本紀》。[145]武王　即周武王，周文王次子。事見《史記·周本紀》。[146]享十子之祚　享有十個兒子的福分。周文王有十個兒子，即伯邑考、武王發、管叔鮮、周公旦、蔡叔度、曹叔振鐸、成叔武、霍叔處、康叔封、冉季載。可參見《史記·管蔡世家》。祚，福。[147]胤　後代。[148]武王既老而生成王　據日人瀧川資言《史記會注考證》：賈誼謂武王崩時成王年六歲，鄭玄謂十歲，王肅謂十三歲，《公羊傳正義》引古《尚書》說云：「武王崩時成王年十三。」諸說不一。認為武王崩時成王年十三近是。《禮記·文王世子》說：「武王九十三而終。」則武王八十一而生成王，故王朗疏曰：「武王既老而生成王。」[149]鮮　少。[150]春秋高於姬文三句　言明帝子嗣不盛。春秋，年齡。姬文，即周文王。武，即周武王。舉，生育。椒蘭之奧房，即椒房，漢皇后所居的宮室。以椒和泥塗壁，取溫香、多子之義。此指魏后妃所居的宮室。椒和蘭都是芳香之物。故椒蘭合成一詞，所謂「椒蘭室，貴人之居也」。奧，同「燠」。暖。藩王，指眾庶子。繁，繁衍，亦指「生」。掖庭，宮中的旁室，妃嬪居住的地方。[151]伯邑　即伯邑考，周文王長子，武王兄。相傳伯邑考為質於商，被商紂王烹死。《史記·周本紀·正義》引《大戴禮記》：「文王十五而生武王。」伯邑考為武王之兄，出生要早於武王。故王朗之上疏：「取譬伯邑，則為不夙。」[152]周禮　亦稱《周官》，儒家經典之一。搜集周王室官制和戰國時代各國制度，添附儒家政治思想，增減排比而成的彙編。成書於戰國時代。[153]彌猥　更加眾多。[154]就時　按時；及時。[155]吉館　館，為房舍的通稱，此指帝王與后妃居住的宮室。加修飾語「吉」，取生子吉利之義。[156]百斯男　即一百個兒子。《詩經·大雅·思齊》：「大姒嗣徽音，則百斯男。」《傳》：「大姒，文王之妃也，大姒十子，眾妾宜百子也。」[157]慺慺　勤懇；恭謹。[158]軒轅　即黃帝。為中原各族的共同祖先。姬姓，號軒轅氏、有熊氏。少典之子。相傳炎帝擾亂各部落，黃帝得到各部落的擁戴，在阪泉之野大敗炎帝。後蚩尤作亂，黃帝又率各部落在涿鹿之野擊殺蚩尤。於是諸侯咸尊黃帝為天子。事見《史記・五帝本紀》。159五五　二十五。指黃帝有二十五個兒子。《史記・五帝本紀》：「黃帝二十五子。」160二五　十。指周文王有十個兒子。161泰　同「太」。過甚。162緼袍　以亂麻為絮的袍子，古代貧者所穿。緼，亂麻；舊絮。163比壽於南山　壽命同終南山那樣長久。《詩經・小雅・天保》：「如月之恒，如日之升，如南山之壽。」164將順　順勢助成。《史記・管晏列傳》：「將順其美，匡救其惡。故上下能相親也。」意謂順勢助成君主的美德，匡正挽救他的過錯，所以君臣上下能親密相處。165德音　美言。166欽納　敬佩接受。欽，敬佩。167至言　至理名言。168良規　有益的規諫。169孝經　儒家經典之一。十八章。作者各說不一。以孔門後學所作一說較為合理。論述封建孝道，宣傳宗法思想，漢代列為《七經》之一。170傳　解釋經的文字。

【語　譯】王朗，字景興，東海郡郯縣人。因通曉經學，任郎中，拜官菑丘縣長。師從太尉楊賜。楊賜去世，王朗辭官守孝。被薦舉為孝廉，三公府徵召，沒有應徵召。徐州刺史陶謙察舉王朗為茂才。當時漢獻帝在長安，關東發生戰亂，王朗擔任陶謙的治中從事，與別駕從事趙昱等人勸陶謙說：「按《春秋》的義理，成為諸侯不如盡力於王室。現在天子遠在長安，應派遣使者前去接受帝王的命令。」陶謙便派趙昱奉持奏章來到長安。天子嘉許陶謙的心意，任命陶謙為安東將軍。任命趙昱為廣陵太守，王朗為會稽太守。孫策渡江攻城略地，王朗的功曹虞翻認為軍力不能抵抗孫策，不如避開他。王朗自己認為是漢朝的官吏，應當保衛城邑，便帶兵和孫策交戰，軍隊打了敗仗，渡海到了東冶。孫策又乘勝追擊，大敗王朗。王朗於是親自造訪孫策。孫策認為王朗是博學的儒士，只是責備，但不加傷害。王朗雖流離窮困，朝不慮夕，可是他收容撫恤親朋故舊，財物分給別人的多，自己留的少，操行和道義特別顯著。

2 太祖上表徵召王朗，王朗從曲阿縣輾轉江河湖海，一年才到達。受官為諫議大夫，參與司空府的軍務。魏國初建時，王朗以軍祭酒的身分兼任魏郡太守，升任少府、奉常、大理。辦案力求寬緩，疑獄從輕發落。當時鍾繇明察案情，對罪人處罰符合律條，他們二人都以處理獄訟公平著稱。

3 文帝即王位，王朗升任御史大夫，封為安陵亭侯。王朗上疏勸諫文帝撫育百姓減輕刑罰說：「戰事發生以來已三十餘年，天下動盪，各地困苦。依靠先王的威靈消滅寇賊，撫育孤寡老弱，才使國家又有了秩序規律。聚集億萬民眾，在這魏國的土地上，使我們的疆域之內，雞鳴犬吠之聲，傳至四面八方，百姓歡欣愉快，高興自己遇到了太平盛世。現在遠方的賊寇沒有歸服，戰事徵調沒有停息，若下令免除徭役賦稅，足以懷柔遠方的百姓，優秀的官吏，足以宣揚皇上的德澤，農田都得耕治，士農工商，富庶興旺，一定會再度超過從前，而比平日更富裕。《周易》提倡整頓法令，《尚書》強調使用善刑，天子一人做了好事，萬民都得到幸福，這就是說要審慎的使用法律。從前曹相國把獄市作為壞人寄寓的場所，路溫舒憎恨嚴刻治獄的官吏。執行法律的官吏能夠得到真實的情況，就沒有含冤而死的囚犯；壯年男子都能努力耕種，就沒有飢餓的百姓；貧困的老人能夠仰賴國家糧倉供應的糧食，就不會有餓死的人；男女嫁娶及時，就沒有獨身未婚的怨恨；胎兒保養健全，孕婦就沒有傷痛和悲哀；新生嬰兒的家庭免除徭役，嬰兒就沒有養育不好的顧忌；成年以後服徭役，幼年的人就不會有遠離家鄉的念頭；頭髮斑白的老人不從軍打仗，老年人就不會有困頓傾覆的憂慮。用藥物來治療百姓的疾病，徭役寬緩，使百姓安居樂業，借助威勢和刑罰來抑制強暴，採用恩惠和仁愛來拯救軟弱的人，利用賑貸救濟的辦法來贍養貧窮的人。十年以後，成年婦女一定充滿里巷。二十年以後，能夠當兵的人一定遍布原野。」

4　等到文帝登基為天子，王朗改任司空，進封樂平鄉侯。當時文帝經常外出遊獵，有時夜晚才返回宮廷。王朗上疏說：「帝王居住的地方，外面設置嚴密的警衛，裏面門禁森嚴。將要出行，則布置衛兵，然後走出帷幄，警衛保護，然後才走下殿階，張開弓弦，然後登上車子，清道警戒後才導引車駕，衛兵攔遮後車駕才起動，清理居室後才休息，這一切都是為了顯示皇帝的至高無上，盡力戒備謹慎，給後人留下效法的典範。近日來，車駕外出捕虎，太陽過了正午時才出發，到天黑後才回來，違背了帝王出警入蹕的常規，這不是帝王所應高度謹慎的做法。」文帝回覆說：「看了您的表章，即使魏絳引說〈虞人之箴〉勸誡晉悼公，司馬相如作〈諫獵疏〉告誡漢武帝，都不能夠和您相提並論。現在吳、蜀二寇尚未消滅，將帥們在遠方征戰，所以有時要到野外練習戰備。至於夜間回來的警戒，已下詔有關官吏施行。」

5 起初，建安末年的時候，孫權開始派遣使者自稱屬國，而與劉備交戰。皇上下詔羣臣討論：「是否可出兵與吳一起攻取蜀國？」王朗建議說：「天子的軍隊，重於華山、泰山，確實應當閒坐而炫耀天威，像大山一樣安然不動。假使孫權親自與蜀賊相持，長期爭戰，智均力敵，戰爭不能速決，當需要動用大軍安定局勢的時候，這時宜選持重的將領，集中打擊寇賊的要害，觀察時機而後發動，選擇地形而後行進，一戰可以成功不留後患。現在孫權的軍隊沒有行動，那麼援助吳國的軍隊用不著先行。況且雨水盈溢，不是興師動眾的時候。」皇帝採納了他的意見。黃初年間，鵜鶘聚集在靈芝池，皇帝詔令公卿推舉品行優異的人才。王朗薦舉了光祿大夫楊彪，並推說自己有病，把職位讓給楊彪。皇上就給楊彪設置官吏士卒，位列三公。下詔說：「朕向您尋求賢才而沒有得到，您反而說自己有病，不但沒有得到賢人，卻敞開了失賢的大門，增加了玉鉉的傾斜。莫非朕居於宮內，出言不當，有違於您！希望您以後不要再有別的話了。」王朗於是起身理事。

6 孫權打算派兒子孫登入朝侍奉皇帝，尚未到達。這時皇帝車駕遷徙到許昌，大規模進行屯田，想要興兵東征。王朗上疏說：「過去南越王守正為善，其子嬰齊入侍皇帝，遂立為太子，回去統治他的國家。康居王傲慢狡猾，言行不一，都護上奏認為應遣送侍子入朝，以懲戒無禮。況且吳王劉濞之禍，是由其子入朝而萌發。隗囂的反叛，也不顧念他的兒子。以前聽說孫權說過要遣子入侍，但至今未見到來。現在朝廷軍隊戒備森嚴，臣恐怕大家不理解皇上的意旨，會說國家是惱怒孫登拖延不至，因此而興兵。假如軍隊出征而孫登到了，那麼付出的代價極大，所得到的卻極小，仍然不值得慶幸。假若孫登傲慢兇狠，沒有絲毫入侍的心意，恐怕那些不理解您意旨的人，都會心懷抑鬱。臣愚見認為應當命令各路出征的將領，各自嚴明遵守禁令，謹慎的守護自己率領的部隊。對外顯示強大的軍力，對內擴大耕種，使將士們恬淡如山，安靜如淵，威勢不可動搖，計謀不可預測。」這時，文帝已集結軍隊出發了，孫權的兒子沒有到來，文帝到了長江邊便回來了。

7 明帝即天子位，進封王朗為蘭陵侯，增加食邑五百戶，連同以前的共一千二百戶。明帝派遣王朗到鄴城去探視文昭皇后的陵墓，沿途看到百姓有的衣食不足。當時正在營建宮室，王朗上疏說：「陛下即位以來，施行恩德的詔書屢屢發布，萬民百姓沒有不歡欣鼓舞。臣近日奉命出使北行，往來途中，聽說那些繁多的徭役，很多可以免除減輕。希望陛下注重留心古代帝王勤於政務，太陽西沉，還顧不上吃飯的傳聞，用計策制服敵人。過去大禹想拯救天下的大患，所以先將自己的宮室造得低矮，節衣縮食，因此能擁有整個九州，藩輔成為五服。句踐想擴展禦兒的疆土，把吳王夫差殺死在姑蘇，所以也儉約自身及其家人，同時將這風氣推及全國，因而能囊括五湖，據有三江，在中原確立威信，在華夏建立霸權。漢朝文帝和景帝也想弘揚祖先大業，擴展宏偉的功績，所以放棄營建要耗費百金的露臺，穿粗布衣服，以示節儉，對內減少太官人數，不接受進貢奉獻，對外減輕徭役賦稅，致力於農耕蠶桑，因此那時號稱太平，幾乎使刑罰擱置不用。孝武之所以能奮揚軍威，拓展邊境，實在是由於祖先積累的國力一向充足，所以能成就豐功偉業。霍去病，是中等才能的將領，尚且以為匈奴還未消滅之前，不營治宅第。這都說明考慮長遠的人先要簡省眼前的衣食住行，要在外建立功業的人先要從內部儉省。從漢初到光武中興，都是在戰爭停息後，才宮殿眾多，宗廟並起。現在建始殿前足以舉行朝會，崇華宮之後足以安排內官，華林園、天淵池足以進行遊玩宴飲，暫且先建成宮門的象魏，使它足以接待遠方的朝貢之人，修建城池，使它足以禁絕攀越，成為京城的險要屏障。其餘全部建築，暫且等待豐收之年。完全以致力農耕為要務，以戰備訓練為要事，那麼國內沒有曠男怨女，人口滋生蕃衍，百姓富足，兵力強盛，而敵寇不歸服，光輝不普照，是不會有的事。」王朗轉任司徒。

8　當時皇子屢有夭折，而後宮嬪妃生子的人少，王朗上疏說：「從前周文王十五歲就生了周武王，於是享有十子之福，因而增加了姬姓的後裔。周武王年邁才生下周成王，因此成王兄弟稀少。這兩位帝王，各自樹立了聖德，不相上下，然而對比他們子孫多少之福，卻不相同。原因是生育有早晚，生育的子女有多有少。陛下兼有二位聖王的仁德與福祚，年齡比文王生武王時要大，但如姬發那樣的皇子還沒有在後宮出生，藩王在眾嬪妃的居室裏也生得不多。拿武王生成王相比，雖不算晚，但和文王生伯邑考相比，就不算早了。《周禮》規定六宮內官一百二十人，可是各種經書中一般的說法，都以十二人為限度，到秦漢末年，後宮嬪妃有的數以千百計。雖然嬪妃人數增多，而按時在吉館中為皇帝所幸者卻很少，說明『多子』的根本，的確在於對一人一心一意，而不在於追求嬪妃眾多。老臣誠心誠意，希望國家有像黃帝一樣得到二十五子的福祚，而現在還未達到周文王的十子，老臣因此而憂慮。況且小兒常常苦於被褥太暖和，太暖和就不適宜柔弱的身體，因此難以保護，而容易出現意外使人嘆息。如果常使小兒的縕袍不至於太厚，那麼一定能保全其金石般的體質，而會壽比南山。」明帝回答說：「忠誠至極的人，言辭篤厚，仁愛深厚的人，話語情深意長，您既殫思竭慮，又親筆上疏順勢助成君王的美德，三次寫下美言，使朕無限高興。朕的繼承人沒有確立，使您憂慮，朕敬佩的接受您的至理名言，思考聽到的善意規勸。」王朗撰有《易》、《春秋》、《孝經》、《周官》傳注，奏議論記，都流傳在世間。太和二年去世，諡為成侯。他的兒子王肅繼承爵位。起初，文帝劃分出王朗的部分食邑，封他的一個兒子為列侯，王朗請求封給他兄長的兒子王詳。

1 肅字子雍。年十八，從宋忠❶讀太玄❷，而更為之解❸。黃初中，為散騎黃門侍郎。太和三年，拜散騎常侍。四年，大司馬曹真征蜀，肅上疏曰：「前志有之，『千里饋糧，士有飢色，樵蘇後爨，師不宿飽❹』，此謂平塗之行軍者也。又況於深入阻險，鑿路而前，則其為勞必相百也。今又加之以霖雨❺，山坂❻峻滑，眾逼❼而不展，糧縣❽而難繼，實行軍者之大忌也。聞曹真發已踰月而行裁半谷❾，治道功夫，戰士悉作。是賊偏得以逸而待勞，乃兵家之所憚也。言之前代，則武王伐紂，出關而復還❿；論之近事，則武、文征權，臨江而不濟。豈非所謂順天知時，通於權變⓫者哉？兆民知聖上以水雨艱劇之故，休而息之，後日有釁，乘而用之，則所謂悅以犯難，民忘其死者矣⓬。」於是遂罷。又上疏：「宜遵舊禮，為大臣發哀，薦果[13]宗廟。」事皆施行。又上疏陳政本曰：「除無事之位，損不急之祿，止浮食之費，并從容[14]之官；使官必有職，職任其事，事必受祿，祿代其耕，乃往古之常式[15]，當今之所宜也。官寡而祿厚，則公家之費鮮，進仕之志勸。進仕之志勸，各展才力，莫相倚仗。敷奏以言，明試以功[16]，能之與否，簡在帝心[17]。是以唐、虞[18]之設官分職，申命公卿，各以其事，然後惟龍為納言[19]，猶今尚書也，以出內[20]帝命而已。夏、殷[21]不可得而詳。甘誓[22]曰『六事之人[23]』，明六卿亦典[24]事者也。周官則備[25]矣，五日視朝，公卿大夫並進，而司士[26]辨其位焉。其記曰：『坐而論道，謂之王公；作而行之，謂之士大夫。』[27]及漢之初，依擬前代，公卿皆親以事升朝。故高祖躬追反走之周昌[28]，武帝遙可奉奏之汲黯[29]，宣帝[30]使公卿五日一朝，成帝[31]始置尚書五人。自是陵遲[32]，朝禮遂闕[33]。可復五日視朝之儀，使公卿尚書各以事進。廢禮復興，光宣聖緒，誠所謂名美而實厚者也。」

2 青龍[34]中，山陽公[35]薨，漢主也。肅上疏曰：「昔唐禪虞，虞禪夏，皆終三年之喪，然後踐天子之尊。是以帝號無虧，君禮猶存。今山陽公承順天命，允答民望，進禪大魏，退處賓位。公之奉魏，不敢不盡節。魏之待公，優崇而不臣。

既至其薨，櫬斂[36]之制，輿徒[37]之飾，皆同之於王者，是故遠近歸仁，以為盛美。且漢總[38]帝皇之號，號曰皇帝。有別稱帝，無別稱皇[39]，則皇是其差輕者也。故當高祖之時，土無二王，其父見在而使稱皇[40]，明非二王之嫌也。況今以贈終，可使稱皇以配其謚。」明帝不從，使稱皇，乃追謚曰漢孝獻皇帝。

3 後肅以常侍領祕書監[41]，兼崇文觀[42]祭酒。景初[43]間，宮室盛興[44]，民失農業，期信[45]不敦，刑殺倉卒。肅上疏曰：「大魏承百王之極，生民無幾，干戈未戢[46]，誠宜息民而惠之以安靜遐邇之時也。夫務畜積而息疲民，在於省徭役而勤稼穡。今宮室未就，功業未訖，運漕[47]調發[48]，轉相供奉。是以丁夫疲於力作，農者離其南畝[49]，種穀者寡，食穀者眾，舊穀既沒，新穀莫繼。斯則有國之大患，而非備豫[50]之長策也。今見作者三四萬人，九龍[51]可以安聖體，其內足以列六宮，顯陽[52]之殿，又向[53]將畢，惟泰極[54]已前，功夫尚大，方向盛寒，疾疢[55]或作。誠願陛下發德音，下明詔，深愍[56]役夫之疲勞，厚矜[57]兆民之不贍[58]，取常食廩之士，非急要者之用，選其丁壯，擇留萬人，使一期而更之，咸知息代[59]有日，則莫不悅以即事[60]，勞而不怨矣。計一歲有三百六十萬夫，亦不為少。當一歲成者，聽且三年。分遣其餘，使皆即農，無窮之計也。倉有溢粟，民有餘力，以此興功，何功不立？以此行化[61]，何化不成？夫信之於民，國家大寶也。仲尼曰：『自古皆有死，民非信不立。』[62]夫區區之晉國[63]，微微之重耳[64]，欲用其民，先示以信，是故原雖將降，顧[65]信而歸，用能一戰而霸，于今見稱。前車駕當幸洛陽，發民為營[66]，有司[67]命以營成而罷。既成，又利其功力，不以時遣。有司徒營[68]其目前之利，不顧經國[69]之體。臣愚以為自今以[70]後，儻[71]復使民，宜明其令，使必如期。若有事以次，寧復更發，無或失信。凡陛下臨時[72]之所行刑，皆有罪之吏，宜死之人也。然眾庶不知，謂為倉卒。故願陛下下之於吏而暴其罪。鈞[73]其死也，無使汙于宮掖[74]而為遠近所疑。且人命至重，難生易殺，氣絕而不續者也，是以聖賢重之。孟軻[75]稱殺一無辜以取天下，仁者不為也[76]。漢時有犯蹕[77]驚乘輿馬者，廷尉張釋之[78]奏使罰金，文帝怪其輕，而釋之曰：『方其時，上使誅之則已。今下廷尉。廷尉，天下之平也，一傾之，天下用法皆為輕重，民安所措[79]其手足？』臣以為大失其義，非忠臣所宜陳也。廷尉者，天子之吏也，猶不可以失平，而天子之身，反可以惑謬[80]乎？斯重於為己，而輕於為君，不忠之甚也。周公曰：『天子無戲言；言則史[81]書之，工[82]誦之，士[83]稱之。』言猶不戲，而況行之乎？故釋之之言不可不察，周公之戒不可不法[84]也。」又陳：「諸鳥獸無用之物，而有芻[85]

穀人徒之費，皆可蠲除。」

4 帝嘗問曰：「漢桓帝[86]時，白馬[87]令李雲[88]上書言：『帝者，諦也。是帝欲不諦[89]。』當何得不死？」肅對曰：「但為言失逆順之節。原其本意，皆欲盡心，念存補國。且帝者之威，過於雷霆，殺一匹夫，無異螻蟻。寬而宥[90]之，可以示容受切言，廣德宇[91]於天下。故臣以為殺之未必為是也。」帝又問：「司馬遷[92]以受刑之故，內懷隱切[93]，著史記非貶孝武，令人切齒。」對曰：「司馬遷記事，不虛美，不隱惡。劉向[94]、揚雄[95]服其善敘事，有良史之才，謂之實錄。漢武帝聞其述史記，取孝景及己本紀覽之，於是大怒，削而投之。於今此兩紀有錄無書。後遭李陵事[96]，遂下[97]蠶室[98]。此為隱切在孝武，而不在於史遷也。」

5 正始[99]元年，出為廣平[100]太守。公事徵還，拜議郎。頃之，為侍中，遷太常。時大將軍曹爽專權，任用何晏[101]、鄧颺[102]等。肅與太尉蔣濟[103]、司農[104]桓範[105]論及時政，肅正色曰：「此輩即弘恭[106]、石顯[107]之屬，復稱說邪！」爽聞之，戒何晏等曰：「當共慎之！公卿已比諸君前世惡人矣。」坐宗廟事免。後為光祿勳[108]。時有二魚長尺，集于武庫[109]之屋，有司以為吉祥。肅曰：「魚生於淵而亢[110]於屋，介鱗[111]之物失其所也。邊將其殆[112]有棄甲之變乎？」其後果有東關之敗[113]。徙為河南尹[114]。嘉平六年，持節兼太常，奉法駕[115]，迎高貴鄉公[116]于元城[117]。是歲，白氣經天，大將軍司馬景王[118]問肅其故，肅答曰：「此蚩尤之旗[119]也，東南其有亂乎？君若修己以安百姓，則天下樂安者歸德，唱亂[120]者先亡矣。」明年春，鎮東將軍毌丘儉、揚州刺史文欽反，景王謂肅曰：「霍光感夏侯勝之言[121]，始重儒學之士，良有以也。安國寧主，其術焉在？」肅曰：「昔關羽[122]率荊州之眾，降[123]于禁[124]於漢[125]濱，遂有北向爭天下之志。後孫權襲取其將士家屬，羽士眾一旦瓦解。今淮南將士父母妻子皆在內州[126]，但急往御衛，使不得前，必有關羽土崩之勢矣。」景王從之，遂破儉、欽。後遷中領軍[127]，加散騎常侍，增邑三百，并前二千二百戶。甘露[128]元年薨，門生縗絰[129]者以百數。追贈衛將軍[130]，謚曰景侯。子惲嗣。惲薨，無子，國絕。景元[131]四年，封肅子恂為蘭陵侯。咸熙[132]中，開建五等[133]，以肅著勳前朝，改封恂為丞子[134]。

6 初，肅善賈、馬[135]之學，而不好鄭氏[136]，采會同異，為尚書、詩[137]、論語[138]、三禮[139]、左氏[140]解，及撰定父朗所作易傳[141]，皆列於學官[142]。其所論駁朝廷典制[143]、郊祀[144]、宗廟[145]、喪紀輕重[146]，凡百餘篇。時樂安[147]孫叔然[148]，受學鄭玄之門，人稱東州大儒。徵為祕書監，不就。肅集聖證論[149]以譏短玄，叔然駁而釋之，及作周易、春秋例、毛詩、禮記、春秋三傳、國語、爾雅諸注[150]，又著書十餘篇。自魏初徵士[151]燉煌[152]周生烈[153]，明帝時大司農弘農[154]董遇[155]等，亦歷注經傳，頗傳於世。

【章　旨】以上敘述王朗之子王肅的仕宦情況及其才學、論著，並兼述樂安孫叔然、燉煌周生烈、弘農董遇等人之才學及著述。

【注　釋】❶宋忠　一作「宋衷」。字仲子，南陽章陵（今湖南棗陽南）人。❷太玄　書名。西漢揚雄撰。又稱《太玄經》、《揚子太玄》。此書模仿《周易》，分八十一首，以擬六十四卦。提出以「玄」作為宇宙萬物根源的學說。❸更為之解　重新解釋。❹千里饋糧四句　李左車勸成安君陳餘間道擊韓信曾引用過（見《史記・淮陰侯列傳》），清沈欽韓說此四句出自《黃石公上略》。意謂從千里遠的地方運送軍糧，士兵就會面有飢餓之色；臨時打柴燒飯，軍隊就不能經常吃飽。饋，運送。樵蘇，打柴割草。樵，取薪。蘇，取草。爨，燒火煮飯。宿，平素；經常。❺霖雨　連下幾天的大雨。❻山坂　山坡。❼逼　狹窄；局促。❽縣　同「懸」。遙遠。❾行裁半谷　子午谷才走了一半。裁，同「才」。僅。谷，指子午谷。❿出關而復還　參閱本篇〈華歆傳〉「周武還師」句注。事見《史記・周本紀》武王九年。⓫權變　隨機應變。⓬悅以犯難二句　語出《易經・兌・彖》：「說（悅）以先民，民忘其勞；悅以犯難，民忘其死。」謂先撫愛人民，在使用人民之時，民則忘其勞苦，樂於助君克服困難，故忘其死。犯難，克服困難。⓭薦果　進獻果品。⓮從容　安逸舒緩。此指辦事慢條斯理，沒有效率。⓯常式　不變的法式。⓰敷奏以言二句　語出《尚書・堯典》：「敷奏以言，明試以功，車服以庸。」意謂眾諸侯向天子陳述自己的政績，天子也認真考察諸侯的政治得失，對政績優異的諸侯獎給車馬衣服。敷奏，陳述奏進。明，公開；認真。試，考察。功，效果；政績。⓱簡在帝心　意謂皇帝心中有數。簡，分別；選擇。⓲唐虞　即唐堯和虞舜，傳說中中國古代禪讓時代的賢明君主。事見《史記・五帝本紀》。⓳龍為納言　語出《尚書・堯典》：帝曰：「龍！命汝作納言，夙夜出納朕命。」龍，人名。舜的臣子。納言，官名，掌傳達帝王命令和收集羣眾意見。⓴內　同「納」。㉑夏殷　夏朝和商朝。㉒甘誓　《尚書》中的一篇。是夏啟（一說夏禹）與有扈氏大戰於甘的一篇誓辭。甘，地名，在今陝西戶縣西南。誓，戰前誓師之辭。㉓六事

之人　掌管六軍事務的人，即六卿。㉔典　掌管。㉕備　詳備。㉖司士　《周禮》夏官司馬的屬官。掌羣臣的爵祿，正朝儀之位，辨貴賤之等。㉗其記曰五句　記，即《周禮・考工記》，內容主要記述有關百工之事，為先秦古籍中的重要科技著作，作者不詳。西漢河間獻王劉德因《周官》缺〈冬官〉，即以此書補入。坐而論道，謂之王公，坐在朝堂，論議政事，是天子諸侯的事。作而行之，謂之士大夫，做具體工作，是卿大夫們的事。㉘高祖躬追句　事見《史記・張丞相列傳》和《漢書・周昌傳》。反走事，據《史記》記載：周昌曾在劉邦飲宴時入奏事，正值劉邦擁抱著戚姬。他回頭就走，劉邦於是親自追趕上他，騎在他脖子上問道：「我是什麼樣的君主？」周昌回答說：「陛下是夏桀、商紂一類的君主！」於是劉邦大笑，但心眼裏有點憚怕周昌。高祖，即漢高祖劉邦。躬，親身。反走，往回跑。周昌，西漢大臣。與劉邦同鄉。從入關破秦，任中尉，後為御史大夫，封汾陰侯。㉙武帝遙可奉奏句　事見《史記・汲鄭列傳》。遙可奉奏，有一次漢武帝坐武帳中，汲黯有事上奏，武帝未戴帽子，立即躲進帷帳中，派遣近侍傳言，批准了汲黯的奏事。武帝，即漢武帝劉徹。遙，遠。可，同意。汲黯，字長孺，濮陽（今河南濮陽西南）人。武帝時為東海太守，以黃老之術，治官理民，東海大治，召以為主爵都尉，直言切諫。㉚宣帝　名詢，漢武帝曾孫，戾太子劉據之孫。西元前七三—前四九年在位。㉛成帝　名驁，元帝子。西元前三二—前七年在位。㉜陵遲　衰落。㉝闕　同「缺」。㉞青龍　魏明帝曹叡年號，西元二三三—二三七年。㉟山陽公　即漢獻帝劉協。據《後漢書・孝獻帝紀》：建安二十五年（西元二二〇年）三月改元延康元年，「冬十月乙卯皇帝遜位，魏王曹丕稱天子，奉帝為山陽公，邑一萬戶，位在諸侯王上」。山陽，縣名。以在太行山之南得名。治所在今河南焦作東。㊱櫬斂　給屍體穿衣入棺。櫬，內棺。斂，同「殮」。㊲輿徒　載靈柩的車子和護送靈車的徒役。徒，服勞役的人。㊳總　合。㊴有別稱帝二句　意謂對於皇與帝，有將皇帝分開只稱帝的，卻沒有分開稱皇的，這是因為皇的等級比帝稍輕一點。別，分開。差，次第；等級。㊵其父見在而使稱皇　漢高祖尊其父為太上皇。事見《史記・高祖本紀》、《漢書・高帝紀》。見在，在世之時。見，同「現」。㊶祕書監　官名。東漢桓帝時置，典司圖籍。古代圖書集中帝室，西漢藏於天祿閣，東漢則藏於東觀，故謂之祕書。㊷崇文觀　官署名。三國時魏明帝青龍四年置，用以安置文學之士。㊸景初　魏明帝曹叡年號，西元二三七—二三九年。㊹輿　原作「美」，今從宋本。㊺期信　約定的時間。㊻戢　止息。㊼運漕　由水路運糧。㊽調發　調撥徵發。㊾南畝　泛指農田。古代田地田隴多南北走向，通風透光好，有利於農作物生長。㊿備豫　預備。豫，同「預」。(51)九龍　殿名。(52)顯陽　殿名。(53)向　接近。(54)泰極　殿名。(55)疾疢　疾病。疢，熱病。此指疾病。(56)愍　憐憫。(57)矜　憐憫；同情。(58)贍　充足；豐富。(59)息代　休息代替。(60)即事　做事。(61)行化　推行教化。(62)仲尼曰三句　出自《論語・顏淵》。意謂自古以來誰都免不了一死，國家對人民沒有信用，是站不起來的。(63)晉國　國名。西周初成王所封諸侯國。姬姓，開國之君為成王弟唐叔虞。建都於唐（今山西翼城西）。西元前四〇三年（周威烈王二十三年）晉國為趙、魏、韓三家所瓜分。(64)重耳　春秋時晉國國君，即晉文公。名重耳，晉獻公子。西元前六三六—前六二八年在位。《史記‧晉世家》載：重耳自幼好士，晉獻公嬖愛驪姬，殺太子申生，他被迫在外流亡十九年。後藉秦穆公之力回國，被立為晉國國君。即位後，修明內政，整飭法紀，始作三軍，國力增強。以「尊王」相號召，平定周之內亂，使周襄王復位。城濮之戰，大敗楚軍，在踐土（在今河南滎陽東北，一說在今河南武陟東南）大會諸侯，成為霸主。事見《史記‧晉世家》。(65)顧　顧及。(66)營　營造。此指修建軍營。(67)有司　有關官員或部門。(68)徒營　只考慮。(69)經國　治理國家。(70)以　原作「之」，今從宋本。(71)儻　倘若。(72)時　原作「事」，今從宋本。(73)鈞　同「均」。平均；等同。(74)宮掖　皇宮。掖即掖庭，宮中的旁舍，嬪妃所居之處。此指皇宮。(75)孟軻　即孟子，戰國鄒（今山東鄒城南）人。著有《孟子》一書。事見《史記‧孟子荀卿列傳》。(76)殺一無辜以取天下二句　出自《孟子‧公孫丑》，原文與此稍異。(77)犯蹕　違犯清道戒嚴的號令。(78)張釋之　字季，南陽堵陽（今河南方城東）人。文帝時，以貲選為郎，累遷公車令、中郎將，後任廷尉。他認為「法者，天子所與天下公共」，要求文帝嚴格按法處刑。事見《史記‧張釋之馮唐列傳》。(79)措　放置。(80)惑謬　迷惑、差錯。(81)史　官名。商代設置，原為駐守在外的武官，後來成為在帝王左右的史官。掌管星曆、卜筮和記事。有「左史記言，右史記事」之說。(82)工　此指樂師、樂人。(83)士　指士大夫。(84)法　效法；遵守。(85)芻　餵牲口的草。(86)漢桓帝　名志，章帝曾孫，蠡吾侯劉翼之子，西元一四七—一六七年在位。(87)白馬　縣名。治所在今河南滑縣東。(88)李雲　字行祖，甘陵（今河北清河縣）人。初舉孝廉，再遷白馬令。桓帝二年，誅大將軍梁冀，中常侍單超等五人並封侯，專權。李雲素剛，憂國將危，心不能忍，乃露布上書。書中曰：「帝者，諦也。今官位錯亂，小人諂進，財貨公行，政化日損，……是帝欲不諦乎？」「是帝欲不諦」一句話觸怒皇帝。李雲被逮下獄，死獄中。事見《後漢書‧李雲列傳》。(89)帝欲不諦　謂皇帝不想細察一切事物，是一個糊塗皇帝。諦，細察；詳審。(90)宥　寬宥；赦罪。(91)德宇　一作「德寓」。德澤、恩惠的庇蔭。(92)司馬遷　西漢史學家、文學家。左馮翊夏陽（今陝西韓城）人，太史令司馬談之子。漢武帝元封三年（西元前一〇八年），繼父職任太史令，致力於《史記》的撰寫。後因替投降匈奴的李陵辯解，得罪下獄，受腐刑。出獄後，任中書令，忍辱發憤，完成《史記》。事見《史記‧太史公自序》、《漢書‧司馬遷傳》。(93)隱切　怨恨。(94)劉向　西漢經學家、目錄學家、文學家，本名更生，字子政，沛（今江蘇沛縣）人。治《春秋穀梁傳》。曾任諫大夫、宗正等。用陰陽災異推論時政得失，屢次上書劾奏外戚專權。成帝時任光祿大夫，終中壘校尉。曾校閱羣書，撰成《別錄》，為中國最早的目錄學著作。另外著有《新序》、《說苑》等書。事見《漢書·楚元王劉交傳》附。[95]揚雄　字子雲，蜀郡成都（今四川成都）人。成帝時為給事黃門侍郎。王莽時校書天祿閣。揚雄博通羣書，以文章名世。早年作〈長揚賦〉、〈甘泉賦〉、〈羽獵賦〉等賦，後來仿《論語》作《法言》，仿《周易》作《太玄》。提出「玄」作為宇宙萬物根源的學說。事見《漢書·揚雄傳》。[96]遭李陵事　李陵，字少卿，隴西成紀（今甘肅秦安）人。西漢抗匈奴名將李廣之孫。漢武帝時任騎都尉。天漢二年（西元前九九年）九月，李陵率軍五千出擊匈奴，至浚稽山（約在今蒙古國境內戈壁阿爾泰山脈中段）被困，苦戰力竭而降。武帝就此事詢問司馬遷。司馬遷乃以「李陵素與士大夫絕甘分少，能得人之死力，雖古之名將不能過也，身雖陷敗，彼觀其意，且欲得其當而報漢」回答。漢武帝怒，司馬遷被捕入獄，受宮刑。這就是所說的「李陵之禍」。李陵事見《史記·李將軍列傳》、《漢書·李廣傳》附。[97]下　投入；放進。[98]蠶室　宮刑之獄名。《後漢書·光武帝紀》李賢注：「蠶室，宮刑獄名。受刑者畏風，須暖。作暗室蓄火如蠶室，因以為名。」[99]正始　魏齊王曹芳年號，西元二四〇—二四九年。[100]廣平　郡名。治所在今河北雞澤。[101]何晏　三國魏玄學家，字平叔，南陽宛（今河南南陽）人。大將軍何進孫，曾隨母為曹操收養。累官尚書，典選舉。與夏侯玄、王弼等倡導玄學，競事清談，開一時風氣。因附曹爽，為司馬懿所殺。事見本書卷九〈曹爽傳〉。[102]鄧颺　字玄茂，南陽（今河南南陽）人。東漢開國元勳太傅鄧禹之後。明帝時為尚書郎，除洛陽令，坐事免，拜郎中，又入兼中書郎。正始初，出為潁川太守，遷侍中尚書。因附曹爽，為司馬懿所殺。事見本書卷九〈曹爽傳〉。[103]蔣濟　字子通，楚國平阿（今安徽懷遠西南）人。曾建議曹操勿徙江淮之民，拜丹陽太守。曹丕篡漢，出為東中郎將，入為散騎常侍。齊王曹芳即位，徙領軍將軍。進爵昌陵亭侯，遷太尉。事見本書卷十四〈蔣濟傳〉。[104]司農　官名。九卿之一。掌國家的租稅錢穀鹽鐵和國家的財政收支。[105]桓範　字元則，沛國（今安徽濉溪縣西北）人，世為冠族。明帝時為中領軍尚書，遷征虜將軍、東中郎將、兗州刺史，正始中，為大司農。事見本書卷九〈曹爽傳〉。[106]弘恭　西漢宦官，沛（今江蘇沛縣）人。少坐法腐刑，為中黃門，以選為中尚書。宣帝時任中書令。弘恭明習法令故事，善為請奏，能稱其職。事見《漢書·佞幸傳》。[107]石顯　西漢宦官，字君房，濟南（今山東濟南）人。少坐法腐刑，為中黃門，以選為中尚書。宣帝時任中書官，弘恭死，石顯代為中書令。為人外巧慧而內陰險。元帝被疾，不親政事，委石顯以政事。事無大小，因顯自決，貴幸傾朝。操縱朝政，陷害異己。事見《漢書·佞幸傳》。[108]光祿勳　官名。九卿之一。掌宿衛宮殿門戶、郊祀之事。[109]武庫　儲藏武器的倉庫。[110]亢　高。[111]介鱗　指帶有甲殼的昆蟲和水族。[112]殆　大概；可能。[113]東關之敗　指魏齊王芳嘉平四年（西元二五二年）冬十二月，吳大將軍諸葛恪大破魏征南大將軍王昶、征東將軍胡遵、鎮南將軍毌丘儉於東關之事。東關，地名。在今安徽含山縣西南濡須塢之北。[114]河南尹　政區名、官名。《後漢書·

郡國志》河南尹，劉昭注：「秦之三川郡，高帝更名。世祖都雒陽，建武十五年（西元三九年）改曰河南尹。」尹，治理，亦為官名。漢代京城的行政長官稱尹，有京兆尹、河南尹。河南尹治所在今河南洛陽東北。**【115】**法駕　皇帝的車駕。皇帝的車駕有大駕、小駕、法駕。法駕所乘曰金根車，駕六馬。有五時副車，皆駕四馬。侍中參乘，屬車三十六乘。**【116】**高貴鄉公　即曹髦，字彥士。曹丕孫。初封高貴鄉公，嘉平六年（西元二五四年）司馬師廢曹芳，立他為帝。他不甘心做司馬氏的傀儡，率宿衛數百攻司馬昭。為司馬昭所殺。死後無號，史稱高貴鄉公。事見本書卷四〈高貴鄉公紀〉。**【117】**元城　縣名。治所在今河北大名東。**【118】**司馬景王　即司馬師，字子元，河內溫縣（今河南溫縣西）人。司馬懿長子。繼其父為魏大將軍，專國政。其姪司馬炎代魏稱帝，建立晉朝，追為景帝。事見《晉書・世宗景帝紀》。**【119】**蚩尤之旗　星名。《史記・天官書》：「蚩尤之旗，類彗而後曲，象旗。見則王者征伐四方。」**【120】**唱亂　首先作亂。唱，通「倡」。倡導；帶頭。**【121】**霍光感夏侯勝之言　據《漢書・夏侯勝傳》：夏侯勝善說災異。「會昭帝崩，昌邑王嗣立，數出。勝當乘輿前諫曰：『天久陰不雨，臣下有謀上者，陛下出欲何之？』王怒，以為祅言，縛以屬吏。吏白大將軍霍光。是時光與車騎將軍張安世謀欲廢昌邑王。光讓安世以為泄語，安世實不言。乃召問勝，勝對曰：『在〈洪範傳〉曰：皇之不極，厥罰常陰，時則下人有伐上者。……故云臣下有謀。』光、安世大驚，以此益重經術士。」夏侯勝，西漢《今文尚書》學「大夏侯學」的開創者，字長公，東平（今山東汶上）人。宣帝時，立為博士。大將軍霍光令勝授太后《尚書》。曾任太子太傅。事見《漢書・夏侯勝傳》、〈儒林傳〉。**【122】**關羽　字雲長，河東解縣（今山西臨猗西南）人。東漢末年從劉備起兵。劉備被曹操擊敗，被俘，封漢壽亭侯。後仍歸劉備。曾鎮守荊州，圍樊城，破于禁七軍。後被孫權襲敗，被殺。詳見本書卷三十六〈關羽傳〉。**【123】**降　降服。**【124】**于禁　字文則，泰山鉅平（今山東泰安）人。為曹操軍司馬，從擊黃巾軍和呂布、張繡、袁紹等，任虎威將軍。東漢建安二十四年（西元二一九年），曹仁與關羽相拒於樊城，他率軍增援，時漢水氾濫，所部七軍皆沒，遂降關羽。事見本書卷十七〈于禁傳〉。**【125】**漢　即漢水。**【126】**淮南將士句　魏制，諸將出征及鎮守一方，都要留人質。當時淮南將士都從內地出戍，故其家屬都留在內地。內州，猶言內地。**【127】**中領軍　官名。本稱領軍。東漢建安四年（西元一九九年），曹操為丞相，相府自置領軍，旋改為中領軍，與護軍皆領禁兵。**【128】**甘露　魏高貴鄉公曹髦年號，西元二五六—二六〇年。**【129】**縗絰　孝服。縗，古代喪服，用粗麻布製成，披於胸前，服三年之喪者用之。絰，古代喪期結在頭上或腰間的麻帶。《儀禮・喪服》鄭玄注：「麻之在首在腰皆曰絰。」**【130】**衛將軍　官名。《後漢書・百官志》：「將軍，不常置，掌征伐背叛，比三公者四：第一大將軍，次驃騎將軍，次車騎將軍，次衛將軍。」以後衛將軍與驃騎將軍、車騎將軍皆開府，置屬官，不獨掌禁兵，且與聞政務。**【131】**景元　魏元帝曹奐年號，西元二六〇—二六四年。

[132]咸熙　魏元帝曹奐年號，西元二六四—二六五年。[133]五等　咸熙元年，晉王司馬昭奏准恢復五等爵位，即公、侯、伯、子、男。[134]丞子　丞，縣名。在今山東棗莊。原作「承」，誤。子，五等爵位的第四等。[135]賈馬　指賈逵、馬融，均為東漢經學家。賈逵，字景伯，扶風平陵（今陝西咸陽西北）人，賈誼九世孫。東漢明帝永平年間獻《左氏傳解詁》三十篇、《國語解詁》二十一篇。明帝重其書，寫藏祕館。事見《後漢書．賈逵列傳》。馬融，字季長，扶風茂陵（今陝西興平）人。曾任校書郎、議郎、南郡太守等職。遍注《周易》、《尚書》、《毛詩》、《三禮》、《論語》、《孝經》，使古文經學達到成熟的境地。生徒常有千餘人，鄭玄、盧植皆出其門下。事見《後漢書．馬融列傳》。[136]鄭氏　指鄭玄。字康成，北海高密（今山東高密）人。曾入太學學《易》和《公羊》學，最後從馬融學古文經。潛心著述，以古文經學為主，兼採今文經說，遍注羣經，成為漢代經學的集大成者，稱「鄭學」。通行本《十三經注疏》中的《毛詩》、《三禮》皆採鄭注。事見《後漢書．鄭玄列傳》。[137]詩　是中國最早的一部詩歌總集，相傳由孔子刪定。為儒家經典之一。漢武帝時立《五經》博士，才稱為《詩經》。《詩經》凡三〇五篇，其創作年代，上起西周初年，下至春秋中葉。分〈風〉、〈雅〉、〈頌〉三部分。[138]論語　儒家經典之一，共二十篇，是孔子弟子及其再傳弟子關於孔子言行的記錄。東漢列為《七經》之一。[139]三禮　即《周禮》、《儀禮》、《禮記》三書的合稱。周禮，見前〈王朗傳〉注。儀禮，為儒家經典之一，十七篇。過去人們認為是周公所作，孔子訂定。近人據書中的喪葬制度，結合考古出土的器物進行研究，認為成書時間當在戰國初期。本書實為春秋、戰國時代一部分禮制的彙編。禮記，亦稱《小戴記》或《小戴禮記》。儒家經典之一。為秦、漢以前各種禮儀論著的選集。相傳為西漢戴聖編纂。今本《禮記》四十九篇，大率是孔子弟子及其再傳、三傳弟子等所記，也有講禮的古書。[140]左氏　即《左傳》。亦稱《春秋左氏傳》或《左氏春秋》。儒家經典之一。舊傳為春秋時左丘明所撰，近人認為是戰國初年人根據各國史料編成。它是解釋《春秋》的三傳之一，但和《春秋》配合並不密切。《左傳》多用事實解釋《春秋》，而且有續經和續傳，還有無經之傳。記事起於魯隱公元年（西元前七二二年），續經至魯哀公十六年（西元前四七九年），哀公十七年至二十七年（西元前四六八年），有傳無經。[141]易傳　為《周易》作注，以解釋《周易》。《隋書．經籍志》著錄《周易》十卷，魏衛將軍王肅注。[142]學官　此指學校。[143]典制　典章制度。[144]郊祀　古代帝王在郊外祭天或祭地。[145]宗廟　古代帝王、諸侯、大夫或士設立的祭祀祖先的廟堂。[146]喪紀輕重　指喪事中各色人物按服之輕重的排列次序。喪紀，喪事。輕重，指服之親疏遠近。[147]樂安　郡名。治所在今山東博興西南。[148]孫叔然　裴松之注：「叔然與晉武帝同名，故稱其字。」[149]聖證論　王肅撰。《隋書．經籍志》著錄十一卷。大都援引《孔子家語》一書，託稱「取證於聖人之言」，借孔子名義駁斥鄭玄，企圖奪取「鄭學」的地位。可以考見鄭、王經學思想上的異同。原書已佚，清

馬國翰《玉函山房輯佚書》輯有一卷。[150]及作周易春秋例句　叔然注今皆已散佚。[151]徵士　為朝廷所徵辟的士人。[152]燉煌　即敦煌，郡名。治所在今甘肅敦煌西。[153]周生烈　姓周生，名烈。為梁州刺史張既所辟舉，曾為博士、侍中。[154]弘農　郡名。治所在今河南靈寶北。[155]董遇　字季直。建安初，郡舉孝廉，稍遷黃門侍郎。黃初中，為郡守。明帝時，入為侍中、大司農。遇善治《老子》，為《老子》作訓注。又善《左氏傳》，更為作朱墨別異。事見裴松之注引《魏略》。

【語譯】王肅，字子雍。十八歲時，跟隨宋忠誦讀《太玄經》，而另作解釋。黃初年間，擔任散騎黃門侍郎。太和三年，任散騎常侍。太和四年，大司馬曹真征伐蜀國，王肅上疏說：「以前的書上有記載，『千里之外運糧，士兵會面有飢餓之色，等到砍柴打草以後再去燒飯，戰士們就不能經常吃飽』，這是說在平坦的道路上行軍的情況。又何況是深入險阻，開路前進，那麼其勞苦程度必然增加百倍。加上現在大雨連綿，山高坡滑，士眾擁擠，隊形不能展開，糧在遠處而難以為繼，這實在是行軍的大忌。聽說曹真部隊出發已超過一個月，子午谷才走了一半，開路的工作，戰士們悉數參加。這樣敵人恰好得以以逸待勞，這是軍事家所懼怕的。說到前代，則有周武王伐紂，出了函谷關就回師的事；說到近事，則有我文、武二帝征討孫權，臨江而不渡的事。這難道不是所謂的順應上天，了解形勢，懂得隨機應變嗎？百姓知道皇上因為下雨行軍困難的緣故，讓大家休息，以後有機會，再趁機使用，這就是所謂的民眾高高興興克服困難，忘記了死亡。」於是曹真罷兵。他又上疏說：「應當遵循過去的禮儀，為亡故大臣舉哀，在宗廟進獻果品祭祀。」這些事情都得以實行。又上疏陳述為政的根本說：「撤消沒事可做的職位，減少不急需的俸祿，停發光吃不做者的費用，裁併辦事慢條斯理的官員，使每個官員都有專職，任職就要辦事，辦事必得接受俸祿，俸祿代替耕種，這是自古以來的常規，也是當今所應該做到的。官員少而俸祿多，公家費用支出就少，入仕為官的思想就會受到鼓勵。入仕為官的思想受到鼓勵，就會各自施展才能和力量，不相互依賴。讓官員陳述政績，公開考核他們的功效，能否任用，皇上心中能夠辨別。所以唐、虞設官分職，命令公卿，各行其事。然後讓龍擔任納言，猶如現在的尚書，讓他傳達帝王的命令而已。夏朝和商朝的情況不能詳細知道。〈甘誓〉說『六事之人』，表明六卿也是主管政事的人。《周官》的記載就更詳備了，帝王五日視朝，公卿大夫一起朝見，而司士辨別朝臣們的職位。

〈考工記〉說：『坐在朝堂議論政事的人，叫做王公；具體運作實施的人，叫做士大夫。』到了漢初，依照前代舊例，公卿都可因事親自進朝見君奏事。所以漢高祖親自追趕往回跑的周昌，漢武帝在遠處批准了汲黯的奏章，漢宣帝讓公卿五日一朝，漢成帝開始設置尚書五人。從此以後制度衰敗，朝見之禮便有所缺失了。可以恢復五日一朝的禮儀，讓公卿尚書各將其所職掌之事上奏。恢復廢除的禮儀，發揚光大聖王的事業，這確實是名聲美好而又實效眾多的措施。」

2 青龍年間，山陽公去世，他是漢朝皇帝。王肅上疏說：「從前唐堯讓位於虞舜，虞舜讓位於夏禹，都服三年之喪，然後才登上天子的尊位。因此帝號沒有虧損，君主的禮儀依然保留。現在山陽公順應天命，符合民望，讓位於大魏，退而處於賓客之位。山陽公尊奉大魏，不敢不盡臣節。魏對待山陽公，優待尊崇而不使稱臣。到他去世後，葬殮的禮制，靈車和侍從的飾物，都與帝王相同。因此遠近民眾歸心大魏的仁德，認為是盛美之事。況且漢主合併了帝與皇的稱號，號為皇帝。有分開稱帝的，沒有分開稱皇的。這是因為皇的等級比帝稍輕一點。所以在漢高祖的時候，大地上沒有兩個帝王，其父在時，讓他稱皇，表明避開兩個帝王的嫌疑。況且現在是壽終追贈，可使稱皇，符合他的謚號。」明帝沒有同意讓山陽公稱皇，於是追贈謚號為漢孝獻皇帝。

3 後來王肅以散騎常侍兼任祕書監，又兼任崇文觀祭酒。景初年間，大規模興建宮殿，百姓耽誤了農業生產，官府不重視約定，刑罰倉卒執行。王肅上疏說：「大魏承繼百王而登上君位，百姓不多，戰爭未息。現在確實是應該讓百姓休養生息，給他們恩惠，來安定遠近百姓的時候。致力於積累，讓疲憊不堪的百姓得以休養生息，在於減少徭役而努力耕種。現在宮殿尚未修成，建國的大業沒有完成，水路調撥運糧，輾轉供應。因此民工們疲於勞役，務農的人離開土地，種糧的人少，吃糧的人多，舊糧已經吃完，新糧卻不能接續。這是國家的最大憂患，不是預先作好準備的長遠之計。現在服勞役的有三四萬人，九龍殿可以安聖上之體，它的內部足以安排六宮后妃，顯陽殿又即將竣工，只有泰極殿的前面，工程還很浩大，現在嚴寒將近，疾病可能發生。懇切希望陛下發布仁德之音，下達聖明的詔令，深深的憐憫役夫的疲倦，多多的同情億萬百姓的貧困，留下平常吃官糧的人，而不是迫切需要的人，選拔強壯的留下一萬人，讓他們服役一年就更換，大家都知道休息輪替有一定的時間，這樣沒有不高高興興去做事的，勞累了也不會有怨言。總計一年有三百六十萬民工，也不算少。應當一年完成的，且聽任三年完成。分別遣回其餘的人，讓他們都從事農業生產，這是收益無限的辦法。糧倉裏有多餘的糧食，百姓有剩餘的勞力，拿這個來建功立業，什麼功業不能建立？拿這個來推行教化，什麼教化不能成功？取信於民，是國家的大寶。仲尼說：『自古以來人皆有死，國家對人民沒有信用，是站不起來的。』小小的晉國，微不足道的重耳，想役使他的民眾，首先向民眾表示信用，所以原國雖然將要投降，為了顧及信譽還是撤軍回國，因此能一戰而霸，到現在還被稱頌。前些時候，車駕正臨幸洛陽，徵調百姓修築營壘，有關官員命令在營壘建成後結束勞役。營壘建成之後，又貪圖使用他們的勞力，不按時遣回。有關官員只考慮眼前的利益，不顧治國的根本。臣愚昧的認為，從今以後，倘若再役使民眾，應當明確法令，一定使他們如期返回。如果有事要繼續使用，寧可另外徵調，不可失信於民。凡是陛下臨時執行刑罰，都是有罪的官吏，應當判處死刑的人。然而百姓都不知道，認為是草率執行。所以希望陛下將他們下交給執法官吏，公布他們的罪過。同樣是處死，不要讓他們沾汙了宮廷而讓遠近的人有所懷疑。況且人命至為貴重，生存困難，殺掉容易，斷氣之後是不會再活轉過來的，所以為聖賢所重視。孟軻說殺死一個無辜的人來取得天下，仁愛之人是不做的。漢代有個人違犯了帝王外出時的清道戒嚴令，使皇帝駕車的馬受驚，廷尉張釋之奏報科以罰金，漢文帝責怪他判得太輕，可是張釋之說：『在當時，皇上叫人誅殺他也就罷了，現在把他交給了廷尉。廷尉，是天下主持公平的，稍有傾斜不正，天下使用法律時都自為輕重，百姓豈不是不知所措了嗎？』臣以為嚴重違背道義，不是忠臣所應當陳述的。廷尉，是天子的官吏，尚且不可失去公平，而天子本身，難道可以糊塗錯謬嗎？這是為了自己很重視，為了君主很輕視，是非常不忠的。周公說：『天子無戲言，說話就有史官記錄它，樂工誦唱它，士大夫稱引它。』說話尚且不能戲言，何況是行為呢？所以張釋之的話不可不細察，周公的告誡不可不遵守。」又陳述說：「各種鳥獸都是無用之物，而有草料穀物和人力的耗費，都可以去除。」

4 明帝曾經問王肅說：「漢桓帝時，白馬縣令李雲上書說：『帝，就是細察之意。這是說皇帝不想審諦細察。』你為何認為他說這話不應當死？」王肅回答說：「李雲的話，只是失去順逆的禮節，考究其本意，還是想要盡心盡意，想要有益於國家。況且帝王的威嚴，超過了雷霆，殺死一個普通人，與踩死一隻螻蟻沒有兩樣。寬赦了他，可以表示能夠容納激烈的言論，向天下廣施恩德。所以臣認為殺了他未必是對的。」明帝又問：「司馬遷因受刑的緣故，心懷私怨，寫《史記》貶斥漢武帝，叫人切齒痛恨。」王肅回答說：「司馬遷記事，不虛誇讚美，不隱瞞過錯。劉向、揚雄佩服他善於記述事件，有良史的才能，認為是如實記錄。漢武帝聽說他寫《史記》，拿了孝景及自己的本紀閱覽，於是大怒，削去字跡，丟在一邊。現在這兩個本紀有目錄而沒有文字內容。後來司馬遷遭遇李陵之禍，便將他打入蠶室處以宮刑。這是怨恨之情在於漢武帝，而不在於司馬遷。」

5 正始元年，王肅出任廣平太守。因有公事被徵召回來，任議郎。不久，擔任侍中，升為太常。當時大將軍曹爽獨攬朝政大權，任用何晏、鄧颺等人。王肅與太尉蔣濟、司農桓範談論時政，王肅臉色嚴肅的說：「這類人就如弘恭、石顯之流，還用得著提他們嗎！」曹爽聽到了之後，告誡何晏等人說：「你們應當謹慎！公卿們已將諸位比作前代的惡人了。」王肅因宗廟祭祀的事獲罪免官。後來又擔任光祿勳。當時有兩條一尺長的魚，落在武器庫的屋頂上，有關官員認為這是吉兆。王肅說：「魚本來生活在水中深淵，現在卻在高高的房子上，有鱗甲的動物失去了牠賴以生存的地方。邊境的將領大概要有丟盔卸甲的變故吧？」後來果然有東關的失敗。又調任他為河南尹。嘉平六年，持節兼任太常，奉持皇帝的車駕，到元城迎接高貴鄉公。這一年，有一股白氣穿過天空，大將軍司馬景王向王肅詢問發生這一現象的原因，王肅回答說：「這是『蚩尤之旗』，東南方大概將有亂事發生吧？您如果能夠修養自己來安撫百姓，那麼天下樂於安定的人會歸心於仁德，帶頭作亂的人會首先消亡。」第二年春天，鎮東將軍毌丘儉、揚州刺史文欽謀反，司馬景王對王肅說：「霍光有感於夏侯勝之言，開始重視儒家學士，這的確是有道理的。使國家安定、君主安寧的辦法在哪裏呢？」王肅說：「從前關羽率荊州的部眾，在漢水邊使于禁投降，於是有北向爭天下之志。後來孫權偷襲，奪走了他的將士和家屬，關羽的士兵一下子就瓦解了。現在淮南將士的父母妻兒子女都在內地，只要趕緊前去保衛，使他們不能前往，必然出現像關羽那樣的土崩瓦解之勢。」景王聽從了王肅的意見，於是打敗了毌丘儉和文欽。後來王肅升任中領軍，加官散騎常侍，增加食邑三百戶，連同以前的共二千二百戶。甘露元年去世，門生披麻戴孝的數以百計。追贈衛將軍，諡為景侯。他的兒子王惲繼承爵位。王惲去世，沒有兒子，封國被撤銷。景元四年，封王肅的兒子王恂為蘭陵侯。咸熙年間，開始設立五等爵位。因王肅在前朝功勳卓著，改封王恂為丞子。

6 當初，王肅喜歡賈逵、馬融的學說，而不喜歡鄭玄的學說，採集彙合各家異同之說，撰寫《尚書》、《詩經》、《論語》、《三禮》、《左氏傳》的注解，以及寫定其父王朗所作的《易傳》。這些書都列於學官。他所議論駁正朝廷典制、郊祀、宗廟、喪紀輕重等文章，共一百餘篇。當時樂安人孫叔然，受學於鄭玄門下，人們稱他為東州大儒。朝廷徵召他為祕書監，他未就職。王肅撰集《聖證論》以諷譏貶低鄭玄，孫叔然進行辯駁並加以解釋，到他寫了《周易》、《春秋例》、《毛詩》、《禮記》、《春秋三傳》、《國語》、《爾雅》等書的注釋之後，又注書十餘篇。從魏初徵士燉煌郡的周生烈，到明帝時大司農弘農人董遇等人，也都遍注經、傳，在社會上流傳很廣。

評曰：鍾繇開達理幹❶，華歆清純德素❷，王朗文博富贍❸，誠皆一時之俊偉也。魏氏初祚，肇❹登三司❺，盛矣夫！王肅亮直多聞，能析薪❻哉❼！

【章　旨】以上為陳壽的評論，讚揚鍾繇、華歆、王朗誠皆一時之俊偉，同時稱頌了王肅的「亮直多聞」。但「魏氏初祚，肇登三司，盛矣夫」之語，有暗諷鍾繇等三人變節的意味。

【注　釋】❶開達理幹　開朗豁達，有治理才幹。❷清純德素　清正純潔，有仁德之質。❸文博富贍　文才淵博，學識豐富。

❹肇　開始。❺三司　即三公。鍾繇為太尉，華歆為司徒，王朗為司空，故稱。❻析薪　劈柴。此喻剖析事理。❼哉　此字下原有以下一段文字：「劉寔以為肅方於事上而好下佞己，此一反也；性嗜榮貴而不求苟合，此二反也；吝惜財物而治身不穢，此三反也。」據《三國志集解》引陳景雲、錢大昕說，此段文字不是陳壽評語，當是裴松之注。

【語　譯】評論說：鍾繇開朗豁達，有治理才幹，華歆清正純潔，有仁德之質，王朗文才淵博，學識豐富，的確都是一代俊偉之士。魏國初建，他們開始登上三公之位，好興盛啊！王肅坦誠正直，識多見廣，善於明理析事啊！

【研　析】作者將此三人合為一傳，真是絕妙之極，正所謂「物以類聚，人以羣分」。此三人的出身、經歷大致相同：其一，他們活動的年代都在東漢末年至曹魏初年；其二，他們都是「孝廉」出身；其三，他們都做過漢朝的地方官或朝官；其四，在漢末軍閥混戰的年代，他們都投靠了勢力最大的曹操；其五，曹操的魏國建立後，他們又都做過魏國的高官；其六，他們都是曹丕篡漢的積極有力的支持者；其七，曹丕稱帝後，他們都加官進爵，位至三公；其八，他們都受到曹丕特殊優厚的禮遇，誇他們是「一代之偉人」；其九，他們都對曹魏忠心耿耿，出謀劃策；其十，他們都在曹魏政權鞏固之後，完成了歷史任務，相繼離開了人世（明帝太和二年，王朗去世；四年，鍾繇去世；五年，華歆去世）。

作者在他們的傳中極力寫他們的為人：鍾繇主張「恢復肉刑」，一年能使三千人起死回生，表現了其仁愛之心。華歆，「議論持平，終不毀傷人」，「祿賜以振施親戚故人，家無擔石之儲」。王朗，「雖流移窮困，朝不謀夕，而收卹親舊，分多割少，行義甚著」。這些固然是他們的長處，一個孝廉出身熟讀聖賢之書的士大夫，並不是做到這些就完美無缺了。對他們自然要以那個時代的禮義來衡量，他們本人也應以那個時代的禮義自律。作者在他們的傳記中，妙在用事實來說明他們的大節虧缺，前後相比，形成了鮮明的對照。鍾繇在長安，為黃門侍郎，李傕脅天子，鍾繇謀劃使天子出長安，擺脫了李傕、郭汜的控制。華歆不願在董卓控制下為官，出長安，輾轉至南陽，接受太傅馬日磾之聘，後為豫章太守。王朗以《春秋》之義勸陶謙「勤王」。這些都表現了他們的大節無虧。但當他們一旦投靠曹操之後，做了魏國的官，卻成為曹丕篡漢的積極有力的支持者，他們在聯名上奏的勸進表上，一再稱曹丕之「聖化通於神明，聖德參於虞、夏」，「微大魏，則臣等之白骨交橫於曠野矣」，等等。司馬遷所謂「何知仁義，已饗其利者為有德」（《史記・游俠列傳》），此之謂也。或許他們也自知內心有點愧疚，於是便做出點樣兒來讓人們看看。裴松之注引《魏書》曰：「文帝受禪，歆登壇相儀，奉皇帝璽綬，以成受命之禮。」又引華嶠《譜敘》曰：「文帝受禪，朝臣三公已下並受爵位，歆以形色忤時，徙為司徒，而不進爵。魏文帝久不懌，以問尚書令陳羣曰：『我應天受禪，百辟羣后，莫不人人悅喜，形於聲色，而相國及公獨有不怡者，何也？』羣起離席長跪曰：『臣與相國曾臣漢朝，心雖悅喜，義形其色，亦懼陛下實應且憎。』帝大悅，遂重異之。」陳羣的話，洩露了天機，「義形其色」是讓別人看樣子的，內心裏還是喜悅的。他們三人是漢朝的叛臣，是曹魏的開國元勳。（梁滿倉注譯）

卷十四 魏書十四

程郭董劉蔣劉傳第十四

【題解】本卷是程昱、郭嘉、董昭、劉曄、蔣濟、劉放等六人的合傳，他們都是曹魏的謀臣。程昱智勇雙全，保全兗州三城的過程是其有勇有謀的寫照。郭嘉料敵制勝，他力主遠征三郡烏丸，就說明了他異於常人的遠見卓識。董昭勸曹操把獻帝迎到許昌及實施過程，表現了他的政治眼光和謀略。劉曄主張全力進攻張魯，占領漢中後又勸曹操乘勝進攻益州，說明了他對漢中是益州咽喉的戰略地位有獨到認識。蔣濟、劉放在軍事、政治等方面也曾表現出高人一等的智慧。卷中並附記程昱之孫程曉的事跡。

1 程昱，字仲德，東郡東阿❶人也。長八尺三寸❷，美鬚髯。黃巾❸起，縣丞❹王度反應之，燒倉庫。縣令踰城走，吏民負老幼東奔渠丘山❺。昱使人偵視度，度等得空城不能守，出城西五六里止屯。昱謂縣中大姓薛房等曰：「今度等得城郭不能居，其勢可知。此不過欲虜掠財物，非有堅甲利兵攻守之志也。今何不相率❻還城而守之？且城高厚，多穀米，今若還求令❼，共堅守，度必不能久，攻可破也。」房等以為然。吏民不肯從，曰：「賊在西，但有東❽耳。」昱謂房等：「愚民不可計事。」乃密遣數騎舉幡於東山上，令房等望見，大呼言「賊已至」，便下山趣❾城，吏民奔走隨之，求得縣令，遂共城守。度等來攻城，不能下，欲去。昱率吏民開城門急擊之，度等破走。東阿由此得全。

2 初平❿中，兗州刺史劉岱辟昱⓫，昱不應。是時岱與袁紹⓬、公孫瓚⓭和親，紹令妻子居岱所，瓚亦遣從事⓮范方將騎助岱。後紹與瓚有隙⓯。瓚擊破紹軍，乃遣使語岱，令遣紹妻子，使與紹絕。別敕范方：「若岱不遣紹家，將騎還。吾定紹，將加兵於岱。」岱議連日不決，別駕⓰王彧白岱：「程昱有謀，能斷大事。」岱乃召見昱，問計，昱曰：「若棄紹近援而求瓚遠助，此假人於越以救溺子⓱之說也。夫公孫瓚，非袁紹之敵也。今雖壞紹軍⓲，然終為紹所禽。夫趣一朝之權⓳而不慮遠計，將軍終敗。」岱從之。范方將其騎歸，未至，瓚大為紹所破。岱表昱為騎都尉⓴，昱辭以疾。

3 劉岱為黃巾所殺。太祖㉑臨兗州，辟昱。昱將行，其鄉人謂曰：「何前後之相背也！」昱笑而不應。太祖與語，說之，以昱守壽張令㉒。太祖征徐州㉓，使昱與荀彧㉔留守鄄城㉕。張邈㉖等叛迎呂布㉗，郡縣響應，唯鄄城、范㉘、東阿不動。布軍降者，言陳宮㉙欲自將兵取東阿，又使氾嶷取范，吏民皆恐。彧謂昱曰：「今兗州反，唯有此三城。宮等以重兵臨之，非有以㉚深結其心，三城必動。君，民之望也，歸㉛而說之，殆可㉜！」昱乃歸，過范，說其令㉝靳允曰：「聞呂布執君母弟妻子，孝子誠不可為心㉞！今天下大亂，英雄並起，必有命世㉟，能息天下之亂者，此智者所詳擇也。得主者昌，失主者亡。陳宮叛迎呂布而百城皆應，似能有為，然以君觀之，布何如人哉！夫布，麤中㊱少親，剛而無禮，匹夫之雄耳。宮等以勢假合，不能相君㊲也。兵雖眾，終必無成。曹使君智略不世出㊳，殆天所授！君必固㊴范，我守東阿，則田單㊵之功可立也。孰與㊶違忠從惡而母子俱亡乎？唯君詳慮之！」允流涕曰：「不敢有二心。」時氾嶷已在縣，允乃見嶷，伏兵刺殺之，歸勒兵守。昱又遣別騎絕倉亭津㊷，陳宮至，不得渡。昱至東阿，東阿令棗祗已率厲吏民，拒城堅守。又兗州從事薛悌與昱協謀，卒完㊸三城，以待太祖。太祖還，執昱手曰：「微子之力㊹，吾無所歸矣。」乃表昱為東平相，屯范。

4 太祖與呂布戰於濮陽㊺，數不利。蝗蟲起，乃各引去。於是袁紹使人說太祖連和，欲使太祖遷㊻家居鄴㊼。太祖新失兗州，軍食盡，將許之。時昱使適還，引見，因言曰：「竊聞將軍欲遣家，與袁紹連和，誠有之乎？」太祖曰：「然。」昱曰：「意者㊽將軍殆臨事而懼，不然何慮之不深也！夫袁紹據燕、趙之地，有并天下之心，而智不能濟㊾也。將軍自度㊿能為之下乎？將軍以龍虎之威，可為韓、彭(51)之事邪？今兗州雖殘，尚有三城。能戰之士，不下萬人。以將軍之神武，與文若、昱等，收而用之，霸王之業可成也。願將軍更慮之！」太祖乃止。

天子都許(52)，以昱為尚書(53)。兗州尚未安集(54)，復以昱為東中郎將(55)，領濟陰太守(56)，都督兗州事。劉備(57)失徐州(58)，來歸太祖。昱說太祖殺備，太祖不聽。語在武紀。後又遣備至徐州要擊袁術(59)，昱與郭嘉說太祖曰：「公前日不圖(60)備，昱等誠不及(61)也。今借之以兵，必有異心。」太祖悔，追之不及。會術病死，備至徐州，遂殺車胄，舉兵背太祖。頃之，昱遷振威將軍(62)。袁紹在黎陽(63)，將南渡。時昱有七百兵守鄄城，太祖聞之，使人告昱，欲益二千兵。昱不肯，曰：「袁紹擁十萬眾，自以所向無前。今見昱兵少，必輕易不來攻。若益昱兵，過則不可不攻，攻之必克，徒兩損其勢(64)。願公無疑！」太祖從之。紹聞昱兵少，果不往。太祖謂賈詡(65)曰：「程昱之膽，過於賁、育(66)。」昱收山澤亡命(67)，得精兵數千人，乃引軍與太祖會黎陽，討袁譚(68)、袁尚(69)。譚、尚破走，拜昱奮武將軍(70)，封安國亭侯。太祖征荊州(71)，劉備奔吳。論者以為孫權(72)必殺備，昱料之曰：「孫權新在位，未為海內所憚。曹公無敵於天下，初舉荊州，威震江表，權雖有謀，不能獨當也。劉備有英名，關羽(73)、張飛(74)皆萬人(75)敵也，權必資之以禦我。難解勢分(76)，備資以成，又不可得而殺也。」權果多與備兵，以禦太祖。是後中夏(77)漸平，太祖拊昱背曰：「兗州之敗，不用君言，吾何以至此？」宗人奉牛酒大會，昱曰：「知足不辱，吾可以退矣。」乃自表歸兵(78)，闔門不出。

6 昱性剛戾(79)，與人多迕(80)。人有告昱謀反，太祖賜待益厚。魏國既建，為衛尉(81)，與中尉(82)邢貞爭威儀(83)，免。文帝(84)踐阼，復為衛尉，進封安鄉侯，增邑三百戶，并前八百戶。分封少子延及孫曉列侯。方欲以為公(85)，會薨，帝為流涕，追贈車騎將軍(86)，諡曰肅侯。子武嗣。武薨，子克嗣。克薨，子良嗣。

【章旨】以上為〈程昱傳〉，記述了程昱討黃巾、完三城、勸曹操與袁紹絕交、帶七百人鎮守鄄城等充滿智慧的經歷。也記載了曹操對他的信任。

【注釋】❶東郡東阿　東郡，郡名。治所在今河南濮陽西南。東阿，縣名。治所在今山東東阿西南。❷八尺三寸　東漢八尺三寸約合今一點九七公尺。❸黃巾　東漢末年民眾起事頭裹黃巾，故名。❹縣丞　官名。縣令、縣長的主要助手，與縣尉並稱長史，掌文書，主管倉獄。❺渠丘山　山名。又稱曲山，在今山東莘縣東南。❻相率　相從；相隨。❼求令　找到縣令。❽但有東　只能向東。❾趣　急赴。❿初平　東漢獻帝劉協年號，西元一九〇—一九三年。⓫兗州刺史句　兗州，州名。治所在今山東鄄城東北。劉岱，字公山，東萊牟平（今山東牟平）人，東漢末官吏，歷任侍中、兗州刺史，故人稱劉兗州。從袁紹討董卓，殺東郡太守橋瑁，後與黃巾軍戰兵敗被殺。其事散見於《後漢書・劉寵列傳》、本書卷四十九〈劉繇傳〉。辟，當時的三公、州刺史、郡國守相不通過朝廷自行任命下屬，稱為辟。⓬袁紹　字本初，汝南汝陽（今河南商水縣西南）人，祖上四世三公。有清名，好交結，與曹操友善。東漢末與何進謀誅宦官，董卓之亂起，在冀州起兵討董卓，為關東聯軍盟主。後占據冀、青、幽、并四州，成為北方最強大的割據勢力。在官渡之戰中被曹操打敗，後病死。詳見《後漢書・袁紹列傳》、本書卷六〈袁紹傳〉。⓭公孫瓚　字伯珪，遼西令支（今河北遷安）人，從盧植讀經，歷任遼東屬國長史、涿令、騎都尉等職。董卓之亂後割據幽州，後被袁紹打敗。詳見《後漢書・公孫瓚列傳》、本書卷八〈公孫瓚傳〉等。⓮從事　官名。州刺史的屬官，協助刺史處理公務。⓯有隙　有嫌隙。⓰別駕　官名。別駕從事史的省稱，亦為州刺史的屬官，位低權重。《太平御覽》卷二六三引《庾亮集・答郭遜書》說：「別駕，舊與刺史別乘同流宣化於萬里者，其任居刺史之半，安可任非其人！」⓱假人於越句　到南方的越國去找人救在北方溺水的孩子。意為遠水解不了近渴。⓲壞紹軍　打敗袁紹軍。⓳一朝之權　眼前的權宜之計。⓴騎都尉　官名。屬光祿勳，掌監羽林騎兵。㉑太祖　即曹操，字孟德，小名阿瞞，沛國譙（今安徽亳州）人。東漢末起兵討黃巾，後參加袁紹討董聯盟。占據兗州後，收編黃巾軍三十餘萬，組成青州軍，先後擊敗袁術、陶謙、呂布、袁紹，統一了北方。任丞相，相繼封為魏公、魏王。曹丕建魏後，追封為魏武帝。詳見本書卷一〈武帝紀〉。㉒守壽張令　代理壽張縣令。守，署理，官階低任較高的職務。壽張，縣名。治所在今山東東平南。㉓徐州　州名。治所在今山東郯城，後移治江蘇徐州。㉔荀彧　字文若，潁川潁陰（今河南許昌）人。曹操手下謀士，任侍中、光祿大夫、參丞相軍事。後因反對曹操進爵國公，憂鬱而死。詳見本書卷十〈荀彧傳〉。㉕鄄城　縣名。治所在今山東鄄城北。㉖張邈　字孟卓，東平壽張（今山東東平南）人，東漢末官吏，任騎都尉、陳留太守。反對董卓專權，後被部下所殺。其事附見本書卷七〈呂布傳〉。㉗呂布　字奉先，五原九原（今內蒙古包頭西南）人，善弓馬，武勇過人，先為并州刺史丁原部將，後殺丁原投董卓，任騎都尉、中郎將等職。又與王允合謀誅殺董卓，被董卓餘黨打敗，東依袁術，又割據徐州，終被曹操打敗絞殺。詳見《後漢書・呂布列傳》、本書卷七〈呂布傳〉。㉘范　縣名。治所在今山東梁山縣西北。㉙陳宮　字公臺，東郡（今河南濮陽西南）人，性剛直，少與海內知名人士交結。獻帝初平年間，迎舉曹操為兗州牧。後叛曹操附呂布，被曹操生擒殺死。其事散見於本卷及裴松之注引魚氏《典略》。[30]有以　有某種辦法。[31]歸　回家鄉。程昱是東阿縣人，所以荀彧這麼說。[32]殆可　或許可以。[33]令范縣令。[34]孝子誠不可為心　孝子心裏的確不好受。[35]命世　受天命治理天下的人。[36]麤中　內心粗疏。[37]相君　把呂布視為君。[38]不世出　不是在人間產生的。即世間少有。[39]固　堅守。[40]田單　戰國時齊國大將，臨淄（今山東淄博東北）人，少習兵事。燕國名將樂毅率趙、楚、韓、魏、燕五國兵伐齊，連下七十餘城。田單固守即墨，又施反間計使樂毅被免官，用火牛陣大敗燕軍，收復失地。詳見《史記・田單列傳》。[41]孰與　與……相比哪個好呢。[42]倉亭津　渡口名。故址在今山東陽谷北古黃河上。[43]完　使……完好。[44]微子之力　如果沒有您的出力。[45]濮陽　縣名。治所在今河南濮陽南。[46]還　原作「遣」，今從宋本。[47]鄴　城邑名。在今河北臨漳西南。[48]意者　我以為。[49]濟　成功。[50]自度　自己估計。[51]韓彭　韓，即韓信，劉邦手下著名軍事將領，任大將軍，戰功卓著。在楚漢戰爭中善於以少勝多，指揮垓下之戰，消滅項羽軍。先後被封為齊王、淮陰侯。後被呂后所殺。詳見《史記・淮陰侯列傳》。彭，即彭越，字仲，昌邑（今山東金鄉西北）人，楚漢戰爭中歸順劉邦，會合劉邦在垓下打敗項羽，西漢建立後被封梁王。後被呂后所殺。詳見《史記・魏豹彭越列傳》、《漢書・彭越傳》。[52]許　縣名。治所在今河南許昌西南。[53]尚書　官名。尚書諸曹長官，位在尚書令、僕射之下，丞、郎之上。[54]尚未安集　原作「未苦安集」，宋本、馮夢禎刻本、殿本作「尚未安集」，據改。[55]東中郎將　官名。屬光祿勳，掌輪番執戟宿衛天子。[56]領濟陰太守　兼濟陰太守。領，兼任。濟陰，郡名。治所在今山東定陶西北。[57]劉備　字玄德，涿郡涿縣（今河北涿州）人，自稱中山靖王之後。東漢末年起兵，參加征討黃巾，先後投靠公孫瓚、陶謙、曹操、袁紹、劉表。後得諸葛亮輔助，占領荊州益州，建立蜀漢。詳見本書卷三十二〈先主傳〉。[58]徐州　州名。治所在今山東郯城，後移治江蘇徐州。[59]袁術　字公路，汝南汝陽（今河南商水縣西南）人，袁紹從弟。少以俠氣聞名，歷任郎中、河南尹、虎賁中郎將。董卓之亂起，出奔南陽，後割據揚州。東漢建安二年（西元一九七年）稱帝，後因眾人反對，糧盡眾散，欲往青州依袁譚，於途中病死。詳見《後漢書・袁術列傳》、本書卷六〈袁術傳〉。[60]圖　謀取；對付。[61]不及　不如；趕不上。[62]振威將軍　武官名。領兵征伐。[63]黎陽　縣名。治所在今河南浚縣東。[64]兩損其勢　兩方面的勢力都受到損傷。指曹操分兵給程昱，既削弱了自己，又使程昱受到攻擊。[65]賈詡　字文和，武威姑臧（今甘肅武威）人，善計謀，有張良、陳平之才。董卓時任討虜校尉，董卓死後勸說董卓部下李傕、郭汜攻取長安。後投奔張繡，又勸張繡降曹。多次為曹操獻計獻策。詳見本書卷十〈賈詡傳〉。[66]賁育　指孟賁、夏育，二人是戰國時的勇士。後用以指勇士。[67]亡命　在外逃亡的人。[68]袁譚　字顯思，汝南汝陽（今河南商水縣西南）人，袁紹長子。不受袁紹寵愛，出為青州刺史。袁紹死，遺命袁譚異母弟袁尚繼位，袁譚與袁尚相攻，依靠曹操之力打敗袁尚。

後叛曹操被殺。詳見《後漢書》卷七十四袁紹附袁譚傳、本書卷六袁紹附傳。69袁尚　字顯甫，汝南汝陽（今河南商水縣西南）人，袁紹之子。袁紹死後繼立，與兄袁譚互相攻伐，被曹操所敗，投奔遼東公孫康，後為公孫康所殺。詳見本書卷六袁紹附傳。70奮武將軍　武官名。高級軍事將領。71荊州　州名。劉表任荊州刺史時，州治在襄陽。後被曹操據有。劉備占據荊州時，治公安，即今湖北公安。72孫權　字仲謀，吳郡富春（今浙江富陽）人，孫策弟。孫策死後即位，被封討虜將軍，領會稽太守。黃武八年（西元二二九年）即帝位於武昌。死後諡大皇帝，廟號太祖。詳見本書卷四十七〈吳主傳〉。73關羽　字雲長，河東解縣（今山西臨猗西南）人。在涿州與張飛一起隨劉備起兵，屢立戰功，任襄陽太守、盪寇將軍。劉備率軍入蜀後留鎮荊州，後被孫吳殺死。詳見本書卷三十六〈關羽傳〉。74張飛　字益德，涿郡（今河北涿州）人。與關羽俱事劉備，為三國名將，屢立戰功。歷任宜都太守、征虜將軍、領司隸校尉。從劉備伐吳，臨行，被部下所害。詳見本書卷三十六〈張飛傳〉。75人　此字下原有「之」字，今據宋本刪。76難解勢分　危難解除後，局勢又會走向分裂。77中夏　中原。78歸兵　即把自己統率的軍隊歸還。79性剛戾　性格剛直暴躁。80迕　抵觸。81衛尉　官名。秦漢九卿之一，掌宮門保衛。82中尉　即後來的執金吾。掌京師警衛，皇帝出行時任儀仗護衛。83爭威儀　在路上相遇時雙方的儀仗隊互相不讓路，爭奪高下。當時中尉的儀仗隊在羣僚之中最為壯觀，其規模在《後漢書．百官志》李賢注引《漢官》中有記載。84文帝　即曹丕，字子桓，沛國譙（今安徽亳州）人，曹操次子。先任五官中郎將、副丞相，後被立為魏太子。西元二二〇年代漢稱帝。愛好文學，與當時著名文人往來甚密，在中國文學史上也有重要地位。詳見本書卷二〈文帝紀〉。85公　三公。86車騎將軍　武官名。高級軍事將領，位次於大將軍。

【語　譯】程昱，字仲德，東郡東阿縣人。身高八尺三寸，鬚髯漂亮。黃巾軍起事，縣丞王度反叛朝廷響應黃巾軍，燒毀倉庫。縣令跳城牆逃走，吏員百姓扶老攜幼向東逃往渠丘山。程昱派人偵察王度，知道王度等人得到空城不能據守，出城到城西五六里的地方屯駐。程昱告訴縣中的大姓薛房等人說：「如今王度等人得到城郭卻不能據守，他的實力由此可知。他不過是想搶掠財富，沒有用堅甲利兵攻城守地的決心。我們何不相隨回城據守呢？況且城牆又高又厚，城內糧食很多，現在如果回去找到縣令，一起堅守，王度一定不能持久，進攻就可以打敗他了。」薛房等人認為程昱說得很對。吏員百姓不肯相從，說：「盜賊在西面，我們只能向東走罷了。」程昱對薛房等人說：「愚昧的百姓是不能商議事情的。」便祕密派遣幾名騎兵在東山上舉起旗幟，讓薛房等人看見，大聲喊「賊寇已經來了」，便下山急速跑向縣城，吏員百姓奔走相隨，回到城中找到縣令，便一起堅守城池。王度等人前來攻城，不能攻下，準備離開。程昱率吏員百姓打開城門迅速進擊他們，王度等人戰敗逃走。東阿縣因此得以保全。

2 初平年間，兗州刺史劉岱徵召程昱，程昱不接受徵召。這時劉岱與袁紹、公孫瓚和睦親善，袁紹讓妻兒住在劉岱那裏，公孫瓚也派遣從事范方率領騎兵幫助劉岱。後來袁紹與公孫瓚有了嫌隙。公孫瓚打敗袁紹軍隊後，便派遣使臣告訴劉岱，讓他將袁紹的妻兒送來，與袁紹絕交。另外命令范方：「如果劉岱不遣送袁紹家屬，就率領騎兵回來。等我平定了袁紹，就要對劉岱動兵。」劉岱與下屬商議對策連日不能決定，別駕王彧告訴劉岱說：「程昱有計謀，能決斷大事。」劉岱便召見程昱，詢問計策，程昱說：「如果放棄袁紹這個近援而遠求公孫瓚援助，這就是人們所說的到南方的越國找人救在北方溺水的孩子呀。公孫瓚不是袁紹的對手。如今雖然打敗了袁紹，但終究要被袁紹所擒。只追求眼前的權宜之計而不考慮長遠，將軍您最終也要失敗。」劉岱聽從程昱的建言。范方率領他的騎兵回去，尚未到達公孫瓚那裏，公孫瓚就被袁紹打得大敗。劉岱上表朝廷任程昱為騎都尉，程昱藉口有病推辭了。

3 劉岱被黃巾軍所殺。太祖任兗州牧，徵召程昱。程昱將要出發時，他的同鄉人對他說：「您前後的行為為什麼相反呢！」程昱笑而不答。太祖與他談話，非常高興，讓他署理壽張縣令。太祖征討徐州，讓程昱和荀彧留守鄄城。張邈等人背叛太祖迎接呂布，郡中各縣全都響應，只有鄄城、范縣、東阿縣沒有動搖。呂布軍中投降的人，說陳宮將要親自率兵攻取東阿縣，又派氾嶷攻取范縣，吏員百姓都很恐懼。荀彧告訴程昱說：「現在兗州反叛，只有這三個城沒有叛變。陳宮等人以重兵臨城攻打，如果沒有穩固團結人心的辦法，三城勢必動搖。三城縣令，是百姓的希望。如果回到家鄉去說服他們堅守，也許可以！」程昱便返回家鄉，路過范縣，勸縣令靳允說：「聽說呂布抓住了您的母親弟弟妻子兒女，孝子的心裏的確不好受！如今天下大亂，英雄紛紛而起，其中一定會有受天命治理天下的英才，能夠平息天下動亂的人，這是有智慧的人所應詳加選擇的。得到明主的人昌盛，失去明主的人滅亡。陳宮叛變迎接呂布而百城全都響應，好像是能有作為，然而依您看來，呂布是個什麼樣的人呢！呂布，內心粗疏，少有親信的人，剛硬無禮，只不過是個匹夫中的雄傑罷了。陳宮等人是迫於形勢暫時與他合作，不會把呂布視為君主的。兵眾雖多，終究成不了大事。曹使君的智慧謀略人間少有，大概是上天所授予的！您一定要堅守范縣，我堅守東阿，那麼我們就可以立下像田單那樣的功勞了。這和違背忠義隨從兇惡而使母子俱亡相比哪個好呢？希望您仔細考慮呀！」靳允流淚說：「我不敢有二心。」此時氾嶷已經在縣裏，靳允便召見氾嶷，埋設伏兵把他刺殺，回去率領士兵守城。程昱又派遣騎兵截斷倉亭渡口，陳宮到達以後，不能渡過黃河。程昱到東阿，東阿縣令棗祗已經率領吏員百姓，據城堅守。再加上兗州從事薛悌與程昱共同謀劃，終於保全了三城，以等待太祖。太祖回來以後，拉住程昱的手說：「沒有您的出力，我就無處可歸了。」便上表任程昱為東平相，屯駐在范縣。

4 太祖與呂布戰於濮陽，屢次失利。發生蝗災，雙方便各自率軍離去。這時候袁紹派人勸說太祖與自己聯合，想讓太祖把家遷到鄴城居住。太祖剛剛丟失兗州，軍中糧食耗盡，準備答應袁紹。這時程昱出使正好回來，太祖與他相見，程昱趁機進言說：「我私下聽說將軍要遷居鄴城，與袁紹聯合，真有這事嗎？」太祖說：「是的。」程昱說：「我想將軍恐怕是臨事恐慌，不然為什麼考慮問題這麼不深遠呢！袁紹占據燕、趙之地，有吞併天下的野心，但他的智謀不足以使他成功。將軍自己估量能處在他之下嗎？將軍以龍虎一樣的威勢，能夠像韓信、彭越那樣為他人效勞嗎？如今兗州雖然殘破，還有三城，能戰鬥的兵士，不下一萬人。憑將軍的神威武略，與文若、我程昱等人，收集殘餘人馬而利用他們，霸王之業是可以成功的。希望將軍重新考慮。」太祖便停止與袁紹聯合。

5 天子定都許縣，任程昱為尚書。由於兗州尚未安定，又任程昱為東中郎將，兼領濟陰郡太守，都督兗州事。劉備失去徐州，前來投奔太祖。程昱勸太祖殺掉劉備，太祖不聽從，這件事記載在〈武帝紀〉。後來又派遣劉備到徐州截擊袁術，程昱和郭嘉勸太祖說：「明公您先前不圖謀劉備，我們的見識確實不如您。但今天您借給他兵馬，他必生異心。」太祖後悔，派兵追趕劉備已經來不及了。適逢袁術病死，劉備到達徐州，便殺掉車冑，起兵背叛太祖。不久，程昱升任為振威將軍。袁紹在黎陽，準備南渡。當時程昱有七百名士兵守衛鄄城，太祖聽說袁紹南渡，派人告訴程昱，要增加二千個士兵給他。程昱不肯，說：「袁紹擁有十萬兵眾，自認為所向無前。如今見到我的兵少，一定會輕視我不來進攻。如果增加我的兵力，那麼他路過這裏不能不來進攻，進攻就一定能夠攻克，徒然損傷了我們兩方的力量。希望您不要疑慮！」太祖聽從了程昱的建議。袁紹聽說程昱的兵力少，果然不去進攻。太祖對賈詡說：「程昱的膽識，超過了古時的孟賁、夏育。」程昱收羅逃亡山林澤藪中的人，得到精兵幾千人，便率軍與太祖在黎陽會師，討伐袁譚、袁尚。袁譚、袁尚敗走，朝廷任程昱為奮武將軍，封安國亭侯。太祖征討荊州，劉備投奔孫吳。議論的人認為孫權一定會殺掉劉備，程昱預料說：「孫權剛剛即位，國內還不畏懼他。曹公天下無敵，剛剛拿下荊州，威震江南，孫權雖有謀略，卻不能單獨抵擋曹公。劉備素有英名，關羽、張飛都是能敵萬人的勇將，孫權必然借助他們用來抵禦我們。危難解除後，聯合的態勢會分裂，那時劉備已借助孫權的力量取得了成功，孫權再想殺劉備也不可能了。」孫權果然給了劉備很多兵馬，用來抵禦太祖。後來中原逐漸平定，太祖撫摸著程昱的後背說：「兗州失敗後，如果不採用您的建議，我哪裏會有今天這樣的成功？」程昱的宗人獻上牛酒舉行宴會，程昱說：「知道滿足就不會招致羞辱，我可以隱退了。」便上表交出統率的軍隊，閉門不出。

6 程昱性情剛直暴躁，與人多有抵觸。有人告發程昱謀反，太祖給他的賞賜待遇越發優厚。魏國建立以後，程昱任衛尉，與中尉邢貞在路上互不相讓，爭奪儀仗隊的高下，被免官。文帝即帝位，又任衛尉，進封安鄉侯，增加封邑三百戶，加上以前所封共八百戶。又分封他的小兒子程延和孫子程曉為列侯。正要任程昱為三公時，適逢程昱去世，文帝為此而流淚，追贈他為車騎將軍，謚號為肅侯。兒子程武承襲爵位。程武去世，兒子程克承襲爵位。程克死，兒子程良承襲。

曉，嘉平中為黃門侍郎❶。時校事放橫❷，曉上疏曰：「周禮❸云：『設官分職，以為民極❹。』春秋傳❺曰：『天有十日，人有十等。』愚不得臨❻賢，賤不得臨貴。於是並建聖哲，樹之風聲[7]。明試以功[8]，九載考績[9]。各脩厥業[10]，思不出位[11]。故欒書欲拯晉侯，其子不聽[12]；死人橫於街路，邴吉不問[13]。上不責非職之功[14]，下不務分外之賞[15]，吏無兼統之勢[16]，民無二事之役[17]，斯誠為國要道，治亂所由也。遠覽典志，近觀秦漢，雖官名改易，職司不同，至於崇上抑下，顯分明例[18]，其致一[19]也。初無校事之官干與庶政者也。昔武皇帝大業草創，眾官未備，而軍旅勤苦，民心不安，乃有小罪，不可不察，故置校事，取其一切[20]耳，然檢御[21]有方，不至縱恣[22]也。此霸世[23]之權宜，非帝王之正典。其後漸蒙見任，復為疾病[24]，轉相因仍[25]，莫正其本[26]。遂令上察宮廟，下攝眾司，官無局業[27]，職無分限[28]，隨意任情，唯心所適。法造於筆端，不依科詔[29]；獄[30]成於門下，不顧覆訊[31]。其選官屬，以謹慎為粗疏，以謥詷[32]為賢能。其治事，以刻暴為公嚴[33]，以循理為怯弱。外則託天威[34]以為聲勢，內則聚羣姦以為腹心。大臣恥與分勢[35]，含忍[36]而不言；小人畏其鋒芒，鬱結[37]而無告。至使尹模[38]公於目下肆其姦慝[39]。罪惡之著，行路皆知，纖惡之過[40]，積年不聞[41]。既非周禮設官之意，又非春秋十等之義也。今外有公卿將校總統諸署，內有侍中[42]尚書綜理萬機，司隸校尉[43]督察京輦[44]，御史中丞[45]董攝[46]宮殿，皆高選賢才以充其職，申明科詔以督其違。

若此諸賢猶不足任，校事小吏，益不可信；若此諸賢各思盡忠，校事區區，亦復無益。若更高選國士以為校事，則是中丞司隸重增一官耳。若如舊選㊼，尹模之奸㊽今復發矣。進退推算，無所用之。昔桑弘羊㊾為漢求利，卜式㊿以為獨亨弘羊，天乃可雨。若使政治得失必感天地，臣恐水旱之災，未必非校事之由也。曹恭公[51]遠君子，近小人，國風[52]託以為刺。衛獻公[53]舍大臣，與小臣謀，定姜[54]謂之有罪。縱令校事有益於國，以禮義言之，尚傷大臣之心，況姦回[55]暴露，而復不罷，是袞闕[56]不補，迷而不返也。」於是遂罷校事官。曉遷汝南[57]太守，年四十餘薨。

【章　旨】以上記載了程昱的孫子程曉上疏諫罷校事官的事跡。

【注　釋】❶黃門侍郎　官名。掌侍從皇帝左右。❷校事放橫　校事，曹魏所置官，受皇帝委派，查處有不忠誠言行的官員。位低權重。放橫，放肆蠻橫。❸周禮　儒家經典，原名《周官》，亦稱《周官經》、《周官禮》。全書共分六篇，是研究先秦政治、經濟、文化的資料書。關於此書的作者及成書年代，歷來見解不一，有人認為是周公所撰，有人認為是戰國時期的著作，有人認為是西漢末年劉歆偽造。東漢鄭玄作注，唐賈公彥疏，清孫詒讓正義。❹民極　人民遵循的法則。❺春秋傳　指《春秋左氏傳》。❻臨　統治；治理。❼樹之風聲　樹立好的風尚。風聲，風尚。❽明試以功　仔細的考察官員的功勞。❾九載考績　每九年考察一次官員的政績。《尚書・虞典》：「三載考績，三考黜陟幽明。」❿各脩厥業　各自做好自己的本分工作。⓫出位　超出自己的職責範圍。⓬欒書欲拯晉侯二句　欒書，春秋時晉國大臣，在與楚國交戰時，晉國君主晉厲公的車子陷入泥中，當時欒書任指揮官，要親自去救援。欒書的兒子為晉厲公駕車，他認為把車子推出泥坑是自己的職責，欒書的職責是指揮打仗，便阻止了父親，自己把車推了出來。事見《左傳》成公十六年。⓭死人橫於街路二句　西漢宣帝時，邴吉任丞相。有一次他外出，看到有人在路上羣毆，死傷的人橫躺在路上。邴吉不加過問走了過去。又碰上有人趕牛，見牛吐著舌頭喘氣，便停下車來問趕牛人牛走了多遠。底下人奇怪，邴吉解釋說，百姓鬥毆死傷，是長安令、京兆尹的職責範圍內的事。而牛走路不遠便喘成這樣，是天太熱時氣失節的表現。而三公是管調和陰陽的，正在自己的職責範圍內，所以要問。事見《漢書・丙吉傳》。⑭非職之功　非本職範圍內的成績。⑮分外之賞　自己本分外的賞賜。⑯兼統之勢　全部合併管轄的權勢。⑰二事之役　同時做兩種勞役。⑱顯分明例　表明職責，明確等級。⑲其致一　都是一致的。⑳一切　一刀切，指臨時性的斷然處置。㉑檢御　約束；控制。㉒縱恣　任意放縱沒有約束。㉓霸世　用威勢、權術、刑法治理動盪局面的時代。㉔疾病　指政治生活中的弊端。㉕轉相因仍　輾轉因襲。㉖莫正其本　沒有人從根本上糾治。㉗局業　限定的職掌。㉘分限　職權範圍。㉙科詔　條例規章和皇帝詔命。㉚獄　審理案件。㉛覆訊　複審。㉜謥詷　辦事急躁。㉝公嚴　公正嚴明。㉞天威　皇帝的威勢。㉟分勢　爭權奪勢。㊱含忍　強忍著。㊲鬱結　憂慮蘊積。㊳尹模　當時一個校事的名字。㊴奸慝　奸詐邪惡的行為。㊵纖惡之過　纖小細微的罪過。㊶積年不聞　天子多年不聞不問。㊷侍中　官名。東漢後期與給事黃門侍郎組成侍中寺，管理宮門內外事務，出入宮廷。㊸司隸校尉　官名。掌糾察百官，與御史中丞、尚書令並稱「三獨坐」，職權顯赫。㊹京輦　京城。㊺御史中丞　官名。執掌監察執法，與司隸校尉、尚書令並稱「三獨坐」。為京師顯官，職權甚重。㊻董攝　統管。㊼如舊選　像過去那樣的選人充當校事。㊽尹模之奸　類似尹模那樣的奸詐邪惡行為。㊾桑弘羊　西漢大臣，洛陽（今河南洛陽）人，出身商人。歷任侍中、治粟都尉、大司農、御史大夫等職。積極推行重農抑商政策，堅持鹽鐵官營，實行均輸平準法，組織六十萬人屯戍邊疆，召開鹽鐵會議，後與上官桀謀反，被霍光所殺。其事散見於《史記・平準書》、《漢書・食貨志》等。㊿卜式　西漢官員，河南郡（今河南洛陽）人，以牧羊致富，多次用家財捐助政府，被任為中郎、御史大夫。反對鹽鐵專賣。詳見《漢書・卜式傳》。(51)曹恭公　春秋時曹國國君，名襄，晉公子重耳在曹國避難時，曾對重耳不禮貌。重耳回國執政後伐曹，將其生擒。事見《史記・晉世家》。(52)國風　《詩經》的組成部分，簡稱「風」，用於教化諷刺，表現一國之事。(53)衛獻公　春秋時魏國國君，名衎，定公之子，西元前五七六年即位，後被孫林父攻打，逃到齊國，流亡十二年後回國復位。詳見《史記・衛康叔世家》。(54)定姜　衛獻公的嫡母。(55)姦回　奸邪。(56)袞闕　君主的過失。袞，古代帝王的禮服，借指帝王。(57)汝南　郡名。治所在今河南平輿北。

【語　譯】程曉，嘉平年間任黃門侍郎。當時校事官放肆蠻橫，程曉上書說：「《周禮》說：『設官分職，作為百姓的法則。』《左傳》說：『天有十個太陽，人有十個等級。』愚昧的不能統治賢能的，低賤的不能統治高貴的，於是國家聖人哲人並用，以此樹立起良好的風尚。明白的考察官員的功勞，九年考察一次官員的政績。官員們各自做好自己的本分工作，思考問題也不超越職責範圍。所以欒書想親自拯救晉厲公，他的兒子不聽從；見到死人橫屍在路上，邴吉不詢問。在上位者不要求下屬做出非本職範圍內的成績，下屬也不追求自己本分外的賞賜，官吏沒有合併管轄的權勢，百姓也不同時服兩種勞役，這實在是治國重要的原則，社會治亂的根源。遠看古代的典章，近看秦漢兩朝，雖然官名改變，職掌不同，但說到崇上抑下，顯示職責，明確等級，都是一致的。從開始便沒有校事官干預政務的現象。過去武皇帝草創大業，許多官職還沒有設置，而軍務勤苦，民心不安定，以至於有微小的罪過，也不能不查辦，所以設置校事官，給予臨時性的權力罷了，然而因為控制有方，校事官們還不至於肆意放縱沒有約束。這是霸世的權宜方法，不是帝王的正式制度。到後來校事官漸漸受到信任，又成為政治上的弊端，輾轉因襲，不能從根本上糾治。於是校事官們上可以監察宮廷廟堂，下可以統領各個官署，為官沒有限定的職掌，任職沒有一定的權限，隨意任情，隨心所欲。法令出於他們的筆下，不是依照朝廷條例規章和皇帝詔命；案件就在他們的門下審理，不考慮複審核實。他們選擇屬官，把謹慎視為粗疏，把辦事急躁視為賢能。他們處理事情，把苛刻暴虐視為公正嚴明，把循理按情視為膽小怯弱。對外用皇帝的威勢為自己製造聲勢，對內糾集一羣奸佞作為心腹。大臣們恥於與他們爭權奪勢，他們強忍著憤怒不說；小民們畏懼他們的鋒芒，憂慮蘊積而無處申訴。以至於讓尹模公然在眾人眼下肆行奸邪。罪惡昭著，路人皆知，而細小的罪惡，天子多年不聞不問。這既不符合《周禮》設官之意，也不是《春秋》所說的人有十等的意思。如今朝廷外有公卿將校總管各個官署，內有侍中尚書總理朝中各種事務，司隸校尉督察京城地區，御史中丞統管宮殿，全都是由高標準選拔的賢才來擔任，又申明各種規定及皇帝詔命，來督察官員的違法舉動。如果這些賢才還不值得信任，校事這種小官，就更加不可信任了；如果這些賢才各思盡忠，那些區區的校事們，也就沒有什麼用處了。如果再高標準選拔人才來任校事，就是再增加了一重御史中丞司隸校尉之類的官員罷了。如果像過去那樣的選人充當校事，那麼類似尹模那樣的奸詐邪惡行為就會重新發生了。前後考慮，校事都沒有什麼用處。過去桑弘羊為漢朝尋求利益，而卜式認為只有殺了桑弘羊，上天才能降雨。假使政治上的得失一定能感動天地，臣恐怕當前的水旱之災，未必不是由校事官們引起的。過去曹恭公疏遠君子，親近小人，《詩經．國風》藉物諷刺他。衛獻公拋開大臣，與小臣商議，定姜說他有罪。即使校事有益於國家，從禮義的角度來說，也還是傷了大臣們的心，何況他們奸邪已經暴露，而還不取消這一官職，這是君主有了過失而不補救，迷途而不知返呀。」於是朝廷便取消了校事官。程曉升遷為汝南郡太守，四十多歲時去世。

1 郭嘉，字奉孝，潁川陽翟❶人也。初，北見袁紹，謂紹謀臣辛評、郭圖❷曰：「夫智者審於量主❸，故百舉百全而功名可立也。袁公徒欲效周公❹之下士，而未知用人之機❺。多端寡要❻，好謀無決，欲與共濟天下大難，定霸王之業，難矣！」於是遂去之。先是時，潁川戲志才，籌畫士❼也，太祖甚器之。早卒。太祖與荀彧書曰：「自志才亡後，莫可與計事者。汝、潁固多奇士❽，誰可以繼之？」彧薦嘉。召見，論天下事。太祖曰：「使孤成大業者，必此人也。」嘉出，亦喜曰：「真吾主也。」表為司空軍祭酒❾。

2 征呂布，三戰破之，布退固守。時士卒疲倦，太祖欲引軍還，嘉說太祖急攻之，遂禽布。語在荀攸❿傳。

3 孫策⓫轉鬭千里，盡有江東⓬，聞太祖與袁紹相持於官渡⓭，將渡江北襲許。

眾聞皆懼，嘉料之曰：「策新并江東，所誅皆英豪雄傑，能得人死力者也。然策輕而無備，雖有百萬之眾，無異於獨行中原⑭也。若刺客伏起，一人之敵耳。以吾觀之，必死於匹夫之手。」策臨江未濟，果為許貢⑮客所殺。

4 從破袁紹，紹死，又從討譚、尚於黎陽，連戰數克。諸將欲乘勝遂攻之，嘉曰：「袁紹愛此二子，莫適立⑯也。有郭圖、逢紀⑰為之謀臣，必交鬬其間，還相離也。急之⑱則相持，緩之而後爭心生。不如南向荊州若征劉表⑲者，以待其變；變成而後擊之，可一舉定也。」太祖曰：「善。」乃南征。軍至西平⑳，譚、尚果爭冀州㉑。譚為尚軍所敗，走保平原㉒，遣辛毗㉓乞降。太祖還救之，遂從定鄴。又從攻譚於南皮㉔，冀州平。封嘉洧陽亭侯。

5 太祖將征袁尚及三郡烏丸㉕，諸下多懼劉表使劉備襲許以討太祖，嘉曰：「公雖威震天下，胡㉖恃其遠，必不設備。因其無備，卒然擊之，可破滅也。且袁紹有恩於民夷㉗，而尚兄弟生存。今四州㉘之民，徒以威附㉙，德施未加，舍而南征，尚因烏丸之資，招其死主之臣㉚，胡人一動，民夷俱應，以生蹋頓㉛之心，成覬覦之計，恐青、冀非己之有也。表，坐談客耳，自知才不足以御備㉜，重任之則恐不能制，輕任之則備不為用，雖虛國遠征，公無憂矣。」太祖遂行。至易㉝，嘉言曰：「兵貴神速。今千里襲人，輜重㉞多，難以趨㉟利，且彼聞之，必為備；不如留輜重，輕兵兼道以出，掩其不意。」太祖乃密出盧龍塞㊱，直指單于庭。虜卒聞太祖至，惶怖合戰。大破之，斬蹋頓及名王㊲已下。尚及兄熙走遼東㊳。

6 嘉深通㊴有算略，達於事情㊵。太祖曰：「唯奉孝為能知孤意。」年三十八，自柳城㊶還，疾篤，太祖問疾者交錯。及薨，臨其喪，哀甚，謂荀攸等曰：「諸君年皆孤輩也，唯奉孝最少。天下事竟，欲以後事屬之，而中年夭折，命也夫！」乃表曰：「軍祭酒郭嘉，自從征伐，十有一年。每有大議，臨敵制變。臣策未決，嘉輒成之。平定天下，謀功為高。不幸短命，事業未終。追思嘉勳，實不可忘。可增邑八百戶，并前千戶。」諡曰貞侯。子奕嗣。

7 後太祖征荊州還，於巴丘㊷遇疾疫，燒船，歎曰：「郭奉孝在，不使孤至此。」初，陳羣㊸非嘉不治行檢㊹，數廷訴㊺嘉，嘉意自若。太祖愈益重之，然以羣能持正，亦悅焉。奕為太子文學㊻，早薨。子深嗣。深薨，子獵嗣。

【章　旨】以上為〈郭嘉傳〉，記載了郭嘉擇主而效的過程和他對曹操事業的貢獻，也記載了他與曹操之間的親密關係。

【注　釋】❶潁川陽翟　潁川，郡名。治所在今河南禹州。陽翟，縣名。治所在今河南禹州。❷郭圖　字公則，潁川（今河南禹州）人，袁紹謀士。初為郡計史，後歸袁紹。曾勸袁紹迎獻帝都鄴，未被採納。官渡之戰後，黨附袁紹的兒子袁譚，後被曹操所殺。其事散見於《後漢書・袁紹列傳》李賢注引《九州春秋》及本卷等。❸量主　衡量選擇主人。❹周公　姓姬名旦，周文王之子，武王弟。周成王時攝政，平定三國之亂。在任分封諸國，推行井田，制禮作樂，是西周傑出的政治家。詳見《史記・周本紀》。❺機　關鍵。❻多端寡要　想得多而不能切中要害。❼籌畫士　謀士。❽汝潁固多奇士　東漢後期以來，具有出色政治才幹的名士許多都是汝南或潁川郡人，當時有「汝潁多奇士」之說。❾司空軍祭酒　司空的屬官，東漢建安三年（西元一九八年）曹操任司空時所置。❿荀攸　字公達，潁川潁陽（今河南許昌西）人，曹操謀士。東漢末任黃門侍郎，參與謀殺董卓，後至荊州。曹操聞其名，徵為汝南太守。多智多謀，隨曹操征張繡、呂布、袁紹，常運籌帷幄，屢出奇計。詳見本書卷十〈荀攸傳〉。⓫孫策　字伯符，孫堅長子，吳郡富春（今浙江富陽）人。東漢末先投奔袁術，被袁術表為折衝校尉。後率兵東渡長江，在江東建立政權。詳見本書卷四十六〈孫策傳〉。⓬江東　地區名。長江在蕪湖、南京間作西南、東北流向，隋唐以前，是南北往來主要渡口所在之地，習慣上稱自此以下的長江南岸地區為江東。也把孫吳的全部轄區稱為江東。⓭官渡　地名。故址在今河南中牟東北，臨古官渡水。⓮獨行中原　獨自行走在原野之中。⓯許貢　東漢末官吏，先後任吳郡都尉、吳郡太守，被孫策所殺。事見本書卷四十六〈孫策傳〉。⓰莫適立　不能確立繼承人。⓱逢紀　字元圖，袁紹謀臣。聰達有計謀，受袁紹信任。官渡之戰與審配共統軍事，後來被袁譚所殺。詳見《三國志・袁紹傳》裴松之注引《英雄記》。⓲急之　攻打得急迫。⓳劉表　字景升，山陽高平（今山東微山縣西北）人。東漢遠支皇族。曾任荊州刺史，據有今湖南、湖北地方。後為荊州牧。他在羣雄混戰中，採取觀望態度，轄區破壞較小，中原人來避難者甚眾。後病死，其子劉琮降於曹操。詳見本書卷六〈劉表傳〉。⓴西平　縣名。治所在今河南西平西。㉑冀州　州名。治所在今河北冀州。㉒平原　縣名。治所在今山東平原南。㉓辛毗　字佐治，潁川陽翟（今河南禹州）人，祖居隴西，東漢建武年間遷居潁川。初從袁紹，後歸曹操。歷任議郎、侍中、衛尉等職。詳見本書卷二十五〈辛毗傳〉。㉔南皮　縣名。治所在今河北南皮北。㉕三郡烏丸　三郡，指遼西、遼東屬國、右北平三郡，為烏丸聚居地。烏丸，東北古代少數民族。㉖胡　泛指北方少數民族。此指三郡烏丸。㉗民夷　漢族和少數民族。㉘四州　冀、青、幽、并四州。㉙徒以威附　僅僅因為懼怕您的聲威而降附。㉚死主之臣　以死報效的臣僚。㉛蹋頓　遼西郡烏丸族的首領。有武略，獻帝初平中被立為大人，乘天下大亂攻略漢地，勢力漸強，後被曹操所殺。詳見本書卷三十〈烏丸傳〉。㉜御備　抵禦劉備。㉝易　縣名。治所在今河北雄縣西北。㉞輜重　軍用物資。㉟趨　宋本作「趣」，二字通。㊱盧龍塞　關隘名。又稱盧龍、盧龍口，即今潘家口，在今河北喜峰口附近。古有塞道，自今河北涿州東北經遵化，循灤河河谷，折東趨大淩河流域，是河北平原通向東北的交通要道。㊲名王　烏丸族有名的酋長。㊳遼東　郡名。治所在今遼寧遼陽。㊴深通　深思熟慮。㊵達於事情　通曉事物情理。㊶柳城　縣名。治所在今遼寧朝陽南。㊷巴丘　山名。在今湖南岳陽南。㊸陳羣　字文長，潁川許昌（今河南許昌東）人，深得曹操信任，歷任曹魏尚書僕射、錄尚書事等。文帝病重，與曹真等人受遺詔輔政。詳見本書卷二十二〈陳羣傳〉。㊹不治行檢　不修養品行自我約束。㊺廷訴　在朝堂上公開批評。㊻太子文學　太子屬官，文學侍從。

【語譯】郭嘉，字奉孝，潁川郡陽翟縣人。當初，他北上見袁紹，對袁紹的謀臣辛評、郭圖說：「明智的人審慎的衡量選擇主人，所以能夠百事百成，從而建立功名。袁公只想仿效周公禮賢下士，然而不知道用人的關鍵。想得多而不能切中要害，喜歡策謀，不能決斷，要與他共同拯救天下危難，建立霸王的功業，難呀！」於是便離開了袁紹。在此以前，潁川人戲志才，也是個謀士，太祖甚為器重他。但他早死。太祖寫信給荀彧說：「自從戲志才死後，沒有可以和我商量事情的人了。汝南、潁川本來有很多人才奇士，誰可以接續戲志才呢？」荀彧推薦了郭嘉。太祖召見郭嘉，談論天下大事。太祖說：「讓我成就大業的，一定是這個人。」郭嘉出來，也高興的說：「這真正是我的主人。」太祖上表任郭嘉為司空軍祭酒。

2　太祖征討呂布，三次交戰都打敗了他，呂布退回堅守城池。當時士兵疲倦，太祖想要率軍返回，郭嘉勸太祖加緊進攻呂布，於是活捉了呂布。這件事記載在〈荀攸傳〉。

3　孫策轉戰千里，完全占有了江東地區，聽說太祖與袁紹在官渡對峙，準備渡江北上襲擊許縣。大家聽說了全都很害怕，郭嘉預料說：「孫策剛剛吞併江東，所誅殺的都是英雄豪傑，又是個能讓人為他拚死效力的人。但是孫策行動輕率而不設防備，雖有百萬的兵眾，無異於獨自行走原野。如果刺客伏擊，只消一個人便能對付他。在我看來，他必定會死於匹夫之手。」孫策來到長江邊尚未渡江，果然被許貢的門客所殺。

4　郭嘉隨從太祖打敗袁紹，袁紹死，又隨從太祖在黎陽討伐袁譚、袁尚，屢戰屢勝。將領們想乘勝急攻袁譚、袁尚，郭嘉說：「袁紹喜愛這兩個兒子，沒有確立繼承人。又有郭圖、逢紀分別做他們的謀臣，一定會在中間互相爭鬥，又互相背離。我們急迫的攻打他們就會互相支持，我們攻勢放慢他們的爭鬥之心就會產生。

不如南向荊州做出征討劉表的樣子，用來等待他們出現變故，變故形成後再攻打他們，可以一舉平定。」太祖說：「好。」便南進征討劉表。大軍到達西平縣，袁譚、袁尚果然爭奪冀州。袁譚被袁尚打敗，逃到平原縣自保，派遣辛毗請求投降。太祖回軍救援袁譚，於是郭嘉隨從太祖平定了鄴城。又隨從太祖在南皮縣進攻袁譚，冀州平定。封郭嘉為洧陽亭侯。

5 太祖將要征伐袁尚以及三郡烏丸，部下大多懼怕劉表派劉備襲擊許縣征討太祖，郭嘉說：「您雖威震天下，胡人仗恃離您遙遠，一定不設防備。我們乘其不備，突然進攻他們，可把他們殲滅。況且袁紹有恩於漢人和少數民族，而且袁尚兄弟還活著。如今四州百姓僅僅是因您的聲威才降附，還沒對他們施以恩德，捨棄烏丸而南征荊州，袁尚就會憑藉烏丸的力量，招納能為主人效死力的臣子，烏丸人一蠢動，漢人和少數民族都會響應，這樣就會讓蹋頓產生野心，實現他侵吞中原的計畫，到那時恐怕青州、冀州就不歸我們所有了。劉表，不過是個坐談政治的人罷了，自己知道才能不能抗禦劉備，重用劉備則怕不能控制他；不重用劉備那麼劉備又不肯為他效力。即使我們傾全國之力遠征，您也沒什麼可擔憂的。」太祖於是出兵。到達易縣，郭嘉說：「兵貴神速。如今我們遠行千里襲擊敵人，軍用物資眾多，難以迅速利用有利條件，況且烏丸聽到了消息，必然防備；不如留下軍用物資，輕裝趕路進軍，出其不意的發動攻擊。」太祖便祕密從盧龍塞出兵，直指烏丸首領的駐地。烏丸突然聽說曹軍到來，驚慌失措的迎戰。曹軍大破烏丸，斬殺了蹋頓和其他名王以下的將領。袁尚和他的哥哥袁熙逃奔到遼東郡。

6 郭嘉深思熟慮，有謀略，通曉事物情理。太祖說：「只有奉孝能知道我的心意。」郭嘉三十八歲時，從柳城回來，病重，太祖派去探問病情的人在路上往來交錯。到了郭嘉去世時，太祖親臨弔唁，非常悲傷，告訴荀攸等人說：「你們的年齡都和我是同輩，只有奉孝最年輕。天下大事成功後，我想要將身後的事情託付給他，然而他卻中年夭折，這是命啊！」便上表說：「軍祭酒郭嘉，自從隨我征伐，至今十一年。經常提出重大建議，面對敵人隨機應變。我的策略還沒有決斷，郭嘉往往謀略已成了。平定天下，郭嘉出謀劃策的功勞很高。不幸短命，事業未終。追思郭嘉的功勳，實在是不能忘卻。可增加他封邑八百戶，加上前面所封共一千戶。」賜謚為貞侯。兒子郭奕承襲爵位。

7 後來太祖征討荊州回來，在巴丘遇到疫病流行，燒掉戰船，感嘆說：「如果郭奉孝在世，不會讓我到這種地步。」當初，陳羣指責郭嘉不修養品行自我約束，多次在朝堂上公開批評他，而郭嘉卻神情自如。太祖更加器重他，然而因為陳羣能持守正道，太祖也很喜歡。郭奕為太子文學，早死。兒子郭深承襲爵位。郭深去世，兒子郭獵承襲爵位。

1 董昭，字公仁，濟陰定陶❶人也。舉孝廉❷，除廮陶❸長、柏人❹令，袁紹以為參軍事。紹逆公孫瓚於界橋❺，鉅鹿❻太守李邵及郡冠蓋❼，以瓚兵彊，皆欲屬瓚。紹聞之，使昭領鉅鹿❽。問：「禦以何術？」對曰：「一人之微，不能消眾謀，欲誘致其心，唱與同議，及得其情，乃當權以制之耳。計在臨時，未可得言。」時郡右姓❾孫伉等數十人專為謀主，驚動吏民。昭至郡，偽作紹檄告郡云：「得賊羅侯❿安平⓫張吉辭，當攻鉅鹿，賊故孝廉孫伉等為應，檄到收行軍法，惡止其身，妻子勿坐⓬。」昭案檄告令⓭，皆即斬之。一郡惶恐，乃以次安慰，遂皆平集⓮。事訖白紹，紹稱善。會魏郡⓯太守栗攀為兵所害，紹以昭領魏郡太守。時郡界大亂，賊以萬數，遣使往來，交易市買。昭厚待之，因用為間⓰，乘虛掩討，輒大克破。二日之中，羽檄⓱三至。

2 昭弟訪，在張邈軍中。邈與紹有隙，紹受讒將致罪於昭。昭欲詣漢獻帝[18]，至河內[19]，為張楊[20]所留。因楊上還印綬，拜騎都尉。時太祖領兗州，遣使詣楊，欲令假塗西至長安[21]，楊不聽。昭說楊曰：「袁、曹雖為一家，勢不久羣[22]。曹今雖弱，然實天下之英雄也，當故結之。況今有緣，宜通其上事，并表薦之；若事有成，永為深分[23]。」楊於是通太祖上事，表薦太祖。昭為太祖作書與長安諸將李傕、郭汜[24]等，各隨輕重致殷勤[25]。楊亦遣使詣太祖。太祖遺楊犬馬金帛，遂與西方往來。天子在安邑[26]，昭從河內往，詔拜議郎[27]。

3 建安元年[28]，太祖定黃巾于許，遣使詣河東。會天子還洛陽[29]，韓暹[30]、楊奉[31]、董承[32]及楊各違戾不和。昭以奉兵馬最彊而少黨援，作太祖書與奉曰：「吾與將軍聞名慕義，便推赤心。今將軍拔萬乘[33]之艱難，反之舊都，翼佐之功，超世無疇[34]，何其休哉[35]！方今羣凶猾夏[36]，四海未寧，神器[37]至重，事在維輔[38]；必須眾賢以清王軌[39]，誠非一人所能獨建。心腹四支，實相恃賴，一物不備，則有闕焉。將軍當為內主，吾為外援。今吾有糧，將軍有兵，有無相通，足以相濟，死生契闊[40]，相與共之。」奉得書喜悅，語諸將軍曰：「兗州諸軍近在許耳，有兵有糧，國家所當依仰也。」遂共表太祖為鎮東將軍[41]，襲父爵費亭侯；昭遷符節令㊷。

4 太祖朝天子於洛陽，引昭並坐，問曰：「今孤來此，當施何計？」昭曰：「將軍興義兵以誅暴亂，入朝天子，輔翼王室，此五伯㊸之功也。此下㊹諸將，人殊意異，未必服從，今留匡弼，事勢不便，惟有移駕幸許耳。然朝廷播越㊺，新還舊京，遠近跂望㊻，冀一朝獲安。今復徙駕，不厭眾心㊼。夫行非常之事，乃有非常之功，願將軍算其多者。」太祖曰：「此孤本志也。楊奉近在梁㊽耳，聞其兵精，得無為孤累乎㊾？」昭曰：「奉少黨援，將獨委質。鎮東、費亭之事㊿，皆奉所定，又聞書命申束(51)，足以見信。宜時(52)遣使厚遺答謝，以安其意。說『京都無糧，欲車駕暫幸魯陽(53)，魯陽近許，轉運稍易(54)，可無縣乏之憂(55)』。奉為人勇而寡慮，必不見疑，比使往來(56)，足以定計。奉何能為累！」太祖曰：「善。」即遣使詣奉。徙大駕至許。奉由是失望，與韓暹等到定陵(57)鈔暴。太祖不應，密往攻其梁營，降誅即定。奉、暹失眾，東降袁術。三年(58)，昭遷河南尹(59)。時張楊為其將楊醜所殺，楊長史薛洪、河內太守繆尚城守待紹救。太祖令昭單身入城，告喻洪、尚等，即日舉眾降。以昭為冀州牧。

5 太祖令劉備拒袁術，昭曰：「備勇而志大，關羽、張飛為之羽翼，恐備之心未可得論[60]也！」太祖曰：「吾已許之矣。」備到下邳[61]，殺徐州刺史車冑，反。太祖自征備，徙昭為徐州牧。袁紹遣將顏良攻東郡，又徙昭為魏郡太守，從討良。良死後，進圍鄴城。袁紹同族春卿為魏郡太守，在城中，其父元長在揚州[62]，太祖遣人迎之。昭書與春卿曰：「蓋聞孝者不背親以要利，仁者不忘君以徇私，志士不探亂[63]以徼幸，智者不詭道[64]以自危。足下大君[65]，昔避內難，南游百越[66]，非疏骨肉，樂彼吳會[67]，智者深識[68]，獨或宜然。曹公愍其守志清恪[69]，離羣寡儔，故特遣使江東，或迎或送，今將至矣。就令[70]足下處偏平[71]之地，依德義之主，居有泰山之固，身為喬松[72]之偶，以義言之，猶宜背彼向此[73]，舍民趣父也。且邾儀父[74]始與隱公[75]盟，魯人嘉之，而不書爵，然則王所未命，爵尊不成，春秋之義也。況足下今日之所託者乃危亂之國，所受者乃矯誣[76]之命乎？苟不逞[77]之與羣，而厥父之不恤，不可以言孝。忘祖宗所居之本朝[78]，安非[79]正之奸職，難可以言忠。忠孝並替[80]，難以言智。又足下昔日為曹公所禮辟，夫戚族人[81]而疏所生，內所寓[82]而外王室，懷邪祿而叛知己，遠福祚而近危亡，棄明義而收大恥，不亦可惜邪！若能翻然易節，奉帝養父，委身曹公，忠孝不墜，榮名彰矣。宜深留計[83]，早決良圖。」鄴既定，以昭為諫議大夫[84]。後袁尚依烏丸蹋頓，太祖將征之。患軍糧難致，鑿平虜、泉州[85]二渠入海通運，昭所建也。太祖表封千秋亭侯，轉拜司空軍祭酒。

6 後昭建議：「宜修古建封五等[86]。」太祖曰：「建設五等者，聖人也，又非人臣所制，吾何以堪之[87]？」昭曰：「自古以來，人臣匡世，未有今日之功。有今日之功，未有久處人臣之勢者也。今明公恥有慚德而未盡善[88]，樂保名節而無大責[89]，德美過於伊[90]、周，此至德之所極也。然太甲[91]、成王[92]未必可遭[93]，今民難化，甚於殷、周，處大臣之勢，使人以大事疑己，誠不可不重慮也。明公雖邁[94]威德，明法術，而不定其基，為萬世計，猶未至也。定基之本，在地與人，宜稍建立，以自藩衛。明公忠節穎露，天威在顏，耿弇牀下之言[95]，朱英無妄之論[96]，不得過耳。昭受恩非凡，不敢不陳。」後太祖遂受魏公、魏王之號，皆昭所創。

7 及關羽圍曹仁[97]於樊[98]，孫權遣使辭以「遣兵西上，欲掩取羽。江陵、公安累重[99]，羽失二城，必自奔走，樊軍之圍，不救自解。乞密不漏，令羽有備」。太祖詰羣臣，羣臣咸言宜當密之。昭曰：「軍事尚權[100]，期於合宜[101]。宜應權以密，而內露之。羽聞權上，若還自護，圍則速解，便獲其利。可使兩賊相對銜持，坐待其弊。祕而不露，使權得志，非計之上。又，圍中將吏不知有救，計糧怖懼，儻有他意[102]，為難不小。露之為便[103]。且羽為人彊梁[104]，自恃二城守固，必不速退。」太祖曰：「善。」即敕救將徐晃[105]以權書射著圍裏及羽屯中，圍裏聞之，志氣百倍。羽果猶豫。權軍至，得其二城，羽乃破敗。

8 文帝即王位，拜昭將作大匠[106]。及踐阼，遷大鴻臚[107]，進封右鄉侯。二年[108]，分邑百戶，賜昭弟訪爵關內侯，徙昭為侍中。三年，征東大將軍曹休[109]臨江在洞浦口[110]，自表：「願將銳卒虎步[111]江南，因敵取資[112]，事必克捷；若其無臣，不須為念。」帝恐休便[113]渡江，驛馬詔止。時昭侍側，因曰：「竊見陛下有憂色，獨[114]以休濟江故乎？今者渡江，人情所難，就休有此志，勢不獨行，當須諸將。臧霸[115]等既富且貴，無復他望，但欲終其天年，保守祿祚而已，何肯乘危自投死地，以求徼倖？苟霸等不進，休意自沮[116]。臣恐陛下雖有敕渡之詔，猶必沉吟[117]，未便從命也。」是後無幾[118]，暴風吹賊船，悉詣休等營下，斬首獲生，賊遂迸散。詔敕諸軍促渡。軍未時進[119]，賊救船遂至。

9 大駕幸宛[120]，征南大將軍夏侯尚[121]等攻江陵，未拔。時江水淺狹，尚欲乘船將步騎入渚[122]中安屯，作浮橋，南北往來，議者多以為城必可拔。昭上疏曰：「武皇帝智勇過人，而用兵畏敵，不敢輕之若此也。夫兵好進惡退，常然之數。平地無險，猶尚艱難，就當深入，還道宜利[123]，兵有進退，不可如意[124]。今屯渚中，至深也；浮橋而濟，至危也；一道而行，至狹也：三者兵家所忌，而今行之。賊頻攻橋，誤有漏失[125]，渚中精銳，非魏之有，將轉化為吳矣。臣私慼之，忘寢與食，而議者怡然不以為憂，豈不惑哉！加江水向長，一旦暴增，何以防禦？就不破賊，尚當自完。奈何乘危，不以為懼？事將危矣，惟陛下察之！」帝悟昭言，即詔尚等促出。賊兩頭並進[126]，官兵一道引去，不時得泄[127]，將軍石建、高遷僅得自免。軍出旬日，江水暴長。帝曰：「君論此事，何其審也！正使張、陳[128]當之，何以復加。」五年[129]，徙封成都鄉侯，拜太常[130]。其年，徙光祿大夫[131]、給事中[132]。從大駕東征，七年還，拜太僕[133]。明帝[134]即位，進爵樂平侯，邑千戶，轉衛尉[135]。分邑百戶，賜一子爵關內侯。

太和四年[136]，行司徒事[137]，六年，拜真[138]。昭上疏陳末流之弊曰：「凡有天下者，莫不貴尚敦樸忠信之士，深疾虛偽不真之人者，以其毀教亂治，敗俗傷化也。近魏諷[139]則伏誅建安之末，曹偉[140]則斬戮黃初之始。伏惟前後聖詔，深疾浮偽，欲以破散邪黨，常用切齒[141]；而執法之吏皆畏其權[142]勢，莫能糾擿[143]，毀壞風俗，侵欲滋甚。竊見當今年少，不復以學問為本，專更以交游為業；國士不以孝悌清修為首，乃以趨勢游利為先。合黨連羣[144]，互相褒歎，以毀呰[145]為罰戮，用黨譽為爵賞，附己者則歎之盈言[146]，不附者則為作瑕釁[147]。至乃相謂：『今世何憂不度[148]邪，但求人道不勤[149]，羅之不博[150]耳；又何患其不知己矣，但當吞之以藥而柔調[151]耳。』又聞或有使奴客名作在職家人[152]，冒之出入，往來禁奧[153]，交通書疏，有所探問。凡此諸事，皆法之所不取，刑之所不赦，雖諷、偉之罪，無以加也。」

帝於是發切詔[154]，斥免諸葛誕[155]、鄧颺[156]等。昭年八十一薨，諡曰定侯。子冑嗣。冑歷位郡守、九卿。

【章　旨】以上為〈董昭傳〉，記載了董昭在曹操、曹丕、曹叡三朝建言獻策充滿智慧的一生。

【注　釋】❶濟陰定陶　濟陰，郡國名。治所在今山東定陶西北。❷孝廉　漢代察舉官吏的科目名。孝指孝子，廉指廉吏。漢武帝元光元年（西元前一三四年）初，令郡國各舉孝廉一人，後合稱孝廉。❸癭陶　縣名。治所在今河北寧晉西南。❹柏人　縣名。治所在今河北隆堯西。❺界橋　地名。在今河北威縣東北。❻鉅鹿　郡名。治所在今河北寧晉西南。❼冠蓋　冠服和車蓋。此指官紳名流。❽領鉅鹿　兼任鉅鹿郡太守。❾右姓　地方大姓豪族。❿羅候　偵探。⓫安平　郡國名。治所在今河北冀州。⓬妻子勿坐　不牽連妻子兒女。⓭案檄告令　根據檄文告令。⓮平集　平定。⓯魏郡　郡名。治所在今河北魏縣。⓰間　離間。⓱羽檄　緊急文書。⓲漢獻帝　名劉協，字伯和，靈帝子，為董卓所立。董卓死後，又被李傕所掠。建安元年（西元一九六年）被曹操迎至許昌。西元二二〇年曹魏建立，被廢為山陽公。詳見《後漢書・孝獻帝紀》。⓳河內　郡名。治所在今河南武陟西南。⓴張楊　字稚叔，雲中（今內蒙古呼和浩特西南）人，東漢末將領。靈帝末任西園軍假司馬，西園軍散後，回本州募兵，得千餘人。董卓之亂時，割據上黨，任建義將軍、河內太守。與呂布關係好，助呂布對抗曹操，後被部下所殺。詳見本書卷八〈張楊傳〉。㉑長安　城名。在今陝西西安附近。㉒勢不久羣　勢必不會長久合作。㉓深分　深交。㉔李傕郭汜　李傕，字稚然，北地（今寧夏青銅峽市東南）人，董卓部將，董卓死後縱兵劫掠長安，殺死王允，又與郭汜互相攻伐，劫掠獻帝，自為大司馬。建安初年被關中諸將殺死。其事散見於《後漢書・董卓列傳》李賢注引《英雄記》及本卷。郭汜，張掖（今甘肅張掖西北）人，董卓部將，後被部將五習襲殺於郿縣。㉕殷勤　深情厚意。㉖安邑　縣名。治所在今山西夏縣西北。㉗議郎　高級郎官，執掌顧問應對，參與議政，指陳朝政得失。㉘建安元年　西元一九六年。建安，東漢獻帝劉協年號，西元一九六—二二〇年。㉙洛陽　城名。在今河南洛陽東。㉚韓暹　原為白波軍將領，後助楊奉與李傕、郭汜戰。脅迫獻帝都安邑，拜為征東大將軍。因糧盡兵亂還洛陽。後被張宣所殺。其事散見於《後漢書・孝獻帝紀》、〈董卓列傳〉等。㉛楊奉　本為白波軍將領，後為李傕部將，參與董卓死後的長安之亂。其事散見於《後漢書・孝獻帝紀》、〈董卓列傳〉等。㉜董承　漢獻帝母董太后之姪，獻帝的岳父。與劉備謀誅曹操，事洩被殺。其事散見於《後漢書・孝獻帝紀》、〈獻帝伏皇后紀〉等。㉝萬乘　指漢獻帝。㉞無疇　無比。㉟何其休哉　何等的美呀。㊱猾夏　擾亂中國。㊲神器　皇權。㊳維輔　維護輔佐。㊴王軌　王朝的統治秩序。㊵契闊　勞苦。㊶鎮東將軍　武官名。與鎮南將軍、鎮西將軍、鎮北將軍合稱四鎮。㊷符節令　官名。負責管理兵符、官符、符節等。㊸五伯　即春秋時五霸。㊹此下　這裏。㊺播越　流徙。㊻跂望　踮起腳尖眺望。㊼不厭眾心　不符合眾人的心意。㊽梁　即梁縣，治所在今河南臨汝東。㊾得無為孤累乎　該不會成為我的禍害吧。㊿鎮東費亭之事　東漢建安元年（西元一九六年），曹操被朝廷任命為鎮東將軍，封費亭侯。(51)申東　申明約束。(52)時　及時。(53)魯陽　縣名。治所在今河南魯山縣。(54)轉運稍易　運輸很容易。稍，很。(55)縣乏之憂　缺乏的擔心。(56)比使往來　等到使者去了再回來。(57)定陵　縣名。治所在今河南舞陽東北。(58)三年　建安三年（西元一九八年）。(59)河南尹　京城洛陽所在的郡，治所在今河南洛陽東。此指河南尹長官。(60)未可得論　不能預料。(61)下邳　縣名。治所在今江蘇睢寧西北。(62)揚州　州名。東漢末年揚州治所在今安徽壽縣。三國時魏吳各置揚州，曹魏揚州治所在今壽縣，孫吳揚州治所在今南京。(63)探亂　嘗試參與動亂。(64)詭道　違背正道。(65)大君　尊稱對方的父親。(66)百越　古代南方少數民族。此指袁春卿父親暫住的揚州。(67)吳會　吳，郡名。治所在今江蘇蘇州。會，即會稽郡，治所在今浙江紹興。(68)深識　看得深遠。(69)守志清恪　恪守志向清高謹慎。(70)就令　即使。(71)偏平　偏遠平安。(72)喬松　喬即王喬，松即赤松子，都是古代傳說中的仙人。(73)背彼向此　彼指袁紹，此指曹操。(74)郲儀父　郲，一作「鄒」。又稱郲婁，先秦國名，傳說是顓頊後裔所建，曹姓，都城為郲（今山東曲阜東南）。戰國時被楚所滅。儀父，春秋時邾國國君，名克，字儀父。西元前七二二年與魯隱公盟會，因當時沒有得到周天子的封爵，所以《左傳》隱公元年記載為「邾儀父」，而不稱其為國君。(75)隱公　即魯隱公，春秋時魯國國君，名息姑，惠公庶子。在位十一年，被公子揮派人所殺。事見《史記・魯周公世家》。(76)矯誣　假託和虛妄。(77)不逞　為非作歹的人。(78)本朝　指漢朝。(79)非　原作「未」，今從宋本。(80)替　廢。(81)戚族人　親近族人。族人指袁紹。(82)內所寓　親近所暫時居住的地方。(83)深留計　深深的留意。(84)諫議大夫　官名。掌議論、顧問、參謀。(85)平虜泉州　平虜，即平虜渠，故道在今河北青縣與天津獨流鎮之間。泉州，即泉州渠，故道在今天津寶坻境內。(86)修古建封五等　實行古法建立公、侯、伯、子、男五等封爵制度。當時東漢異姓封王，最高為列侯，董昭這個建議，真實意圖在於增置公爵，為曹操晉升魏公、魏王鋪路。(87)何以堪之　怎能擔當得起。(88)恥有慚德而未盡善　怕德行有缺而不敢更上一層樓為帝王。慚德，德行有缺、不圓滿。語出《尚書・仲虺之誥》：「成湯放桀於南巢，惟有慚德。」盡善，指進為帝王。(89)無大責　沒有承擔更大的責任。大責，亦指為帝王。(90)伊　伊即伊尹，名阿衡，夏朝時隱士，湯王聞其名，派人迎請之。使者迎至五次，伊尹乃從，成為商湯的輔政大臣，輔佐商湯滅夏。商王太甲怠於政事，伊尹將其流放，後太甲悔過自責，伊尹又把他迎回。詳見《史記・殷本紀》。(91)太甲　商代國王，商湯的嫡長孫。詳見《史記・殷本紀》。(92)成王　即周成王，姓姬名誦，周武王之子。其在位時實行分封，制禮作樂，遷殷民，伐東夷，國治民康。成王初繼位時，管叔、蔡叔、霍叔、武庚起兵反，四國作難即指此。後被周公平定。詳見《史記・周本紀》。(93)可遭　可遇到。(94)邁　勤勉。(95)耿弇牀下之言　耿弇，字伯昭，扶風茂陵（今陝西興平東北）人。新莽末隨劉秀起兵，戰功卓著，任大將軍。他曾經直接到劉秀的臥床前，勸劉秀擴張勢力，爭奪皇帝位置。詳見《後漢書・耿弇列傳》。(96)朱英無妄之論　朱英，戰國時觀津（今河北武邑東南）人，楚國春申君的門客，曾勸春申君奪取君主位置，說這是「無妄之福」。(97)曹仁　字子孝，沛國譙（今安徽亳州）人，曹操從弟，少好弓馬遊獵。從曹操起兵，征袁術、陶謙、呂布、張繡等，平黃巾，戰官渡，討馬超，鎮荊州，屢立戰功，官至大司馬。詳見本書卷九〈曹仁傳〉。(98)樊　城名。在今湖北襄樊。(99)江陵公安累重　江陵，縣名。治所在今湖北江陵。公安，縣名。治所在今湖北公安西北。累重，十分重要。(100)尚權　注重權變。(101)期於合宜　希望處置得當。(102)他意　即投降之意。(103)便　有利。(104)彊梁　蠻橫霸道。(105)徐晃　字公明，河東楊（今山西洪洞東南）人，曹操手下著名軍事將領。從征呂布、劉備、袁紹、張魯等，屢立戰功。善於治軍，被曹操稱為有周亞夫之風。歷任平寇將軍、右將軍等職。詳見本書卷十七〈徐晃傳〉。(106)將作大匠　官名。掌營建工程。(107)大鴻臚　官名。掌賓禮接待。(108)二年　黃初二年（西元二二一年）。(109)征東大將軍　征東大將軍，官名。高級軍事將領，授予資歷深的人為征東將軍時，稱征東大將軍。

曹休，字文烈，沛國譙（今安徽亳州）人，曹操族子。隨曹操起兵，戰功卓著。歷任領軍將軍、鎮南將軍、征東將軍、大司馬等職。詳見本書卷九〈曹休傳〉。[110]洞浦口　地名。在今安徽和縣東南長江岸邊。[111]虎步　比喻橫行無敵。[112]因敵取資　用奪取自敵人的軍用物資供給自己。[113]便　隨即。[114]獨　難道。[115]臧霸　字宣高，泰山華（今山東費縣）人，少以壯勇聞名。先從陶謙，任騎都尉，又依呂布，最後投降曹操，屢立戰功。詳見本書卷十八〈臧霸傳〉。[116]沮　打消。[117]沉吟　猶豫拖延。[118]無幾　不久。[119]軍未時進　軍隊沒有及時進軍。[120]宛　縣名。治所在今河南南陽。[121]征南大將軍句　征南大將軍，武官名。以征南將軍中資深者擔任。夏侯尚，字伯仁，沛國譙（今安徽亳州）人，夏侯淵從子。歷任黃門侍郎、散騎常侍、中領軍、征南將軍等職。詳見本書卷九〈夏侯尚傳〉。[122]渚　江中的沙洲。[123]還道宜利　回來的道路也應該便利。[124]不可如意　不一定都如意。[125]誤有漏失　偶然間出現漏失。[126]進　宋本作「前」。[127]不時得泄　不能及時撤出。[128]張陳　張即張良，字子房，出身韓國貴族，秦建立後曾謀刺秦始皇，不果。秦末響應陳勝起義，後歸附劉邦，為劉邦屢出奇計，因功被封為留侯。詳見《史記·留侯世家》。陳即陳平，西漢名臣，陽武（今河南原陽東南）人，少時家貧，善黃老之術。秦末隨從項羽入關，後歸附劉邦，屢以奇策建功，是劉邦的重要謀士。西漢建立後任丞相，與太尉周勃合謀誅滅諸呂，迎立文帝。詳見《史記·陳丞相世家》。[129]五年　黃初五年（西元二二四年）。[130]太常　官名。九卿之一，掌宗廟祭祀禮儀。[131]光祿大夫　光祿勳屬官，掌顧問應對。[132]給事中　官名。位在散騎常侍下，給事黃門侍郎上，掌顧問應對。[133]太僕　官名。九卿之一，掌皇帝車馬、儀仗，並主馬政。[134]明帝　即曹叡，字元仲，文帝之子。文帝病重時才立其為太子。即位後大興土木，耽意遊玩，也關心文化，鼓勵學術。詳見本書卷三〈明帝紀〉。[135]衛尉　官名。九卿之一，掌皇宮門衛等事。[136]太和四年　西元二三〇年。太和，魏明帝曹叡年號，西元二二七—二三三年。[137]行司徒事　代理司徒職事。[138]拜真　正式任命。[139]魏諷　字子京，沛（今安徽濉溪縣西北）人。東漢末任西曹掾，有才幹，自卿相以下官員皆傾心與之交。後欲趁曹操率軍離開鄴城之際謀反，謀洩被殺。事見《三國志·武帝紀》裴松之注引《世語》。[140]曹偉　山陽（今山東金鄉西北）人，黃初中，因與孫權交結串通，被殺。事見本書卷二十七〈王昶傳〉及裴松之注引《世語》。[141]常用切齒　常因此痛恨不已。[142]權　原作「威」，今從宋本。[143]糾擿　糾舉揭發。[144]合黨連羣　拉幫結黨。[145]毀訾　詆毀。[146]歎之盈言　讚不絕口。[147]為作瑕釁　故意挑缺點。[148]何憂不度　何必擔心日子不好過。[149]人道不勤　人情交際是否頻繁。[150]羅之不博　網羅的朋友是否廣泛。[151]吞之以藥而柔調　用籠絡手段做好關係。[152]在職家人　在官府內列入名冊的大官僚的貼身家丁。[153]禁奧　禁地。[154]切詔　措辭嚴厲的詔書。[155]諸葛誕　字公休，琅邪陽都（今山東沂南南）人，與諸葛亮同宗。初以尚書郎為滎陽令，後遷至御史中丞尚書。明帝時被免官，齊王曹芳時復職，出為揚州刺史，加昭武將軍。因不滿司馬氏專權，於魏甘露二年（西元二五七年）起兵反，投降孫吳。後兵敗被殺。詳見本書卷二十八〈諸葛誕傳〉。156 鄧颺 字玄茂，東漢司徒鄧禹後裔。歷任尚書郎、大將軍長史等。曹爽親黨，被司馬懿所殺。詳見本書卷九〈曹爽傳〉及裴松之注引《魏略》。

【語　譯】董昭，字公仁，濟陰國定陶縣人。被薦舉為孝廉，任命為廮陶縣長、柏人縣令，袁紹任命他為參軍事。袁紹在界橋迎戰公孫瓚，鉅鹿郡太守李邵和郡中的仕紳名流，認為公孫瓚兵力強大，全都打算歸屬公孫瓚。袁紹聽說了這件事，派董昭兼任鉅鹿太守。問他：「用什麼辦法駕馭他們？」董昭回答：「一個人的微小力量，不能夠消除眾人的圖謀，想誘出他們的心裏話，就得先假裝與他們同心，等得到實情後，再隨機制服他們。辦法只能臨時而定，無法事先說出。」當時郡中的大姓孫伉等幾十人是主謀，是他們鼓動吏員百姓。董昭來到郡中，偽造了一份袁紹的檄文通告全郡說：「我得到了敵人偵探安平人張吉的供詞，說準備攻打鉅鹿，以賊子原孝廉孫伉等人為內應，此檄文一到郡，逮捕孫伉等人，以軍法處置，罪行只限於他們本人，妻兒不受牽連。」董昭又按照檄文告令，立即把孫伉等人斬首。全郡惶恐，董昭便一一予以安慰，全郡於是平定下來。事情完成後向袁紹彙報，袁紹說處理得很好。恰好魏郡太守栗攀被亂兵所害，袁紹便任董昭兼任魏郡太守。當時郡中大亂，賊寇數以萬計，互派使臣往來，進行買賣貿易。董昭厚待這些使者，利用他們回去進行離間，然後乘虛突擊，於是大敗賊軍。兩天之中，報捷的文書就三次送到袁紹那裏。

2 董昭的弟弟董訪，在張邈軍中。張邈與袁紹有嫌隙，袁紹聽信讒言準備加罪於董昭。董昭想到漢獻帝那裏去，行至河內，被張楊留下。他透過張楊把袁紹所給印綬上交朝廷，被拜為騎都尉。當時太祖兼任兗州刺史，派遣使者拜訪張楊，想向他借路西行到長安，張楊不答應。董昭勸張楊說：「袁、曹雖為一家，勢必不會長久聯合。曹操現在實力雖弱，但實際上是天下的英雄，應當主動和他結交。況且現在有了機緣，應當疏通他上事朝廷的渠道，並上表舉薦他。如果事情成功，您就永遠與他結下深厚的情分了。」張楊於是為太祖向朝廷上事提供管道，並上表舉薦太祖。董昭為太祖寫信給長安將領李傕、郭汜等人，各隨他們地位的輕重分別表示深情厚意。張楊也派遣使臣拜見太祖。太祖送給張楊犬馬金帛，從此與西部地區有了往來。獻帝在安邑，董昭從河內郡前去，獻帝下詔任他為議郎。

3 建安元年，太祖在許縣平定了黃巾軍，派遣使節到河東郡。適逢獻帝返回洛陽，韓暹、楊奉、董承及張楊相互對立不和。董昭認為楊奉兵馬最強而缺少同黨援助，便以太祖的名義寫信給楊奉說：「我久聞您的大名敬慕您的大義，所以對您推心置腹。如今您救皇帝於艱難之中，使他重返舊都，輔佐的功勞，舉世無雙，這是多麼美好呀！如今羣凶擾亂中國，天下尚未安寧，皇權最為重要，需要維護輔佐；必須要依靠眾多的賢德之人來恢復王朝秩序，實在不是一個人所能獨力完成的。心腹和四肢，互相依賴，缺少一個，都不完整。將軍您應當在京城內主事，我作為您的外援。如今我有糧草，您有兵卒，我們有無相通，足以相互幫助，生死勞苦，一起承擔。」楊奉得到書信後很高興，告訴將領們說：「曹兗州的軍隊近在許縣，有兵有糧，國家應當依靠仰仗他。」便共同上表任太祖為鎮東將軍，承襲他父親的爵位費亭侯；董昭升遷為符節令。

4 太祖到洛陽朝見天子，請董昭與自己同坐，問道：「今天我來這裏，應該採用什麼計策？」董昭說：「將軍興起義兵誅除暴亂，入京城朝見天子，輔佐王室，這是五霸的功勞呀。這裏的將領們，各人情況不同想法各異，未必服從您，如今您留在這裏匡扶皇室，情勢不利，只有讓天子移駕到許縣。然而天子流徙，剛剛回到洛陽，遠近的人都踮起腳尖盼望，希望能夠立刻安定下來。如今又轉移聖駕，不符眾人的願望。但是做非常之事，才有非常之功，希望您考慮利多於弊的做法。」太祖說：「這也是我的本願呀。楊奉近在梁縣，我聽說他的兵馬精良，該不會成為我的禍害吧？」董昭說：「楊奉缺少同黨的奧援，將會獨自歸順您。任命您為鎮東將軍、封費亭侯的事情，都是楊奉所促成的，又聽說您在信中申明約束，完全信任我們，應當及時的派使臣厚贈禮物答謝，來安定他的心。然後說『京都沒有糧草，想讓皇帝暫時到魯陽縣，魯陽離許縣很近，運輸很容易，可以沒有糧食缺乏的憂慮』。楊奉為人勇猛而缺少思考，一定不會懷疑我們，等到使者前往再回來，我們的計劃便可以成功。楊奉怎麼會成為禍害！」太祖說：「好。」立即派遣使臣拜謁楊奉。將獻帝遷到許昌。楊奉因此大失所望，與韓暹等人到定陵縣搶掠騷擾。太祖不予理會，祕密派兵前往梁縣攻擊楊奉的軍營，楊奉軍有的投降有的被殺，很快平定。楊奉、韓暹失去兵眾，向東投降袁術。建安三年，董昭升遷為河南尹。這時張楊被他的部將楊醜所殺，張楊的長史薛洪、河內郡太守繆尚守城等待袁紹救援。太祖令董昭隻身進城，勸告薛洪、繆尚等人，當天他們就率眾投降。太祖任命董昭為冀州牧。

太祖令劉備抵禦袁術，董昭說：「劉備勇猛而志向遠大，又有關羽、張飛輔佐他，恐怕劉備的心思難以預料啊。」太祖說：「我已經答應他了。」劉備到達下邳，殺掉徐州刺史車冑，反叛太祖。太祖親自征討劉備，改任董昭為徐州牧。袁紹派遣將軍顏良攻打東郡，太祖又改任董昭為魏郡太守，隨他征討顏良。顏良死後，太祖進攻圍困鄴城。袁紹的同族人袁春卿任魏郡太守，在城中，他的父親袁元長在揚州，太祖派人把他迎來。董昭寫信給袁春卿說：「聽說孝順的人不背離雙親以求取利益，仁愛的人不忘記主人以徇私，有志之士不試圖參與動亂以求僥倖，明智的人不會背離正道以自危。您的父親，當初為躲避內亂，南遊百越一帶，他並不是願意遠離親人，以吳郡會稽為樂土。有智慧的人見識深遠，認為這樣是應該的。曹公憐憫他堅守志向清高謹慎，離羣索居無人陪伴，所以特地派遣使臣到江東，有人迎接有人護送，現在即將到達這裏了。即使您身居偏遠平靜之地，依靠德義之主，居室有如泰山之固，壽命如王喬、赤松子一樣長久，從道義上而言，還是應該背離袁紹歸向曹公，捨棄百姓奔向父親。況且邾儀父當初與魯隱公會盟，魯人稱讚他，但史書中不書寫他的爵位，可見王室沒有任命，爵位之尊便不能實現，這是《春秋》的大義。何況您今天所託身的乃是危亂之國，所接受的是假託天子名義的任命呢？如果您與那些為非作歹的人為伍，而您父親得不到體恤，這不能說是孝。忘記祖宗所在的漢朝，安於非正統的奸偽官職，很難說是忠。忠孝全都廢棄了，難以說是智。還有您過去被曹公以禮徵用，現在卻親近族人袁紹而疏遠生父，以託身之地為近而以王室為遠，懷戀不正當的俸祿而背叛知己，遠離福祉而接近危亡，拋棄光明正義而蒙受奇恥大辱，不也是很可惜嗎！如果能夠幡然改節，侍奉皇帝奉養父親，歸順曹公，忠孝不會廢棄，榮名就彰顯了。您應當深加留意，盡早做好良好的規劃。」鄴城平定以後，太祖任命董昭為諫議大夫。後來袁尚依附烏丸蹋頓，太祖準備征伐他，擔心軍糧難以運輸，開鑿了平虜、泉州兩條河渠流入海中打通航道，就是董昭建議的。太祖上表封董昭為千秋亭侯，轉任司空軍祭酒。

6 後來董昭建議：「應該實行古法建立五等封爵制度。」太祖說：「建立五等封爵制度的，是聖人，而且也不是做人臣的所能制定的，我怎麼能擔當得起呢？」董昭說：「自古以來，大臣匡扶天下，沒有人有您今天的功績。有今天這樣的功績，沒有長久處在臣子的地位的。如今您恥於在這件事上有愧而不去使它盡善盡美，樂於保持名節而不承擔更大的責任，美好的德行超過了伊尹、周公，這是至高無上的美德。然而像太甲、成王這樣的君主未必能夠再遇到，如今人民難以教化，超過了殷商和姬周，處在大臣的地位，讓人因為大事懷疑自己，實在不可不深加考慮啊。您雖勤勉於立威樹德，申明法術，如果不奠定基礎，為子孫萬代考慮，還是沒把事情徹底完成。奠定基礎的根本，在於土地和人民，應該逐漸建立，用來自我防衛。您的忠誠節操已充分顯現，超凡的嚴威顯現在臉上，當年耿弇在光武帝床前所說的話，朱英給春申君的建議，都比不上我所說的。董昭蒙受您非比尋常的大恩，所以不敢不陳述。」後來太祖便接受魏公、魏王的稱號，都是董昭所創議的。

7 到了關羽在樊城圍攻曹仁時，孫權派使臣對太祖說要「派兵西上，想要襲擊關羽。江陵、公安兩地十分重要，關羽失去這兩座城池，一定自行逃走，樊城之圍，可以不救自解。希望保密不要洩露，使關羽有所防備」。太祖詢問羣臣，羣臣都說應當保密。董昭說：「軍事行動注重權變，希望處置得當。應當表面答應孫權保密，而暗中洩露出去。關羽聽說孫權西上，如果回軍自衛，樊城之圍可迅速解除，我們就會得到好處。可以使兩方敵人互相對峙攻擊，我們坐等他們疲弊。如果密而不洩漏，讓孫權得志，這不是上策。還有，被包圍的將士不知道有救兵，算計城中的糧食就恐懼，如果有投降的念頭，危害勢必不小。把孫權的意圖洩露出去有利。況且關羽為人蠻橫霸道，自恃江陵、公安二城防守堅固，必定不會馬上退兵。」太祖說：「好。」當即下令讓前去救援的將軍徐晃把孫權的信射入包圍圈裏和關羽營中，城中將士聽說後，士氣百倍。關羽果然猶豫不決。孫權軍隊到達，奪得江陵、公安二城，關羽於是被打敗。

8 文帝即魏王位，任命董昭為將作大匠。等到文帝即帝位，升遷為大鴻臚，進封右鄉侯。黃初二年，從董昭的封邑中撥出一百戶，賜董昭的弟弟董訪爵關內侯，改任董昭為侍中。黃初三年，征東大將軍曹休兵臨長江駐紮洞浦口，自行上表說：「願率領精兵橫行江南，憑藉敵人的物資自給，事情一定會成功，如果不幸戰死，陛下不必掛念我。」文帝恐怕曹休立即渡江，派人騎驛站的馬匹下詔阻止他。當時董昭陪侍在文帝身邊，便問：「我私下看見陛下面有憂色，難道是為了曹休渡江的事嗎？如今渡江，人們都認為很難，即使曹休有這個心志，形勢不允許他單獨行動，必須有其他將領協同。臧霸等人既富有又高貴，不再有其他願望，只想安享天年，保住俸祿和官位而已，怎麼肯冒著危險自投死地，尋求僥倖勝利呢？如果臧霸等人不進兵，曹休的意圖自然打消了。臣恐怕陛下就算有讓他渡江的詔書，他還會猶豫拖延，不會立即從命呢。」此後不久，暴風吹散敵人的船隻，全都漂到曹休等人的營下，有的被斬有的被擒，敵人便四散逃脫了。文帝詔令各軍迅速渡江。部隊沒有及時進軍，敵人的援救船隻便到了。

9 文帝親臨宛縣，征南大將軍夏侯尚等人進攻江陵，沒有攻克。當時長江水淺水道狹窄，夏侯尚打算乘船率領步兵騎兵進入江中的沙洲上安營紮寨，搭建浮橋，南北通行，參加討論的人大多認為江陵城一定可以攻取。董昭上書說：「武皇帝智勇過人，但用兵對敵戒慎恐懼，不敢像這樣輕敵。用兵打仗喜歡前進不喜歡後退，這是自然的道理。平地上沒有險阻，進攻尚且艱難，即使深入敵區，回來的道路也應該便利，用兵打仗有進有退，不能全都事事如意。如今屯兵在沙洲上，極為深入；搭造浮橋而渡江，極為危險；只有一條道路通行，極為狹窄：三者都是兵家所忌諱的，而今卻這麼做了。敵人頻頻進攻浮橋，只要偶有疏漏，沙洲中的精銳部隊，就不屬魏國所有，將轉為孫吳所有了。臣私下憂心此事，廢寢忘食，而議論的人卻怡然自得不以為憂，豈不是太糊塗了嗎！加上江水趨漲，一旦暴漲，我們用什麼防禦呢？即使不能擊敗敵人，也應當自我保全，怎能冒著危險，而對此不感到恐懼呢？這件事將會很危險，希望陛下明察！」文帝明白了董昭的話，立即下詔讓夏侯尚等馬上撤出沙洲。敵人兩路並進，魏軍卻只有一條退路，不能夠及時撤出，將軍石建、高遷僅僅自己逃出。魏軍撤出後的十幾天，江水暴漲。文帝對董昭說：「您對這件事的議論，是多麼周密呀！即使張良、陳平遇到此事，也不能超過您。」黃初五年，改封董昭為成都鄉侯，任太常。這一年，又改任為光祿大夫、給事中。隨從文帝東征，黃初七年返回，任太僕。明帝即位以後，進封董昭樂平侯，封邑一千戶，又改任衛尉。分出董昭封邑的一百戶，賜爵給他的一個兒子為關內侯。

10 太和四年，董昭代理司徒職事，太和六年，正式任命為司徒。董昭上書陳述浮華風氣的弊端說：「凡是擁有天下的人，沒有不崇尚純樸忠信的人，深恨虛偽不真之人的，因為他們敗壞教化擾亂政治，傷風敗俗。近來的魏諷就在建安末年被殺，曹偉則在黃初初年被斬。我深思聖上前後所發的詔旨，深深痛恨浮華虛偽，想要摧毀那些邪惡朋黨，常常因此痛恨不已；然而執法的官吏們全都畏懼他們的權勢，沒有人能揭發糾舉，因此傷風敗俗，越來越嚴重。我私下看到當今一些年輕人，不再以學問為本，專門以交遊為業；國士不把孝順父母、友愛兄弟、行清德美放在第一位，反而以趨炎附勢追逐功利為優先。他們拉幫結黨，互相吹捧，把詆毀作為刑罰殺戮，把吹捧視為封爵賞賜，依附自己的則讚不絕口，不依附的就故意挑缺點。甚至於互相議論說：『這一生何必擔心日子不好過呢，只看你人情交際是否頻繁，網羅的朋友是否廣泛就行了；又何愁別人不知道自己呢？只要是用籠絡手段經營好關係就行了。』又聽說還有人讓家奴門客冒充自己的貼身家丁，出入禁地，傳帶書信，打聽消息。凡是這類事情，都是法令所不允許的，刑罰所不能赦免的，即使是魏諷、曹偉那樣的罪惡，也無以復加。」明帝因此發出措辭嚴厲的詔書，訓斥罷黜了諸葛誕、鄧颺等人。董昭八十一歲時去世，諡號為定侯。兒子董冑承襲了爵位。董冑歷任郡守、九卿。

1 劉曄，字子揚，淮南成悳❶人❷。漢光武子阜陵王延❸後也。父普，母脩，產渙及曄。渙九歲，曄七歲，而母病困。臨終，戒渙、曄以「普之侍人，有諂害之性。身死之後，懼必亂家。汝長大能除之，則吾無恨矣」。曄年十三，謂兄渙曰：「亡母之言，可以行矣。」渙曰：「那可爾！」曄即入室殺侍者，徑出拜墓。舍內大驚，白普。普怒，遣人追曄。曄還拜謝曰：「亡母顧命之言，敢受不請擅行之罰。」普心異之，遂不責也。汝南許劭④名知人，避地揚州，稱曄有佐世之才。

2 揚士多輕俠狡桀⑤，有鄭寶、張多、許乾之屬，各擁部曲⑥。寶最驍果⑦，才力過人，一方所憚。欲驅略百姓越赴江表⑧，以曄高族名人，欲彊逼曄使唱導此謀⑨。曄時年二十餘，心內憂之，而未有緣⑩。會太祖遣使詣州，有所案問。曄往見，為論事勢⑪，要將與歸⑫，駐止數日。寶果從數百人齎牛酒來候使，曄令家僮將其眾坐中門外，為設酒飯；與寶於內宴飲。密勒健兒⑬，令因行觴⑭而斫寶。寶性不甘酒⑮，視候⑯甚明，觴者不敢發。曄因自引取佩刀斫殺寶，斬其首以令其軍，云：「曹公有令，敢有動者，與寶同罪。」眾皆驚怖，走還營。營有督將精兵數千，懼其為亂，曄即乘寶馬⑰，將家僮數人，詣寶營門，呼其渠帥⑱，喻以禍福，皆叩頭開門內曄。曄撫慰安懷，咸悉悅服，推曄為主。曄覩漢室漸微，己為支屬，不欲擁兵，遂委其部曲與廬江太守劉勳⑲。勳怪其故，曄曰：「寶無法制，其眾素以鈔略為利，僕宿無資⑳，而整齊㉑之，必懷怨難久，故相與耳。」時勳兵彊於江、淮之間。孫策惡之，遣使卑辭厚幣㉒，以書說勳曰：「上繚宗民㉓，數欺下國㉔，忿之有年矣。擊之，路不便，願因㉕大國伐之。上繚甚實，得之可以富國，請出兵為外援。」勳信之，又得策珠寶、葛越[26]，喜悅。外內盡賀，而曄獨否。勳問其故，對曰：「上繚雖小，城堅池深，攻難守易，不可旬日而舉[27]，則兵疲於外，而國內虛。策乘虛而襲我，則後不能獨守。是將軍進屈於敵，退無所歸。若軍必出[28]，禍今至矣。」勳不從。興兵伐上繚，策果襲其後。勳窮踧[29]，遂奔太祖。

3 太祖至壽春[30]，時廬江界有山賊[31]陳策，眾數萬人，臨險而守。先時遣偏將致誅[32]，莫能禽克。太祖問羣下，可伐與不？咸云：「山峻高而谿谷深隘，守易攻難；又無之不足為損，得之不足為益。」曄曰：「策等小豎[33]，因亂赴險，遂相依為彊耳，非有爵命威信相伏也。往者偏將資輕，而中國未夷[34]，故策敢據險以守。今天下略定，後伏先誅[35]。夫畏死趨賞，愚知所同，故廣武君為韓信畫策[36]，謂其威名足以先聲後實而服鄰國也。豈[37]況明公之德，東征西怨[38]，先開賞募，大兵臨之，令宣之日，軍門啟而虜自潰矣。」太祖笑曰：「卿言近之！」遂遣猛將在前，大軍在後，至則克策，如曄所度[39]。太祖還，辟曄為司空倉曹掾[40]。

4 太祖征張魯[41]，轉曄為主簿[42]。既至漢中[43]，山峻難登，軍食頗乏。太祖曰：「此妖妄之國耳，何能為有無[44]？吾軍少食，不如速還。」便自引歸，令曄督後諸軍，使以次出。曄策魯可克，加糧道不繼，雖出，軍猶不能皆全，馳白太祖：「不如致攻。」遂進兵，多出弩以射其營。魯奔走，漢中遂平。曄進曰：「明公以步卒五千，將誅董卓[45]，北破袁紹，南征劉表，九州[46]百郡，十并其八，威震天下，勢慴海外。今舉漢中，蜀人望風[47]，破膽失守，推此而前，蜀可傳檄而定[48]。劉備，人傑也，有度[49]而遲，得蜀日淺，蜀人未恃也。今破[50]漢中，蜀人震恐，其勢自傾。以公之神明，因其傾而壓之，無不克也。若小緩之，諸葛亮[51]明於治而為相，關羽、張飛勇冠三軍而為將，蜀民既定，據險守要，則不可犯矣。今不取，必為後憂。」太祖不從，大軍遂還。曄自漢中還，為行軍長史[52]，兼領軍[53]。延康元年[54]，蜀將孟達[55]率眾降。達有容止才觀[56]，文帝甚器愛之，使達為新城[57]太守，加散騎常侍[58]。曄以為「達有苟得[59]之心，而恃才好術[60]，必不能感恩懷義。新城與吳、蜀接連，若有變態，為國生患」。文帝竟不易，後達終於叛敗。

黃初元年，以曄為侍中[61]，賜爵關內侯。詔問羣臣令料劉備當為關羽出報吳不。眾議咸云：「蜀，小國耳，名將唯羽。羽死軍破，國內憂懼，無緣[62]復出。」曄獨曰：「蜀雖狹弱，而備之謀欲以威武自彊，勢必用眾以示其有餘。且關羽與備，義為君臣，恩猶父子；羽死不能為興軍報敵，於終始之分[63]不足。」後備果出兵擊吳。吳悉國應之，而遣使稱藩。朝臣皆賀，獨曄曰：「吳絕在江、漢之表，無內臣[64]之心久矣。陛下雖齊德有虞[65]，然醜虜之性，未有所感。因難求臣[66]，必難信也。彼必外迫內困，然後發此使耳，可因其窮，襲而取之。夫一日縱敵，數世之患，不可不察也。」備軍敗退，吳禮敬轉廢，帝欲與眾伐之，曄以為「彼新得志，上下齊心，而阻帶江湖，必難倉卒[67]」。帝不聽。五年，幸廣陵泗口[68]，命荊、揚州諸軍並進。會羣臣，問：「權當自來不？」咸曰：「陛下親征，權恐怖，必舉國而應。又不敢以大眾委之臣下，必自將而來。」曄曰：「彼謂陛下欲以萬乘之重牽己[69]，而超越江湖者在於別將，必勒兵待事[70]，未有進退也。」大駕停住積日，權果不至，帝乃旋師。云：「卿策之是也。當念為吾滅二賊，不可但知其情而已。」

6 明帝即位，進爵東亭侯，邑三百戶。詔曰：「尊嚴祖考[71]，所以崇孝表行也；追本敬始，所以篤教流化也。是以成湯、文、武[72]，實造商、周，詩、書[73]之義，追尊稷、契[74]，歌頌有娀、姜嫄[75]之事，明盛德之源流，受命所由興也。自我魏室之承天序[76]，既發迹於高皇[77]、太皇帝[78]，而功隆於武皇、文皇帝。至于高皇之父處士君[79]，潛脩德讓，行動[80]神明，斯乃乾坤所福饗，光靈所從來也。而精神幽遠，號稱罔記，非所謂崇孝重本也。其今公卿已下，會議號謚。」曄議曰：「聖帝孝孫之欲褒崇先祖，誠無量已。然親疏之數，遠近之降，蓋有禮紀，所以割斷私情，克成公法，為萬世式也。周王所以上祖后稷者，以其佐唐[81]有功，名在祀典故也。至於漢氏之初，追謚之義，不過其父[82]。上比周室，則大魏發迹自高皇始；下論漢氏，則追謚之禮不及其祖。此誠往代之成法，當今之明義也。陛下孝思中發，誠無已已，然君舉必書，所以慎於禮制也。以為追尊之義，宜齊高皇而已。」尚書衛臻[83]與曄議同，事遂施行。遼東太守公孫淵[84]奪叔父位，擅自立，遣使表狀。曄以為公孫氏漢時所用，遂世官相承，水則由海，陸則阻山，故胡夷絕遠難制，而世權日久。今若不誅，後必生患。若懷貳阻兵，然後致誅，於事為難。不如因其新立，有黨有仇，先其不意，以兵臨之，開設賞募，可不勞師而定也。後淵竟反。

7　曄在朝，略[85]不交接時人。或問其故，曄答曰：「魏室即阼尚新[86]，智者知命，俗或未咸[87]。僕在漢為支葉[88]，於魏備腹心，寡偶少徒，於宜未失也。」太和六年，以疾拜太中大夫[89]。有閒[90]，為大鴻臚，在位二年遜位，復為太中大夫，薨。謚曰景侯。子寓[91]嗣。少子陶，亦高才而薄行，官至平原太守。

【章　旨】以上為〈劉曄傳〉，記述了劉曄打黃巾、克陳策、征張魯等事跡，也記述了他為官圓滑的一面。

【注　釋】❶淮南成悳　淮南，郡名。治所在今安徽壽縣。成悳，縣名。治所在今安徽壽縣東南。❷人　此字下原有「也」字，今據宋本刪。❸延　即劉延，東漢光武帝第七子，性驕奢而嚴酷，初封淮陽公，又進爵為淮陽王。兩次因犯罪被徙封降爵。詳見《後漢書·阜陵質王列傳》。❹許劭　字子將，汝南平輿（今河南平輿西北）人，東漢名士，以善品評人物著稱，每月都以不同的人物作評論對象，被稱為「汝南月旦評」。當時人多以受其好評為榮。曹操曾求他品評，得「清平之奸賊，亂世之英雄」的評語。詳見《後漢書·許劭列傳》。❺輕俠狡桀　輕佻好鬥、狡猾殘暴。❻部曲　豪強大族的私人部隊。❼驍果　驍勇果敢。❽江表　指長江以南地區。❾逼曄使唱導此謀　原誤作「逼使便唱導此謀」，今據宋本校正。❿緣　機會。⓫為論事勢　對他論說當地的情勢。⓬要將與歸　邀請使者一起回家。⓭密勒健兒　祕密部署勇健的侍從。⓮行觴　依次斟酒勸酒。⓯不甘酒　不喜歡喝酒。⓰視候　觀察。⓱寶馬　鄭寶的馬。⓲渠帥　首領。⓳廬江太守劉勳　廬江，郡名。治所在今安徽廬江縣。劉勳，字子臺，琅邪（今山東臨沂）人，先任沛國建平（今江蘇沛縣）縣長，後為廬江太守。依附袁術，稱雄一時，後被孫策打敗，歸降曹操。自以與曹操有舊，屢犯法，又誹謗，被處斬。事見本書卷十二〈司馬芝傳〉及裴松之注引《魏略》。⓴宿無資　素來沒有資本。㉑整齊　整頓約束。㉒卑辭厚幣　謙恭的話語豐厚的禮品。㉓上繚宗民　上繚，地名。在今江西修水縣。宗民，又稱宗部，以宗族關係為紐帶形成的武裝團體。㉔下國　孫策當時統治的吳、會稽、丹陽、豫章、廬陵五郡。㉕因　借助。㉖葛越　古代南方生產的細布，用葛織成。㉗舉　攻克。㉘必出　一定要出動。㉙窮蹙　窘迫不安。㉚壽春　縣名。治所在今安徽壽縣。㉛山賊　指南方山區中的武裝居民。㉜致誅　進行討伐。㉝小豎　小子。對人的輕蔑稱呼。㉞未夷　沒有平定。㉟後伏先誅　後投降的要先殺。㊱廣武君句　廣武君，楚漢之際的謀士，姓李，名左車，先在趙國成安君手下，獻計不被採納。趙亡後投降韓信，被韓信引為謀士。韓信，劉邦手下著名軍事將領，任大將軍，戰功卓著。在楚漢戰爭中善於以少勝多，指揮垓下之戰，消滅項羽軍。先後被封為齊王、淮陰侯。後被呂后所殺。詳見《史記·淮陰侯列傳》。㊲豈　原作「而」，今從宋本。㊳東征西怨　征討東面，西面的人抱怨不先來這裏解救他們。㊴度　預料。㊵倉曹掾　官名。司空的屬官，掌管修建倉庫貯藏糧食。㊶張魯　字公祺，沛國豐縣（今江蘇豐縣）人，張道陵之孫，五斗米道首領。東漢末率徒眾攻取漢中，統治長達三十餘年。後投降曹操，任鎮南將軍。詳見本書卷八〈張魯傳〉。㊷主簿　州郡屬官，主管州郡文書簿籍，經辦事務。㊸漢中　郡名。治所在今陝西漢中東。㊹何能為有無　有它沒它又有什麼。㊺董卓　字仲穎，隴西臨洮（今甘肅岷縣）人，剛猛有謀，廣交豪帥。東漢桓帝末從中郎將張奐為軍司馬，以後歷任并州刺史、河東太守、并州牧。昭寧元年（西元一八九年），率兵進入洛陽，廢少帝，立獻帝，專擅朝政，遭到關東諸侯反對。後遷獻帝至長安，不久被呂布所殺。詳見《後漢書・董卓列傳》、本書卷六〈董卓傳〉。(46)九州　泛指全國。(47)望風　得知消息。(48)傳檄而定　發出一封檄文就可平定。比喻可以輕易平蜀。(49)度　算度。(50)破　原作「舉」，今從宋本。(51)諸葛亮　字孔明，琅邪陽都（今山東沂南南）人。先隱居荊州隆中，後輔佐劉備，提出並實踐聯合孫吳、跨有荊益、北拒曹操的方針。劉備去世後，受遺詔輔佐劉禪，先後平定南中，六次北伐曹魏。後逝世於北伐前線。詳見本書卷三十五〈諸葛亮傳〉。(52)行軍長史　官名。負責處理行軍中各項事務。(53)領軍　官名。曹操任丞相時自置，後稱中領軍。掌禁軍，主五校尉、中壘、武衛三營。(54)延康元年　西元二二〇年。延康，東漢獻帝劉協年號，西元二二〇年。(55)孟達　字子度，扶風（今陝西興平）人。先依劉璋，後投劉備，任宜都太守。荊州丟失後投降曹魏，任西城太守，又因在曹魏與蜀漢之間游移不定而被司馬懿所殺。其事跡散見於本書卷四十〈劉封傳〉、卷四十一〈費詩傳〉、《晉書・宣帝紀》等。(56)容止才觀　容貌舉止才能風度。(57)新城　郡名。治所在今湖北房縣。(58)散騎常侍　官名。隨從皇帝出入，參與處理尚書臺呈送給皇帝的機要公事，負責起草詔命。(59)苟得　用不正當手段取得。(60)好術　喜歡玩弄權術。(61)侍中　官名。往來殿中，入侍天子，故名。三國時侍中分兩類，一類為實官，一類為加官。(62)無緣　沒有理由。(63)終始之分　有始有終的情誼。(64)無內臣　指向魏朝廷臣服。(65)有虞　即虞舜，傳說中有虞氏部落長，姚姓，一說嬀姓，名重華。相傳他受堯的禪讓即位後，剪除四凶，任禹平水土，契管人民，益掌山澤，皋陶作士，天下大治。詳見《史記・五帝本紀》。(66)因難求臣　因為有難前來臣服。(67)倉卒　指一下子取勝。(68)廣陵泗口　廣陵，郡名。治所在今江蘇揚州。泗口，地名。泗水入淮處，在今江蘇淮陰西南。(69)牽己　牽制自己。(70)待事　等待戰事的發展。(71)尊嚴祖考　尊崇祖先。(72)成湯文武　成湯，商朝第一位君王，又稱商湯、武湯、武王、太乙、天乙。名履，主癸之子。打敗夏桀，建立商朝。詳見《史記・殷本紀》。文，即周文王，據說他在位時，篤仁，敬老，慈少，禮下賢者，所以人們紛紛離開商朝而投奔他，使弱小的周國很快強大起來。詳見《史記・周本紀》。武，即周武王，姬姓，名發，周文王之子，繼位後用太公、周公、召公、畢公輔政，滅掉殷商，建立周朝。詳見《史記・周本紀》。(73)詩書　詩，中國最早的詩歌總集，儒家經典之一，故稱《詩經》。共三百零五篇，含〈風〉〈雅〉〈頌〉三類，大部為西周初至春秋中葉的作品。漢代有魯、齊、毛、韓四家為之作注。書，即《尚書》，儒家經典之一。舊傳由孔子編定，據研究，其中不少為孔子之後的作品。故今人多認為其不是出自一人之手。《尚書》有今、古文之分，據清人研究，《今文尚書》中的二十五篇及序為偽作，《尚書》原作實存二十八篇。(74)稷契　稷，古代周族的始祖，姬姓，名棄。相傳是姜嫄履巨人足跡而生。善於種植糧食作物，在堯、舜時代做農官，教民耕種。後世奉之為稷神。詳見《史記・周本紀》。契，商部族始祖，據說是其母吞玄鳥蛋而生，被虞舜任為司徒，主管教化。詳見《史記・殷本紀》。75有娀姜嫄　有娀，契的生母，名簡狄，是有娀氏的女兒。詳見《史記・殷本紀》。姜嫄，又作「姜原」。有邰氏之女，相傳她偶經荒原，踩巨人足跡而有孕，生子曰棄，即后稷。詳見《史記・周本紀》。76承天序　指建立皇朝。77高皇　指曹騰，魏明帝的高祖父，字季興，沛國譙（今安徽亳州）人，東漢末宦官。歷任小黃門、中常侍、大長秋等，在禁中用事達三十餘年。詳見《後漢書・宦者列傳》。78太皇帝　指曹嵩，字巨高，沛國譙（今安徽亳州）人，曹操之父，宦官曹騰的養子，東漢末任司隸校尉、太尉等職。後罷官至琅邪避難，途中被護送的兵士殺死。其事散見於本書卷一〈武帝紀〉及裴松之注引《續漢書》、《世語》等。79處士君　指曹騰的父親曹節，字元偉，以仁厚見稱，受鄉里所尊敬。詳見《三國志・武帝紀》裴松之注引司馬彪《續漢書》。80行動　行為感動。81唐　即唐堯，祁姓，名放勳，帝嚳之子。82不過其父　不超過他父親那一輩。83衛臻　字公振，陳留襄邑（今河南睢縣）人，初為黃門侍郎，參丞相軍事。曹魏建立後，歷任散騎常侍、司徒等職。詳見本書卷二十二〈衛臻傳〉。84公孫淵　公孫康之子，奪其叔父公孫恭之位，割據遼東。被曹魏任為遼東太守，又派人南通孫權，被立為燕王。後曹魏拜其為大司馬，封樂浪公。魏景初元年（西元二三七年）自立為燕王，後被司馬懿所滅。詳見本書卷八公孫度附傳。85略　基本上。86即阼尚新　登皇位時間還不長。87俗或未咸　一般人有的還沒達到智者那樣的認知水準。88支葉　宗室分支。89太中大夫　官名。執掌言議，顧問應對，是天子的高級參謀。90有間　隔一段時間。91寓　與「宇」字同。原作「寓」，今從宋本。

【語　譯】劉曄，字子揚，淮南郡成悳縣人，漢光武帝的兒子阜陵王劉延的後代。父親劉普，母親名脩，生劉渙和劉曄。劉渙九歲，劉曄七歲時，母親得了重病。臨終前，告誡劉渙、劉曄說「劉普的婢妾，有諂媚害人的本性。我死了之後，恐怕她必定攪亂我們家。你們長大能把她除掉，那我就沒有遺憾了」。劉曄十三歲時，對他哥哥劉渙說：「母親的遺言，可以實行了。」劉渙說：「哪裏可以如此呢！」劉曄立即進屋殺死了婢妾，然後直接出去拜告母親墳墓。家裏人大為驚慌，報告了劉普。劉普憤怒，派人去追劉曄。劉曄回來跪拜謝罪說：「亡母臨終的遺言，甘願接受沒有請示擅自行動的處罰。」劉普心裏對他的行為感到驚訝，便沒有責罰他。汝南郡人許劭以善於評論人物知名，躲避戰亂到了揚州，稱讚劉曄有佐世之才。

2 揚州士人大多輕佻好鬥狡猾殘暴，有鄭寶、張多、許乾等人，各自擁有私人部隊。鄭寶最為驍勇果敢，才能過人，當地的人懼怕他。鄭寶想要驅趕百姓渡江到江南，因為劉曄是大族的名人，想強迫劉曄讓他帶頭提出這個計劃。劉曄當時二十多歲，心裏憂慮，卻沒有機會處理這件事。恰好這時太祖派使者來到揚州，查問一些事情。劉曄前往拜見使者，對他說明當地的情勢，邀請使者和他一起回家，住了好幾天。鄭寶果然身後跟隨幾百人帶著牛和酒來問候使者，劉曄命令家丁把鄭寶的隨從安排在中門外邊，為他們設酒置飯，自己則與鄭寶在裏面宴飲。祕密部署勇健的侍從，讓他們在對客人依次斟酒勸酒時砍殺鄭寶。鄭寶生性不喜歡喝酒，對周圍情況觀察得十分清楚，敬酒的人不敢動手。劉曄便拔出自己的佩刀砍殺鄭寶，斬下他的首級用來命令鄭寶的部眾說：「曹公有令，敢有妄動者，與鄭寶同罪。」部眾全都驚慌怖懼，逃回營中。軍營中還有督將精兵幾千人，劉曄怕他們作亂，立即騎著鄭寶的馬，帶領幾名家僮，來到鄭寶的營門，呼叫他們的首領，說明利害禍福，首領們全都叩頭開門迎請劉曄。劉曄安撫慰勞他們，他們全都心悅誠服，推舉劉曄為統帥。劉曄目睹漢室逐漸衰微，自己是漢室支系，不想擁兵自重，便把自己的私人部隊交給了廬江太守劉勳。劉勳對他這麼做的原因感到奇怪，劉曄說：「鄭寶沒有法規制度，他的兵眾一向透過抄掠取利，我素無資本，而要整頓約束他們，他們必然會懷恨，難以長久，所以才交給您。」當時劉勳在江淮地區兵勢很強。孫策忌恨他，派遣使臣以謙卑的言辭和豐厚的禮物，寫信勸告劉勳說：「上繚的宗族部隊，多次欺侮我們，我們忿恨他們已經很多年了。想攻打他們，交通不方便，希望借助您的力量討伐他們。上繚地區非常富饒，得到它可以使國家富強，請您出兵作為外援。」劉勳相信了孫策，又得到孫策的珠寶、葛越等禮物，非常高興。內外官員都來慶賀，唯獨劉曄沒有這樣做。劉勳問他原因，劉曄回答：「上繚地區雖然狹小，卻城堅池深，難攻易守，不可能在十幾天內攻克，這樣會使我們兵疲於外，國空於內。如果孫策乘虛襲擊我們，我們的後防就不能獨自堅守。這樣將軍就會陷入進不能取勝，退無路可走的境地。如果您一定要出兵，大禍現在就會到來。」劉勳不聽從。出兵討伐上繚，孫策果然襲擊他的後方。劉勳窘迫不安，便投奔了太祖。

3 太祖到達壽春，當時廬江郡內有山賊陳策，聚眾數萬人，據險自守。在此以前太祖曾派遣偏將征討，沒能攻破他。太祖詢問部下，可否出兵討伐？部下都說：「那裏的山峰高崇，谿谷幽深狹窄，易守難攻；加上沒有這個地方稱不上損失，得到這個地方也不會有太多的益處。」劉曄說：「陳策這幫小子，乘著動亂占據險阻，於是依賴地勢成為強賊，並不是那種有爵位和威信而令人服從的人。以前派去的偏將資歷輕，而中原沒有平定，所以陳策敢據險自守。如今天下大致平定，對於後降的人要先殺。害怕死亡追求獎賞，不論愚笨或聰明的人都一樣，所以廣武君為韓信出謀劃策，說韓信的威名，足以先顯示聲威然後再用實力來使鄰國服從。更何況明公您的功德，征討東面，西面的人就會抱怨不先去解救他們，如果先公布懸賞招募，大軍壓境，號令發布的那天，軍門打開而敵人就會自己崩潰。」太祖笑著說：「您這話還差不多。」於是派遣猛將在前，大軍在後，一到就打敗了陳策，就如同劉曄所預料的那樣。太祖回來後，徵召劉曄任司空倉曹掾。

4 太祖征討張魯，改任劉曄為主簿。軍隊到達漢中之後，山勢險峻難以攀登，軍糧非常缺乏。太祖說：「這是個妖道邪教興盛之地，有它沒它又有什麼？我軍缺糧，不如迅速返回。」便自己率軍撤回，命令劉曄督統後面各軍，讓他們按順序撤出。劉曄預料張魯可以攻破，再加上軍糧運輸接濟不上，即使撤出，軍隊還是不能完全保全，便飛馬報告太祖：「不如盡力進攻。」於是太祖下令進兵，調集了很多弓弩手射擊張魯的軍營。張魯逃走，漢中便平定了。劉曄進言說：「明公用五千步兵，帶他們討伐董卓，北破袁紹，南征劉表，全國百郡，已經占有了十分之八，威名震動天下，氣勢威懾海外。如今攻克漢中，蜀人聽到這個消息，嚇破了膽，失去了守城的信心，如果我們乘勝前進，蜀地可以輕易的平定。劉備，是人中豪傑，有計謀而遲疑不定，得到蜀地不久，蜀人還沒有依賴他。如今我們攻破漢中，蜀人震驚恐慌，這種形勢下去他們將會自行崩潰。以明公這樣的神武英明，利用他們分崩離析而施加壓力，沒有不可攻克的。如果稍一遲延，諸葛亮明於治國而擔任丞相，關羽、張飛勇冠三軍而擔任大將，蜀地百姓已經安定，據守險要之地，就不能進攻他們了。今日不取，必定成為後患。」太祖不聽從，大軍便撤回來了。劉曄從漢中回來以後，任行軍長史，兼任領軍。延康元年，蜀漢將領孟達率眾投降。孟達有容貌舉止才能風度，文帝特別器重寵愛他，讓他任新城郡太守，加散騎常侍。劉曄認為「孟達有用不正當手段謀取利益的心思，又倚仗才能喜好玩弄權術，一定不能對陛下感恩圖報心懷忠義。新城郡與孫吳、蜀漢接壤，萬一有變故，就會成為國家的禍患」。文帝終究沒有改變決定，後來孟達果然叛變失敗。

5 黃初元年，任劉曄為侍中，賜爵關內侯。文帝下詔詢問羣臣，讓他們預料劉備有沒有可能為關羽報仇而出兵孫吳。眾人都議論說：「蜀國是個小國而已，名將只有關羽。關羽戰死，軍隊潰敗，國內憂慮恐懼，沒有理由再出兵孫吳。」只有劉曄說：「蜀國雖然地狹勢弱，但劉備的計畫是想用武力使自己強盛，勢必會動用兵力以顯示他仍有餘力。況且關羽與劉備，名義上為君臣，恩情猶如父子；關羽死了不能為他興兵報仇，這在有始有終的情誼上說不過去。」後來劉備果然出兵進攻孫吳。孫吳舉國應戰，又派遣使臣到曹魏稱臣。朝臣都表示祝賀，唯獨劉曄說：「孫吳遠在長江漢水之南，沒有向我朝稱臣之意已經很久了。陛下雖然美德和虞舜一樣，然而愚頑之人的本性，是不會有所感動的。因為有難才來臣服，一定難以相信。他一定是外部緊迫，內部困窘，然後才派遣使臣稱臣。可以乘他們窘迫，襲擊攻克孫吳。一天放縱敵人，將遺患好幾代，不能不認真考慮。」劉備軍敗退後，孫吳對曹魏的尊敬態度就沒有了，文帝想發兵討伐孫吳，劉曄認為「孫吳剛剛取得大勝，上下一心，而又有長江大湖作險阻，肯定難以一下子取勝」。文帝不聽從。黃初五年，文帝親自到廣陵泗口，命令荊州、揚州的各路軍隊一起進發。文帝大會羣臣，問：「孫權會親自來嗎？」羣臣都說：「陛下親征，孫權恐懼，一定會舉全國之力應戰。他又不敢把這麼多的軍隊交給臣下，一定親自率軍前來。」劉曄說：「孫權認為陛下想以親征牽制自己，而用其他將領跨越長江大湖作戰，必然會部署軍隊坐觀戰事的發展，不會隨意進退。」文帝大駕在泗口停駐了幾天，孫權果然沒來，文帝便撤軍了。對劉曄說：「您預料得對呀。今後應當為我思考消滅吳蜀兩個敵人，不能只知道他們的內心想法就算了。」

6 明帝即位後，劉曄進爵為東亭侯，封邑三百戶。明帝下詔說：「尊敬祖宗，是為了尊崇孝道表彰節行；追懷根本敬重初始，是為了重視教育推廣教化。所以成湯、周文王、周武王，是商朝、周朝的實際締造者，而《詩經》、《尚書》的大義，向上追尊稷、契，歌頌有娀、姜嫄的事跡，闡明盛德的源流，秉受天命興起的由來。自從我大魏王朝順承上天安排的順序，從高皇帝、太皇帝開始發跡，而功業興盛於武皇帝、文皇帝。

至於高皇帝的父親處士君，潛修謙讓美德，行為感動上天神明，這是天地賜予的福分，光輝神靈的來源。而他的精神幽深遙遠，沒有尊崇的稱號，這不是人們所說的崇尚孝道，重視根本。現在下令公卿以下的官員，一起商議他的諡號。」劉曄建議說：「聖明帝王的孝順子孫想要褒獎尊崇先祖，實在是無法估量的好事。然而親疏的次序，遠近的等級，都是有禮制規定的，用來割斷私情，建立公正的禮制，是萬世所遵循的原則。周王之所以以后稷為始祖，是因為他有輔佐唐堯的功績，名字列入了祭祀法典的緣故。至於漢朝初年，追諡祖先的時候，也只到父親一輩。向上與周朝相比，則大魏是從高皇帝開始發跡；向下以漢朝而論，追諡制度也不及祖父。這些的確是過去的既成法規，當今明確的事例呀。陛下的孝思發自內心，的確不可遏止，但是君主的舉動必然都會被記錄下來，這就是在禮制問題上要謹慎行事的原因啊。臣以為追尊祖先諡號，應以高皇帝那一代為限。」尚書衛臻的意見與劉曄一樣，事情便這樣施行了。遼東太守公孫淵篡奪了叔父的職位，自立為王，並派遣使臣上表陳述情況。劉曄認為公孫氏是漢朝所任用的官員，世代承襲官位。到遼東從水路要渡海，走陸路有山阻隔，所以那裏的胡人地處偏遠難以控制，因此公孫氏世襲權位可以延續很久。今天如果不進行誅討，他日必然生出後患。如果等他懷有二心興兵抗拒，然後再加以征討，事情就難辦了。不如乘他剛剛自立，有同黨有仇人，先出其不意，再以兵壓境，懸賞招募勇士，可以不動用大軍而平定遼東。後來公孫淵終於反叛。

7 劉曄在朝，基本上不和當時人交往。有人問他這麼做的原因，劉曄回答說：「曹家登上帝位的時間不長，明智的人知道是天命，一般人有的還沒達到智者那樣的認知水準。我在漢朝是宗室分支，在魏朝是心腹大臣，少一些朋友同伴，不失為一種合適的做法。」太和六年，因病被任為太中大夫。過了一段時間，任大鴻臚，在位二年後退位，又任太中大夫，不久去世。諡號為景侯。兒子劉寓承襲爵位。小兒子劉陶，也是個才能很高但品行不好的人，官做到了平原郡太守。

1 蔣濟，字子通，楚國平阿❶人也。仕郡計吏❷、州別駕。建安十三年❸，孫權率眾圍合肥❹。時大軍征荊州，遇疾疫，唯遣將軍張喜單將千騎，過領汝南兵❺以解圍，頗復疾疫。濟乃密白刺史偽得喜書，云步騎四萬已到雩婁❻，遣主簿迎喜。三部❼使齎書語城中守將，一部得入城，二部為賊所得。權信之，遽燒圍走，城用得全。明年使於譙❽，太祖問濟曰：「昔孤與袁本初對官渡，徙燕❾、白馬❿民，民不得走，賊亦不敢鈔。今欲徙淮南民，何如？」濟對曰：「是時兵弱賊彊，不徙必失之。自破袁紹，北拔柳城⓫，南向江、漢，荊州交臂⓬，威震天下，民無他志。然百姓懷土，實不樂徙，懼必不安。」太祖不從，而江、淮間十餘萬眾，皆驚走吳。後濟使詣鄴，太祖迎見大笑曰：「本但欲使避賊，乃更驅盡之。」拜濟丹陽⓭太守。大軍南征還，以溫恢⓮為揚州刺史，濟為別駕。令曰：「季子⓯為臣，吳宜有君。今君還州，吾無憂矣。」民有誣告濟為謀叛主率者，太祖聞之，指前⓰令與左將軍于禁⓱、沛相封仁等曰：「蔣濟寧有此事！有此事，吾為不知人也。此必愚民樂亂，妄引之耳。」促理出之⓲。辟為丞相主簿西曹屬⓳。令曰：「舜舉皋陶⓴，不仁者遠；臧否得中㉑，望於賢屬㉒矣。」關羽圍樊、襄陽㉓。太祖以漢帝在許，近賊，欲徙都。司馬宣王㉔及濟說太祖曰：「于禁等為水所沒，非戰攻之失，於國家大計未足有損。劉備、孫權，外親內疏，關羽得志，權必不願也。可遣人勸躡其後，許割江南以封權，則樊圍自解。」太祖如其言。權聞之，即引兵西襲公安、江陵。羽遂見禽。

2 文帝即王位，轉為相國長史㉕。及踐阼，出為東中郎將㉖。濟請留，詔曰：「高祖歌曰『安得猛士守四方』！天下未寧，要須良臣以鎮邊境。如其無事，乃還鳴玉㉗，未為後也。」濟上萬機論，帝善之。入為散騎常侍。時有詔，詔征南將軍夏侯尚曰：「卿腹心重將，特當任使。恩施足死，惠愛可懷。作威作福，殺人活人。」尚以示濟。濟既至，帝問曰：「卿所聞見天下風教㉘何如？」濟對曰：「未有他善，但見亡國之語耳。」帝忿然作色而問其故，濟具以答，因曰：「夫『作威作福』，書之明誡㉙。『天子無戲言』，古人所慎。惟陛下察之！」於是帝意解㉚，遣追取前詔。黃初三年，與大司馬曹仁征吳，濟別襲羨谿㉛。仁欲攻濡須㉜洲中，濟曰：「賊據西岸，列船上流，而兵入洲中，是為㉝自內㉞地獄，危亡之道也。」仁不從，果敗。仁薨，復以濟為東中郎將，代領其兵。詔曰：「卿兼資文武，志節慷慨，常有超越江湖吞吳會之志，故復授將率之任。」頃之，徵為尚書。車駕幸廣陵，濟表水道難通，又上三州論以諷帝。帝不從，於是戰船數千皆滯不得行。議者欲就留兵屯田，濟以為東近湖，北臨淮，若水盛時，賊易為寇，不可安屯[35]。帝從之，車駕即發。還到精湖[36]，水稍盡，盡留船付濟。船本歷適[37]數百里中，濟更鑿地作四五道[38]，蹴[39]船令聚；豫作土豚[40]遏斷湖水，皆引後船，一時[41]開遏入淮中。帝還洛陽，謂濟曰：「事不可不曉。吾前決謂分半燒船於山陽池[42]中，卿於後致之，略與吾俱至譙。又每得所陳，實入吾意。自今討賊計畫，善思論之。」

3 明帝即位，賜爵關內侯。大司馬曹休帥軍[43]向皖，濟表以為「深入虜地，與權精兵對，而朱然[44]等在上流，乘休後，臣未見其利也」。軍至皖，吳出兵安陸[45]，濟又上疏曰：「今賊示形於西，必欲并兵圖東，宜急詔諸軍往救之。」會休軍已敗，盡棄器仗輜重退還。吳欲塞夾石[46]，遇救兵至，是以官軍得不沒。遷為中護軍[47]。時中書監、令[48]號為專任，濟上疏曰：「大臣太重[49]者國危，左右太親者身蔽，古之至戒也。往者大臣秉事，外內扇動[50]。陛下卓然自覽萬機，莫不祗肅[51]。夫大臣非不忠也，然威權在下，則眾心慢上，勢之常也。陛下既已察之於大臣，願無忘於左右。左右忠正遠慮，未必賢於大臣，至於便辟取合[52]，或能工之。今外所言，輒云中書，雖使恭慎不敢外交[53]，但有此名，猶惑世俗。況實握事要，日在目前，儻因疲倦之間有所割制[54]，眾臣見其能推移於事[55]，即亦因時而向[56]之。一有此端，因當內設自完[57]，以此眾語，私招所交，為之內援。若此，臧否毀譽，必有所興，功負[58]賞罰，必有所易；直道而上者或壅[59]，曲附左右者反達。因微而入，緣形而出，意所狎信，不復猜覺[60]。此宜聖智所當早聞，外以經意，則形際[61]自見。或恐朝臣畏言不合而受左右之怨，莫適以聞[62]。臣竊亮[63]陛下潛神默思，公聽並觀，若事有未盡於理而物有未周於用，將改曲易調，遠與黃、唐角功[64]，近昭武、文之迹，豈近習[65]而已哉！然人君猶不可悉天下事以適己明[66]，當有所付。三官任一臣[67]，非周公旦之忠，又非管夷吾[68]之公，則有弄機敗官[69]之弊。當今柱石之士[70]雖少，至於行稱一州，智效一官[71]，忠信竭命，各奉其職，可並驅策[72]，不使聖明之朝有專吏之名也。」詔曰：「夫骨鯁之臣[73]，人主之所仗也。濟才兼文武，服勤盡節，每軍國大事，輒有奏議，忠誠奮發，吾甚壯之。」就遷為護軍將軍[74]，加散騎常侍。

4 景初中，外勤征役，內務宮室[75]，怨曠[76]者多，而年穀饑儉[77]。濟上疏曰：「陛下方當恢崇前緒，光濟遺業，誠未得高枕而治也。今雖有十二州[78]，至於民數，不過漢時一大郡。二賊未誅，宿兵邊陲，且耕且戰，怨曠積年。宗廟宮室，百事草創，農桑者少，衣食者多，今其所急[79]，唯當息耗[80]百姓，不至甚弊。弊攰[81]之民，儻有水旱，百萬之眾，不為國用。凡使民必須農隙，不奪其時。夫欲大興功之君，先料其民力而燠休[82]之。句踐養胎[83]以待用，昭王恤病[84]以雪仇，故能以弱燕服彊齊，羸越滅勁吳。今二敵不攻不滅，不事即侵[85]，當身不除[86]，百世之責也。以陛下聖明神武之略，舍其緩者，專心討賊，臣以為無難矣。又歡娛之耽[87]，害於精爽[88]；神太用則竭，形太勞則弊。願大簡賢妙[89]，足以充『百斯男[90]』者。其冗散未齒[91]，且悉分出，務在清靜。」詔曰：「微[92]護軍，吾弗聞斯言也。」

齊王[93]即位，徙為領軍將軍[94]，進爵昌陵亭侯，遷太尉[95]。初，侍中高堂隆[96]論郊祀事，以魏為舜後，推舜配天。濟以為舜本姓媯，其苗[97]曰田，非曹之先，著文以追詰隆。是時，曹爽[98]專政，丁謐[99]、鄧颺等輕改法度。會有日蝕變，詔羣臣問其得失，濟上疏曰：「昔大舜佐治，戒在比周[100]；周公輔政，慎於其朋；齊侯[101]問災，晏嬰[102]對以布惠；魯君[103]問異，臧孫[104]答以緩役。應天塞變[105]，乃實人事。今二賊未滅，將士暴露已數十年，男女怨曠，百姓貧苦。夫為國法度，惟命世大才，乃能張其綱維[106]以垂于後，豈中下之吏所宜改易哉？終無益於治，適足[107]傷民，望宜使文武之臣各守其職，率以清平，則和氣祥瑞可感而致也。」以隨太傅司馬宣王屯洛水⑩⑧浮橋，誅曹爽等，進封都鄉侯，邑七百戶。濟上疏曰：「臣忝寵上司⑩⑨，而爽敢苞藏禍心，此臣之無任⑪⓪也。太傅奮獨斷之策，陛下明其忠節，罪人伏誅，社稷之福也。夫封寵慶賞，必加有功。今論謀則臣不先知，語戰則非臣所率，而上失其制，下受其弊。臣備宰司，民所具瞻⑪①，誠⑪②恐冒賞之漸⑪③自此而興，推讓之風由此而廢。」固辭，不許。是歲薨，諡曰景侯。子秀嗣。秀薨，子凱嗣。咸熙⑪④中，開建五等，以濟著勳前朝，改封凱為下蔡子。

【章　旨】以上為〈蔣濟傳〉，記述了蔣濟在曹操、曹丕、曹叡三朝所作的貢獻，也披露了他在曹魏後期幫助司馬懿完成政變，成為司馬氏陣營中的一員的事實。

【注　釋】❶楚國平阿　楚國，國名。治所在今江蘇銅山縣。平阿，縣名。治所在今安徽懷遠西南。❷計吏　官名。即上計吏，郡國守相派出的向朝廷報告工作的代表。❸建安十三年　西元二〇八年。建安，東漢獻帝劉協年號，西元一九六—二二〇年。❹合肥　地名。即今安徽合肥。❺過領汝南兵　率領所經過的汝南軍隊。❻雩婁　縣名。治所在今河南固始東南。❼三部　分為三路。❽譙　地名。在今安徽亳州。❾燕　縣名。治所在今河南滑縣西南。❿白馬　城邑名。故址在今河南滑縣東。⓫柳城　縣名。治所在今遼寧朝陽南。⓬交臂　投降。⓭丹陽　郡名。治所在今安徽宣州，孫吳移治今江蘇南京。⓮溫恢　字曼基，太原祁（今山西祁縣東）人。漢末歷任廩丘長、揚州刺史等職。曹魏建立後，歷任侍中、魏郡太守、涼州刺史等職。⓯季子　名季札，春秋時吳國公子，吳太伯二十世孫，曾北遊列國，在魯國觀樂。⓰前　原誤作「有」，今據宋本校正。⓱左將軍于禁　左將軍，武官名。高級軍事將領，領兵征伐。于禁，字文則，泰山鉅平（今山東泰安）人。初隨濟北相鮑信，後歸曹操。歷任軍司馬、陷陣都尉、虎威將軍等職，為曹操手下名將。東漢建安二十四年（西元二一九年），與關羽戰於樊城，兵敗被俘。孫權取荊州後，于禁被送還魏，慚恨而死。詳見本書卷十七〈于禁傳〉。⓲促理出之　催促平反釋放他。⓳西曹屬丞相府分職治事，有西曹，西曹副職稱西曹屬。⑳皋陶　傳說中帝舜之臣，曾為獄官之長，制墨、劓、剕、宮、大辟五刑。見《史記・五帝本紀》。㉑臧否得中　褒貶得當。㉒望於賢屬　寄希望於賢明的西曹屬。㉓樊襄陽　即今湖北襄樊。㉔司馬宣王　即司馬懿，字仲達，河內溫縣（今河南溫縣西）人。多謀略，善權變。率軍與諸葛亮對峙關中，領兵征討遼東公孫淵，歷任侍中、太傅、都督中外諸軍事等軍政要職。後發動高平陵之變，掌握曹魏大權。詳見《晉書・宣帝紀》。㉕相國長史　官名。相國府的下屬，負責處理各分支機構呈送的公事。㉖東中郎將　武官名。領兵征伐。㉗鳴玉　指回朝廷做京官。古時朝廷官員都帶玉佩，玉佩撞擊發出響聲，故言。㉘風教　風俗教化。㉙作威作福二句　《尚書・洪範》說：「臣無有作福作威玉食。臣之有作福作威玉食，其害於而家，凶於而國。」意在告誡為臣不要作威作福。㉚意解　怒氣消解。㉛羨谿　地名。在今安徽和縣西南。㉜濡須　河流名。源出今安徽巢湖市西巢湖，經無為東南流入長江。㉝為　原作「謂」，今據宋本改。《通鑑》卷七十亦作「為」。㉞自內　自己進入。㉟安屯　安營。㊱精湖　湖泊名。在今江蘇高郵西北。㊲歷適　疏密分布的樣子。㊳道　水道。㊴蹴　推。㊵土豚　盛有泥土的草袋。㊶一時　一下子。㊷山陽池　湖泊名。在今江蘇高郵西北。㊸軍　原作「兵」，今從宋本。㊹朱然　字義封，丹陽故鄣（今浙江安吉西北）人，孫吳將領。擒關羽有功，遷昭武將軍。代呂蒙鎮江陵，與陸遜破劉備，拒曹魏將領夏侯尚，出師皆有功。詳見本書卷五十六〈朱然傳〉。㊺安陸　縣名。治所在今湖北雲夢。㊻夾石　地名。在今安徽舒城南。石，原誤作「口」，今據宋本校正。㊼中護軍　官名。掌禁軍，總統諸將，主武官選舉。㊽中書監令　中書監，官名。參掌機要，草擬詔旨。令，即中書令，官名。與中書監共掌樞密，但地位略低。㊾太重　權力太重。㊿外內扇動　朝廷內外的輔政大臣互相鼓動。(51)祗肅　恭敬。(52)便辟取合　諂媚迎合。(53)外交　與宮廷之外交結。(54)割制　對皇帝權力的牽制。(55)推移於事　對政事產生影響。(56)因時而向　藉機會傾向。(57)因當內設自完　接著會完善內部。(58)功負　功過。(59)壅　受到阻礙。(60)猜覺　猜疑和警覺。(61)形際　形跡。(62)莫適以聞　沒有人願意把情況上報於您。(63)亮　觀察。(64)遠與黃唐角功　遠與黃帝唐堯比較功績。(65)近習　身邊的寵臣。(66)悉天下事句　以自己的明智來處理全天下的事。(67)三官任一臣　把三個官員的權力交給一個人。(68)管夷吾　字仲，名夷吾，潁上（今安徽境內）人，春秋時政治家。助齊公子糾與公子小白爭位，失敗後被公子小白任用。執政期間在齊國進行一系列改革，使齊國強大，成為當時的霸主。詳見《史記・管晏列傳》。(69)弄機敗官　玩弄機權而敗壞國事。(70)柱石之士　朝廷棟梁。(71)行稱一州二句　品行被一州人所稱讚，才智足以勝任一個官職。(72)驅策　使用；任用。(73)骨鯁之臣　正直剛強的大臣。(74)護軍將軍　武官名。由中護軍中資深者擔任。執掌與中護軍同。(75)內務宮室　對內大建宮殿。(76)怨曠　男女長期離別。(77)饑儉　減產歉收。(78)十二州　曹魏的十二州為：司、涼、雍、荊、并、幽、冀、青、兗、豫、徐、揚等十二州。⑲急　此字下原有「務」字，今據宋本刪。⑳息耗　休息。㉑弊劮　極度疲勞。㉒燠休　撫慰。㉓句踐養胎　句踐，春秋末越國國君，西元前四九七—前四六五年在位。吳王夫差伐越，越軍大敗，句踐用范蠡、文種之計向夫差投降，身為夫差僕役。在此期間，臥薪嚐膽，奮發圖強，用十年時間使百姓生育發展，用十年時間對其進行教化，最後使越國變強，成為霸主。詳見《史記・越王句踐世家》。養胎，鼓勵生育增加人口。㉔昭王恤病　昭王，即燕昭王，戰國時燕國國君，名平。曾流亡於韓國，後回國即位。在位期間改革政治，招攬人才，弔死問孤，與百姓同甘苦。詳見《史記・燕召公世家》。恤病，慰問病人。㉕不事即侵　不臣服時就進行侵擾。㉖當身不除　您在位時不剷除他們。㉗歡娛之耽　沉溺迷戀男女歡娛。歡娛，指男女性交。㉘害於精爽　對精氣神智有害。㉙大簡賢妙　精心選擇賢慧而美麗的女子。㉚百斯男　形容子孫眾多。斯，即螽斯。古人認為螽斯是不妒忌的昆蟲，一母百子。㉛未齒　未能選上的。㉜微　如果沒有。㉝齊王　即曹芳，字蘭卿，明帝養子，魏青龍三年（西元二三五年）立為齊王，後繼明帝位為帝。在位期間大權逐漸落到司馬懿父子手中，後被司馬師所廢，死於西晉初。詳見本書卷四〈齊王紀〉。㉞領軍將軍　官名。統領京城的禁衛軍。曹魏時京城禁衛軍有武衛、中壘、五校、中堅、中領軍、中護軍六大營，領軍將軍是這六營的總長官。㉟太尉　官名。與丞相、御史大夫合稱三公，掌軍事。㊱高堂隆　字升平，泰山平陽（今山東新泰）人，曹魏官吏，歷任堂陽縣長、光祿勳等。善占天象，常利用天象對明帝進行勸諫。詳見本書卷二十五〈高堂隆傳〉。㊲苗　後裔。㊳曹爽　字昭伯，沛國譙（今安徽亳州）人，曹真之子。明帝時任武衛將軍。明帝病重，拜其為大將軍、假節鉞、都督中外諸軍事，與司馬懿同受遺詔輔少主。齊王曹芳即位後，司馬懿發動政變，曹爽被剝奪兵權，後被殺。詳見本書卷九〈曹爽傳〉。㊴丁謐　字彥靖，沛（今江蘇沛縣）人，為人沉毅，有才略，曹爽黨羽，歷任度支郎中、散騎常侍、尚書。後被司馬懿所殺。詳見本書卷九曹真附傳及裴松之注引《魏略》。100比周　結黨營私。101齊侯　即齊景公，春秋時齊國國君，名杵臼，在位時好治宮室，喜歡聲色犬馬，對百姓施以厚賦重刑。詳見《史記・齊太公世家》。102晏嬰　字平仲，夷維（今山東高密）人，春秋時齊國大夫，為人機智，善於用充滿智慧的語言對君主進行勸諫。詳見《史記・管晏列傳》。103魯君　即魯僖公，春秋時魯國國君，名子申。詳見《史記・魯周公世家》。104臧孫　春秋時魯國大臣，姓臧孫，名辰。歷事莊、閔、僖、文四公，對內維護宗法禮治，對外主張親睦互助。但思想保守，舉措失當，曾被孔子譏諷為不仁。事見《後漢書・吳良列傳》李賢注。105應天塞變　上應天意，杜絕災變。106綱維　法紀。107適足　反而正好。108洛水　即今河南洛河。109忝寵上司　忝寵，表示慚愧的自謙之詞。上司，此指太尉職務，因為太尉為三公之首，所以蔣濟這樣說。110無任　不能勝任。111民所具瞻　受民眾所注視的對象。112誠　原作「臣」，今從宋本。[113]漸　開頭。[114]咸熙　魏元帝曹奐年號，西元二六四－二六五年。

【語　譯】蔣濟，字子通，楚國平阿縣人。任郡計吏、州別駕。建安十三年，孫權率領部隊圍攻合肥。當時太祖的大軍征討荊州，遇到疫病流行，只派遣將軍張喜獨自率領一千名騎兵，又率領所經過的汝南郡的軍隊去解合肥之圍，很多人又染上了疫病。蔣濟便祕密告訴刺史，假裝得到了張喜的信，說是四萬步騎援兵已經到達雩婁縣，派主簿迎接張喜。並分為三路人讓他們帶著假信告訴城中守將，一路人得以進城，另外兩路被吳軍俘獲。孫權相信了信中的內容，急忙燒毀營寨撤走，合肥城因此得以保全。第二年蔣濟出使譙縣，太祖問他說：「過去我與袁本初在官渡對峙，曾遷徙燕、白馬兩縣的民眾，民眾不能逃跑，敵人也不敢抄掠。現在我想要遷徙淮南民眾，怎麼樣？」蔣濟回答說：「那時候我弱敵強，不遷徙百姓必然會失掉他們。自從打敗袁紹，您北拔柳城，南進長江、漢水，荊州投降，聲威震動天下，民眾沒有二心。然而百姓留戀故土，實在是不樂於遷徙，必定會恐懼不安。」太祖不聽從，而江淮間十多萬的民眾，全都驚恐逃奔孫吳。後來蔣濟出使到了鄴城，太祖遇見他，大笑說：「我本來只想讓他們躲避敵人，卻反而把他們全都趕到敵人那裏去了。」任命蔣濟為丹陽郡太守。大軍南征回來以後，任命溫恢為揚州刺史，任命蔣濟為別駕。太祖下令說：「有季札做臣子，吳國就應該有君主。如今您回揚州任職，我就沒有憂慮了。」民眾裏有人誣告蔣濟是圖謀叛變的首腦，太祖聽說此事，指著以前發出的命令對左將軍于禁、沛相封仁等人說：「蔣濟怎麼會做這種事！如果真有此事，我就是不識人了。這一定是愚民喜歡作亂，胡亂牽連他罷了。」催促為蔣濟平反並釋放他。徵召蔣濟為丞相府主簿西曹屬。下令說：「過去虞舜拔擢皐陶，不仁的人遠離；褒貶人才是否得當，就寄望在您身上了。」關羽包圍樊城、襄陽，太祖因為漢獻帝在許縣，靠近敵人，打算遷都。司馬宣王和蔣濟勸阻太祖說：「于禁等人是被大水所淹沒，並不是我們軍事行動失誤，對於國家大計沒有什麼損害。劉備和孫權，表面親近實際疏遠，關羽得志，孫權一定不願意。可以派人勸孫權偷襲關羽的後方，答應割江南之地封給孫權，這樣樊城之圍自然就解除了。」太祖按照他們的話去做。孫權聽說後，立刻率兵西進偷襲公安、江陵。關羽於是被擒殺。

2 文帝即魏王位，蔣濟轉任相國長史。文帝即帝位，蔣濟出任東中郎將。蔣濟請求留在京城，文帝下詔說：「高祖曾唱道『安得猛士守四方』！天下尚未平定，必須要有良臣來鎮守邊境。如果邊境平安無事，再回朝做官，也不算遲。」蔣濟上〈萬機論〉，文帝稱讚寫得好。蔣濟入朝任散騎常侍。當時文帝有詔，詔命征南將軍夏侯尚說：「您是心腹大將，特地讓您擔當重任。施恩足以使人拚死效力，施惠足以讓人懷念。您可以作威作福，可以殺人可以讓人活命。」夏侯尚將詔書出示給蔣濟看。蔣濟到了朝廷後，文帝問道：「您所聽見所看到的天下風俗教化怎麼樣？」蔣濟回答：「沒有什麼好的見聞，只聽見亡國之語罷了。」文帝氣得臉色大變問他原因，蔣濟告知事情的原委，回答說：「『作威作福』，是《尚書》中非常明白的告誡。『天子無戲言』，這是古人所謹慎的。希望陛下明察！」於是文帝的怒氣消解，派人追回了先前的詔書。黃初三年，與大司馬曹仁征伐孫吳，蔣濟另外領兵襲擊羨谿。曹仁打算進攻濡須河中的沙洲，蔣濟說：「敵人占據西岸，在上游排列戰船，而我們領兵進入沙洲，這是自己進入地獄，是危險滅亡之道啊。」曹仁不聽從，果然失敗。曹仁去世，文帝任蔣濟為東中郎將，代為統領曹仁的兵馬。文帝下詔說：「您文武兼備，志向節操慷慨豪邁，常懷有跨越江湖吞併孫吳的志向，所以再次授予您統領軍隊的重任。」不久，徵召為尚書。文帝要親征廣陵，蔣濟上表說水路難通，又上奏〈三州論〉用來勸諫文帝。文帝不聽從，結果幾千艘戰船全都停滯在水中不能行進。參加討論的人想就此留下軍隊屯田，蔣濟認為此地東近大湖，北臨淮河，如果水大的時候，敵人容易侵犯，不能夠安心屯田。文帝聽從了他的建議，車駕立即啟程。回到精湖的時候，水就漸漸的乾涸了，文帝把所有的船都留下來交給蔣濟。戰船本來或疏或密的排列在幾百里的水道上，蔣濟命令再開鑿四五條水道，推著把船聚集在一起，事先用土袋截斷湖水，把水全都引向後面的船，然後一下子打開堤壩把船推入淮河中。文帝回到洛陽，對蔣濟說：「事理不可以不知道。我原先決定在山陽池中燒掉一半船隻，您卻在後面把船隻全都帶回來，還差不多與我一起到達譙縣。再有，我每次得到您所陳述的意見，實在符合我的心意。從今以後有關討伐敵人的計畫，您要好好思考討論。」

3 明帝即位，賜蔣濟關內侯爵位。大司馬曹休率軍進軍皖城，蔣濟上表認為：「深入敵人腹地，與孫權的精兵對峙，而吳將朱然等人在上游，會乘機偷襲曹休的後防，臣看不到這樣做的好處。」大軍到達皖城，孫吳出兵安陸縣，蔣濟又上書說：「現在敵人顯示出進攻西面的企圖，一定是想集中兵力進攻東面，應該緊急下詔讓各路軍隊前往救援。」正好曹休的軍隊已經戰敗，全部丟棄了武器裝備撤退而回。孫吳想在夾石阻截曹休，碰上曹軍的救兵到來，因此曹休才不至於全軍覆沒。蔣濟升遷為中護軍。當時中書監、中書令被稱為專權的職位，蔣濟上書說：「大臣權力太重國家就有危險，左右的人太親近了君主就會遭到蒙蔽，這是古代最重要的告誡。以前大臣把持政事，朝廷內外互相鼓動。陛下高高在上親理萬機，沒有人敢不恭敬。大臣不是不忠，然而如果權威在臣下，那麼眾人心裏就會輕慢君上，這是世勢的常規。陛下既然已經明瞭大臣專權，希望也不要忘記左右的侍臣。左右侍臣的忠誠正直，考慮久遠，未必勝過大臣，至於諂媚迎合，他們或許更加擅長。現在外面所說的，就是中書如何如何，雖然您能使他們謙恭謹慎不敢與宮廷之外交結，但有了這個名聲，還是能夠蠱惑世俗的。何況他們還掌握政事的關鍵，每天都在您的眼前，如果他們乘著您疲倦的時候對您有所牽制，眾位大臣見到他們能對政事產生影響，就會找機會傾向依附他們。一有了這個開端，他們接著就會完善內部，利用眾人的輿論，私下招集所交結的人，當做他們的內援。如果這樣，褒貶毀譽，必然就要興起，功過賞罰，必然有所改變；依循正道而上的人可能會受到阻礙，趨附左右侍臣的人反而暢通無阻。他們從細小的縫隙鑽進去，藉著有利形勢表現出來，君主寵信親近他們，便不再對他們有猜疑和警覺。這些情況應當是聖上早就了解的，只要對外留意，他們的形跡就會自我暴露。有人擔心朝臣們害怕言論與侍臣們不合而受到他們的怨恨，所以沒有人願意讓您知道這種情況。我私下觀察陛下能夠沉思默想，能公平的聽取各種意見同時觀察，如果事情有不近情理或事物沒有完全發揮作用，就會改弦易轍，遠可與黃帝、唐堯比較功績，近可光大武帝文帝的事業，怎麼能夠僅靠身邊的寵臣呢？當然君主還是不能僅靠自己的明智來處理全天下的事，應當有所託付。把三個官員的權力交給一個人，這個人沒有周公旦的忠誠，也沒有管夷吾的公正，那麼就會出現弄權敗國的弊端。當今可為朝廷棟梁之臣的人雖少，但對於那些品行被一州人稱讚，才智足以勝任一個官職，忠誠守信盡心竭力，恪盡職守的人，可以全都任用，就不會使聖明的朝廷有官吏專權的名聲了。」明帝下詔說：「正直剛強的大臣，是君主所倚仗的。蔣濟兼有文武之才，勤勞盡責，每當有軍國大事，往往有奏議提出，忠誠奮發，我非常敬佩他。」立即升遷蔣濟為護軍將軍，加散騎常侍。

4 景初年間，對外頻繁征伐，對內大興宮殿，男女失時長期離別的人很多，而且糧食減產歉收。蔣濟上書說：「陛下正應該恢宏光大前人的基業，實在是不能高枕無憂治理天下。如今我們雖有十二個州，但百姓的數量，比不上漢朝時的一個大郡。吳、蜀兩個敵人尚未消滅，士兵駐紮在邊疆，一邊耕種一邊作戰，怨恨別離很多年了。宗廟朝廷，很多事情都在草創階段，種田養蠶的人少，穿衣吃飯的人多，如今最急迫的事情，就是讓百姓休養生息，使他們不至於太困乏。過度疲勞的人民，如果遇到水災旱災，即使有百萬之眾，也不能被國家所用。大凡使用民力必須在農閒之時，不能耽誤農時。想要建立大功業的君主，先要估量他的民力，撫慰他們。句踐鼓勵生育，增加人口，以備將來之用，燕昭王慰問病人，用以報仇雪恨，所以能夠以弱小的燕國征服強大的齊國，以疲弊的越國消滅強勁的吳國。如今吳蜀兩個敵人，不攻打他們，不會自己滅亡，不臣服時就進行侵擾，您在位時不剷除他們，就是把責任留給後代子孫。憑陛下聖明神武的韜略，捨棄那些不急迫的事，專心討伐敵人，臣以為這沒有什麼困難。再說沉溺迷戀於男女歡娛，對精氣神智都有害；神智使用過度就會枯竭，身體過分勞動就會疲憊。希望您精心選擇賢慧而美麗，足以承擔起繁衍眾多子孫的女子，其他沒有選上的多餘女子，暫且都分送出宮，致力於神智清靜。」明帝下詔說：「沒有蔣護軍，我聽不到這樣的言論。」

5 齊王即位，蔣濟轉任領軍將軍，進封爵位為昌陵亭侯，升任太尉。當初，侍中高堂隆討論祭祀天地的禮儀，認為曹魏是虞舜的後裔，向上推到舜作為祭天的配饗者。蔣濟認為虞舜本姓媯，他的後代姓田，不是曹姓的先祖，便寫文章責問高堂隆。當時，曹爽專政，丁謐、鄧颺等人輕率改變法度。正好有日食的天象異變，皇帝下詔問羣臣政治得失。蔣濟上書說：「過去虞舜輔佐唐堯治理天下，告誡官員不要結黨營私；周公輔政時，提醒官員要謹慎的結交朋友；齊景公問怎樣避免災禍，晏嬰回答要廣施恩惠於百姓；魯僖公問怎樣消除災異，臧孫說要減輕百姓的徭役。上應天意，杜絕災變，實際上在於人的行為。如今吳蜀二賊未滅，將士們暴露荒野已經幾十年，男女長期分離，百姓貧窮困苦。制定國家的法律制度，只有治世的人才，才能張揚法紀永垂後代，難道是中下等的小吏所應當隨便改動的？結果無益於治國，反而正好傷害老百姓，希望陛下使文武大臣各司其職，遵循清靜平和的原則，那麼和諧之氣、祥瑞之兆就會受到感應而降臨。」蔣濟又因為隨司馬宣王屯駐洛水浮橋，誅滅曹爽等人，進封都鄉侯，封邑七百戶。蔣濟上書說：「我忝居太尉之位，而曹爽竟敢包藏禍心，這是臣不能勝任呀。太傅猛然發揮獨自決斷的策略，陛下明白他的忠誠節操，使罪人伏法，這是國家之福。封賞恩寵，必然加給有功的人。如今論謀劃那麼我沒有先見之明，論戰事那麼我又沒有率軍打仗，對上而言破壞了制度，對下而言承受了我帶來的弊端。我在輔政大臣的位子上，百姓注目，實在害怕冒功領賞從我發端而起，推讓的風氣從此消失。」蔣濟堅決辭讓，朝廷不准許。這一年蔣濟去世，諡號為景侯。兒子蔣秀承襲了爵位。蔣秀去世，兒子蔣凱承襲爵位。咸熙年間，實行五等爵位制度，因為蔣濟在前朝功勳卓著，改封蔣凱為下蔡子。

1 劉放，字子棄，涿郡❶人，漢廣陽順王子西鄉侯宏後也。歷郡綱紀❷，舉孝廉❸。遭世大亂，時漁陽❹王松據其土，放往依之。太祖克冀州，放說松曰：「往者董卓作逆，英雄並起，阻兵擅命，人自封殖❺，惟曹公能拔拯危亂，翼戴天子，奉辭伐罪❻，所向必克。以二袁❼之彊，守則淮南冰消，戰則官渡大敗；乘勝席卷，將清河朔❽，威刑既合，大勢以見。速至者漸福，後服者先亡，此乃不俟終日馳騖之時❾也。昔黥布❿棄南面之尊，仗劍歸漢，誠識廢興之理，審去就之分也。將軍宜投身委命，厚自結納。」松然之。會太祖討袁譚於南皮，以書招松，松舉雍奴⑪、泉州⑫、安次⑬以附之。放為松答太祖書，其文甚麗。太祖既善之，又聞其說，由是遂辟放。建安十年，與松俱至。太祖大悅，謂放曰：「昔班彪⑭依竇融⑮而有河西⑯之功，今一何相似也！」乃以放參司空軍事，歷主簿記室⑰，出為郃陽⑱、祋祤⑲、贊⑳令。

2 魏國既建，與太原孫資㉑俱為祕書郎㉒。先是，資亦歷縣令，參丞相軍事。文帝即位，放、資轉為左右丞㉓。數月，放徙為令。黃初初，改祕書為中書，以放為監㉔，資為令㉕，各加給事中；放賜爵關內侯，資為關中侯，遂掌機密。三年，放進爵魏壽亭侯，資關內侯。明帝即位，尤見寵任，同加散騎常侍；進放爵西鄉侯，資樂陽亭侯。太和㉖末，吳遣將周賀㉗浮海詣遼東，招誘公孫淵。帝欲邀討之，朝議多以為不可。惟資決行策，果大破之，進爵左鄉侯。放善為書檄，三祖詔命有所招喻，多放所為。青龍㉘初，孫權與諸葛亮連和，欲俱出為寇。邊候㉙得權書，放乃改易其辭，往往㉚換其本文而傅合㉛之，與征東將軍滿寵㉜，若欲歸化，封以示亮。亮騰㉝與吳大將步騭㉞等，騭等以見權。權懼亮自疑，深自解說。是歲，俱加侍中、光祿大夫㉟。景初二年㊱，遼東平定，以參謀之功，各進爵，封本縣[37]，放方城侯，資中都侯。

3 其年，帝寢疾，欲以燕王宇[38]為大將軍[39]，及領軍將軍夏侯獻[40]、武衛將軍[41]曹爽、屯騎校尉曹肇[42]、驍騎將軍秦朗[43]共輔政。宇性恭良，陳誠固辭[44]。帝引見放、資，入臥內，問曰：「燕王正爾為[45]？」放、資對曰：「燕王實自知不堪大任故耳。」帝曰：「曹爽可代宇不？」放、資因贊成之。又深陳宜速召太尉司馬宣王，以綱維皇室。帝納其言，即以黃紙[46]授放作詔。放、資既出，帝意復變，詔止宣王勿使來。尋更見放、資曰：「我自召太尉，而曹肇等反使吾止之，幾敗吾事！」命更為詔，帝獨召爽與放、資俱受詔命，遂免宇、獻、肇、朗官。太尉亦至，登牀受詔，然後帝崩。齊王即位，以放、資決定大謀，增邑三百，放并前千一百，資千戶；封愛子一人亭侯，次子騎都尉，餘子皆郎中。正始元年，更加放左光祿大夫，資右光祿大夫，金印紫綬，儀同三司[47]。六年，放轉驃騎[48]，資衛將軍，領監、令如故。七年，復封子一人亭侯，各年老遜位，以列侯朝朔望[49]，位特進[50]。曹爽誅後，復以資為侍中，領中書令。嘉平二年[51]，放薨，諡曰敬侯。子正嗣。資復遜位歸第，就拜驃騎將軍，轉侍中，特進如故。三年薨，諡曰貞侯。子宏嗣。

4 放才計[52]優資，而自脩[53]不如也。放、資既善承順主上，又未嘗顯言得失，抑辛毗而助王思[54]，以是獲譏於世。然時[55]因羣臣諫諍，扶贊其義，并時密陳損益[56]，不專導諛言云。及咸熙[57]中，開建五等，以放、資著勳前朝，改封正方城子，宏離石子。

【章旨】以上為〈劉放傳〉，記述了劉放的才幹和謀略，也記述了他人品方面的缺點，附帶記載了孫資的事跡。

【注釋】❶涿郡 郡名。治所在今河北涿州。❷綱紀 即郡主簿。❸孝廉 當時用人制度之一。由各郡在所屬吏民中舉薦孝悌清廉者，被察舉為孝廉者往往被任為郎官。❹漁陽 郡名。治所在今北京市密雲西南。❺封殖 培植私人勢力。❻奉辭伐罪 奉朝廷之命討伐罪人。❼二袁 即袁紹和袁術，當時他們分別據有河北和淮南。❽河朔 地區名。泛指黃河中下游以北的地區。❾不俟終日句 立即採取行動奔走歸附的時候。不俟終日，《周易・繫辭》說：「君子見機而作，不俟終日。」❿黥布 本名英布，六縣（今安徽六安北）人，曾坐法被黥面，故稱黥布。秦末率刑徒起兵，屬項羽，後被項羽封為九江王。楚漢戰爭中離開項羽歸順劉邦，從劉邦打敗項羽。西漢建立後被殺。詳見《史記・黥布列傳》、《漢書・黥布傳》。⓫雍奴 縣名。治所在今天津市武清西北。⓬泉州 縣名。治所在今天津市武清西南。⓭安次 縣名。治所在今河北廊坊西北。⓮班彪 字叔皮，扶風安陵（今陝西咸陽東北）人。東漢史學家，西漢末避難天水，往依隗囂，勸其復興漢室，不被採納，便離隗囂投奔竇融，力勸竇融擁戴劉秀。東漢初任徐縣令，因病免官，專心鑽研史學。詳見《後漢書・班彪列傳》。⓯竇融 字周公，扶風平陵（今陝西咸陽西北）人，世代在河西地區任官。新莽末年，任更始政權鉅鹿太守、張掖屬國都尉等職。更始敗亡後，割據河西五郡。西元三二年，幫助劉秀消滅隗囂，歸順東漢王朝。歷任涼州牧、冀州牧、大司空等職。詳見《後漢書・竇融列傳》。⓰河西 地區名。指今河西走廊及湟水流域。⓱記室 官名。負責起草文書。⓲郃陽 縣名。治所在今陝西合陽東南。⓳祋祤 縣名。治所在今陝西耀縣。⓴贊 縣名。治所在今河南永城西北。㉑太原孫資 太原，郡國名。治所在今山西太原西南。孫資，字彥龍，太原（今山西太原）人，人稱孫計君。三歲時父母俱亡，為兄嫂所養。與劉放共掌朝廷機要，深受魏帝賞識。歷任中書令、驃騎將軍等職。詳見《三國志．劉放傳》裴松之注引〈資別傳〉。㉒祕書郎　官名。掌國家收藏的經書復校殘缺、正定脫誤。㉓左右丞　官名。即祕書左丞、祕書右丞，均為祕書令的助手。㉔監　即中書監，官名。魏文帝黃初二年（西元二二一年）由祕書令所改，掌機要文書，擬訂詔旨。㉕令　即中書令，官名。魏文帝黃初二年由祕書令所改，為中書監的副手，負責掌管機要，起草詔令。㉖太和　魏明帝曹叡年號，西元二二七—二三二年。㉗周賀　孫吳將領，受命渡海至遼東，後被曹魏將田豫殺死。事見本書卷四十七〈吳主傳〉。㉘青龍　魏明帝曹叡年號，西元二三三—二三七年。㉙邊候　邊境巡邏兵。㉚往往　處處。㉛換其本文而傅合　改換信的文本把偽造的內容糅合進去。㉜征東將軍滿寵　征東將軍，武官名。與征南將軍、征西將軍、征北將軍合稱四征。滿寵，字伯寧，山陽昌邑（今山東巨野南）人，曹魏將領。先任汝南太守，先後與袁紹、孫權抗衡。後助徐晃抗擊關羽，在江陵大敗吳軍，戰功顯赫。歷任伏波將軍、領豫州刺史。詳見本書卷二十六〈滿寵傳〉。㉝騰　轉送。㉞步騭　字子山，臨淮淮陰（今江蘇淮陰西南）人。任孫吳鄱陽太守、驃騎將軍等，後代陸遜為丞相。詳見本書卷五十二〈步騭傳〉。㉟光祿大夫　官名。相當於皇帝的顧問，諸公告老及在朝重臣加拜此官以示優重。㊱景初二年　西元二三八年。景初，魏明帝曹叡年號，西元二三七—二三九年。㊲封本縣　以家鄉所在的縣為封地。㊳宇　即曹宇，字彭祖，沛國譙（今安徽亳州）人，曹操之子。先後被封為都鄉侯、魯陽侯、下邳王、燕王。明帝自幼與曹宇共同居住，非常喜愛他。詳見本書卷二十〈燕王傳〉。㊴大將軍　最高軍事統帥，外主征戰，內秉國政。㊵夏侯獻　曹魏將領，主張派人招降遼東公孫淵。素與孫資等人不善，明帝末年，與曹宇等人輔政受到孫資反對，被解除權柄。事見《三國志．明帝紀》裴松之注引《漢晉春秋》、卷八公孫度附傳裴松之注引《魏名臣奏》等。㊶武衛將軍　武官名。統領皇帝貼身衛隊武衛營的長官。㊷屯騎校尉曹肇　屯騎校尉，武官名。掌宿衛兵，隸屬中領軍。曹肇，字長思，沛國譙（今安徽亳州）人，曹休之子。有當世才度，明帝時任散騎常侍、屯騎校尉等。事見本書卷九曹休附傳及裴松之注引《世語》。㊸驍騎將軍秦朗　驍騎將軍，武官名。中軍將領之一，以功高者任之。秦朗，字元明，小名阿蘇，新興（今甘肅武山縣）人，曹操攻陷下邳後，納其母杜氏為妻，秦朗隨其母留在相府。事見《三國志》卷三裴松之注引《魏氏春秋》。㊹陳誠固辭　陳述內心的誠意堅決推辭。據《三國志．明帝紀》裴松之注引《魏氏春秋》和《魏略》記載，曹宇並沒有推辭，此處記載，是為劉放、孫資回護。㊺正爾為　一定要如此嗎。㊻黃紙　當時皇帝的手詔用黃紙或黃卷書寫。㊼儀同三司　簡稱儀同，三司即三公，意為儀制與三公同。㊽驃騎　即驃騎將軍，高級軍事將領，領兵征伐。㊾朝朔望　每月的朔日、望日朝見皇帝。朔日，初一日。望日，小月在十五日，大月在十六日。(50)特進　一種加官名稱，通常給那些功德優勝、被朝廷所尊崇的特殊官員。(51)嘉平二年　西元二五〇年。嘉平，魏齊王曹芳年號，西元二四九—二五四年。(52)才計　才幹謀略。(53)自脩　自身修養。(54)抑辛毗而助王思　明帝時，潁鄉侯辛毗不與劉放、孫資交往，二人對辛毗懷恨。冗從僕射上表請讓辛毗代王思為尚書僕射，明帝徵求劉放孫資的意見，由於二人反對，未成。事見本書卷二十五〈辛毗傳〉。(55)時　時常。(56)密陳損益　祕密陳述政治改革的建議。(57)咸熙　魏元帝曹奐年號，西元二六四—二六五年。

【語　譯】劉放，字子棄，涿郡人，漢廣陽順王的兒子西鄉侯劉宏的後代。歷官郡主簿，舉孝廉。遇上天下大亂，當時漁陽郡人王松占據了本郡，劉放前往依附他。太祖攻克冀州，劉放勸王松說：「以前董卓作亂，英雄豪傑同時起兵，擁兵割據，擅自發令，各自培植自己的勢力，只有曹公能拯救危亂，輔佐擁戴天子，奉朝廷之命討伐罪人，所向之處無不戰勝。以袁紹、袁術的強大，袁術據守淮南冰消瓦解，袁紹對戰官渡被打得大敗；曹公乘勝席捲殘敵，將要肅清河朔地區，權威和刑罰結合之後，大勢已經顯現。迅速歸附的漸次得福，最後屈服的將首先滅亡，這是一天都不要等待趕快跑去歸附的時候。過去黥布放棄稱王的尊貴地位，仗劍歸降漢朝，的確是認識到了興亡的道理，明白了進退的分際。將軍應該投靠曹公為他效命，深深的結交他。」王松認為劉放說得對。正好太祖在南皮討伐袁譚，寫信招納王松，王松便獻出雍奴、泉州、安次等縣降附了太祖。劉放替王松回信給太祖，文采非常華麗。太祖既喜歡這封信，又聽說他勸王松投降，因此便徵召劉放。建安十年，劉放與王松一起到達。太祖大為高興，對劉放說：「過去班彪依附竇融而建立了河西之功，今天你是多麼相似啊！」便任命劉放為參司空軍事，後歷任主簿、記室，出任郃陽、祋祤、贊三縣縣令。

2 魏國建立以後，劉放與太原人孫資同時任祕書郎。在此以前，孫資也擔任過縣令，參謀丞相軍事。文帝即帝位，劉放、孫資轉任祕書左丞和祕書右丞。幾個月以後，劉放遷任祕書令。黃初初年，改祕書為中書，任劉放為中書監，孫資為中書令，都加官給事中；劉放賜爵關內侯，孫資為關中侯，兩人便共同掌管機密。黃初三年，劉放進爵為魏壽亭侯，孫資為關內侯。明帝即位後，更加受到寵信任用，同時加官散騎常侍；劉放進封西鄉侯的爵位，孫資為樂陽亭侯。明帝太和末年，孫吳派遣將軍周賀渡海前往遼東郡，招撫誘降公孫淵。明帝打算截擊周賀的部隊，朝政議論時很多人認為不行。只有孫資堅決支持執行這個計畫，果然大敗周賀，進封孫資左鄉侯的爵位。劉放擅長於書信檄書，武帝、文帝、明帝三位皇帝詔書中的徵召告喻文字，大多是劉放所作。青龍初年，孫權與諸葛亮聯合，打算一同出兵侵擾。邊境的巡邏兵獲得了孫權的書信，劉放便改動書信中的辭語，處處改易原文，把偽造的內容糅合進去，使這封信變為寫給曹魏征東將軍滿寵的，好像要歸順曹魏，把這封書信封好送給諸葛亮看。諸葛亮把這封信轉交給孫吳大將步騭等人，步騭等人拿著這封信見孫權。孫權害怕諸葛亮懷疑自己，竭力為自己辯解。這一年，劉放、孫資都加官侍中、光祿大夫。景初二年，遼東平定，二人因為參與謀劃的功勞，各自進爵，封地在本縣，劉放為方城侯，孫資為中都侯。

3 這一年，明帝病重，想任燕王曹宇為大將軍，讓他和領軍將軍夏侯獻、武衛將軍曹爽、屯騎校尉曹肇、驍騎將軍秦朗共同輔佐朝政。曹宇性格謙恭善良，說明誠意，堅決推辭。明帝召見劉放、孫資，進入臥室內，問道：「燕王一定要如此嗎？」劉放、孫資回答說：「燕王確實是知道自己不堪重任。」明帝問：「曹爽能代替曹宇嗎？」劉放、孫資隨即表示贊成。又極力說明應該迅速召回太尉司馬宣王，以維護王室。明帝採納了他們的建言，當即把黃紙交給劉放讓他書寫詔書。劉放、孫資出去以後，明帝又改變主意，下詔制止宣王，不要讓他來。不久又召見劉放、孫資說：「我自己召回太尉，而曹肇等人反而讓我制止他回來，幾乎敗壞了我的大事！」下令重寫詔書，明帝只召見曹爽與劉放、孫資一起接受詔命，於是罷免了曹宇、夏侯獻、曹肇、秦朗等人的官職。太尉也回到朝中，在明帝病床前接受詔書，之後明帝便去世了。齊王曹芳即位，因為劉放、孫資參與重大謀劃，增加二人的封邑三百戶，劉放加上以前所封的共一千一百戶，孫資有一千戶；又各封他們的愛子一人為亭侯，次子為騎都尉，其餘的兒子全都為郎中。正始元年，又加官劉放左光祿大夫，孫資右光祿大夫，授予他們金印紫綬，儀制與三公相同。正始六年，劉放轉任驃騎將軍，孫資為衛將軍，兩人還像以前一樣兼任中書監、中書令。正始七年，又封他們的兒子各一人為亭侯，劉放、孫資各自因年老退位，以列侯身分朔日和望日朝見皇帝，加官特進。曹爽被殺後，又任孫資為侍中，兼任中書令。嘉平二年，劉放去世，諡號為敬侯。兒子劉正承襲爵位。孫資又退位回家，朝廷派使者到家中拜他為驃騎將軍，轉任侍中，依舊加官特進。嘉平三年，孫資去世，諡號為貞侯。兒子孫宏承襲爵位。

4 劉放的才幹謀略優於孫資，但自我修養不如孫資。劉放、孫資既擅長於順從君主，又從沒有公開評論朝政得失，壓抑辛毗而幫助王思，因此遭到世人譏評。然而他們時常在羣臣諫諍時，支持他們的主張，並時常祕密陳述改革的建議，不是一味的阿諛奉承。到了咸熙年間，實行五等封爵，因為劉放、孫資在前朝功勳卓著，改封劉正為方城子，孫宏為離石子。

評曰：程昱、郭嘉、董昭、劉曄、蔣濟才策謀略，世之奇士，雖清治德業❶，殊於❷荀攸，而籌畫所料，是其倫❸也。劉放文翰，孫資勤慎，並管喉舌，權聞當時，雅亮非體❹，是故譏諛❺之聲，每過其實矣。

【章旨】以上是陳壽對程昱、郭嘉、董昭、劉曄、蔣濟、劉放、孫資等人的評價。

【注釋】❶清治德業　清正的從政風範和品德功業。❷殊於　不如。❸倫　匹敵。❹雅亮非體　在處世立身方面不能高尚忠誠。❺譏諛　譏諷他們的阿諛。

【語譯】評論說：程昱、郭嘉、董昭、劉曄、蔣濟具有才智謀略，是當時的奇士，雖然他們在清正為政、品德功業方面不如荀攸，而在籌謀劃策料定國事上可以與之匹敵。劉放文筆華麗，孫資勤勉謹慎，他們一起掌管朝廷的機要，權傾一時，而在處世立身方面不能高尚忠誠，因此譏諷他們阿諛的言論，每每言過其實。

【研析】史學家陳壽在評價程昱、郭嘉、董昭、劉曄、蔣濟、劉放等人時，一方面肯定了他們的才智謀略，另一方面也指出了他們性格乃至品格方面的不足。這些不足，有的記載非常明顯，例如程昱，「性剛戾，與人多迕」，即性情暴烈，與人多有矛盾；又如郭嘉，「不治行檢」，即不進行品行修養和自我約束。有的記載則很隱晦，例如對劉曄從政風範方面不足的記載就是如此。

從劉曄本傳看，看不出他在從政風範方面有什麼明顯的不足，倒是裴松之注引《傅子》有明確的記載。劉曄在魏明帝初很受器重。明帝想攻伐蜀漢，大臣們全都認為不可以。只有劉曄在單獨與明帝談論伐蜀問題時認為可以，而在出來與眾臣談論時，又說不可以。中領軍楊暨是最堅決持不同意伐蜀意見的人，他每次到劉曄那裏，劉曄總和他講許多為什麼不能伐蜀的道理。楊暨得到劉曄的支持，對明帝的勸諫更加頻繁和強烈了。明帝就駁斥他：「你一介書生，怎麼懂軍事！」楊暨說：「我的意見確實不值得聽取，但侍中劉曄是先帝的謀臣，他也常說不能攻伐蜀漢。」明帝說：「他和我談論時一直說蜀漢可伐呀！」楊暨說：「我們可以把他叫來對質。」劉曄到來後，卻不明確表示意見。後來，劉曄單獨對明帝說：「討伐敵國是件大事，我能夠參與這件大事，常常害怕在睡覺時說夢話把它洩露出去，怎麼敢對別人說呢？保密是軍事行動最根本的要求，像陛下這樣總和別人討論伐蜀的事情，恐怕敵國早就知道我們的意圖而有防備了。」一番話說得明帝直向劉曄道歉。離開明帝後，劉曄又責備楊暨說：「我們在釣魚的時候，如果釣到了大魚，不是馬上起竿，而是隨著牠走，直到牠筋疲力盡，然後再拉起竿，這樣才能釣到大魚。君主的權威，豈止是大魚呀！你的確是個直言之臣，然而你的方法不可取，希望你好好想想。」說得楊暨也對他很佩服。

如果從《傅子》這段記載中得出劉曄是善於應變持兩端的兩面派的結論，似乎不符合陳壽的本意，如果說《傅子》這個記載反映了劉曄處事小心謹慎，不得罪人，是符合劉曄的從政風範的。本傳記載「曄在朝，略不交接時人」，「不交接時人」，即小心謹慎。「在朝」，即在曹魏朝，也就是曹丕代漢以後。劉曄是被曹操提拔起來的，從司空倉曹掾到行軍長史兼領軍，劉曄在許多大事上都敢於直言。然而到了曹丕稱帝以後，劉曄的為人處世態度發生了變化。例如曹丕喜歡打獵，鮑勛冒死勸諫，曹丕很不高興，便問身邊的侍臣：「你們認為田獵之樂比聽音樂怎樣？」劉曄馬上順著曹丕的心思說：「打獵比聽音樂快樂。」明帝曹叡在位時，劉曄又稱讚他是秦始皇、漢武帝之類的人物，顯然也是在奉承。劉曄之所以會有這樣的變化，主要有兩個原因：第一個原因是，魏文帝曹丕、明帝曹叡喜歡奉迎，聽不進直言，剛愎自用。「楚王好細腰，宮中多餓死」，皇帝聽不進直言，自然會使奉迎之人有市場。

第二個原因是，社會道德輿論的壓力使得劉曄變得謹慎小心。史載劉曄字子揚，是東漢光武帝的兒子阜陵王劉延的後代。這樣的身世，與當時的蜀漢先主劉備何其相似。而劉備始終打著「興復漢室」的旗號，堅持著漢曹不兩立的立場，劉曄卻選擇了在曹操陣營中服務。曹操時代，還保留著漢室的形式，天子依然姓劉，國號依然為漢，曹操名義上為漢朝丞相。所以，劉曄為曹操服務，在形式上還屬於為漢朝服務，還沒有背棄祖宗。然而到了曹丕，取代了漢朝，建立了曹魏朝廷，劉曄的行為便與建立蜀漢的劉備形成了鮮明的對比。劉曄為取代自己祖先所建朝廷的政權服務，既稱不上孝，也不符合忠。對祖先盡孝，對朝廷盡忠，成了壓在劉曄頭上兩座沉重的道德大山。鮑勛曾經向文帝彈劾劉曄說：「劉曄諂媚不忠，阿諛順從陛下，就像春秋時梁丘據在遄台向齊侯獻媚一樣。(梁丘據逢迎齊景公之事見《左傳》昭公二十年。) 請求治劉曄之罪以清皇朝。」這雖然是具體的指劉曄支持曹丕打獵這件事，但「不忠」的指責似乎又有著弦外之音。傳中記載劉曄在朝廷一般不和當時人交往，有人問他這樣做的原因，劉曄回答說：「曹家登上帝位的時間還不長，明智的人知道是天命，一般人有的還沒達到智者那樣的認知水準。我對於漢朝來說是宗室的分支，對於魏朝來說是心腹大臣，少一些朋友同伴，是比較合適的。」這的確是劉曄內心的苦衷。(梁滿倉注譯)

卷十五　魏書十五

劉司馬梁張溫賈傳第十五

【題解】本卷為劉馥、司馬朗、梁習、張既、溫恢、賈逵等六人的合傳，他們都是曹魏政權中治績突出的能臣，雖然各人起家不同，但最終都投入了曹魏政權的麾下，都做了曹魏政權州刺史一級的地方軍政要員，都在政治、經濟、軍事等方面為曹魏政權的建立、鞏固、發展作出了各自的貢獻。本卷可以說是曹魏政權的功臣列傳。

1 劉馥，字元穎，沛國相❶人也。避亂揚州❷，建安初，說袁術❸將戚寄、秦翊，使率眾與俱詣太祖❹。太祖悅之，司徒辟為掾❺。後孫策❻所置廬江太守李述❼攻殺揚州刺史嚴象❽，廬江梅乾、雷緒、陳蘭等聚眾數萬在江、淮間，郡縣殘破。太祖方有袁紹❾之難，謂馥可任以東南之事，遂表為揚州刺史。

2 馥既受命，單馬造合肥❿空城，建立州治，南懷緒等，皆安集之，貢獻相繼。

數年中恩化大行，百姓樂其政，流民越江山而歸者以萬數。於是聚諸生，立學校，廣屯田，興治芍陂及茄陂⑪、七門⑫、吳塘⑬諸堨以溉稻田，官民有畜。又高為城壘，多積木石，編作草苫⑭數千萬枚，益貯魚膏數千斛，為戰守備。

3 建安十三年⑮卒。孫權⑯率十萬眾攻圍合肥城百餘日，時天連雨，城欲崩，於是以苫蓑覆之，夜然脂照城外，視賊所作而為備，賊以破走。揚州士民益追思之，以為雖董安于⑰之守晉陽⑱，不能過也。及陂塘之利，至今為用。

【章　旨】以上為〈劉馥傳〉，記述了劉馥任揚州刺史的經過及其在揚州刺史任上的政績。

【注　釋】❶沛國相　沛國，郡國名。相，縣名。為沛國治所，在今安徽濉溪縣西北。❷揚州　州名。東漢治所在今安徽和縣，末期移治今安徽壽縣。❸袁術　字公路，汝南汝陽（今河南商水縣西南）人，袁紹從弟。少以俠氣聞名，歷任郎中、河南尹、虎賁中郎將。董卓之亂起，出奔南陽，後割據揚州。東漢建安二年（西元一九七年）稱帝，後因眾人反對，糧盡眾散，欲往青州依袁譚，於途中病死。詳見《後漢書・袁術列傳》、本書卷六〈袁術傳〉。❹太祖　即曹操，字孟德，小名阿瞞，沛國譙（今安徽亳州）人。東漢末起兵討黃巾，後參加袁紹討董聯盟。占據兗州後，收編黃巾軍三十餘萬，組成青州軍，先後擊敗袁術、陶謙、呂布、袁紹，統一了北方。任丞相，相繼封為魏公、魏王。曹丕建魏後，追封為魏武帝。詳見本書卷一〈武帝紀〉。❺司徒辟為掾　司徒掾，官名。司徒的下屬。❻孫策　字伯符，孫堅長子，吳郡富春（今浙江富陽）人。東漢末先投奔袁術，被袁術表為折衝校尉。後率兵東渡江，在江東建立政權。詳見本書卷四十六〈孫策傳〉。❼廬江太守李述　廬江，郡名。治所在今安徽廬江縣西南。李述，汝南郡（今河南平輿北）人，東漢末官吏，先為孫策廬江太守，孫策亡後不肯事奉孫權，被孫權所攻殺。事見《三國志・吳主傳》裴松之注引《江表傳》。❽嚴象　字文則，京兆（今陝西西安）人，東漢末官吏，自幼聰辯，有膽識。建安初任尚書郎，後被荀彧舉薦於曹操。以督軍御史中丞到揚州討袁術，後任揚州刺史。建安五年（西元二〇〇年）被李述攻殺。事見《三國志·荀彧傳》裴松之注引《三輔決錄注》。❾袁紹　字本初，汝南汝陽（今河南商水縣西南）人，祖上四世三公。有清名，好交結，與曹操友善。東漢末與何進謀誅宦官，董卓之亂起，在冀州起兵討董卓，為關東聯軍盟主。後占據冀、青、幽、并四州，成為北方最強大的割據勢力。在官渡之戰中被曹操打敗，後病死。詳見《後漢書·袁紹列傳》、本書卷六〈袁紹傳〉。❿合肥　地名。即今安徽合肥。⓫芍陂及茄陂　芍陂，古代淮水流域最著名的水利工程，故址在今安徽壽縣南。茄陂，陂塘名。故址在今河南固始東南。茄，原誤作「茹」，今據《御覽》卷二百五十六引校改。⓬七門　塘堰名。故址在今安徽舒城西南。⓭吳塘　陂塘名。在今安徽潛山縣西北。⓮草苫　草席。⓯建安十三年　西元二〇八年。建安，東漢獻帝劉協年號，西元一九六—二二〇年。⓰孫權　字仲謀，吳郡富春（今浙江富陽）人，孫策弟。孫策死後即位，被封討虜將軍，領會稽太守。黃武八年（西元二二九年）即帝位於武昌。死後諡大皇帝，廟號太祖。詳見本書卷四十七〈吳主傳〉。⓱董安于　春秋時晉國執政大臣趙鞅的家臣，趙鞅被叛亂者圍困於晉陽，董安于首先告發了叛亂者的陰謀。事見《史記·趙世家》。⓲晉陽　地名。故址在今山西太原南。

【語譯】劉馥，字元穎，沛國相縣人。躲避戰亂到了揚州，建安初年，說服袁術部將戚寄、秦翊，讓他們率領部眾和自己一起到太祖那裏。太祖很喜歡他，司徒府徵辟他為下屬。後來孫策任命的廬江郡太守李述攻殺了揚州刺史嚴象，廬江郡人梅乾、雷緒、陳蘭等人聚集了數萬人在江淮地區，郡縣殘破。太祖正在和袁紹對峙，他認為劉馥可以肩負起東南地區的事務，便上表任劉馥為揚州刺史。

2　劉馥接受任命以後，便隻身來到合肥空城，在那裏設置州治所，南面安撫雷緒等人，他們都安居下來，不斷供奉物品。數年之內，劉馥大力推行恩德教化，百姓樂意接受他的治理，數以萬計的流民翻山越河前來歸附。於是劉馥召集儒生，設立學校，擴大屯田，修建芍陂和茄陂、七門、吳塘等水利工程來灌溉稻田，官府和百姓都有了糧食儲備。又把城牆堡壘加高，貯存了大量的滾木擂石，編織了幾千萬張草席，增加了幾千斛魚脂油的儲存，作為戰爭防禦的儲備。

3　建安十三年劉馥去世。孫權率領十萬兵眾圍攻合肥城一百多天，當時天空連降大雨，城牆幾乎快要崩塌，於是城內人用草席苫蓋城牆，夜裏燃燒油脂照亮城外，監視敵人的舉動而作相應的防備，敵人因此失敗撤走。

揚州吏民更加懷念劉馥，認為即使是春秋時董安于守衛晉陽，也不能超過劉馥。至於劉馥興修陂塘帶來的好處，至今仍在發揮作用。

馥子靖，黃初中從黃門侍郎❶遷廬江太守，詔曰：「卿父昔為彼州，今卿復據此郡，可謂克負荷❷者也。」轉在河內❸，遷尚書❹，賜爵關內侯，出為河南尹❺。散騎常侍應璩❻書與靖曰：「入作納言❼，出臨京任❽。富民之術，日引月長❾。藩落❿高峻，絕穿窬⓫之心。五種⓬別出，遠水火之災。農器必具，無失時⓭之闕。蠶麥有苦備之用，無雨濕之虞。封符指期⓮，無流連⓯之吏。鰥寡孤獨，蒙廩振之實。加之以明擿幽微，重之以秉憲⓰不撓；有司供承王命，百里垂拱⓱仰辦。雖昔趙、張、三王⓲之治，未足以方也。」靖為政類如此。初雖如碎密⓳，終於百姓便之，有馥遺風。母喪去官，後為大司農衛尉⓴，進封廣陸亭侯，邑三百戶。上疏陳儒訓之本曰：「夫學者，治亂之軌儀㉑，聖人之大教也。自黃初以來，崇立太學㉒二十餘年，而寡有成者，蓋由博士選輕㉓，諸生避役㉔，高門子弟，恥非其倫㉕，故無學者。雖有其名而無其人，雖設其教而無其功。宜高選博士，取行為人表，經任人師者，掌教國子㉖。依遵古法，使二千石㉗以上子孫，年從十五，皆入太學。明制㉘：黜陟榮辱之路，其經明行修者，則進㉙之以崇德；荒教廢業者，則退之以懲惡；舉善而教不能則勸㉚，浮華交游，不禁自息矣。闡弘大化，以綏未賓㉛，六合㉜承風，遠人來格㉝。此聖人之教，致治之本也。」後遷鎮北將軍㉞，假節都督河北諸軍事㉟。靖以為「經常之大法，莫善於守防，使民夷有別」。遂開拓邊守，屯據險要。又修廣戾陵渠㊱大堨，水溉灌薊南北，三更㊲種稻，邊民利之。嘉平六年㊳薨，追贈征北將軍㊴，進封建成鄉侯，諡曰景侯。子熙嗣。

【章旨】以上附帶記述了劉馥的兒子劉靖在河南尹任上的政績和恢復發展儒學教育的主張。

【注釋】❶黃門侍郎　官名。給事黃門侍郎的省稱。負責宮門內的事務，侍從皇帝，顧問應對，皇帝出行則陪乘。❷克負荷　能夠承擔這樣的重任。❸河內　郡名。治所在今河南武陟西南。❹尚書　官名。尚書諸曹長官，位在尚書令、僕射之下，丞、郎之上。❺河南尹　京城洛陽所在的郡，治所在今河南洛陽東。❻散騎常侍應璩　散騎常侍，官名。隨從皇帝出入，參與處理尚書臺呈送給皇帝的機要公事，負責起草詔命。應璩，字休璉，汝南郡南頓縣（今河南項城西）人，博學好文，多次寫詩文諷諫曹爽。西晉建立後，任太子中庶子、散騎常侍，與太尉荀顗撰定新禮。詳見《三國志・王粲傳》裴松之注引《文章敘錄》。❼納言　指尚書。❽京任　指河南尹。因其是京城所在的郡，故言。❾日引月長　謂一天比一天多起來。❿藩落　防禦屏障。⓫穿窬　指偷盜。⓬五種　即黍、稷、菽、麥、稻五種穀物。它們可以在不同的季節、不同的水土條件下生長，被認為是有效防備自然災害的農作物。⓭失時　耽誤了農時。⓮封符指期　在公函上加好封緘的標誌，準時送達。⓯流連　拖延。⓰秉憲　執法。⓱百里垂拱　下面各縣恭恭敬敬。百里，指縣令縣長。垂拱，雙手重合下垂，表示恭敬。⓲趙張三王　趙，指趙廣漢，字子都，涿郡蠡吾（今河北博野西南）人，西漢官員，少為郡吏、州從事，後任潁川太守、京兆尹。精於吏職，為漢代治理京兆成就最高者。後因殺害無辜，被司直蕭望之劾奏，下廷尉處死。詳見《漢書・趙廣漢傳》。張，即張敞，字子高，河東郡平陽（今山西臨汾）人，在京兆尹任上九年，頗有治績。詳見《漢書・張敞傳》。三王，即王尊、王章、王駿。王尊字子贛，涿郡高陽（今河北高陽東）人，少孤，除為郡小吏，後師事郡文學官，知《尚書》、《論語》。歷任安定太守、京兆尹等職。詳見《漢書・王尊傳》。王章字仲卿，泰山郡鉅平（今山東泰安南）人，少以文學為官，歷任諫大夫、司隸校尉、京兆尹。詳見《漢書・王章傳》。王駿，琅邪郡皋虞（今山東即墨東北）人，王吉之子，初以孝廉為郎，歷任司隸校尉、京兆尹。在京兆尹任上頗有治績。詳見《漢書》卷七十二王吉附傳。⑲雖如碎密　雖然好像有些繁瑣細碎。⑳大司農衛尉　大司農，官名。九卿之一，掌國家財政。衛尉，官名。九卿之一，掌宮門保衛。㉑軌儀　法則。㉒太學　兩漢三國時朝廷最高學府。㉓博士選輕　在博士人員選擇上標準低下。㉔諸生避役　學生為了逃避徭役而前來就讀。㉕恥非其倫　以當太學生為恥為非。㉖國子　貴族官僚子弟。㉗二千石　指俸祿為二千石的官員。㉘明制　明確制定。㉙進　進用。㉚勸　勉勵。㉛未賓　沒有歸附的。㉜六合　指天下。㉝格　到。㉞鎮北將軍　武官名。與鎮東將軍、鎮南將軍、鎮西將軍合稱四鎮。㉟假節都督河北諸軍事　假節，暫授以符節。中央或地方長官，往往授以使持節、持節、假節等名號，假節最低，只有殺犯軍令者之權。都督河北諸軍事，官名。為河北地方最高軍政長官。㊱戾陵渠　河渠名。故址在今北京市西郊。原誤作「戾渠陵」，今据宋本校正。㊲三更　耕種收穫三次。㊳嘉平六年　西元二五四年。嘉平，魏齊王曹芳年號，西元二四九—二五四年。㊴征北將軍　武官名。與征東將軍、征南將軍、征西將軍合稱四征。

【語　譯】劉馥之子劉靖，黃初年間從黃門侍郎升遷為廬江太守，文帝下詔說：「您的父親過去在那個地方任郡守，現在您又去那裏任郡守，可以說是能夠承擔重任的。」轉任河內太守，升遷為尚書，賜爵關內侯，出任河南尹。散騎常侍應璩寫信給劉靖說：「您入朝擔任尚書，出朝擔任河南尹。使百姓富足的方法，一天比一天多起來。村落的防禦屏障高大險峻，盜賊杜絕了偷盜的念頭。五穀分別種植，遠離了水旱之災。農具齊備，沒有耕稼失時的錯誤。養蠶種麥有備用的草席，不必擔心被雨水沖淋。封好公函，準時送達，沒有辦事拖沓的官吏。鰥夫寡婦，孤兒老弱，全都蒙受官府實實在在的賑濟。再加上明察秋毫，秉公執法，有關部門接到朝廷的命令，下面各縣都恭恭敬敬的去辦。即使過去的趙廣漢、張昌、王尊、王章、王駿等人治理政事的成績，也不能與您相比擬。」劉靖為政就是這種情況。最初看來雖然好像有些繁瑣細碎，但到最後還是對百姓有利，有父親劉馥的遺風。因為母親死去而離職，後來擔任大司農衛尉，進封為廣陸亭侯，封邑三百戶。劉靖上書闡述儒家教育為本時說：「學習，是影響治亂的法則，是聖人最重要的教導。自從黃初以來，崇尚設立太學已經有二十多年了，但很少有成就，其原因就在於博士選擇的標準低下，學生是為了逃避徭役而前來就讀，高門大族子弟，認為當太學生是羞恥的，所以沒有到太學學習的人。太學有名無實，有機構而沒有功效。應當用高標準來選擇博士，選擇品行可以為人表率，學問可以作為人師的人，來負責國子教育，依循古代作法，讓二千石以上官員的子孫，從十五歲開始全都進入太學學習。明確制定升降獎懲的方法，對那些通曉經典品德修養優秀的，就進用他們來提高道德；對那些荒廢教育和學業的，就貶退他們，以此來懲罰惡劣的行為；選拔好的進行表揚，後進的進行勉勵，這樣一來浮華不實拉幫結派的風氣就會自然消失了。發揚儒家的教化，安撫那些還沒有歸附的人，天下人接受教育，遠方的人都來歸順，這就是聖人的教導，是達到大治的根本。」後來劉靖升遷為鎮北將軍，假節、都督河北諸軍事。劉靖認為「維持國家平安的大法，沒有比守衛邊防更好的了，讓漢人和夷人分別開來」。於是開拓邊防，讓軍隊屯駐在險要之地。又修整擴大戾陵渠的大堰，引水灌溉薊縣南北，能耕種收穫三次稻穀，邊疆的百姓受益。嘉平六年，劉靖去世，朝廷追贈他為征北將軍，進封為建成鄉侯，諡號景侯。兒子劉熙承襲爵位。

1 司馬朗，字伯達，河內溫❶人也。九歲，人有道其父字者，朗曰：「慢❷人親者，不敬其親者也。」客謝之❸。十二，試經為童子郎❹，監試者以其身體壯大，疑朗匿年❺，劾問。朗曰：「朗之內外❻，累世長大❼，朗雖稚弱，無仰高之風，損年以求早成，非志所為也。」監試者異之。後關東❽兵起，故冀州❾刺史李邵家居野王⑩，近山險，欲徙居溫。朗謂邵曰：「脣齒之喻，豈唯虞、虢⑪，溫與野王即是也；今去彼而居此，是為避朝亡之期⑫耳。且君，國人之望也，今寇未至而先徙，帶山之縣必駭，是搖動民之心而開姦宄之原⑬也，竊為郡內憂之。」邵不從。邊山之民果亂，內徙，或為寇鈔。

2 是時董卓遷天子都長安⑭，卓因留洛陽⑮。朗父防為治書御史⑯，當徙西，以四方雲擾⑰，乃遣朗將家屬還本縣。或有告朗欲逃亡者，執以詣卓，卓謂朗曰：「卿與吾亡兒同歲，幾大相負⑱！」朗因曰：「明公以高世之德，遭陽九之會⑲，清除羣穢，廣舉賢士，此誠虛心垂慮，將興至治也。威德以隆，功業以著，而兵難日起，州郡鼎沸，郊境之內，民不安業，捐棄居產，流亡藏竄，雖四關⑳設禁，重加刑戮，猶不絕息，此朗之所以於邑㉑也。願明公監觀往事，少加三思，即榮名並於日月，伊、周不足侔㉒也。」卓曰：「吾亦悟之，卿言有意！」

3 朗知卓必亡，恐見留，即散財物以賂遺卓用事者㉓，求歸鄉里。到謂父老曰：「董卓悖逆，為天下所讎，此忠臣義士奮發之時也。郡與京都境壤相接，洛東有成皋㉔，北界大河，天下興義兵者若未得進，其勢必停於此。此乃四分五裂戰爭之地，難以自安，不如及㉕道路尚通，舉宗東到黎陽㉖。黎陽有營兵㉗，趙威孫鄉里舊婚，為監營謁者[28]，統兵馬，足以為主。若後有變，徐復觀望[29]未晚也。」父老戀舊，莫有從者，惟同縣趙咨[30]，將家屬俱與朗往焉。後數月，關東諸州郡起兵，眾數十萬，皆集滎陽[31]及河內。諸將不能相一[32]，縱兵鈔掠，民人死者且半。久之，關東兵散，太祖與呂布[33]相持於濮陽[34]，朗乃將家還溫。時歲大饑，人相食，朗收恤宗族，教訓諸弟，不為衰世解業[35]。

4 年二十二，太祖辟為司空掾屬[36]，除成皋令，以病去，復為堂陽[37]長。其治務寬惠，不行鞭杖，而民不犯禁。先時，民有徙充都內者，後縣調[38]當作船，徙民恐其不辦，乃相率[39]私還助之，其見愛如此。遷元城[40]令，入為丞相主簿[41]。朗以為天下土崩之勢，由秦滅五等之制，而郡國無蒐狩[42]習戰之備故也。今雖五等未可復行，可令州郡並置兵，外備四夷，內威不軌[43]，於策為長。又以為宜復井田[44]。往者以民各有累世之業[45]，難中奪之，是以至今。今承大亂之後，民人分散，土業無主，皆為公田，宜及此時復之。議[46]雖未施行，然州郡領兵，朗本意也。遷兗州[47]刺史，政化大行，百姓稱之。雖在軍旅，常麤衣惡食[48]，儉以率下。雅好人倫[49]典籍，鄉人李覿等盛得名譽，朗常顯貶下之；後覿等敗，時人服焉。鍾繇[50]、王粲[51]著論云：「非聖人不能致太平。」朗以[52]為「伊、顏[53]之徒雖非聖人，使得數世相承，太平可致」。建安二十二年[54]，與夏侯惇[55]、臧霸[56]等征吳。到居巢[57]，軍士大疫，朗躬巡視，致醫藥。遇疾卒，時年四十七。遺命布衣幅巾，斂以時服[58]，州人追思之。明帝[59]即位，封朗子遺昌武亭侯，邑百戶。朗弟孚[60]又以子望繼朗後。遺薨，望子洪嗣。

初，朗所與俱徙趙咨，官至太常[61]，為世好士。

【章　旨】以上為〈司馬朗傳〉，記述了司馬朗初入仕途的曲折經歷，也記載了他擔任曹魏政權治理地方的行政能力，刻劃了他生活儉樸關心士卒的表率形象。

【注　釋】❶溫　縣名。治所在今河南溫縣西。❷慢　不尊重。❸客謝之　客人向他道歉。❹童子郎　未成年的郎官。漢代孝廉通過經學考試後一般都授以郎官，有些聰明好學的達官子弟未成年時便通過了經學考試，所以稱童子郎。❺匿年　隱瞞年齡。❻內外　中表親戚。❼長大　個子高。❽關東　地區名。指潼關以東。❾冀州　州名。治所在今河北冀州。❿野王　縣名。治所在今河南沁陽。⓫虞虢　均為先秦國名。虞國在今山西平陸北，虢國在今河南陝縣一帶。西元前六五五年，晉國向虞國借路攻打虢國，宮之奇勸阻虞國國王說：「虞國和虢國脣齒相依，嘴脣沒了，牙齒就露在外面受凍。」虞國國王不聽，借路給晉國。晉國滅掉虢國後，回過頭又把虞國滅掉了。事見《左傳》僖公五年。⓬避朝亡之期　只是避過了早晨滅亡的期限。⓭姦宄之原　犯法作亂的源頭。⓮是時董卓句　董卓，字仲穎，隴西臨洮（今甘肅岷縣）人，剛猛有謀，廣交豪帥。東漢桓帝末從中郎將張奐為軍司馬，以後歷任并州刺史、河東太守、并州牧。昭寧元年（西元一八九年），率兵進入洛陽，廢少帝，立獻帝，專擅朝政，遭到關東諸侯反對。後遷獻帝至長安，不久被呂布所殺。詳見《後漢書・董卓列傳》、本書卷六〈董卓傳〉。天子，即漢獻帝，名劉協，字伯和，靈帝子，為董卓所立。董卓死後，又被李傕所掠。建安元年（西元一九六年）被曹操迎至許昌。西元二二〇年曹魏建立，被廢為山陽公。詳見《後漢書・孝獻帝紀》。長安，都名。在今陝西西安附近。⓯洛陽　都名。在今河南洛陽。⓰治書御史　官名。即治書侍御史，掌依據法律處理疑難案件。⓱雲擾　像亂雲一樣紛擾動盪。

⑱幾大相負　幾乎相負於你。大相負，暗謂處死。⑲陽九之會　指厄運災難降臨的時候。古代術數家以四千六百一十七歲為一元，第一個一百零六年中有九年旱災，接下來的三百七十四年中有九年水災，再接下來的四百八十年中有九年旱災。九年旱災成為陽九，九年水災成為陰九。詳見《漢書・律曆志上》。⑳四關　洛陽四周的關隘。㉑於邑　鬱悶；憂鬱。㉒伊周不足侔　伊尹、周公也比不上。伊即伊尹，名阿衡，夏朝時隱士，商湯聞其名，派人迎請之。使者迎至五次，伊尹乃從，成為商湯的輔政大臣，輔佐商湯滅夏。商王太甲怠於政事，伊尹將其流放，後太甲悔過自責，伊尹又把他迎回。詳見《史記・殷本紀》。周即周公，姓姬名旦，周文王之子，武王弟。周成王時攝政，平定三國之亂。在任分封諸國，推行井田，制禮作樂，曾代替周成王主持國政，是西周傑出的政治家。詳見《史記・周本紀》。㉓用事者　有權勢的官吏。㉔成皋　縣名。本名東虢國，春秋時稱虎牢，後改成皋，自古為黃河以南東西交通的要道和軍事要塞。㉕及　趁著。㉖黎陽　縣名。治所在今河南浚縣東。㉗黎陽有營兵　東漢時為保證騎兵兵源充足，政府在黎陽設立騎兵訓練營，訓練來自幽、并二州的騎兵。見《後漢書・百官志一》李賢注引應劭《漢官儀》。㉘監營謁者　黎陽營兵的長官。㉙徐復觀望　慢慢觀望形勢。㉚趙咨　字君初，任曹魏尚書、太常。見本書卷二十六〈滿寵傳〉及裴松之注引《百官名》。㉛滎陽　原作「熒陽」，今從宋本。㉜相一　相統一。㉝呂布　字奉先，五原九原（今內蒙古包頭西南）人，善弓馬，武勇過人，先為并州刺史丁原部將，後殺丁原投董卓，任騎都尉、中郎將等職。又與王允合謀誅殺董卓，被董卓餘黨打敗，東依袁術，又割據徐州，終被曹操打敗絞殺。詳見《後漢書・呂布列傳》、本書卷七〈呂布傳〉。㉞濮陽　縣名。治所在今河南濮陽南。㉟解業　放棄學業。㊱司空掾屬　司空所屬掾吏的總稱。㊲堂陽　縣名。治所在今河北新河縣西北。㊳縣調　縣裏受朝廷的徵調。㊴相率　相隨。㊵元城　縣名。治所在今河北大名東。㊶丞相主簿　丞相的屬吏，掌省錄眾事。㊷蒐狩　春天打獵叫蒐，冬天打獵為狩。此指軍隊演習訓練。㊸不軌　不合法度。㊹井田　傳說上古時期的土地制度。把土地分成井字形的方塊，中間一塊為公田，四邊八塊為私田。㊺累世之業　世代相傳的田產。㊻議　指恢復井田的建議。㊼兗州　州名。治所在今山東鄄城東北。㊽麤衣惡食　粗布衣裳和不精美的飲食。㊾人倫　對人物優劣的評價。㊿鍾繇　字元常，潁川長社（今河南長葛）人。東漢末舉孝廉，助獻帝出長安，拜御史中丞、尚書僕射。曹操執政後，歷任侍中、相國等職。工書法，博採眾長，兼善各體，尤精於隸書和楷書，在中國書法史上與王羲之齊名。詳見本書卷十三〈鍾繇傳〉。(51)王粲　字仲宣，山陽高平（今山東微山縣西北）人，東漢末著名的文學家，「建安七子」之一。任曹操丞相掾、軍謀祭酒、侍中等職。博物多識，著詩、賦、論、議，近六十篇，代表作為〈七哀詩〉、〈登樓賦〉。詳見本書卷二十一〈王粲傳〉。(52)朗以　原誤倒為「以朗」。(53)顏　即顏淵，名顏回，字子淵，孔子最得意的學生。貧

居陋巷，簞食瓢飲而不改其樂，深受孔子賞識。詳見《史記・仲尼弟子列傳》。據《漢書・古今人表》的標準，堯、舜、禹、湯、周文王、周武王、周公、孔子為聖人，伊尹、顏淵為次一等的仁人。(54)建安二十二年　西元二一七年。建安，東漢獻帝劉協年號，西元一九六－二二〇年。(55)夏侯惇　字元讓，沛國譙（今安徽亳州）人，少以烈氣聞名。隨曹操起兵，歷任折衝校尉、前將軍等職。從征呂布時被流矢傷左目。尊重學人，生性節儉，樂於施捨。詳見本書卷九〈夏侯惇傳〉。(56)臧霸　字宣高，泰山華（今山東費縣）人，少以壯勇聞名。先從陶謙，任騎都尉，又依呂布，最後投降曹操，屢立戰功。詳見本書卷十八〈臧霸傳〉。(57)居巢　縣名。治所在今安徽巢湖市東北。(58)斂以時服　用平常穿的衣服裝殮。時服，與時令相應的平常衣服。(59)明帝　即曹叡，字元仲，文帝之子。文帝病重時才立其為太子。即位後大興土木，耽意遊玩，也關心文化，鼓勵學術。詳見本書卷三〈明帝紀〉。(60)孚　即司馬孚，字叔達，河內郡溫縣（今河南溫縣）人，司馬懿之弟。溫厚廉讓，博涉經史。曹魏時歷任度支尚書、尚書右僕射、尚書令、侍中。西晉建立後任太宰。(61)太常　官名。九卿之一，掌管宗廟祭祀禮儀。

【語譯】司馬朗，字伯達，河內郡溫縣人。九歲時，有客人直稱司馬朗父親的名字，司馬朗說：「不尊重別人的父母，也就是不尊重自己的父母。」客人趕緊向司馬朗道歉。十二歲時，通過經學考試成為童子郎，監考官看他身材特別高大，懷疑他隱瞞了年齡，就盤問他。司馬朗說：「我們家的中表親戚，世世代代都身材高大，我雖然年幼嫩弱，但沒有高攀之心，用隱瞞年齡來求取早日成功，這不是我的心願。」監考官對他的回答感到驚異。後來關東英雄豪傑紛紛起兵，原來冀州刺史李邵家居住在野王縣，因為那裏靠近險要的山區，李邵想遷徙到溫縣去居住。司馬朗就對李邵說：「脣亡齒寒這個比喻，難道說的只是虞國和虢國嗎？溫縣和野王縣也是這種情況啊。如今您離開那裏而到這裏居住，只不過避開了早晨滅亡的期限罷了。況且您是當地人的希望，現在賊寇未至而您卻先走了，沿山各縣的百姓肯定驚慌，這是動搖民心，開了犯法作亂的源頭啊！我私下裏真為全郡人憂懼。」李邵不聽從。沿山的居民果然大亂，紛紛向內地遷徙，有的人成為強盜進行搶掠。

2　當時董卓把獻帝遷徙到長安定都，自己暫且留在洛陽。司馬朗的父親司馬防擔任治書御史，應該向西遷徙，因為天下動盪不安，便派遣司馬朗攜帶家眷返回溫縣。有人揭發司馬朗打算逃跑，就把他抓起來送到董卓那裏，董卓對司馬朗說：「你和我死去的兒子同齡，我幾乎相負於你！」司馬朗回答說：「明公憑藉您崇高的美德，在災難臨頭的時候，為國家掃除汙濁，廣泛推舉有才能的人，這的確是用盡思慮，將使天下大治。您的威德由此更加崇高，功業由此更加顯著，但是戰爭的災難卻日漸沉重，州郡動盪不安，京城附近的百姓，不能安居樂業，丟棄房屋財產，流亡藏匿，雖然各處關口設禁，使用重刑加以禁止，還是不能杜絕，這是我心裏感到鬱悶的原因。希望明公您借鑑以往的經驗，稍加三思，就會使您的聲譽與日月同輝，伊尹、周公也比不上您。」董卓說：「我也知道這一點，你說的這些話很有意義！」

3 司馬朗知道董卓必然滅亡，害怕被他羈留，便散財賄賂董卓手下有權勢的官吏，請求返回家鄉。司馬朗回到家鄉，對家鄉父老說：「董卓大逆不道，被天下人所痛恨，現在正是忠臣義士奮起建立功業的時候。河內郡與京城接壤，東方有成皋縣，北方有黃河，天下討伐董卓的各路軍隊如果出軍不利不能前進，勢必會停留在這裏。這裏是四分五裂的爭戰之地，很難保證自身安全，不如趁著當今道路暢通，我們全宗族向東遷往黎陽縣。黎陽縣有營兵，趙威孫是我們的同鄉，又和我們是姻親關係，他現在擔任營兵的長官，統領兵馬，足以成為我們的依靠。如果嗣後形勢有了變化，到那裏慢慢的觀望形勢也不算晚。」父老們依戀故土，沒有人跟隨他前往，只有同縣人趙咨，帶領家眷與司馬朗一起前往黎陽。過了幾個月，關東各州郡紛紛起兵，人數多達幾十萬，全部集中在滎陽和河內。各路將領不能協調統一，放縱士兵搶掠百姓，百姓死了將近一半。過了很長時間，關東兵散去，太祖與呂布在濮陽對峙，司馬朗才率領家人返回溫縣。當時發生了饑荒，百姓相食，司馬朗收養撫恤宗族，教育自己的弟弟們，使他們沒有因為世道衰敗而放棄學業。

4 司馬朗二十二歲時，太祖任命他為司空掾屬，又任命他為成皋縣令，因為生病去職，又擔任唐陽縣長。他施政講求寬厚仁慈，不使用鞭杖等刑罰，而百姓也不去觸犯法律。在這以前，成皋縣民有遷徙到京城的，後來縣裏受到朝廷的徵調打造戰船，遷走的老百姓擔心司馬朗不能按期完成，便相互跟隨回來幫助造船，司馬朗就是這樣被老百姓所愛戴。後來改任元城縣令，又回到京城任丞相主簿。司馬朗認為天下之所以土崩瓦解，是因為秦朝廢除了五等封爵制度，而郡國也沒有進行練兵備戰的緣故。如今雖然五等封爵制度不可能再恢復，但可以讓州郡都建立軍隊，對外防備四方夷人，對內威懾圖謀不軌的人，這是最好的策略。又認為應當恢復井田制度，過去因為百姓每人都有自己世代相承的土地，很難中途收歸國有，所以到現在也沒有推行井田制度。如今在天下大亂之後，百姓四處逃散，土地沒有主人，全部是公田，應該趁這個時機恢復井田制度。這些建議雖然沒有能夠實行，但州郡領兵制度，是司馬朗的本意。又升遷為兗州刺史，政治教化全面推行，百姓們都稱讚他。司馬朗身在軍旅之中，常粗衣劣食，給下屬樹立儉樸的榜樣。他很喜歡評議人物優劣的書籍，同鄉人李覿等人享有盛譽，而司馬朗常常公開的批評他們，後來李覿等人身敗名裂，時人都佩服司馬朗有見識。鍾繇、王粲的觀點認為：「如果不是聖人就不能使天下至於太平。」司馬朗則認為「伊尹、顏淵等人雖然不是聖人，但如果這樣的人接連幾代出現，也可以使天下太平」。建安二十二年，與夏侯惇、臧霸等人共同征討孫吳。到達居巢縣，軍中發生了傳染病，司馬朗親自巡視軍營，致送醫藥。結果染上疾病去世，時年四十七歲。遺命用布衣頭巾和平常穿的衣服裝殮，兗州百姓都懷念他。明帝即位，封司馬朗的兒子司馬遺為昌武亭侯，封邑一百戶。司馬朗的弟弟司馬孚又把自己的兒子司馬望過繼給司馬朗。司馬遺去世，司馬望的兒子司馬洪承襲爵位。

當初與司馬朗一起遷徙的同縣人趙咨，官做到了太常，是當世的優秀人才。

梁習，字子虞，陳郡柘❶人也，為郡綱紀❷。太祖為司空，辟召為漳❸長，累轉乘氏❹、海西❺、下邳❻令，所在有治名❼。還為西曹令史❽，遷為屬。并土新附，習以別部司馬領并州刺史❾。時承高幹❿荒亂之餘，胡狄在界⓫，張雄跋扈，吏民亡叛，入其部落；兵家⓬擁眾，作為寇害，更相扇動，往往棊跱⓭。習到官，誘諭招納，皆禮召其豪右[14]，稍稍[15]薦舉，使詣幕府[16]；豪右已盡，乃次發諸丁彊[17]以為義從[18]；又因大軍出征，分請以為勇力[19]。吏兵已去之後，稍移其家，前後送鄴[20]，凡數萬口；其不從命者，興兵致討，斬首千數，降附者萬計。單于恭順，名王稽顙，部曲服事供職[21]，同於編戶[22]。邊境肅清，百姓布野，勤勸農桑，令行禁止。貢達名士，咸顯於世，語在常林[23]傳。太祖嘉之，賜爵關內侯，更拜為真[24]。長老[25]稱詠，以為自所聞識，刺史未有及習者。建安十八年，州并屬冀州，更拜議郎[26]、西部都督從事[27]，統屬冀州，總故部曲。又使於上黨[28]取大材供鄴宮室。習表置屯田都尉[29]二人，領客[30]六百夫，於道次耕種菽粟，以給人牛之費。後單于入侍，西北無虞，習之績也。文帝[31]踐阼，復置并州，復為刺史，進封申門亭侯，邑百戶；政治常為天下最[32]。太和二年[33]，徵拜大司農[34]。習在州二十餘年，而居處貧窮，無方面珍物[35]，明帝異之，禮賜甚厚。四年，薨，子施嗣。

2 初，濟陰[36]王思與習俱為西曹令史。思因直日白事[37]，失太祖指[38]。太祖大怒，教召主者，將加重辟[39]。時思近出，習代往對，已被收執矣，思乃馳還，自陳己罪，罪應受死。太祖歎習之不言，思之識分，曰：「何意吾軍中有二義士乎？」後同時擢為刺史，思領豫州[40]。思亦能吏[41]，然苛碎無大體，官至九卿，封列侯。

【章 旨】以上為〈梁習傳〉，記述了梁習在并州刺史任上的政績，也通過他代人受過一事，揭示了他犧牲自己保護別人的品格。文後附記王思的事跡。

【注 釋】❶陳郡柘 陳郡，郡名。治所在今河南淮陽。柘，縣名。治所在今河南柘城西北。❷郡綱紀 郡主簿。❸漳 縣名。治所在今山東汶上東北。❹乘氏 縣名。治所在今山東巨野西南。❺海西 縣名。治所在今江蘇灌南東南。❻下邳 縣名。治所在今江蘇睢寧西北。❼名 原脫，宋本、馮夢禎刻本、武英殿本有，據補。❽西曹令史 司空府的屬吏，負責人事。❾領并州刺史 兼任并州刺史。并州，州名。治所在今山西太原西南。❿高幹 字元才，陳留圉（今河南杞縣西南）人，袁紹外甥，先為袁紹所署并州牧，後投降曹操，為并州刺史。後又反叛，執上黨太守，扼守壺關。為曹操所破，逃往荊州的路上被殺。其事散見於《後漢書・袁紹列傳》、本書卷一〈武帝紀〉等。⓫胡狄在界 胡狄，指南匈奴。在界，在并州界內。⓬兵家 指擁兵割據者。⓭往往棊跱 像棋子一樣盤踞各處。⓮豪右 豪強大族。⓯稍稍 漸漸。⓰幕府 曹操的軍府。⓱丁彊 強壯的男丁。⓲義從 應徵入伍者。⓳勇力 戰士和苦力。⓴鄴 城邑名。在今河北臨漳西南。㉑部曲服事供職 少數民族武裝服從事奉承擔任務。部曲，指少數民族首領統帥的武裝。㉒編戶 編入戶籍名冊的國家居民。㉓常林 字伯槐，河內郡溫縣（今河南溫縣西南）人，性好學，初任南和縣長，因政績突出，超遷博陵郡太守、幽州刺史。詳見本書卷二十三〈常林傳〉。㉔拜為真 正式出任并州刺史。㉕長老 當地父老。㉖議郎 官名。郎中令屬官，掌顧問應對。㉗西部都督從事 官名。負責治理冀州西部。西部，指冀州西部。㉘上黨 郡名。治所在今山西長治北。㉙屯田都尉 官名。負責管理屯田民戶。㉚客 屯田客。㉛文帝 即曹丕，字子桓，沛國譙（今安徽亳州）人，曹操次子。先任五官中郎將、副丞相，後被立為魏太子。西元二二〇年代漢稱帝。愛好文學，與當時著名文人往來甚密，在中國文學史上也有重要地位。詳見本書卷二〈文帝紀〉。㉜最 第一。㉝太和二年 西元二二八年。太和，魏明帝曹叡年號，西元二二七—二三三年。㉞大司農 官名。掌管國家財政。㉟方面珍物 珍稀的地方特產。㊱濟陰 郡國名。治所在今山東定陶西北。㊲直日白事 當班的時候呈報公務文書。㊳失太祖指 不符合曹操心意。㊴重辟 處死。㊵豫州 州名。治所在今安徽亳州。㊶能吏 能幹的官吏。

【語 譯】梁習，字子虞，陳郡柘縣人，擔任郡主簿。太祖為司空時，任命他為漳縣長，又轉任乘氏、海西、下邳等縣縣令，到職之處都有善於為政的名聲。後來回朝任西曹令史，又升遷為西曹屬。并州剛剛歸順，梁習以別部司馬的身分兼任并州刺史。當時繼高幹作亂之後，南匈奴人處於并州界內，稱雄跋扈，吏民百姓逃亡反叛，加入了匈奴部落；擁兵割據的人依靠兵眾，搶掠殘害百姓，各種勢力互相煽動，像棋子一樣盤踞各處。梁習到任，對他們勸誘招撫，禮請當地豪強大族，分批舉薦他們，讓他們到太祖軍府中任職。豪強大族安排妥當後，便依次徵發壯丁應召入伍；又藉大軍出征機會，分別讓他們擔任戰士和苦力。當官的和當兵的都離開以後，又慢慢的遷徙他們的家屬，前後送到鄴城的，一共有幾萬人；對那些不聽從命令的，便起兵討伐，斬首數以千計，降附的人數以萬計。單于恭敬順從，部落首領也俯首聽命，他的部曲事奉梁習承擔朝廷任務，與編入戶口名冊的漢人一樣。當時邊境安定，百姓都到田野耕種，他們勤奮的從事農耕採桑，有令就行有禁就止。梁習薦舉的名士，都在當時名聲顯揚，事情記載在〈常林傳〉中。太祖對梁習十分讚賞，賜爵關內侯，又讓他正式擔任并州刺史。當地父老讚頌梁習，認為自從他們知道事理以來，擔任刺史的沒有人比得上梁習。建安十八年，并州與冀州合併，任命梁習為議郎、西部都督從事，歸屬冀州管轄，但統率原來的部曲。又派遣梁習到上黨郡採集大木材，供建築鄴城宮殿使用。梁習上表建議設置屯田都尉二人，帶領六百個屯田客，在道路兩邊耕種糧食，供給負責運輸的人畜食用。後來單于入朝侍奉，西北邊境沒有發生禍患，是梁習的功勞。文帝即位，又重新設置并州，梁習又擔任并州刺史，進封申門亭侯，封邑一百戶；他的政績常常為全國之首。太和二年，徵召為大司農。梁習在并州二十多年，但他的住所十分簡陋貧寒，沒有珍稀的地方特產，明帝認為他特別優異，給他的禮遇和賞賜非常豐厚。太和四年，梁習去世，兒子梁施繼承了爵位。

2 最初，濟陰人王思與梁習都擔任西曹令史。王思因為當班時呈報的公務文書，不符合太祖的心意。太祖大怒，下令傳喚這件事的主事者，要處死他。當時王思正好不在場，梁習就代替王思前往，到梁習被逮捕入獄後，王思才趕了回來，主動承認自己的罪責，說應該被處死。太祖感嘆梁習不自我辯解，以及王思勇於承擔罪責，說：「怎麼沒想到我軍中有這樣兩個義士呢？」後來二人共同升任刺史，王思兼任豫州刺史。王思也是個能幹的官吏，不過辦事有些苛刻細碎，不識大體，官做到九卿，封為列侯。

1 張既，字德容，馮翊高陵❶人也。年十六，為郡小吏。後歷右職❷，舉孝廉❸，不行。太祖為司空，辟，未至，舉茂才❹，除新豐❺令，治為三輔❻第一。袁尚❼拒太祖於黎陽，遣所置❽河東❾太守郭援、并州刺史高幹及匈奴單于取平陽❿，發使西與關中⓫諸將合從。司隸校尉⓬鍾繇遣既說將軍馬騰⓭等，既為言利害，騰等從之。騰遣子超⓮將兵萬餘人，與繇會擊幹、援，大破之，斬援首。幹及單于皆降。其後幹復舉并州反。河內張晟眾萬餘人無所屬，寇崤、澠⓯間，河東衛固⓰、弘農⓱張琰各起兵以應之。太祖以既為議郎，參繇軍事，使西徵諸將馬騰等，皆引兵會擊晟等，破之。斬琰、固首，幹奔荊州⓲。封既武始亭侯。太祖將征荊州，而騰等分據關中。太祖復遣既喻騰等，令釋部曲求還。騰已許之而更猶豫，既恐為變，乃移⓳諸縣促儲偫⓴，二千石郊迎。騰不得已，發東㉑。太祖表騰為衛尉㉒，子超為將軍，統其眾。後超反，既從太祖破超於華陰㉓，西定關右。以既為京兆尹㉔，招懷流民，興復縣邑，百姓懷之。魏國既建，為尚書，出為雍州㉕刺史。太祖謂既曰：「還君本州，可謂衣繡晝行㉖矣。」從征張魯㉗，別從散關㉘入討叛氐㉙，收其麥以給軍食。魯降，既說太祖拔漢中民數萬戶以實長安及三輔。其後與曹洪㉚破吳蘭㉛於下辯㉜，又與夏侯淵㉝討㉞宋建，別攻臨洮㉟、狄道㊱，平之。

是時，太祖徙民以充河北[37]，隴西[38]、天水[39]、南安[40]民相恐動，擾擾不安，既假[41]三郡人為將吏者休課[42]，使治屋宅，作水碓[43]，民心遂安。太祖將拔漢中守，恐劉備[44]北取武都氐[45]以逼關中，問既。既曰：「可勸使北出就穀以避賊，前至者[46]厚其寵賞，則先者知利，後必慕之。」太祖從其策，乃自到漢中引出諸軍，令既之武都，徙氐五萬餘落出居扶風[47]、天水界。

2 是時，武威[48]顏俊、張掖[49]和鸞、酒泉[50]黃華、西平[51]麴演等並舉郡反，自號將軍，更相攻擊。俊遣使送母及子詣太祖為質，求助。太祖問既，既曰：「俊等外假國威，內生傲悖[52]，計定勢足[53]，後即反耳。今方事定蜀，且宜兩存而鬬之，猶卞莊子之刺虎[54]，坐收其斃也。」太祖曰：「善。」歲餘，鸞遂殺俊，武威王祕又殺鸞。是時不置涼州[55]，自三輔拒西域[56]，皆屬雍州。文帝即王位，初置涼州，以安定[57]太守鄒岐為刺史。張掖張進執郡守舉兵拒岐，黃華、麴演各逐故太守，舉兵以應之。既進兵為護羌校尉蘇則[58]聲勢，故則得以有功。既進爵都鄉侯。涼州盧水胡伊健妓妾、治元多等反，河西大擾。帝憂之，曰：「非既莫能安涼州。」乃召鄒岐，以既代之。詔曰：「昔賈復[59]請擊郾賊[60]，光武笑曰：『執金吾[61]擊郾，吾復何憂？』卿謀略過人，今則其時[62]。以便宜從事[63]，勿復先請。」遣護軍夏侯儒[64]、將軍費曜[65]等繼其後。既至金城[66]，欲渡河，諸將守以為「兵少道險，未可深入」。既曰：「道雖險，非井陘之隘[67]，夷狄烏合，無左車之計[68]，今武威危急，赴之宜速。」遂渡河。賊七千餘騎逆拒軍於鸇陰口[69]，既揚聲軍由鸇陰，乃潛由且次[70]出至武威。胡以為神，引還顯美[71]。既已[72]據武威，曜乃至，儒等猶未達。既勞賜將士，欲進軍擊胡。諸將皆曰：「士卒疲倦，虜眾氣銳，難與爭鋒。」既曰：「今軍無見糧，當因敵為資[73]。若虜見兵合，退依深山，追之則道險窮餓，兵還則出候寇鈔。如此，兵不得解，所謂『一日縱敵，患在數世』也。」遂前軍顯美。胡騎數千，因大風欲放火燒營，將士皆恐。既夜藏精卒三千人為伏，使參軍成公英[74]督千餘騎挑戰，敕使陽退[75]。胡果爭奔之，因發伏截其後，首尾進擊，大破之，斬首獲生以萬數。帝甚悅，詔曰：「卿踰河歷險，以勞擊逸，以寡勝眾，功過南仲[76]，勤踰吉甫[77]。此勳非但破胡，乃永寧河右，使吾長無西顧之念矣。」徙封西鄉侯，增邑二百，并前四百戶。

3 酒泉蘇衡反，與羌豪[78]鄰戴及丁令[79]胡萬餘騎攻邊縣。既與夏侯儒擊破之，衡及鄰戴等皆降。遂上疏請與儒治左城[80]，築鄣塞，置烽候[81]、邸閣[82]以備胡。西羌恐，率眾二萬餘落降。其後西平麴光等殺其郡守，諸將欲擊之，既曰：「唯光等造反，郡人未必悉同。若便(83)以軍臨之，吏民羌胡必謂國家不別是非，更使皆相持著(84)，此為虎傅翼也。光等欲以羌胡為援，今先使羌胡鈔擊，重其賞募，所虜獲者皆以畀(85)之。外沮(86)其勢，內離其交，必不戰而定。」乃檄告諭諸羌，為光等所詿誤(87)者原之；能斬賊帥送首者當加封賞。於是光部黨斬送光首，其餘咸安堵(88)如故。

4 既臨二州十餘年，政惠著聞，其所禮辟(89)扶風龐延、天水楊阜(90)、安定胡遵(91)、酒泉龐淯(92)、燉煌張恭(93)、周生烈(94)等，終皆有名位。黃初四年(95)薨。詔曰：「昔荀桓子(96)立勳翟土，晉侯賞以千室之邑；馮異(97)輸力漢朝，光武(98)封其二子。故涼州刺史張既，能容民畜眾，使群羌歸土，可謂國之良臣。不幸薨隕，朕甚愍之，其賜小子翁歸爵關內侯。」明帝即位，追謚曰肅侯。子緝嗣。

5 緝以中書郎稍遷東莞(99)太守。嘉平中，女為皇后，徵拜光祿大夫(100)，位特進(101)，封(102)妻向為安城鄉君。緝與中書令李豐(103)同謀，誅。語在夏侯玄傳。

【章旨】以上為〈張既傳〉，記述了張既在西北地區的政治軍事活動，及其在雍州刺史、梁州刺史任上的政績，也附帶記述了他的兒子張緝的事跡。

【注釋】❶馮翊高陵　馮翊，郡名。治所在今陝西大荔。高陵，縣名。治所在今陝西高陵。❷右職　比較重要的職務。❸孝

廉　漢代察舉官吏的科目，指孝子和廉吏。始於漢武帝時，在東漢尤為求仕進者必由之路。❹茂才　即秀才，東漢避光武帝劉秀之諱改為茂才。亦為漢代察舉科目之一。❺新豐　縣名。治所在今陝西臨潼東北。❻三輔　地區名。漢景帝時左內史、右內史、主爵都尉同治長安城中，所轄皆京畿之地，故稱三輔。漢武帝時改為京兆尹、左馮翊、右扶風。轄境相當於今陝西中部地區。後世政區劃分雖時有更改，但至唐仍習慣上稱這一地區為三輔。❼袁尚　字顯甫，汝南汝陽（今河南商水縣西南）人，袁紹之子。袁紹死後繼立，與兄袁譚互相攻伐，被曹操所敗，投奔遼東公孫康，後為公孫康所殺。詳見本書卷六袁紹附傳。❽置　原作「署」，今從宋本。❾河東　郡名。治所在今山西夏縣西北。❿平陽　縣名。治所在今山西臨汾西南。⓫關中　地區名。泛指函谷關以西的地區，或指秦嶺以北之地。⓬司隸校尉　官名。掌糾察百官，與御史中丞、尚書令並稱「三獨坐」，職權顯赫。⓭馬騰　字壽成，扶風茂陵（今陝西興平東北）人，馬超之父，因馬超反，被滅三族。⓮超　即馬超，字孟起，扶風茂陵（今陝西興平東北）人，馬騰之子。東漢建安十六年（西元二一一年）與韓遂聯合進攻曹操，失敗後還據涼州。被楊阜等人攻擊，先奔張魯，後投劉備，歷任左將軍、驃騎將軍等，為蜀漢名將。詳見本書卷三十六〈馬超傳〉。⓯崤澠　崤即崤山，在今河南澠池縣西南，秦嶺東段支脈。澠即澠縣，治所在今河南澠池西。⓰衛固　字仲堅，河東（今山西夏縣）人。初為河東郡掾，後起兵與高幹叛，被殺。事見本卷及《三國志・杜畿傳》裴松之注引《魏略》。⓱弘農　郡名。治所在今河南靈寶北。⓲荊州　此指劉表所據的荊州，治所在今湖北襄樊。⓳移　不相統屬的官員之間所發送的公文。⓴儲偫　儲備。㉑發東　向東出發。㉒衛尉　官名。秦漢九卿之一，掌宮門保衛。㉓華陰　縣名。治所在今陝西華陰東南。㉔京兆尹　官名。京兆郡的最高行政長官。㉕雍州　州名。治所在今陝西西安西北。㉖衣繡晝行　即衣錦還鄉。《漢書・朱買臣傳》中漢武帝曾說：「富貴不歸故鄉，如衣繡夜行。」此用漢武帝之語的反意。㉗張魯　字公祺，沛國豐縣（今江蘇豐縣）人，張道陵之孫，五斗米道首領。東漢末率徒眾攻取漢中，統治長達三十餘年。後投降曹操，任鎮南將軍。詳見本書卷八〈張魯傳〉。㉘散關　關隘名。在今陝西寶雞西南大散嶺上，宋代以後稱大散關。㉙氐　古代西部地區少數民族名。㉚曹洪　字子廉，沛國譙（今安徽亳州）人，曹操從弟。救曹操於討伐董卓之役，從征張邈、呂布、劉表有功。文帝時因舍客犯法，被免官削爵土。明帝即位後，復為後將軍。詳見本書卷九〈曹洪傳〉。㉛吳蘭　蜀漢將領，劉備進兵征漢中，吳蘭與張飛、馬超等屯駐下辯，後被曹洪所破，為陰平氐強端斬殺。事見本書卷一〈武帝紀〉、卷九〈曹休傳〉等。㉜下辯　縣名。治所在今甘肅成縣西北。㉝夏侯淵　字妙才，沛國譙（今安徽亳州）人，夏侯惇族弟。初隨曹操起兵，征袁紹，戰韓遂，破黃巾，平張魯，屢立戰功。建安二十三年（西元二一八年），與蜀軍戰於陽平關，為蜀將黃忠所殺。詳見本書卷九〈夏侯淵傳〉。㉞討　原脫，據本書〈武帝紀〉、〈夏侯淵傳〉補。㉟臨洮　縣名。治所在今甘肅岷縣。㊱狄道　縣名。治所在今甘肅臨洮。㊲河北　指河北地區。㊳隴西　郡名。治所在今甘肅隴西南。㊴天水　郡名。治所在今甘肅通渭西北。㊵南安　郡名。治所在今隴西渭水東岸。㊶假給與假期。㊷休課　休息。㊸水碓　以水作動力的糧食加工工具。㊹劉備　字玄德，涿郡涿縣（今河北涿州）人，東漢末起兵征伐黃巾軍，歷任縣令、州牧等職。在荊州結識諸葛亮，聯合孫吳在赤壁大敗曹操。後又西進益州，北取漢中，實現了跨有荊益的戰略目標。西元二二一年稱帝，同年伐吳，兵敗撤回。西元二二三年病逝，諡號昭烈皇帝。詳見本書卷三十二〈先主傳〉。㊺武都氐　武都郡的氐人。武都，郡名。治所在今甘肅成縣西北。㊻前至者　先去的人。㊼扶風　郡名。治所在今陝西興平東南。㊽武威　郡名。治所在今甘肅武威。㊾張掖　郡名。治所在今甘肅張掖西北。㊿酒泉　郡名。治所在今甘肅酒泉。(51)西平　郡名。治所在今青海西寧。(52)傲悖　傲慢不順從。(53)計定勢足　謀劃周全實力強大。(54)卞莊子之刺虎　卞莊子，古代的勇士。有兩隻老虎正在爭吃牛肉，卞莊子想殺死牠們。有人告訴他說，讓兩隻老虎為吃爭鬥，必然會一死一傷，然後再殺死受傷的老虎，要容易得多。事見《史記・張儀列傳》。(55)涼州　州名。治所在今甘肅武威。(56)西域　地區名。漢代以後對玉門關、陽關以西地區的總稱。分狹義和廣義兩種含義，前者的西界只到葱嶺，後者則包括中亞、西亞、東歐、北非和印度半島。(57)安定　郡名。治所在今甘肅鎮原東南。(58)護羌校尉蘇則　護羌校尉，官名。負責監督管理西部的羌族。治所在今甘肅民勤東北。蘇則，字文師，扶風武功（今陝西扶風東南）人，少以學行聞名，曾任酒泉、安定、武都、金城等郡太守，所在有威名。隨曹操破張魯、招懷羌胡、安撫流民，立功頗多，官至侍中。詳見本書卷十六〈蘇則傳〉。(59)賈復　字君文，南陽（今河南南陽）人，東漢初將領，深受光武帝信任。詳見《後漢書・賈復列傳》。(60)郾賊　盤踞在郾縣的敵人。郾即郾縣，治所在今河南漯河市。(61)執金吾　官名。秦稱中尉，漢武帝改稱執金吾，掌京師警衛，皇帝出行出任儀仗護衛。(62)時　原脫，今據宋本、馮夢禎刻本補。(63)便宜從事　見機行事。(64)夏侯儒　字俊林，沛國譙（今安徽亳州）人，夏侯尚從弟，齊王曹芳正始初，奉命救援被孫吳軍圍困的樊城，兵少不敢進，作鼓吹聲援。後任太僕、征蜀護軍等職。事見裴松之注引《魏略》。(65)費曜　曹魏將領，曹丕即位之初，率兵討伐張掖張進。曾在陳倉、祁山等地與諸葛亮軍戰。其事散見於本卷、《三國志・諸葛亮傳》裴松之注引《漢晉春秋》等。(66)金城　郡名。治所在今甘肅永靖西北。(67)井陘之隘　井陘關那樣的險要。井陘，即井陘關，在今河北井陘內。(68)左車之計　左車即李左車。秦末韓信率領數萬兵馬打算東下井陘攻擊趙國。趙國的廣武君李左車認為井陘關道路狹隘，韓信軍必定魚貫通過，糧車必定在隊伍後面。他建議趙王從小路包抄到韓信後面，襲擊他的糧車，這樣韓信進無糧草，後無退路，必敗。事見《史記・淮陰侯列傳》。(69)鸕陰口　地名。在今甘肅靖遠。(70)且次　縣名。治所在今甘肅武威東南。71顯美　縣名。治所在今甘肅永昌東南。72已　原作「以」，今從宋本。二字通。73因敵為資　用敵人的物資自給。74成公英　金城（今甘肅永靖西北）人，先為韓遂部下，韓遂死後投降曹操。事見裴松之注引《魏略》、《典略》。75陽退　假裝後退。76南仲　西周大臣，周宣王時奉命在朔方築城，抵禦北狄，征伐獫狁。《詩經・小雅・出車》：「赫赫南仲，薄伐西戎」。77吉甫　即尹吉甫，周宣王時大臣，率軍擊獫狁，大勝。78羌豪　羌族首領。79丁令　又稱「丁零」。古代少數民族名。80左城　城堡名。故址在今甘肅酒泉南。81烽候　用烽火發送信號的瞭望偵察點。82邸閣　貯存糧食和軍用物資的倉庫。83便　輕易的。84持著　牽連不分開。85畀　給予。86沮　阻止。原作「阻」，今從宋本。87詿誤　牽連。88安堵安居不動。89禮辟　以禮徵召。90楊阜　字義山，天水（今甘肅天水市）人，初為涼州刺史韋康別駕，後為曹操益州刺史。累遷將作大匠、少府等職。以天下為己任，每朝廷會議，都對明帝進行勸諫。詳見本書卷二十五〈楊阜傳〉。91胡遵　安定臨涇（今甘肅鎮原南）人，曹魏將領，才兼文武，累居藩鎮，官至車騎將軍。詳見《三國志・鍾會傳》裴松之注引《晉諸公贊》。92龐淯　字子異，酒泉表氏（今甘肅高臺西）人，初任涼州從事，後守破羌長，郡主簿。文帝時拜駙馬都尉，西海郡太守。詳見本書卷十八〈龐淯傳〉。93燉煌張恭　燉煌，郡名。治所在今甘肅敦煌西。張恭，曹魏官吏，建安末，燉煌太守馬艾卒官，當時沒有郡丞，任郡功曹的張恭，因素有學行，被郡人推為行長史事。他派兒子張就東見曹操，請求委派太守。途中張就被黃華等人所執，張恭一面派人攻打黃華，一面派人迎接太守尹奉。因此受到朝廷表彰，魏黃初二年（西元二二一年），拜西域戊己校尉。事見本書卷十八〈閻溫傳〉。94周生烈　姓周生，名烈，三國時文士，著有《周生子要論》，現已亡佚。事見本書卷十三〈王朗傳〉、《隋書・經籍志》。95黃初四年　西元二二三年。黃初，魏文帝曹丕年號，西元二二〇—二二六年。96荀桓子　即荀林父，字伯，春秋時晉國的執政大臣。曾在城濮率軍打敗楚國軍隊，又在崤打敗秦國軍隊。後來在邲與楚軍交戰，被打敗。卒後諡曰桓，因作戰率晉軍中行，又稱中行桓子、中行氏。其事見《左傳》。97馮異　字公孫，潁川城父（今河南寶豐東）人。好讀書，通《左傳》、《孫子兵法》。西漢末任王莽郡掾，後投劉秀，戰功卓著。為人謙退不爭，每逢諸將並坐論功時，馮異常獨自坐在大樹下不參與論爭，被譽為「大樹將軍」。詳見《後漢書・馮異列傳》。98光武　即光武帝劉秀，字文叔，南陽蔡陽（今湖北棗陽西南）人。劉邦九世孫，新莽末起兵，加入綠林軍。大破王莽軍於昆陽。西元二五年稱帝，定都洛陽，年號建武。後征伐赤眉軍，削平各地割據勢力，統一全國。在位期間多次發布釋放奴婢和禁止殘害奴婢的命令，興修水利，整頓吏治。死後廟號世祖，諡號為光武。詳見《後漢書・光武帝紀》。99東莞　郡名。治所在今山東沂水縣東北。100光祿大夫　官名。相當於皇帝的顧問，諸公告老及在朝重臣加拜此官以示優重。101特進　一種加官名稱，通常給那些功德優勝、被朝廷所尊崇的上層官僚。[102]封　原無此字，宋本有，據補。[103]中書令李豐　中書令，官名。魏文帝黃初二年（西元二二一年）由祕書令所改，為中書監的副手，負責掌管機要，起草詔令。李豐，字安國，馮翊（今陝西大荔）人，曹魏大臣，衛尉李義之子。文帝黃初中，以父任召隨軍。歷任黃門郎、中書令。與張緝等結謀，欲以夏侯玄代司馬師，謀洩被殺。詳見《三國志》卷九夏侯尚附傳裴松之注引《魏略》。

【語　譯】張既，字德容，馮翊郡高陵縣人。十六歲時，擔任郡中小吏。後來歷官比較重要的職位，被舉薦為孝廉，沒有應召成行。太祖任司空，徵辟他，他也沒有前往，被舉薦為秀才，任命為新豐縣令，治績為三輔第一。袁尚在黎陽抵禦太祖，派遣所任命的河東太守郭援、并州刺史高幹以及匈奴單于攻取平陽縣，派遣使節西行與關中諸將聯合。司隸校尉鍾繇派遣張既勸告將軍馬騰等人，張既向他們講明利害，馬騰等人聽從了張既的勸告。馬騰派兒子馬超率領兵眾一萬多人，與鍾繇會合進擊高幹、郭援，大敗他們，斬殺了郭援。高幹及單于全都投降了。後來高幹又率領并州兵眾叛亂。河內郡人張晟率領的一萬多人沒有歸屬，在崤山、澠縣地區搶掠，河東人衛固、弘農人張琰各自起兵響應。太祖任用張既為議郎，參謀鍾繇軍事，派他西入關中徵召馬騰等人，全都率軍合擊張晟等人，擊敗了他們。斬殺了張琰、衛固，高幹逃奔荊州。朝廷封張既為武始亭侯。太祖準備征討荊州，而馬騰等人分別盤據關中。太祖又派遣張既前往勸說馬騰等人，讓他們放棄自己的私人部隊，請求返回朝廷。馬騰答應了，後來又猶豫不決，張既恐怕有變，便給沿途各縣下達文書，催促他們準備犒勞馬騰的物品，讓沿途的郡守出城迎接馬騰。馬騰迫不得已，便出發東行。太祖上表請任馬騰為衛尉，兒子馬超為將軍，統率馬騰的部眾。後來馬超叛變，張既隨從太祖在華陰打敗馬超，西進平定了關中。朝廷任命張既為京兆尹，張既在任上招撫流民，恢復縣城，百姓都感懷他。魏國建立後，張既擔任尚書，又出任雍州刺史。太祖對張既說：「您到故鄉所在的州任職，可以說是衣錦晝行了。」後隨從太祖征討張魯，又率軍進入散關討伐叛氐，收割他們的麥子供給軍用。張魯投降，張既勸太祖遷徙漢中幾萬戶人家充實長安及三輔地區。後來又與曹洪在下辯縣打敗吳蘭，又與夏侯淵征討宋建，另外攻打臨洮、狄道等縣，平定了這些地方。這時，太祖遷徙百姓充實河北，隴西、天水、南安等郡的百姓驚恐動盪，惶惶不安。張既給這三個郡在軍中擔任將吏的人放假，讓他們修繕房屋，製造水碓，當地民心便安定下來。太祖準備撤出漢中屯駐的軍隊，又怕劉備向北進攻武都氐人進逼關中，詢問張既怎麼辦。張既說：「可以勸說武都的氐人北上就地取食，躲避賊寇，前面先到的人厚加賞賜，先到的人知道有好處，後面的人一定會羨慕他們。」太祖採納了張既的計策，親自到漢中率領各軍撤出，讓張既到武都，遷出那裏的氐人五萬多戶居住在扶風、天水境內。

2 這時，武威郡人顏俊、張掖郡人和鸞、酒泉郡人黃華、西平郡人麴演等人都搧惑全郡叛亂，自稱將軍，互相攻擊。顏俊派遣使臣把母親和兒子送到太祖那裏作為人質，請求太祖出兵救助。太祖詢問張既，張既說：「顏俊等人在外憑藉國家威勢，內心深處卻傲慢不順，計謀周全勢力壯大以後，就會叛變。如今我們正在進行平定蜀地的事宜，應當讓顏俊和他的對手雙方互鬥，就像卞莊子殺虎，坐著等他們敗亡。」太祖說：「對。」過了一年多，和鸞殺死了顏俊，武威人王祕又殺死了和鸞。這時還沒有設置涼州，從三輔到西域，全都隸屬雍州。文帝即魏王位，開始設置涼州，以安定郡太守鄒岐任涼州刺史。張掖郡人張進拘押郡守起兵抵禦鄒岐，黃華、麴演也各自驅逐原來的太守，起兵響應張進。張既進兵作為護羌校尉蘇則的聲援，所以蘇則才能夠立功。張既進爵為都鄉侯。涼州盧水胡伊健妓妾、治元多等叛亂，河西地區大亂。文帝對此很憂愁，說：「除了張既沒有人能夠使涼州安定。」便召回鄒岐，讓張既去代替他。文帝下詔說：「過去賈復請求進擊郾縣敵人，光武帝笑著說：『執金吾進擊郾縣，我還有什麼可憂慮的？』您謀略過人，現今正是施展的時候。可以見機行事，不需要事先請示。」又派遣護軍夏侯儒、將軍費曜等領兵跟隨在後。張既到達金城後，準備渡過黃河，將領們認為「兵少道險，不可深入」。張既說：「道路雖然險要，但不像井陘口那樣狹窄，叛亂的胡人是一羣烏合之眾，沒有像李左車那樣的謀略。現在武威危急，應該迅速前往。」於是渡過黃河。敵人有七千多騎兵在鸇陰口迎戰張既軍，張既揚言要從鸇陰縣進軍，卻悄悄的從且次縣出兵抵達武威。敵人以為是神兵天降，撤回到顯美縣。張既占領武威，費曜才到達，而夏侯儒等人還沒有到來。張既慰勞賞賜將士，準備進軍攻打敵人。將領們都說：「我們士兵已經疲憊，敵人士氣旺盛，很難與他爭鋒決戰。」張既說：「如今我軍沒有軍糧，應當利用敵人的物資自給。如果敵人發現我們兵力合併，撤退盤踞深山，我們追擊他時，道路險要，士兵飢餓，如果撤軍他們又出來搶掠寇抄。這樣一來，戰事就無法結束，正所謂『一日縱敵，患在數世』。」於是進軍到顯美縣。敵人數千騎兵，趁大風想放火燒毀軍營，張既軍中將士都很害怕。張既深夜埋伏三千精兵，派參軍成公英督率一千多騎兵挑戰，命令他佯裝敗退。敵人果然爭先恐後追擊，伏兵出來截斷了他們的後路，首尾夾擊，大敗敵軍，斬殺生擒敵人數以萬計。文帝十分高興，下詔說：「您這次跨過黃河經歷險境，以勞攻逸，以寡勝眾，功勞超過了南仲，辛勤超過了尹吉甫。這個功勞不僅僅是打敗了盧水胡人，而且使河右地區永遠安寧，使我長久沒有西顧之憂。」改封張既為西鄉侯，增加封邑二百戶，加上以前所封共四百戶。

3　酒泉郡人蘇衡叛亂，與羌族首領鄰戴和丁令胡以一萬多騎兵進攻相鄰的縣城。張既與夏侯儒打敗了他們，蘇衡和鄰戴等人全部投降。於是張既上書請求與夏侯儒一起修繕左城，建築屏障要塞，設置烽候、倉庫，用來防備胡人。西羌人恐懼，率領二萬多戶人家投降。後來西平郡人麴光等殺害他們的郡守，將領們想進攻他，張既說：「只有麴光等人反叛，郡人未必全都和他一起造反。如果輕易以大軍進攻他，官民和羌胡必然認為朝廷不辨是非，反而迫使他們聯合起來，這是為虎添翼呀。麴光等人想以羌人作為聲援，如今先讓羌人抄襲進攻他，給效力的羌人重賞，所俘獲的人也都送給他們。在外部破壞他們的勢力，從內部分離他們的交結，一定可以不戰而平定。」於是發布檄文告諭各部落羌人，被麴光所牽連的予以原諒；能斬殺敵人統帥把他的首級送來的定當加以封賞。於是麴光的黨羽斬殺麴光送來他的首級，其餘的全都和過去一樣安居不動。

4　張既治理雍州、涼州十多年，善政恩惠聲名顯揚，他以禮徵召的人有扶風郡人龐延、天水郡人楊阜、安定郡人胡遵、酒泉郡人龐淯、燉煌郡人張恭、周生烈等，最終全都有名聲、地位。黃初四年張既去世。文帝下詔說：「過去荀林父在翟土打敗狄人建立功勳，晉侯賞賜給他封邑一千戶；馮異為漢朝出力，光武帝把爵位分封給他兩個兒子。舊時的涼州刺史張既，能收容養育民眾，使各部羌人歸順，可以說是國家的良臣。不幸去世，我特別哀憐。賞賜給他小兒子張翁歸關內侯的爵位。」明帝即位，追加謚號為肅侯。兒子張緝承襲爵位。

5 張緝從中書郎逐漸升遷到東莞郡太守。嘉平年間，女兒為皇后，徵召張緝為光祿大夫，加官特進，封妻子向為安城鄉君。張緝與中書令李豐一同謀反，被殺。這件事記載在〈夏侯玄傳〉。

1 溫恢，字曼基，太原祁❶人也。父恕，為涿郡❷太守，卒。恢年十五，送喪還歸鄉里，內足於財。恢曰：「世方亂，安以富為？」一朝盡散，振施宗族。州里高之，比之郇越❸。舉孝廉，為廩丘❹長，鄢陵❺、廣川❻令，彭城❼、魯❽相，所在見稱。入為丞相主簿，出為揚州刺史。太祖曰：「甚欲使卿在親近，顧以為不如此州事大。故書云：『股肱良哉！庶事康哉❾！』得無當得蔣濟為治中邪❿？」時濟見為丹陽⓫太守，乃遣濟還州⓬。又語張遼⓭、樂進⓮等曰：「揚州刺史曉達軍事，動靜與共咨議。」

2 建安二十四年，孫權攻合肥，是時諸州皆屯戍。恢謂兗州刺史裴潛⓯曰：「此間雖有賊，不足憂，而畏征南⓰方有變。今水生而子孝⓱縣軍，無有遠備。關羽⓲驍銳，乘利而進，必將為患。」於是有樊城之事⓳。詔書召潛及豫州⓴刺史呂貢等，潛等緩之。恢密語潛曰：「此必襄陽㉑之急欲赴之也。所以不為急會㉒者，不欲驚動遠眾。一二日必有密書促卿進道，張遼等又將被召。遼等素知王意，後召前至，卿受其責矣！」潛受其言，置輜重㉓，更為輕裝速發，果被促令㉔。遼等尋各見召，如恢所策。

3 文帝踐阼，以恢為侍中㉕，出為魏郡㉖太守。數年，遷涼州刺史，持節領護羌校尉。道病卒，時年四十五。詔曰：「恢有柱石之質，服事先帝，功勤明著。及為朕執事㉗，忠於王室，故授之以萬里之任㉘，任之以一方之事。如何不遂，吾甚愍之！」賜恢子生爵關內侯。生早卒，爵絕。

4 恢卒後，汝南孟建㉙為涼州刺史，有治名，官至征東將軍㉚。

【章旨】以上為〈溫恢傳〉，通過溫恢在揚州刺史任上與孫吳的軍事較量，揭示了他的軍事才能。

【注釋】❶太原祁　太原，郡名。治所在今山西太原南。祁，縣名。治所在今山西祁縣東南。❷涿郡　郡名。治所在今河北涿州。❸郇越　字臣仲，太原郡（今山西太原西南）人，西漢名士，被舉為秀才。志節高尚，把家財一千餘萬分給九族州里。事見《漢書》卷七十二鮑宣附傳。❹廩丘　縣名。治所在今山東鄆城西北。❺鄢陵　縣名。治所在今河南鄢陵西北。❻廣川　縣名。治所在今河北棗強東北。❼彭城　王國名。治所在今江蘇徐州。❽魯　王國名。治所在今山東曲阜。❾股肱良哉二句　此為《尚書・皋陶謨》中的兩句話，意為如果輔政大臣好，一切事都辦得好。❿得無當得蔣濟句　是不是應該讓蔣濟做你的州治中呢。⓫丹陽　郡名。漢代治所在今安徽宣州，三國吳移治今江蘇南京。⓬還州　回到州府任職。⓭張遼　字文遠，雁門馬邑（今山西朔縣）人，原為并州刺史丁原部下，後投呂布，又依附曹操。在曹操部下屢立戰功，歷任軍中重職，為曹魏重要軍事將領。詳見本書卷十七〈張遼傳〉。⓮樂進　字文謙，陽平衛國（今河北大名）人，曹操部將，初為帳下吏，後遷陷陣都尉。歷大小百餘戰，每戰剋捷，軍功卓著。詳見本書卷十七〈樂進傳〉。⓯裴潛　字文行，河東聞喜（今山西聞喜）人。東漢末避亂於荊州，曹操占領荊州，任其為丞相參軍事。後任代郡太守，曹魏建立後歷任散騎常侍、尚書令。詳見本書卷二十三〈裴潛傳〉。⑯征南　指曹仁，當時任征南將軍。⑰子孝　曹仁的字。⑱關羽　字雲長，河東解縣（今山西臨猗西南）人。在涿州與張飛一起隨劉備起兵，屢立戰功，任襄陽太守、盪寇將軍。劉備率軍入蜀後留鎮荊州，後被孫吳殺死。詳見本書卷三十六〈關羽傳〉。⑲樊城之事　指關羽圍攻樊城生擒曹魏大將于禁的事。⑳豫州　州名。治所在今安徽亳州。㉑襄陽　城名。在今湖北襄樊。㉒急會　緊急會合。此指下達緊急調軍命令。㉓輜重　軍用物資。㉔被促令　接到緊急進軍令。㉕侍中　官名。往來殿中，入侍天子，故名。㉖魏郡　郡名。治所在今河北魏縣。㉗執事　做事情。㉘萬里之任　指州刺史或州牧職務。㉙孟建　字公威，少與諸葛亮同遊學荊州，後北上投靠曹操，魏初任涼州刺史，官至征東將軍。事見裴松之注引《魏略》。㉚征東將軍　武官名。與征西將軍、征南將軍、征北將軍合稱四征。

【語　譯】溫恢，字曼基，太原郡祁縣人。父親溫恕，擔任涿郡太守，去世。溫恢時年十五歲，送喪返回家鄉，溫恢家中十分富足。溫恢說：「世道正亂，要那麼多財富幹什麼？」一下子就散盡家產，救濟同族的人。鄉人都認為他很高尚，把他比作漢代的郇越。被薦舉為孝廉，任廩丘縣長、鄢陵和廣川縣令、彭城和魯國相，在任職的地方都被人稱讚。入朝任丞相主簿，出任揚州刺史。太祖說：「我非常想讓您在我身邊，但又覺得這裏不如揚州的事重要。所以《尚書》說：『如果輔政大臣好啊！一切事情都辦得好啊！』要不要讓蔣濟做你的州治中呢？」當時蔣濟正任丹陽郡太守，於是太祖令蔣濟回到州里任職。又對張遼、樂進等人說：「揚州刺史通曉軍事，凡事要和他共同商議。」

2 建安二十四年，孫權攻打合肥，當時各州全都屯兵守衛。溫恢對兗州刺史裴潛說：「這裏雖有敵人，但不值得憂慮，而應當擔心征南將軍那裏發生變化。如今河水上漲，而曹子孝孤軍遠懸，沒有長久的準備。關羽驍勇迅猛，藉著有利條件進軍，必將成為禍患。」後來果然發生了兵敗樊城的事情。朝廷下詔召裴潛及豫州刺史呂貢等人，裴潛等認為詔令並不急迫。溫恢悄悄對裴潛說：「這一定是襄陽危急讓你們去援救。之所以不緊急調軍會合，是不願意驚動遠處的民眾。一二天內必有密詔催促你們上路，張遼等也將被徵召。張遼等人一向了解魏王的想法，如果他們徵召在後到達在前，您就要受責罰了。」裴潛接受了溫恢的意見，放棄了軍用物資，輕裝迅速進發，果然很快接到了催促他進軍的緊急命令。張遼等人很快也被徵召，就像溫恢所預料的那樣。

3 文帝即位，用溫恢擔任侍中，出任魏郡太守。過了幾年，升遷為涼州刺史，持節領護羌校尉。中途病逝，時年四十五歲。文帝下詔說：「溫恢具有棟梁的素質，侍奉先帝，功勳卓著。後來為朕做事，盡忠王室，所以授與他管轄萬里疆域的職位，把一個地區的事務委任給他。事情為什麼不遂人願，我特別的哀憐他！」賜給溫恢的兒子溫生關內侯的爵位。溫生早死，爵位傳承斷絕。

4 溫恢去世後，汝南郡人孟建擔任涼州刺史，有善於為政的名聲，官做到征東將軍。

1 賈逵，字梁道，河東襄陵❶人也。自為兒童，戲弄常設部伍❷，祖父習異之，曰：「汝大必為將率。」口授兵法數萬言。初為郡吏，守絳邑長❸。郭援之攻河東，所經城邑皆下，逵堅守，援攻之不拔，乃召單于并軍急攻之。城將潰，絳父老與援要❹，不害逵。絳人既潰，援聞逵名，欲使為將，以兵劫之❺，逵不動。左右引逵使叩頭，逵叱之曰：「安有國家長吏為賊叩頭！」援怒，將斬之。絳吏民聞將殺逵，皆乘城❻呼曰：「負要殺我賢君，寧俱死耳！」左右義逵，多為請，遂得免。初，逵過皮氏❼，曰：「爭地❽先據者勝。」及圍急，知不免，乃使人閒行❾送印綬歸郡，且曰「急據皮氏」。援既并絳眾，將進兵。逵恐其先得皮氏，乃以他計疑援謀人祝奧，援由是留七日。郡從逵言，故得無敗。

2 後舉茂才，除澠池令。高幹之反，張琰將舉兵以應之。逵不知其謀，往見琰。聞變起，欲還，恐見執，乃為琰畫計，如與同謀者，琰信之。時縣寄治蠡城[10]，城塹不固，逵從琰求兵修城。諸欲為亂者皆不隱其謀，故逵得盡誅之。遂脩城拒琰。琰敗，逵以喪祖父去官，司徒辟為掾，以議郎參司隸[11]軍事。太祖征馬超，至弘農，曰「此西道之要」，以逵領弘農太守。召見計事，大悅之，謂左右曰：「使天下二千石悉如賈逵，吾何憂？」其後發兵，逵疑屯田都尉藏亡民[12]。都尉自以不屬郡，言語不順。逵怒，收之，數以罪，撾折腳，坐免。然太祖心善逵，以為丞相主簿。太祖征劉備，先遣逵至斜谷[13]觀形勢。道逢水衡[14]，載囚人數十車，逵以軍事急，輒竟[15]重者一人，皆放其餘。太祖善之，拜諫議大夫[16]，與夏侯尚[17]並掌軍計。太祖崩洛陽[18]，逵典喪事。時鄢陵侯彰[19]行越騎將軍[20]，從長安來赴，問逵先王璽綬所在。逵正色曰：「太子在鄴，國有儲副。先王璽綬，非君侯所宜問也。」遂奉梓宮[21]還鄴。

3 文帝即王位，以鄴縣戶數萬在都下[22]，多不法，乃以逵為鄴令。月餘，遷魏郡太守。大軍出征，復為丞相主簿祭酒[23]。逵嘗坐人為罪，王曰：「叔向[24]猶十世宥之，況逵功德親在其身乎？」從至黎陽，津渡者亂行，逵斬之，乃整。至譙[25]，以逵為豫州刺史。是時天下初復，州郡多不攝㉖。逵曰：「州本以御史出監諸郡，以六條詔書察長吏二千石以下，故其狀㉗皆言嚴能鷹揚㉘有督察之才，不言安靜寬仁有愷悌㉙之德也。今長吏慢法㉚，盜賊公行，州知而不糾，天下復何取正乎？」兵曹從事㉛受前刺史假，逵到官數月，乃還，考竟㉜。其二千石以下阿縱不如法㉝者，皆舉奏免之。帝曰：「逵真刺史矣。」布告天下，當以豫州為法。賜爵關內侯。

4 州南與吳接，逵明斥候㉞，繕甲兵，為守戰之備，賊不敢犯。外修軍旅，內治民事，遏鄢、汝，造新陂，又斷山溜長谿㉟水，造小弋陽陂㊱，又通運渠二百餘里，所謂賈侯渠者也。黃初中，與諸將並征吳，破呂範㊲於洞浦㊳，進封陽里亭侯，加建威將軍㊴。明帝即位，增邑二百戶，并前四百戶。時孫權在東關㊵，當豫州南，去江四百餘里。每出兵為寇，輒西從江夏㊶，東從廬江。國家征伐，亦由淮、沔㊷。是時州軍在項㊸，汝南、弋陽㊹諸郡，守境而已。權無北方之虞，東西有急，并軍相救，故常少敗。逵以為宜開直道臨江，若權自守，則二方無救；若二方無救，則東關可取。乃移屯潦口㊺，陳攻取之計，帝善之。

5 吳將張嬰、王崇率眾降。太和二年㊻，帝使逵督前將軍滿寵㊼、東莞太守胡質[48]等四軍，從西陽[49]直向東關，曹休[50]從皖，司馬宣王[51]從江陵[52]。逵至五將山[53]，休更表賊有請降者，求深入應之。詔宣王駐軍，逵東與休合進。逵度賊無東關之備，必并軍於皖；休深入與賊戰，必敗。乃部署諸將，水陸並進，行二百里，得生賊[54]，言休戰敗，權遣兵斷夾石[55]。諸將不知所出，或欲待後軍。逵曰：「休兵敗於外，路絕於內，進不能戰，退不得還，安危之機，不及終日。賊以軍無後繼，故至此；今疾進，出其不意，此所謂先人以奪其心也，賊見吾兵必走。若待後軍，賊已斷險，兵雖多何益！」乃兼道進軍，多設旗鼓為疑兵，賊見逵軍，遂退。逵據夾石，以兵糧給休，休軍乃振。初，逵與休不善。黃初中，文帝欲假逵節，休曰：「逵性剛，素侮易[56]諸將，不可為督。」帝乃止。及夾石之敗，微逵[57]，休軍幾無救也。

6 會病篤，謂左右曰：「受國厚恩，恨不斬孫權以下見先帝。喪事一不得有所修作。」薨，諡曰肅侯。子充[58]嗣。豫州吏民追思之，為刻石立祠。青龍[59]中，帝東征，乘輦入逵祠，詔曰：「昨過項，見賈逵碑像，念之愴然。古人有言，患名之不立，不患年之不長。逵存有忠勳，沒而見思[60]，可謂死而不朽者矣。其布告天下，以勸將來。」充，咸熙中為中護軍[61]。

【章旨】以上為〈賈逵傳〉，通過堅守絳邑反映了賈逵受民眾愛戴；通過與張琰的周旋應變反映了他的機智；通過他在豫州刺史任上事跡反映了他的政治軍事才幹。

【注釋】❶襄陵　縣名。治所在今山西臨汾東南。❷戲弄常設部伍　常作布設軍隊的遊戲。❸守絳邑長　署理絳邑縣長。守，署理，常指官位較低暫任較高職位。絳邑，縣名。治所在今山西侯馬東北。❹要　約定。❺以兵劫之　用兵器威脅他。❻乘城　站在城頭。❼皮氏　縣名。治所在今山西河津。❽爭地　兵家必爭之地。❾閒行　從小路走。❿蠡城　地名。在今河南洛寧西北。⓫司隸　即司隸校尉。⓬亡民　逃亡的百姓。⓭斜谷　山谷名。位於今陝西眉縣西南之終南山。南口名褒，北口叫斜。⓮水衡　官名。即水衡都尉，負責製造水軍的船隻器械。⓯輒竟　自行處決。⓰諫議大夫　官名。掌侍從顧問，參謀諷議，對朝中政事提出意見。⓱夏侯尚　字伯仁，沛國譙（今安徽亳州）人，夏侯淵從子。詳見本書卷九〈夏侯尚傳〉。⓲洛陽　都名。在今河南洛陽。⓳彰　即曹彰，字子文，沛國譙（今安徽亳州）人，曹操之子，善射御，膂力過人。東漢建安二十三年（西元二一八年）隨曹操伐代郡烏丸，歷任北中郎將、行驍騎將軍、行越騎將軍，封爵任城王。詳見本書卷十九〈任城威王傳〉。⓴行越騎將軍　代理越騎將軍。㉑梓宮　皇帝的靈柩。㉒都下　指當時魏王國都城地區。㉓丞相主簿祭酒　官名。曹操為漢丞相時始置，以主簿中任職久的擔任。㉔叔向　春秋時晉國的大夫，即羊舌肸。晉平公時任太傅。政治上保守，曾反對鄭國子產公布的《刑書》。㉕譙　縣名。治所在今安徽亳州。㉖不攝　鎮不住下屬。㉗狀　介紹所推舉的人優點的文字材料。㉘鷹揚　奮發。㉙愷悌　平易近人。㉚慢法　輕視法規。㉛兵曹從事　官名。州刺史的屬官，負責轄境內的軍事行動。㉜考竟　拷問至死。㉝阿縱不如法　偏袒縱容不守法。㉞斥候　偵察兵，此指偵察哨所。㉟山溜長谿　山澗長流的溪水。㊱小弋陽陂　陂堰名。故地在今河南潢川一帶。㊲呂範　字子衡，汝南細陽（今安徽阜陽北）人，東漢末避亂壽春，隨孫策起兵，孫吳著名將領。詳見本書卷五十六〈呂範傳〉。㊳洞浦　一作「洞浦口」。地名。在今安徽和縣東南長江岸邊。㊴建威將軍　武官名。領兵征伐。㊵東關　關隘名。故址在今安徽含山縣西南三十公里處的濡須山上。㊶江夏　郡名。治所在今湖北鄂州。㊷淮沔　淮河和沔水。㊸項　即項縣，治所在今河南沈丘。㊹弋陽　郡名。治所在今河南潢川西。㊺潦口　地名。古潦河之口，古潦河發源於河南鎮平西北，南流經今河南新野注入淯水。㊻太和二年　西元二二八年。太和，魏明帝曹叡年號，西元二二七—二三三年。㊼前將軍滿寵　前將軍，高級軍事將領，領兵征伐。滿寵，字伯寧，山陽昌邑（今山東巨野南）人，曹魏將領。先任汝南太守，先後與袁紹、孫權抗衡。後助徐晃抗擊關羽，在江陵大敗吳軍，戰功顯赫。詳見本書卷二十六〈滿寵傳〉。㊽胡質　字文德，壽春（今安徽壽縣）人，初為州郡小吏，後被曹操任為頓丘令。曹魏建立後，歷任吏部郎、征東將軍等職。在任務農積穀，廣開水渠，頗有治績。詳見本書卷二十七〈胡質傳〉。㊾西陽　縣名。治所在今河南光山縣西南。㊿曹休　字文烈，沛國譙（今安徽亳州）人，曹操族子。東漢末隨曹操起兵，常從征伐。詳見本書卷九〈曹休傳〉。51司馬宣王　即司馬懿，字仲達，河內溫縣（今河南溫縣西）人。多謀略，善權變。率軍與諸葛亮對峙關中，領兵征討遼東公孫淵，歷任軍政要職。後發動高平陵之變，掌握曹魏大權。詳見《晉書・宣帝紀》。52江陵　縣名。治所在今湖北江陵。53五將山　山名。在今陝西岐山東北。54生賊　活捉的俘虜。55夾石　山名。在今安徽桐城北，今名北峽山。56侮易　欺侮輕視。57微逵　如果沒有賈逵。58充　即賈充，字公閭，初為曹魏右長史，參與軍國機密，司馬氏的黨羽，西晉建立後歷任侍中、司空、尚書令。與西晉宗室司馬氏有姻親關係。詳見《晉書・賈充傳》。59青龍　魏明帝曹叡年號，西元二三三—二三七年。60沒而見思　死後被人思念。61中護軍　官名。掌禁兵，總統諸將，主武官選舉。

【語　譯】賈逵，字梁道，河東郡襄陵縣人。自從兒童時期，就常作布設軍隊的遊戲，祖父賈習認為他不凡，說：「你長大以後必定成為將帥。」親口傳授他兵法好幾萬字。賈逵初任郡吏，署理絳邑縣長。郭援進攻河東郡，所經過的城邑全都被攻破，只有賈逵堅持防守，郭援久攻不下，就叫來單于合軍猛攻。城池將被攻破的時候，絳邑縣父老與郭援約定，不要殺害賈逵。絳邑縣人潰敗以後，郭援聽到賈逵的名聲，想讓他做將領，用兵器威脅他，賈逵不為所動。郭援身邊的人拉著賈逵讓他叩頭，賈逵斥責說：「哪裏有國家的官員向賊人叩頭的！」郭援大怒，將要斬殺他。絳邑縣官民百姓聽說郭援將要殺害賈逵，全都登上城牆大喊道：「如果違約殺害我賢明的主人，我們寧願和他一起死！」郭援身邊的人認為賈逵忠義，很多人為他求情，於是才得免一死。當初，賈逵經過皮氏縣，說：「搶先占領這一兵家必爭之地的人會獲勝。」到絳邑縣被圍攻得很危急時，賈逵知道縣城免不了被攻破，便派人從小路把縣長印綬送到河東郡府，並且說「趕快占據皮氏縣」。郭援合併了絳邑兵眾，準備進兵。賈逵恐怕他搶先得到皮氏縣，便用其他計策使郭援的謀士祝奧產生疑慮，郭援於是滯留了七天。河東郡太守聽從了賈逵的建議，所以沒有失敗。

2 後來被推舉為茂才，擔任澠池縣令。高幹叛變，張琰將要起兵響應他。賈逵不知道張琰的陰謀，前去見張琰。聽說變亂發生，想要回去，又害怕被抓住，就替張琰出謀劃策，就像是和他同謀一樣，張琰便信任了他。當時澠池縣的治所臨時設置在蠡城，城牆和壕溝都不堅固，賈逵向張琰請求兵眾修治城牆。那些想要作亂的人都不隱藏他們的陰謀，所以賈逵得以將他們全部消滅。於是賈逵修整城池抵禦張琰。張琰失敗後，賈逵因祖父去世辭職，司徒徵召賈逵任為掾屬，賈逵以議郎身分參謀司隸校尉軍事。太祖征討馬超，到達弘農，說「這是通往西邊道路的要地」，讓賈逵兼任弘農郡太守。太祖召見賈逵商討事情，十分高興，對身邊的人說：「如果天下俸祿二千石官員都像賈逵，我還有什麼可憂慮的？」後來徵發兵丁，賈逵懷疑屯田都尉隱藏流亡的百姓。屯田都尉認為自己不隸屬郡守管轄，出言不遜。賈逵大怒，把他逮捕，列舉罪狀，打斷了他的腳，因此被免官。然而太祖心裏覺得賈逵很好，任他為丞相主簿。太祖征討劉備，先派遣賈逵到斜谷觀察形勢。路上碰到水衡都尉，押解幾十車囚犯，賈逵認為軍情緊急，自作主張處死一個罪重的，其餘的人全都釋放。太祖認為他做得好，任命他為諫議大夫，與夏侯尚一起掌管軍事籌劃。太祖在洛陽去世，賈逵主持喪事。當時鄢陵侯曹彰代理越騎將軍，從長安來奔喪，問賈逵先王的璽綬在什麼地方。賈逵嚴肅的說：「太子在鄴城，王國有繼承人。先王璽綬，不是您應該詢問的。」於是便護送太祖的棺柩回到鄴城。

3 文帝即魏王位，因為鄴縣有幾萬戶人家都在都城，大多不遵守法紀，便任命賈逵為鄴縣令。一個多月後，升遷為魏郡太守。大軍出征，又擔任丞相主簿祭酒。賈逵曾因別人犯法而坐罪，魏王說：「叔向十世子孫有罪猶可赦免，更何況賈逵自身有功德呢？」賈逵隨從文帝到達黎陽，看到渡黃河的人隊伍混亂，便殺了不守秩序的人，隊伍才整齊了。到達譙縣，文帝以賈逵為豫州刺史。這時天下剛剛恢復秩序，州郡長官大多鎮不住下屬。賈逵說：「州長官本來是以御史的身分出去監察各郡，用六條詔書監察郡守以下的長官，所以推薦人選時都重視威嚴能幹的人，不看重那些安穩寬厚仁慈平易近人的人。如今長吏輕視法紀，盜賊公然橫行，州府知道而不糾察，天下怎麼能進入正軌呢？」兵曹從事受前刺史批准回家休假，賈逵到任了幾個月，兵曹從事才回來，賈逵把他拷問致死。那些偏袒縱容不守法的二千石以下的官員，全都上奏罷免他們。文帝說：「賈逵是真正的刺史啊。」布告天下，應當把豫州作為榜樣。賜給賈逵關內侯的爵位。

4 豫州的南部與孫吳接壤，賈逵修築偵察哨所，製造軍械，做好戰爭的準備，敵人不敢進犯。對外賈逵整頓軍隊，對內治理民事，阻斷了鄢水和汝水，修建新的陂塘，又截斷山澗中的長流溪水，建造了小弋陽陂，又疏通了運渠二百多里，就是所說的賈侯渠。黃初年間，賈逵與將領們一起征伐孫吳，在洞浦打敗呂範，進封為陽里亭侯，加官建威將軍。明帝即位後，增加封邑二百戶，加上以前所封共四百戶。當時孫權在東關，正當豫州的南面，距離長江四百多里。每次出兵進犯，往往是西面從江夏前來，東面從廬江郡前來。朝廷出兵征伐，也從淮河、沔水進軍。當時豫州軍隊在項縣，汝南、弋陽各郡，只是守衛邊境而已。孫權沒有北方的憂患，如果東西面有緊急情況，可以合併軍力互相救援，所以很少失敗。賈逵認為應該開闢一條直到江邊的道路，如果孫權坐守，東西兩邊就得不到救援；如果東西兩方無法救援，那麼東關就可以攻取。便把豫州軍隊移駐潦口，又向明帝講述攻取的計謀，明帝認為很好。

5 孫吳將領張嬰、王崇率領部眾投降。太和二年，明帝派賈逵督率前將軍滿寵、東莞太守胡質等四路軍隊，從西陽直接攻向東關，曹休從皖縣，司馬懿從江陵縣分別進攻孫吳。賈逵軍到達五將山，曹休上表說敵人有請求投降的，要求深入敵境接應他們。明帝下詔讓司馬懿停止前進，賈逵向東與曹休會合進軍。賈逵推測敵人在東關沒有設防，一定把兵力集中在皖縣；曹休深入敵境交戰，肯定失敗。便部署各位將領，水陸並進，前行二百里，抓住了敵人俘虜，說曹休已經戰敗，孫權派兵阻斷了夾石山。將領們不知該怎麼辦，有人想停下來等待後面援軍。賈逵說：「曹休在外戰事失敗，在內道路斷絕，進不能戰，退不能還，安危的關鍵時刻，不容猶豫。敵人以為曹休軍無後援，所以才敢截斷他的後路；現在我們迅速前進，出其不意，這就是兵法所說的先聲奪人，敵人看見我軍一定會逃走。如果等待後面援軍，敵人已經控制了險要地形，兵眾雖然再多又有什麼用處！」於是兼程前進，大量設置旗幟戰鼓作為疑兵，敵人看見賈逵的軍隊，便退走了。賈逵占據了夾石山，供給曹休兵眾和糧食，曹休軍又振作起來。當初，賈逵與曹休不和。黃初年間，文帝想給予賈逵符節，曹休說：「賈逵性情剛直，一向侮辱輕視將領們，不能擔任都督。」文帝便打消了這個念頭。到了曹休夾石山戰敗，如果沒有賈逵，曹休軍幾乎就沒救了。

6 適逢賈逵病重，對身邊的人說：「我受國家重恩，遺憾的是不能斬殺孫權再到地下去見先帝。我的喪事辦理一律不得鋪張。」去世後，謚號為肅侯。兒子賈充承襲了爵位。豫州的吏民百姓懷念他，為他刻石樹碑，建立祠堂。青龍年間，明帝東征，乘輦輿進入賈逵的祠堂，下詔說：「昨天經過項縣，見到賈逵的石碑和畫像，想起他來心中悲痛。古人有這樣的話，擔心不能立名，不擔心壽命不長。賈逵在世時有忠於國家的功勳，死後又被人思念，可以說是死而不朽的人。向天下宣告，以此勉勵後人。」賈充，咸熙年間任中護軍。

評曰：自漢季❶以來，刺史總統諸郡，賦政❷于外，非若曩時❸司察❹之而已。太祖創基，迄終魏業，此❺皆其流稱譽有名實者也。咸精達事機❻，威恩兼著，故能肅齊萬里，見述于後也。

【章　旨】以上是陳壽對劉馥、司馬朗、梁習、張既、溫恢、賈逵等人的評價。

【注　釋】❶漢季　漢末。❷賦政　行政。❸曩時　過去。❹司察　負責監察。❺此　指本卷記述的人物。❻事機　事物的關鍵。

【語　譯】評論說：從漢朝末年以來，刺史總管州中各郡，在地方上具有行政權力，不像過去那樣只是監察官員罷了。太祖開創基業，直到曹魏的終結，本卷記述的都是有聲譽流傳而且名實相符的人。他們全都能精明洞察事物的關鍵，恩威卓著，所以能夠整肅萬里轄區，被後人所稱道。

【研　析】關於劉馥、司馬朗、梁習、張既、溫恢、賈逵等人的事跡，陳壽的記載中花費了大量的筆墨，在記載他們的後代時，只是寥寥數語。只有一個例外，那就是劉馥的兒子劉靖。劉靖的事跡主要是他在河南尹任上的政績和他有關恢復發展儒學教育的主張，而有關發展儒學教育的主張尤其值得人們深思。

魏文帝黃初五年（西元二二四年）即開始辦太學，開展儒學教育。對於曹魏時期的太學，史書上有非常糟糕的記載。《三國志》卷十六杜畿附杜恕傳注引《魏略》載：黃初年間，太學初立，只有博士十幾個人，而這擔負著儒家經典傳承的博士們，不但學識淺薄，而且也不親自施教，只是充數而已。如果說這是由於曹魏剛剛建立，是百廢待興的初創時期，那麼，到了二十多年以後的魏明帝、齊王曹芳時期，情況也沒有多大的改善。《三國志》卷十三王朗附王肅傳注引《魏略》記載，到魏明帝、齊王曹芳時期，太學學生雖然從初期的幾百人發展到上千人，但他們都是為了逃避徭役而入太學的，根本沒有興趣學習，一百人參加考試，連十個過關的都沒有。而且師資也沒有改善，博士們還是粗疏沒有學問，沒有教授弟子的資本。即使是正始以後，情況仍沒有大的改變，唐人姚思廉說：「魏正始以後，仍尚玄虛之學，為儒者蓋寡。」「魏、晉浮蕩，儒教淪歇，公卿士庶，罕通經業矣。」李延壽說：「洎魏正始以後，更尚玄虛，公卿士庶，罕通經業。」可見唐以前的史學家對整個曹魏時期辦太學的成就評價不高。

但是，如果我們從整個學術發展的角度來看待這個問題，就會有另外的結論。曹魏時期創建太學是篳路藍縷之舉，起點是非常低的。這種情況下辦太學，首要的任務是普及而不是提高。從這個角度看，曹魏時期官學取得的成就是很大的。

首先，曹魏時期的太學在普及方面取得了相當大的成就。為了吸引更多的人入太學學習，朝廷給予太學生免除賦役的優惠，還讓郡守選擇地方上的有才識者入太學學習。經過朝廷的努力，普及工作收到極大的成效，太學初開有弟子數百，至太和青龍年間，就有學生千數。嵇康在曹奐景元年間被殺，「將刑東市，太學生三千人請以為師」。其次，曹魏時期的太學在提高儒學方面也作了極大的努力。據《通典》記載：太學學生們入學以後，每兩年進行一次考試，成績好的給以拔擢，成績不好的予以淘汰或者留級與下一級的學生重新考試。朝廷定這樣的制度，顯然是為了激勵學子們勵學通經，讓高層次的經學人才脫穎而出。太和二年六月，魏明帝下詔：「尊儒貴學，王教之本也。自頃儒官或非其人，將何以宣明聖道？其高選博士，才任侍中常侍者。申敕郡國，貢士以經學為先。」太和四年二月，又下詔：「世之質文，隨教而變。兵亂以來，經學廢絕，後生進趣，不由典謨。豈訓導未洽，將進用者不以德顯乎？其郎吏學通一經，才任牧民，博士課試，擢其高第者，亟用。其浮華不務道本者，皆罷退之。」這兩道詔書的核心意思，也是在學生中選拔高層次的經學人才。劉靖的關於進行儒學教育的主張正是在這種情況下提出的。他所主張辦的太學不是一般意義上的太學，在這種太學中，要有行為人表，經任人師者執教，要選二千石以上子孫入學。而一般意義上的太學是博士選經，諸生避役，根本吸引不了高門子弟與之為伍。劉靖所主張辦的太學應該是太學中的太學，即後來西晉辦國子學的思路。這雖然沒被朝廷採納，但其主張實為西晉國子學的先聲。（梁滿倉注譯）

卷十六　魏書十六

任蘇杜鄭倉傳第十六

【題解】本卷是一篇合傳，寫了任峻、蘇則、杜畿、鄭渾、倉慈等五位「良二千石」官吏的事跡，其中又附述杜畿之子杜恕的事跡，共六人。任峻，首倡義兵，討伐董卓，後歸順曹操，為典農中郎將，在屯田積穀、運送軍需物資方面作出了貢獻。軍國之饒，成於任峻。蘇則，舉孝廉、茂才，起家為酒泉太守。安撫流民，招懷羌胡，平定叛亂，功勞卓著；且為人剛直不阿，敢於犯顏直諫。杜畿，年二十為郡功曹，代理鄭縣縣令，裁判囚繫數百人，初露鋒芒。為河東太守，平亂安民，使河東先定。百姓富足，教化乃興。鄭渾，家世名儒，見識卓越。為郡太守，平亂、富民，興修水利；百姓刻石頌德，皇帝下詔稱述；為官清廉，妻子不免於寒餒。倉慈，始為郡吏，又為曹操淮南屯田綏集都尉，後為燉煌太守。壓抑豪強，撫恤百姓，甚得其理；裁決獄訟，安撫諸胡，果斷有方，民夷稱其德惠。

本卷還概述了自曹操掌握東漢大權至曹魏滅亡七十年間的「良二千石」陳國人吳瓘等五人的簡況。

1 任峻❶，字伯達，河南中牟❷人也。漢末擾亂，關東❸皆震。中牟令楊原愁恐，欲棄官走。峻說原曰：「董卓❹首亂，天下莫不側目❺，然而未有先發者，非無其心也，勢未敢耳。明府[6]若能唱[7]之，必有和者。」原曰：「為之奈何？」峻曰：「今關東有十餘縣，能勝兵[8]者不減萬人，若權行[9]河南尹[10]事，總[11]而用之，無不濟矣。」原從其計，以峻為主簿[12]。峻乃為原表[13]行尹事，使諸縣堅守，遂發兵。會太祖[14]起關東，入中牟界，眾不知所從，峻獨與同郡張奮議，舉郡以歸太祖。峻又別收宗族及賓客家兵數百人，願從太祖。太祖大悅，表峻為騎都尉[15]，妻以從妹[16]，甚見親信。太祖每征伐，峻常居守[17]以給軍。是時歲飢旱，軍食不足，羽林監[18]潁川[19]棗祗[20]建置屯田[21]，太祖以峻為典農中郎將[22]，募百姓屯田於許下，得穀百萬斛，郡國列置田官[23]，數年中所在積粟，倉廩皆滿。官渡之戰[24]，太祖使峻典軍器糧運。賊數寇鈔[25]絕糧道，乃使千乘[26]為一部，十道方行，為複陳以營衛[27]之，賊不敢近。軍國之饒，起於棗祗而成於峻。太祖以峻功高，乃表封為都亭侯[28]，邑三百戶，遷長水校尉[29]。

2 峻寬厚有度而見事理，每有所陳，太祖多善之。於饑荒之際，收卹朋友孤遺，中外[30]貧宗，周急繼之，信義見稱。建安九年薨，太祖流涕者久之。子先嗣。先薨，無子，國除。文帝[31]追錄功臣，諡峻曰成侯。復以峻中子覽為關內侯[32]。

【章　旨】以上是〈任峻傳〉，記述了任峻的一生行跡。從史文來看，任峻主要有兩大功績：一是勸說中牟縣令楊原起兵，任峻為主簿，堅守中牟一帶，聲討董卓，率部歸附曹操；二是任職典農中郎將，招募百姓屯田。官渡之戰，保證軍糧的供給。

【注　釋】❶峻　原誤作「俊」，本篇下文皆不誤。❷河南中牟　河南郡中牟縣。中牟，在今河南中牟東。❸關東　地區名。泛指潼關或函谷關以東地區。❹董卓　字仲穎，隴西臨洮（今甘肅岷縣）人。桓帝末，以六郡良家子為羽林郎，拜郎中。靈帝時為并州牧。東漢昭寧元年（西元一八九年），率兵入洛陽，廢少帝，立獻帝，專斷朝政。曹操與袁紹等起兵反對，他挾獻帝西遷長安，自為太師。殘暴專橫，縱火焚燒洛陽周圍數百里，使生產受到嚴重破壞。傳見《後漢書．董卓列傳》。❺側目　側目而視。形容憤恨。❻明府　漢代對郡守的尊稱，即「明府君」的省稱。因楊原要代行河南尹事，故任峻稱之為「明府」。❼唱　同「倡」。倡導。❽勝兵　能勝任當兵作戰的人。❾權行　暫時代理。❿河南尹　官名。漢代京城的行政長官稱尹，有京兆尹、河南尹。⓫總　統領；統率。⓬主簿　官名。漢代中央及郡縣官署均置此官，典領文書，辦理事務。⓭表　謂上表。古代奏章的一種，下言於上曰「表」。⓮太祖　指曹操。曹丕篡漢建立魏國，追謚曹操為武皇帝，稱太祖。⓯騎都尉　官名。漢武帝元鼎二年（西元前一一五年）置。⓰從妹　堂妹，父之昆弟女。同一宗族，次於至親者曰「從」。⓱居守　留守。⓲羽林監　官名。羽林郎為皇帝的宿衛、侍從，其主管將領為羽林中郎將，下設羽林左右監各一人，主管羽林左右騎，屬光祿勳。⓳潁川　郡名。治所在今河南禹州。⓴棗祗　潁川人。東漢末，從曹操起兵。建安元年（西元一九六年），以北方連年戰亂，生產破壞，建議屯田，以充實軍糧。曹操採納其建議，任其為屯田都尉。從此屯田在曹操占領地區得到推廣，生產逐漸恢復。㉑屯田　漢以後歷代政府為取得軍隊給養或稅糧，利用士兵和農民墾種荒廢田地。如漢武帝時在西域屯田，宣帝時趙充國在邊郡屯田，建安元年曹操在許下屯田。㉒典農中郎將　官名。三國魏置典農中郎將和典農校尉，分置於屯田的地區，掌管農業生產、民政和田租，職權皆如太守。魏末罷，改任為太守。㉓募百姓三句　此三句原無，殿本《考證》云《太平御覽》引有，今據增補。許下，指在許縣（地在今河南許昌東）附近。斛，古代容量單位，十斗為一斛。三國一斛相當於現在二十點四五公升。㉔官渡之戰　官渡，在今河南中牟東北。東漢末年，袁紹據有冀、青、幽、并四州，自恃兵多糧足，建安四年（西元一九九年）率兵十萬南下。曹操兵少糧缺，以劣勢在官渡相拒。次年春，曹操乘袁軍輕敵，內部不合，兩次偷襲袁軍後方，焚燒其糧草。袁紹所部，軍心動搖，紛紛潰敗投降。曹操乘機全線出擊，殲滅了袁軍主力，奠定了統一北方的基礎。㉕寇鈔　亦作「寇抄」。攻殺搶掠。㉖千乘　即千輛。古代一車四馬為一乘。㉗營衛　護衛。㉘都亭侯　爵位名。亭，為鄉以下的行政機構。《後漢書．百官志五》：「列侯……以賞有功，功大者食縣，小者食鄉、亭。」亭侯，即食祿於亭的列侯。都亭，為設在城鄉或城內的亭。㉙長水校尉　官名。為漢武帝所置京師屯兵八校尉之一。長水，水名。源出陝西藍田西北，流經長安東南。胡騎之屯於長水者，為長水胡騎。本為西漢舊制，東漢、三國猶沿用此名。校尉，略低於將軍的武官。㉚中外　指中表兄弟。㉛文帝　即曹丕，三國時魏國的建立者，西元二二〇—二二六年在位。事見本書卷二〈文帝紀〉。㉜關內侯　爵位名。秦漢時置。二十級爵位的第十九級，位在徹（通）侯之次。有侯號，居京畿，無國邑。

【語　譯】任峻，字伯達，河南郡中牟縣人。漢朝末年，天下動盪不安，關東地區都為之震動。中牟縣令楊原憂慮恐懼，想棄官逃走。任峻勸楊原說：「董卓先挑起動亂，天下沒有不痛恨他的，但是沒有首先發難的人，並不是沒有這種想法的人，而是勢弱不敢起兵罷了。您如果能率先倡導這件事，肯定會有響應您的人。」楊原說：「這事應該怎麼辦呢？」任峻說：「當今關東地區有十多個縣，能勝任當兵的不下於一萬人，您如果暫時代理河南尹的職務，統領他們加以使用，沒有不成功的。」楊原採納了任峻的計策，任命任峻為主簿。任峻於是替楊原上表，請求代行河南尹的職務，讓各縣堅守，於是起兵聲討董卓。適逢太祖在關東舉兵，進入中牟縣界，大家都無所適從，任峻單獨和郡人張奮商議，率領全郡歸降太祖。任峻又另外收羅同族、賓客和家兵數百人，表示願意跟從太祖。太祖非常高興，上表任命任峻為騎都尉，把堂妹嫁給他，對他非常親近信任。太祖每次征伐，任峻常留守以供應軍需物資。當時年歲大旱發生饑荒，軍糧不足，羽林監潁川郡人棗祗建議設置屯田，太祖以任峻為典農中郎將，招募百姓在許縣附近屯田，收得穀物一百萬斛，各郡國設置屯田官，數年之間，到處積貯糧穀，倉廩皆滿。官渡之戰，太祖委派任峻掌管武器和軍糧運輸。敵軍多次搶劫截斷糧道，任峻於是以千輛糧車為一隊，十路並行，又設立雙重軍陣以保衛運糧隊，敵軍不敢靠近。軍隊和國家的豐足，開始於棗祗而成就於任峻。太祖認為任峻功勞大，便上表封他為都亭侯，食邑三百戶，遷升長水校尉。

2 任峻待人寬厚有氣度，而又明白事理，每次有所建言，太祖大多認為很好。在饑荒時節，他收容救濟朋友的遺孤，對中表親戚、貧苦的族人，他救助急難，接濟貧乏，誠信恩義為人們所稱譽。建安九年任峻去世，太祖流淚了好久。他的兒子任先繼承爵位，任先去世，因沒有子嗣，撤除封國。魏文帝追記功臣，贈謚任峻為成侯，又封他的第二個兒子任覽為關內侯。

1 蘇則，字文師，扶風武功[1]人也。少以學行聞，舉孝廉茂才，辟公府，皆不就。起家[2]為酒泉[3]太守，轉安定[4]、武都[5]，所在有威名。太祖征張魯[6]，過其郡，見則悅之，使為軍導[7]。魯破，則綏定[8]下辯[9]諸氐[10]，通河西[11]道，徙為金城[12]太守。是時喪亂之後，吏民流散飢窮，戶口損耗，則撫循[13]之甚謹。外招懷羌胡[14]，得其牛羊，以養貧老。與民分糧而食，旬月之間，流民皆歸，得數千家。乃明為禁令，有干犯[15]者輒戮，其從教者必賞。親自教民耕種，其歲大豐收，由是歸附者日多。李越以隴西[16]反，則率羌胡圍越，越即請服。太祖崩，西平[17]麴演叛，稱護羌校尉[18]。則勒兵[19]討之。演恐，乞降。文帝以其功，加則護羌校尉，賜爵關內侯。

2 後演復結旁郡為亂[20]，張掖[21]張進執太守杜通，酒泉黃華不受太守辛機，進、華皆自稱太守以應之。又武威[22]三種胡[23]並寇鈔，道路斷絕。武威太守毋丘興[24]告急於則。時雍、涼[25]諸豪皆驅略羌胡以從進等，郡人咸以為進不可當[26]。又將軍郝昭㉗、魏平先是各屯守金城，亦受詔不得西度㉘。則乃見郡中大吏及昭等與羌豪帥謀曰：「今賊雖盛，然皆新合，或有脅從，未必同心；因釁擊之，善惡必離，離而歸我，我增而彼損矣。既獲益眾之實，且有倍氣之勢，率以進討，破之必矣。若待大軍，曠日持久，善人無歸，必合於惡，善惡既合，勢難卒㉙離。雖有詔命，違而合權㉚，專之可也。」於是昭等從之，乃發兵救武威，降其三種胡，與與擊進於張掖。演聞之，將步騎三千迎則，辭㉛來助軍，而實欲為變㉜。則誘與相見，因斬之，出以徇軍㉝，其黨皆散走。則遂與諸軍圍張掖，破之，斬進及其支黨㉞，眾皆降。演軍敗，華懼，出所執㉟乞降，河西平。乃還金城。進封都亭侯，邑三百戶。

3 徵拜侍中，與董昭㊱同寮㊲。昭嘗枕則膝臥，則推下之，曰：「蘇則之膝，非佞人之枕也。」初，則及臨菑侯植㊳聞魏氏代漢，皆發服㊴悲哭，文帝聞植如此，而不聞則也。帝在洛陽，嘗從容言曰：「吾應天受禪，而聞有哭者，何也？」則謂為見問，鬚髯悉張，欲正論㊵以對。侍中傅巽㊶掐則曰：「不謂卿也。」於是乃止。文帝問則曰：「前破酒泉、張掖，西域㊷通使，燉煌獻徑寸大珠，可復求市益得不㊸？」則對曰：「若陛下化洽㊹中國，德流沙漠，即不求自至；求而得之，不足貴也。」帝默然。後則從行獵，槎桎㊺拔，失鹿，帝大怒，踞胡牀㊻拔刀，悉收㊼督吏㊽，將斬之。則稽首㊾曰：「臣聞古之聖王不以禽獸害人，今陛下方隆唐堯㊿之化，而以獵戲(51)多殺羣吏，愚臣以為不可。敢以死請！」帝曰：「卿，直臣也。」遂皆赦之。然以此見憚(52)。黃初四年，左遷(53)東平相(54)。未至，道病薨，諡曰剛侯。子怡嗣。怡薨，無子，弟愉襲封。愉，咸熙中為尚書。

【章　旨】以上是〈蘇則傳〉，記述了蘇則任金城太守，安撫流民和羌胡，教民耕種；轉任護羌校尉後，平息張進之亂，安定河西，並通過幾則事例，記述了蘇則的剛正品德。

【注　釋】❶扶風武功　扶風郡武功縣。扶風，西漢稱右扶風，治所在今陝西興平東南，三國魏去「右」字。武功，故址在今陝西眉縣境。❷起家　自家中受徵召出來，即以平民身分直接授以官職。❸酒泉　郡名。治所在今甘肅酒泉。❹安定　郡名。西漢治所在今寧夏固原，東漢移治今甘肅鎮原東南。❺武都　郡名。治所在今甘肅成縣西北。❻張魯　東漢末天師道首領。字公祺，沛國豐縣（今江蘇豐縣）人。天師道創立者張道陵之孫。東漢初平二年（西元一九一年），任益州牧劉焉的督義司馬，率徒眾攻取漢中。東漢建安二十年（西元二一五年），曹操攻漢中，他投降曹操，被任命為鎮南將軍。傳見本書卷八〈張魯傳〉。❼軍導　軍隊的嚮導。❽綏定　安撫平定。❾下辯　縣名。故地在今甘肅成縣西。❿氐　族名。殷周至南北朝分布在今陝西、甘肅、四川等省。從事畜牧和農業。魏晉時，大量接受漢族文化和生產技術，說漢話，穿漢服，習農耕，從漢姓。⓫河西　指今甘肅、青海黃河以西地區，即河西走廊及湟水流域。⓬金城　郡名。治所在今甘肅永靖。⓭撫循　撫慰。⓮羌胡　羌，族名。主要分布在今甘肅、青海、四川一帶。秦漢時，部落眾多，有先零、燒當、婼、廣漢、武都、越嶲等一百五十個部落，以游牧為主。詳見《後漢書・西羌列傳》。胡，古代對北方、西方各民族的泛稱。這裏指匈奴人。⓯干犯　觸犯；違犯。⓰隴西　郡名。治所在今甘肅臨洮南。⓱西平　郡名。治所在今青海西寧。⓲護羌校尉　官名。西漢始置，職掌西羌事務，東漢沿置。⓳勒兵　統率軍隊。⓴演復結旁郡為亂　《資治通鑑・魏紀一》胡三省注：麴演「威行涼部久矣，故（張）

進等皆應之」。㉑張掖　郡名。治所在今甘肅張掖西北。㉒武威　郡名。治所在今甘肅武威。㉓三種胡　三個部族的胡人。種，族類。㉔毌丘興　河東聞喜人。魏文帝黃初中為武威太守。事見本書卷二十八〈毌丘儉傳〉。㉕雍涼　即雍州和涼州。雍州，治所在今陝西西安西北。涼州，治所在今甘肅武威。㉖當　遮攔；阻擋。㉗郝昭　據《三國志・明帝紀》太和二年裴松之注引《魏略》，昭字伯道，太原人。為人雄壯，少入軍，為部曲督，數有戰功，為雜號將軍，遂鎮河西十餘年，民夷畏服。㉘度　同「渡」。㉙卒　同「猝」。快。㉚權　權宜之計。㉛辭　口頭之言辭。㉜為變　製造叛亂。㉝徇軍　向全軍宣示。㉞支黨　黨羽。㉟出所執　放出他們所拘執的張掖太守杜通。㊱董昭　濟陰定陶（今山東定陶）人，字公仁。曹丕即帝位二年，董昭為侍中。傳見本書卷十四〈董昭傳〉。㊲寮　同「僚」。㊳臨菑侯植　即曹植，字子建，曹操子。東漢建安十九年（西元二一四年）封臨菑侯。傳見本書卷十九〈陳思王傳〉。㊴發服　穿上喪服。㊵正論　正言論述。即以維護漢朝為正統的言論。㊶傅巽　北地泥陽（今甘肅寧縣東南）人，傅介子之後。黃初中，為侍中尚書。事見本書卷二十一。㊷西域　西漢以後對玉門關（在今甘肅敦煌西北）以西地區的總稱。㊸可復求市益得不　意謂能再搜求多買到一些嗎。不，同「否」。㊹化洽　教化普沾。㊺梐枑　攔截野獸的一種木欄。㊻胡牀　一稱「交床」、「交椅」、「繩床」。一種可以折疊的輕便坐具。原無「胡」字。《三國志集解》云：「宋本『踞』下有『胡』字，《御覽》同。」今據補。㊼收　捕。㊽督吏　此謂督察行獵的官員。㊾稽首　古時一種跪拜禮，叩頭至地。㊿唐堯　古帝名。帝嚳之子，名放勳。初封於陶，又封於唐，號陶唐氏。居平陽（今山西臨汾南）。參閱《史記・五帝本紀》。(51)獵戲　打獵遊戲。(52)憚　畏懼。(53)左遷　降職。(54)東平相　東平國的相。東平，國名。治所在今山東東平東。相，諸侯王國的行政長官，相當於郡太守。

【語譯】 蘇則，字文師，扶風郡武功縣人。年少時就以學問和品行聞名。被舉薦為孝廉和茂才，公府徵召任用他，都沒有前去赴任。後來直接由平民被任命為酒泉太守，轉任安定、武都太守，所任職之處都有威望和聲名。太祖征伐張魯，經過蘇則任職的郡內，見到蘇則，很喜歡他，讓他擔任軍隊的嚮導。張魯敗亡後，蘇則安定了下辯的氐族各部落，打通了通往河西的道路，轉任為金城太守。當時正值戰亂之後，官吏和百姓流離失散，飢餓窮困，戶口大減，蘇則非常勤謹的安撫他們。對外招安懷柔羌人、胡人，得到他們的牛羊，用來供養郡中的窮人和老人。蘇則自己與百姓分糧而食，一個月之間，流離的百姓都返回鄉里，計有數千家。蘇則便明訂禁令，違犯者就立即處罰，那些聽從教化的人則一定獎賞。蘇則還親自教百姓耕種，這一年農作物大豐收，因此歸順依附的人越來越多。李越憑藉隴西謀反，蘇則率領羌人、胡人圍攻李越，李越馬上請求歸服。太祖去世，西平人麴演叛亂，自稱護羌校尉。蘇則率兵討伐他，麴演恐懼，乞求投降。文帝因為蘇則的功勞，加授蘇則為護羌校尉，賜爵關內侯。

2 後來麴演又勾結鄰郡作亂，張掖郡人張進捉了太守杜通，酒泉郡人黃華不承認太守辛機，張進、黃華都自稱太守，響應麴演。加上武威郡三支胡人部族同時為寇搶掠，道路斷絕。武威郡太守毌丘興向蘇則告急。當時雍州、涼州的所有豪強都驅使羌人、胡人隨從張進等人，郡中的人都認為張進勢不可擋。再加上將軍郝昭、魏平先前各自屯駐金城，也受詔命不得西進。蘇則於是召見郡中的主要官吏及郝昭等人和羌人的豪帥商議說：「眼下叛軍雖然勢力強盛，但都是剛剛聚集成軍，有的則是被迫跟隨，未必同心；我們利用矛盾進攻他們，好人和壞人必然分裂，好人分離出來歸順我們，我們的勢力增強，而叛軍的勢力減弱了。這樣，既得到了增加兵眾的實際利益，又有士氣倍增的氣勢，率領這種軍隊進擊叛軍，打敗他們是必然的。如果等待大軍到來，曠日持久，好人無處歸附，一定會與壞人合在一起，好人、壞人既已會合，勢必難以馬上分離。雖然有詔命不得西進，但違背詔命而合乎權宜之計，我們專斷獨行是可以的。」於是，郝昭等人聽從了蘇則的意見，便發兵救援武威，降服了那裏的三支胡人部族，和毌丘興在張掖郡進攻張進。麴演聽到消息後，率領三千步兵騎兵迎接蘇則，口頭上說是來幫助蘇則，而實際上是想發動叛變。蘇則引誘麴演相見，乘機殺了麴演，拿他的首級在軍中示眾，麴演的黨羽全都逃散了。蘇則便與各路軍馬圍攻張掖，攻破了張掖城，斬殺張進和他的黨羽，他的兵眾全都投降。麴演軍敗，黃華恐懼，釋放了他所捉住的人，請求投降，河西平定。蘇則便回師金城。蘇則被進封為都亭侯，食邑三百戶。

3 蘇則被徵召任侍中，與董昭同事。董昭曾經把頭枕在蘇則的膝上躺著，蘇則推開他的頭，說：「我蘇則的膝蓋不是諂佞之人的枕頭。」當初，蘇則和臨菑侯曹植聽說魏氏取代漢朝，全都穿上喪服悲傷痛哭。魏文帝聽說曹植這樣做，而沒有聽說蘇則也如此。文帝在洛陽，曾經從容的說：「我順應天意接受禪讓，然而聽說有為此痛哭的，是為什麼呢？」蘇則以為被詰問，氣得鬍鬚都豎了起來，準備以漢朝為正統的觀點來回答。

侍中傅巽用手捏蘇則，說：「不是說您。」於是蘇則這才沒有答話。文帝問蘇則說：「先前攻克酒泉、張掖二郡，西域和我們互通使者，燉煌郡進獻直徑一寸的大珠，能再搜求多買到一些嗎？」蘇則回答說：「如果陛下教化遍及中國，仁德流布沙漠，就算不去尋求，也會有人自動獻來，尋求得到的，算不上珍貴。」文帝默不作聲。後來蘇則隨從文帝行獵，攔截獵物的欄杆被拔出，丟失了鹿，文帝大怒，蹲坐在胡床，拔出刀來，拘捕了所有主管打獵的官員，準備殺掉他們。蘇則叩頭說：「臣聽說古代的聖王不因為禽獸而傷害人，現在陛下剛開始光大帝堯的教化，卻因為打獵遊樂而殺死眾多官員，愚臣認為不能這樣做。斗膽以死來請求赦免他們！」文帝說：「你是位耿直的大臣。」於是全部赦免了那些官員。然而蘇則也因此被文帝忌憚。黃初四年，蘇則被貶為東平國相，尚未到任，就半路病逝了。諡號剛侯。兒子蘇怡繼承了爵位。蘇怡去世，沒有子嗣，蘇則的弟弟蘇愉承襲了爵位。蘇愉咸熙年間任尚書。

1 杜畿，字伯侯，京兆杜陵❶人也。少孤，繼母苦之，以孝聞。年二十，為郡功曹❷，守鄭縣令❸。縣囚繫❹數百人，畿親臨獄，裁其輕重，盡決遣❺之，雖未悉當，郡中奇其年少而有大意❻也。舉孝廉❼，除漢中府丞❽。會天下亂，遂棄官客荊州❾，建安中乃還。荀彧❿進之太祖，太祖以畿為司空司直⓫，遷護羌校尉，使持節⓬，領西平太守。

2 太祖既定河北⓭，而高幹⓮舉并州⓯反。時河東⓰太守王邑被徵，河東人衛固、范先外以請邑為名，而內實與幹通謀。太祖謂荀彧曰：「關西諸將，恃險與馬，征必為亂。張晟寇殺、澠[17]間，南通劉表[18]，固等因[19]之，吾恐其為害深。河東被山帶河[20]，四鄰多變，當今天下之要地也。君為我舉蕭何[21]、寇恂[22]以鎮之。」或曰：「杜畿其人也。」於是追拜畿為河東太守。固等使兵數千人絕陝津[23]，畿至不得渡。太祖遣夏侯惇[24]討之，未至。或[25]謂畿曰：「宜須大兵。」畿曰：「河東有三萬戶，非皆欲為亂也。今兵迫之急，欲為善者無主，必懼而聽於固。固等勢專，必以死戰。討之不勝，四鄰應之，天下之變未息也；討之而勝，是殘一郡之民也。且固等未顯絕[26]王命，外以請故君為名，必不害新君。吾單車直往，出其不意。固為人多計而無斷，必偽受[27]吾。吾得居郡一月，以計縻[28]之，足矣。」遂詭道[29]從郖津[30]度。范先欲殺畿以威眾。且觀畿去就，於門下斬殺主簿已下三十餘人，畿舉動自若。於是固曰：「殺之無損，徒有惡名；且制之在我。」遂奉[31]之。畿謂衛固、范先曰：「衛、范，河東之望[32]也，吾仰成[33]而已。然君臣有定義，成敗同之，大事當共平議。」以固為都督[34]，行丞事，領功曹；將校吏兵三千餘人，皆范先督之。固等喜，雖陽[35]事畿，不以為意。固欲大發兵[36]，畿患之，說固曰：「夫欲為非常之事，不可動眾心。今大發兵，眾必擾，不如徐以貲募兵[37]。」固以為然，從之，遂為貲調發[38]，數十日乃定，諸將貪多應募而少遣兵[39]。又入喻固等曰：「人情顧家，諸將掾吏[40]，可分遣休息，急緩召之不難。」固等惡逆眾心[41]，又從之。於是善人[42]在外，陰為己援；惡人分散，各還其家，則眾離矣。會白騎[43]攻東垣[44]，高幹入濩澤[45]，上黨[46]諸縣殺長吏，弘農[47]執郡守，固等密調兵未至。畿知諸縣附己，因出，單將數十騎，赴張辟拒守[48]，吏民多舉城助畿者，比數十日，得四千餘人。固等與幹、晟共攻畿，不下，略諸縣，無所得。會大兵至，幹、晟敗，固等伏誅，其餘黨與皆赦之，使復其居業[49]。

3 是時天下郡縣皆殘破，河東最先定，少耗減。畿治之，崇寬惠，與民無為[50]。民嘗辭訟[51]，有相告者，畿親見為陳大義，遣令歸諦思[52]之，若意有所不盡，更來詣府。鄉邑父老自相責怒曰：「有君如此，奈何不從其教？」自是少有辭訟。班[53]下屬縣，舉孝子、貞婦、順孫，復其繇役[54]，隨時慰勉之。漸課[55]民畜牸牛[56]、草馬[57]，下逮[58]雞豚犬豕，皆有章程。百姓勤[59]農，家家豐實。畿乃曰：「民富矣，不可不教也。」於是冬月修戎講武，又開學宮，親自執經教授，郡中化之。

4 韓遂[60]、馬超[61]之叛也，弘農、馮翊[62]多舉縣邑以應之。河東雖與賊接，民無異心。太祖西征至蒲阪[63]，與賊夾渭為軍[64]，軍食一仰河東。及賊破，餘畜[65]二十餘萬斛。太祖下令曰：「河東太守杜畿，孔子所謂『禹，吾無間然矣[66]』。增秩中二千石[67]。」太祖征漢中，遣五千人運，運者自率勉[68]曰：「人生有一死，不可負我府君[69]。」終無一人逃亡，其得人心如此。魏國既建，以畿為尚書[70]。事平，更有令曰：「昔蕭何定關中，寇恂平河內，卿有其功，間[71]將授卿以納言[72]之職；顧[73]念河東吾股肱[74]郡，充實之所，足以制天下，故且煩卿臥鎮[75]之。」畿在河東十六年，常為天下最。

文帝即王位，賜爵關內侯，徵為尚書。及踐阼[76]，進封豐樂亭侯，邑百戶，守司隸校尉[77]。帝征吳，以畿為尚書僕射[78]，統留事。其後帝幸許昌，畿復居守。受詔作御樓船[79]，於陶河[80]試船，遇風沒。帝為之流涕，詔曰：「昔冥勤其官而水死[81]，稷勤百穀而山死[82]。故尚書僕射杜畿，於孟津試船，遂至覆沒，忠之至也。朕甚愍焉！」追贈太僕[83]，諡曰戴侯。子恕嗣。

【章　旨】以上是〈杜畿傳〉。先寫杜畿年少審囚，全部判決發落，初顯大志。次寫任河東太守，有膽有識，平定衛固等人的變亂，穩定河東。再寫治理河東時，息訟諍，勸農耕，習戎講武，傳授儒學，移風易俗。最後寫百姓對杜畿的忠誠和曹操對杜畿的讚揚。

【注　釋】❶京兆杜陵　京兆郡杜陵縣。京兆，治所在今陝西西安西北。杜陵，治所在今陝西西安東南。❷功曹　官名。即功曹史。為郡守佐吏，相當於郡守的總務長。除掌人事外，得與聞一郡的政務。縣令亦設功曹，職務與郡同，歷代沿置。❸守鄭縣令　守，猶「攝」，臨時署理職務。鄭縣，在今陝西華縣。❹囚繫　在押囚犯。❺決遣　判案發落。❻大意　猶大志。

❼孝廉　本為漢代選舉官吏的兩種科目名。孝，指孝順父母。廉，指廉潔之士。漢武帝元光元年（西元前一三四年），令郡國各舉孝廉一人，後來合稱孝廉。東漢時，郡國人口二十萬，每年舉孝廉一人，為求仕進者必由之路。孝廉的選拔，由各郡國在所屬吏民中薦舉。名義上以封建倫理為標準，實際上多為世家大族所操縱，弄虛作假，真正的孝廉之人卻不一定選上。當時有「舉秀才，不知書；舉孝廉，父別居」之諺。❽漢中府丞　即漢中郡丞。漢中，郡名。治所在今陝西漢中東。丞，多為佐官之稱。漢代中央各官署如衛尉、太僕等除本身有丞外，所屬各署亦皆有令、丞。地方州、郡、縣亦皆有丞。❾荊州　漢武帝所置「十三刺史部」之一。東漢治所在今湖南常德東北，其後屢有遷移。劉表為荊州牧，治所在今湖北襄樊，關羽督荊州，治江陵。❿荀彧　曹操的謀士。字文若，潁川潁陰（今河南許昌）人。士族出身。東漢建安元年（西元一九六年），建議曹操迎獻帝都許，使曹操取得有利的政治形勢。不久，任尚書令，參與軍國大事。後因反對曹操稱魏公，以憂死。傳見本書卷十〈荀彧傳〉。⓫司空司直　即司空府的司直之官。司直，官名。《後漢書・百官志》曰：「世祖即位，以武帝故事置司直居丞相府，助督錄諸州，建武十八年（西元四二年）省。」劉昭注引《獻帝起居注》曰：「建安八年（西元二〇三年）十二月復置司直，不屬司徒，掌督中都官，不領諸州。」盧弼《三國志集解》引沈欽韓：「是時曹操雖為司空，實專一相，故司空有司直。」⓬使持節　持節，古代使臣出使，持節以為憑證。魏晉以後為官名。有使持節、持節、假節等，其權力亦大小有別，皆為刺史總軍戎者。實為帝王授給軍政大臣的一種特權，使持節權力最大，可誅殺二千石以下的犯官；持節次之；假節又次之。⓭河北　地區名。泛指黃河以北為袁紹所占有的地區。⓮高幹　袁紹之甥。袁紹使鎮并州。官渡之戰，袁紹敗，曹操攻下鄴城（今河北臨漳西南），高幹以并州降，曹操復以高幹為并州刺史。建安十一年高幹叛，曹操攻高幹，高幹與數騎亡，欲南奔荊州，為上洛（今陝西商縣）都尉捕斬之。事見本書卷六〈袁紹傳〉。⓯并州　州名。治所在今山西太原西南。⓰河東　郡名。治所在今山西夏縣西北。⓱殽澠　殽山澠池。殽山，在今河南東南，分東西二殽，地形險要，自古是豫、陝間交通要道。澠池，縣名。在今河南澠池西黃河南岸。⓲劉表　字景升，山陽高平（今山東微山縣西北）人。東漢初平元年（西元一九〇年），任荊州刺史，據有今湖南、湖北地方。後為荊州牧。對當時羣雄混戰，採觀望態度，所據地區破壞較少，中原人前來避難者甚眾。傳見《後漢書・劉表列傳》、本書卷六〈劉表傳〉。⓳因　憑藉；依靠。⓴被山帶河　謂山勢起伏黃河如帶。形容地勢險要。㉑蕭何　西漢初大臣。沛縣（今江蘇沛縣）人，秦末佐劉邦起事。劉邦兵入咸陽，他收取秦政府的律令圖書，掌握了全國的山川險要、郡縣戶口和當時的社會情況。劉邦為漢王，以他為丞相。對劉邦戰勝項羽及漢朝的建立有很大的貢獻。劉邦即皇帝位，論功以蕭何第一。任丞相，封酇侯。傳見《史記・蕭相國世家》、《漢書・蕭何傳》。㉒寇恂　上谷

昌平（今屬北京市）人，字子翼。劉秀占有河內，他被任為太守，負責轉輸軍需，並與馮異征討綠林軍蘇茂、賈強等部。後歷任潁川、汝南太守，封雍奴侯。為雲臺二十八將之一。傳見《後漢書・寇恂列傳》。㉓陝津　即「茅津」。古黃河津渡。在今山西平陸西南古茅城南，南岸在陝縣（今屬河南）城西北。㉔夏侯惇　字元讓，沛國譙（今安徽亳州）人。隨曹操起兵，領東郡太守。後從征呂布、袁紹。曹丕為魏王，任大將軍。傳見本書卷九〈夏侯惇傳〉。㉕或　原誤作「彧」。《三國志集解》載陳景雲云：「『彧』當作『或』。畿移守河東，雖由荀彧之薦，而是時畿在陝津，彧在許下，不得參預軍謀，殆因前荀彧字而誤。」今據改。㉖顯絕　公開拒絕。㉗偽受　表面上假裝接受。㉘縻　控制。㉙詭道　隱祕的改道。㉚郖津　黃河古渡名。在今河南靈寶西北。㉛奉　尊奉。㉜望　名望；眾望所歸。㉝仰成　依靠成功。㉞都督　軍事長官或軍事將帥。漢末始有此稱。魏、晉、南北朝稱都督中外諸軍事或大都督者，即為全國最高軍事統帥。㉟陽　表面上。㊱大發兵　大量徵招兵士。㊲以貲募兵　即用錢財招募兵士。貲，同「資」。㊳調發　調集徵發。㊴諸將貪多句　意謂將領們貪圖錢財，名冊上招募的人很多，而實際上送來的新兵卻很少。㊵掾吏　對屬吏的總稱。吏，原作「史」，亦通。今從中華書局印本。㊶惡逆眾心　擔心違背眾人的心願。㊷善人　指歸順朝廷不願從衛固為亂的人。㊸白騎　即張白騎。東漢末年起事，後為馬騰、龐德擊敗於兩殽間。㊹東垣　縣名。治所在今山西垣曲東南。㊺濩澤　縣名。在今山西南部沁河中游，鄰接河南省。㊻上黨　郡名。治所在今山西長治北。㊼弘農　郡名。治所在今河南靈寶北。㊽赴張辟拒守　《資治通鑑・漢紀》五十六作「赴堅壁而守」。盧弼《三國志集解》引趙一清曰：「張辟即張城，亦曰東張城。」㊵居業　恆產；產業。㊿無為　道家的哲學思想。即順應自然的變化，不過多的干擾百姓。(51)辭訟　訴訟；打官司。(52)諦思　仔細思考。(53)班　同「頒」。頒布命令。(54)繇役　同「徭役」。(55)課督促。(56)犉牛　母牛。(57)草馬　雌馬。(58)逮　及。(59)勤　原作「勸」。《三國志集解》云：「宋本『勸』作『勤』。」今據改。(60)韓遂　字文約，金城（今甘肅永靖）人。靈帝時，從胡人首領北宮伯玉、李文侯起兵。後殺伯玉及文侯，擁兵十餘萬，與馬騰推漢陽人王國為主，旋又廢王國，與馬騰割據涼州。獻帝時，聯合馬超等率軍反對曹操，被擊敗。不久，為部下所殺。事見《後漢書・董卓列傳》及本書卷一〈武帝紀〉、卷六〈董卓傳〉。(61)馬超　字孟起，扶風茂陵（今陝西興平東北）人。馬騰子。東漢末，隨父騰起兵，後領騰部屬。建安十六年（西元二一一年）攻曹操，在潼關為曹操所敗，還居涼州，後為楊阜所逐，因率兵依附張魯，繼歸劉備。傳見本書卷三十六〈馬超傳〉。(62)馮翊　即左馮翊，官名、政區名。漢武帝太初元年改左內史置，職掌相當於郡太守，轄區屬畿輔，故不稱郡，為「三輔」之一。治所在今長安，東漢移治今陝西高陵西南。三國魏去「左」字，改轄區為馮翊郡，官名為「馮翊太守」，移治臨晉（今陝西大荔）。(63)蒲阪　亦作「蒲坂」。縣名。治所在今山西永濟西蒲州。三國魏為河東郡治所。⑭夾渭為軍　謂兩軍於渭河兩岸對壘。當時馬超軍在潼關，與蒲阪剛好隔著渭河。⑮畜同「蓄」。⑯禹二句　語出《論語・泰伯》。意謂：禹，我對他沒有什麼異議了。閒，非議；異議。閒，亦作「間」。⑰二千石　漢代內自九卿郎將，外至郡守的俸祿等級都是二千石。二千石分三等：中二千石，二千石，比二千石。中二千石者，月得一百八十斛。中者，滿也。二千石者，月得一百二十斛。比二千石者，月得一百斛。東漢二千石稱真二千石。後因稱郎將、郡守和知府為二千石。⑱率勉　勸勉。⑲府君　漢代用以稱太守。此指杜畿。⑳尚書　官名。尚，執掌之意。漢武帝提高皇權，設尚書在皇帝左右辦事，掌管文書章奏，地位逐漸重要。東漢正式成為協助皇帝處理政務的官員，從此三公權力大為削弱。㉑閒　同「間」。近來。㉒納言　官名。皇帝的喉舌之官，聽下言納於上，受上言宣於下。㉓顧　但。㉔股肱　比喻帝王左右輔佐得力的臣子。曹操以股肱喻河東，意謂河東為至關重要之郡。股，大腿。肱，手臂從肘到腕的部分。㉕臥鎮　猶言「臥治」、「臥護」。此言要杜畿繼續留下來鎮守河東。㉖踐阼　指皇帝即位。踐，履。古代廟堂寢前有兩階，主階在東，稱為阼階，阼階上為主位，因稱皇帝即位為「踐阼」。㉗守司隸校尉　暫時署理司隸校尉。《後漢書・百官志》曰：司隸校尉「持節掌察舉百官以下及京師近郡犯法者。元帝去節，成帝省，建武中復置，並領一州。」相當於州刺史。㉘尚書僕射　東漢尚書僕射為尚書令的副手，職權漸重，東漢末期分置左、右僕射。㉙御樓船　御用的樓船。樓船，有樓的大船，古代多用於作戰，或為有樓飾的遊船。㉚陶河　在今河南孟縣南。《水經注・河水》：「河水又南逕陶城西，……孟津有陶河之稱，蓋從此始之。」㉛冥勤其官而水死　《國語・魯語上》：「冥勤其官而水死。」韋昭注：冥「為夏水官，勤於其職而死於水也。」冥，商的祖先，契之六世孫，曹圉之子。㉜稷勤百穀而山死　據《史記・周本紀》：其母姜原，野出，踐大人足跡有感而生稷。以為不祥，初欲棄之，因名曰棄。舜時為農官。《國語・魯語上》韋昭注：「稷，周棄也，勤播百穀，死於黑水之山。」稷，周之始祖。㉝太僕　官名。九卿之一。《漢書・百官公卿表》：「太僕，秦官，掌輿馬，有兩丞。」

【語　譯】杜畿，字伯侯，京兆郡杜陵縣人。年少時父親過世，繼母虐待他，杜畿以孝聞名。二十歲時，任郡功曹，代理鄭縣縣令。縣裏在押囚犯有數百人，杜畿親自審訊，裁定他們的罪行輕重，全部判決發落了他們。雖然沒有完全恰當，但郡中人都驚奇他年少而有大志。杜畿被舉薦為孝廉，擔任漢中府丞。時逢天下大亂，杜畿於是棄官客居荊州，建安年間才回返家鄉。荀彧把他推薦給太祖，太祖任杜畿為司空司直，升任護羌校尉，使持節，兼領西平太守。

2 太祖平定河北後，高幹帶領并州反叛。當時河東太守王邑被朝廷徵召，河東人衛固、范先表面上以請求王邑留任為名，實際上卻與高幹勾結謀反。太祖對荀彧說：「關西諸將，憑藉險阻和騎兵，征伐他們一定會造成叛亂。張晟為寇於殽山、澠池之間，南面同劉表聯絡，衛固等人依靠他們，我擔心他為害深遠。河東依山環水，四鄰多生變故，是當今天下的要害之地，您為我舉薦像蕭何、寇恂那樣的人來鎮守河東。」荀彧說：「杜畿就是這樣的人。」於是召回杜畿任河東太守。衛固等派兵數千人斷絕陝津渡口，杜畿到達後不能渡河。太祖派遣夏侯惇征討衛固，軍隊尚未到達。有人對杜畿說：「應該等待大軍到來。」杜畿說：「河東有三萬戶，不是都想作亂，現在大軍逼迫過急，想從善的人無主可依，一定會害怕而聽命於衛固。衛固等人兵勢集中，定會拼命死戰。征討他們不能取勝，四方都會響應衛固，天下的動亂就不能平息了；征討他們而取得勝利，也摧殘了一郡百姓。況且衛固等人沒有公開拒絕王命，表面上以請回原來太守為名，一定不會加害新任太守。我單車直接前去，出乎他們的意料。衛固為人多智謀而不能決斷，一定會假裝接受我。我能夠在郡中住上一個月，用計謀控制他們，足以成事了。」於是杜畿隱祕改道，從郖津渡河。范先想殺害杜畿來威懾大家，並且觀察杜畿的去留，在郡守門下殺了主簿以下的官吏三十多人，杜畿行為舉止坦然自若。於是衛固說：「殺掉杜畿無損對方，不過徒具惡名；況且控制他的主動權在我們手中。」於是擁戴杜畿為太守。杜畿對衛固、范先說：「衛、范兩位在河東眾望所歸，我不過依靠他們坐享其成罷了。但是上下之間有一定的禮儀規則，成敗我們共享，大事應當共同商議。」杜畿於是任命衛固為都督，代理郡丞的政事，兼任郡功曹；郡中將校吏兵三千餘人，全部由范先統領。衛固等人十分高興，雖然表面上奉事杜畿，但並不把他放在心上。衛固想大量徵發士兵，杜畿非常憂慮此事，勸衛固說：「要想做不尋常的事，不能動搖老百姓的心。現在大量徵發士兵，民眾一定會驚擾，不如慢慢用錢來招募士兵。」衛固認為有道理，聽從了杜畿的意見，便籌措錢財招募士兵，幾十天才安定下來。將領們貪圖錢財，名冊上應募的人很多，而送來的新兵卻很少。杜畿又對衛固等人說：「眷戀家庭是人之常情，各位將領和屬吏，可以分批回家休息，有急事時召集他們也不難。」衛固等人害怕拂逆眾人的心意，又聽從了杜畿的意見。於是好人在外面暗中支援杜畿；壞人分散，各自回家，衛固的人馬就離散了。適逢白騎攻打東垣，高幹入侵濩澤，上黨各縣殺了縣令和主要官吏，弘農郡捉住了太守，衛固等人祕密調遣的兵馬尚未到達。杜畿知道各縣歸附自己，就趁機出城，獨自率領數十名騎兵，前往張辟把守，官員百姓大多全城援助杜畿，到了幾十天後，得到四千多人。衛固等人與張晟、高幹一起進攻杜畿，無法攻克，劫掠諸縣，也一無所得。剛好這時大軍到來，高幹、張晟兵敗，衛固等人被殺，他們的黨羽全被赦免，讓他們重建家業。

3 此時全國的郡縣都遭到摧殘破壞，河東首先安定下來，損失較少。杜畿治理河東，崇尚寬厚仁惠，對百姓不過度干擾。百姓有訴訟互相告狀的，杜畿親自接見，向他們陳述大道理，讓他們回去仔細思考，如果心中還有什麼想不通，再來官府。鄉里父老自相責備：「有這樣的府君，怎能不聽從他的教誨呢？」從此以後很少有人打官司。杜畿下令所屬各縣，推薦孝子、貞婦、順孫，豁免他們的徭役，隨時安慰勉勵他們。杜畿還慢慢督促百姓畜養母牛、雌馬，下至雞、豬、狗，都有一定的規章條例。老百姓勤於農耕，家家衣食豐足。杜畿於是說：「百姓富裕了，不能不教育他們。」於是冬季習戎講武，又開設學校，親自講授經書，郡中的社會風氣發生了很大的變化。

4 韓遂、馬超反叛之時，弘農、馮翊兩郡有許多縣城響應他們。河東雖與敵人相鄰，但百姓沒有二心。太祖西征馬超到了蒲阪，與敵人隔著渭河對峙。軍糧完全仰賴河東。等到馬超兵敗，積蓄的糧食還有二十多萬斛。太祖下令說：「河東太守杜畿，正如孔子所說的『禹，我對於他沒有什麼異議了』。增加他的俸祿為中二千石。」太祖征討漢中，杜畿派遣五千人運輸軍需，運輸的人自相勉勵說：「人生終有一死，不能辜負我們的府君。」最終沒有一個人逃亡，杜畿就是這樣深得人心。魏國建立後，任命杜畿為尚書。平定漢中後，太祖另又下令說：「從前蕭何平定關中，寇恂平定河內，卿也有他們一樣的功勞，最近準備授卿納言之職；但顧慮到河東是我至為重要的大郡，是殷實之處，有它便足可以控制天下，所以還要暫時煩勞卿鎮守河東。」杜畿在河東任官十六年，政績經常是全國最好的。

5 文帝即魏王位，賜杜畿關內侯的爵位，徵召他任尚書。到了文帝即帝位，進封杜畿為豐樂亭侯，食邑一百戶，代理司隸校尉。文帝征討吳國，任命杜畿為尚書僕射，統管留守事務。後來文帝駕臨許昌，杜畿又留守洛陽。接受詔命製造御用樓船，在陶河試船，遇風沉沒。文帝為杜畿傷心流淚，下詔說：「過去冥為官勤勉而死於水中，稷勤播百穀而死在山裏。前尚書僕射杜畿，在孟津試船，竟至於船翻身亡，真是忠誠到了極點，朕深感痛惜！」追贈杜畿為太僕，諡為戴侯。兒子杜恕繼承爵位。

1 恕字務伯，太和❶中為散騎黃門侍郎❷。恕推誠❸以質❹，不治飾❺，少無名譽。及在朝，不結交援❻，專心向公。每政有得失，常引綱維❼以正言❽，於是侍中❾辛毗❿等器重之。

2 時公卿以下大議損益⓫，恕以為「古之刺史⓬，奉宣六條⓭，以清靜為名，威風著稱，今可勿令領兵，以專民事」。俄而鎮北將軍⓮呂昭⓯又領冀州⓰，乃上疏曰：

3 「帝王之道，莫尚乎安民；安民之術，在於豐財。豐財者，務本⓱而節用也。方今二賊⓲未滅，戎車⓳亟⓴駕，此自熊虎之士㉑展力之秋也。然搢紳㉒之儒，橫加榮慕㉓，搤腕㉔抗論，以孫、吳㉕為首，州郡牧守，咸共忽恤民㉖之術，修㉗將率之事。農桑之民，競㉘干戈㉙之業，不可謂務本。帑藏㉚歲虛而制度歲廣㉛，民力歲衰而賦役歲興㉜，不可謂節用。今大魏奄㉝有十州之地，而承喪亂之弊，計其戶口不如往昔一州之民，然而二方僭逆㉞，北虜㉟未賓㊱，三邊㊲遘難㊳，繞天略市㊴；所以統一州之民，經營九州之地，其為艱難，譬策羸㊵馬以取道里㊶，豈可不加意愛惜其力哉？以武皇帝之節儉，府藏充實，猶不能十州擁兵；郡且二十㊷也。今荊、揚㊸、青㊹、徐㊺、幽㊻、并、雍、涼緣邊諸州皆有兵矣，其所恃內充府庫外制四夷者，惟兗㊼、豫㊽、司㊾、冀而已。臣前以州郡典兵㊿，則專心軍功，不勤民事，宜別置將守，以盡治理之務；而陛下復以冀州寵秩(51)呂昭。冀州戶口最多，田多墾闢，又有桑棗之饒，國家徵求之府，誠不當復任以兵事也。若以北方當須鎮守，自可專置大將以鎮安之。計所置吏士之費，與兼官無異。然昭於人才尚復易(52)；中朝苟乏人，兼才者勢不獨多(53)。以此推之，知國家以人擇官，不為官擇人也(54)。官得其人，則政平訟理；政平故民富實，訟理故囹圄(55)空虛。陛下踐阼，天下斷獄百數十人，歲歲增多，至五百餘人矣。民不益多，法不益峻。以此推之，非政教陵遲(56)，牧守不稱之明效歟？往年牛死，通率天下十能損二；麥不半收，秋種未下。若二賊游魂(57)於疆埸(58)，飛芻輓粟(59)，千里不及。究此之術，豈在彊兵乎？武士勁卒愈多，愈多愈病(60)耳。夫天下猶人之體，腹心充實，四支(61)雖病，終無大患；今兗、豫、司、冀亦天下之腹心也。是以愚臣慺慺(62)，實顧四州之牧守，獨修務本之業，以堪四支之重。然孤論難持，犯欲[63]難成，眾怨難積，疑似難分，故累載不為明主所察。凡言此者，類皆疏賤；疏賤之言，實未易聽。若使善策必出於親貴[64]，親貴固不犯四難[65]以求忠愛，此古今之所常患也。」

4 時又大議考課[66]之制，以考內外眾官。恕以為用不盡其人，雖才且無益[67]，所存非所務，所務非世要[68]。上疏曰：

5 「書[69]稱『明試以功，三考黜陟[70]』，誠帝王之盛制。使有能者當其官，有功者受其祿，譬猶烏獲[71]之舉千鈞[72]，良、樂[73]之選驥足[74]也。雖歷六代[75]而考績之法不著[76]，閱[77]七聖[78]而課試之文不垂[79]，臣誠以為其法可粗依[80]，其詳難備舉故也。語曰：「世有亂人而無亂法[81]。」若使法可專任，則唐、虞[82]可不須稷、契[83]之佐，殷、周無貴伊、呂[84]之輔矣。今奏考功者，陳周、漢之法為，綴京房之本旨[85]，可謂明考課之要[86]矣。於以崇揖讓[87]之風，興濟濟[88]之治，臣以為未盡善也。其欲使州郡考士，必由四科[89]，皆有事效，然後察舉，試辟公府[90]，為親民長吏[91]，轉以功次[92]補郡守者，或就增秩賜爵，此最考課之急務也。臣以為便當顯其身[93]，用其言，使具為課州郡之法，法具施行，立必信之賞，施必行之罰。至於公卿[94]

及內職(95)大臣，亦當俱以其職考課之也。

6 「古之三公(96)，坐而論道，內職大臣，納言補闕，無善不紀，無過不舉。且天下至大，萬機(97)至眾，誠非一明所能偏照。故君為元首，臣為(98)股肱，明其一體相須(99)而成也。是以古人稱廊廟(100)之材，非一木之枝；帝王之業，非一士之略(101)。由是言之，焉有大臣守職辨課(102)可以致雍熙(103)者哉？且布衣(104)之交，猶有務信誓而蹈水火，感知己而披肝膽，徇(105)聲名而立節義者；況於束帶立朝，致位卿相，所務者非特匹夫之信，所感者非徒知己之惠，所徇者豈聲名而已乎！

7 「諸蒙寵祿受重任者，不徒欲舉(106)明主於唐、虞之上而已，身亦欲廁(107)稷、契之列。是以古人不患於念治之心不盡，患於自任之意不足，此誠人主使之然也。唐、虞之君，委任稷、契、夔(108)、龍(109)而責成功，及其罪也，殛鯀而放四凶(110)。今大臣親奉明詔，給事(111)目下(112)，其有夙夜在公(113)，恪勤特立(114)，當官不撓(115)貴勢，執平不阿(116)所私，危言危行(117)以處朝廷者，自明主所察也。若尸祿(118)以為高，拱默(119)以為智，當官苟在於免負，立朝不忘於容身，絜行(120)遜言以處朝廷者，亦明主所察也。誠使容身保位，無放退(121)之辜，而盡節在公，抱見疑之勢(122)，公義不修而私議成俗，雖仲尼(123)為謀，猶不能盡一才，又況於世俗之人乎！今之學者，師商、韓[124]而上法術，競以儒家為迂闊[125]，不周世用，此最風俗之流弊，創業者之所致慎[126]也。」

8 後考課竟不行。

9 樂安[127]廉昭以才能拔擢，頗好言事。恕上疏極諫曰：

10 伏[128]見尚書郎[129]廉昭奏左丞[130]曹璠以罰當關[131]不依詔，坐判問[132]。又云「諸當坐者別奏」。尚書令[133]陳矯[134]自奏不敢辭罰，亦不敢以處重為恭，意至懇惻。臣竊憫然為朝廷惜之！夫聖人不擇世而興，不易民而治，然而生必有賢智之佐者，蓋進[135]之以道，率[136]之以禮故也。古之帝王之所以能輔世長民[137]者，莫不遠得百姓之歡心，近盡群臣之智力。誠使今朝任職之臣皆天下之選，而不能盡其力，不可謂能使人；若非天下之選，亦不可謂能官人[138]。陛下憂勞萬機，或親燈火[139]，而庶事不康，刑禁日弛，豈非股肱不稱之明效歟？原其所由，非獨臣有不盡忠，亦主有不能使。百里奚愚於虞而智於秦[140]，豫讓苟容中行而著節智伯[141]，斯則古人之明驗矣。今臣言一朝皆不忠，是誣一朝也；然其事類，可推而得。陛下感帑藏之不充實，而軍事未息，至乃斷四時之賦衣，薄御府之私穀，帥[142]由聖意，舉朝稱明，與聞政事密勿[143]大臣，寧有懇懇憂此者乎？

11 「騎都尉王才、幸樂人[144]孟思所為不法，振動京都，而其罪狀發於小吏，公卿大臣初無一言。自陛下踐阼以來，司隸校尉、御史中丞寧有舉綱維以督奸宄[145]，使朝廷肅然者邪？若陛下以為今世無良才，朝廷乏賢佐，豈可追望稷、契之遐蹤[146]，坐待來世之儁乂[147]乎？今之所謂賢者，盡有大官而享厚祿矣，然而奉上之節未立，向公之心不一者，委任之責不專，而俗多忌諱故也。臣以為忠臣不必親，親臣不必忠。何者？以其居無嫌之地而事得自盡[148]也。今有疏者毀人不實其所毀，而必曰私報所憎，譽人不實其所譽，而必曰私愛所親，左右或因之以進憎愛之說。非獨毀譽有之，政事損益，亦皆有嫌。陛下當思所以闡廣[149]朝臣之心，篤厲[150]有道之節，使之自同古人，望與竹帛[151]耳。反使如廉昭者擾亂其間，臣懼大臣遂將容身保位，坐觀得失，為來世戒也！

12 「昔周公[152]戒魯侯[153]曰『無使大臣怨乎不以[154]』，不言賢愚，明皆當世用也。堯數舜之功，稱去四凶，不言大小，有罪則去也。今者朝臣不自以為不能，以陛下為不任也；不自以為不智，以陛下為不問也。陛下何不遵周公之所以用，大舜之所以去？使侍中、尚書坐則侍帷幄，行則從華輦，親對詔問，所陳必達，則羣臣之行，能否皆可得而知；忠能者進，闇劣者退，誰敢依違而不自盡？以陛下之聖明，親與羣臣論議政事，使羣臣人得自盡[155]，人自以為親，人思所以報，賢愚能否，在陛下之所用。以此治事，何事不辦？以此建功，何功不成？每有軍事，詔書常曰：『誰當憂此者邪？吾當自憂耳。』近詔又曰：『憂公忘私者必不然，但先公後私即自辦也。』伏讀明詔，乃知聖思究盡[156]下情，然亦怪陛下不治[157]其本而憂其末也。人之能否，實有本性，雖臣亦以為朝臣不盡稱職也。明主之用人也，使能者不敢遺其力，而不能者不得處非其任。選舉[158]非其人，未必為有罪也；舉朝共容非其人，乃為怪耳。陛下知其不盡力也，而代之憂其職，知其不能也，而教之治其事，豈徒主勞而臣逸哉？雖聖賢並世，終不能以此為治也。

13 「陛下又患臺閣禁令之不密，人事請屬之不絕，聽伊尹作迎客出入之制[159]，選司徒更惡吏以守寺門；威禁由之，實未得為禁之本也。昔漢安帝[160]時，少府[161]竇嘉[162]辟廷尉郭躬[163]無罪之兄子，猶見舉奏，章劾紛紛。近司隸校尉孔羨辟大將軍狂悖之弟[164]，而有司嘿爾[165]，望風希指[166]，甚於受屬[167]。選舉不以實，人事之大者也。嘉有親戚之寵[168]，躬非社稷[169]重臣，猶尚如此；以今況古，陛下自不督必行之罰以絕阿黨之原耳。伊尹之制，與惡吏守門，非治世之具也。使臣之言少蒙察納，何患於奸不削滅，而養若昭等乎！

14 「夫糾擿[170]奸宄，忠事也，然而世憎小人行之者，以其不顧道理而苟求容進[171]也。若陛下不復考其終始，必以違眾忤世為奉公，密行白人[172]為盡節，焉有通人大才而更[173]不能為此邪？誠顧道理而弗為耳。使天下皆背道而趨利，則人主之所最病者[174]，陛下將何樂焉？胡不絕其萌乎？夫先意承旨以求容美[175]，率皆天下淺薄無行義者，其意務在於適人主之心而已，非欲治天下安百姓也。陛下何不試變業而示之，彼豈執其所守以違聖意哉？夫人臣得人主之心，安業也；處尊顯之官，榮事也；食千鍾[176]之祿，厚實也。人臣雖愚，未有不樂此而喜干迕[177]者也，迫於道，自彊[178]耳。誠以為陛下當憐而佑之，少委任焉，如何反錄昭等傾側之意，而忽若人[179]者乎？今者外有伺隙之寇，內有貧曠[180]之民，陛下當大計天下之損益，政事之得失，誠不可以怠也。」

15 恕在朝八年，其論議亢直[181]，皆此類也。

16 出為弘農太守，數歲轉趙相[182]，以疾去官。起家[183]為河東太守，歲餘，遷淮北都督護軍[184]，復以疾去。恕所在，務存大體而已，其樹惠愛，益得百姓歡心，不及於畿。頃之，拜御史中丞[185]。恕在朝廷，以不得當世之和，故屢在外任。復出為幽州刺史，加建威將軍，使持節，護烏丸校尉[186]。時征北將軍程喜[187]屯薊[188]，尚書袁侃等戒恕曰：「程申伯處先帝之世，傾田國讓[189]於青州。足下今俱杖節，使共屯一城，宜深有[190]以待之。」而恕不以為意。至官未期[191]，有鮮卑大人兒[192]，不由關塞，徑將數十騎詣州[193]，州斬所從來小子[194]一人，無表言上[195]。喜於是劾奏[196]恕，下廷尉[197]，當[198]死。以父畿勤事水死，免為庶人，徙章武郡[199]，是歲嘉平[200]元年。恕倜儻[201]任意，而思不防患，終致此敗。

17 初，恕從趙郡[202]還，陳留[203]阮武[204]亦從清河[205]太守徵，俱自薄[206]廷尉。謂恕曰：「相觀才性可以由公道而持之不厲[207]，器能[208]可以處大官而求之不順，才學可以述古今而志之不一，此所謂有其才而無其用。今向閒暇，可試潛思[209]，成一家言。」在章武，遂著體論[210]八篇[211]。又著興性論一篇，蓋興[212]於為己也。四年[213]，卒於徙所。

18 甘露[214]二年，河東樂詳[215]年九十餘，上書訟[216]畿之遺績，朝廷感焉。詔封恕子預為豐樂亭侯，邑百戶。

19 恕奏議論駁[217]皆可觀，掇[218]其切世大事著于篇。

【章　旨】 以上寫杜畿之子杜恕嗣爵後為官的情況，傳中錄其上疏三篇，「議論亢直」，皆「經論治體」之文；又寫杜恕倜儻任意，思不防患，為征北將軍程喜所彈劾，流放章武郡；又寫杜恕的著作、去世及朝廷感杜畿功，詔封杜恕子杜預諸事。

【注釋】❶太和　魏明帝曹叡年號，西元二二七—二三三年。❷散騎黃門侍郎　據裴松之注，為散騎侍郎與黃門侍郎的合稱。散騎侍郎，官名。侍從皇帝左右，掌規諫，評議尚書奏事。黃門侍郎，官名。侍從皇帝，傳達詔令。因給事於黃闥（宮門）之內，故稱黃門侍郎。❸推誠　以誠意待人。❹質　樸實。❺治飾　誇飾；誇耀自己。❻交援　謂與人結交而得其援助。❼綱維　統治國家的重要法紀。❽正言　正直的話。指規諫。❾侍中　為列侯以下至郎中的加官，接近皇帝，侍從其左右，出入宮廷。由於接近皇帝，地位漸形貴重。加侍中者，皆以為光榮。❿辛毗　字佐治，潁川陽翟（今河南禹州）人。曹操表辛毗為議郎，後為丞相長史。曹丕篡漢，遷侍中，賜爵關內侯。傳見本書卷二十五〈辛毗傳〉。⓫損益　指朝政得失。⓬刺史　官名。漢武帝分全國為十三部（州），部置刺史，以六條察問郡縣，本為監察官性質，官階低於郡守。成帝時改刺史為州牧，光武帝建武十八年（西元四二年）罷州牧，復置刺史。靈帝時再改刺史為州牧，居郡守之上，掌握一州的軍政大權。自三國至南北朝各州亦多置刺史。⓭六條　《漢書．百官公卿表》顏師古注引《漢官典職儀》：「一條，強宗豪右，田宅逾制，以強淩弱，以眾暴寡。二條，二千石不奉詔書，遵承典制，倍公向私，旁詔守利，侵漁百姓，聚斂為姦。三條，二千石不卹疑獄，風厲殺人，怒則任刑，喜則淫賞，煩擾刻暴，剝截黎元，為百姓所疾，山崩石裂，祅祥訛言。四條，二千石選署不平，苟阿所愛，蔽賢寵頑。五條，二千石子弟恃怙榮勢，請託所監。六條，二千石違公下比，阿附豪強，通行貨賂，割損正令。」⓮鎮北將軍　將軍號。漢末始置「四征」（即征東、征南、征西、征北）、「四鎮」、「四安」、「四平」將軍（見鄭樵《通志．職官略》）。當時最貴者為征東、征西將軍。鎮北將軍位「四征」將軍之次。⓯呂昭　裴松之注引《世語》曰：昭字子展，東平人。⓰冀州　州名。三國魏治所在今河北冀州。⓱務本　致力於根本。指農業。⓲二賊　指吳、蜀。⓳戎車　戰車。此指軍隊。⓴亟　屢次。㉑熊虎之士　喻勇猛的戰士。㉒搢紳　舊時高級官吏裝束，為官宦的代稱。搢，插。紳，大帶。㉓橫加榮慕　即無端的加以羨慕。㉔搤腕　同「扼腕」。握住手腕，表示激動、振奮。㉕孫吳　即孫武與吳起。孫武是春秋時兵家，齊國人，著有《孫子兵法》。吳起為戰國時兵家，衛國左氏（今山東曹縣北）人，善用兵。《漢書．藝文志》著錄《吳起》四十八篇，已佚。今本《吳子》六篇，係後人所託。孫武與吳起《史記》卷六十五有傳。㉖恤民　憂慮人民的疾苦。㉗修　學習。㉘競　爭逐。㉙干戈　此指武功。㉚帑藏　國庫。㉛廣　增多。㉜興　繁重。㉝奄　包括。㉞二方僭逆　指蜀、吳分別稱帝。㉟北虜　指北方的少數民族。㊱賓　歸順；賓服。㊲三邊　指吳、蜀二國及北方的少數民族。㊳遘難　生事發難。㊴繞天略

帀　繞天，指環繞魏國。略，大致；幾乎。帀，同「匝」。一周。原誤作「市」，形近致訛。㊵羸　瘦弱；疲病。㊶道里　道路里程。㊷二十　《三國志集解》云：「宋本「二十」作「十二」。」㊸揚　即揚州。三國時魏、吳各置揚州，魏治壽春，即今安徽壽縣。吳治建業，即今江蘇南京。㊹青　即青州。治所在今山東臨淄北。㊺徐　即徐州。三國時魏治所在今江蘇徐州。㊻幽　即幽州。治所在今北京市大興西南。㊼兗　即兗州。三國魏治所在今山東鄆城西北。㊽豫　即豫州。東漢治所在今安徽亳州，三國魏以後治所屢有遷徙。㊾司　指司州。魏稱司隸校尉部為司州。㊿典兵　掌管軍務。(51)寵秩　寵信而授以官秩。(52)然昭於人才尚復易　然而像呂昭這樣的人才還是容易找到的。(53)中朝苟乏人二句　如果朝中缺乏人才，那才兼文武的人更是不多。中朝，朝中。獨，卻；偏偏。(54)以人擇官二句　以人的受寵與否來任命官職，而不是根據官職的需要來選擇適當的人才。(55)囹圄　牢獄。(56)陵遲　衰落。(57)游魂　像遊蕩的鬼魂那樣。喻其往來不定。(58)疆場　邊境；國界。(59)飛芻輓粟　謂迅速運送糧草。(60)病　弊病。(61)四支　即「四肢」。(62)慺慺　勤懇；恭謹。(63)犯欲　觸犯皇帝的意願。(64)親貴　《三國志集解》云：「宋本「親貴」下有「親貴」二字。」今據增補，屬下句。(65)四難　即上述之「孤論難持，犯欲難成，眾怨難積，疑似難分」。(66)考課　考核官吏的政績。(67)用不盡其人二句　謂用人不能使他發揮作用，雖然有才能，也沒有什麼用處。(68)所存非所務二句　謂被考課者所具有的才幹並不是他們所要從事的，他們所從事的又不是社會的重要事情。(69)書　即《尚書》，亦稱《書經》。儒家經典之一。「尚」即「上」，以其為上古之書，故曰《尚書》。(70)明試以功二句　謂公開、認真考察官吏們的政績。經三次考核，根據考核的情況，決定降免或提升。三考，古代對官吏的考績制度。即三年一考核，九年考核三次，謂之「三考」。語出《尚書・堯典》（今本《十三經注疏》在《舜典》）。(71)烏獲　戰國時秦國力士。據說他能舉千鈞之重，與力士任鄙、孟說同為秦武王寵用，位至大官。見《史記・秦本紀》。(72)鈞　古重量單位。一鈞為三十斤。戰國時一鈞合現在七五九〇克。(73)良樂　即王良、伯樂。王良，春秋時善御者。《淮南子・覽冥》：「昔者王良，造父之御也，上車攝轡，馬為整齊而斂諧，投足調均，勞逸若一。」伯樂，相傳古之善相馬者。春秋中葉秦穆公之臣。認為相千里馬必須「得其精而忘其粗，在其內而忘其外」（見《淮南子・道應》）。(74)驥足　良馬。(75)六代　指唐、虞、夏、商、周、漢。(76)不著　沒有記載。(77)閱　中華書局印本作「闕」。《三國志集解》云：「官本（即殿本）《考證》云監本『閱』誤作『闕』，照《冊府》改正。弼（即盧弼）按：各本皆作『闕』，《通鑑》同。胡三省曰：『……闕，通也。』」閱、闕二字，於義皆通。閱與上句「歷」字為互文，義同。(78)七聖　指堯、舜、禹、湯、周文王、周武王、周公。(79)不垂　沒有流傳。(80)粗依　大致遵循。(81)世有亂人而無亂法　謂世上有擾亂社會的人，但沒有擾亂社會的法律。(82)唐虞　即唐堯、虞舜。(83)契　商之祖，帝嚳之子，佐禹治水有功，帝舜命契為司徒，封於商（今河南商丘南）。見《史記・殷本紀》。(84)伊呂　即伊尹、呂尚。伊尹，商湯的大臣，助湯滅夏，湯任以國政。帝太甲立，暴虐亂德，於是伊尹放之於桐宮（離宮名，在今河南偃師南），伊尹攝政當國。帝太甲悔過自責，伊尹乃迎帝太甲而授之政，使太甲成為一個賢明的君主。見《史記・殷本紀》。呂尚，周代齊國的始祖。西周初年官太師，佐周武王滅商有功，封於齊，有太公之稱。事見《史記・周本紀》、《齊太公世家》。(85)京房之本旨　指京房「考功課吏法」的基本內容。據《漢書・京房傳》：元帝永光、建昭間，西羌反，屢有災異，京房數上疏，「所言屢中，天子悅之，數召見問，京房對曰：『古帝王以功舉賢，則萬化成，瑞應著，末世以毀譽取人，故功業廢而致災異。宜令百官各試其功，災異可息。』詔使房作其事，房奏考功課吏法」。京房，西漢今文《易》學「京氏學」的開創者。本姓李，字君明。東郡頓丘（今河南清豐西南）人。其說長於災變，屢次上疏以災異推論時政得失。傳見《漢書・京房傳》。(86)要　關鍵。(87)揖讓　即互相謙讓。(88)濟濟　興盛美好。(89)四科　指應舉科目。《資治通鑑・漢紀》順帝漢安二年（西元一四三年）載：「尚書令黃瓊以前左雄所上孝廉之選，專用儒學、文吏，於取士之義猶有所遺，乃奏增孝悌及能從政為四科。」(90)試辟公府　由公府徵召試用。(91)親民長吏　擔任接近老百姓的官吏，如縣令之類的官員。(92)功次　功績和順序。(93)顯其身　顯揚他的事跡。(94)公卿　原指三公、九卿，此泛指朝廷中的高級官員。(95)內職　在宮內擔任官職。(96)三公　西漢時以丞相、太尉、御史大夫合稱三公。東漢以太尉、司徒、司空合稱三公。(97)萬機　指皇帝日常處理的紛繁政務。(98)為　據《三國志集解》，宋本作「作」，《通鑑》同。(99)相須　互相依存，互相配合。(100)廊廟　猶言廟堂。(101)略　謀略。(102)守職辨課　嚴守職責，嚴格考核。(103)雍熙　和樂。(104)布衣　平民百姓。(105)徇　同「殉」。為達到某種目的而獻身。(106)舉　雙手托物使向上。(107)廁　置身於；參加。(108)夔　人名。舜時的樂官。事見《史記・五帝本紀》。(109)龍　人名。舜時為納言之官。見《史記・五帝本紀》。(110)四凶　謂驩兜、共工、三苗、鯀。據《史記・五帝本紀》：驩兜為堯時大臣，「掩義隱賊，好行兇慝」。共工為堯時工師，「貌似恭敬而罪惡漫天」。三苗，古代部族，常在江淮荊一帶作亂。鯀為堯時大臣，禹之父。堯命鯀治水，「鯀好違抗命令，毀敗善類」，治水九年無功。舜攝政時，將四凶的情況向堯作了彙報，建議懲治四凶，堯同意。舜乃「流共工於幽陵（幽州）」，「放驩兜於崇山（在今湖南張家界西南）」，「遷三苗於三危（山名，在今甘肅敦煌東南）」，「殛鯀於羽山（在今山東蓬萊東南，一說在今江蘇連雲港一帶）」。舜懲治四凶，天下稱快。(111)給事　供職。(112)目下　調帝王身邊。(113)夙夜在公　早晚為公家辦事。(114)恪勤特立　恭敬勤苦，特立獨行。(115)不撓　不屈服。(116)不阿　不阿附曲從。(117)危言危行　調直言直行。語出《論語・憲問》：「邦有道，危言危行。」(118)尸祿　空受俸祿不治事。(119)拱默　拱手而默無所言。(120)絜行　品行端正。此指任何事情都不參與，自身乾乾淨淨。絜，同「潔」。(121)放退放逐斥退。(122)抱見疑之勢　有被懷疑的情勢。抱，持有。(123)仲尼　孔子名丘，字仲尼。(124)商韓　即商鞅、韓非。商鞅，戰國時政治家。衛國人。姓公孫氏，名鞅，亦稱衛鞅。因功封於商，又稱商鞅。秦孝公任為左庶長，實行變法，奠定了秦國富強的基礎。秦孝公死後，為貴族誣害，車裂而死。傳見《史記．商君列傳》。韓非，戰國末期法家的代表人物，為法家學說之集大成者。出身韓國貴族。其著作受到秦王政的重視，被邀出使秦國。不久，因李斯、姚賈的陷害，自殺獄中。傳見《史記．老子韓非列傳》。(125)迂闊　迂遠而不切合實際。(126)致慎　最為慎重。致，同「至」。(127)樂安　郡名。治所在今山東博興西南。(128)伏　敬辭。以卑承尊之辭。(129)尚書郎　官名。東漢之制，取孝廉中有才能者入尚書臺，在皇帝左右處理政務。初入臺稱守尚書郎中，滿一年稱尚書郎，三年稱侍郎。魏晉以後，尚書各曹有侍郎、郎中等官，綜理各曹事務，通稱尚書郎。(130)左丞　即尚書左丞，尚書令屬官。魏晉之制，左丞主臺內禁令、宗廟祭祀、朝儀禮制等。(131)關　稟報。(132)坐判問　因獲罪而被審問。(133)尚書令　官名。本為少府屬官，掌章奏文書。漢武帝以後，職權漸重。東漢政務皆歸尚書，尚書令成為直接對皇帝負責總攬一切政令的首腦。(134)陳矯　字季弼，廣陵東陽（今安徽天長西北）人。曹操辟為司空掾屬，遷魏郡太守，入朝為丞相長史。曹丕代漢，轉署吏部，遷尚書令。傳見本書卷二十二〈陳矯傳〉。(135)進　奉行。(136)率　遵循。(137)輔世長民　治理國家，為民之長。(138)官人　用人；授人以官職。(139)燈火　謂夜晚點燈操勞。(140)百里奚愚於虞　百里奚在秦得重用，則能發揮其才能，在虞不得重用，則如同愚人。見《史記．秦本紀》。百里奚原為虞國大夫，未受重用。晉滅虞，俘虜百里奚，作為陪嫁小臣送人秦國。後百里奚逃跑，為楚人所執。秦穆公知其賢，乃以五張黑色的公羊皮贖回，用為大夫，授之國政，號「五羖大夫」，助秦穆公成就霸業。《史記．淮陰侯列傳》載韓信曰：「僕聞之，百里奚居虞而虞亡，在秦而秦霸。非愚於虞而智於秦也。用與不用，聽與不聽也。」(141)豫讓苟容中行句　豫讓，春秋時晉國人，初事范氏、中行氏，無所知名，去而事智伯，智伯以國士待豫讓。後趙襄子與韓、魏滅智伯。豫讓於是自毀形象，為智伯報仇，刺趙襄子，未成功，後被執。趙襄子問豫讓曰：「子不嘗事范、中行氏乎？智伯盡滅之，而子不為報讎，而反委質臣於智伯。智伯亦已死矣，而子獨何以為之報讎之深也？」豫讓曰：「臣事范、中行氏，范、中行氏皆眾人遇我，我故眾人報之。至於智伯，國士遇我，我故國士報之。」襄子喟然嘆息而泣曰：「嗟乎豫子！子之為智伯，名既成矣，而寡人赦子，亦已足矣。子其自為計，寡人不復釋子！」使兵圍之。豫讓乃請求擊趙襄子之衣，以致報仇之意。趙襄子大義之，乃使人持衣與豫讓。豫讓拔劍三躍而擊之，曰：「吾可以下報智伯矣！」遂伏劍而死。事見《戰國策．趙策》、《史記．刺客列傳》。(142)帥　率；都。(143)密勿　機要。(144)幸樂人　受寵幸的樂人。(145)奸宄　指犯法作亂的人。(146)遐蹤　遠蹤。(147)儁乂　德才出眾的人。(148)自盡　謂能竭盡其力。(149)闡廣　充分開闊。(150)篤厲　真誠勉勵。(151)竹帛　竹簡和白絹，供書寫之用。這裏代指史冊。(152)周公　周文王子，周武王弟，姬姓，名旦，因食采於周（在今陝西岐山北），故稱周公。輔佐周武王滅商，卓有功績，被封於曲阜，為魯公。周公留佐武王，以其子伯禽就封。武王去世，成王年幼，周公乃攝政當國。成王長大，周公還政於成王，乃致力於制禮作樂，建立各種典章制度。事見《史記・周本紀》、《魯周公世家》。(153)魯侯　指周公子伯禽。(154)無使大臣怨乎不以　語出《論語・微子》：周公謂魯公曰：「君子不施其親，不使大臣怨乎不以。」以，用。意謂不讓大臣抱怨沒有被信用。(155)盡　原作「進」，《三國志集解》云：「宋本『進』作『盡』，《通鑑》同。」今從宋本。(156)究盡　深入了解。(157)治　原作「知」。《三國志集解》云：「宋本『知』作『治』，《通鑑》同。」今從宋本。(158)選舉　選擇舉用賢能。古代選舉，兼指舉士、舉官而言。(159)聽伊尹作句　《資治通鑑・魏紀四》作「作迎客出入之制」，無「聽伊尹」三字。盧弼《三國志集解》卷十六引孫志祖曰：「聽伊尹三字不可解。」(160)漢安帝　名祜，章帝孫，西元一〇七－一二五年在位。(161)少府　官名。九卿之一，掌山海地澤收入、皇室手工業製造和掌宮中御衣、寶貨、珍膳等，為皇帝的私府。(162)竇嘉　扶風平陵（今陝西咸陽西北）人。大司空竇融之孫，大將軍竇憲之叔，官至少府，封安豐侯。事見《後漢書・竇融列傳》附。(163)郭躬　字仲孫，潁川陽翟（今河南禹州）人。東漢章帝元和三年（西元八六年），拜廷尉。傳見《後漢書・郭躬列傳》。(164)大將軍狂悖之弟　指司馬懿第五弟司馬通。大將軍，指司馬懿。明帝曹叡即位後拜司馬懿為大將軍。狂悖，狂妄背理，蠻橫跋扈。(165)嘿爾　沉默。嘿，同「默」。(166)望風希指　觀察風向，迎合上級的意旨。指，同「旨」。(167)受屬　謂受請託。(168)嘉有親戚之寵　指竇嘉姪竇憲妹為章帝皇后。(169)社稷　土、穀之神。《白虎通・社稷》：「人非土不立，非穀不食，……故封土立社，示有土也；稷，五穀之長，故立稷而祭之也。」因此，古人以社稷為國家政權的標誌。(170)糾擿　檢舉揭發。(171)容進　安身和升官。(172)密行白人　祕密報告官吏的言行。(173)更　卻；反而。(174)最病者　指最為擔憂的事。(175)容美　謂尊者的接納和稱美。(176)鍾　古代量器單位。春秋時齊國公室的公量：六斛四斗為一鍾。後亦有八斛及十斛之制。《左傳》昭公三年：「齊舊量四，豆、區、釜、鍾。四升為豆，各自其四，以登於釜。釜十則鍾。」齊公量，一鍾等於現在二〇五點八公升。(177)干迕　干犯帝王的旨意，向帝王進諫。(178)自彊　自己努力圖強。彊，同「強」。(179)若人　指「自強」之人。(180)貧曠　貧無所有。(181)亢直　剛直；正直不屈。(182)趙相　趙國之相。趙，郡國名。治所在今河北高邑西南。(183)起家　以平民身分起用。(184)淮北都督護軍　官名。魏文帝曹丕始置都督諸州軍事，淮北都督，即都督淮北諸州軍事。都督，漢末始有此稱，魏晉以後，都督諸州軍事往往兼任所駐在之州刺史，總攬本區軍政、民政。護軍，魏晉以後有護軍將軍及中護軍，掌軍職的選用，為重要軍事長官之一。(185)御史中丞　官名。漢代以御史中丞為御史大夫之佐，在殿中蘭臺掌圖籍祕書，外督部刺史，監察郡國行政，內領侍御史，糾察百官，考察四方文書計簿，劾案公卿章奏。西漢末期，御史大夫改為大司空，御史中丞遂為御史臺長官。自東漢至南北朝，御史中丞的威權頗重。186護烏丸校尉　烏丸，也稱「烏桓」。族名。東胡族的一支。西漢政府置護烏桓校尉，管理烏桓事務，東漢沿置。187程喜　字申伯，曾為青州刺史。事見本書卷十一〈管寧傳〉。188薊　即薊縣，戰國燕都，故城在今北京市西南。189田國讓　名豫，漁陽雍奴（今天津市武清東北）人。魏明帝太和末，公孫淵以遼東叛，乃使田豫以本官督青州諸軍，假節，往討之。青州刺史程喜內懷不服。程喜知帝寶愛明珠，乃密上：「豫雖有戰功而禁令寬弛，所得器仗珠金甚多，皆放散不納官。」由是田豫功不見列。事見本書卷二十六〈田豫傳〉。「國」字原誤作「園」。190深有　深加。191期　一週年。192鮮卑大人兒　鮮卑大人的兒子。鮮卑，族名。東胡的一支。秦漢時游牧於今西喇木倫河與洮兒河之間，附於匈奴。桓帝時，其首領檀石槐建庭立制，組成軍事行政聯合體，分為中、東、西三部，各置大人統領。193州　即幽州。護烏丸校尉及征北將軍皆駐此。194從來小子　跟隨而來的年輕僕從。195無表言上　未向朝廷上表報告此事。196劾奏　彈劾上奏。197下廷尉　即打入廷尉監獄。198當　判罪。199章武郡　魏武帝置章武郡，分河間、渤海置，治所在今河北大城。200嘉平　魏齊王曹芳年號，西元二四九—二五四年。201倜儻　卓異豪爽，灑脫不拘。202趙郡　即趙國。杜恕曾為趙國相。203陳留　郡名。治所在今河南開封南。204阮武　裴松之注引《杜氏新書》：「武字文業，闊達博通，淵雅之士。位止清河太守。」205清河　郡國名。治所在今山東臨清東。206薄　同「簿」。文獻、起訴書之類的材料。此謂對簿，謂受審問或質訊。207相觀才性句　意謂：從您的相貌可以觀察出您的才能稟賦，可以遵循公正的道理，但堅持得不夠嚴格。相觀，謂從杜恕之相貌可以觀察出。才性，才能稟賦。持之不厲，堅持得不夠嚴格。208器能　器度才能。209潛思　潛心思考。210體論　裴松之注引《杜氏新書》曰：「以為人倫之大綱，莫重於君臣；立身之基本，莫大於言行；安上理民，莫精於政法；勝殘去殺，莫善於用兵。夫禮也者，萬物之體也，萬物皆得其體，無有不善，故謂之《體論》。」211八篇　一君、二臣、三言、四行、五政、六法、七聽察、八用兵。中華書局印本作「八節」。212興　抒發。213四年　嘉平四年（西元二五二年）。214甘露　魏高貴鄉公曹髦年號，西元二五六—二六〇年。215樂詳　裴松之注引《魏略》，樂詳字文載，少好學，太守杜畿以詳為文學祭酒，使教後進，於是河東學業大興。黃初中，徵拜博士。五業並授，擅名遠近。太和中，轉拜騎都尉。216訟　同「頌」。稱頌。217駮　同「駁」。論列是非，提出異議。218掇　選取。

【語　譯】杜恕，字務伯，太和年間擔任散騎黃門侍郎。杜恕以質樸的品德誠信待人，不事誇飾，年少時沒有名氣。到了他在朝為官，從不交結朋黨攀援上司，一心為公。每當朝政有什麼得失，他常常引用法令制度來正言直諫，因此，侍中辛毗等人很器重他。

2 當時公卿以下的官員廣泛議論朝政得失，杜恕認為「古代刺史奉詔宣布六條法條，用清靜為名，以威風著稱，現在可以不要讓刺史領兵，使他們專心民事」。不久，鎮北將軍呂昭又兼領冀州刺史，於是杜恕上疏說：

3 「帝王的治國方法，沒有比安定百姓更為重要的了；安定百姓的方法，在於使他們財產豐厚。財產豐厚，就是致力於農耕而節省費用。如今吳、蜀二賊尚未消滅，軍隊屢次出征，這正是熊虎般的勇士施展才力的時候。然而那些插著手板，腰束紳帶的儒士們，卻無端的對戰陣之事表示羨慕，他們扼腕高論，把孫武、吳起視為推崇的人物，州牧郡守，全都忽視體恤百姓的方法，去學習領兵打仗。務農養桑的百姓，爭相去做舞槍弄刀之事，這不能說是務本。國庫一年年空虛而各種制度法令一年年增多，民力一年年衰敝而賦稅勞役一年年加重，這不能說是節用。如今大魏據有十州的土地，但由於遭受戰亂之弊，統計戶口，還不如過去一州的百姓多，然而吳、蜀兩地僭號作亂，北方的胡虜尚未歸附，三方邊境遭難，幾乎包圍了我大魏一周；所以我們統領一州的百姓，經營九州的疆域，這種艱難，如同驅趕瘦弱的馬趕路，怎能不加倍愛惜牠的氣力呢？憑藉武皇帝的節儉，國庫充實，尚且不能十州都擁有軍隊；將近二十個郡沒有軍隊。今天荊、揚、青、徐、幽、并、雍、涼等邊境各州都有軍隊，國家所依靠在內充實府庫，對外控制四夷的，只有兗、豫、司、冀四州而已。我先前認為州郡的刺史太守統領軍隊，就會專心軍務，不勤於民政，應當另外設置將領，讓刺史、太守專心於治理政務；但陛下又寵信並加官呂昭，以冀州相授。冀州戶口最多，田地多已開墾，又有富饒的桑樹棗樹，是國家徵收賦稅的府庫，實在不該再把軍務委任給呂昭。如果認為北方應該鎮守，自然可以專設大將鎮守並使它安定。推估另設將吏的費用，同一人身兼軍政二職的費用沒有什麼差異。然而像呂昭這樣的人才還是容易找到的；朝中如果缺乏人才，那才兼文武的人更是不多。由此推論，可知國家是因人來選任官職，不是為官職挑選人才。官職有了適當的人才，就會政事公平，訴訟合理；政事公平，所以百姓富實，訴訟合理，所以牢獄空虛。陛下登基時，國家審判案件的官員有一百幾十人，後來年年增多，至今已有五百餘人了。

百姓沒有增加，刑法也沒有更加嚴峻。以此推論，這不是政治教化衰敝，刺史太守不稱職的明顯結果嗎？往年牛死亡的數量，全國大概是總數的十分之二；麥的收成不及過去的一半，秋天的種子還未曾播下。如果吳、蜀二賊像遊魂一樣的在邊境侵擾，即使快速的運送糧草，千里之外也不能及時送達。考察這些治理的方法，難道只在於兵力強大嗎？武士勁卒越多，弊病越大。國家猶如人的身體，肚腹內臟健實，四肢就算有病，終究沒有大患；現在兗、豫、司、冀四州，也是國家的腹心。因此愚臣恭謹上奏，實在是希望四州的刺史太守，專心致力農業，以承受四肢的重負。然而單獨的議論難以持續，違犯陛下意願的事情難以成功，眾人不滿的事情難以長久，似是而非的問題難以分辨，所以愚臣的意見多年來不能被明主所體察。凡是說這種話的人，大體都是與陛下關係疏遠、地位低下；關係疏遠、地位低下的人的建言，陛下確實不會輕易聽從。如果認為好的建言一定出自親貴之人，親貴之人本來就不會觸犯上述四難而追求忠直的名聲和陛下的鍾愛，這是古往今來的人常常感到憂慮的。」

4 當時朝廷又大肆討論考核的制度，用來考核朝廷內外的官員。杜恕認為用人不能充分發揮他的作用，雖然有才能也沒有益處，因為他們所具有的才幹並不是他們所要從事的，他們所從事的又不是社會的重要事情。於是杜恕上疏說：

5 「《尚書》說『公開考核官吏的政績，三次考核後決定降免或提升』，實在是帝王的重大制度。使有能力的人擔任他所勝任的官職，有功勞的人享受他所應得的俸祿，就如同烏獲舉起千鈞，王良、伯樂選取千里馬。雖然經歷了唐、虞、夏、商、周、漢六代，然而考績的法令不見著錄，經過了堯、舜、禹、湯、文、武、周公七聖，關於考核的文字沒有流傳，臣實在以為這是由於這種法令可以大略依循，它的詳細內容難以一一列舉的緣故。常言說：「世間有亂人而無亂法。」如果專用法令制度可以治國，那麼唐、虞之世可以不需要稷、契的輔佐，殷、周不用重視伊尹、呂尚的輔弼了。現在上奏考功的人，陳述周、漢的法令措施，延續漢代京房考功課吏法的基本內容，可以說是明白考核的要領。以此推崇互相謙讓的古風，提倡美好的治理，愚臣認為還不是盡善盡美。要想使州郡考核士人，必須經過儒學、文吏、孝悌、能從政四科，都有事實上的效果，然後加以舉薦，由公府徵召試用，擔任接近百姓的官長，接著依據政績次序補任為郡太守，有的則加官賜爵，這是考課中最為緊要的事情。愚臣認為，對那些稱職勝任的官員，顯揚他們的事跡，採用他們的意見，使這種做法成為考核州郡官吏的制度，具備了制度就加以施行，建立必守誠信的獎勵，實施一定施行的懲罰。至於公卿和在宮中任職的大臣，也都應當按他們的職責進行考核。

6 「古代的三公，陪侍帝王討論政事，宮廷大臣，進奏羣臣的諫議，補救帝王的缺失，沒有一件好事不記載，沒有一件過失不舉發。況且天下之大，政務之多，實在不是帝王一人的光明所能遍照。因此，帝王為首腦，大臣做股肱，說明君臣作為一個整體，是相輔而成。所以古人說廊廟之材，不是一棵樹的枝幹，帝王的大業，不是靠一個人的謀略。由此說來，哪裏會有大臣忠於職守嚴格考核就可以使國家達到和諧興盛呢？而且平民的交往，還有為了信守諾言而赴湯蹈火，為了感戴知己而披肝瀝膽，為了聲名而殉身立節信守道義的人；何況那些束帶立朝的官員，位至卿相的人，所追求的並非僅是平民的信義，所感戴的不僅只是知己的恩遇，所殉身的難道僅僅只是自己的聲名而已嗎！

7 「受到君主寵信享有厚祿而身受重任的人，並非只想使明主達到唐堯、虞舜之上而已，自身也想置身於稷、契的行列。因此，古人不擔心自己思慮治國不能全心全意，而擔憂對自身擔任的職務不能盡心盡意，這實在是君主使他們這樣的。唐、虞之君，委任稷、契、夔、龍而督促他們成就功業，到了臣子們有罪時，堯、舜便誅殺鯀而流放四凶。現在大臣親自奉遵明詔，供職在君主身邊，他們之中有日夜從公，恭謹勤勞、特立獨行，做官不屈服於權貴威勢，執法公平不阿附私交，直言直行而立身朝廷的人，自然會被明主所知曉。如果把空受俸祿以為是高明，拱手沉默認為有智慧，做官就在於不犯過失，立朝不忘明哲保身，潔身自好，言語謙恭謹慎而立身於朝廷的人，也會被明主所知曉。假使讓那些安身保位的官員，沒有放逐、罷免的罪罰，而盡節為公的人，卻處在被懷疑的形勢下，公正和道義不能發揚而私下的議論風行，就算有孔子出謀劃策，還是不能發揮他的全部才能，又何況世俗之人啊！現在的學者，師法商鞅、韓非而崇尚法術，競相以為儒家迂闊不實，不能實際應用，這是當今風俗最嚴重的流弊，創立大業之人所應該慎重對待的。」

8 後來考核終究沒有施行。

9 樂安人廉昭因才能出眾而被提拔，頗為喜歡上書言事。杜恕上疏極力勸諫說：

10 「愚臣看到尚書郎廉昭上奏左丞曹璠以有罪罰應當稟報卻沒有依照詔命，因此獲罪被審判問罪。又說『那些應當連坐的人再另外上奏』。尚書令陳矯自行上奏說不敢推卸應受的責罰，也不敢以重罰自己表示恭敬，內心極為誠懇痛切。臣私下憐憫他同時為朝廷痛惜！聖人不選擇時代興起，不變換百姓來達到治世，然而聖人降生後，一定有賢人智士輔佐，這大概是因為他遵奉道義而依循禮教的緣故。古代帝王所以能治理國家，統治民眾，沒有不是遠得百姓的歡心，近則竭盡羣臣的智慧和能力。假使現在朝廷官員都是天下的一時之選，但不能傾盡其力，不可說是會用人；假使不是天下優秀的人才，也不能說是會量才授官。陛下憂勞國事日理萬機，有時夜裏還得操勞國政，然而諸事並不康寧，刑法禁令日益鬆弛，這難道不是大臣不稱職的明證嗎？推究其原因，不僅只是朝臣有不盡忠之處，君主也有不善於用人的地方。百里奚在虞國愚笨而在秦國卻聰明，豫讓在中行氏手下苟且安身而在智伯那裏顯揚忠節，這就是古人用人的明證。現在臣說滿朝官員都不忠，是誣衊滿朝官員；然而古今事情相類似，道理可以類推。陛下覺得國庫不充實，而戰爭沒有平息，以至於免去四季衣服的進奉，減少御府的食糧，這些都出自聖上的心意，滿朝稱讚英明，那些參與政事的機要大臣，難道有這樣勤勤懇懇憂慮國家的人嗎？

11 「騎都尉王才、寵幸樂人孟思所做的不法情事，震動京城，但其罪狀的揭發來自下吏，公卿大臣當初沒有人為此說過一句話。自陛下登基以來，司隸校尉、御史中丞難道有推行國法來督察為非作歹的人，使朝廷嚴明整肅的嗎？如果陛下認為當今之世沒有優秀人才，朝廷欠缺賢良的輔佐，難道可以只追望稷、契之遠跡，坐待來世的傑出人才嗎？現在所謂賢能的人，都據有高位而享受厚祿，但事奉君主的節操沒有樹立，不能心向朝廷一心為公，是因為君主委任的職責不專一，而世俗又頗多忌諱的原因啊。臣以為忠臣不一定和君主親近，親近之臣不一定忠誠，為什麼呢？因為他們身處沒有嫌疑的地位，辦事便能盡一己的心力。現在若有被君主疏遠的人批評他人不符事實，就一定說他是為了私心報復所憎恨的人，他若稱譽人，不符事實，就一定說他是為了偏愛他所親近的人，君主左右的人也會趁機進獻讒言。不單是批評、稱讚他人如此，處理政事的得失，也都有這種嫌疑。陛下應當思考用來充分開闊朝臣的心胸，真誠勉勵有道之人的節操，使他們自己向古代的賢人看齊，希望名垂青史。如果反而使像廉昭這樣的人在大臣中擾亂，臣擔心大臣將明哲保身，苟且官位，坐觀朝政得失，而成為後世的鑑戒啊！

12 「從前周公告誡魯侯說『不應當使大臣抱怨不被信用』，周公不說是賢是愚，是明白賢愚都會為世所用。堯列舉舜的功績，稱揚他流放四凶，沒有說四凶罪責的大小，是因為有罪就應該翦除。現在朝臣不認為自己沒有能力，卻認為是陛下不任用他們；不認為自己沒有智慧，卻認為是陛下不諮詢他們。陛下何不遵循周公任用大臣，舜流放四凶的做法？使侍中、尚書坐朝則陪侍帷幄，出行則隨從車駕，親自應對詔問，所有陳述一定上達，那麼羣臣的操行和有能無能陛下都能得知；忠誠有能力的人就提拔，昏昧惡劣的人就貶黜，誰敢猶豫而不盡心盡力呢？以陛下的聖明，親自和羣臣議論政事，使羣臣人人能夠盡心竭力，人人自認為與陛下親近，人人思量如何報效陛下，賢能、愚笨，有能、無能，全由陛下任用。以此來治理政事，有什麼事辦不成？以此來建功立業，有什麼功業不能成就？每每一有戰事，詔書常說：『誰當憂慮這些呢？我應當自己擔憂吧。』近來的詔書又說：『憂公忘私的人，必定不是這個樣子，但先公後私的人，就能自覺的去辦理。』臣伏讀陛下明詔，這才知道陛下心中完全了解下情，但也驚訝陛下不治根本而擔憂末節。人有沒有能力，確實有其本性，即使臣也以為朝中的大臣不全都稱職。明主任用人，使有能力的人不敢不盡其全力，而欠缺能力的人不得擔任自己無法勝任的職務。薦舉選拔了不適當的人，未必就是有罪；滿朝大臣都容許不適當的人擔任官職，這才奇怪啊。陛下知道他們不盡心盡力，而代替他們憂慮他們的職責之內的事，知道他們欠缺能力，卻讓他們治理政事，這難道不是君主勞累而臣下安逸嗎？雖然聖賢同時在世，終究不能在這種情況下使國家得到治理。

13 「陛下又憂慮臺閣的禁令不夠保密，人事的請託無法禁絕，制定了迎接賓客出入的制度，選派司徒更換惡吏看守官署大門；威嚴禁令全由他們，這實在沒有得到設立門禁的根本。從前漢安帝時，少府竇嘉徵召廷尉郭躬無罪的兄長之子，尚且被人檢舉劾奏，奏章彈劾紛紛而來。最近司隸校尉孔羨徵召大將軍狂妄乖戾的弟弟，然而有關官員都默不作聲，觀望風向迎合旨意，比起受人之請託更是嚴重。選舉官吏不依據真實情況，這是人事上的一大問題。竇嘉同皇帝有親戚關係，郭躬不是國家的重臣，尚且如此；用現在來比況古代，自然是因為陛下不監督施行必行之罰來杜絕阿諛結黨根源的原因。伊尹的迎賓之制與惡吏守門，不是太平盛世所應有的。假使臣的意見能稍蒙陛下明察而採納，怎麼會擔心奸邪不滅，還要養著像廉昭這樣的人呢！

14 「糾察揭發作奸犯科的人，是盡忠之事，然而世人都憎恨小人做這樣的事，因為他們不顧道義，而只苟且求得安身和升官。如果陛下不再考察其本末，必然會把違背眾意、牴觸社會視為盡心奉公，將密告別人的人視為盡忠臣節。怎麼有學問淵博、堪負大任的人反而不做這樣的事呢？他們誠然是顧及道義公理而不這樣做罷了。如果天下人都違背道義而追逐私利，這就是君主所最擔憂的事情，陛下將有什麼快樂呢？為什麼不把它杜絕在萌發狀態呢？那些預先順從君主意旨而求得接納和稱美的人，大都是天下淺薄而無行無義的人，他們的意圖只是追求迎合君主的心意罷了，不是想治理國家安定百姓。陛下何不試試向他們表示改變主張，他們難道會堅持自己的意見來違抗聖意嗎？做臣子的贏得君主的歡心，是安定個人的事業；處在尊貴顯赫的官位上，是榮耀的事；享受千鍾的俸祿，是豐厚的待遇。做臣子的就算愚笨，也沒有不喜歡這些而樂於犯上的。若有這種人，只是迫於道義，自我勉強罷了。實在希望陛下應當對這樣的人愛惜保護，漸漸對他們委任官職，為什麼反而採納廉昭等人傾覆國家的意見，而忽視這些自強之臣呢？現在外有伺機進犯的敵寇，內有窮困飢寒的百姓，陛下應好好考慮國家的損益，政事的得失，實在不能懈怠啊。」

15 杜恕在朝八年，他議論亢直，大都像這樣。

16 杜恕出任弘農太守，幾年後轉任趙國相，因病辭官。以平民身分起用為河東太守，一年多後，升遷為淮北都督護軍，再度因病辭官。杜恕所任職之處，求存大原則而已，他在樹立仁愛，大得百姓的人心上，不如杜畿。不久，任御史中丞。杜恕在朝廷，因不能同當朝的人和諧相處，所以屢屢在外任職。再次出任幽州刺史，加授建威將軍，使持節，護烏丸校尉。當時征北將軍程喜駐紮薊縣，尚書袁侃等人告誡杜恕說：「程申伯在先帝時期，在青州曾傾軋過田國讓。今天您和他一樣都持有符節，倘使同駐一城，對待他應深加留意。」但杜恕不以為意。到官未滿一年，有鮮卑部落首領的兒子，不經關塞，逕自率領數十名騎兵到達州城，州兵斬殺了他一個年輕的隨從人員，杜恕沒有上表向朝廷奏明此事。程喜於是上奏彈劾杜恕，朝廷把杜恕關進廷尉監獄，判了死罪。朝廷因為他父親杜畿勤於職守而落水殉職，將杜恕免職為庶人，流放章武郡，這年是嘉平元年。杜恕灑脫隨興，不考慮提防禍患，終於導致了這次失敗。

17 當初，杜恕從趙郡返回京師，陳留人阮武也從清河太守的職位上被徵召，都要自行前去接受廷尉的訊問。阮武對杜恕說：「看您的相貌，才能稟賦可以遵循公道，但堅持得不夠嚴格，器量能力可以身居大官，但求取它並不順利，才力學識可以記述古今，但心志不能專一，這就是所說的有才而無用。現在您將閑暇無事，可以試著潛心思考，寫成一家之言。」杜恕在章武著成〈體論〉八篇，又著〈興性論〉一篇，其因大體都起於自身所為。嘉平四年，杜恕死於流徙的地方。

18 甘露二年，河東人樂詳年九十餘歲，上書稱頌杜畿留下的功績，朝廷感動，下詔封杜恕的兒子杜預為豐樂亭侯，食邑一百戶。

19 杜恕的奏議論駁都很可觀，選擇其中切合社會重大事件的記載在本篇。

1 鄭渾，字文公，河南開封❶人也。高祖父眾❷，眾父興❸，皆為名儒。渾兄泰❹，與荀攸等謀誅董卓，為揚州刺史，卒。渾將❺泰小子袤避難淮南❻，袁術❼賓禮甚厚。渾知術必敗。時華歆為豫章太守❽，素與泰善，渾乃渡江投歆。太祖聞其篤行，召為掾，復遷下蔡❾長、邵陵❿令。天下未定，民皆剽輕⓫，不念產殖⓬；其生子無以相活，率皆不舉⑬。渾所在⑭奪其漁獵之具，課⑮使耕桑，又兼開稻田，重去子之法⑯。民初畏罪，後稍豐給，無不舉贍⑰；所育男女，多以鄭為字。辟為丞相掾屬，遷左馮翊⑱。

2 時梁興⑲等略⑳吏民五千餘家為寇鈔，諸縣不能禦，皆恐懼，寄治郡下㉑。議者悉以為當移就險㉒，渾曰：「興等破散，竄在山阻㉓。雖有隨者，率脅從耳。今當廣開降路，宣喻恩信。而保險自守，此示弱也。」乃聚斂吏民，治城郭，為守禦之備。遂發民逐賊，明賞罰，與要誓，其所得獲，十以七賞。百姓大悅，皆願捕賊，多得婦女、財物。賊之失妻子者，皆還求降。渾責其得他婦女，然後還其妻子，於是轉相寇盜㉔，黨與離散。又遣吏民有恩信者，分布山谷告喻，出者相繼，乃使諸縣長吏各還本治以安集之。興等懼，將餘眾聚鄜城㉕。太祖使夏侯淵㉖就助郡擊之，渾率吏民前登，斬興及其支黨。又賊靳富等，脅將夏陽㉗長、邵陵㉘令并其吏民入硙山㉙，渾復討擊破富等，獲二縣長吏，將其所略還。及趙青龍者，殺左內史㉚程休，渾聞，遣壯士就梟其首㉛。前後歸附四千餘家，由是山賊皆平，民安產業。轉為上黨㉜太守。

3 太祖征漢中，以渾為京兆尹㉝。渾以百姓新集，為制移居之法，使兼複㉞者與單輕㉟者相伍㊱，溫信者與孤老為比，勤稼穡，明禁令，以發奸者。由是民安於農，而盜賊止息。及大軍入漢中，運轉軍糧為最。又遣民田漢中，無逃亡者。太祖益嘉之，復入為丞相掾。文帝即位，為侍御史㊲，加駙馬都尉㊳，遷陽平㊴、沛郡㊵二太守。郡界下溼，患水澇，百姓飢乏。渾於蕭㊶、相㊷二縣界，興陂遏㊸，開稻田。郡人皆以為不便，渾曰：「地勢洿㊹下，宜溉灌，終有魚稻經久之利，此豐民之本也。」遂躬率吏民，興立功夫，一冬間皆成。比年大收，頃畝歲增，租入倍常，民賴其利，刻石頌之，號曰鄭陂㊺。轉為山陽㊻、魏郡太守，其治放㊼此。又以郡下百姓，苦乏材木，乃課樹榆為籬，並益樹五果㊽；榆皆成藩，五果豐實。入魏郡界，村落齊整如一，民得財足用饒。明帝㊾聞之，下詔稱述，布告天下。遷將作大匠㊿。渾清素在公，妻子不免於飢寒。及卒，以子崇為郎中(51)。

【章　旨】以上是〈鄭渾傳〉。主要記述了鄭渾為官的三件大事：一是任下蔡、郡陵令長時，鼓勵農墾，防止百姓棄養子女；二是遷任左馮翊，平定梁興之亂；三是任沛郡太守，率民築堤蓄水，開墾稻田，糧食連年豐收。

【注　釋】❶開封　縣名。治所在今河南開封南。❷眾　東漢經學家，字仲師。曾任大司農，故世稱「鄭司農」，以區別於宦官鄭眾。傳其父鄭興《左傳》之學，兼通《易》、《詩》，明《三統曆》。世稱鄭興父子為「先鄭」，鄭玄為「後鄭」。傳見《後漢書・鄭眾列傳》。❸興　東漢經學家，字少贛。任太中大夫。初治《公羊傳》，兼治《左傳》及《周禮》。長於曆數。傳見《後漢書・鄭興列傳》。❹泰　字公業。何進輔政，以鄭泰為尚書侍郎。何進欲誅宦官，召董卓。鄭泰勸諫，何進不聽，泰乃去官。後董卓拜鄭泰為議郎。鄭泰乃與何顒、荀攸等謀殺董卓，事洩，逃奔袁術。袁術表其為揚州刺史，未至，道卒。傳見《後漢書・鄭泰列傳》。❺將　帶領。❻淮南　郡國名。治所在今安徽壽縣。❼袁術　字公路，汝南汝陽（今河南商水縣西南）人。袁紹從弟。董卓專政，他逃至南陽，據有其地。後遭曹操和袁紹的攻擊，率餘眾割據揚州，東漢建安二年（西元一九七年），稱帝於壽春。後為曹操所破，病死。傳見本書卷六〈袁術傳〉。❽華歆為豫章太守　據本書〈華歆傳〉，「天子使太傅馬日磾安集關東，日磾辟歆為掾。東至徐州，詔即拜歆豫章太守」。據《後漢書・孝獻帝紀》與《資治通鑑・漢紀》，華歆為豫州太守在獻帝初平三年（西元一九二年）八、九月間。❾下蔡　縣名。治所在今安徽鳳臺。❿邵陵　縣名。故城在今河南郾城東。⓫剽輕　強悍輕捷。⓬產殖　指農業生產。⓭舉　養育。⓮渾所在　謂鄭渾所管轄的地區。⓯課　督促。⓰重去子之法　加重對丟棄孩子的處罰。⓱贍　撫養。⓲左馮翊　官名。職掌相當於郡太守。轄區相當於一郡，因地屬畿輔，故不稱郡，為「三輔」之一。三國魏去「左」字，改轄區為馮翊郡，官名為「馮翊太守」，治所在今陝西大荔。⓳梁興　當時關中割據勢力韓遂、馬超的餘黨。⓴略　脅迫。㉑寄治郡下　將縣治移於郡城。㉒當移就險　謂應將郡官署移到險要的地方。㉓山阻　山中的險要之處。㉔轉相寇盜　指賊互相捕捉、劫奪。㉕鄜城　縣名。故地在今陝西洛川。漢屬左馮翊，後漢省。㉖夏侯淵　字妙才，沛國譙（今安徽亳州）人。隨曹操起兵，從征袁紹、韓遂，有勇名。東漢建安二十年（西元二一五年）任征西將軍，守漢中，後為劉備部將黃忠所擊殺。傳見本書卷九〈夏侯淵傳〉。㉗夏陽　縣名。治所在今陝西韓城南。㉘邵陵　盧弼《三國志集解》引何焯：「渾為司隸部左馮翊，夏陽乃其屬縣。若邵陵則屬汝南郡，為豫州刺史部內，此因前有渾為邵陵令之文而誤耳。其地當去夏陽不遠，或是郃陽之誤。」⑳磑山　不詳所在。㉚左內史　官名、政區名。漢獻帝建安初分馮翊西數縣為左內史，治所在今陝西高陵西南。㉛梟其首　斬殺人之後，將其頭懸於木竿之上示眾。㉜上黨　郡名。治所在今山西長治北。㉝京兆尹　官名。職掌相當於郡太守。因轄地屬畿輔，故不稱郡，為「三輔」之一。治所在今陝西西安。三國魏轄區改稱京兆郡，官名改稱太守。㉞兼複　人口眾多的大家族。㉟單輕　單身獨居。㊱相伍　互為鄰伍。古代五家為伍。㊲侍御史　官名。在御史大夫下，或給事殿中，或舉劾非法，或督察郡縣，或奉使出外執行指定的任務。㊳駙馬都尉　官名。漢武帝初置，掌駙馬。《漢書・百官公卿表》顏師古注：「駙，副也。非正駕車，皆為副馬。一曰駙，近也，疾也。」駙馬都尉與奉車都尉皆為陪奉皇帝近臣。魏、晉之後，公主夫婿多授駙馬都尉。遂成為稱號而不為官職。㊴陽平　郡名。治所在今河北大名東。㊵沛郡　郡名。西漢治所在今安徽濉溪縣，東漢改為國，治所屢有遷移。㊶蕭　縣名。治所在今安徽蕭縣西北。㊷相　縣名。因境內有相山得名。治所在今安徽濉溪縣西北。㊸陂遏　即「陂堨」。蓄水池塘。㊹洿　低凹之地。㊺鄭陂　蓄水池塘名。在今安徽蕭縣西。㊻山陽　郡國名。治所在今山東金鄉西北。㊼放　同「倣」。㊽五果　五種果樹，即桃、李、杏、栗、棗。㊾明帝　即曹叡，字元仲，曹丕子，西元二二六—二三九年在位。事見本書卷三〈明帝紀〉。㊿將作大匠　官名。《漢書・百官公卿表》：「將作少府，秦官，掌治宮室，有兩丞、左右中候。景帝中六年（西元前一四四年）更名將作大匠。」(51)郎中　郎官的一種。秩比三百石，屬郎中令（後改稱光祿勳），始於戰國，秦漢沿置。掌管門戶、車騎等事，內充侍衛，外從作戰。

【語　譯】鄭渾，字文公，河南開封人。高祖父鄭眾，鄭眾的父親鄭興，都是名儒。鄭渾的兄長鄭泰，與荀攸等人密謀誅殺董卓，任揚州刺史時逝世。鄭渾帶領著鄭泰的小兒子鄭袤避難淮南。袁術以貴賓大禮相待。鄭渾知道袁術必敗。當時華歆任豫章太守，一向與鄭泰交好，鄭渾於是渡江投靠華歆。太祖聽說鄭渾操行篤厚，徵召他為掾吏，又升任下蔡縣長、邵陵縣令。當時天下尚未安定，民眾都剽悍輕佻，不想從事農業生產；他們生下孩子無法養活，一般都棄養。鄭渾在轄區內，沒收了他們的漁獵工具，督促他們從事農桑生產，又同時開墾稻田，加重對棄養孩子的懲罰。百姓起初害怕犯罪，後來衣食逐漸豐足，沒有不好好養育孩子的；所生育的兒女，多用鄭作為名字。鄭渾被徵召為丞相掾屬，升任左馮翊。

2 當時梁興等人脅迫吏民五千餘戶為寇搶奪，各縣不能抵禦，都很恐懼，將縣衙治所臨時遷往郡府。議論的人都認為應把郡府遷往險要之處，鄭渾說：「梁興等人敗亡潰散，流竄在深山險要地帶。雖有跟隨者，大都是被迫跟隨而已。現在應該廣開讓他們投降的道路，向他們宣講明示國家的恩德和信義，如果只是據險自守，這是向敵人表示懦弱。」鄭渾於是聚集官民，修治城郭，做好防禦準備。隨即發動百姓追捕寇賊，嚴明賞罰，同百姓訂立盟約，凡所擄獲的財物，十分之七作為賞賜。百姓十分高興，都願意抓捕寇賊，因此獲得許多婦女和財物。賊寇中失去妻兒的人，都返回請求投降。鄭渾責令他們抓捕叛賊中的其他婦女，然後交還他的妻兒，就這樣轉相寇掠，梁興的黨羽分崩離析。鄭渾又派遣有恩德信義的吏民，分布各個山谷告示曉諭，出降的叛賊相繼不斷，鄭渾就命令諸縣長吏各自返回本縣招安百姓。梁興等人恐懼，率領殘餘部眾聚集鄜城。太祖派夏侯淵到鄭渾那裏幫助他進攻鄜城，鄭渾率領士民在前衝鋒，斬殺梁興及其黨羽。又有叛賊靳富等人，挾持夏陽縣長、邵陵縣令及他們縣中的吏民百姓進入磑山，鄭渾又進擊打敗靳富等人，救出二位縣官及其屬吏，將靳富劫掠的東西全部歸還。又有趙青龍，殺左內史程休，鄭渾聽見這事，派遣壯士前往，把趙青龍梟首示眾。前後歸順的有四千餘家，從此山賊都被平定，百姓安居樂業。鄭渾轉任上黨太守。

3 太祖征討漢中，任命鄭渾為京兆尹。鄭渾認為百姓剛剛聚集不久，於是為他們制定移居法令，使豪族富家與單戶貧民編為一伍，溫厚誠信的人與孤寡老弱為鄰居，勤事農耕，申明禁令，揭發奸邪之人。因此，百姓安心農耕，盜賊平息。等到大軍進入漢中，鄭渾運轉軍糧最多。又派遣百姓屯田漢中，沒有逃亡的人。太祖更加嘉許他，鄭渾再次入京任丞相掾。文帝即位，鄭渾任侍御史，加官駙馬都尉，遷任陽平、沛郡太守。沛郡境內低窪潮溼，有水澇之害，百姓飢餓困乏。鄭渾在蕭、相二縣境內興修蓄水池塘，開墾稻田，郡人都以為不宜，鄭渾說：「地勢低下，便於灌溉，終究會有收穫魚稻的長遠利益，這是使百姓富裕的根本啊。」鄭渾於是親自率領吏民，開始動工，一個冬天的時間就全部建成了。第二年大豐收，田地的產量每年增多，租稅超過往常的一倍，百姓以此得到收益，刻石稱頌鄭渾，將陂池取名為鄭陂。鄭渾轉任山陽、魏郡太守，他治理的方法也倣效沛郡的做法。又因為郡中百姓苦於缺乏木材，鄭渾便督促百姓種植榆樹為籬，並且多種桃、李、杏、栗、棗五種果樹；後來榆樹都成了藩籬，五果豐收。進入魏郡境內，村落整齊劃一，百姓財物豐足，生活富饒。明帝聽到了，下詔書稱讚，布告天下。鄭渾升遷將作大匠。鄭渾在職清白廉潔，妻兒不免於飢寒。等到鄭渾去世，朝廷任命他的兒子鄭崇為郎中。

倉慈，字孝仁，淮南人也。始為郡吏。建安中，太祖開募❶屯田於淮南，以慈為綏集都尉❷。黃初末，為長安令，清約有方，吏民畏而愛之。太和中，遷燉煌❸太守。郡在西陲，以喪亂隔絕，曠無太守二十歲，大姓雄張❹，遂以為俗。

前太守尹奉❺等，循故❻而已，無所匡革❼。慈到，抑挫權右，撫恤貧羸，甚得其理。舊大族田地有餘，而小民無立錐之土❽；慈皆隨口割賦❾，稍稍使畢其本直❿。先是屬城獄訟眾猥⓫，縣不能決，多集治下；慈躬往省閱，料簡⓬輕重，自非殊死，但鞭杖遣之，一歲決刑⓭曾不滿十人。又常日西域雜胡欲來貢獻，而諸豪族多逆斷絕⓮；既與貿遷⓯，欺詐侮易⓰，多不得分明。胡常怨望，慈皆勞⓱之。欲詣洛者，為封過所⓲，欲從郡還者，官為平取，輒以府見⓳物與共交市，使吏民護送道路，由是民夷翕然⓴稱其德惠。數年卒官，吏民悲感如喪親戚㉑，圖畫其形，思其遺像。及西域諸胡聞慈死，悉共會聚於戊己校尉㉒及長吏治下發哀㉓，或有以刀畫面，以明血誠㉔，又為立祠，遙共祠之。

【章　旨】以上是〈倉慈傳〉。概述了倉慈為官西陲的主要行迹；抑制豪右，撫恤貧弱；決獄息訟，減輕刑罰；保護西域諸胡與內地的公平貿易。

【注　釋】❶開募　公開招募。❷綏集都尉　官名。盧弼《三國志集解》注：「曹公置典農都尉，而綏集都尉之名未見，亦當魏武所置。」按：大致相當於典農都尉，為管理屯田的官員。❸燉煌　郡名。治所在今甘肅敦煌西。❹雄張　猶言稱雄。❺尹奉　天水冀（今甘肅甘谷）人。曾與楊阜討馬超。❻循故　因循舊例。❼匡革　糾正改革。❽小民無立錐之土　比喻一點土地也沒有。❾隨口割賦　按照人口的多少，將大族的土地劃出，分給貧民。賦，給予。❿稍稍使畢其本直　謂漸漸使分得土地的人家將地價全部還給大族人家。稍稍，漸漸。畢，全部。本直，土地本來的價錢。直，同「值」。⓫眾猥　多而雜亂。

⑫料簡　斟酌分別。料，量度；考慮。簡，分別。⑬決刑　宣判死刑。⑭多逆斷絕　謂大都預先在中途攔截他們，斷絕其貢獻之路。⑮貿遷　販運買賣；貿易。⑯侮易　欺凌輕視。⑰勞　慰勞；安撫勸慰。⑱為封過所　給他們頒發通行證。封，封緘物，多指信件、文書、奏章等，此為頒發、出具。過所，古代過關津時所用的憑證，舊稱作「傳」，猶近代的通行證。⑲見同「現」。⑳翕然　統一或協調。㉑親戚　古代指父母兄弟等。㉒戊己校尉　官名。西漢元帝時屯田車師，置戊己校尉，掌管屯田事務，為屯田區最高長官。東漢則時置時廢，魏晉時亦置。㉓發哀　舉行哀悼儀式。㉔血誠　赤誠。

【語譯】倉慈，字孝仁，淮南人。初任郡吏。建安年間，太祖公開招募百姓屯田淮南，任命倉慈為綏集都尉。黃初末年，任長安縣令，為官清廉儉約，治理有方，官員百姓對他又是敬畏又是愛戴。太和年間，遷升為敦煌太守。敦煌郡在西部邊陲，因為戰亂與內地隔絕，太守空缺長達二十年，當地豪強大姓跋扈囂張，已經成為習慣。前任太守尹奉等人，因循舊例而已，無所匡正改革。倉慈到任，抑制打擊豪強勢力，撫恤貧弱百姓，十分合情合理。原來的豪強大族田地有餘，而貧民百姓無立錐之地；倉慈便根據人口多寡把大族多餘的田地劃給貧苦百姓，讓百姓逐漸償還田地的地價。在此之前，所屬各縣訴訟案件繁雜，縣裏不能審斷，很多集中在郡裏；倉慈親身前去審閱，分別案情輕重，只要不是非處死刑不可的，僅責以鞭杖便釋放他們，一年裏面，判處死刑的還不到十人。平常西域各地雜居的胡人想來進貢，可是郡裏的豪強多在中途攔截；既與他們交易，又對他們欺詐凌辱，胡人多半無法分辨是非。因此常常心懷怨恨，倉慈全都撫慰他們。他們中間有想去洛陽的人，倉慈為他們頒發過路憑證，有想在郡中交易後返回的，官府與他們公平交易，常用庫存的現貨與他們互相交換，派遣官員百姓護送他們上路，由此，漢人、胡人都異口同聲的稱頌倉慈的恩德和仁惠。幾年後，倉慈死於任上，吏民悲傷，如同喪失了親人，圖畫倉慈的形象，追念他在世的容貌。等到西域諸胡人聽到倉慈去世，全都聚集在戊己校尉和縣令的官署前進行哀悼，有的人用刀劃破臉，來表示自己對倉慈思念的赤誠，又為倉慈立祠，共同對他遙拜祭祀。

自太祖迄于咸熙❶，魏郡太守陳國❷吳瓘、清河太守樂安任燠❸、京兆太守濟北❹顏斐❺、弘農太守太原❻令狐邵❼、濟南❽相魯國❾孔乂❿，或哀矜折獄⓫，或推誠惠愛，或治身清白，或擿姦發伏⓬，咸為良二千石。

【章　旨】以上敘述了自曹操掌東漢大權至曹魏滅亡七十年間的「良二千石」陳國吳瓘等五人的簡況。

【注　釋】❶自太祖迄于咸熙　自曹操於漢獻帝建安初年掌握東漢大權，至曹魏滅亡。太祖，指曹操。咸熙，魏元帝曹奐年號，西元二六四—二六五年。這一年，司馬炎代曹魏建立晉朝，曹魏亡。❷陳國　諸侯國名。西漢為淮陽國，東漢章和二年（西元八八年）改為陳國，治所在今河南淮陽。獻帝時改為郡，魏晉時或為國或為郡。❸任燠　裴松之注：「瓘、燠事行無所見。」❹濟北　諸侯國名。西漢治所在今山東長清南。後來國廢，其地入漢為郡。東漢和帝永元二年（西元九〇年）分泰山郡復置。❺顏斐　裴松之注引《魏略》：「顏斐，字文林。有才學。丞相召為太子洗馬。黃初初，轉為黃門侍郎，後為京兆太守。」❻太原　郡國名。治所在今山西太原西南。漢文帝時改為國，不久復為郡。❼令狐邵　據裴松之注，令狐邵字孔叔。建安九年，被太祖曹操所執，署為軍謀掾，後徙丞相主簿，出為弘農太守。❽濟南　郡國名。治所在今山東章丘西。❾魯國　諸侯國名。西漢初改薛郡置魯國，治所在今山東曲阜。❿孔乂　裴松之注引《孔氏譜》：「孔乂字元儁，孔子之後。……乂父祖皆二千石，乂為散騎常侍，……至大鴻臚。」⓫折獄　判決訴訟案件，使曲直分明。⓬擿姦發伏　揭露舉發隱祕的奸人和壞事。

【語　譯】從太祖至咸熙末年，魏郡太守陳國人吳瓘、清河太守樂安人任燠、京兆太守濟北人顏斐、弘農太守太原人令狐邵、濟南相魯國人孔乂，他們中有的憐憫百姓，斷獄公正；有的以誠意慈愛；有的修身清廉；有的揭發奸邪，糾舉隱伏的惡人，都是優秀的二千石官員。

評曰：任峻始興義兵，以歸太祖，闢土殖❶穀，倉庾❷盈溢，庸績❸致矣。蘇則威以平亂，既政事之良，又矯矯❹剛直，風烈❺足稱。杜畿寬猛克濟，惠以康民。鄭渾、倉慈，恤理❻有方。抑❼皆魏代之名守乎！恕屢陳時政，經論治體❽，蓋有可觀焉。

【章旨】以上為史家評述本卷所寫六人的治績及其特點。

【注釋】❶殖　同「植」。種植。❷倉庾　泛指倉庫。庾，露天的積穀處。❸庸績　功勞政績。庸，功勞。❹矯矯　亦作「蹻蹻」。勇武貌。❺風烈　遺風和功業。❻恤理　謂撫恤百姓，治理政事。❼抑　發語詞。❽經論治體　籌劃治國的綱領、要旨。

【語譯】評論說：任峻首先發動義兵，歸順太祖，開墾土地，種植穀物，倉廩充盈，他的功勞很大。蘇則威武平亂，既有很好的政績，又英武剛直，風範功業足可稱頌。杜畿寬猛相濟，以仁惠安定百姓。鄭渾、倉慈體恤民情，治理有方。他們都稱得上是魏代著名的太守啊！杜恕多次陳述朝政得失，籌劃治理國家的綱領要旨，也大有可觀之處。

【研析】本卷是幾位良吏的合傳。東漢末年，民眾暴動，軍閥割據，長期動盪不安，社會經濟凋敝，黃河流域所受影響最大。社會的重新安定，不僅要靠曹操這樣的政治家、軍事家削平割據武裝，還必須有一批地方長官清正廉潔，身體力行，引導民眾歸於秩序。與他們類似的地方長官，《漢書》、《後漢書》均稱之為「循吏」。漢宣帝曾說，一個優秀的地方長官，應做到「政平訟理」，使治下百姓「安其田里而亡嘆息愁恨之心」。並稱：「與我共此者，其唯良二千石乎。」主政一方的官員，對於國家整體安定的重要性由此可見。

為使四處流亡的百姓能夠安心生產，保障軍隊需要，在曹操創業時期，辦法之一是，採取棗祇的建議，「郡國列置田官」，推行屯田。屯田從西漢開始，即在邊防軍隊中實行，而此時推行於郡縣百姓。「屯」原本是漢代軍隊的基層單位，長官為司馬。屯田大體上將五十民戶編為一屯，在屯田司馬的組織下生產，用私家牛耕種，收穫與官府對半分成。如用官府提供的牛力，則須將六成的收穫上交。屯田集中的地方，設立相當縣一級的單位，長官為屯田都尉，再上一級與郡相當的屯田單位，長官為屯田校尉，朝廷設屯田中郎將統一管理。屯田實際上是一種國家嚴格控制下的軍事化的生產，屯田民戶的負擔，與郡縣管理下的民戶十稅一或三十稅一相比，似乎是重了許多，但不用承擔力役，也不用交納按人頭收取的賦稅，生活與人身安全有了保障，與漢代投附大地主而被收「太半之賦」的破產農戶境遇相當。在動盪的環境中，這一不得已的辦法，有相當的效果，「數年中所在積粟，倉廩皆滿」，保證了曹操軍隊糧餉，成為他統一黃河流域的重要經濟支撐。在屯田系統的組建過程中，任峻功不可沒。

屯田畢竟只是權宜之計，要使北方社會盡快安定下來，將逃亡民戶重新置於官府的掌控之下，並使百姓安居樂業，還有賴於郡縣行政系統的恢復。要做到這一點，漢末動盪中的良吏們，便不可能像漢代安定時期的循吏那樣，只需奉法守令，興行教化，還必須清除治下的惡勢力，甚至得作殊死的鬥爭。河東人衛固、范先勢力強大，杜畿任河東太守之初，甚至自身難保，他巧與周旋，最終將其清除，然後推行教育，發展生產，並親自督促，深得百姓擁護，成為後來曹操平定關隴的穩定的後勤基地。鄭渾任左馮翊之初，治下各縣官吏居然被當地惡勢力逼到郡城尋求庇護。他以暴除暴，「山賊皆平」，百姓得以安定。後來在京兆任上，「明禁令，以發奸者」，使「盜賊止息」，終使「民安於農」。蘇則以威立名，倉慈壓制雄張的敦煌大姓，反映了漢末曹操時期，各地秩序重建的艱難過程。

〈杜畿傳〉所附其子杜恕的傳記，長篇累牘的記錄杜恕關於一些政策的意見，似有喧賓奪主之嫌，卻反映了曹魏明帝時期政治上的特點。除了批評魏明帝事必躬親，降低了官員們工作的主動性與積極性之外，還有兩個問題頗值得注意。

其一，杜恕在討論當時軍政問題時，提出了一個重要意見，刺史應只管民事，不統軍隊。漢武帝始置十三州刺史，以六百石低級官吏奉朝廷之節，分行監察各郡。到東漢時，刺史已常駐地方，並形成固定的駐地，代表朝廷處置危機，逐漸淩駕於二千石郡太守之上，成為郡的上一級行政機構。在動亂的社會背景下，軍事變得非常重要，也是立功的捷徑，因而「州郡牧守，咸共忽恤民之術，修將率之事」，地方行政長官既管民事，又熱衷於指揮一支軍隊，這就出現了杜恕所說的一種狀態，不但百姓的負擔大大加重了，而且一旦朝廷出現政治危機時，極易形成地方與中央的對抗。杜恕的意見是可取的，但未被採納，發展到兩晉南北朝，州刺史均帶將軍、都督之號，財政緊張，百姓窮苦，動亂也從未停止。

其二，杜恕反對建立嚴密的官員政績考核制度，即考課。他認為古代聖王治理天下，並無考課之制，而考核制度並不能保證每個官員恪盡職守。他主張確立大的任職原則，而不必煩瑣考核。曹魏試圖推行考課制度，緣於名法之治，也就是追求嚴格分等、職能明確、獎懲分明。杜恕加以反對，屬於漢代儒生與文法吏之爭的餘波。曹魏的考課制雖然未能推行，但隨著官僚制的逐漸成熟，嚴格的考核制度最終還是在北朝至唐代逐步完善。正如杜恕所說，嚴格的考課制度，適用於官僚的底層，並不一定適用於三公之類的宰相級官員；考課制度為官員晉升提供了相對公平的機制，卻並不利於促使官員們主動的、創造性的工作。在杜恕看來，作為官員不應只是按章程辦事的機器，而應是有理想、有道德的人。這一看法於當今仍值得重視。

（王明信注譯）

卷十七　魏書十七

張樂于張徐傳第十七

【題解】本傳概述曹操領導的曹魏政權中，張遼、樂進、于禁、張郃、徐晃等五員名將協同作戰的過程和取得的顯赫戰績。張遼年少藝高，足智多謀，善於征戰；樂進以驍勇果斷聞名；于禁號稱堅毅持重；張郃也以智巧機變著稱；而徐晃堪稱有周亞夫之氣魄。文字生動，簡潔貼切，場場戰景如在眼前，彷彿身臨其境。

1 張遼，字文遠，雁門馬邑❶人也。本聶壹❷之後，以避怨變姓。少為郡吏。漢末，并州❸刺史❹丁原❺以遼武力過人，召為從事❻，使將兵詣京都❼。何進❽遣詣河北募兵，得千餘人。還，進敗，以兵屬董卓❾。卓敗，以兵屬呂布❿，遷騎都尉。布為李傕所敗⓫，從布東奔徐州，領魯相⓬，時年二十八。太祖⓭破呂布于下邳，遼將其眾降，拜中郎將⓮，賜爵關內侯⓯。數有戰功，遷裨將軍⓰。袁紹⓱破，別遣遼定魯國諸縣。與夏侯淵⓲圍昌豨⓳於東海⓴，數月糧盡，議引軍還，遼謂淵曰：「數日已來，每行諸圍，豨輒屬目㉑視遼。又其射矢更稀，此必豨計猶豫，故不力戰。遼欲挑與語，儻㉒可誘也？」乃使謂豨曰：「公有命，使遼傳之。」豨果下與遼語，遼為說「太祖神武，方以德懷四方，先附者受大賞」。豨乃許降。遼遂單身上三公山㉓，入豨家，拜妻子。豨歡喜，隨詣太祖。太祖遣豨還，責遼曰：「此非大將法也。」遼謝㉔曰：「以明公㉕威信著於四海，遼奉聖旨㉖，豨必不敢害故也。」從討袁譚、袁尚㉗於黎陽㉘，有功，行中堅將軍㉙。從攻尚於鄴㉚，尚堅守不下。太祖還許㉛，使遼與樂進㉜拔陰安㉝，徙其民河南。復從攻鄴，鄴破，遼別徇㉞趙國、常山㉟，招降緣山諸賊㊱及黑山㊲孫輕等。從攻袁譚，譚破，別將徇海濱㊳，破遼東㊴賊柳毅等。還鄴，太祖自出迎遼，引共載，以遼為盪寇將軍㊵。復別擊荊州㊶，定江夏㊷諸縣，還屯臨潁㊸，封都亭侯㊹。從征袁尚於柳城㊺，卒㊻與虜㊼遇，遼勸太祖戰，氣甚奮，太祖壯之，自以所持麾㊽授遼。遂擊，大破之，斬單于蹋頓㊾。

2 時荊州未定，復遣遼屯長社㊿。臨發，軍中有謀反者，夜驚亂起火，一軍盡擾。遼謂左右曰：「勿動。是不一營盡反，必有造變者，欲以動亂人耳。」乃令軍中，其不反者安坐。遼將親兵數十人，中陣[51]而立。有頃[52]定，即得首謀者殺之。陳蘭、梅成以氐六縣叛[53]，太祖遣于禁[54]、臧霸[55]等討成，遼督張郃[56]、牛蓋[57]等討蘭。成偽降禁，禁還。成遂將其眾就蘭，轉入灊山[58]。灊中有天柱山[59]，高峻二十餘里，道險狹，步徑裁[60]通，蘭等壁其上。遼欲進，諸將曰：「兵少道險，難用深入。」遼曰：「此所謂一與一，勇者得前耳。」遂進到山下安營，攻之，斬蘭、成首，盡虜其眾。太祖論諸將功，曰：「登天山，履峻險，以取蘭、成，盪寇功也。」增邑，假節[61]。

3 太祖既征孫權還[62]，使遼與樂進、李典[63]等將七千餘人屯合肥[64]。太祖征張魯[65]，教[66]與護軍[67]薛悌[68]，署[69]函邊曰「賊至乃發」。俄而權率十萬眾圍合肥，乃共發教，教曰：「若孫權至者，張、李將軍出戰；樂將軍守，護軍勿得與戰。」諸將皆疑。遼曰：「公遠征在外，比[70]救至，彼破我必矣。是以教指及其未合逆[71]擊之，折其盛勢，以安眾心，然後可守也。成敗之機，在此一戰，諸君何疑？」李典亦與遼同。於是遼夜募敢從之士，得八百人，椎[72]牛饗[73]將士，明日大戰。平旦，遼被甲持戟，先登陷陣，殺數十人，斬二將，大呼自名，衝壘入，至權麾[74]下。權大驚，眾不知所為，走登高冢[75]，以長戟自守。遼叱權下戰，權不敢動，望見遼所將眾少，乃聚圍遼數重。遼左右麾[76]圍，直前急擊，圍開，遼將麾下數十人得出，餘眾號呼曰：「將軍棄我乎！」遼復還突圍，拔出餘眾。權人馬皆披靡，無敢當者。自旦戰至日中，吳人奪氣，還修守備，眾心乃安，諸將咸服。權守合肥十餘日，城不可拔，乃引退。遼率諸軍追擊，幾復獲權。太祖大壯遼，拜征東將軍[77]。建安二十一年，太祖復征孫權，到合肥，循行遼戰處，歎息者良久。乃增遼兵，多留諸軍，徙屯居巢[78]。

4 關羽圍曹仁於樊[79]，會權稱藩[80]，召遼及諸軍悉還救仁。遼未至，徐晃[81]已破關羽，仁圍解。遼與太祖會摩陂[82]。遼軍至，太祖乘輦[83]出勞之，還屯陳郡[84]。文帝即王位[85]，轉前將軍[86]。分封兄汎及一子列侯[87]。孫權復叛，遣遼還屯合肥，進遼爵都鄉侯[88]。給遼母輿車[89]，及兵馬送遼家詣屯，敕[90]遼母至，導從[91]出迎。所督諸軍將吏皆羅[92]拜道側，觀者榮之。文帝踐阼[93]，封晉陽侯[94]，增邑千戶，并前二千六百戶。黃初[95]二年，遼朝洛陽宮[96]，文帝引遼會建始殿[97]，親問破吳意狀[98]。帝歎息顧左右曰：「此亦古之召虎[99]也。」為起第舍，又特為遼母作殿，以遼所從破吳軍應募步卒[100]，皆為虎賁[101]。孫權復稱藩。遼還屯雍丘[102]，得疾。帝使[103]侍中[104]劉曄將太醫視疾，虎賁問消息，道路相屬。疾未瘳[105]，帝迎遼就行在所[106]，車駕親臨，執其手，賜以御[107]衣，太官[108]日送御食。疾小差[109]，還屯。孫權復叛，帝遣遼乘舟，與曹休⑩至海陵⑪，臨江。權甚憚焉，敕諸將：「張遼雖病，不可當也，慎之！」是歲，遼與諸將破權將呂範⑫。遼病篤，遂⑬薨於江都⑭。帝為流涕，諡曰剛侯。子虎嗣。六年，帝追念遼、典在合肥之功，詔曰：「合肥之役，遼、典以步卒八百，破賊十萬，自古用兵，未之有也。使賊至今奪氣，可謂國之爪牙⑮矣。其分遼、典邑各百戶，賜一子爵關內侯。」虎為偏將軍⑯，薨。子統嗣。

【章旨】以上是〈張遼傳〉，記述張遼的戎馬一生。他初從呂布，布敗，投降曹操，從此開始了有聲有色的軍旅生涯。他先後智降昌豨，攻打袁譚、袁尚，大敗烏丸；在天柱山，深入險峻，斬殺陳蘭、梅成。與孫權的合肥之戰，是張遼的經典戰役。此役，他準確掌握了曹操的布署，率領八百敢死之士，衝入吳軍重圍，拚死力戰，吳軍膽破，只好撤退。本卷還重點記述了魏文帝對張遼的優禮。

【注釋】❶雁門馬邑　雁門郡馬邑縣。雁門，治所在今山西代縣西。馬邑，縣名。治所在今山西朔縣。❷聶壹　人名。馬邑首領，曾通過王恢向漢武帝獻計，引誘匈奴來取馬邑，伏兵擊之。漢武帝依計而行，於元光二年（西元前一三三年），派他詐降匈奴，假裝出賣馬邑，為匈奴做內應，誘說匈奴單于出兵取馬邑。單于相信了他的話，於是率十萬大軍入塞，漢武帝則命韓安國等率三十萬大軍埋伏在馬邑旁山谷中。單于率軍行進到距馬邑百餘里時，發覺有埋伏，即引軍撤回。史稱「馬邑之謀」。事詳《漢書・王恢傳》、《漢書・匈奴傳》。❸并州　西漢武帝所置「十三刺史部」之一，治所在今山西太原西南。❹刺史　官名。西漢武帝時，曾分全國為十三部（州），部置刺史，本為監察官性質，監察所屬郡、縣，官階低於郡守。東漢靈帝時，提高刺史的地位和權力，居郡守之上，掌一州軍政大權。❺丁原　人名。《三國志・呂布傳》裴注引《英雄記》：「原字建陽，本出自寒家，為人麤略，有武勇，善騎射，為南縣吏。」後累官至并州刺史。靈帝崩，丁原率兵到洛陽，與何進謀誅宦官，事敗。董卓入京，將為亂，欲殺丁原，併其兵眾。後董卓使呂布誘殺了丁原。❻從事　官名。漢以後三公及州郡長官皆自辟僚屬，多以從事為稱。據盧弼《三國志集解》考證，漢制，刺史官屬有別駕從事史一人，從刺史行部；治中從事史一人，主財穀簿書；兵曹從事史一人，主兵事；部從事史每郡各一人，主察非法。每州刺史皆有從事史以為佐史，蓋漢代通行官制如此。又說：「從事史省稱從事。此《傳》『使』字屬下讀；如屬上讀當作『史』。」❼京都　東漢都城洛陽。❽何進　字遂高，南陽宛（今河南南陽）人，靈帝何皇后之兄，甚見信用。靈帝崩，皇子辯即位，何太后臨朝，何進為輔功大臣，秉朝政。當時朝廷內宦官權重，且欲謀殺何進，於是何進在袁紹等人的鼓動下，暗中策劃誅宦官，何進遣張遼「詣河北募兵」，即為誅宦官。但何進臨事少決斷，久謀而不決，終致謀洩事敗，於中平六年（西元一八九年）八月，被宦官殺害。事見《後漢書・何進列傳》。❾董卓　字仲穎，隴西臨洮（今甘肅岷縣）人，本為涼州豪強。靈帝時任并州牧，東漢少帝劉辯昭寧元年（西元一八九年），率兵入洛陽，廢少帝，立獻帝，專斷朝政。曹操與袁紹等起兵反對，他挾獻帝遷都長安，自任太師，殘暴專橫，縱火燒毀洛陽周圍數百公里，使生產受到嚴重破壞。獻帝初平三年（西元一九二年），為王允、呂布所殺。詳本書卷六〈董卓傳〉。❿呂布　字奉先，東漢末年五原郡九原（今內蒙古包頭）人。善弓馬，當時號為「飛將」。初從并州刺史丁原，繼而殺原歸董卓，又與王允合謀殺董卓。後任奮威將軍，封溫侯，割據徐州（今山東南部、江蘇北部）。建安三年（西元一九八年）在下邳（今江蘇睢寧西北）為曹操所敗，被擒殺。詳本書卷七〈呂布傳〉。⓫布為李傕所敗　李傕，字稚然，東漢末北地（今寧夏青銅峽市）人。初任校尉，為董卓部將。董卓被殺之前，李傕奉命外出略地，董卓被殺後，李傕回來，聚眾十餘萬，圍攻長安，十餘日，城陷，王允被殺，呂布敗走。此後他又與郭汜等專斷朝政，縱兵搶掠長安，後為曹操部將所殺。詳本書卷六〈董卓傳〉。⓬魯相　魯國的最高行政長官。魯，即魯國，封國名，治所在今山東曲阜。相，為封國的最高行政長官。漢制，封國之王不治民事，由中央委派的相治理，職如太守，秩二千石。⓭太祖　曹操的廟號，用以指稱曹操。⓮拜中郎將　授予中郎將的官職。中郎將，漢統兵將領，位次於將軍。⓯關內侯　爵位名。秦漢時二十等爵位的第十九等，僅次於第二十等徹（通）侯，一般封有食邑若干戶，有按規定戶數徵收租稅以供自己享受的權利。⓰裨將軍　副將軍。裨，副。⓱袁紹　字本初，東漢末汝南汝陽（今河南商水縣西南）人，出身四世三公的大官僚家庭，初為司隸校尉，曾鼓動何進誅殺宦官，為之出謀劃策，召董卓進京，董卓未至而何進事敗被殺，於是袁紹盡殺宦官，死者兩千餘人，董卓至京師，專朝政，他恐被董卓所害，逃奔冀州（今河北中南部），號召起兵攻董卓，被推為盟主。後在與各地方勢力的混戰中，據有冀、青（今山東東北部）、幽（今河北北部）、并（今山西）四州，成為當時地廣兵多的割據勢力。建安五年（西元二〇〇年）在官渡（今河南中牟東北）被曹操大敗，所謂「袁紹破」，即指此。建安七年（西元二〇二年）病死。詳見本書卷六〈袁紹傳〉。⓲夏侯淵　字妙才，沛國譙（今安徽亳州）人。東漢末隨曹操起兵，從征袁紹、韓遂，有勇名。建安二十年（西元二一五年），守漢中。建安二十四年（西元二一九年）被劉備部將黃忠斬殺於定軍山。詳見本書卷九〈夏侯淵傳〉。⑲昌豨　據《資治通鑑・漢紀》建安三年，始為秦三屯帥之一，呂布割據徐州時，與諸屯帥皆附於呂布。⑳東海　郡名。治所在今山東郯城北。㉑屬目　以目注視。㉒儻　或許。㉓三公山　《讀史方輿紀要》卷三十：「山東沂州郯縣有三公山，建安六年張遼單身上三公山。或以為即馬陵山，在（郯城）縣東十五里。」㉔謝　認錯；道歉。㉕明公　對曹操的敬稱。㉖奉聖旨　盧弼《三國志集解》引康發祥云：「『奉聖旨』三字始見於此。」此處聖旨謂曹操聖明的意旨，非如後世專指皇帝的詔命。㉗袁譚袁尚　袁譚，袁紹的長子。袁尚，袁紹的第三子。二人事詳本書卷六〈袁紹傳〉。㉘黎陽　縣名。治所在今河南浚縣東。㉙行中堅將軍　兼代中堅將軍。中堅將軍，雜號將軍之一，主征戰。㉚鄴　今河北臨漳。㉛許　即許昌，建安元年（西元一九六年）曹操迎漢獻帝都於此。㉜樂進　字文謙，陽平衛國（今河南清豐南）人。身材矮小，有膽略，勇猛剛烈，終生追隨曹操征戰，屢立戰功，先後征討呂布、張繡、袁紹、劉備、袁譚、袁尚、黃巾、高幹、孫權等，曾為折衝將軍、右將軍。詳見本卷下文。㉝陰安　縣名。在今河南清豐北。㉞徇　攻占。㉟趙國常山　俱為封國名。趙國治所在今河北邯鄲，常山國治所在今河北元氏西北。㊱緣山諸賊　泛指東漢末黃巾潰敗後，仍在今河南、山西、河北三省太行山一帶活動的零散餘黨。㊲黑山　在今河南鶴壁東。㊳海濱　指渤海沿海一帶。㊴遼東　郡名。治所在今遼寧寧陽。㊵盪寇將軍　雜號將軍之一，主征戰。㊶荊州　州名。東漢治所在今湖南常德東北。㊷江夏　郡名。劉表割據荊州時，以黃祖為江夏太守，治沙羨（今湖北武昌西南）。黃祖死後，劉表之子劉琦為江夏太守，移治今湖北漢口。此後吳、魏並置江夏郡。魏境的江夏郡治所在今湖北雲夢。吳境的江夏郡治所在今湖北鄂城。㊸臨潁　縣名。今屬河南。㊹都亭侯　封以城邑附近一亭之地為侯。亭，秦漢時鄉以下的一種行政機構。《漢書・百官公卿表上》：「大率十里一亭，亭有亭長，十亭一鄉。」㊺柳城　在今遼寧朝陽南，當時屬烏丸。㊻卒　同「猝」。突然。㊼虜　對烏丸兵的蔑稱。㊽麾　指揮軍隊的旗幟。㊾斬單于蹋頓　漢獻帝初平中（西元一九〇—一九三年），蹋頓合併上谷、右北平、遼東三郡烏丸部落，組成聯盟，勢力強大，曾幫助袁紹破公孫瓚，袁紹封之為烏丸單于。後因收留袁紹殘餘袁尚等，曹操於建安十二年（西元二〇七年）大破之於柳城，被殺。單于，遼西烏丸族首領的稱號。蹋頓，單于名。㊿長社　縣名。在今河南長葛東。(51)陣　交戰時的戰鬥隊列。(52)有頃　一會兒。(53)陳蘭梅成句　陳蘭、梅成，據《資治通鑑・漢紀》建安十四年記載，都是廬江郡（今安徽廬江縣）人。氐，盧弼《三國志集解》引陳景雲說，當作「灊」。按：陳說是，《資治通鑑・漢紀》建安十四年記此事即作「灊」。灊，指灊縣，屬廬江郡，在今安徽霍山縣東北。六，即六安縣，在今安徽六安北。據此，則原文當作「以灊、六縣叛」。(54)于禁　字文則，泰山鉅平（今山東泰安南）人。初從濟北相鮑信，後歸附曹操，任軍司馬，先後從擊黃巾、張繡、袁紹等，任虎威將軍。建安二十四年（西元二一九年），曹仁與蜀將關羽戰於樊城，于禁前往增援，所率七軍沒於洪水，遂降。後來孫權奪取荊州，于禁得以返魏，慚恨而死。詳見本卷下文。(55)臧霸　字宣高，泰山華（今山東費縣）人。年輕時因其父獲罪於郡太守，隨父亡命東海郡。黃巾起事時，隨陶謙征討黃巾。後又助曹操討呂布，曹操任其為琅邪相，又以青、徐二州委任於霸。後又因功封都亭侯，徐州刺史，拜揚威將軍。魏文帝曹丕即位，徙為良成侯。因討吳有功，徵拜執金吾。魏明帝時死。詳本書卷十八〈臧霸傳〉。(56)張郃　字儁乂，河間鄚（今河北任丘北）人。初從韓馥，後附袁紹，官渡之戰後歸曹操，任左將軍。魏明帝時，率軍西拒諸葛亮，大敗蜀將馬謖於街亭（今甘肅莊浪東南）。諸葛亮再次攻魏，張郃在木門（今甘肅天水市境）拒戰，中箭死。詳見本卷下文。(57)牛蓋　曹操部將。盧弼《三國志集解》本作「朱蓋」，注云：「宋本『朱』作『牛』。」今從宋本。(58)灊山　即今日安徽霍山縣之霍山。(59)天柱山　灊山的主峰。〈何夔傳〉盧弼《三國志集解》：「其峰突出眾山之上，峭拔如柱也。」(60)裁　通「才」。(61)假節　即假以符節，表示賦予某種特權和給予特殊的禮遇。(62)太祖既征孫權還　據本書卷一〈武帝紀〉，曹操這次征孫權在東漢建安十九年（西元二一四年）秋七月，冬十月「自合肥還」。孫權，生於東漢靈帝光和五年（西元一八二年），字仲謀，吳郡富春（今浙江富陽）人，三國時吳國的建立者。東漢末年，繼其兄孫策據有江東六郡。建安十三年（西元二〇八年），與劉備聯合，大敗曹操於赤壁。黃龍元年（西元二二九年）稱帝於武昌（今湖北鄂城），國號吳，旋即遷都建業（今江蘇南京）。太元二年（西元二五二年）病死。詳本書卷四十七〈吳主傳〉。(63)李典　字曼成，山陽巨野（今山東巨野）人，初招募宗族賓客數千家，從曹操征黃巾，任中郎將，遷破虜將軍。後與張遼、樂進屯合肥，擊破孫權圍攻，卒年僅三十六歲。詳本書卷十八〈李典傳〉。(64)合肥　縣名。治所在今安徽合肥。(65)張魯　東漢末年天師道首領，字公祺，沛國豐縣（今江蘇豐縣）人，天師道創立者張道陵之孫，世為天師道教主。初平二年（西元一九一年），任益州牧劉焉的督義司馬，率徒眾攻取漢中，稱師君。所建政權繼續三十年，成為東漢末年比較安定的地區，關西人民遷往的有數萬家。建安二十年（西元二一五年），曹操攻漢中，即此處所謂「太祖征張魯」。張魯退避入巴中（今四川巴中地區），不久降曹，被任為征南將軍，閬中侯。(66)教　在此指寫成文字的命令。(67)護軍　官名。護即督統之意，秦漢時臨時設置護軍都尉或中尉，以調節各將領之間的關係。(68)薛悌　《三國志・梁習傳》裴注引《魏略・苛吏傳》：「（王）思與薛悌、郤嘉俱從微起，官位略等。三人中，悌差挾儒術，所在名為閒省。……文帝詔曰：『薛悌駁吏，王思、郤嘉純吏也，各賜關內侯，以報其勤。』」(69)署　題字。(70)比　及；等到。(71)逆　迎。(72)椎　撞擊器，此處用作動詞，用椎撞擊。(73)饗　用酒食款待人。(74)麾　此指孫權的帥旗。(75)冢　山頂。(76)麾　通「揮」。(77)征東將軍　盧弼《三國志集解》引魚豢：「四征（謂四征將軍），魏武置，黃初中位次三公。見《宋書．百官志》。」(78)居巢　縣名。在今安徽巢湖市東北。(79)關羽圍曹仁於樊　關羽，字雲長，河東解縣（今山西臨猗西南）人。東漢末，從劉備起兵。建安二十四年（西元二一九年），圍攻曹操部將曹仁於樊城（今湖北襄樊樊城）。詳本書卷三十六〈關羽傳〉。曹仁，字子孝，沛國譙（今安徽亳州）人，曹操的堂弟。東漢末年隨曹操起兵，任征南將軍。魏文帝曹丕時，任大將軍，遷大司馬。黃初四年（西元二二三年）病死。詳見本書卷九〈曹仁傳〉。樊，即樊城。(80)稱藩　表示臣服。藩，藩屬。(81)徐晃　字公明。河東楊縣（今山西洪洞東南）人。初隨楊奉，為騎都尉。歸附曹操後，一直追隨曹操攻城略地，戰功卓著。曹仁討伐關羽，被圍在樊城。徐晃身陷重圍，死戰破敵，挽救了曹軍。曹操盛讚徐晃此役是他用兵三十多年所未見，功勞超過了孫武和司馬穰苴。徐晃治軍嚴整，曹操稱說「有周亞夫之風」。詳見本卷下文。(82)摩陂　今河南郟縣東南。(83)輦　古代的一種人拉的車。《說文》：「輦，挽車也。」段玉裁注：「謂人挽以行之車也。」秦漢以後特指君主、皇后所乘的車，如帝輦、鳳輦。曹操位高權大，所以也乘輦。(84)陳郡　治所在今河南淮陽。(85)文帝即王位　文帝，曹操的次子曹丕。即王位，即魏王位。按：曹操於東漢建安二十一年（西元二一六年）進爵為魏王，建安二十五年（西元二二〇年）正月曹操死，曹丕嗣魏王位。(86)前將軍　位次上卿，金印紫綬，掌京師兵衛，四夷屯警。盧弼《三國志集解》引《魏書》：「王賜遼帛千匹，穀萬斛。」(87)列侯　秦漢時二十級爵位的最高一級，即第二十級，初稱徹侯，因避西漢武帝劉徹諱，改通侯，後又改列侯。(88)都鄉侯　封以國都附近一鄉之地以為侯。(89)輿車　天子在宮內乘坐的一種小車，有時賜予臣下，以示寵愛。(90)敕　命令；告誡。(91)導從　即今所謂儀仗隊。(92)羅　排列。(93)踐阼　即帝位。古代廟堂或寢堂前有東西兩階，西階為賓客升降之階，又稱賓階。東階為主人升降之階，又稱阼階。阼階上即為主人之位，故後來以「踐阼」指代帝王即位。曹丕踐阼在西元二二〇年。(94)晉陽侯　封晉陽縣以為侯。晉陽在今山西太原西南。(95)黃初　魏文帝曹丕年號，西元二二〇—二二六年。(96)朝洛陽宮　漢獻帝都許昌，黃初元年（西元二二〇年）曹丕篡漢改魏，即營建洛陽宮，遷都洛陽。(97)建始殿　洛陽宮中的殿名。(98)意狀　情景；情況。(99)召虎　是西周宣王時著名的大功臣召穆公的名字。他曾奉命為周平定淮夷，幫助周宣王開闢疆域，安定四方，即《詩經．大雅．江漢》所謂「式辟四方，徹我疆土」。召，原作「邵」，二字通。《三國志集解》云：「毛本『邵』作『召』。」今從毛氏汲古閣刻本。(100)遼所從句　即上節所述張遼為打破孫權十萬大軍對合肥的包圍而連夜募集的八百「敢死之士」。(101)虎賁　即虎賁郎，屬虎賁中郎將，主宿衛侍從。(102)雍丘　縣名。故地在今河南杞縣。(103)使　中華書局印本作「遣」。(104)侍中　秦始設，漢魏沿用，侍從皇帝左右，出入朝廷。初僅伺應雜事，由於接近皇帝，地位漸漸尊貴。盧弼《三國志集解》：「《宋書．百官志》云：『漢三公病，遣中黃門問病，魏晉則黃門郎尤重者或侍中也。』遼位未至公而遣侍中，蓋寵之也。」105瘳　病癒。106行在所　天子巡行時所居住的地方。107御　是對皇帝所用物的敬稱。108太官　官名。屬少府，掌天子衣食諸事。109差　病癒。《方言》第三：「差，愈也，南楚病愈謂之差。」110曹休　字文烈，曹操的族子。少年即追隨曹操，常從征戰，後累功拜中領軍。文帝時，又因多立戰功，拜揚州牧。明帝時又進封長平侯，遷大司馬。魏太和二年（西元二二八年），征吳失利，病發而死。111海陵　縣名。治所在今江蘇泰州。112呂範　字子衡，汝南細陽（今安徽阜陽北）人。少為縣吏，後將私客百人歸孫策，因戰功拜征虜中郎將。孫策死，又為孫權所信用。曾與周瑜大敗曹兵於赤壁，吳黃武七年（西元二二八年）遷大司馬，印綬未下，即病死。113遂　原在上句「病」字下。《三國志集解》云：「馮本作『遼病篤，遂薨於江都』。」今從馮夢禎刻本（即南監本）。114江都　縣名。治所在今江蘇揚州西南。115爪牙　比喻武臣。《詩經．小雅．祈父》：「祈父，予王之爪牙。」116偏將軍　漢魏雜號將軍之一，主征戰。

【語　譯】張遼，字文遠，雁門郡馬邑縣人。本是聶壹的後代，因為躲避仇家變換了姓氏。年少時當過郡府的小吏。東漢末年，并州刺史丁原因為張遼武力過人，徵召他為從事，派他率兵前往京都。何進派他前往河北招募士兵，得到一千多人。返回京都時，何進已經失敗，他就帶著這批新兵歸附董卓。董卓失敗，又帶兵歸附呂布，升任騎都尉。呂布被李傕打敗後，他隨從呂布東奔到徐州，兼任魯國相，當時他二十八歲。太祖在下邳打敗呂布，張遼率領他的部眾投降，官拜中郎將，賜予關內侯的爵位。屢建戰功，升任裨將軍。袁紹失敗後，太祖派張遼單獨率兵平定魯國各縣。又與夏侯淵在東海郡圍攻昌豨，幾個月後軍糧耗盡，商議著想率兵返回，張遼對夏侯淵說：「這幾天以來，每當我巡行圍城，昌豨總是用目光注視我。再者他們射出來的箭越來越少，這一定是昌豨猶豫不定，所以不奮力作戰。我想單獨同他談談，或許可以誘使他投降吧？」於是派人向昌豨說：「曹公有命令，派張遼轉告你。」昌豨果然出城與張遼談話。張遼告訴他「太祖神明英武，正用仁德安撫四方，先歸附他的人可以獲得大賞」。昌豨於是答應投降。張遼便隻身一人上三公山，到昌豨家，拜見他的妻兒。昌豨非常高興，跟隨張遼前去面見太祖。太祖派昌豨回東海郡，責備張遼說：「這不是大將應有的作法。」張遼致歉說：「因為您的威名信義著稱於四海，我奉您的聖旨，這是昌豨一定不敢加害我的緣故啊。」張遼跟從太祖到黎陽征討袁譚、袁尚，立有戰功，代行中堅將軍。跟從太祖到鄴城攻打袁尚，袁尚堅守，攻打不下。太祖返回許都，讓張遼與樂進攻克陰安縣，把它的民眾遷徙到黃河以南。又跟從太祖攻打鄴城，鄴城被攻破，張遼又單獨率軍攻占趙國、常山，招降了沿太行山一帶各路賊兵以及黑山軍孫輕等人。跟從太祖攻打袁譚，袁譚被攻破，張遼又另外領兵攻掠濱海一帶，打敗遼東的賊寇柳毅等人。回到鄴城，太祖親自出來迎接張遼，領他同乘一車，任命張遼為盪寇將軍。他又另帶兵攻打荊州，平定江夏各縣，返回後屯駐在臨潁縣，封為都亭侯。跟從太祖在柳州攻打袁尚，突然同烏丸兵遭遇，張遼勸太祖迎戰，意氣十分激昂，太祖讚賞他的壯勇，把自己所拿的指揮旗交給張遼。張遼於是進擊，大敗烏丸兵，斬殺了烏丸首領蹋頓。

2 當時荊州尚未平定，太祖又派張遼屯兵在長社縣。臨出發前，軍中有謀反的人，夜裏驚亂起火，全軍都騷動不安。張遼對身邊的人說：「不要躁動，不是全營都起來造反，肯定有製造叛亂的人，想要以此動亂人心罷了。」於是張遼傳令軍中，不想造反的人安靜的坐著。張遼率領幾十名親兵，在軍陣中央列隊站立。一下子全營便安定下來，當即抓獲帶頭謀反的人，殺掉了他們。陳蘭、梅成利用灊縣和六安縣反叛，太祖派于禁、臧霸等人討伐梅成，派張遼督率張郃、牛蓋等人討伐陳蘭。梅成假裝投降于禁，于禁撤兵返回。梅成便率領他的部下投靠陳蘭，轉入灊山中。灊山中有天柱山，山勢險峻，山路長達二十多里，山道艱險狹窄，僅能步行通過，陳蘭等在上面設置壁壘。張遼想進攻，將領們說：「兵力缺少，山道險阻，難以深入。」張遼說：「這正是所謂的一對一的形勢，勇猛的人可以向前啊。」於是前進到山下安營紮寨，進攻叛軍，斬殺了陳蘭、梅成，俘虜了他們的所有部眾。太祖論列將領們的功勞，說：「攀登天柱山，踏入險峻之地，攻取陳蘭、梅成，是盪寇將軍的功勞。」增加張遼的封邑，給予假節的優禮。

3 太祖征伐孫權返回後，派張遼與樂進、李典等率領七千多人屯駐合肥。太祖征討張魯，臨行前寫了一道命令交給護軍薛悌，在信函邊上題字說「賊兵到來才開函」。不久孫權率領十萬兵眾包圍合肥，將軍們這才共同打開太祖的命令，命令說：「如果孫權到來，張、李二位將軍出戰，樂將軍守城，護軍不得參戰。」將領們都很疑惑。張遼說：「曹公遠征在外，等到救兵到來，敵人肯定已經打敗我們了。因此命令指示我們乘敵人尚未集結完成就進擊他們，挫敗敵人的銳氣，來安定我方軍心，然後便可守住城池了。成敗關鍵，在此一戰，各位還有什麼疑慮？」李典的看法也和張遼相同。於是張遼連夜募集敢於追隨他的將士，得到八百人。殺牛款待這些將士，準備第二天大戰。天剛亮，張遼披甲持戟，首先登上敵壘衝入敵陣，殺敵幾十人，斬殺兩員將領，他大聲呼叫自己的名字，衝破敵壘而入，來到孫權的帥旗之下。孫權大驚，眾將不知所措，跑上一個小山頂，用長戟自相守衛。張遼喝斥孫權下來作戰，孫權不敢動彈，看到張遼率領的兵眾少，便聚集部隊把張遼包圍了好幾層。張遼左右揮戟突圍，一直向前迅速進擊，包圍圈被衝開，張遼率領部下幾十人突圍衝出，剩下的兵眾呼喊道：「將軍要拋棄我們嗎！」張遼又返回突入重圍，救出剩餘的兵眾。孫權的人馬都望風披靡，沒有人敢抵擋。從早晨鏖戰到中午，吳軍士氣大喪，退兵修整營壘守備，魏軍軍心這才安定下來，將領們都佩服張遼。孫權守在合肥十多天，不能攻破城池，於是領兵撤退。張遼率領各軍追擊，幾乎再抓獲孫權。曹操對張遼的壯勇大為讚賞，任他為征東將軍。建安二十一年，太祖又征伐孫權，到達合肥，巡視張遼作戰的地方，感嘆了好久。於是增加張遼的兵力，多留軍隊給他，遷移到居巢駐守。

4 關羽在樊城包圍曹仁，適逢孫權向魏稱臣，太祖召集張遼和各軍全部回來援救曹仁。張遼尚未到達，徐晃已經打敗關羽，解除了曹仁之圍。張遼與太祖在摩陂會合。張遼的軍隊到達，曹操坐著輦車出來慰勞他們，張遼回師駐守陳郡。魏文帝即魏王位，張遼轉任前將軍。分封張遼的哥哥張汎和他的一個兒子為列侯。孫權再度反叛，文帝派遣張遼返回駐紮合肥，晉升張遼的爵位為都鄉侯。賜給張遼的母親天子乘坐的車子，又派兵馬護送張遼的家屬到張遼的屯駐地，下令張遼的母親到來時，儀仗隊出來迎接。張遼所督率的各軍將吏都排列道旁拜迎，觀看的人都替張遼感到光榮。魏文帝即帝位，封張遼為晉陽侯，增加食邑一千戶，連同以前所封共二千六百戶。黃初二年，張遼到洛陽宮朝覲文帝，文帝帶張遼在建始殿相會，親自詢問當年打敗吳軍的情形。文帝感嘆的回頭望著身邊的人說：「這簡直就像古代的猛將召虎一般啊。」替張遼修建府第，又特地為張遼的母親建造殿堂，把當年應募跟從張遼打敗吳軍的步兵，都任命為虎賁郎。孫權再次稱臣。張遼返回雍丘屯駐，生了疾病。文帝派侍中劉曄帶著太醫去給他看病，詢問病情的虎賁郎，在道路上絡繹不絕。張遼的病尚未痊癒，文帝就迎接張遼到他出巡的行宮，親臨探望，握著他的手，賜他御衣，太官每天給他送皇帝吃的食物。張遼的病稍有起色，就回到屯駐地。孫權再次反叛，文帝派張遼乘船，與曹休同到海陵，來到江邊。孫權十分忌憚張遼，敕令將領們：「張遼雖然有病，仍勇不可擋，要小心他啊！」這年，張遼與將領們打敗了孫權的大將呂範。張遼病重，於是在江都去世。文帝為他流淚，賜諡號為剛侯。張遼的兒子張虎繼承爵位。黃初六年，文帝追念張遼、李典在合肥的功績，下詔書說：「合肥之戰，張遼、李典用八百步兵，打敗十萬賊兵，自古以來用兵打仗，從來沒有過這種事，讓賊軍至今氣喪膽寒，可以稱得上是國家的猛將了。現在分出張遼、李典的食邑各一百戶，賜給他們每人的一個兒子關內侯的爵位。」張虎任偏將軍，去世後，兒子張統繼承爵位。

1 樂進，字文謙，陽平衛國[1]人也。容貌短小，以膽烈從太祖，為帳下吏[2]。遣還本郡募兵，得千餘人，還為軍假司馬[3]、陷陣都尉[4]。從擊呂布於濮陽[5]，張超於雍丘，橋蕤於苦[6]，皆先登有功，封廣昌亭侯[7]。從征張繡於安眾[8]，圍呂布於下邳，破別將，擊眭固於射犬[9]，攻劉備於沛[10]，皆破之，拜討寇校尉[11]。渡河攻獲嘉[12]，還，從擊袁紹於官渡，力戰，斬紹將淳于瓊[13]。從擊譚、尚於黎陽，斬其大將嚴敬，行遊擊將軍[14]。別擊黃巾，破之，定樂安郡[15]。從圍鄴，鄴定，從擊袁譚於南皮，先登，入譚東門。譚敗，別攻雍奴[16]，破之。建安十一年，太祖表漢帝，稱進及于禁、張遼曰：「武力既弘，計略周備，質忠性一，守執節義，每臨戰攻，常為督率，奮彊突固，無堅不陷，自援枹鼓⑰，手不知倦。又遣別征，統御師旅，撫眾則和，奉令無犯，當敵制決，靡⑱有遺失。論功紀用⑲，宜各顯寵。」於是禁為虎威⑳；進，折衝；遼，盪寇將軍。

2 進別征高幹，從北道入上黨㉑，回出其後。幹等還守壺關㉒，連戰斬首。幹堅守未下，會太祖自征之，乃拔。太祖征管承㉓，軍淳于㉔，遣進㉕、李典擊之。承破走，逃入海島，海濱平。荊州未服，遣屯陽翟㉖。後從平荊州，留屯襄陽，擊關羽、蘇非等，皆走之，南郡㉗諸縣㉘山谷蠻夷㉙詣進降。又討劉備臨沮長㉚杜普、旌陽㉛長梁大㉜，皆大破之。後從征孫權，假進節。太祖還，留進與張遼、李典屯合肥，增邑五百，并前凡千二百戶。以進數有功，分五百戶，封一子列侯；進遷右將軍。建安二十三年薨，諡曰威侯。子綝嗣。綝果毅有父風，官至揚州㉝刺史。諸葛誕㉞反，掩襲殺綝，詔悼惜之，追贈衛尉㉟，諡曰愍侯。子肇嗣。

【章　旨】以上是〈樂進傳〉，記述了樂進一生追隨曹操，南北征戰屢立戰功。初期，征討呂布、張超、橋蕤、張繡、劉備，拜討寇校尉。爾後隨曹操擊袁紹於官渡，又率軍攻打黃巾軍，出擊袁譚，以功升任折衝將軍。後來，樂進別征高幹，從平荊州，擊走關羽、蘇非。隨曹操討伐孫權，殺敵擒將，多所斬獲，遷任右將軍。

【注　釋】❶陽平衛國　陽平郡衛國縣。陽平，郡名。治所在今河北館陶東。衛國，縣名。原為古公國，後為縣，治所在今河南清豐南。盧弼《三國志集解》引趙一清：「《郡國志》『東郡，衛公國』，是以衛縣衛公國以封周後。此『國』為史家剩詞。」剩詞即餘留的字。❷帳下吏　軍中官佐。因行軍多居於帳中，故稱。❸假司馬　代理司馬。❹陷陣都尉　官名。位次於將軍，「陷陳」是都尉的加號。❺濮陽　縣名。治所在今河南濮陽。❻苦　縣名。治所在今河南鹿邑東。❼廣昌亭侯　封以廣昌縣的一亭之地以為侯。廣昌，縣名，治所在今河北淶源北。❽從征張繡於安眾　張繡，武威祖厲（今甘肅靖遠）人，董卓部將張繼之姪。張繼死，他繼領其眾，屯兵宛城（今河南南陽）。東漢建安二年（西元一九七年）二月，曹操帶兵到宛，張繡降曹，既而悔之，復反，曹操將兵擊敗之，張繡逃奔到穰（今河南鄧州）。所謂「從征張繡」，即指此役。官渡之戰時，他又降曹，為揚武將軍，在官渡力戰有功。建安十二年（西元二〇七年）從攻烏丸，死於途中。詳本書卷八〈張繡傳〉。安眾，縣名。治所在今河南鄧州東北。❾射犬　聚邑名。在今河南沁陽東北。❿沛　國名。治所在今安徽濉溪縣西北。⓫討寇校尉　位次將軍，「討寇」是校尉的加號。⓬獲嘉　縣名。治所在今河南新鄉西。⓭斬紹將淳于瓊　據盧弼《三國志集解》引何焯說，實際是「獲之未斬也」。⓮遊擊將軍　雜號將軍之一，主征戰。⓯樂安郡　治所在今山東高青西北。⓰雍奴　縣名。治所在今天津市武清西北。⓱自援枹鼓　指親自指揮。援，持。枹鼓，鼓槌。鼓，在此作動詞，擊鼓。古代作戰，擊鼓以命令進軍。《左傳》成公二年：「右援枹而鼓。」⓲靡　無。⓳用　《方言》：「行也。」即行為，表現。⓴虎威　與下文「折衝」、「盪寇」，皆雜號將軍，主征戰。㉑上黨　郡名。治所在今山西長子西。㉒壺關　縣名。治所在今山西長治北。㉓管承　人名。當時活動於東海沿海一帶。㉔淳于　縣名。治所在今山東安丘東北，一名杞城。㉕進　中華書局印本下有「與」字。《三國志集解》引何焯云：「宋本『進』下有『及』字，一作有『與』字。」㉖陽翟　縣名。治所在今河南禹州。㉗南郡　治所在今湖北江陵北。㉘縣　中華書局本作「郡」，誤。㉙蠻夷　對當時荊州一帶少數民族的蔑稱。㉚臨沮長　臨沮縣長。臨沮，縣名。治所在今湖北安遠西北。長，即縣長。漢制，萬人以上的大縣其長稱令，萬人以下的縣則稱長。㉛旌陽　縣名。治所在今湖北枝江市北。㉜大　原作「太」，今從中華書局印本。㉝揚州　州名。治所在今安徽和縣。㉞諸葛誕　字公休，琅邪陽都（今山東沂南南）人。因魏朝廷對他有懷疑，他懼不自安，於是陰結眾心，厚養親附者數千人。甘露二年（西元二五七年）五月反。次年二月被司馬懿消滅。詳本書卷二十八〈諸葛誕傳〉。㉟衛尉　官名。始於戰國。漢時九卿之一，掌管宮中警衛，曹魏沿置。

【語　譯】樂進，字文謙，陽平郡衛國縣人。身材矮小，憑藉膽識和勇猛跟隨太祖，擔任帳下屬吏。太祖派他回本郡招募士兵，得到一千多人，回來後擔任軍中代理司馬、陷陣都尉。跟從太祖在濮陽縣攻打呂布，到雍丘縣攻打張超，在苦縣攻打橋甤，都臨陣在先立有戰功，被封為廣昌亭侯。跟從太祖在安眾縣攻打張繡，到下邳圍攻呂布，打敗了另外一支部隊的將領，在射犬攻擊眭固，在沛縣攻打劉備，全都打敗了敵人，官拜討寇校尉。渡過黃河攻打獲嘉縣，回來後，又跟從太祖在官渡攻打袁紹，奮力作戰，斬殺袁紹部將淳于瓊。跟從太祖在黎陽攻打袁譚、袁尚，斬殺他們的大將嚴敬，代理遊擊將軍。另行率軍攻打黃巾，打敗了他們，平定了樂安郡。隨從太祖圍攻鄴城，鄴城平定，跟從太祖在南皮縣攻打袁譚，樂進在前方衝鋒陷陣，攻入袁譚的東門。袁譚敗戰，樂進另率兵攻打雍奴城，攻克了它。建安十一年，太祖上表漢獻帝，稱讚樂進和于禁、張遼說：「他們勇力過人，計謀周全，本性忠誠，情操專一，堅守節義，每逢征戰攻擊，常任將帥，奮力突擊強敵，無堅不摧，親自拿槌擂鼓指揮，手不知倦。另外，派他們單獨出征，統帥軍隊，安撫將士，使將士和睦，遵從命令，從不違反，面對敵人制定決策，沒有失誤。論列他們的功績，敘錄他們的表現，應當各自受到表彰和榮寵。」於是任命于禁為虎威將軍，樂進為折衝將軍，張遼為盪寇將軍。

2　樂進單獨帶兵征伐高幹，從北路進入上黨郡，迂迴出現在高幹的後方。高幹等返回據守壺關，樂進接連出戰斬殺敵人。高幹堅守壺關，樂進沒有攻下，適逢太祖親自討伐高幹，於是攻下了壺關。太祖征討管承，駐軍淳于，派遣樂進和李典攻打管承。管承兵敗逃跑，逃入海島，沿海一帶平定。荊州尚未降服，派遣樂進屯駐陽翟。後來跟從太祖平定荊州，留下來駐守襄陽，攻打關羽、蘇非等，都把他們打得敗戰而逃，南郡和周圍各縣山谷間的蠻夷都到樂進這裏來投降。又征討劉備的臨沮縣長杜普、旌陽縣長梁大，都把他們打得大敗。後來跟從太祖征伐孫權，授予樂進符節。太祖回師，留下樂進與張遼、李典屯駐合肥，增加樂進的食邑五百戶，加上以前的總計一千二百戶。因為樂進屢建戰功，從他的食邑中分出五百戶，分封給他的一個兒子為列侯，樂進升任右將軍。建安二十三年去世，賜諡號為威侯。樂進的兒子樂綝繼承爵位。樂綝果敢剛毅，有父親的遺風，官做到揚州刺史。諸葛誕反叛，突襲殺害了樂綝，朝廷下詔書悼念痛惜樂綝，追贈他為衛尉，賜謚號為愍侯。樂綝的兒子樂肇繼承爵位。

1 于禁，字文則，泰山❶鉅平❷人也。黃巾起，鮑信❸招合徒眾，禁附從焉。及太祖領兗州❹，禁與其黨俱詣為都伯❺，屬將軍王朗❻。朗異之，薦禁才任大將軍❼。太祖召見與語，拜軍司馬，使將兵詣徐州，攻廣威❽，拔之，拜陷陣都尉。從討呂布於濮陽，別破布二營於城南，又別將破高雅於須昌❾。從攻壽張❿、定陶⓫、離狐⓬，圍張超於雍丘，皆拔之。從征黃巾劉辟、黃邵⓭等，屯版梁，邵等夜襲太祖營，禁帥麾下擊破之，斬辟、邵等⓮，盡降其眾。遷平虜校尉⓯。從圍橋蕤於苦，斬蕤等四將。從至宛，降張繡。繡復叛，太祖與戰不利，軍敗，還舞陰⓰。是時軍亂，各間行⓱求太祖，禁獨勒⓲所將數百人，且戰且引，雖有死傷不相離。虜追稍緩，禁徐整行隊，鳴鼓而還。未至太祖所，道見十餘人被創裸走，禁問其故，曰：「為青州兵⓳所劫。」初，黃巾降，號青州兵，太祖寬之，故敢因緣為略。禁怒，令其眾曰：「青州兵同屬曹公，而還為賊乎？」乃討之，數之以罪。青州兵遽走詣太祖自訴。禁既至，先立營壘，不時謁太祖。或謂禁：「青州兵已訴君矣，宜促詣公辨之。」禁曰：「今賊在後，追至無時，不先為備，何以待敵？

且公聰明，譖訴何緣！」徐鑿塹安營訖，乃入謁，具陳其狀。太祖悅，謂禁曰：「淯水之難⑳，吾其急也，將軍在亂能整，討暴堅壘，有不可動之節，雖古名將，何以加之！」於是錄禁前後功，封益壽亭侯。復從攻張繡於穰㉑，禽呂布於下邳，別與史渙㉒、曹仁攻眭固於射犬，破斬之。

2 太祖初征袁紹，紹兵盛，禁願為先登。太祖壯之，乃選步騎㉓二千人，使禁將，守延津㉔以拒紹，太祖引軍還官渡。劉備以徐州叛，太祖東征之。紹攻禁，禁堅守，紹不能拔。復與樂進等將步騎五千，擊紹別營，從延津西南緣河至汲㉕、獲嘉二縣，焚燒保聚㉖三十餘屯，斬首獲生各數千，降紹將何茂、王摩等二十餘人。太祖復使禁別將屯原武㉗，擊紹別營於杜氏津㉘，破之。遷裨將軍，後從還官渡。太祖與紹連營，起土山相對。紹射營中，士卒多死傷，軍中懼。禁督守土山，力戰，氣益奮。紹破，遷偏將軍。冀州㉙平。昌豨復叛，遣禁征之。禁急進攻豨；豨與禁有舊，詣禁降。諸將皆以為豨已降，當送詣太祖，禁曰：「諸君不知公常令乎！圍而後降者不赦。夫奉法行令，事上之節也。豨雖舊友，禁可失節乎！」自臨與豨訣，隕涕而斬之。是時太祖軍淳于，聞而歎曰：「豨降不詣吾而歸禁，豈非命耶！」益重禁。東海平，拜禁虎威將軍。後與臧霸等攻梅成，張遼、張郃等討陳蘭。禁到，成舉眾三千餘人降。既降復叛，其眾奔蘭。遼等與蘭相持，軍食少，禁運糧前後相屬，遼遂斬蘭、成。增邑二百戶，并前千二百戶。是時，禁與張遼、樂進、張郃、徐晃俱為名將，太祖每征伐，咸遞行㉚為軍鋒，還為後拒㉛；而禁持軍嚴整，得賊財物，無所私入，由是賞賜特重。然以法御下，不甚得士眾心。太祖常恨朱靈㉜，欲奪其營。以禁有威重，遣禁將數十騎，齎㉝令書，徑詣靈營奪其軍，靈及其部眾莫敢動；乃以靈為禁部下督㉞，眾皆震服，其見憚如此。遷左將軍㉟，假節鉞㊱，分邑五百戶，封一子列侯。

3 建安二十四年，太祖在長安，使曹仁討關羽於樊，又遣禁助仁。秋，大霖㊲雨，漢水㊳溢，平地水數丈，禁等七軍皆沒。禁與諸將登高望水，無所回避，羽乘大船就攻禁等，禁遂降，惟龐悳㊴不屈節而死。太祖聞之，哀歎者久之，曰：「吾知禁三十年，何意臨危處難，反不及㊵龐悳邪！」會孫權禽羽，獲其眾，禁復在吳。文帝踐阼，權稱藩，遣禁還。帝引見禁，鬚髮皓白，形容憔悴，泣涕頓首。帝慰諭以荀林父、孟明視故事㊶，拜為安遠將軍㊷。欲遣使吳，先令北詣鄴謁高陵㊸。帝使豫於陵屋畫關羽戰克、龐悳憤怒、禁降服之狀。禁見，慚恚㊹發病薨。子圭嗣封益壽亭侯。諡禁曰厲侯。

【章　旨】以上是〈于禁傳〉，敘述了于禁一生的軍旅生涯。重點載錄的史事有以下三件：一、曹操敗於張繡，返回舞陰，軍隊混亂，于禁部屬始終不散，鳴鼓而還；又討伐敢於搶掠的青州兵，青州兵向曹操投訴，于禁不急於辯白，而是先設營壘，然後才向曹操說明實情。二、曹操平定冀州，昌豨再次反叛，于禁前往征討，昌豨與于禁有舊交，於是投降于禁。于禁依據軍法，揮淚斬了昌豨。三、建安二十四年，曹仁征討關羽，派遣于禁援助曹仁。是時漢水氾濫，于禁七軍皆沒，被迫投降關羽，後轉歸孫權。魏文帝時，孫權遣返于禁，于禁慚恨而死。

【注　釋】❶泰山　郡名。治所在今山東泰安東。❷鉅平　縣名。治所在今山東泰安南。❸鮑信　字允誠，泰山郡陽平（今山東新泰）人。東漢靈帝時任騎都尉。東漢獻帝初平元年（西元一九〇年），鮑信還鄉里，收徒眾二萬，與曹操同起兵，協助曹操討伐黃巾，曹操與袁紹表信為破虜將軍。後曹操又表信為濟北相。此後在一次與黃巾的戰鬥中，為救曹操而戰死。時年四十一歲。事詳本書卷十二〈鮑勛傳〉及裴注。❹太祖領兗州　即任兗州刺史。事在東漢初平三年（西元一九二年）。兗州，州名。治所在今山東金鄉西北。❺都伯　軍官名。即隊長。古代軍制五人為一伍，伍有伍長，二伍為一什，什有什長，什長上則為隊長。盧弼《三國志集解》引梁章鉅：「《通典・兵二》：『魏武軍令：伍長有不進者，什長殺之；什長有不進者，都伯殺之。』是都伯即隊長。」❻將軍王朗　據盧弼《三國志集解》，初平三年曹操領兗州刺史時，「尚未表王朗也。此時為將軍者，或別一王朗」。❼大將軍　盧弼《三國志集解》：「『軍』字疑衍。大將軍位次最高，豈此時之王朗所能荐乎？」❽廣威　縣名。治所在今江蘇沛縣東。❾須昌　縣名。治所在今山東東平西。❿壽張　縣名。治所在今山東東平西南。⓫定陶　縣名。治所在今山東定陶西北。⓬離狐　縣名。治所在今山東東明北。⓭劉辟黃邵　二人均為黃巾將領。⓮斬辟邵等　盧弼《三國志集解》引趙一清：「此傳之誤與〈武紀〉同。曹公破辟、邵在建安元年，而五年又云，汝南降賊劉辟叛，則此時邵死而辟降可知，不得云『斬辟、邵』也。」⓯平虜校尉　位次將軍，主征戰，「平虜」是加號。⓰舞陰　縣名。治所在今河南泌陽西北。⓱間行　潛行；走小路。⓲勒　約束；指揮。⓳青州兵　東漢初平三年（西元一九二年），曹操打敗青州黃巾，俘男女百餘萬口，降兵三十萬，收其精銳為兵，號青州兵。⓴淯水之難　此事發生在東漢建安二年。本書卷一〈武帝紀〉：「二年春正月，（曹）公到宛（今南陽）。張繡降，既而悔之，復反。公與戰，軍敗，為流矢所中，長子昂、弟子安民遇害。」

淯水，水名。一作「育水」。即今南陽白河。㉑穰　縣名。治所在今河南鄧州。㉒史渙　字公劉，少任俠，有雄氣。曹操初起兵時，即追隨曹操，代理中軍校尉，跟從曹操征伐，曾任監軍，甚被親信，轉任中郎將，東漢建安十四年（西元二〇九年）死。㉓選步騎　中華書局印本作「遣步卒」。㉔延津　津渡名。古代黃河流經今河南延津西北至滑縣以北一段，為重要渡口，總稱延津，歷代作戰常為行軍所經。㉕汲　縣名。治所在今河南汲縣西南。㉖保聚　軍隊聚集的營堡。保，通「堡」。㉗原武　縣名。治所在今河南原陽。㉘杜氏津　據盧弼《三國志集解》引謝鍾英說，在原武西北。㉙冀州　州名。治所在今河北臨漳西南。㉚遞行　輪流出戰。㉛後拒　後衛。㉜朱靈　字文博，清河（今河北清河縣東南）人，初為袁紹部將，後降曹操，因功官至後將軍，封高唐亭侯。參見本卷末所附朱靈事及裴注。㉝賷　帶著。㉞督　督軍。㉟左將軍　金印紫綬，位次上卿，與前、後、右三將軍同列，掌京師兵衛，四夷屯警。㊱假節鉞　比假節更重的禮遇。鉞，斧鉞，古代由軍中最高統帥所持，是最高統帥的象徵。《尚書．牧誓》載周武王伐紂曰：「王左杖黃鉞，右秉白旄以揮。」㊲霖　久雨。《左傳》隱公九年：「凡雨，自三日以往為霖。」㊳漢水　即今漢江，長江最長的支流。源出陝西西南，在湖北武漢入長江。㊴龐悳　字令明，南安貆道（今甘肅隴西）人，初為馬騰部下，後追隨馬騰之子馬超。曹操擊敗馬超，又隨馬超奔漢中投張魯。曹操平定漢中，龐悳降曹，拜立義將軍，後與曹仁屯守樊城，拒關羽，為關羽所殺。詳本書卷十八〈龐悳傳〉。㊵及　中華書局印本作「如」。㊶帝慰諭以荀林父句　荀林父，即中行桓子，字伯，春秋時期晉國執政，位上卿。晉景公三年（西元前五九七年），任中軍元帥，與楚大戰，因軍將不睦，被楚打敗，他請死，而晉景公復用之。後三年率軍取赤狄，建立功勳，景公賞賜他「狄臣千室」。孟明視，春秋時期秦將，百里奚之子，名視，字孟明。秦穆公三十三年（西元前六二七年），奉命與西乞術、白乙丙率師襲鄭，回師經崤（今河南三門峽市東南），為晉所襲，兵敗被俘，後被釋回，仍為穆公所重用。再度率師伐晉，又敗。後來整頓內政，終於戰勝晉軍。裴注引《魏書》所載當時文帝制書曰：「昔荀林父敗績於邲，孟明喪師於殽，秦、晉不替，使復其位。其後晉獲狄土，秦霸西戎，區區小國，猶尚若斯，而況萬乘乎？樊城之敗，水災暴至，非戰之咎，其復禁等官。」㊷安遠將軍　雜號將軍，主征戰。㊸高陵　曹操墓名。㊹恚　憤怒；怨恨。

【語　譯】于禁，字文則，泰山郡鉅平縣人。黃巾起兵時，鮑信招集兵眾，于禁歸附跟從了他。到了太祖兼任兗州刺史時，于禁和他的部下一起面見太祖被任命為都伯，隸屬將軍王朗。王朗驚異他不比凡人，向太祖推薦說于禁的才能可以擔任大將軍。太祖召見于禁與他談話，任他為軍司馬，派他率兵前往徐州，進攻廣威，攻下了它，官拜陷陣都尉。跟從太祖在濮陽征討呂布，另外率兵在城南攻破呂布的兩個營寨，又另率兵在須昌縣打敗了高雅。跟從太祖攻打壽張、定陶、離狐等縣，在雍丘圍攻張超，都攻克了它們。跟從太祖征伐黃巾劉辟、黃邵等人，駐紮在版梁，黃邵等夜間襲擊太祖的軍營，于禁率領部下打敗了他們，斬殺劉辟、黃邵等，使他們的部下全部投降。于禁升任平虜校尉。跟從太祖到苦縣圍攻橋蕤，斬殺橋蕤等四員將領。跟從太祖到宛縣，降服張繡。張繡又反叛，太祖與張繡作戰失利，軍隊被打敗，返回舞陰。當時軍隊混亂，各自抄小路尋找太祖，于禁獨自指揮他所率領的幾百人，且戰且退，即使有死傷也不離散。敵人追趕的速度稍稍慢了下來，于禁從容的整理隊形，擂鼓返回。尚未到達太祖的駐地，在路上看見十幾個人身受創傷赤身裸體的奔跑，于禁問他們原因，回答說：「遭到青州兵的劫掠。」當初，黃巾投降，號稱青州兵，太祖寬容他們，所以他們敢於劫掠。于禁大怒，號令他的部眾說：「青州兵同屬於曹公，而還要當賊嗎？」於是征討他們，歷數他們的罪行。青州兵急忙逃走前往太祖那裏告狀。于禁到了之後，先設立營壘，沒有立即去進見。有人對他說：「青州兵已經控訴你了，應當迅速前往曹公那裏申辯此事。」于禁說：「現在賊兵在後，不一定什麼時候就追到，不先做好防備，用什麼迎敵？而且曹公聖明，誣告又有什麼用！」從容的挖掘壕溝安紮營寨完畢，才進去進見太祖，詳細陳述當時的情況。太祖很高興，對于禁說：「淯水那場災難，我何其危急，將軍在混亂的時候能夠整頓軍隊，討伐暴徒，堅固營壘，有不可動搖的節操，即使古代的名將，也不能超過你！」於是記載于禁前後的功績，封他為益壽亭侯。又跟從太祖在穰縣攻打張繡，在下邳擒獲呂布，另與史渙、曹仁在射犬攻打眭固，打敗並斬殺了眭固。

2 太祖當初征伐袁紹，袁紹兵力強盛，于禁願意擔任先鋒，太祖讚賞他的壯勇，於是挑了步兵、騎兵二千人，讓于禁率領，駐守延津以抵禦袁紹，太祖帶兵返回官渡。劉備據守徐州反叛，太祖東征劉備。袁紹進攻于禁，于禁堅守，袁紹無法攻克。又與樂進等率領步兵和騎兵五千人，攻打袁紹其他的軍營，從延津西南沿著黃河到達汲縣和獲嘉兩縣，焚燒營堡三十多處，斬殺和俘虜的各有幾千人，使袁紹將領何茂、王摩等二十多人投降。太祖又派于禁另外率兵屯駐原武，在杜氏津攻打袁紹其他軍營，打敗了他們。于禁升任裨將軍，後來跟從太祖返回官渡。太祖與袁紹軍營相連，壘築土山相對峙。袁紹放箭射太祖軍營，士兵多有死傷，軍中恐懼。于禁督率士兵堅守土山，奮力作戰，士氣越來越昂揚。袁紹被打敗，于禁升任偏將軍。冀州被平定。昌豨再次反叛，太祖派于禁征討昌豨。于禁急速進兵攻打昌豨，昌豨與于禁有舊交，前往于禁那裏投降。將領們都認為昌豨已經投降了，應當送去面見太祖，于禁說：「諸位不知道曹公平常的命令嗎！圍攻後投降的不赦免。奉行法度執行命令，是侍奉上級的節操。昌豨雖然是我的舊友，我于禁難道可以喪失節操嗎！」便親自去和昌豨訣別，流淚斬了昌豨。當時太祖駐紮在淳于，聽見後而感嘆說：「昌豨不來見我而歸降于禁，難道不是命嗎！」從此更加器重于禁。東海郡平定後，任于禁為虎威將軍。後來同臧霸等攻打梅成，張遼、張郃等征討陳蘭。于禁到達，梅成率部眾三千多人投降。投降後又反叛，他的部下投奔陳蘭。張遼等與陳蘭僵持不下，軍糧缺少，于禁絡繹不絕的運輸軍糧，張遼終於斬殺陳蘭、梅成。給于禁增加食邑二百戶，加上以前的總計一千二百戶。當時，于禁與張遼、張郃、徐晃都是名將，曹操每當有征伐，總是讓他們輪替擔任前鋒部隊，回師時就擔任後衛；而于禁治軍嚴整，得到的敵軍財物，從不私自占有，因此獲得的賞賜特別優厚。然而于禁用法紀統御部下，不是很得士兵的歡心。太祖素來惱恨朱靈，想剝奪他的兵權。因為于禁威嚴持重，就派遣于禁率領幾十名騎兵，帶著令書，直接前往朱靈的軍營奪取他的兵權，朱靈和他的部下沒有敢動的；於是讓朱靈任于禁部下的督軍，兵眾都被懾服。于禁被人所畏憚就是這個樣子。于禁升任左將軍。給予假節鉞的優禮，從他的食邑中分出五百戶，封他的一個兒子為列侯。

3 建安二十四年，太祖在長安，派曹仁在樊城征討關羽，又派于禁協助曹仁。秋天，下起連綿大雨，漢水氾濫，平地水淹數丈，于禁等七軍都被淹沒。于禁與將領們登上高處觀察水勢，無處躲避，關羽乘大船逼近攻打于禁等人，于禁便投降了，只有龐悳不違節投降被殺死。太祖聽說後，哀嘆了好久，說：「我瞭解于禁三十年，哪裏想得到他面臨危難，反倒不如龐悳呢！」適逢孫權擒獲了關羽，俘虜了他的部下，于禁又歸屬了吳國。文帝即位，孫權稱臣，遣送于禁返回魏國。文帝接見于禁，于禁的鬍鬚頭髮都白了，容貌憔悴，流淚磕頭。文帝用荀林父、孟明視的舊事安慰他，任他為安遠將軍。文帝想派他出使吳國，先讓他前往北方的鄴縣拜謁高帝陵墓。文帝事先讓人在陵屋上畫關羽戰勝、龐悳憤怒、于禁投降關羽的情景。于禁看了，又羞又恨發病致死。于禁的兒子于圭繼承爵位。賜于禁諡號為厲侯。

1 張郃，字儁乂，河間❶鄚❷人也。漢末應募討黃巾，為軍司馬，屬韓馥❸。馥敗，以兵歸袁紹。紹以郃為校尉，使拒公孫瓚❹。瓚破，郃功多，遷寧國中郎將❺。太祖與袁紹相拒於官渡❻，紹遣將淳于瓊等督運屯烏巢❼，太祖自將急擊之。郃說紹曰：「曹公兵精，往必破瓊等；瓊等破，則將軍事去矣，宜急引兵救之。」郭圖曰：「郃計非也。不如攻其本營，勢必還，此為不救而自解也。」郃曰：「曹公營固，攻之必不拔，若瓊等見禽，吾屬盡為虜矣。」紹但遣輕騎救瓊，而以重兵攻太祖營，不能下。太祖果破瓊等，紹軍潰。圖慚，又更譖郃曰：「郃快軍敗，出言不遜。」郃懼，乃歸太祖❽。

2 太祖得郃甚喜，謂曰：「昔子胥❾不早寤，自使身危，豈若微子去殷、韓信歸漢邪❿？」拜郃偏將軍，封都亭侯。授以眾，從攻鄴，拔之。又從擊袁譚於渤海，別將軍圍雍奴，大破之。從⓫討柳城，與張遼俱為軍鋒，以功遷平狄將軍⓬。別征東萊⓭，討管承，又與張遼討陳蘭、梅成等，破之。從破馬超、韓遂於渭南⓮。

圍安定⑮，降楊秋⑯。與夏侯淵討鄜⑰賊梁興及武都氐⑱。又破馬超，平宋建。太祖征張魯，先遣郃督諸軍討興和氐王竇茂⑲。太祖從散關⑳入漢中，又先遣郃督步卒五千於前通路。至陽平㉑，魯降，太祖還，留郃與夏侯淵等守漢中，拒劉備。郃別督諸軍，降巴東、巴西㉒二郡，徙其民於漢中。進軍宕渠㉓，為備將張飛㉔所拒，引還南鄭㉕。拜盪寇將軍。劉備屯陽平，郃屯廣石㉖。備以精卒萬餘，分為十部，夜急攻郃。郃率親兵搏戰，備不能克。其後備於走馬谷㉗燒都圍㉘，淵救火，從他道與備相遇，交戰，短兵接刃。淵遂沒，郃還陽平。當是時，新失元帥，恐為備所乘，三軍皆失色。淵司馬郭淮㉙乃令眾曰：「張將軍，國家名將，劉備所憚；今日事急，非張將軍不能安也。」遂推郃為軍主。郃出，勒兵安陣，諸將皆受郃節度，眾心乃定。太祖在長安，遣使假郃節。太祖遂自至漢中，劉備保高山不敢戰。太祖乃引出漢中諸軍，郃還屯陳倉㉚。

3 文帝即王位，以郃為左將軍，進爵都鄉侯。及踐阼，進封鄚侯。詔郃與曹真㉛討安定盧水胡㉜及東羌，召郃與真並朝許宮，遣南與夏侯尚擊江陵。郃別督諸軍渡江，取洲㉝上屯塢㉞。明帝即位，遣南屯荊州，與司馬宣王㉟擊孫權別將劉阿等，追至祁口㊱，交戰，破之。諸葛亮㊲出祁山㊳。加郃位特進㊴，遣督諸軍，拒亮將馬謖[40]於街亭[41]。謖依阻南山，不下據城。郃絕其汲道，擊，大破之。南安、天水[42]、安定郡反應亮，郃皆破平之。詔曰：「賊亮以巴蜀之眾，當虓虎[43]之師。將軍被堅執銳，所向克定，朕甚嘉之。益邑千戶，並前四千三百戶。」司馬宣王治水軍於荊州，欲順沔[44]入江伐吳，詔郃督關中[45]諸軍往受節度。至荊州，會冬水淺，大船不得行，乃還屯方城[46]。諸葛亮復出，急攻陳倉，帝驛馬[47]召郃到京都。帝自幸河南城[48]，置酒送郃，遣南北軍士三萬及分遣武衛、虎賁[49]使衛郃，因問郃曰：「遲[50]將軍到，亮得無已得陳倉乎？」郃知亮縣軍[51]無穀，不能久攻，對曰：「比臣未到，亮已走矣；屈指計亮糧不至十日。」郃晨夜進至南鄭，亮退。詔郃還京都，拜征西車騎將軍[52]。

4 郃識變數[53]，善處營陣，料戰勢地形，無不如計，自諸葛亮皆憚之。郃雖武將而愛樂儒士，嘗薦同鄉卑湛[54]經明行修，詔曰：「昔祭遵[55]為將，奏置五經大夫[56]，居軍中，與諸生雅歌投壺[57]。今將軍外勒戎旅，內存國朝。朕嘉將軍之意，今擢湛為博士[58]。」

5 諸葛亮復出祁山，詔郃督諸將西至略陽[59]，亮還保祁山，郃追至木門[60]，與亮軍交戰，飛矢中郃右膝[61]，薨，諡曰壯侯。子雄嗣。郃前後征伐有功，明帝分郃戶，封郃四子列侯。賜小子爵關內侯。

【章　旨】以上是〈張郃傳〉，記述了張郃的主要戰績。他初從韓馥，後附袁紹。曹、袁官渡之戰後，歸隨曹操，先後討管承，伐陳蘭、梅成，征張魯，擊劉備屢立戰功。魏明帝時，諸葛亮出師祁山，張郃受命督率各軍，在街亭大敗蜀將馬謖，重挫諸葛亮的伐魏計劃。諸葛亮再次出兵祁山，張郃與蜀軍會戰木門（今甘肅天水市境），中飛矢而死。

【注　釋】❶河間　郡名。治所在今河北獻縣東南。❷鄚　縣名。治所在今河北任丘北。❸韓馥　字文節，潁川（今河南禹州）人。東漢末為御史中丞，董卓舉為冀州牧。初平元年，曾與袁紹等起兵討伐董卓。後在割據勢力的混戰中，敗於袁紹，投歸張邈，後自殺。❹公孫瓚　字伯珪，遼西令支（今河北遷安）人。以孝廉為郎。董卓進京，遷瓚為奮武將軍。封薊侯。董卓死後，獻帝遷瓚為前將軍。封易侯。後為袁紹所敗，自殺。❺寧國中郎將　武官名。為雜號中郎將之一。❻太祖與袁紹句　裴注引《漢晉春秋》載，當時張郃曾勸說袁紹曰：「公雖連勝，然勿與曹公戰也，密遣輕騎鈔絕其南，則兵自敗矣。」紹不從。❼烏巢　地區名。泛指烏巢澤及其周圍地區。在今河南延津東南。❽太祖果破瓊等八句　裴注：「案〈武紀〉及〈袁紹傳〉并云袁紹使張郃、高覽攻太祖營，郃等聞淳于瓊破，遂來降，紹眾于是大潰。是則緣郃等降而後紹軍壞也。至如此傳，為紹軍先潰，懼郭圖之譖，然後歸太祖，為參錯不同矣。」❾子胥　即伍子胥，名員，春秋時吳國大將，楚大夫伍奢次子。楚平王七年（西元前五二二年），伍奢被殺，伍子胥為躲避追殺經宋、鄭等國入吳。後幫助闔閭刺殺了吳王，奪取王位。又幫助闔閭整治軍隊，國勢日盛。不久攻破楚國，因功封於申，故又稱申胥。吳王夫差時，因多次勸諫王拒絕越國的求和並停止伐齊，引起夫差的不滿，漸被疏遠，後遭譖毀，被夫差賜劍自殺。詳《史記．伍子胥列傳》。❿豈若微子句　意謂張郃來歸是明智的抉擇。微子，名啟，一名開，商紂王的庶兄，封於微（今山東梁山縣西北）。因見商朝將亡，數諫紂王，王不聽，遂出走。武王滅商時，向周乞降，後被封於宋，成為宋國的始祖。韓信，淮陰（今江蘇淮陰西南）人，初屬項羽，不被信用，遂歸劉邦，被任為大將。楚漢戰爭時，幫助劉邦打敗項羽，立下重大功勳，被封為齊王。漢王朝建立後，改封為楚王。後有人告他謀反，降封為淮陰侯。又被告謀反，為呂后設計所殺。詳《史記．淮陰侯列傳》。⓫從　原作「後」。《三國志集解》云：

「宋本『後』作『從』。」今從宋本。⑫平狄將軍　雜號將軍，主征戰，盧弼《三國志集解》引洪飴孫：「平狄將軍一人，第三品。」⑬東萊　郡名。治所在今山東龍口東。⑭從破馬超句　跟隨曹操在渭南打敗馬超、韓遂。馬超，字孟起，扶風茂陵（今陝西興平東北）人，出身涼州豪強家庭，東漢末隨父親馬騰起兵，後領父部屬。建安十六年（西元二一一年）攻曹操，在潼關為曹操所敗，還據涼州，後為楊阜所逐，因率兵依附於張魯，繼而歸劉備，蜀漢建立，任驃騎將軍，領涼州牧。蜀漢章武二年（西元二二二年）死，時年四十七歲。詳本書卷三十六〈馬超傳〉。韓遂，字文約，金城（今甘肅永靖）人。靈帝時，投歸北宮伯玉、李文侯，後殺害伯玉、文侯，擁兵十萬，與馬騰推漢陽人王國為主，旋又廢王國，與馬騰割據涼州。獻帝時，聯合馬超等率兵反對曹操，被擊敗，建安二十年（西元二一五年），被部屬殺害。參見本書卷一〈武帝紀〉。⑮安定　郡名。治所在今甘肅鎮原東南。⑯楊秋　人名。時割據關中。據本書卷一〈武帝紀〉載，東漢建安十六年（西元二一一年）「冬十月，軍自長安北征楊秋，圍安定。秋降。」⑰鄜　縣名。治所在今陝西洛川縣東南。⑱武都氐　居於武都的氐人。武都，縣名。治所在今甘肅西和西南，亦為武都郡治所所在。氐，氐族，東漢末氐族首領楊駒率其部族徙居武都。⑲先遣郃督諸軍句　本書卷一〈武帝紀〉載建安二十年（西元二一五年）「夏四月，公自陳倉出散關，至河池。氐王竇茂眾萬餘人，恃險不服，五月，公屠之」。興和氐，指居住於河池（今甘肅徽縣西北）一帶的氐族。竇茂，氐族的首領。⑳散關　在陝西寶雞西南大散嶺上，當秦嶺咽喉，扼川陝間交通孔道，為古代軍事必爭之地。㉑陽平　關名。在漢中褒城西北。㉒巴東巴西　巴東巴西二郡。巴東，郡名。治所在今重慶市奉節東。巴西，郡名。治所在今四川閬中。㉓宕渠　縣名。治所在今四川渠縣東北。㉔張飛　字益德，涿郡（今河北涿縣）人，東漢末年從劉備起兵。曹操取荊州，劉備敗於長坂（今湖北當陽東北），他率兵拒戰，曹軍不敢接近，後隨劉備取益州，任車騎將軍。當時與關羽同稱「萬人敵」。蜀漢章武元年（西元二二一年），跟隨劉備攻吳，臨行前，為部將刺死。詳本書卷三十六〈張飛傳〉。㉕南鄭　縣名。今屬陝西。㉖廣石　地名。在今陝西勉縣境，與陽平關相近。㉗走馬谷　盧弼《三國志集解》引謝鍾英：「時先主（劉備）南渡河水擊（夏侯）淵於定軍山，走馬谷疑即定軍山之谷。」㉘都圍　指都督營帳周圍的營壘，時夏侯淵為都督。㉙郭淮　字伯濟，太原陽曲（今山西陽曲）人。建安中舉孝廉，後為丞相曹操兵曹議令史，從征漢中。曹操回軍，留夏侯淵拒劉備，以郭淮為夏侯淵屬下司馬。夏侯淵死後，復為張郃司馬。高貴鄉公曹髦正元二年（西元二五五年）死。詳見本書卷二十六〈郭淮傳〉。㉚陳倉　縣名。治所在今陝西寶雞東。㉛曹真　字子丹，曹操的族子，為曹操所收養。以征孫權有功，轉拜大將軍，加給事中。明帝即位，遷大將軍。後遷大司馬，賜劍履上殿，入朝不趨。魏明帝太和二年（西元二二八年）死。詳本書卷九〈曹真傳〉。㉜盧水胡　匈奴的一支，盧水是地名，胡指匈奴，約分布於張掖（今屬甘肅）、安定（今甘肅鎮原西）等地。本書卷十五〈張既傳〉：「文帝即王位，初置涼州，……涼州盧水胡依健妓妾、治元多等反，河西大擾。」㉝洲　據盧弼《三國志集解》引胡三省說，即百里洲。又引謝鍾英：「百里洲在今荊州府江陵縣城（即今湖北江陵）西南大江中，周廣百里。」㉞塢　構築在村落外圍作為屏障的土堡。㉟司馬宣王　即司馬懿，字仲達，河內溫縣（今河南溫縣）人，出身士族。魏明帝時，任大將軍，為魏重臣。曹芳即位，他和曹爽接受遺詔輔政。嘉平元年（西元二四九年）殺曹爽，專國政。死後，其子司馬師、司馬昭相繼掌權，至其孫司馬炎代魏稱帝，建立晉朝，晉初追尊司馬懿為宣王，後又上尊號曰宣帝。詳《晉書·宣帝紀》。㊱祁口　地名。祁水與夷水匯合處，在今湖北宜城西。㊲諸葛亮　字孔明，琅邪陽都（今山東沂南南）人。輔佐劉備占領荊、益，建立蜀漢政權。劉備稱帝，任丞相。蜀漢建興元年（西元二二三年），劉禪即位，政事無論大小，都由他定奪。曾六出祁山擊魏，爭奪中原。建興十二年（西元二三四年），與司馬懿在渭南相拒，病死於五丈原軍中。詳本書卷三十五〈諸葛亮傳〉。㊳祁山　在今甘肅西和東北。蜀漢在山上築城，極為堅固，為軍事要地。㊴特進　官名。西漢末始置，以授列侯中有特殊地位者，得自辟僚屬。㊵馬謖　字幼常，襄陽宜城（今湖北宜城南）人。以好論軍事，為諸葛亮所器重。蜀漢建興六年（西元二二八年），諸葛亮攻魏，他被任命為前鋒，違反節制，敗於街亭，下獄死，時年三十九歲。詳本書卷三十九〈馬謖傳〉。㊶街亭　地名。在今甘肅莊浪東南。㊷南安天水　南安天水二郡。南安，治所在今甘肅隴西渭水東岸。天水，治所在今甘肅甘谷東南。㊸虓虎　咆哮怒吼的老虎。形容軍隊的勇猛。㊹沔　沔水，即漢水。㊺關中　地區名。泛指函谷關以西地區或秦嶺以北之地。㊻方城　縣名。治所在今河南方城。㊼驛馬　驛指驛站，古代供應遞送公文的人或來往官員暫住和交換馬匹的住所。驛馬，指驛站供應的馬，供傳遞公文的人或來往的官員使用。㊽河南城　即春秋時所謂的王城，戰國時改建為河南城，在今河南洛陽王城公園一帶。㊾武威虎賁　均屬皇帝近衛部隊。威，宋本作「衛」。㊿遲　等待。(51)縣軍　謂孤軍深入，糧草及後援不繼，軍勢若懸。縣，同「懸」。(52)征西車騎將軍　車騎將軍，位三品，主征戰。征西是車騎將軍的加號。(53)變數　事物發展變化的規律。(54)臯湛　人名。魏明帝太和年間（西元二二八—二三三年）為博士。盧弼《三國志集解》引何焯校：「臯」作「畢」。(55)祭遵　字弟孫，潁川潁陽（今河南襄城）人，少好經書。劉秀破王尋過潁陽，召為門下吏，執法嚴正。後因軍功，封潁陽侯。屢建戰功，東漢建武六年（西元三〇年）死於軍中，死後博士范升上疏贊祭遵，疏文中道：「遵為將軍，取士皆用儒術，對酒設樂，必雅歌投壺。又建為孔子立後，奏置五經大夫。雖在軍旅，不忘俎豆，可謂好禮悅樂，死守善道者也。」詳《後漢書·祭遵列傳》。(56)五經大夫　以通曉五經者為大夫。五經，指《詩經》、《尚書》、《儀禮》、《春秋》、《易經》。(57)與諸生雅歌投壺　與儒生們一同彈唱雅歌，以投壺為戲。雅歌指符合儒家禮樂標準的樂歌。雅，正。歌，樂。投壺，既是一種古禮，也是一種遊戲。其法是在一定距離外設一壺，用矢投入壺中，投中多者即為優勝，負者則罰飲酒。(58)博士　學官名。掌經學傳授，兼備顧問。(59)略陽　縣名。治所在今甘肅張家川回族自治縣西北。(60)木門　山谷名。在今甘肅天水市西南。(61)飛矢中郃右膝　裴注引《魏略》載此事云：「亮軍退，司馬宣王使郃追之，郃曰：『軍法，圍城必開出路，歸軍勿追。』宣王不聽。郃不得已，遂進。蜀軍乘高布伏，弓弩亂發，矢中郃髀。」又《御覽》卷二九一引《漢末傳》：「丞相亮出軍圍祁山，夏六月，亮糧盡，軍還，至於青封木門，郃追之。亮駐軍，削大樹皮題曰『張郃死於此樹下』，豫令兵夾道，以數千弩弓備之。郃果目見，千弩俱發，射郃而死。」

【語　譯】張郃，字儁乂，河間郡鄚縣人。東漢末年應募討伐黃巾軍，任軍司馬，隸屬韓馥。韓馥失敗，率軍歸附袁紹。袁紹任張郃為校尉，派他抵禦公孫瓚。公孫瓚被擊敗，張郃的功勞居多，升任寧國中郎將。太祖與袁紹在官渡對峙，袁紹派將領淳于瓊等督運糧草，駐紮在烏巢，太祖親自率兵閃電攻擊烏巢。張郃勸袁紹說：「曹公的軍隊精銳，前往烏巢一定會打敗淳于瓊等人；淳于瓊等人一敗，那麼將軍的大業就完了，應當迅速率軍救援烏巢。」郭圖說：「張郃的計謀不對啊。不如進攻曹公的大本營，曹公勢必回軍救援，這樣就算不救援，烏巢之圍也會自然解除。」張郃說：「曹公營壘堅固，攻打它肯定不能攻克，如果淳于瓊等人被擒獲，我們全都將被俘虜了。」袁紹只派遣輕騎兵救援淳于瓊，而用重兵攻打太祖軍營，不能攻克，太祖果然打敗了淳于瓊等人，袁紹的軍隊潰敗。郭圖感到慚愧，另又誣陷張郃說：「張郃對於軍隊失敗感到高興，出言不遜。」張郃恐懼，於是歸附了太祖。

2 太祖得到張郃非常高興，對張郃說：「從前伍子胥不早覺悟，自己使自己身陷危難，哪裏比得上微子離開殷朝、韓信歸附漢王呢？」任張郃為偏將軍，封為都亭侯。授給他兵眾，跟隨太祖進攻鄴縣，攻克鄴縣又隨從太祖在渤海攻打袁譚，另率軍隊圍攻雍奴，大敗敵人。跟隨太祖征討柳城，與張遼都擔任軍隊的前鋒，憑藉戰功升任平狄將軍。另外出征東萊，討伐管承，又與張遼征討陳蘭、梅成等，打敗了他們。跟隨太祖在渭南打敗馬超、韓遂。圍攻安定，降服楊秋。與夏侯淵征討鄜縣賊寇梁興以及武都氐人。又打敗馬超，平定宋建。太祖征討張魯，先派張郃督率各軍討伐興和氐人王竇茂。太祖從散關進入漢中，又先派張郃督率五千士卒在前面開路。到達陽平關，張魯投降，太祖返回，留張郃同夏侯淵等人駐守漢中，抵禦劉備。張郃另外督率各軍，降服巴東、巴西二郡，把二郡的民眾遷徙到漢中。張郃進軍宕渠，被劉備的大將張飛阻擋，率軍返回南鄭。任盪寇將軍。劉備屯駐陽平關，張郃屯駐廣石，劉備用精兵一萬多人，分為十部，夜間急攻張郃。張郃率領親兵奮力作戰，劉備不能攻克。之後劉備在走馬谷火燒夏侯淵的營壘，夏侯淵救火，在另外的道路上與劉備相遇，雙方交戰，短兵相接。夏侯淵戰死，張郃返回陽平關。在這個時候，曹軍剛剛失去主帥，恐怕被劉備乘機攻擊，三軍都驚慌失色。夏侯淵的司馬郭淮便下令部眾說：「張將軍，是國家的名將，劉備所害怕的人；現在事況緊急，沒有張將軍不能安定軍心。」於是推舉張郃為軍中主帥。張郃出來，整治隊伍，安定軍陣，將領們都接受張郃的指揮調度，軍心這才安定下來。太祖在長安，派使者送來符節給張郃。太祖便親自來到漢中，劉備據守高山不敢出戰。太祖於是帶領各軍退出漢中，張郃返回駐守陳倉。

3 文帝即魏王位，任命張郃為左將軍，進封爵位為都鄉侯。到了文帝即帝位，進封張郃為鄚侯。詔令張郃與曹真討伐安定郡盧水胡和東羌，召張郃與曹真一起到許昌宮中朝見，派他們南去與夏侯尚攻打江陵。張郃另外督率各軍渡江，攻取百里洲上的村落土堡。明帝即位，派張郃南去屯駐荊州，與司馬宣王攻打孫權的別將劉阿等，追擊到祁口，雙方交戰，打敗了敵人。諸葛亮兵出祁山，明帝加授張郃為特進，派他督率各軍，在街亭抵禦諸葛亮的將領馬謖。馬謖據守南山，不下來守城。張郃斷絕他們取水的道路，發起攻擊，大敗馬謖。南安、天水、安定三郡反叛而響應諸葛亮，張郃都打敗平定了他們。明帝下詔書說：「賊寇諸葛亮借助巴蜀的士卒，抵擋我們如怒吼之虎一般勇猛的軍隊。將軍身披堅固的鎧甲，手持銳利的武器，兵鋒所向，戰勝敵人，城邑平定，朕十分讚賞。增加食邑一千戶，加上以前的總計四千三百戶。」司馬宣王在荊州訓練水軍，打算順沔水進入長江討伐吳國，明帝下詔命令張郃督率關中各軍前往接受調度。到達荊州，適逢冬天水淺，大船不能行進，於是返回屯駐在方城。諸葛亮又出兵，急攻陳倉，明帝派驛馬傳命召張郃到京都。明帝親自到河南城，擺設酒宴送行張郃，調遣南北軍士三萬給張郃，又分別派遣武威、虎賁保護張郃。明帝就此問張郃說：「等將軍趕到，諸葛亮該不會已經攻取了陳倉吧？」張郃知道諸葛亮孤軍遠征沒有糧草，不能久攻，便回答說：「不等臣趕到，諸葛亮就已經撤兵了；屈指計算一下諸葛亮的軍糧不夠吃十天的。」張郃日夜兼程進軍到南鄭，諸葛亮已經撤退。明帝詔命張郃返回京都，任命他為征西車騎將軍。

4 張郃了解事物發展變化的規律，善於布兵設陣，料知戰爭的形勢和地形，結果往往沒有不符合計劃的，從諸葛亮以下的蜀將都忌憚他。張郃雖然是武將卻喜歡儒學之士，曾經推薦他的同鄉卑湛精通經學，操行修美，明帝下詔說：「從前祭遵為將帥，奏請朝廷設置五經大夫，居身軍中，與儒生們彈唱雅歌、投壺遊戲。今將軍在外統帥軍隊，內心存念國家朝廷。我十分讚賞將軍的想法，現拔擢卑湛為博士。」

5 諸葛亮再次出兵祁山。明帝詔令張郃督率將領們向西進軍到達略陽，諸葛亮回軍守衛祁山。張郃追到木門谷，與諸葛亮軍隊交戰，流箭射中張郃右膝，去世，謚號壯侯。兒子張雄繼承爵位。張郃前後征伐立有軍功，明帝命分出張郃食邑的民戶，封給張郃的四個兒子為列侯。賜張郃的小兒子爵位為關內侯。

1 徐晃，字公明，河東楊❶人也。為郡吏，從車騎將軍楊奉❷討賊有功，拜騎都尉。李傕、郭汜❸之亂長安也，晃說奉，令與天子還洛陽，奉從其計。天子渡河至安邑，封晃都亭侯。及到洛陽，韓暹、董承日爭鬬❹，晃說奉令歸太祖；奉欲從之，後悔。太祖討奉於梁❺，晃遂歸太祖。

2 太祖授晃兵，使擊卷❻、原武❼賊，破之，拜裨將軍。從征呂布，別降布將趙庶、李鄒等。與史渙❽斬眭固於河內❾。從破劉備，又從破顏良，拔白馬❿，進至延津，破文醜，拜偏將軍。與曹洪⓫擊㶏彊⓬賊祝臂，破之，又與史渙擊袁紹運車於故市[13]，功最多，封都亭侯。太祖既圍鄴，破邯鄲，易陽[14]令韓範偽以城降而拒守，太祖遣晃攻之。晃至，飛矢城中，為陳成敗。範悔，晃輒降之。既而言於太祖曰：「二袁[15]未破，諸城未下者傾耳而聽，今日滅易陽，明日皆以死守，恐河北無定時也。願公降易陽以示諸城，則莫不望風。」太祖善之。別討毛城[16]，設伏兵掩擊，破三屯。從破袁譚於南皮，討平原叛賊[17]，克之。從征蹋頓，拜橫野將軍[18]。從征荊州，別屯樊，討中廬[19]、臨沮[20]、宜城[21]賊。又與滿寵[22]討關羽於漢津，與曹仁擊周瑜[23]於江陵。十五年，討太原反者[24]，圍大陵[25]，拔之，斬賊帥商曜。韓遂、馬超等反關右[26]，遣晃屯汾陰[27]以撫河東，賜牛酒，令上先人墓[28]。太祖至潼關[29]，恐不得渡，召問晃。晃曰：「公盛兵於此，而賊不復別守蒲坂[30]，知其無謀也。今假臣[31]精兵渡蒲阪津[32]，為軍先置，以截其裏，賊可擒也。」太祖曰：「善。」使晃以步騎四千人渡津。作塹柵未成，賊梁興夜將步騎五千餘人攻晃，晃擊走之，太祖軍得渡。遂破超等，使晃與夏侯淵平隃麋[33]、汧[34]諸氐，與太祖會安定。太祖還鄴，使晃與夏侯淵平鄜、夏陽[35]餘賊，斬梁興，降三千餘戶。從征張魯。別遣晃討攻櫝、仇夷諸山氐，皆降之。遷平寇將軍。解將軍張順圍。擊賊陳福等三十餘屯，皆破之。

3 太祖還鄴，留晃與夏侯淵拒劉備於陽平。備遣陳式等十餘營絕馬鳴閣道㊱，晃別征破之，賊自投山谷，多死者。太祖聞，甚喜，假晃節，令曰：「此閣道，漢中之險要咽喉也。劉備欲斷絕外內，以取漢中。將軍一舉，克奪賊計，善之善者也。」太祖遂自至陽平，引出漢中諸軍。復遣晃助曹仁討關羽，屯宛。會漢水暴溢㊲，于禁等沒。羽圍仁於樊，又圍將軍呂常於襄陽。晃所將多新卒，以羽難與爭鋒，遂前至陽陵陂㊳屯。太祖復還㊴，遣將軍徐商、呂建等詣晃，令曰：「須兵馬集至，乃俱前。」賊屯偃城㊵。晃到，詭道作都塹，示欲截其後，賊燒屯走。晃得偃城，兩面連營，稍前，去賊圍三丈所。未攻，太祖前後遣殷署㊶、朱蓋等凡十二營詣晃。賊圍頭㊷有屯，又別屯四冢。晃揚聲當攻圍頭屯，而密攻四冢。羽見四冢欲壞，自將步騎五千出戰，晃擊之，退走，遂追陷與俱入圍，破之，或自投沔水死。太祖令曰：「賊圍塹鹿角㊸十重，將軍致戰全勝，遂陷賊圍，多斬首虜。吾用兵三十餘年，及所聞古之善用兵者，未有長驅徑入敵圍者也。且樊、襄陽之在圍，過於莒、即墨㊹，將軍之功，踰孫武㊺、穰苴㊻。」晃振旅還摩陂，太祖迎晃七里，置酒大會。太祖舉卮㊼酒勸晃，且勞之曰：「全樊、襄陽，將軍之功也。」時諸軍皆集，太祖案行諸營，士卒咸離陣觀，而晃軍營整齊，將士駐陣不動。太祖歎曰：「徐將軍可謂有周亞夫㊽之風矣。」

4 文帝即王位，以晃為右將軍，進封逯鄉侯。及踐阼，進封楊侯㊾。與夏侯尚討劉備於上庸㊿，破之。以晃鎮陽平，徙封陽平侯。明帝即位，拒吳將諸葛瑾(51)於襄陽。增邑二百，并前三千一百戶。病篤，遺令斂以時服。

5 性儉約畏慎，將軍常遠斥候(52)，先為不可勝，然後戰，追奔爭利，士不暇食。常歎曰：「古人患不遭明君，今幸遇之，當以功自效，何用私譽為！」終不廣交援。太和元年薨，謚曰壯侯。子蓋嗣。蓋薨，子霸嗣。明帝分晃戶，封晃子孫二人列侯。

【章　旨】以上是〈徐晃傳〉，載錄徐晃的軍功戰績。徐晃初從楊奉，為騎都尉。歸順曹操後，一直追隨左右，攻城略地，戰功卓著。他向陳範分析利弊，招降陳範；又率軍打敗袁譚，征討關羽，斬殺梁興，降服山氏。本卷對著名的樊城之戰記述較詳。曹仁討伐關羽，被圍樊城，徐晃憑藉他的大智大勇，死戰破敵，使曹軍轉危為安。對此，曹操大為誇讚，說是他用兵三十餘年所未見。

【注　釋】❶河東楊　河東郡楊縣。河東，郡名。治所在今山西夏縣西北。楊，縣名。治所在今山西洪洞東南。❷楊奉　原為李傕部將，曾挾持獻帝都安邑，把持朝政。後因饑災缺糧，又挾天子回洛陽。東漢建安元年（西元一九六年），曹操迎獻帝都許昌，楊奉出奔，後為劉備所殺。參見本書卷六〈董卓傳〉。❸郭汜　原為董卓校尉，董卓死後，李傕攻陷長安，郭汜為後將軍，與李傕等把持朝政。後又與李傕為爭權而廝殺於長安城外，相攻數月，死者數萬。東漢建安二年（西元一九七年），為部下所殺。詳見本書卷六〈董卓傳〉。❹韓暹董承日爭鬬　韓暹、董承天天爭鬥。韓暹，原為河東故白波帥，楊奉挾獻帝往洛陽而遭李傕、郭汜追擊時，他受楊奉之命而以兵助之，後挾獻帝都安邑，又還都洛陽。曹操迎獻帝都許昌後，他與楊奉皆出奔，後為劉備所殺。詳見本書卷六〈董卓傳〉。董承，原為董卓部將，董卓死後，李傕、郭汜爭鬥長安，他與楊奉共挾獻帝先後都安邑、洛陽。曹操迎獻帝都許昌，他歸從曹操，一年後被曹操所殺。詳見本書卷六〈董卓傳〉。❺太祖討奉於梁　據本書卷一〈武帝紀〉載，曹操迎獻帝都許昌後，「(楊)奉別屯梁」。梁，縣名。在今河南臨汝。❻卷　縣名。治所在今河南原陽西。❼原武　縣名。治所在今河南原陽北。❽史渙　字公劉，少任俠，有雄氣，曹操初起兵，以客從，代理中軍校尉，跟從曹操征伐，甚見親信，東漢建安十四年（西元二〇九年）死。❾河內　郡名。治所在今河南武陟西南。❿白馬　縣名。治所在今河南滑縣東。⓫曹洪　字子廉，沛國譙（今安徽亳州）人，曹操的堂弟。東漢末年，從曹操起兵，曹操為董卓部將徐榮所破，他又將家兵千餘人並募兵數千人，使曹軍復振。後又從張邈、呂布，官至驃騎將軍，位特進，封都伯侯。魏明帝太和六年（西元二三二年）死。詳本書卷九〈曹洪傳〉。⓬㶏彊　縣名。治所在今河南臨潁東。⓭故市　地名。在今河南延津境。⓮易陽　縣名。治所在今河北永年西。⓯二袁　指袁譚、袁尚。⓰毛城　據《三國志・武帝紀》建安九年盧弼《三國志集解》引《一統志》說，毛城「即毛嶺，在涉縣（今屬河北）西四十五里」，「〈徐晃傳〉『別討毛城』即此」。⓱平原叛賊　指袁譚及其部下。袁紹死後，其子袁譚、袁尚爭權。東漢建安八年（西元二〇三年），二袁相攻，袁譚敗平原，求救於曹操，曹操救袁譚，袁尚敗走，袁譚又據平原叛曹。平原，郡名。治所在今山東平原西南。⓲橫野將軍　雜號將軍之一，主征戰。⓳中廬　縣名。治所在今湖北襄樊西南。⓴臨沮　縣名。治所在今湖北安遠西北。㉑宜城　縣名。治所在今湖北宜城南。㉒滿寵　字伯寧，山陽昌邑（今山東巨野）人。東漢建安十三年（西元二〇八年），從曹操征荊州，大軍還後留寵屯當陽。關羽圍攻城時，因助曹仁守城有功，封安昌亭侯。曹丕即魏王位，因功拜前將軍。魏太和二年（西元二二八年），領豫州刺史。後在與孫吳的戰鬥中屢建戰功。詳本書卷二十六〈滿寵傳〉。㉓周瑜　字公瑾，廬江舒縣（今安徽廬江縣西南）人。出身士族，少與孫策為友，助策在江東創立孫吳政權。策死，與張昭同輔孫權，任前部大都督。東漢建安十三年（西元二〇八年），曹操率軍南下，他親自率吳兵大敗曹兵於赤壁。詳本書卷五十四〈周瑜傳〉。㉔十五年二句　盧弼《三國志集解》引錢大昕云：「此事〈武紀〉在十六年，〈夏侯淵傳〉在十七年之前，『五』字疑誤。」〈武帝紀〉建安十六年云：「太原商曜等以大陵叛。」㉕大陵　縣名。〈武帝紀〉建安十六年盧弼《三國志集解》引《一統志》：「大陵故城，今山西太原府文水縣東北二十五里。」㉖關右　地區名。即關西。㉗汾陰　縣名。治所在今山西萬榮西南。㉘賜牛酒二句　徐晃是河東郡人，故軍至河東，令其上先人（即祖先）墓，這是曹操給予徐晃的一種優禮。㉙潼關　關名。在陝西潼關北，古為桃林塞地，東漢末設潼關，當陝西、山西、河南三省要衝。㉚蒲坂　縣名。治所在今山西永濟西。㉛臣　盧弼《三國志集解》：「《史記・項羽本紀》沛公與項伯語、與項羽語皆稱臣。」漢代下之於上輒稱臣，徐晃沿用舊時習慣。㉜蒲阪津　指蒲坂縣西邊的黃河渡口。㉝隃糜　縣名。治所在今陝西千陽東。㉞汧　縣名。治所在今陝西隴西南。㉟夏陽　縣名。治所在今陝西韓城南。㊱馬鳴閣道　盧弼《三國志集解》：「《郡國志》益州廣漢郡葭萌，……有馬鳴閣。在今四川保寧府昭化縣北百里。」昭化，舊縣名。在四川省北部，西元一九五九年併入廣元縣，《三國志集解》又引潘眉說，云馬鳴閣道即褒斜棧道。㊲溢　中華書局本誤作「隘」。㊳陽陵陂　在今湖北襄樊境。㊴還　盧弼《三國志集解》：「『還』疑為衍。」㊵偃城　《讀史方輿紀要》卷七十九云，在襄陽府（今屬湖北襄樊）城北五里。㊶殷署　時為曹操平難將軍，詳見本書卷二十三〈趙儼傳〉。㊷圍頭　及下文「四冢」，盧弼《三國志集解》引謝鍾英：「皆與樊城（今屬湖北襄樊）相近。」㊸鹿角　軍事上的防禦設備，形似鹿角，用帶枝杈的樹木植在地上，以阻止敵人的行進。㊹過於莒即墨　莒，邑名。在今山東莒縣，周時為莒國，西元前四三一年為楚國所滅，後屬齊國。即墨，縣名。治所在今山東平度東南，戰國時期屬於齊國。西元前二八四年，燕國將樂毅攻齊，大破齊國，連拔七十餘城，唯莒與即墨不下。西元前二七九年，田單在即墨用火牛陣大敗燕軍，又盡復齊地。事詳《史記・樂毅列傳》及〈田單列傳〉。㊺孫武　字長卿，春秋時期軍事家，齊國人。曾以《兵法》十三篇見吳國闔閭，被任為將，率吳軍攻破楚國。著有《孫子兵法》。詳《史記・孫子吳起列傳》。㊻穰苴　即司馬穰苴，春秋時齊國大夫，田氏，名穰苴，官司馬，深通兵法，曾奉齊景公之命擊退晉、燕軍隊，收復失地。戰國時齊威王命人整理古司馬兵法，並把他的兵法附在裏面，稱為《司馬穰苴兵法》。詳見《史記・司馬穰苴列傳》。㊼卮　古代的一種盛酒器。㊽周亞夫　西漢名將，沛縣（今江蘇沛縣）人，周勃之子，初封條侯。文帝時，匈奴進攻漢境，他以河內守任為將軍，防守細柳（今陝西咸陽西南），軍令嚴整。景帝時，任太尉，平定吳楚七國之亂，遷為丞相。詳《漢書・周勃傳》附〈周亞夫傳〉。㊾楊侯　封於楊縣為侯。按：徐晃為河東楊縣人，故封以本縣為侯。㊿上庸　縣名。治所在今湖北竹山縣西南。[51]諸葛瑾　字子瑜，琅邪陽都（今山東沂南南）人，諸葛亮之兄。東漢末移居江南，受到孫權禮遇，任長史。後以綏南將軍代呂蒙為南郡太守，率軍駐公安（今湖北公安）。孫權稱帝後，官至大將軍。赤烏四年（西元二四一年）死，享年六十八歲。詳本書卷二十八〈諸葛瑾傳〉。[52]斥候　哨兵。

【語　譯】徐晃，字公明，河東郡楊縣人。擔任郡吏，隨從車騎將軍楊奉討伐賊寇有功，被任命為騎都尉。李傕、郭汜二人禍亂長安時，徐晃勸說楊奉，讓他與天子返回洛陽，楊奉聽從了他的計謀。天子渡過黃河到達安邑，封徐晃為都亭侯。等到到了洛陽，韓暹、董承天天爭鬥，徐晃勸說楊奉歸附太祖；楊奉想要聽從他，卻又後悔。太祖在梁縣討伐楊奉，徐晃便歸附了太祖。

2 太祖給予徐晃兵眾，派他去攻打卷縣、武原縣的賊寇，打敗了他們，任裨將軍。跟隨太祖征伐呂布，另率兵降服了呂布的將領趙庶、李鄒等。與史渙在河內斬殺了眭固。跟隨太祖打敗劉備，又跟隨太祖打敗顏良，攻取了白馬縣，進軍到延津，打敗文醜，任偏將軍。與曹洪攻打㶏縣強寇祝臂，打敗了祝臂，又與史渙在故市攻擊袁紹的運輸車隊，功勞最多，封為都亭侯。太祖包圍鄴城之後，攻克邯鄲，易陽縣令韓範舉城詐降而抵抗堅守，太祖派徐晃攻打他。徐晃到達後，飛箭傳書射入城中，向韓範陳述成敗的利弊得失。韓範後悔，徐晃就招降了他。不久徐晃對太祖說：「袁譚、袁尚尚未打敗，尚未攻破的各城都側耳傾聽，今天滅掉易陽，明天其他城池都會死守，恐怕黃河以北沒有平定的時候了。希望您招降易陽，以此向各城宣示，那就沒有不望風降服的了。」太祖認為他說得對。另派徐晃討伐毛城，徐晃預設伏兵發起突襲，攻破三處軍營。隨從太祖在南皮打敗袁譚，征討平原縣叛賊，攻克了叛賊。跟隨太祖征伐蹋頓，官拜橫野將軍。跟隨太祖征伐荊州，另率軍屯駐樊城，討伐中廬、臨沮、宜城賊寇。又與滿寵在漢津征討關羽，與曹仁在江陵攻打周瑜。建安十五年，討伐太原反叛者，圍攻大陵，攻克大陵，斬了叛賊頭目商曜。韓遂、馬超等在關右反叛，太祖派遣徐晃屯駐在汾陰，安撫河東郡，賜給徐晃牛和酒，讓他去祭奠祖先墓冢。太祖到達潼關，擔心不能渡過黃河，召徐晃來詢問。徐晃說：「您布重兵在這裏，而賊寇不再另守蒲阪，可知他們缺乏謀略。現在給我精兵從蒲坂津渡河，當大軍的先鋒，以截擊敵人後方，賊兵就可擒獲了。」太祖說：「好。」派徐晃率步兵和騎兵四千人渡過蒲坂津。挖塹壕設柵欄尚未完成，賊寇梁興夜裏率領步兵和騎兵五千多人攻擊徐晃，徐晃把他們打跑了，太祖大軍得以渡過黃河。於是打敗了馬超等人，派徐晃與夏侯淵平定隃麋縣、汧縣各部氐人，與太祖會師安定。太祖返回鄴城，派徐晃與夏侯淵平定鄜縣、夏陽等地的殘餘賊寇，斬殺了梁興，招降三千多戶。跟隨太祖征伐張魯。另派徐晃討伐櫝、仇夷一帶的各部山氐，都降服了他們。徐晃升任平寇將軍。解了將軍張順的被圍。攻打賊寇陳福等三十多處軍營，都攻克了。

3 太祖返回鄴城，留徐晃與夏侯淵在陽平抵禦劉備。劉備派陳式等十多營兵馬阻斷馬鳴閣道，徐晃另去征討打敗了他們，賊寇自己跳下山谷，多有死亡。太祖聽到此事，十分高興，授予徐晃符節，下令說：「這條馬鳴閣道，是漢中險要的咽喉之地，劉備想斷絕閣道內外的聯繫，以此奪取漢中。將軍一戰，挫敗了敵人的陰謀，真是好之又好啊。」太祖便親自到陽平，把漢中各路軍隊帶領出來。又派徐晃協助曹仁討伐關羽，屯駐在宛城。正好遇上漢水暴漲，于禁等人的軍隊被水淹沒。關羽把曹仁包圍在樊城，又把將軍呂常圍困在襄陽。徐晃所率領的大多是新兵，認為難跟關羽正面交鋒，就前進到陽陵陂駐紮。太祖又返回，派將軍徐商、呂建等前往徐晃那裏，下令說：「等到兵馬都匯集到齊，再一起進兵。」賊寇屯駐在偃城。徐晃到達後，假裝在路上挖掘壕溝，表示出要斷絕敵人後路的姿態，賊寇燒毀軍營後逃走。徐晃奪取偃城，兩邊軍營相連，逐漸向前推進，在距離賊寇包圍圈大約三丈遠的地方停下來。徐晃尚未發起攻擊，太祖先後派殷署、朱蓋等總計十二營的兵力增援徐晃，賊寇在圍頭有營壘，又另有營壘在四冢。徐晃揚言要進攻圍頭的營壘，卻暗中進攻四冢。關羽發現四冢將被攻破，親自率領步兵和騎兵五千人出戰，徐晃迎擊關羽，關羽撤退，於是追擊敵軍，攻陷敵陣，與關羽一起進入蜀軍的包圍圈，打敗了敵人，有的自行跳進沔水中淹死。太祖下令說：「敵人包圍圈的壕溝和防禦設施有十層，將軍交戰大獲全勝，攻陷了敵人的包圍圈，斬殺和俘虜了許多敵人。我用兵三十多年，以及我所知古代的善於用兵的人，沒有長驅直入到敵人包圍圈中的。況且樊城、襄陽被包圍嚴重程度超過了莒邑、即墨，將軍的軍功，超過了孫武、司馬穰苴。」徐晃整頓軍隊回到摩陂，太祖在七里外迎接徐晃，擺設酒宴大會將士。太祖舉杯向徐晃勸酒，並慰勞他說：「保全樊城、襄陽，是將軍的功勞啊。」當時各軍都匯集在一起，太祖巡視各軍軍營，士卒都離開軍陣觀看，而徐晃軍營齊整，將士們站立在軍陣中一動也不動。太祖讚嘆說：「徐將軍真可以稱得上有周亞夫之風啊。」

4 文帝即魏王位，任命徐晃為右將軍，進封為逯鄉侯。等到文帝即帝位，進封他為楊侯。與夏侯尚在上庸討伐劉備，打敗了劉備軍。因為徐晃鎮守陽平，遷封徐晃為陽平侯。魏明帝即位，在襄陽抵禦吳將諸葛瑾，增加他的食邑二百戶，加上以前的總共三千一百戶。徐晃病重時，遺言死後用當時通行的服裝入殮。

徐晃生性節儉樸素，小心謹慎，帶兵時常遠遠的布置偵察瞭望的哨兵，先營造不可不勝的態勢，然後才與敵人交戰，追擊敗亡的敵人，爭取勝利，士兵們都沒時間吃飯。徐晃常感嘆說：「古人憂慮不能遇上明主，現在我幸運的遇上了，就應當立功報效，何必要什麼個人的榮譽！」他始終不廣為結交。太和元年去世，諡號為壯侯。他的兒子徐蓋繼承爵位。徐蓋去世，兒子徐霸繼承爵位。魏明帝分出一部分徐晃的食邑，分封徐晃的子孫二人為列侯。

初，清河朱靈❶為袁紹將。太祖之征陶謙❷，紹使靈督三營助太祖，戰有功。紹所遣諸將各罷歸，靈曰：「靈觀人多矣，無若曹公者，此乃真明主也。今已遇，復何之？」遂留不去。所將士卒慕之，皆隨靈留。靈後遂為好將，名亞晃等，至後將軍，封高唐亭侯❸。

【章　旨】以上為朱靈附傳，記載朱靈知道曹操英明而歸附，後來也功成名就。

【注　釋】❶朱靈　裴注引《九州春秋》：「初，清河季雍以鄃叛袁紹而降公孫瓚，瓚遣兵衛之。紹遣（朱）靈攻之。靈家在城中，瓚將靈母弟置城上，誘呼靈。靈望城涕泣曰：『丈夫一出身與人，豈復顧家耶！』遂力戰拔之，生擒雍而靈家皆死。」據裴注所引《魏書》，靈字文博。❷陶謙　字恭祖，東漢末丹陽（今安徽宣州）人。初為徐州刺史，後任徐州牧，據有今山東南部和江蘇北部。初平四年（西元一九三年），為曹操所敗，不久即病死。詳本書卷八〈陶謙傳〉。❸高唐亭侯　是封以高唐縣一亭之地以為侯，上引裴注所引《魏書》則為「封高唐侯」，則是縣侯。未知孰是。高唐，縣名。治所在今山東高唐。

【語　譯】當初，清河人朱靈任袁紹部將。太祖征伐陶謙，袁紹派朱靈督率三營兵力援助太祖，作戰有功。袁紹所派出的各將都罷兵回來，朱靈說：「我觀察過的人很多，沒有像曹公這樣的，這是真正賢明的君主。現在已經遇上了，還到哪裏去呢？」就留下來不離去。所率領的士兵仰慕朱靈，都追隨朱靈留了下來。朱靈後來也成了一名好將領，聲名次於徐晃等人，官至後將軍，封為高唐亭侯。

評曰：太祖建茲武功，而時之良將，五子❶為先。于禁最號毅重，然弗克其終❷。張郃以巧變為稱，樂進以驍果顯名，而鑒其行事，未副所聞。或注記❸有遺漏，未如張遼、徐晃之備詳也。

【章　旨】以上為陳壽對本卷所載五員大將的簡要評論。

【注　釋】❶五子　指本卷所載張遼、樂進、于禁、張郃、徐晃五人。子，是對人的尊稱。❷弗克其終　指于禁後來投降關羽，晚節不保。❸注記　指史料記載。

【語　譯】評論說：太祖建立如此武功，而當時的優秀將領，以這五位為最優。于禁號稱最為堅毅持重，然而晚節不保。張郃以智巧機變著稱，樂進以驍勇果敢揚名，然而考察他們的所做所為，並不符合他們的名聲。或許史料記載有遺漏，不如張遼、徐晃的周備詳細吧。

【研　析】本卷為曹操時期張遼、樂進、于禁、張郃、徐晃等五員戰將的傳記，記述了他們追隨曹操的不同背景，歷數了他們主要的戰功，以及成名戰例。

在漢末軍閥割據的大背景下，作為武人，他們追隨曹操，並不是像士大夫那樣，出於某種政治理想的追求而主動投附。樂進由曹操早期身邊的侍衛人員，成長為將軍；于禁是經由陶謙推薦給曹操；張遼先後跟隨過丁原、何進、呂布，在曹操擊敗呂布後，才又投附曹操；張郃應募從軍，後為袁紹將軍，在戰場上與曹操敵對，只因戰事失利，又不被信任，出於保命的原因，轉而投奔曹操。相對來說，徐晃較為特別，他是在與楊奉等奉漢獻帝到達洛陽後，因主事者矛盾重重而選擇了曹操。總的來說，他們只是一批誰使用自己，就為誰拚命的勇士，漢末動亂給他們提供了機會，曹操軍事上的成功，使他們得以垂名青史。

官渡之戰是曹操政治上崛起的關鍵之戰，本傳數位戰將也一戰成名。于禁率步兵二千，固守黃河渡口延津，延緩了袁紹軍南進的速度；徐晃擊敗袁紹勇將顏良、文醜，又在殲滅袁紹的後勤輜重部隊一戰中「功最多」；樂進則「斬紹將淳于瓊」；張郃於大戰之際倒戈，棄袁從曹，影響遠過於被曹操直接打敗，樂得曹操要將他比之為「韓信歸漢」。袁紹勢力被消滅後，他們也都晉升為將軍。

卷中記述了諸將作為「良將」所具有的素質。

大敵當前，勇於作戰，「奮強突固，無堅不陷」，自然是必不可少的素質。襄樊之戰，關羽攻勢猛烈，徐晃孤軍對敵，且所統多為新入伍的戰士，強敵當前，竟能「長驅徑入敵圍」，使襄陽、樊城得以保全，令曹操大為感慨。張遼隨曹操進攻遼西烏桓，在無準備的情況下突遇強敵，他主動請戰，「氣甚奮」，結果大破強敵。張遼守合肥，孫權率十萬之眾來攻，他竟率八百勇士衝陷敵陣，突出重圍後，因部下尚未全部突圍，又「復還突圍，拔出餘眾」，取得「以步卒八百，破賊十萬」的戰果，使孫權軍銳氣頓失，合肥得全。當然，作為將軍，並非只是任氣敢往的武士，大局意識不可少，不能逞匹夫之勇，圖一時之快。張遼棄眾單身上三公山，說降昌豨，雖屬勇敢，卻受到曹操指責。

善於預料敵我形勢，治軍嚴整，臨危不亂，才是勝利的保證，也是「良將」應有的素質。張郃「識變數，善處營陣，料戰勢地形，無不如計」。當諸葛亮率軍第二次北伐急攻陳倉時，魏明帝急調他從襄陽前往迎敵，並擔心陳倉有失，關隴危急，張郃卻因為蜀道艱難，蜀軍後勤難有保障，算定等不到他到達，諸葛亮便會撤退，後來果真如其所料。徐晃治軍「常遠斥候，先為不可勝，然後戰」。曹操攻南陽時失利，「眾軍亂」，于禁邊戰邊退，「徐整行隊，鳴鼓而還」。在擊殺另一支部隊的害群之馬後，不是急於去給曹操作解釋，而是先修築防禦工事，獲得曹操「在亂能整，討暴堅壘，有不可動之節」的讚譽。

「良將」還應不要過多的捲入政治與人事紛爭，嚴格服從命令。徐晃「不廣交援」，表示將軍當「以功自效，何用私譽」，傳中特意加以記載，以示表彰。青州軍閥昌豨時服時叛，曹操出於當地安定的考慮，常加寬恕。當昌豨再一次叛亂時，于禁率軍討擊，昌豨勢窮，因為與于禁是老朋友，主動向于禁投降，眾將領勸于禁送與曹操處置。于禁大可趁機賣昌豨一個人情，但他卻因曹操有「圍而後降者不赦」的軍令，「隕涕而斬之」。曹操後來表示：「豨降不詣吾而歸禁，豈非命耶。」言下之意，他出於政治考慮，可能還下不了處死昌豨的決心。但于禁並未因沒有考慮政治後果而受到處置，反而因「奉法行令」，曹操「益重」之。張遼等守合肥，曹操預先下命令說：「若孫權至者，張、李將軍出戰。樂將軍守，護軍勿得與戰。」在一些將軍對這一命令表示懷疑時，張遼堅決主張按命令主動出擊，且不論曹操的命令是否合適。張遼確實表現出軍人以服從命令為天職的素質。

當群雄並起，爭相逐鹿之時，政治軍事人才擇主而事，甚至臨敵倒戈，往往會成為佳話。但當大勢已定，戰敗降敵，則前功盡棄。張郃棄袁紹來奔，曹操大加表彰，「最號毅重」的于禁於襄陽投降關羽，盡管可能有千般理由，但終瑕疵掩瑜，一代名將落得「鬚髮皓白，形容憔悴」，其內心痛苦可見。魏文帝曹丕先以古人敗而興國的典故加以慰勉，復又刻意侮辱，也足見其肚量有限。（楊天宇、梁錫鋒注譯）

卷十八 魏書十八

二李臧文呂許典二龐閻傳第十八

【題解】本卷是曹操部將李典、李通、臧霸、文聘、呂虔、許褚、典韋、龐悳、龐淯、閻溫等十人的傳記。紀傳體史書人物合傳的特點是以類相從，即傳主具有共性。此十人集於一卷者，蓋共性有二：其一，此十人皆為曹操部將，且勇猛過人，軍功卓著；其二，此十人皆為忠義之士，為世人所重。第二點尤為此傳之靈魂。

1 李典，字曼成，山陽鉅野[1]人也。典從父[2]乾，有雄氣，合賓客[3]數千家在乘氏[4]。初平[5]中，以眾隨太祖[6]，破黃巾[7]於壽張[8]，又從擊袁術[9]，征徐州[10]。呂布之亂[11]，太祖遣乾還乘氏，慰勞諸縣。布別駕[12]薛蘭、治中[13]李封招乾，欲俱叛，乾不聽，遂殺乾。太祖使乾子整將乾兵，與諸將擊蘭、封。蘭、封破，從平兗州[14]諸縣有功，稍遷青州[15]刺史[16]。整卒，典徙潁陰令[17]，為中郎將[18]，將整軍，遷離狐[19]太守。

2 時太祖與袁紹⑳相拒官渡㉑，典率宗族及部曲㉒輸穀帛㉓供軍。紹破，以典為裨將軍㉔，屯安民㉕。太祖擊譚、尚㉖於黎陽㉗，使典與程昱㉘等以船運軍糧。會尚遣魏郡㉙太守高蕃將兵屯河上，絕水道，太祖敕㉚典、昱：「若船不得過，下從陸道。」典與諸將議曰：「蕃軍少甲而恃水，有懈怠之心，擊之必克。軍不內御㉛；苟㉜利國家，專之可也，宜亟㉝擊之。」昱亦以為然。遂北渡河，攻蕃，破之，水道得通。劉表㉞使劉備㉟北侵，至葉㊱，太祖遣典從夏侯惇㊲拒之。備一旦燒屯去，惇率諸軍追擊之，典曰：「賊無故退，疑必有伏。南道窄狹，草木深，不可追也。」惇不聽，與于禁㊳追之，典留守。惇等果入賊伏裏，戰不利，典往救，備望見救至，乃散退。從圍鄴㊴，鄴定，與樂進㊵圍高幹於壺關㊶，擊管承於長廣㊷，皆破之。遷捕虜將軍㊸，封都亭侯㊹。典宗族部曲三千㊺餘家，居乘氏，自請願徙詣魏郡。太祖笑曰：「卿欲慕耿純邪㊻？」典謝曰：「典駑怯㊼功微，而爵寵過厚，誠宜舉宗陳㊽力；加以征伐未息，宜實郊遂㊾之內，以制四方，非慕純也。」遂徙部曲宗族萬三㊿千餘口居鄴。太祖嘉之，遷破虜將軍[51]。與張遼[52]、樂進屯合肥，孫權[53]率眾圍之，遼欲奉教[54]出戰。進、典、遼皆素不睦，遼恐其不從，典慨然曰：「此國家大事，顧君計何如耳，吾[55]可以私憾而忘公義乎！」

乃率眾與遼破走權。增邑百戶，并前三百戶。

3 典好學問，貴儒雅，不與諸將爭功。敬賢士大夫，恂恂[56]若不及，軍中稱其長者。年三十六薨[57]，子禎嗣。文帝[58]踐阼[59]，追念合肥之功，增禎邑百戶，賜典一子爵關內侯[60]，邑百戶；謚典曰愍侯。

【章　旨】以上為〈李典傳〉。先寫李典從父李乾、從兄李整初隨曹操，死後，李典繼領其軍。再寫李典明於兵法，戰高蕃不墨守上級命令，主張「軍不內御；苟利國家，專之可也」。又寫李典忠於曹操，徙宗族部曲以實鄴；雖與張遼、樂進不和，卻不以私怨而忘公義。最後寫李典秉性儒雅謙讓，有長者之風，及魏文帝追論其功的有關史事。

【注　釋】❶山陽鉅野　郡縣名。山陽，郡名。治所在今山東金鄉西北。鉅野，縣名。治所在今山東巨野南。❷從父　父親的兄弟，即伯父、叔父。❸賓客　門下食客，也稱門客。❹乘氏　縣名。治所在今山東巨野西南。❺初平　東漢獻帝劉協年號，西元一九〇—一九三年。❻太祖　曹操的廟號，此指曹操。❼黃巾　東漢末年，有些民眾起事以黃巾裹頭，故名。❽壽張　縣名。治所在今山東東平西南。❾袁術　字公路，東漢汝南汝陽（今河南商水縣西南）人，袁紹之弟。初為虎賁中郎將。董卓專權，他逃亡南陽（今屬河南），據有其地。後遭曹操和袁紹的攻擊，率餘眾割據揚州（今長江下游與淮河下游間）。建安二年（西元一九七年）稱帝於壽春（今安徽壽縣），搜括民財，窮奢極侈。後為曹操所破，建安四年（西元一九九年）病死。詳本書卷六〈袁術傳〉。❿徐州　州名。東漢治所在今山東郯城。⓫呂布之亂　指漢獻帝興平元年（西元一九四年）呂布襲擊兗州（時曹操領兗州刺史）。呂布，字奉先，東漢末年五原郡九原（今內蒙古包頭西南）人。善弓馬，當時號「飛將」。初從并州刺史丁原，繼而殺丁原歸董卓，又與王允合謀殺董卓。後任奮威將軍，割據徐州。建安三年（西元一九八年）在下邳（今江蘇睢寧西北）為曹操所敗，被擒殺。詳本書卷七〈呂布傳〉。⓬別駕　官名。漢置別駕從事史，為刺史的佐吏，刺史巡視轄境時，別駕乘驛車隨行，故名。⓭治中　官名。漢置治中從事史，為州刺史的助理。⓮兗州　州名。東漢治所在今山東金鄉西北。⑮青州　州名。東漢治所在今山東臨淄北。⑯刺史　官名。西漢武帝時，分全國為十三部（州），部署刺史，本為監察官性質，監察所屬郡、縣，官階低於郡守。東漢靈帝時，提高刺史的地位和權力，居郡之上，掌一州軍政大權。⑰典徙潁陰令　裴注引《魏書》：「典少好學，不樂兵事，乃就師讀《春秋左氏傳》，博觀羣書。太祖善之，故試以治民之政。」此蓋李典為潁陰令的原因。潁陰，縣名。治所在今河南許昌。⑱中郎將　漢統兵將領，位次於將軍。⑲離狐　縣名。治所在今山東東明。⑳袁紹　字本初，東漢末汝南汝陽（今河南商水縣西南）人，初為司隸校尉，曾鼓動何進殺宦官，為之出謀劃策，召董卓進京。董卓未至而袁紹盡殺宦官。董卓至京師，專朝政。袁紹恐被董卓所害，逃奔冀州（今河北中南部），號召起兵攻董卓，被推為盟主。後在與各地方勢力的混戰中，據有冀、青（今山東東北部）、幽（今河北北部）、并（今山西）四州，成為當時地廣兵多的割據勢力。建安五年（西元二〇〇年）在官渡被曹操大敗。建安七年病死，詳本書卷七〈袁紹傳〉。㉑官渡　地名。在今河南中牟東北，東漢建安五年（西元二〇〇年），曹操與袁紹大戰於此。㉒部曲　軍隊編制單位名。《後漢書・百官志》曰：「將軍……其領軍皆有部曲，大將軍營五部，部校尉一人，……部下有曲，曲有軍候一人。」在此指私人軍隊。㉓帛　即繒，一種絲織品。在此指代軍衣。㉔裨將軍　副將軍。裨，副。㉕安民　亭名。在今山東東平西南。㉖譚尚　譚指袁譚，袁紹長子。尚指袁尚，袁紹第三子。二人詳本書卷七〈袁紹傳〉。㉗黎陽　縣名。治所在今河南浚縣東。㉘程昱　字仲德，東郡東阿（今山東東阿西南）人。受曹操的徵辟，為壽張縣令，又以功遷東平相。曹操迎漢獻帝都許，以程昱為尚書，復以程昱為中郎將，領濟陰太守。劉備失徐州來投曹操，程昱勸曹操殺劉備，曹操不聽，後悔之。因隨曹操擊袁譚、袁尚有功，拜奮武將軍，封安國亭侯。後有人告程昱謀反，曹操不聽，而賜之益厚。曹操為魏王，任程昱為衛尉。文帝曹丕即位，復為衛尉，進封安鄉侯。詳本書卷十四〈程昱傳〉。㉙魏郡　治所在今河北臨漳西南，東漢末曾為冀州治所。㉚敕　命令；告誡。㉛內御　朝廷指揮。內指朝廷、統帥部。御，本指駕馭馬，引申為控制、指揮、節制等義。㉜苟　假如；如果。㉝亟　急速；迅速。㉞劉表　字景升，山陽高平（今山東微山縣西北）人。東漢遠支皇族。初平元年（西元一九〇年）任荊州刺史，取得豪族蒯良、蒯越等人的支持，據有今河南、湖北地方。對當時羣雄混戰，他採取觀望態度，所據地遭破壞較少，成為東漢末年相對較穩定的地區，中原地區的人前來避難的甚多。建安十三年（西元二〇八年）病死。詳《後漢書・劉表列傳》及本書卷六〈劉表傳〉。㉟劉備　三國時蜀漢政權的建立者。字玄德，涿郡涿縣（今河北涿州）人，漢景帝中山靖王劉勝之後。在羣雄混戰中，先後投靠公孫瓚、陶謙、曹操、袁紹、劉表。西元二二一年稱帝，都成都，國號漢，詳本書卷三十二〈先主傳〉。㊱葉　縣名。治所在今河南葉縣南。㊲夏侯惇　字元讓，沛國譙（今安徽亳州）人。東漢末隨曹操起兵，領東郡太守。

後從征呂布、袁紹。領陳留、濟陰太守，曾下令斷太壽水作陂救旱。轉任河南尹。曹丕為魏王，任為大將軍。建安二十五年（西元二二〇年）病死。詳本書卷九〈夏侯惇傳〉。㊳于禁　字文則，東漢末泰山鉅平（今山東泰安）人。初歸曹操，從擊黃巾和呂布、張繡、袁紹等，任虎威將軍。建安二十四年（西元二一九年）曹仁與蜀將關羽相拒於樊城，他率軍增援，兵敗，投降關羽。孫權奪取荊州，他又隨之至吳。後孫權遣他還魏，曹丕設計羞辱他，遂慚恨而死。詳本書卷十七〈于禁傳〉。㊴鄴　縣名。治所在今河北臨漳西南。㊵樂進　字文謙，陽平衛國（今河南清豐南）人。初隨曹操起兵，從擊呂布、張超、張繡、袁紹等，因功升任折衝將軍。後征高幹、管承，從曹操平荊州，討劉備，征孫權，累功至右將軍。東漢建安二十三年（西元二一八年）死。詳本書卷十七〈樂進傳〉。㊶壺關　縣名。治所在今山西長治北。㊷長廣　縣名。治所在今山東萊陽東。㊸捕虜將軍　雜號將軍之一，主征戰。㊹都亭侯　受城邑附近一亭之地之封的侯。亭，秦漢時期鄉以下的一種行政機構。《漢書・百官公卿表》：「大率十里一亭，亭有長，十亭一鄉。」㊺三千　原作「三十」，今從中華書局印本。㊻卿欲慕耿純邪　李典自願遷居魏郡，因為魏郡治所在鄴，而鄴是曹操的封地，這顯然是為了置宗族家人於曹操監督之下，以示永遠忠於曹操而不變心，頗類當年耿純的行為，因此曹操問他「欲慕耿純邪？」耿純，字伯山，鉅鹿宋子（今河北趙縣北）人。更始時，為騎都尉，後率宗族賓客二千餘家歸劉秀，轉戰河北。東漢建立，封東光侯，任東郡太守。他當初率宗族賓客歸劉秀時，恐宗族人懷異心，於是使其從弟耿訢、耿宿回老家去把宗族家的房子都燒掉。劉秀問他為什麼這樣做，他回答說：「純雖舉族歸命（即歸附劉秀），老弱在行，猶恐人賓客有不同心者，故燔燒屋室，絕其反顧之望。」於是劉秀對他的忠心深為感嘆。詳《後漢書・耿純列傳》。㊼駑怯　才能低劣。駑，能力低下的馬。怯，膽小；懦弱。㊽陳　列。在此作奉獻、貢獻講。㊾郊遂　此處泛指都城周圍地區。郊，城邑外之地。周制，離都城外五十里為近郊，百里為遠郊。後泛指城外之地。遂，古代遠郊的一種行政區劃。周制，離都城百里之外、二里之內，分為六遂，每遂有遂師，管理政務。參見《周禮・地官・遂人》。㊿三　原作「二」，今從宋本。(51)破虜將軍　雜號將軍之一，主征戰。(52)張遼　字文遠，雁門馬邑（今山西朔縣）人。初屬呂布為將，後歸曹操，數建戰功。東漢建安二十年（西元二一五年），孫權攻合肥，他率敢死士八百人，大破孫權軍，被任為征東將軍。後率軍攻吳，於魏文帝黃初三年（西元二二二年）病死軍中。詳本書卷十七〈張遼傳〉。(53)孫權　字仲謀，吳郡富春（今浙江富陽）人。東漢末年，繼其兄孫策據有江東六郡。建安十三年（西元二〇八年），與劉備聯合，大敗曹操於赤壁。魏黃初二年（西元二二一年）稱吳王，吳太和三年（西元二二九年）稱帝於武昌（今湖北鄂州），國號吳，旋遷都建業（今江蘇南京）。吳太元二年（西元二五二年）病死。實際做了五十多年的江東之主。詳本書卷四十七〈吳主傳〉。(54)教　上對下的指示、命令。

㊿吾　此字下原有「不」字，殿本與《通鑑》無，據刪。㊱恂恂　恭謙謹慎貌。㊲薨　古代侯王死的特定稱謂。㊳文帝　指曹操的次子曹丕。曹操於東漢建安二十一年（西元二一六年）進爵為魏王，建安二十五年死，曹丕嗣魏王位。建安二十五年曹丕篡漢，即帝位，是為魏文帝。㊴踐阼　就是即帝位的意思。古代廟堂或寢堂前有東西階，西階為賓客升降之階，又稱賓階；東階為主人升降之階，又稱阼階。阼階上即為主人之位，故後來即以「踐阼」指代登上君主之位。㊵關內侯　爵位名。秦漢二十等爵位的第十九等，僅次於第二十等徹（通）侯，一般封有食邑若干戶，按規定戶數徵收租稅以供己享用。

【語　譯】李典，字曼成，山陽郡鉅野縣人。李典的伯父李乾，有英雄氣概，在乘氏縣聚合了賓客數千家。初平年間，李乾率眾隨從太祖，在壽張打敗黃巾，又跟隨太祖攻打袁術，征伐徐州。呂布作亂，太祖派遣李乾回到乘氏，撫慰犒勞各縣。呂布的別駕薛蘭、治中李封招請李乾，要他一起叛亂，李乾不肯聽從，便殺了李乾。太祖讓李乾的兒子李整率領李乾的兵眾，與將領們一起攻擊薛蘭、李封。薛蘭、李封戰敗，跟隨太祖平定兗州各縣有功，逐漸升遷為青州刺史。李整死後，李典轉任潁陰縣令，任中郎將，率領李整的軍隊，升任離狐太守。

2　當時太祖和袁紹在官渡對峙，李典率領宗族和部曲運輸糧草布帛供應軍需。袁紹戰敗，太祖任李典為裨將軍，屯駐安民。太祖在黎陽攻打袁譚、袁尚，派李典與程昱等用船隻運輸軍糧。適逢袁尚派魏郡太守高蕃帶兵屯駐在黃河邊，阻絕水道，太祖命令李典、程昱說：「如果船隻不能通過，就下船從陸路運送。」李典與將領們商議說：「高蕃的軍隊缺少鎧甲而倚仗黃河天險，心存懈怠，攻打他必定能獲勝。軍隊在外作戰可不由朝廷指揮，如果有利於國家，專斷而行也是可以的，應該迅速進擊敵人。」程昱也認為應該如此。於是北渡黃河，進攻高蕃，打敗了他，水道得以暢通。劉表派劉備向北進犯，到達葉縣，太祖派李典跟從夏侯惇抵禦劉備。劉備在一天清晨燒毀軍營離去，夏侯惇率領各軍追擊劉備，李典說：「敵軍無故撤退，我懷疑一定有埋伏。南邊道路狹窄，草木茂盛，不可以追擊。」夏侯惇不聽，與于禁追擊敵軍，李典留守。夏侯惇等果然掉進敵人的埋伏圈中，戰事失利，李典前往救援，劉備看見救兵到了，這才撤退。跟從太祖圍攻鄴城，鄴城平定後，與樂進在壺關圍攻高幹，在長廣攻打管承，都打敗了敵人。升任捕虜將軍，封為都亭侯。李典的宗族部曲三千多家，居住在乘氏縣，李典自己請求希望遷徙到魏郡。太祖笑著說：「您是嚮慕耿純嗎？」李典感激的說：「我才能低下而懦弱，功勞微薄，而爵祿和寵遇過於優厚，實在應該率領全宗族奉獻心力，加上戰爭尚未止息，應當充實鄴城周遭地區，來控制四方，並非嚮慕耿純。」於是遷徙部曲宗族一萬三千多口居住鄴縣。太祖稱讚李典，升他為破虜將軍。李典與張遼、樂進屯駐合肥，孫權率軍圍攻合肥，張遼想遵奉太祖的命令出戰。樂進、李典、張遼素來都不和睦，張遼唯恐他倆不聽從，李典感慨的說：「這是國家大事，但看您的計策如何罷了，我怎麼會因私怨而忘公義呢！」於是率領軍隊與張遼打退了孫權。增加李典的食邑一百戶，加上以前的合計三百戶。

3　李典喜好學問，崇尚儒雅，不與將領們爭功。敬重有賢德的士大夫，恭謙謹慎，好似比不上別人，軍中都稱他為長者。三十六歲去世，兒子李禎繼承爵位。文帝即位，追念李典在合肥的戰功，增加李禎的食邑一百戶，賜給李典一個兒子關內侯的爵位，食邑一百戶；賜李典諡號為愍侯。

1　李通，字文達，江夏平春❶人也。以俠聞於江、汝❷之間。與其郡人陳恭共起兵於朗陵❸，眾多歸之。時有周直者，眾二千餘家，與恭、通外和內違❹。通欲圖殺直而恭難之。通知恭無斷，乃獨定策，與直克❺會，酒酣殺直。眾人大擾，通率恭誅其黨帥，盡并其營。後恭妻弟陳郃，殺恭而據其眾。通攻破郃軍，斬郃首以祭恭墓。又生禽❻黃巾大帥吳霸而降其屬。遭歲大饑，通傾家振施❼，與士分糟糠，皆爭為用，由是盜賊不敢犯。

2　建安❽初，通舉眾詣太祖於許❾。拜通振威中郎將❿，屯汝南西界。太祖討張繡⑪，劉表遣兵以助繡，太祖軍不利。通將兵夜詣太祖，太祖得以復戰，通為先登，大破繡軍。拜裨將軍，封建功侯⑫。分汝南二縣，以通為陽安都尉⑬。通妻伯父犯法，朗陵長⑭趙儼⑮收治，致之大辟⑯。是時殺生之柄，決於牧守⑰，通妻子號泣以請其命。通曰：「方與曹公戮力⑱，義不以私廢公。」嘉儼執憲不阿，與為親交。太祖與袁紹相拒於官渡。紹遣使拜通征南將軍⑲，劉表亦陰招之，通皆拒焉。通親戚部曲流涕曰：「今孤危獨守，以失大援，亡可立而待也，不如亟從紹。」通按劍以叱之曰：「曹公明哲，必定天下。紹雖彊盛，而任使無方，終為之虜耳。吾以死不貳。」即斬紹使，送印綬⑳詣太祖。又擊羣㉑賊瞿恭、江宮、沈成等，皆破殘㉒其眾，送其首。遂定淮、汝㉓之地。改封都亭侯，拜汝南太守。時賊張赤等五千餘家聚桃山，通攻破之。劉備與周瑜㉔圍曹仁㉕於江陵，別遣關羽㉖絕北道。通率眾擊之，下馬拔鹿角㉗入圍，且戰且前，以迎仁軍，勇冠諸將。通道得病薨，時年四十二。追增邑二百戶，并前四百戶。文帝踐阼，諡曰剛侯。詔曰：「昔袁紹之難，自許、蔡㉘以南，人懷異心。通秉義不顧，使攜貳㉙率服，朕甚嘉之。不幸早薨，子基雖已襲爵，未足酬其庸勳。基兄緒，前屯樊城，又有功。世篤其勞，以㉚基為奉義中郎將㉛，緒平虜中郎將，以寵異焉。」

【章 旨】以上為〈李通傳〉。先寫李通初起，殺周直，擒黃巾大帥吳霸，饑年傾家賑施，士為之用。再歷述李通隨曹操征張繡，戰關羽諸事跡。其不以私廢公，大義滅親，面臨危境而不動搖，尤為可嘉。

【注 釋】❶江夏平春 郡縣名。江夏，郡名。治所在今湖北新洲西。平春，縣名。治所在今河南信陽西北。❷江汝 指江夏郡、汝南郡。❸朗陵 縣名。治所在今河南確山縣西南。❹違 本意為離，這裏引申為違背、矛盾。❺克 規定；約定。❻禽 通「擒」。❼振施 救濟施捨。振，「賑」的本字，救濟。施，施捨。❽建安 東漢獻帝劉協年號，西元一九六—二二○年。❾許 即今河南許昌，東漢建安元年（西元一九六年），曹操迎漢獻帝都於此。❿振威中郎將 即中郎將，「振威」是其加號。⓫張繡 武威祖厲（今甘肅靖遠西南）人，董卓部將張濟族子。張濟死，他繼領其眾，屯兵宛城（今河南南陽）。東漢建安二年（西元一九七年）二月，曹操帶兵到宛，張繡降曹，既而悔之，復反，曹操將兵擊敗之，張繡逃奔到穰（今河南鄧州）。官渡之戰時他又降曹操，為揚武將軍，在官渡力戰有功。建安十二年（西元二○七年）從攻烏丸，死於途中。詳本書卷八〈張繡傳〉。⓬建功侯 據盧弼《三國志集解》說，屬於名號侯，非實封某地為侯。⓭分汝南二縣二句 據清顧祖禹《讀史方輿紀要》卷五十說，曹操從汝南郡中分出二縣，置陽安都尉，以朗陵縣屬之，又稱陽市郡，但不久即廢。又郡的最高行政長官稱太守，而此處稱都尉，都尉本為郡中掌軍事的官，其原因，盧弼《三國志集解》引錢大昕說認為「以都尉行太守事」。又據《三國志集解》引《一統志》說，陽安故城在今河南確山縣東北。⓮朗陵長 朗陵縣的最高行政長官。漢制，萬人以上的大縣其長稱令，萬人以下的縣則稱長。⓯趙儼 字伯然，潁川陽翟（今河南禹州）人，東漢末年避亂荊州。建安元年（西元一九六年）曹操迎漢獻帝都許後，他歸附曹操，被任命為朗陵長，頗有政績。支援曹操征戰，頗有功。魏正始四年（西元二四三年）死。詳本書卷二十三〈趙儼傳〉。⓰大辟 中國古代五刑之一，商、周、春秋、戰國時期稱死刑為大辟，後遂沿用其稱以指死刑。⓱牧守 泛指州郡長官。時李通為陽安郡都尉行郡守事，故下文說其妻子號泣以向他為伯父請命。⓲戮力 努力；盡力。⓳征南將軍 雜號將軍之一，主征戰。⓴印綬 指印章。印，指征南將軍的大印。綬，是懸印的綬帶。㉑羣 中華書局印本作「郡」，當是。㉒殘 原作「殲」，今據宋本改。㉓淮汝 指淮水、汝水。㉔周瑜 字公瑾，廬江舒縣（今安徽廬江縣西南）人。出身士族，少與孫策為友，後歸策，為建威中郎將，助策在江東創立孫吳基業。策死，與張昭同輔孫權，任前部大都督。建安十三年（西元二○八年），曹操率軍南下，他和魯肅堅決主戰，並親自率吳軍大敗曹兵於赤壁。建安十五年病死。詳本書卷五十四〈周瑜傳〉。㉕曹仁 字子孝，沛國譙（今安徽亳州）人，曹操的堂弟。東漢末年隨曹操起兵，從攻陶謙、呂布、張繡等，後任征南將軍，屯兵江陵（今屬湖北），以抗吳將周瑜。建安二十四年（西元二一九年），固守樊城，與蜀將關羽相拒。魏文帝曹丕時，任大將軍，遷大司馬。魏黃初四年（西元二二三年）病死。詳本書卷九〈曹仁傳〉。㉖關羽　字雲長，河東解縣（今山西臨猗西南）人。東漢末亡命奔涿郡，從劉備起兵。建安五年（西元二〇〇年），劉備為曹操所敗，他被俘後，極受優禮，封漢壽亭侯，後仍歸劉備。建安十九年鎮守荊州。二十四年，圍攻曹操部將曹仁於樊城（今湖北樊城），又大破于禁所部七軍。但因後備空虛，為孫權所乘，不久孫權派呂蒙襲取了荊州，關羽兵敗被擒殺。詳本書卷三十六〈關羽傳〉。㉗鹿角　一種軍事上的防禦設備，用帶枝杈的樹木植於地上造成，形似鹿角，故名。其作用在阻止敵人的進攻。㉘許蔡　許，指許縣，即今河南許昌。蔡，指上蔡縣，今屬河南。㉙攜貳　即懷有二心。貳指二心。㉚以　此字上馮夢禎刻本有「其」字。㉛奉義中郎將　即中郎將，「奉義」是加號。下文平虜中郎將亦然。

【語譯】李通，字文達，江夏郡平春縣人。以俠義聞名於江夏、汝南一帶。他和同郡人陳恭一同在朗陵起兵，眾人多歸附他。當時有個叫周直的人，有部眾二千多家，與陳恭、李通表面和睦卻實際不和。李通想圖謀殺掉周直而陳恭感到為難。李通知道陳恭缺少決斷，便獨自定下計策，與周直約定時間相會，趁酒酣耳熱之際殺了周直。眾人大亂，李通率領陳恭誅殺周直部下的頭目，完全併吞了周直的部隊。後來陳恭的妻弟陳郃，殺了陳恭而控制了他的部隊。李通擊敗了陳郃的部隊，斬下陳郃的頭用到陳恭墳前祭奠。又生擒黃巾的大頭目吳霸而降服了他的部下。不巧那年大饑荒，李通傾家蕩產救濟施捨災民，與士卒分食糟糠，士卒都爭著為他效力，因此盜賊不敢侵犯。

2 建安初年，李通率部眾前往許都歸附太祖。太祖任命李通為振威中郎將，屯駐汝南郡西界。太祖征討張繡，劉表派兵援助張繡，太祖軍隊戰事不利。李通率兵夜間趕赴太祖那裏，太祖得以重新再戰，李通打先鋒，大敗張繡軍。太祖任李通為裨將軍，封為建功侯。從汝南郡分出二縣為陽安郡，任用李通做陽安郡都尉。李通妻子的伯父犯法，朗陵縣長趙儼逮捕他治罪，判他死刑。當時生殺大權，由州牧和郡守決斷，李通的妻兒號啕大哭著為他請求活命。李通說：「我正與曹公同心協力，按道義不能因私廢公。」他稱讚趙儼執法不阿，與他結為親密的好朋友。太祖與袁紹在官渡對峙。袁紹派使者任李通為征南將軍，劉表也暗中招納他，李通都拒絕了。李通的親戚和部曲流著淚說：「現在形勢孤立危險，我們獨守此處，失去強有力的支援，敗亡的命運立即就會到來，不如盡快歸附袁紹。」李通手握寶劍叱責他們說：「曹公英明聰睿，必定會平定天下。袁紹雖然強盛，但任人無方，終究會被曹公俘擄。我就是死也不會有異心。」即刻斬了袁紹使者，把他帶來的將軍印信送往太祖那裏。又攻打本郡的賊人瞿恭、江宮、沈成等，把他們的人馬盡皆打敗，把他們的首級送到太祖那裏。於是平定了淮水、汝水一帶地域。改封李通為都亭侯，任命他為汝南太守。當時賊寇張赤等五千多家聚集在桃山，李通攻破了他們。劉備與周瑜在江陵圍攻曹仁，另派關羽斷絕北邊的道路。李通率軍攻擊關羽，下馬拔除防禦工事鹿角衝入敵圍，邊交戰邊前進，以接應曹仁的部隊，勇猛超過其他將領。李通在途中得病去世，當時年僅四十二歲。追贈給他食邑二百戶，加上以前的合計四百戶。文帝即位，賜諡剛侯。下詔說：「以前袁紹作亂，從許縣、上蔡縣以南，人們都懷有離異之心。李通堅持大義，義無反顧，使懷有二心的人都佩服，我非常讚賞他。不幸早逝，兒子李基雖然已經繼承爵位，還不足以酬勞他的功勳。李基之兄李緒，先前屯守樊城，又有戰功。世世累積功勞，任命李基為奉義中郎將，李緒為平虜中郎將，以示恩寵優待。」

1 臧霸，字宣高，泰山❶華❷人也。父戒，為縣獄掾❸，據法不聽太守欲所私殺。太守大怒，令收戒詣府，時送者百餘人。霸年十八，將客數十人徑於費❹西山❺中要奪之，送者莫敢動，因與父俱亡命東海❻，由是以勇壯聞。黃巾起，霸從陶謙❼擊破之，拜騎都尉❽。遂收兵於徐州，與孫觀、吳敦、尹禮等並聚眾，霸為帥，屯於開陽❾。太祖之討呂布也，霸等將兵助布。既禽布，霸自匿。太祖募索得霸，見而悅之，使霸招吳敦、尹禮、孫觀、觀兄康等，皆詣太祖。太祖以霸為琅邪⑩相⑪，敦利城⑫、禮東莞⑬、觀北海⑭、康城陽⑮太守，割青、徐二州，委之於霸。太祖之在兗州，以徐翕、毛暉為將。兗州亂，翕、暉皆叛。後兗州定，翕、暉亡命投霸。太祖語劉備，令語霸送二人首。霸謂備曰：「霸所以能自立者，以不為此也。霸受公生全之恩，不敢違命。然王霸之君可以義告，願將軍為之辭。」備以霸言白太祖，太祖歎息，謂霸曰：「此古人之事而君能行之，孤之願也。」乃皆以翕、暉為郡守。時太祖方與袁紹相拒，而霸數以精兵入青州，故太祖得專事紹，不以東方為念。太祖破袁譚於南皮，霸等會賀。霸因求遣子弟及諸將父兄家屬詣鄴，太祖曰：「諸君忠孝，豈復在是！昔蕭何⑯遣子弟入侍，而高祖不拒，耿純焚室輿櫬以從，而光武不逆⑰，吾將何以易之哉！」東州擾攘⑱，霸等執義征暴，清定海岱⑲，功莫大焉，皆封列侯⑳。霸為都亭侯，加威虜將軍㉑。又與于禁討昌豨㉒，與夏侯淵㉓討黃巾餘賊徐和等，有功，遷徐州刺史。沛國㉔武周㉕為下邳㉖令，霸敬異周，身詣令舍。部從事㉗諓詷㉘不法，周得其罪，便收考竟㉙，霸益以善周。從討孫權，先登，再入巢湖㉚，攻居巢㉛，破之。張遼之討陳蘭㉜，霸別遣至皖㉝，討吳將韓當㉞，使權不得救蘭。當遣兵逆霸，霸與戰於逢龍㉟，當復遣兵邀霸於夾石㊱，與戰破之，還屯舒㊲。權遣數萬人乘船屯舒口㊳，分兵救蘭，聞霸軍在舒，遁還。霸夜追之，比明，行百餘里，邀賊前後擊之。賊窘急，不得上船，赴水者甚眾。由是賊不得救蘭，遼遂破之。霸從討孫權於濡須口㊴，與張遼為前鋒，行遇霖雨㊵，大軍先及，水遂長，賊船稍進，將士皆不安。遼欲去，霸止之曰：「公明於利鈍㊶，寧肯捐㊷吾等邪？」明日果有令。遼至，以語太祖。太祖善之，拜揚威將軍㊸，假節㊹。後權乞降，太祖還，留霸與夏侯惇等屯居巢。

2 文帝即王位，遷鎮東將軍㊺，進爵武安鄉侯㊻，都督青州諸軍事。及踐阼，進封開陽侯，徙封良成侯。與曹休㊼討吳賊，破呂範㊽於洞浦㊾，徵為執金吾㊿，位特進(51)。每有軍事，帝常咨訪焉。明帝(52)即位，增邑五百，并前三千五百戶。薨，諡曰威侯。子艾嗣。艾官至青州刺史、少府(53)。艾薨，諡曰恭侯。子權嗣。霸前後有功，封子三人列侯，賜一人爵關內侯。

3 而孫觀亦至青州刺史，假節，從太祖討孫權，戰被創，薨。子毓嗣，亦至青州刺史。

【章　旨】以上為〈臧霸傳〉。先寫臧霸少時即勇壯，破黃巾起家。初隨呂布，後歸曹操。其不乘徐翕、毛暉之危而邀功；忠於曹操遣子弟以實鄴；部下犯法，武周嚴懲而善之；處危急之中，猶對曹操堅信不疑，都令人欽佩。再寫魏文帝時臧霸因功獲封及其子仕宦史事。

【注釋】❶泰山　郡名。治所在今山東泰安東。❷華　縣名。治所在今山東費縣東北。❸縣獄掾　縣令手下掌管刑法的屬官。掾，古代屬官的通稱。❹費　國名。治所在今山東費縣北。❺西山　據盧弼《三國志集解》引趙一清說，即蒙山，在費國西北五十里。❻東海　郡名。治所在今山東郯城北。❼陶謙　字恭祖，丹陽（今安徽宣州）人。初為徐州刺史，後任徐州牧，據有今山東南部和江蘇北部。東漢初平四年（西元一九三年），為曹操所敗，不久即病死。❽騎都尉　官名。職掌皇帝的羽林騎兵。❾開陽　縣名。治所在今山東臨沂北。❿琅邪　國名。治所在今山東臨沂北。⓫相　官名。為封國的最高行政長官。漢制，封國之王不治民，由中央委任的相治理，職如太守，秩二千石。⓬利城　郡名。治所在今江蘇贛榆西。⓭東莞　郡名。治所在今山東沂水縣東北。⓮北海　郡名。治所在今山東昌樂東南。⓯城陽　郡名。治所在今山東諸城。⓰蕭何　漢初大臣，沛縣人。秦末，佐劉邦起事。楚漢戰爭中，以丞相身分留守關中，輸送士卒糧餉，支援作戰，對劉邦戰勝項羽、建立漢朝貢獻頗巨。漢朝建立後，他制定律令制度，協助劉邦消滅韓信、陳豨、英布等異姓諸侯王。漢三年（西元前二〇四年），劉邦與項羽相拒於京、索之間，劉邦數使使者慰勞留守關中的蕭何。這時有個叫鮑生的人對蕭何說：「今生暴衣露蓋，數勞苦君者，有疑君心。為君計，莫若遣君子孫昆弟能勝兵者悉詣軍所，上益信君。」於是蕭何從其計而行，劉邦果然大為高興。所謂「昔蕭何遣子弟入侍」，即此。詳《史記・蕭相國世家》、《漢書・蕭何傳》。⓱耿純焚室輿櫬以從二句　據《後漢書・耿純列傳》載，耿純初隨劉秀時，「郡國多降邯鄲（指與劉秀爭天下的王郎。王郎詐稱成帝子子輿，立為天子，都邯鄲）者，純恐宗家懷異心，乃使欣、宿歸燒其廬舍。世祖（指劉秀）問純故，對曰：『竊見明公單車臨河北，非有府臧之蓄，重賞甘餌，可以聚人者也，徒以恩德懷之，是故士衆樂附。今邯鄲自立，北州疑惑，純雖舉族歸命，老弱在行，猶恐宗人賓客半有不同心者，故燔燒屋室，絕其反顧之望。』世祖嘆息。」輿櫬，用車拉著棺材，表示以死相從的決心。輿，車。這裏意為用車拉著。櫬，棺材。光武，東漢開國皇帝劉秀的謚號。耿純（？—三七年），字伯山。鉅鹿宋子（今河北趙縣北）人，東漢大將，「雲臺二十八將」之一。⓲擾攘　動盪；混亂。⓳海岱　指青州。《尚書・禹貢》：「海岱唯青州。」海，指渤海。岱，指泰山。⓴列侯　秦漢時二十級爵位的最高一級。即第二十級，初稱徹侯，因避漢武帝劉徹名諱，改通侯，後又改列侯。㉑威虜將軍　雜號將軍之一，主征戰。㉒昌豨　人名。據《資治通鑑》，建安三年，始為泰山屯帥之一，呂布割據徐州時，與諸屯帥皆歸附呂布。後投降曹操，既而復叛。曹操派于禁討之，昌豨降，為于禁所殺。事見本書卷十七〈于禁傳〉。㉓夏侯淵　字妙才，沛國譙（今安徽亳州）人。東漢末隨曹操起兵，從征袁紹、韓遂，有勇名。建安二十年（西元二一五年），守漢中。建安二十四年被劉備部將黃忠斬殺於定軍山。詳本書卷九〈夏侯淵傳〉。㉔沛國　國名。治所在今安徽濉溪縣西北。㉕武周　人名。《三國志・胡質傳》裴注引虞預《晉書》：「周字伯南，沛國竹邑人。位至光祿大夫。」二字下原有「令」字，《三國志集解》引陳景雲說，認為係衍文，據陳說刪。㉖下邳　縣名。治所在今安徽睢寧西北。㉗部從事　官名。是部從事史的省稱。漢以後三公及州郡長官自辟僚屬，多以從事為稱。據盧弼《三國志集解》考證，漢制，刺史官屬有別駕從事史一人，從刺史行部；治中從事史一人，主財穀簿書；兵曹從事史一人，主兵事；部從事史每郡各一人，主察非法。每州刺史皆有從事史以為佐吏，蓋漢代通行官制如此。㉘諰詷　據《三國志・程昱傳》盧弼《三國志集解》的解釋，有輕薄、急躁、華而不實等意思。㉙考竟　拷問至死。㉚巢湖　湖名。據盧弼《三國志集解》本屬居巢縣地，後陷為湖，在巢縣（今屬安徽）西十里，周回四百餘里。㉛居巢　縣名。治所在今安徽巢湖市東北。㉜陳蘭　據《資治通鑑・漢紀》建安十四年記載，是廬江郡（今安徽廬江縣西南）人，當時與同郡人梅成一起叛曹，後被曹將張遼等消滅。參見本書卷十七〈張遼傳〉。㉝皖　縣名。治所在今安徽潛山縣。㉞韓當　字公義，遼西令支（今河北遷安西）人。善弓馬，有膂力，幸於孫堅。後又追隨孫策、孫權，多建戰功，累官至昭武將軍，封石城侯，加都督之號。吳黃武二年（西元二二三年）病死。詳本書卷五十五〈韓當傳〉。㉟逢龍　城邑名。在今安徽安慶市郊之集賢關。㊱夾石　地名。在今安徽桐城北之峽關。㊲舒　縣名。治所在今安徽廬江縣西南。㊳舒口　即巢湖口。據盧弼《三國志集解》引謝鍾英說，當即巴洋河入巢湖之口。㊴濡須口　濡須水的入江口。濡須，水名。源出巢湖，東南流入長江。㊵霖雨　久下不停的大雨。㊶利鈍　猶言利弊得失。鈍，本指刀刃不鋒利，在此比喻形勢不利。㊷捐　拋棄。㊸揚威將軍　雜號將軍之一，主征戰。㊹假節　即授以符節，表示賦予某種特權和給予特殊的禮遇。㊺鎮東將軍　官名。主征戰。按漢代軍職最高為大將軍，其次為驃騎將軍，其次為車騎將軍，其次為衛將軍，此四將軍皆位比三公。四將軍之下，有前、後、左、右四將軍，位比上卿。此四將軍之下，又有征東、征西、征南、征北「四征」將軍。鎮東將軍則又在此「四征」將軍之下。㊻武安鄉侯　即封以武安縣一鄉之地以為侯。武安，縣名。治所在今河北武安。㊼曹休　字文烈。曹操的族子。少年時即追隨曹操，常從征戰，領虎豹宿衛，後累功拜中領軍。文帝時，又因多立戰功，任征東大將軍，拜揚州牧。明帝時又進封長平侯，遷大司馬。魏太和二年（西元二二八年），征吳失利，病發而死。詳本書卷九〈曹休傳〉。㊽呂範　字子衡，汝南細陽（今安徽阜陽北）人。少為縣吏，後將私客百人歸孫策，因戰功拜征虜中郎將。孫策死，又為孫權所信用。曾與周瑜大敗曹兵於赤壁，拜裨將軍，後又拜建威將軍，封宛陵侯，領丹陽太守，遷前將軍，拜揚州牧。吳黃武七年（西元二二八年）遷大司馬，印綬未下，即病死。詳本書卷五十六〈呂範傳〉。㊾洞浦　地名。在今安徽和縣。㊿執金吾　官名。金吾為兩端塗金的銅棒，官執之以示權威。一說「吾」讀「禦」，謂執金以禦非常。另一說金吾為鳥名，主辟不祥。西漢武帝時改中尉為執金吾，為督巡三輔治安的長官。東漢沿置。三國時或稱中尉，或稱執金吾。(51)特進　官名。西漢末置，以授列侯中有特殊功勳者，得自辟僚屬。(52)明帝　即魏明帝曹叡，西元二二六—二三九年在位。詳本書卷三〈明帝紀〉。(53)少府　官名。始於戰國，秦漢沿置，為九卿之一，掌山海池澤收入和皇室手工業製造，為皇帝的私府。東漢時仍為九卿之一，掌宮中御衣、寶貨、珍膳等。

【語　譯】臧霸，字宣高，泰山郡華縣人，父親臧戒，擔任縣裏的獄掾，依法行事而不聽從太守企圖因私怨殺人，太守大怒，下令逮捕臧戒到郡府，當時押送臧戒的有一百多人。臧霸當時年僅十八，率領幾十名賓客抄捷徑在費西山中攔截搶奪臧戒，押送的人不敢妄動，隨後跟父親一起亡命到東海郡，從此以勇壯聞名。黃巾軍起事後，臧霸跟隨陶謙打敗黃巾，官拜騎都尉。於是在徐州聚集兵馬，與孫觀、吳敦、尹禮等一起招聚部眾，臧霸任統帥，屯駐在開陽。太祖征討呂布，臧霸等率兵援助呂布。擒獲呂布後，臧霸自己藏匿起來。太祖募人搜索找到臧霸，見到臧霸很是喜歡他，讓臧霸招請吳敦、尹禮、孫觀、孫觀之兄孫康等，都到太祖那裏。太祖任臧霸為琅邪國相，吳敦為利城郡太守，尹禮當東莞郡太守，孫觀做北海郡太守，孫康做城陽郡太守，劃分青、徐二州，委任臧霸治理。太祖在兗州時，任徐翕、毛暉為將。兗州動亂，徐翕、毛暉全都背叛。後來兗州平定，徐翕、毛暉亡命投奔臧霸。太祖告訴劉備，讓他告訴臧霸把二人的首級送來。臧霸對劉備說：「我之所以能自立於世，就因為不做這類情事。我身受曹公活命大恩，不敢違抗命令。然而成就王霸大業的君主可以用道義相告，希望將軍為我轉告曹公。」劉備把臧霸的話轉述給太祖，太祖嘆息，對臧霸說：「這是古人做的事情而您能實踐它，這正是我的願望啊。」於是讓徐翕、毛暉都當了郡太守。當時太祖正與袁紹相抗，而臧霸多次率領精銳部隊進入青州，所以太祖得以專心對付袁紹，不必掛慮東方。太祖在南皮打敗袁譚，臧霸等人會集祝賀。臧霸乘機請求派遣自家的子弟和將領們的父兄家屬到鄴城來，太祖說：「各位都是忠孝之人，難道還需要這樣！從前蕭何派遣子弟入朝侍奉，而高祖不予拒絕，耿純焚燒宗族的房屋用車載著棺材追隨光武帝，而光武帝也不反對，我將怎樣才能改變這種做法呢！」東方州郡動盪不安，臧霸等堅持正義討伐強暴，平定了海岱一帶，功績沒有比這個大的，他們都被封為列侯。臧霸被封為都亭侯，加授威虜將軍。又與于禁征討昌豨，與夏侯淵征討黃巾殘賊徐和等，立有戰功，升任徐州刺史。沛國人武周任下邳縣令，臧霸特別敬重武周，親自到武周家裏造訪。臧霸的一名部從事浮躁不守法度，武周掌握了他的罪證，就收押拷問致死，臧霸更加善待武周。跟隨太祖征討孫權，奮勇當先，再度進入巢湖，攻打居巢，攻克了居巢。張遼征討陳蘭時，臧霸另被派到皖縣，征討吳將韓當，使孫權不能援救陳蘭。韓當派兵迎擊臧霸，臧霸在逢龍交戰，韓當又派兵在夾石截擊臧霸，臧霸與吳軍交戰打敗了吳軍，回師屯駐舒縣。孫權派遣好幾萬人乘船屯駐在舒口，分派兵力援救陳蘭，聽說臧霸的軍隊在舒縣，便逃跑回來了。臧霸連夜追擊吳軍，到了天亮，已走了一百多里路，攔截吳軍前後夾擊，敵軍處境窘迫緊急，不能夠上船，跳水的人很多。因此敵軍不能夠援救陳蘭，張遼於是打敗了陳蘭。臧霸跟隨太祖在濡須口征討孫權，與張遼當前鋒，行軍途中遇到接連不斷的大雨，大軍比吳軍先到達，江水暴漲，吳軍船隊慢慢逼進，將士們都非常不安。張遼想撤走，臧霸勸阻他說：「曹公明察利弊，難道會拋棄我們嗎？」第二天果然有撤軍的命令傳來。張遼回來後，把這些話告訴太祖。太祖讚賞臧霸，任他為揚威將軍，授予符節。後來孫權請降，太祖回師，留下臧霸同夏侯惇等屯駐居巢。

2 文帝即魏王位，臧霸任升鎮東將軍，進爵位為武安鄉侯，督率青州軍事。到了文帝即帝位，進封臧霸為開陽侯，轉封良成侯。臧霸與曹休征討吳軍，在洞浦打敗呂範，徵召為執金吾，賜位特進。每當有軍事上的問題，文帝總是諮詢他。魏明帝即位，增加他的食邑五百戶，加上以前的總計三千五百戶。臧霸去世，諡號威侯。兒子臧艾繼承爵位。臧艾官至青州刺史、少府。臧艾去世，諡號為恭侯。兒子臧權繼承爵位。臧霸先後立有戰功，封他的三個兒子為列侯，賜一個兒子爵位為關內侯。

3 而孫觀也官至青州刺史，授予符節，跟隨太祖征討孫權，戰鬥中受了創傷去世。兒子孫毓繼承爵位，也官至青州刺史。

1 文聘，字仲業，南陽❶宛人也，為劉表大將，使禦北方。表死，其子琮❷立。太祖征荊州❸，琮舉州降，呼聘欲與俱，聘曰：「聘不能全州，當待罪而已。」太祖濟漢❹，聘乃詣太祖，太祖問曰：「來何遲邪？」聘曰：「先日不能輔弼❺劉荊州以奉國家，荊州雖沒，常願據守漢川❻，保全土境，生不負於孤弱，死無愧於地下，而計不得已，以至於此。實懷悲慚，無顏早見耳。」遂欷歔❼流涕。太祖為之愴然❽，曰：「仲業，卿真忠臣也。」厚禮待之。授聘兵，使與曹純❾追討劉備於長阪❿。太祖先定荊州，江夏⓫與吳接，民心不安，乃以聘為江夏太守，使典⓬北兵，委以邊事，賜爵關內侯。與樂進討關羽於尋口⓭，有功，進封延壽亭侯，加討逆將軍⓮。又攻羽輜重於漢津，燒其船於荊城⓯。文帝踐阼，進爵長安鄉侯，假節。與夏侯尚圍江陵⓰，使聘別屯沔口⓱，止石梵⓲，自當一隊，禦賊有功，遷後將軍⓳，封新野侯。孫權以五萬眾自圍聘於石陽⓴，甚急。聘堅守不動，權住二十餘日乃解去。聘追擊破之。增邑五百戶，并前千九百戶。

2 聘在江夏數十年，有威恩，名震敵國，賊不敢侵。分聘戶邑封聘子岱為列侯，又賜聘從子厚爵關內侯。聘薨，諡曰壯侯。岱又先亡，聘養子休嗣。卒，子武嗣。

3 嘉平㉑中，譙郡㉒桓禺為江夏太守，清儉有威惠，名亞於聘。

【章　旨】以上為〈文聘傳〉。主要記文聘初隨劉表，後歸曹操，及前後征戰的相關史事。其忠於舊主，不以早降而邀功，令曹操為之動容。

【注　釋】❶南陽　郡名。治所在今河南南陽。❷琮　即劉琮，劉表的次子，為劉表後妻蔡氏所生。劉表因寵愛蔡氏，惑於蔡氏之言而廢長子劉琦，立琮為嗣。劉表死，劉琮嗣位。東漢建安十三年（西元二〇八年）八月，曹操伐荊州，兵抵襄陽，劉琮即舉州降曹。曹操以劉琮為青州刺史，封列侯，其後事跡不詳。參見《後漢書‧劉表列傳》及本書卷六〈劉表傳〉。❸荊州　州名。東漢治所在今湖南常德東北，劉表為荊州牧時治所在今湖北襄樊。❹漢　漢水，即今漢江，長江最長的支流。源出於陝西西南部寧強縣，東南流經陝西南部、湖北西北部和中部，在武漢市入長江。❺彌　原指糾正弓弩的器具。引申為糾正、輔佐。❻漢川　即漢水。❼欷歔　嘆氣抽咽聲。❽愴然　悲傷的樣子。❾曹純　字子和，曹仁之弟。二十歲隨曹操起兵，初以議郎參軍事，追劉備於長阪。東漢建安十五年（西元二一〇年）死。詳本書卷九〈曹純傳〉。❿長阪　地名。在今湖北當陽東北。⓫江夏　劉表之子劉琦曾為江夏太守，治夏口（今湖北漢口）。此後吳、魏並置江夏郡。魏境的江夏郡治所在安陸（今湖北雲夢），下文「以聘為江夏太守」即治此。吳境的江夏郡治所在武昌（今湖北鄂州）。⓬典　掌領；統轄。⓭尋口　地名。據盧弼《三國志集解》引謝鍾英說，在安陸西南。⓮討逆將軍　雜號將軍之一，主征戰。盧弼《三國志集解》引洪飴孫：「討逆將軍一人，第五品。」⓯荊城　盧弼《三國志集解》引《一統志》曰：「今鍾祥縣南。」按：鍾祥縣今屬湖北，在湖北中部，漢水中游。⓰與夏侯尚圍江陵　事在魏黃初三年（西元二二二年）。夏侯尚，字伯仁，沛國譙（今安徽亳州）人，夏侯淵的從子。曹操平定冀州，任之為軍司馬。常從征戰。後遷黃門侍郎。文帝時封平鄉侯。遷征南將軍，領荊州刺史。征伐劉備有功，遷征南大將軍。黃初五年（西元二二四年），徙封昌陵鄉侯。第二年病死。詳本書卷九〈夏侯尚傳〉。⓱沔口　盧弼《三國志集解》：「即夏口。」夏口即今湖北漢口，漢水入長江處。沔，即沔水，亦即漢水。⓲石梵　地名，據盧弼《三國志集解》引謝鍾英曰：「石梵當在今天門縣（今屬湖北）東南，漢水北。」⓳後將軍　主征戰，位上卿，次於大將軍。⓴權以五萬眾句　事在魏文帝黃初七年（西元二二六年）。石陽，縣名。盧弼《三國志集解》：「在今應城縣（今屬湖北）東南。」㉑嘉平　魏齊王曹芳年號，西元二四九－二五四年。㉒譙郡　郡名。治所在今安徽亳州。

【語　譯】文聘，字仲業，南陽郡宛縣人，任劉表大將，劉表派他守禦北方。劉表死後，他的兒子劉琮繼任荊州牧。太祖征伐荊州，劉琮率荊州投降，招喚文聘想要他一起投降，文聘說：「我不能保全荊州，只該等待治罪罷了。」太祖渡過漢水，文聘這才前往面見太祖，太祖問道：「為什麼來得這麼晚？」文聘說：「先前不能輔佐劉荊州以奉獻國家，劉荊州雖然去世了，我也常希望據守漢水，保全荊州地域，活著不辜負劉荊州的孤兒弱子，死了無愧於地下的劉荊州，然而計畫不能實現，以至於落到這個地步。實在是心懷悲痛羞慚，沒臉早來見您啊。」於是哽咽而流淚。太祖也為他感到悲傷，說：「仲業，您真正是個忠臣。」用優厚的禮遇接待他。授予文聘軍隊，派他與曹純在長阪追擊劉備。太祖首先平定荊州，江夏郡與吳國接壤，民心不安，於是任文聘為江夏太守，派他統轄北方軍隊，把邊防事務委任給他，賜爵關內侯。文聘與樂進在尋口討伐關羽，立有戰功，進封為延壽亭侯，加授討逆將軍。又在漢津攻打關羽運輸軍用物資的隊伍，在荊城燒毀關羽的船隻。文帝即位，進封文聘爵位為長安鄉侯，授予符節。與夏侯尚圍攻江陵，派文聘另外屯兵在沔口，停駐在石梵，獨自承擔率領一支部隊的責任，抵禦敵兵有功，升任後將軍，封為新野侯。孫權率五萬軍隊親自在石陽圍攻文聘，形勢非常危急。文聘堅守不動，孫權駐紮了二十多天就解除包圍退去了。文聘追擊，打敗了孫權。增加文聘的食邑五百戶，加上以前的總計一千九百戶。

2 文聘在江夏郡幾十年，有威信、恩德，名震敵國，敵人不敢侵犯。分割文聘的食邑封給他的兒子文岱為列侯，又賜給文聘的姪子文厚爵位為關內侯。文聘去世，諡號為壯侯。文岱又先於文聘去世，由文聘的養子文休繼承爵位。文休去世，兒子文武繼承爵位。

3 嘉平年間，譙郡人桓禺任江夏太守，清正節儉，有威嚴仁惠，名聲僅次於文聘。

呂虔，字子恪，任城❶人也。太祖在兗州，聞虔有膽策，以為從事❷，將家兵守湖陸❸。襄賁❹校尉❺杜松部民炅母❻等作亂，與昌豨通。太祖以虔代松。虔到，招誘炅母渠率❼及同惡❽數十人，賜酒食。簡❾壯士伏其側，虔察炅母等皆醉，使伏兵盡格❿殺之。撫其餘眾，羣賊乃平。太祖以虔領泰山太守。郡接山海，世亂，聞民人多藏竄。袁紹所置中郎將郭祖、公孫犢等數十輩，保山為寇，百姓苦之。虔將家兵到郡，開恩信，祖等黨屬皆降服，諸山中亡匿者盡出安土業。簡其彊者補戰士，泰山由是遂有精兵，冠名州郡。濟南⓫黃巾徐和等，所在劫長吏，攻城邑。虔引兵與夏侯淵會擊之，前後數十戰，斬首獲生數千人。太祖使督青州諸郡兵以討東萊⓬羣賊李條等，有功。太祖令曰：「夫有其志，必成其事，蓋烈士⓭之所徇⓮也。卿在郡以來，禽姦討暴，百姓獲安，躬蹈矢石，所征輒克。昔寇恂立名於汝、潁⓯，耿弇⓰建策於青、兖，古今一也。」舉茂才⓱，加騎都尉，典郡如故。虔在泰山十數年，甚有威惠。文帝即王位，加裨將軍，封益壽亭侯⓲，遷徐州刺史，加威虜將軍⓳。請琅邪王祥⓴為別駕，民事一以委之，世多其能任賢。討利城叛賊，斬獲有功。明帝即位，徙封萬年亭侯㉑，增邑二百，并前六百戶。虔薨，子翻嗣。翻薨，子桂嗣。

【章　旨】以上為〈呂虔傳〉，記述呂虔先在湖陸平炅母之亂；再為泰山守，以恩信降服山寇，百姓安業。最後記述呂虔為徐州刺史，委政王祥，能用賢人。

【注　釋】❶任城　縣名。治所在今山東濟寧東南。❷從事　州牧的佐官。❸湖陸　縣名。盧弼《三國志集解》引《一統志》

說，其故城在今山東魚臺東南。❹襄賁　縣名。治所在今山東倉山縣南。賁，原誤作「陵」。據兩〈漢志〉，東海郡有襄賁縣。❺校尉　漢時軍職之一，略次於將軍，隨其職務冠以名號，如西漢時掌北軍壘者有中壘校尉，掌西域屯兵者有戊己校尉。東漢略同。❻毋　原作「毌」，今從宋本、毛氏汲古閣本、吳氏西爽堂本。下同。❼渠率　亦作「渠帥」。頭目；首領。❽同惡　幹壞事的同伙。❾簡　選。❿格　擊。⓫濟南　國名。治所在今山東歷城東。⓬東萊　郡名。治所在今山東龍口東。⓭烈士　古時泛指有志功業或重義輕生的人。⓮徇　通「殉」。為事業獻出生命。⓯昔寇恂立名於汝潁　寇恂，字子翼，上谷昌平（今北京市昌平）人，世為地方豪強。劉秀占有河內，他被任為河內太守，行大將軍事，負責轉輸軍需，並與馮異攻打綠林軍蘇茂、賈強等部。後歷任潁川、汝南郡太守，以征討境內盜賊、安撫百姓之功著稱。東漢建武十二年（西元三六年）死。詳《後漢書・寇恂列傳》。汝，即汝南郡。潁，即潁川郡，治所在今河南禹州。⓰耿弇　字伯昭，扶風茂陵（今陝西興平東北）人。父況，耿弇率上谷郡兵歸劉秀，任大將軍，從定王郎，並攻打銅馬、赤眉等起義軍。劉秀即帝位後，為建威大將軍，擊平齊地（青州、兗州一帶）割據勢力張步，攻占城陽、琅邪等十二郡。漢明帝永平元年（西元五八年）死。詳《後漢書・耿弇列傳》。⓱茂才　即秀才，是漢以來薦舉人才的科目之一，東漢時因避光武帝劉秀名諱而改茂才，後世相沿作秀才的別稱。⓲益壽亭侯　即封以益壽縣一亭之地以為侯。益壽，縣名。在今山東中部偏北。⓳威虜將軍　雜號將軍之一，主征戰。⓴王祥　裴注引孫盛《雜語》：「祥字休徵。性至孝。」「母終乃仕，以淳誠貞粹見重於時。」又引王隱《晉書》：「祥始出仕，年過五十矣，稍遷至司隸校尉。……司馬文王初為晉王，司空荀顗要祥盡敬，祥不從。語在〈三少帝紀〉。晉武踐阼，拜祥為太保，封睢陵公。泰始四年，年八十九薨。」㉑萬年亭侯　封以萬年縣一亭之地以為侯。萬年，縣名。治所在今陝西臨潼北。

【語　譯】呂虔，字子恪，任城縣人。太祖在兗州時，聽說呂虔有膽識謀策略，任用他為州從事，率領家兵守衛湖陸縣。襄賁縣校尉杜松管轄下的民眾炅母等人作亂，與昌豨串通。太祖用呂虔取代杜松。呂虔到任，引誘炅母的頭目及其同黨惡人幾十人，賜予酒食。挑選壯士埋伏在旁邊，呂虔看到炅母等都喝醉了，就令伏兵把他們全部殺掉。安撫他們剩下的部眾，賊寇便被平定了。太祖任用呂虔代理泰山郡太守。泰山郡與山海相接，社會混亂，聽說老百姓許多都隱藏逃亡。袁紹所設置的中郎將郭祖、公孫犢等幾十人，據山為寇，老百姓深受其苦。呂虔率領家兵到達郡裏後，施恩惠，講求信義，郭祖等黨羽都投降歸附，逃亡隱匿到各山中的老百姓都出來安心從事農業。呂虔挑選百姓中強健的補充兵員，泰山郡從此就有了精兵，聞名於各州郡。濟南的黃巾徐和等人，所到之處劫持官吏，攻占城邑。呂虔帶兵與夏侯淵會師攻打他們，前後幾十次戰役，斬首、生擒了好幾千人。太祖派呂虔督率青州各郡的兵馬討伐東萊郡的賊寇李條等人，立有戰功。太祖下令說：「具有那樣的志向，必定成就那樣的事業，這是烈士所獻身追求的。您在泰山郡就任以來，抓捕奸賊、討伐強暴，百姓獲得安寧，您親冒矢石，凡所征伐總是取得勝利。過去寇恂在汝南、潁川建立名聲，耿弇在青、兗二州出謀劃策，古今都是一樣的啊。」薦舉呂虔為茂才，加官騎都尉，依舊掌管泰山郡。呂虔在泰山郡十幾年，非常有威信和仁惠。文帝即魏王位，加授呂虔裨將軍，封為益壽亭侯，升任徐州刺史，加官威虜將軍。呂虔延請琅邪郡人王祥為別駕從事史，把治理民眾的政事完全委任給他，世人多稱讚他能任用賢人。討伐利城郡的叛賊，斬殺和俘擄賊寇有功。魏明帝即位，改封他為萬年亭侯，增加食邑二百戶，加上以前的總計六百戶。呂虔去世，兒子呂翻繼承爵位。呂翻去世，兒子呂桂繼承爵位。

1 許褚，字仲康，譙國❶譙人也。長八尺餘，腰大十圍，容貌雄毅，勇力絕人。漢末，聚少年及宗族數千家，共堅壁以禦寇。時汝南葛陂❷賊萬餘人攻褚壁，褚眾少不敵，力戰疲極。兵矢盡，乃令壁中男女，聚治石如杅❸斗者置四隅。褚飛石擲之，所值皆摧碎。賊不敢進。糧乏，偽與賊和，以牛與賊易食，賊來取牛，牛輒奔還。褚乃出陳前，一手逆曳牛尾，行百餘步。賊眾驚，遂不敢取牛而走。由是淮、汝、陳、梁❹間，聞皆畏憚之。

2 太祖徇❺淮、汝，褚以眾歸太祖。太祖見而壯之，曰：「此吾樊噲❻也。」

即日拜都尉⑦，引入宿衛⑧。諸從褚俠客，皆以為虎士⑨。從征張繡，先登，斬首萬計，遷校尉。從討袁紹於官渡。時常從士⑩徐他等謀為逆，以褚常侍左右，憚之不敢發。伺褚休下日，他等懷刀入。褚至下舍心動，即還侍。他等不知，入帳見褚，大驚愕。他色變，褚覺之，即擊殺他等。太祖益親信之，出入同行，不離左右。從圍鄴，力戰有功，賜爵關內侯。從討韓遂⑪、馬超⑫於潼關⑬。太祖將北渡，臨濟河，先渡兵，獨與褚及虎士百餘人留南岸斷後。超將步騎萬餘人，來奔太祖軍，矢下如雨。褚白太祖，賊來多，今兵渡已盡，宜去，乃扶太祖上船。賊戰急，軍爭濟⑭，船重欲沒。褚斬攀船者，左手舉馬鞍蔽太祖。船工為流矢所中死，褚右手並泝⑮船，僅乃得渡。是日，微⑯褚幾危。其後太祖與遂、超等單馬會語，左右皆不得從，唯將褚。超負其力，陰欲前突太祖，素聞褚勇，疑從騎是褚。乃問太祖曰：「公有虎侯者安在？」太祖顧指褚，褚瞋⑰目眄⑱之。超不敢動，乃各罷。後數日會戰，大破超等，褚身斬首級，遷武衛中郎將⑲。武衛之號，自此始也。軍中以褚力如虎而癡，故號曰虎癡；是以超問虎侯，至今天下稱焉，皆謂其姓名也。

3 褚性謹慎奉法，質重少言。曹仁自荊州來朝謁，太祖未出，入與褚相見於殿外。仁呼褚入便⑳坐語，褚曰：「王將出。」便還入殿，仁意恨之。或以責褚曰：「征南宗室重臣㉑，降意呼君，君何故辭？」褚曰：「彼雖親重，外藩㉒也。褚備內臣，眾談足矣，入室何私乎？」太祖聞，愈愛待之，遷中堅將軍㉓。太祖崩，褚號泣歐㉔血。文帝踐阼，進封萬歲亭侯，遷武衛將軍，都督中軍宿衛禁兵，甚親近焉。初，褚所將為虎士者從征伐，太祖以為皆壯士也，同日拜為將，其後以功為將軍封侯者數十人，都尉、校尉百餘人，皆劍客也。明帝即位，進封㉕牟鄉侯，邑七百戶，賜子爵一人關內侯。褚薨，諡曰壯侯。子儀嗣。褚兄定，亦以軍功㉖為振威將軍㉗，都督徼道虎賁㉘。太和㉙中，帝思褚忠孝，下詔褒贊，復賜褚子孫二人爵關內侯。儀為鍾會㉚所殺。泰始㉛初，子綜嗣。

【章　旨】以上為〈許褚傳〉。首段寫許褚勇力絕人，第二段寫許褚三次救曹操於危境之中，第三段寫許褚忠於曹操而不私交及因功獲封諸事。

【注　釋】❶譙國　國名。治所在今安徽亳州。據盧弼《三國志集解》，東漢建安十八年（西元二一三年）置譙郡，建安二十二年（西元二一七年）始立譙為封國。❷葛陂　鄉名。據盧弼《三國志集解》引謝鍾英說，在河南新蔡東北。❸杅　盧弼《三國志集解》：「飲水器。《荀子・君道》：『盤圓而水圓，杅方而水方。』」❹淮汝陳梁　淮，淮水，即淮河。汝，汝水。陳，國名。治所在今河南淮陽。梁，國名。治所在今河南商丘南。❺徇　攻掠。❻樊噲　漢初將領。沛縣（今江蘇沛縣）人。少以屠狗為業。初隨劉邦起事，為其部將，以軍功封賢成君。滅秦後，項羽謀士范增擬在鴻門宴上殺劉邦，他直入營門，斥責項羽，劉邦始得走脫。漢初，隨劉邦擊破臧荼、陳豨和韓王信的叛亂，任左丞相，封舞陽侯。其妻呂嬃為呂后之妹，因得呂后的信任。漢孝惠六年（西元前一八九年）死。詳《漢書·樊噲傳》。❼都尉　比將軍略低的武官。❽宿衛　在宮禁中值宿警衛。❾虎士　擔任宮中保衛的武士。❿常從士　日常負責保衛的衛士。⓫韓遂　字文約，金城（今甘肅永靖）人。靈帝時，投北宮玉伯、李文侯軍，後殺害玉伯、文侯，擁兵十萬，與馬騰推漢陽人王國為主，旋又廢王國，與馬騰割據涼州。獻帝時，聯合馬超等率兵反對曹操，被擊敗。東漢建安二十年（西元二一五年），為部屬所殺。參見本書卷一〈武帝紀〉。⓬馬超　字孟起，扶風茂陵（今陝西興平東北）人，出身涼州豪強家庭。東漢末隨父馬騰起兵，後領父部屬。東漢建安十六年（西元二一一年）攻曹操，在潼關為曹操所敗，還據涼州，後為楊阜所逐，任驃騎將軍，領涼州牧。蜀漢章武二年（西元二二二年）死，時年四十七歲。詳本書卷三十六〈馬超傳〉。⓭潼關　關名。在今陝西潼關北。⓮濟　此字下原有「船」字，宋本無。據刪。⓯泝　盧弼《三國志集解》：「《御覽》『泝』作『棹』，《通鑑》作『右手刺船』。」案作「泝」意不可解。作「棹」，則是搖船之意，作「刺」則是撐船之意，未知孰是。以理度之，黃河水深流急，難以篙撐，當作「棹」為是。⓰微　無；沒有。⓱瞋　瞪大眼睛。⓲眄　怒視。⓳武衛中郎將　官名。主宮廷宿衛，「武衛」是中郎將的加號。⓴便　即便殿，猶別殿，古時君王休息的地方，別於正殿而言。㉑征南宗室重臣　據盧弼《三國志集解》說，曹仁任征南將軍，屯守江陵，是在東漢建安十四、五年（西元二〇九、二一〇年），「安得便稱宗室」？這是史家的疏誤。按：建安十四、五年，曹操尚未進爵為魏王，（曹操於建安十八年，即西元二一三年自稱魏公，建安二十一年，即西元二一六年自進爵為魏王。）且終曹操之世亦未嘗稱帝，故當時實不當以皇族相稱。征南，即征南將軍，在此指曹仁。宗室，即皇族。㉒外藩　即帶兵在外以藩衛朝廷之臣。藩，衛。㉓中堅將軍　雜號將軍之一，因居中侍衛，堅固可靠，故以「中堅」為號。㉔歐　同「嘔」。吐。㉕封　原脫。㉖功　此字下原衍「封」字。㉗振威將軍　雜號將軍之一，主征戰。㉘都督徼道虎賁　徼道，在皇帝外出時負責道路警戒。徼，巡視；警戒。虎賁，即虎賁郎，屬虎賁中郎將，主宿衛侍從。㉙太和　魏明帝曹叡年號，西元二二七—二三三年。㉚鍾會　字士季，潁川長社（今河南長葛東）人，鍾繇之子。官至司徒，為司馬昭重要謀士。魏景元四年（西元二六三年），與鄧艾分軍滅蜀，次年謀叛被殺。詳本書卷二十八〈鍾會傳〉。㉛泰始　晉武帝司馬炎年號，西元二六五—二七四年。

【語譯】許褚，字仲康，譙國譙縣人。身高八尺多，腰粗十圍，容貌雄壯剛毅，勇力超絕常人。東漢末年，聚集青年人和宗族幾千家，一起修築堅固的營壘用來防禦賊寇。當時汝南郡葛陂地方的賊寇一萬多人進攻許褚的營壘，許褚寡不敵眾，奮力作戰疲憊至極。箭矢射盡，就命令營壘中的男男女女，把經過打製的如同杆斗大的石頭聚集起來放在營壘四角，許褚飛石丟擲賊兵，所擲中的東西都被砸得粉碎。賊兵不敢前進。糧食不足，許褚就假裝與賊寇和解，用牛與賊寇交換糧食，賊兵來取牛，牛往往跑了回來。許褚這才出現在陣前，一手倒拽著牛尾巴，走了一百多步。賊兵都很驚恐，於是不敢取牛就跑了。從此淮水、汝水、陳國、梁國一帶，聽見他的名號都害怕他。

2 太祖攻掠淮水、汝水一帶，許褚率部眾歸附太祖。太祖見了許褚稱讚他的壯勇，說：「這是我的樊噲啊。」當天即任為都尉，帶他進帳宿衛左右。那些跟隨許褚的俠客，都讓他們擔任虎士。跟隨太祖征伐張繡，衝鋒在前，斬殺敵人以萬計數，升任校尉。跟隨太祖在官渡征討袁紹。當時擔任日常衛士的徐他等人陰謀叛亂，因為許褚常侍衛在太祖身邊，害怕他而不敢動手。等到許褚休息的日子，徐他等人懷中藏著刀進去。許褚來到住處心亂不安，立即回來侍衛。徐他等人不知情，進入帳中見到許褚，大為驚愕。徐他的臉色都變了，許褚覺察他的臉色有變，立刻出擊殺死了徐他等人。太祖更加親信許褚，出入同行，不離左右。跟隨太祖圍攻鄴城，奮力作戰立有戰功，賜爵關內侯。跟隨太祖在潼關征討韓遂、馬超。太祖準備北渡黃河，臨渡河時，先讓兵士渡河，只與許褚和虎士一百多人留在南岸斷後。馬超率領步、騎兵一萬多人前來奔襲太祖的軍隊，箭如雨下。許褚告訴太祖：「賊兵來得太多，現在兵士渡河已經完成，應當離去。」於是攙扶太祖上船。賊兵進攻迅急，曹軍爭相渡河，船隻超載就要沉沒。許褚斬殺攀船的人，左手舉著馬鞍遮蔽太祖。船工被流箭射中而死，許褚就用右手奮力划船，這才得以渡河。這一天，如果沒有許褚，太祖就極度危險了。此後太祖同韓遂、馬超等單槍匹馬相會談話，身邊的人都不得跟從，只帶著許褚。馬超依仗他的勇力，想暗中向前突襲太祖，一向聽說許褚勇猛，懷疑跟從太祖的就是許褚，於是問太祖說：「曹公有一名虎侯在哪裏？」太祖回頭指向許褚，許褚瞪大眼睛怒視馬超。馬超不敢動手，於是各自退去。幾天後兩軍交戰，大敗馬超等人，許褚親自斬下敵軍首級，升任武衛中郎將。武衛的稱號，從此開始。軍中因為許褚力大如虎而外表癡憨，因此稱他為「虎癡」；所以馬超問「虎侯」，到現在天下人還這樣稱呼他，都說這就是他的姓名。

3 許褚生性謹慎守法，質樸穩重，很少說話。曹仁從荊州前來朝見，太祖尚未出來，進去與許褚在殿外相見。曹仁叫許褚進入便殿坐下說話，許褚說：「魏王就要出來了。」便回身進入殿中，曹仁心裏惱恨。有人以此責備許褚說：「征南將軍是宗室的重臣，屈尊招呼您，您為什麼要推辭呢？」許褚說：「他雖然是親近的宗室重臣，畢竟是在外藩衛之臣，我備位內臣，公開說話就夠了，進到殿室中有什麼私祕話呢？」太祖聽到了，更加喜愛而厚待許褚，升任中堅將軍。太祖去世，許褚號哭吐血。文帝即位，進封為萬歲亭侯，升任武衛將軍，督率朝中擔任警衛的禁兵，十分親近他。當初，許褚所率領的擔任虎士的人跟從太祖征戰，太祖認為他們都是壯士，同一天任命他們擔任將領，此後這些人因功而做了將軍並被封侯的有好幾十人，任都尉、校尉的一百多人，他們原來都是些劍客。明帝即位，進封為牟鄉侯，食邑七百戶，賜給他一個兒子爵位為關內侯。許褚去世，謚號為壯侯。兒子許儀繼承爵位。許褚之兄許定，也因軍功任振威將軍，統領負責道路警戒的虎賁郎。太和年間，明帝念及許褚的忠孝，下詔書對他加以褒讚表揚，又賜許褚的兩個子孫爵位為關內侯。許儀被鍾會所殺。泰始初年，許儀的兒子許綜繼承了爵位。

1 典韋，陳留❶己吾❷人也。形貌魁梧，旅力❸過人，有志節任俠❹。襄邑❺劉氏與睢陽❻李永為讎，韋為報之。永故富春❼長，備衛甚謹。韋乘車載雞酒，偽為候❽者，門開，懷匕首入殺永，并殺其妻，徐出，取車上刀戟，步出❾。永居近市，一市盡駭。追者數百，莫敢近。行四五里，遇其伴，轉戰得脫。由是為豪傑所識。初平中，張邈❿舉義兵，韋為士，屬司馬⓫趙寵。牙門旗⓬長大，人莫能勝，韋一手建之，寵異其才力。後屬夏侯惇，數斬首有功，拜司馬。太祖討呂布於濮陽⑬。布有別屯在濮陽西四五十里，太祖夜襲，比明破之。未及還，會布救兵至，三面掉戰。時布身自搏戰，自旦至日昳⑭數十合，相持急。太祖募陷陣，韋先占⑮，將應募者數千⑯人，皆重衣兩鎧，棄楯⑰，但持長矛撩⑱戟⑲。時西面又急，韋進當之，賊弓弩亂發，矢至如雨，韋不視，謂等人⑳曰：「虜來十步，乃白之。」等人曰：「十步矣。」又曰：「五步乃白。」等人懼，疾言「虜至矣」！韋手持十餘戟，大呼起，所抵㉑無不應手倒者。布眾退。會日暮，太祖乃得引去。拜韋都尉，引置左右，將親兵數百人，常繞大帳。韋既壯武，其所將皆選卒，每戰鬬，常先登陷陣。遷為校尉。性忠至謹重，常晝立侍終日，夜宿帳左右，稀歸私寢。好酒食，飲啗㉒兼人，每賜食於前，大飲長歠㉓，左右相屬，數人益乃供，太祖壯之。韋好持大雙戟與長刀等，軍中為之語曰：「帳下壯士有典君，提一雙戟八十斤。」

2 太祖征荊州，至宛，張繡迎降。太祖甚悅，延㉔繡及其將帥，置酒高會。太祖行酒㉕，韋持大斧立後，刃徑尺，太祖所至之前，韋輒舉斧目之。竟酒，繡及其將帥莫敢仰視。後十餘日，繡反，襲太祖營，太祖出戰不利，輕騎㉖引去。韋戰於門中，賊不得入。兵遂散從他門並入。時韋校㉗尚有十餘人，皆殊死戰，無不一當十。賊前後至稍多，韋以長戟左右擊之，一叉入，輒十餘矛摧。左右死傷者略盡。韋被數十創，短兵接戰，賊前搏之。韋雙挾兩賊擊殺之，餘賊不敢前。韋復前突賊，殺數人，創重發，瞋目大罵而死。賊乃敢前，取其頭，傳觀之，覆軍就視其軀。太祖退住舞陰㉘，聞韋死，為流涕，募間取其喪，親自臨哭之，遣歸葬襄邑㉙，拜子滿為郎中。車駕每過，常祠以中牢㉚。太祖思韋，拜滿為司馬，引自近。文帝即王位，以滿為都尉，賜爵關內侯。

【章 旨】以上為〈典韋傳〉。首段記典韋勇力過人。第二段寫典韋持斧隨曹操行酒，威懾張繡。後張繡反，典韋戰死，然餘威猶在。

【注 釋】❶陳留 郡名。治所在今河南開封東南。❷己吾 縣名。治所在今河南睢縣東南。❸旅力 亦作「膂力」。即體力、筋力。❹任俠 古時把抑強扶弱的行為叫做俠。任俠，即以抑強扶弱為己任。❺襄邑 縣名。治所在今河南睢縣。❻睢陽 縣名。治所在今河南商丘南。❼富春 縣名。治所在今浙江富陽西北。❽候 問候；看望。❾出 《三國志集解》云：「《御覽》『出』作『去』。」❿張邈 字孟卓，東平壽張（今山東東平西南）人，少以俠聞，曹操、袁紹皆與之友。初任騎都尉，遷陳留太守。董卓之亂，同曹操首舉義兵。後歸附呂布。曹操打敗呂布，張邈前往向袁術求兵，途中為其兵所殺。詳本書卷七〈張邈傳〉。⓫司馬 官名。據《後漢書・百官志一》說，漢制，大將軍營五部，部校尉一人，比二千石；軍司馬一人，比千石。⓬牙門旗 即牙旗。牙門，古代軍營之門，因門口置牙旗，故稱牙門。《文選・東京賦》「戈矛若林，牙旗繽紛」，薛綜注：「牙旗者，將軍之旗。……竿上以象牙飾之，故云牙旗。」⓭濮陽 縣名。治所在今河南濮陽。⓮昳 日落。⓯占 自報數目，在此指報名。⓰千 《三國志集解》云：「《御覽》『千』作『十』。」當作「十」。⓱楯 同「盾」。即盾牌。⓲撩 持；舉。⓳戟 原作「戰」，今從宋本。⓴等人 盧弼《三國志集解》引胡三省曰：「等人者，一等應募之人也。」按：一等，即同等，也就是一同、一道的意思。㉑抵　觸。指為戟所觸擊。㉒噉　吃。㉓歠　飲。㉔延　請。㉕行酒　依次斟酒。㉖輕騎　輕裝精銳的騎兵。㉗校　清點。㉘舞陰　縣名。治所在今河南泌陽西北。㉙遣歸葬襄邑　按：典韋本己吾縣人，而曰「遣歸葬襄邑」者，盧弼《三國志集解》：「己吾本由襄邑而分，此時并於襄邑，故傳文如此。」㉚中牢　即少牢。按：古代祭祀用牲，牛羊豕三牲俱備曰太牢，僅用羊豕曰少牢，只用一家曰特牲；少牢居中，故又稱中牢。

【語　譯】典韋，陳留郡己吾縣人。身形魁梧，體力過人，有志氣，有節操，仗義行俠。襄邑縣劉氏與睢陽縣的李永有仇，典韋替劉氏報仇。李永過去是富春縣長，守備防衛十分謹嚴。典韋乘車載著雞和酒，偽裝成看望李永的人，李永家門一開，典韋懷藏著匕首進去殺死了李永，並且殺了他的妻子，徐徐出來，拿著車上的刀戟，步行離去。李永住處靠近街市方，全街市的人盡皆驚恐。追趕他的有幾百人，沒有人膽敢靠近他。走了四五里，遇見了他的同伴，且戰且走得以脫身，從此被豪傑們所賞識。初平年間，張邈興義軍，典韋任他的軍士，隸屬於司馬趙寵。軍營門口的牙旗又長又大，沒有人能豎得起來，典韋一隻手就立起來了，趙寵對他的才能氣力十分驚異。後來隸屬於夏侯惇，多次斬首敵人立有戰功，官拜司馬。太祖在濮陽征討呂布。呂布另有座軍營在濮陽西邊四五十里處，太祖乘夜襲擊，到天亮的時候攻破了它。尚未來得及返回，碰上呂布的救兵到來，太祖三面受敵應戰。當時呂布親自上陣搏殺，從早晨到日落戰鬥了幾十個回合，雙方對峙，形勢緊急。太祖招募衝鋒陷陣的人，典韋首先報名，他率領幾千個應募的人，都穿著雙重鎧甲，丟棄盾牌，只持長矛和戟。這時西邊的戰況又激烈起來，典韋進前迎敵，敵人弓弩亂射，箭如雨下，典韋視若無睹，對一同應募的人說：「敵兵來到距離十步時，就告訴我。」應募的人說：「已經距離十步了。」典韋又說：「距離五步再告訴我。」應募的人害怕，迅速回答說：「敵兵到了！」典韋手拿十幾支戟，大叫起身，被他的戟觸擊到的敵兵沒有不立即倒下的。呂布的士兵撤退。適逢天已黃昏，太祖這才得以帶兵離去。任命典韋為都尉，把他安置在自己身邊，典韋帶領親兵幾百人，常常環繞著大帳守衛。典韋雄壯威武，他所率領的都是經過挑選的士卒，每次戰鬥，常常是率先衝鋒陷陣。升任校尉。典韋生性忠誠而又非常謹慎持重，常常白天站立侍衛整日，夜晚住宿在大帳的旁邊，很少回自己的住所就寢。喜歡酒食，食量過人，每當太祖賜給酒食，他就大吃大喝，左右手接連不斷的進食，要好幾個人給他添加酒食才供應得上，太祖讚賞他的豪壯。典韋喜歡手持大雙戟和長刀等，軍中為他編的順口溜說：「帳下壯士有典君，提一雙戟八十斤。」

2 太祖征討荊州，到達宛縣，張繡迎接歸降太祖。太祖非常高興，延請張繡和他的將帥，置酒宴盛會。太祖依序為他們斟酒，典韋手持大斧站在太祖身後，斧刃的直徑長達一尺，太祖每到一個人的面前斟酒，典韋總是手舉大斧盯著他。酒宴結束，張繡和他的將帥們沒有人敢抬頭看他。十多天之後，張繡反叛，襲擊太祖的軍營，太祖出戰失利，率輕騎兵離去。典韋在營門中戰鬥，敵兵無法進入。敵兵於是分散從其他營門一起進去。當時典韋清點一下身邊還有十多個人，都拼死作戰，無不以一當十。敵兵前後到來的逐漸增多，典韋用長戟左右擊殺敵兵，一戟又刺過去，往往摧毀十幾枝茅。他身邊的人死傷殆盡。典韋身受幾十處創傷，與敵人短兵相接，敵人上前同他肉搏。典韋挾著兩個敵兵攻擊殺了他們，其餘的敵兵不敢向前。典韋又向前衝殺敵兵，殺死好幾個敵兵，創傷劇烈發作，他怒眼圓睜大罵而死。敵兵這才敢進前，割取他的首級，大家傳看，全軍都進前來看他的屍體。太祖退卻駐紮在舞陰，聽說典韋死了，為他流淚，募人暗中取回他的屍體，親自到他的屍體前哭悼他，派人把他的屍體送回老家襄邑安葬，授給他的兒子典滿郎中的官職。太祖的車駕每當經過襄邑，常用豬羊祭祀典韋。太祖思念典韋，任命典滿為司馬，帶他在自己身邊。文帝即魏王位，任命典滿為都尉，賜給他關內侯的爵位。

1 龐悳，字令明，南安❶狟道❷人也。少為郡吏州從事。初平中，從馬騰❸擊反羌叛氐❹，數有功，稍遷至校尉。建安中，太祖討袁譚、尚於黎陽，譚遣郭援、高幹等略取河東❺，太祖使鍾繇❻率關中❼諸將討之。悳隨騰子超拒援、幹於平陽❽，悳為軍鋒，進攻援、幹，大破之，親斬援首。拜中郎將，封都亭侯。後張白騎[9]叛於弘農[10]，悳復隨騰征之，破白騎於兩殽間[11]。每戰，常陷陣卻敵，勇冠騰軍。後騰徵為衛尉，悳留屬超。太祖破超於渭南，悳隨超亡入漢陽[12]，保冀城[13]。後復隨超奔漢中[14]，從張魯[15]。太祖定漢中，悳隨眾降。太祖素聞其驍勇，拜立義將軍[16]，封關門亭侯，邑三百戶。

2 侯音、衛開等以宛叛，悳將所領與曹仁共攻拔宛，斬音、開[17]，遂南屯樊[18]，討關羽。樊下諸將以悳兄[19]在漢中，頗疑之。悳常曰：「我受國恩，義在效死。我欲身自擊羽。今年我不殺羽，羽當殺我。」後親與羽交戰，射羽中額。時悳常乘白馬，羽軍謂之白馬將軍，皆憚之。仁使悳屯樊北十里，會天霖雨十餘日，漢水暴溢，樊下平地五六丈，悳與諸將避水上堤。羽乘船攻之，以大船四面射隄上。悳被[20]甲持弓，箭不虛發。將軍董衡、部曲將董超等欲降，悳皆收斬之。自平旦[21]力戰至日過中，羽攻益急，矢盡，短兵接戰。悳謂督將[22]成何曰：「吾聞良將不怯死以苟免，烈士不毀節以求生，今日，我死日也。」戰益怒，氣愈壯，而水浸盛，吏士皆降。悳與麾下將一人，五伯[23]二人，彎弓傅矢[24]，乘小船欲還仁營。水盛船覆，失弓矢，獨抱船覆水中，為羽所得，立而不跪。羽謂曰：「卿兄在漢中，我欲以卿為將，不早降何為？」悳罵羽曰：「豎子[25]，何謂降也！魏王帶甲[26]

百萬，威振天下。汝劉備庸才耳，豈能敵邪！我寧為國家鬼，不為賊將也。」遂為羽所殺。太祖聞而悲之，為之流涕，封其二子為列侯。文帝即王位，乃遣使就悳墓賜諡，策㉗曰：「昔先軫㉘喪元，王蠋絕脰㉙，隕㉚身徇節，前代美之。惟侯式昭果毅㉛，蹈難成名，聲溢當時，義高在昔，寡人愍㉜焉，諡曰壯侯。」又賜子會等四人爵關內侯，邑各百戶。會勇烈有父風，官至中尉㉝將軍，封列侯。

【章　旨】以上為〈龐悳傳〉。首段寫龐悳初隨馬騰、馬超父子，後降曹操。第二段寫龐悳將與關羽戰，誓言「我受國恩，義在效死」。後與關羽戰，為關羽所俘，然寧死不降，踐行了自己的誓言。

【注　釋】❶南安　郡名。治所在今甘肅隴西。❷狟道　縣名。即豲道。❸馬騰　字壽成，扶風茂陵（今陝西興平東北）人。初為涼州刺史耿鄙軍司馬，曾征討氐、羌。東漢中平四年（西元一八七年）起兵，與韓遂聯合，推漢陽人王國為主。後廢王國，與韓遂割據涼州。曹操徵其入朝，任為衛尉。後與其子馬超舉兵反對曹操，於東漢建安十六年（西元二一一年）被殺。❹反羌叛氐　羌、氐皆中國古代少數民族，主要分布於今甘肅、青海、陝西、四川一帶。❺河東　郡名。治所在今山西夏縣西北。❻鍾繇　字元常，潁川長社（今河南長葛）人。東漢末為黃門侍郎。曹操執政時，命他為侍中守司隸校尉，持節督關中諸軍，經營關中，招集流散，使生產漸得恢復。曹丕代漢後，任為廷尉。明帝時遷太傅，人稱「鍾太傅」。工於書法，精於隸、楷，與晉王羲之並稱「鍾王」。魏太和四年（西元二三〇年）死。詳本書卷十三〈鍾繇傳〉。❼關中　地區名。泛指函谷關以西地區，或秦嶺以北之地。❽平陽　縣名。治所在今山西臨汾西。❾張白騎　是當時一位騎白馬的黃巾首領的稱號。《三國志・張燕傳》裴注引《典略》曰：「黑山、黃巾諸帥，本非冠蓋，自相號字，謂騎白馬者為張白騎，謂輕捷者為張飛燕，謂聲大者為張雷公，其饒鬚者則自稱于羝根，其眼大者自稱李大目。」❿弘農　郡名。治所在今河南靈寶北。⓫兩殽間　在河南西部，秦嶺東段支脈，東北、西南走向，延伸到黃河、洛陽間。因分東西兩殽，故有「兩殽間」之說。⓬漢陽　郡名。治所在今甘肅甘谷東南。⓭冀城　指漢陽郡治冀縣縣城。⓮漢中　郡名。治所在今陝西漢中東。⓯張魯　東漢末年天師道首領，字公祺，沛國豐縣（今江蘇豐縣）人，天師道創立者張道陵之孫，世為天師道教主。初平二年（西元一九一年）任益州牧劉焉的督義司馬，率徒眾攻取漢中，稱君師。他以教中「祭酒」的身分，管理地方政治，並在各地設立「義舍」，置「義米」，過路者量腹取食，又禁止釀酒，在春夏禁止殺牲，犯法的人原諒三次，然後用刑。有小過則罰修治道路百步。所建政權延續十年，成為東漢末年比較安定的地區，關中人民遷往的有數萬家。建安二十年（西元二一五年），曹操攻漢中，張魯避入巴中（今四川巴中地區），不久降曹，被任為征南將軍，封閬中侯。詳本書卷八〈張魯傳〉。⑯立義將軍　屬雜號將軍。據盧弼《三國志集解》引胡三省說：「操以龐德自漢中來歸，故進號立義將軍。」⑰侯音三句　事在建安二十四年。本書卷一〈武帝紀〉曰：「二十四年春正月，仁屠宛，斬音。」即此事。⑱樊　即樊城，在今湖北襄樊。⑲悳兄　指龐悳的從兄龐柔。裴注引《魏略》：「悳從兄名柔，時在蜀。」⑳被　即「披」。㉑平旦　天亮時。㉒督將　負責監軍的將領。㉓五伯　亦作「伍伯」。負責行刑的小吏。㉔傅矢　即箭安在弦上。傅，通「附」。㉕豎子　猶今言小子，對人的蔑稱。㉖甲　謂甲士，即穿鎧甲的戰士，在此泛指軍隊。㉗策　即策書，是一種記載帝王命令的文書。古代帝王對其臣下分封、授爵、賜謚，或任免官吏，記載其命令之言於策（冊），是為策書。㉘先軫　春秋時晉國執政大夫，采邑在原（今河南濟源西北），故也稱原軫。初為下軍之佐，後升為中軍元帥，掌握國政。城濮之戰，率軍大破楚軍。晉襄公元年（西元前六二七年），擊敗秦軍於崤（今河南三門峽市東南）。不久與狄人作戰，衝入狄陣戰死。㉙王蠋絕脰　王蠋是戰國時齊國的賢人，西元前二八四年，燕將樂毅率師伐齊，王蠋不為齊師所屈，守義自殺而死。《史記・田單列傳》記其事曰：「燕之初入齊，聞畫邑人王蠋賢，令軍中曰：『環畫邑三十里無入。』以王蠋之故。已而使人謂蠋曰：『齊人多高子之義，吾以子為將，封子萬家。』蠋固謝。燕人曰：『子不聽，吾引三軍而屠畫邑。』王蠋曰：『忠臣不事二君，貞女不更二夫。齊王不聽吾諫，故退而耕於野。國既破亡，吾不能存；今又劫之以兵為君將，是助桀為暴也。與其生而無義，固不如烹！』遂經其頸於樹枝，自奮絕脰而死。」脰，即頸項。㉚隕　通「殞」。死亡。㉛惟侯式昭果毅　只有你果敢剛毅。惟，同「唯」。只有。侯，指龐悳所封關門亭侯，在此指稱龐悳。式，語助詞，無實在意義。原誤作「戎」，據馮夢禎刻本改。昭，明。㉜愍　哀憐。㉝尉　原作「衛」，今從中華書局印本。

【語　譯】龐悳，字令明，南安郡狟道縣人。年輕時任郡吏和州從事。初平年間，跟隨馬騰攻打反叛的羌人和氐人，多次立下戰功，逐漸升任到校尉。建安年間，太祖在黎陽討伐袁譚、袁尚，袁譚派遣郭援、高幹等掠取河東郡，太祖派鍾繇率領關中的各路將領討伐他們。龐悳跟隨馬騰之子馬超在平陽抗拒郭援、高幹，龐悳做軍隊的前鋒，進攻郭援、高幹，大敗他們，親自斬下郭援的首級。官拜中郎將，封為都亭侯。後來張白騎在弘農叛亂，龐悳又跟隨馬騰征討他，在兩殽之間打敗了張白騎。每次交戰，龐悳常常衝鋒陷陣打退敵人，勇冠馬騰全軍。後來馬騰被朝廷徵召做了衛尉，龐悳留下隸屬於馬超。太祖在渭南打敗馬超，龐悳隨著馬超逃亡到了漢陽，據守冀城。後來又隨馬超逃奔漢中，跟隨張魯。太祖平定漢中，龐悳隨同大家一起投降。太祖一向聽說龐悳驍勇善戰，任命他為立義將軍，封為關門亭侯，食邑三百戶。

2 侯音、衛開等據宛城反叛，龐悳率領自己的部眾與曹仁一起攻克了宛城，斬了侯音、衛開，於是南下屯駐樊城，討伐關羽。樊城的將領們認為龐悳的哥哥在漢中，頗猜疑龐悳。龐悳常說：「我身受國恩，理當效死為國。我想親自擊殺關羽。今年不是我殺關羽，就是關羽殺我。」後來親自與關羽交戰，射中了關羽的額頭。當時龐悳常騎白馬，關羽的軍隊稱他為白馬將軍，都憚忌他。曹仁派龐悳屯駐在樊城北邊十里的地方，不巧下了十幾天的大雨，漢水暴漲，樊城周圍平地水深五六丈，龐悳與將領們登上河堤避水。關羽乘船進攻，從大船四面向堤上射箭。龐悳身披鎧甲手持弓箭，箭不虛發。將軍董衡、率領部曲的將領董超等人想要投降，龐悳把他們都抓來殺了。從天亮拼戰到日過中午，關羽的攻勢更加猛烈，龐悳的箭射完了，與敵人短兵相接。龐悳對督將成何說：「我聽說良將不因怕死而苟且偷生，烈士不毀壞名節而求得活命，今天是我死期。」作戰更加奮勇，豪氣愈發壯烈，而水勢也越來越大，官吏和兵卒都投降了。龐悳與部下的一個將領，兩個小吏，彎弓搭箭，搭乘小船想回曹仁軍營。水大船翻，丟失了弓箭，獨自抱著船漂流在水中，被關羽所擒獲，龐悳立而不跪。關羽對他說：「您哥哥在漢中，我想任您為將，為什麼不早投降？」龐悳罵關羽：「小子，說什麼投降！魏王甲兵百萬，威震天下。你們的劉備不過是個庸才罷了，難道能與魏王匹敵！我寧願做國家的鬼，也不做賊兵的將。」於是被關羽所殺。太祖聽說後悲痛龐悳，為他流淚，封他的兩個兒子為列侯。文帝即魏王位後，就派使者到龐悳的墓前賜他諡號，策書說：「從前先軫喪命，王蠋自縊，為保全節操而獻出生命，前代的人們讚美他們。只有您顯示出果敢剛毅，赴難成名，名揚當世，節義高過往昔，我非常哀憐啊，賜諡號為壯侯。」又賜給龐悳的兒子龐會等四人爵位為關內侯，食邑各一百戶。龐會勇猛剛烈有乃父之風，官至中尉將軍，封為列侯。

1 龐淯，字子異[1]，酒泉[2]表氏[3]人也。初以涼州[4]從事守[5]破羌[6]長，會武威[7]太守張猛[8]反，殺刺史邯鄲商，猛令曰：「敢有臨商喪，死不赦。」淯聞之，棄官，晝夜奔走，號哭喪所訖，詣猛門，衷[9]匕首，欲因見以殺猛。猛知其義士，敕遣不殺，由是以忠烈聞。太守徐揖請為主簿[10]。後郡人黃昂反，圍城。淯棄妻子，夜踰城出圍，告急於張掖[11]、敦煌[12]二郡。初疑未肯發兵，淯欲伏劍[13]，二郡感其義，遂為興兵。軍未至而郡城邑已陷，揖死。淯乃收斂揖喪，送還本郡，行服三年乃還。太祖聞之，辟為掾屬。文帝踐阼，拜駙馬都尉[14]，遷西海[15]太守，賜爵關內侯。後徵拜中散大夫[16]，薨。子曾嗣。

2 初，淯外祖父趙安為同縣李壽所殺，淯舅兄弟三人同時病死，壽家喜。淯母娥[17]自傷父讎不報，乃幃[18]車袖劍，白日刺壽於都亭[19]前，訖，徐詣縣，顏色不變，曰：「父讎已報，請受戮。」祿福[20]長尹嘉解印綬[21]縱娥，娥不肯去，遂彊載還家。會赦得免，州郡歎貴，刊石表閭[22]。

【章旨】以上為〈龐淯傳〉。首段寫龐淯不畏死而哭邯鄲商之喪，黃昂反又以死求援。第二段補敘龐淯毋趙娥親以女流為父兄報仇，說明龐淯義舉淵源有自。

【注　釋】❶異　原作「冀」，據宋本改。❷酒泉　郡名。治所在今甘肅酒泉。❸表氏　亦作「表是」。縣名。治所在今甘肅高臺西。❹涼州　州名。東漢治所在今甘肅張家川回族自治縣。三國時魏移治今甘肅武威。❺守　猶「攝」。暫時代理職務。❻破羌　縣名。治所在今甘肅樂都東南。❼武威　郡名。治所在今甘肅武威。❽張猛　字叔威，本燉煌人。猛父奐，桓帝時仕歷郡守、中郎將、太常，遂居華陰。建安初，猛仕郡為功曹，補武威太守缺。建安十五年，將軍韓遂討猛，猛遣軍東拒。其吏民畏遂，乃反共攻猛。猛被攻，自知必死，乃登樓自焚。詳見裴注引《魏略》。❾衷　盧弼《三國志集解》引康發祥曰：「匿也，內也，謂匿匕於內也。」❿主簿　官名。漢中央及郡縣均置此官，以典領文書，辦理事務。⓫張掖　郡名。治所在今甘肅張掖西北。⓬燉煌　即「敦煌」。郡名。治所在今甘肅敦煌西。⓭伏劍　用劍自殺。⓮駙馬都尉　官名。為帝王掌管副車者。此官為漢武帝始置，為近侍官之一。魏晉以後，皇帝的女婿照例加此稱號，簡稱駙馬，非實官，後即用稱帝婿。駙，《說文》曰：「副馬也。」段玉裁注曰：「非正駕車皆謂駙馬。」引申為副車。⓯西海　郡名。治所在今內蒙古自治區額濟納旗東南。⓰中散大夫　官名，掌議論，屬散官。按：漢代有太中大夫、中大夫之官，皆掌議之官，魏晉中散大夫與之為一類。⓱娥　即趙娥親。皇甫謐《列女傳》詳載其事，趙娥親作「龐娥親」。蓋誤。《列女傳》文云娥「祿福趙君安之女也」，可見當以趙娥親為是。⓲幃　帳也。⓳都亭　城廓附近的亭舍。⓴祿福　縣名。酒泉郡治所在。㉑解印綬　這是表示棄官不做，願為釋放趙娥承擔責任。㉒閭　古代里巷的大門。

【語　譯】龐淯，字子異，酒泉郡表氏縣人。當初以涼州從事的身分代理破羌縣長，適逢武威太守張猛反叛，殺了刺史邯鄲商，張猛下令說：「有敢親弔邯鄲商的，殺無赦。」龐淯聽說此事後，棄官日夜奔走，大哭弔唁邯鄲商後前往張猛的門前，懷裏藏著匕首，想藉進見張猛的機會刺殺他。張猛知道他是義士，下令釋放他而不殺他，從此以忠貞剛烈聞名。太守徐揖召請他擔任主簿。後來同郡人黃昂謀反，包圍郡城。龐淯拋妻棄子，夜間越城逃出包圍，到張掖、燉煌二郡告急。最初二郡有所懷疑，不肯發兵，龐淯打算用劍自殺，二郡的人被他的大義所感動，就為他發兵。軍隊尚未趕到而郡城已經陷落，徐揖被殺，龐淯便收殮徐揖的屍體，送歸本郡，替他服喪三年而後回來。太祖聽說此事，徵辟他為屬吏。文帝即位，任他為駙馬都尉，升任西海郡太守，賜他關內侯的爵位。後來又徵召他任中散大夫。去世後，兒子龐曾繼承爵位。

2 起初，龐淯的外祖父趙安被同縣人李壽所殺，龐淯的舅舅兄弟三人又同時病死，李壽家很高興。龐淯的母親趙娥傷心父仇未報，就乘著罩有幃帳的車子，把劍藏在衣袖中，大白天在都亭前刺殺李壽，事後，不慌不忙的前往縣衙，臉色不變，說：「父仇已報，請求受刑。」祿福縣長尹嘉解下官印釋放趙娥，趙娥不肯離去，就強行用車載她返家。適逢朝廷大赦，趙娥得以免罪，州郡的人都贊嘆趙娥的作為，為她在里巷門前刻石樹碑以表彰她。

1 閻溫，字伯儉，天水❶西城❷人也。以涼州別駕守上邽❸令。馬超走奔上邽，郡人任養等舉眾迎之。溫止之，不能禁，乃馳還州。超復圍州❹所治冀城❺甚急，州乃遣溫密出，告急於夏侯淵。賊圍數重，溫夜從水中潛出。明日，賊見其迹，遣人追遮之，於顯親❻界得溫，執還詣超。超解其縛，謂曰：「今成敗可見，足下❼為孤城請救而執於人手，義何所施？若從吾言，反謂城中，東方❽無救，此轉禍為福之計也。不然，今為戮矣。」溫偽許之，超乃載溫詣城下。溫向城大呼曰：「大軍不過三日至，勉之！」城中皆泣，稱萬歲。超怒數之曰：「足下不為命計邪？」溫不應。時超攻城久不下，故徐誘溫，冀❾其改意。復謂溫曰：「城中故人，有欲與吾同者不？」溫又不應。遂切責之，溫曰：「夫事君有死無貳，而卿乃欲令長者出不義之言，吾豈苟生者乎？」超遂殺之。

2 先是，河右[10]擾亂，隔絕不通，燉煌太守馬艾卒官，府又無丞[11]。功曹[12]張恭素有學行，郡人推行長史[13]事，恩信甚著，乃遣子就東詣太祖，請太守。時酒泉黃華、張掖張進各據其郡，欲與恭[14]并勢。就至酒泉，為華所拘執，劫以白刃。就終不回，私與恭疏[15]曰：「大人率厲燉煌，忠義顯然，豈以就在困厄之中而替[16]之哉？昔樂羊食子[17]，李通覆家[18]，經國之臣，寧懷妻孥[19]邪？今大軍垂[20]至，但當促兵以掎[21]之耳；願不以下流之愛[22]，使就有恨於黃壤[23]也。」恭即遣從弟華攻酒泉沙頭、乾齊[24]二縣。恭又連兵尋繼華後，以為首尾之援。別遣鐵騎二百，迎吏官屬，東緣酒泉北塞，徑出張掖北河[25]，逢迎太守尹奉。於是張進須[26]黃華之助；華欲救進，西顧恭兵，恐急擊其後，遂詣金城[27]太守蘇則降。就竟平安。奉得之官。黃初[28]二年，下詔褒揚，賜恭爵關內侯，拜西域[29]戊己校尉[30]。數歲徵還，將授以侍臣[31]之位，而以子就代焉。恭至燉煌，固辭疾篤。太和中卒，贈執金吾。就後為金城太守，父子著稱於西州[32]。

【章　旨】以上為〈閻溫傳〉。首段寫閻溫置生死於度外，不為馬超所誘而終為馬超所殺。第二段追述有與閻溫類似的忠義之舉的張恭、張就父子。

【注　釋】❶天水　郡名。治所在今甘肅甘谷東南。❷西城　即西縣。治所在今甘肅天水市西南。❸上邽　縣名。治所在今甘肅天水市。❹州　指涼州治所冀縣。❺冀城　即冀縣縣城。❻顯親　縣名。治所在今甘肅秦安西北。❼足下　對對方的敬稱，可用於下稱上或同輩互稱。❽東方　指曹操的大軍，曹操在關東，故稱。❾冀　希望。❿河右　河西的別稱，古地區名，指今甘肅、青海兩省黃河以西地區，即河西走廊與湟水流域一帶。⓫府又無丞　府，謂郡府，即郡衙。丞，官名，多為長官下的佐官之稱。漢代中央各官府及州郡縣皆有丞，據《後漢書・百官志五》，州置丞二人，縣置丞一人。然據劉昭注引《古今注》說，東漢建武十四年（西元三八年），「置邊郡太守丞，長史領丞職」。故此處說「府又無丞」。⓬功曹　相當於郡守的總務長，除掌人事外，並得與聞一郡的政務。⓭長史　官名。漢代與少數民族鄰接的邊郡太守的屬官有長史，輔佐太守，掌一郡兵馬，其統兵作戰都稱將兵長史。⓮恭　此字下原有「艾」字，衍文。《三國志集解》引何焯云：「《冊府》引無『艾』字。」⓯疏　分條陳述，在此指書信。⓰替　廢棄。⓱樂羊食子　樂羊，人名。戰國時期魏將。《戰國策・魏策一》：「樂羊為魏將而攻中山。其子在中山，中山之君烹其子而遺之羹，樂羊坐於幕下而啜之。」此典故在於說明為君為國可以不顧自己的兒子。⓲李通覆家　李通，人名。字次元，南陽宛縣人，出身商賈家。初仕王莽，後與劉秀結交，助劉秀起兵。更始立，以通為柱國大將軍，又拜為大將軍，封西平王。後娶劉秀之妹為妻。東漢建立後，封固始侯，拜大司農。劉秀每出征伐，常令李通據守京師。天下平定後，任為宰相。建武十八年（西元四二年）死。當李通始助劉秀起兵時，王莽怒而殺其父李守，又誅殺李通在南陽的兄弟、門宗六十四人，皆焚屍宛市。詳《後漢書・李通列傳》。此典故在於說明為君為國當不顧家。⓳孥　兒女。⓴垂　將近；很快。㉑掎　拉住；拖住。引申為牽制。㉒下流之愛　盧弼《三國志集解》：「流，輩也。牽於父子之愛而廢君臣之義，是常人之流下一等見識，故曰『下流之愛』。」㉓黃壤　猶言黃泉，指死後埋於地下。㉔沙頭乾齊　均縣名。都在今甘肅玉門西北。㉕張掖北河　蓋指弱水，張掖郡北有弱水從西北向東南流過。㉖須　等待。㉗金城　郡名。治所在今甘肅永靖西北。㉘黃初　魏文帝曹丕年號，西元二二〇—二二六年。㉙西域　地區名。是漢以後對玉門關（今甘肅敦煌西北）以西地區的總稱。㉚戊己校尉　掌管屯田事務，為屯田區最高長官。東漢時置時廢。魏晉時亦置。盧弼《三國志集解》引洪飴孫曰：「戊己校尉一人，比二千石，第四品。黃初三年西域內附始置此官。」㉛侍臣　侍從皇帝的近臣。㉜父子著稱於西州　裴注引《世語》曰：「就子敦，字祖文，弘毅有幹正，晉武帝世為廣漢太守。王濬在益州，受中制募兵討吳，無虎符，敦收濬從事列上，由此召敦還。帝責敦：『何不密啟而便收從事？』敦曰：『蜀漢絕遠，劉備嘗用之。輒收，臣猶以為輕。』帝善之。官至匈奴中郎將。敦子固，字元安，有敦風，為黃門郎，早卒。」西州，漢晉時稱涼州為西州，以其在中原之西。

【語譯】閻溫，字伯儉，天水郡西城人。他以涼州別駕的身分代理上邽縣令。馬超逃奔到上邽，天水郡人任養等率眾迎接他。閻溫制止他們，制止不了，於是馳馬奔回州治所。馬超又包圍州治所冀城，情況非常危急，州裏就派閻溫祕密出城，向夏侯淵告急。敵人包圍了好幾層，閻溫趁夜潛水而出。第二天，敵人發現他的形跡，派人追趕攔截他，在顯親縣界抓到了閻溫，把他押回來見馬超。馬超替他鬆綁，對他說：「現在成敗顯而易見，您為一座孤城請求救援而被人擄獲，您的大義還能用在什麼地方呢？如果聽從我的話，反過頭來對城中說，東方沒有救兵，這是您轉禍為福的計策。不然，現在就要被殺了。」閻溫假裝答應馬超，馬超就用車把他載到城下。閻溫向城中大喊：「大軍不過三天就到了，努力作戰吧！」城中的人都哭了，高呼萬歲。馬超憤怒的責備閻溫說：「您不為自己的生命打算嗎？」閻溫沒有回應。當時馬超攻城久攻不下，因此，慢慢的引誘閻溫，希望他能改變心意。又對閻溫說：「城中的舊交，有想要和我同心的嗎？」閻溫又不回答。於是馬超痛切的斥責他，閻溫說：「事君但有死而沒有二心，而您竟想讓有德行的人口出不義之言，我難道是苟且偷生的人嗎？」馬超於是殺了閻溫。

2 先前，河右動亂不安，與中原隔絕，不通消息，燉煌太守馬艾死在任上，郡府中又沒有郡丞。功曹張恭素來有學識和德行，郡中人推舉他代理長史的職務，他的恩德、威信都很是著名，於是派遣兒子張就東去面見太祖，請求任命太守。當時酒泉郡的黃華、張掖郡的張進各自盤據本郡，想拉攏張恭合夥。張就到達酒泉郡，被黃華所拘留，用刀脅迫他。張就始終不答應，暗中給張恭寫信說：「大人治理燉煌，忠義昭著，難道因為我處在困境中就背棄忠義嗎？從前樂羊吃自己兒子，李通全家覆沒，治國之臣，難道能眷戀妻兒嗎？如今大軍即將到達，只應當盡快發兵牽制他們；希望不要因為子孫之小愛，使我在黃泉地下感到遺憾。」張恭便立即派遣堂弟張華進攻酒泉的沙頭、乾齊二縣。張恭繼張華出兵之後不久又接連發兵，成為首尾相援的態勢。又另派二百名鐵甲騎兵，迎接太祖派來的官員，東邊沿著酒泉北邊的邊塞，直出張掖北邊的弱水，迎接太守尹奉。這時張進正等著黃華的援助，黃華想進軍援救張進，顧忌西邊張恭的軍隊，懼怕張恭急速從後面攻擊他，就前往金城太守蘇則那裏投降了，張就總算平安無事。尹奉得以到官上任。黃初二年，朝廷下詔表彰張恭，賜予張恭關內侯的爵位，任他為西域戊己校尉。幾年後徵召他進京，將授給他侍臣的職位，而讓他的兒子張就代理戊己校尉。張恭到達燉煌，以重病堅持推辭新的任命。太和年間去世，追贈執金吾。張就後來任金城太守，父子二人聞名於西州。

評曰：李典貴尚儒雅，義忘私隙❶，美矣。李通、臧霸、文聘、呂虔鎮衛州郡，並著威惠。許褚、典韋折衝❷左右，抑❸亦漢之樊噲也。龐悳授命❹叱敵，有周苛❺之節。龐淯不憚伏劍，而誠感鄰國。閻溫向城大呼，齊解、路之烈焉❻。

【章旨】此為作者點評各位傳主，言簡意賅，深得畫龍點睛之妙。

【注釋】❶隙　縫隙。在此指感情上的裂痕、矛盾。❷折衝　折還敵人軍車，意謂抵敵、禦敵。折，謂折還。衝，指敵方軍車。《呂氏春秋．召類》曰：「夫修之於廟堂之上，而折衝乎千里之外者，其司城子罕之謂乎？」高誘注曰：「衝，車；……使欲攻己者，折還其衝車於千里之外，不敢來也。」❸抑　或許。❹授命　拿出命來。猶言拚命、不要命。❺周苛　秦末漢初人。秦時曾為泗水卒史。劉邦起兵，攻破泗水，周苛歸從劉邦。劉邦為漢王，周苛被任為御史大夫。漢王四年（西元前二〇三年），楚圍劉邦於滎陽城。楚攻破滎陽城，欲令周苛為將，項羽對他說：「為我將，我以公為上將軍，封三萬戶。」周苛不從，項羽烹殺周苛。參見《史記．周苛列傳》及〈項羽本紀〉。❻齊解路之烈焉　解，指解揚，春秋時晉大夫。據《左傳》宣公十五年記載，楚圍宋，宋人向晉告急。晉派解揚到宋國去，告訴宋人不要投降。但解揚在途中被鄭國抓獲，把他獻給楚國。楚國厚禮招待他。讓他去對宋國說相反的話，勸宋國投降，解揚不答應。楚君再三勸誘，他便假意答應了。於是楚人讓他登上樓車，向宋人喊話。解揚便乘機把晉國大軍將到的消息告訴了宋人。楚君大怒，要殺他。後來沒有殺他，放他回去了。路，指漢景帝時齊孝王的路中大夫（按路為姓，中大夫為其官，史失其名）。漢景帝前元三年（西元前一五四年），吳楚等七國反叛，叛軍圍攻齊國。齊王使路中大夫去向天子告急，天子復令路中大夫還告齊王說：「好好堅守，大軍很快就將擊破吳楚叛軍。」路中大夫回來，因叛軍把齊國包圍數重，無從進入，反被叛軍抓獲，並威逼他對齊國說：「漢王朝已被攻破，齊國當趕快投降，否則將被屠城。」路中大夫假意答應，到城下看見齊王，卻喊道：「天子已發百萬大軍，派太尉周亞夫攻打吳楚，正要帶兵來救齊國，齊國一定要堅守，不要投降！」叛軍於是殺死了路中大夫。見《史記·齊悼惠王世家》。

【語譯】評論說：李典崇尚儒雅，信守大義，忘卻私仇，品德美好啊。李通、臧霸、文聘、呂虔鎮守州郡，都以威望和仁惠著稱。許褚、典韋在太祖身邊保駕禦敵，或許相當於漢代的樊噲。龐悳拼命大聲斥責敵人，有周苛那樣的節操。龐淯不怕伏劍而死，而以忠誠感動了鄰國。閻溫向城上大呼，與解揚、路中大夫的忠烈齊名。

【研析】東漢末，三國初，天下紛擾，羣雄逐鹿。曹操能稱雄當世，除了他個人的雄才大略外，還有一個十分重要的條件，就是他擁有一批各種賢能之才。本卷記述的李典等十人，便是這一批賢能之才中的佼佼者。論功業、論地位、論才能，他們都比不上張遼、樂進、于禁、張郃、徐晃，但他們或審時度勢，心繫曹氏；或鎮衛州郡，恩威並著；或折衝左右，勇媲樊噲；或不畏危難，堅守大義。

本卷記述的十人中，李通、許褚的幾件史事令人深有感觸。

李通任陽安郡都尉時，妻子的伯父犯法，被朗陵縣長趙儼逮捕，判處死刑。當時法律規定，生殺大權握在州牧和郡守手中。李通的妻子兒女哭泣不止，請李通救命。李通回答說：「我正與曹公同心協力，應守道義，不能因私廢公。」李通稱讚趙儼執法不阿，與他結為親密的朋友。

曹操與袁紹官渡之戰時，袁紹派遣使者任李通為征南將軍，劉表也暗中招納李通，李通全都拒絕了。他的親戚和部曲感到形勢孤危，有身亡之虞，建議歸附袁紹。面對眾議，李通握劍叱責說：「曹公明哲，必定天下。紹雖強盛，而任使無方，終為之虜耳。吾以死不貳！」

前者不以私枉法，謂之「義」；後者危難之時，能洞察形勢，謂之「智」；追隨曹操，誓死不貳，謂之「忠」。有義，有智，又「忠」，可謂人臣千年楷模。

許褚是個漢代樊噲式的人物。他身長八尺有餘，腰大十圍，勇力絕人。與汝南葛陂賊拒戰，缺糧，偽與賊和，用牛換取賊人糧食。賊人前來取牛，牛往回跑。許褚乃出陣前，一手逆曳牛尾，行百餘步。賊人大驚，不敢取牛。

在戰爭險惡時刻，許褚多次保護曹操的人身安全。曹操與袁紹的官渡之戰，衛士徐他等謀殺曹操，被許褚察覺，擊殺了徐他等人。曹操與馬超會戰潼關，曹軍渡過黃河北上，曹操與許褚及衛士百餘人留在南岸斷後。馬超率步騎萬餘人突襲曹操，矢如雨下。許褚讓曹操上船，眾人爭渡，船重欲沒，許褚斬殺攀船者。船工被流矢射死，許褚親自划船渡過黃河，轉危為安。後來曹操與馬超單騎會面交談，超欲突襲，許褚虎視，超不敢動。

陳壽對許褚的記述，筆法簡潔凝煉，事例典型。生動的把許褚的強力過人，赤誠為主的形象呈現出來，至今這一形象仍為人們所喜聞樂道。（楊天宇、梁錫鋒注譯）

卷十九　魏書十九

任城陳蕭王傳第十九

【題解】本卷是曹操卞皇后所生三個兒子任城威王曹彰、陳思王曹植、蕭懷王曹熊的合傳。重點寫曹植，其次寫曹彰，曹熊僅述封爵。

曹彰自幼喜武厭文，性情壯猛，有大將風度。受命北伐烏丸，在戰場上身先士卒，大獲全勝。本傳述曹彰，重點突出彰之勇武，所選史事，不過二三件而已，但彰的歷史形象已躍然紙上。烏丸之役，著墨不多，卻繪聲繪色。曹操「持彰鬚」云云，寥寥數字，把戰勝烏丸後的父子深情表現得活龍活現。

曹植自幼出口成章，才華橫溢，曹操寵愛有加。由於曹植任性而行，飲酒不節，缺少心計，再加駕車馳道，私開司馬門，觸犯禁忌，逐漸失去寵愛，致使爭嗣失敗，與曹丕結下怨隙，終生受到打擊排擠。曹植既要求得生存，又不甘沉寂，願意報效朝廷，先後上「責躬表」、「求自試表」、「求通親親表」、「陳審舉表」，以表明自己的心跡。但始終得不到理解，鬱鬱而死。

本傳述曹植才華與心志，主要通過曹植所上諸表，沒有過多記載日常行跡。因為諸表是展現曹植心志的最佳史料。

1 任城威王彰❶，字子文。少善射御，膂力❷過人，手格❸猛獸，不避險阻。數❹從征伐，志意慷慨。太祖嘗抑❺之曰：「汝不念讀書慕聖道，而好乘汗馬❻擊劍，此一夫之用，何足貴也！」課彰讀詩、書❼，彰謂左右曰：「丈夫一為衛、霍❽，將十萬騎馳沙漠，驅戎狄❾，立功建號耳，何能作博士❿邪？」太祖嘗⓫問諸子所好，使各言其志。彰曰：「好為將。」太祖曰：「為將柰何？」對曰：「披堅執銳，臨難不顧，為士卒先；賞必行，罰必信。」太祖大笑。建安二十一年⓬，封鄢陵侯。

2 二十三年，代郡烏丸反⓭，以彰為北中郎將⓮，行驍騎將軍⓯。臨發，太祖戒彰曰：「居家為父子，受事為君臣，動以王法從事，爾其戒之！」彰北征，入涿郡⓰界，叛胡數千騎卒⓱至。時兵馬未集，唯有步卒千人，騎數百匹。用田豫計⓲，固守要隙，虜乃散退。彰追之，身自搏戰，射胡騎，應弦而倒者前後相屬。戰過半日，彰鎧中數箭，意氣益厲⓳，乘勝逐北⓴，至于桑乾㉑，去代二百餘里。長史㉒諸將皆以為新涉遠，士馬疲頓，又受節度，不得過代，不可深進，違令輕敵。彰曰：「率師而行，唯利所在，何節度乎？胡走未遠，追之必破。從令縱敵，非良將也。」遂上馬，令軍中：「後出者斬。」一㉓日一夜與虜相及，擊，大破之，斬首獲生以千數。彰乃倍常科㉔大賜將士，將士無不悅喜。時鮮卑大人軻比能㉕將數萬騎觀望彊弱，見彰力戰，所向皆破，乃請服。北方悉平。時太祖在長安㉖，召彰詣行在所㉗。彰自代過鄴㉘，太子謂彰曰：「卿新有功，今西見上，宜勿自伐㉙，應對常若不足者。」彰到，如太子言，歸功諸將。太祖喜，持彰鬚曰：「黃鬚兒竟大奇也！」

3 太祖東還，以彰行越騎將軍㉚，留長安。太祖至洛陽，得疾，驛㉛召彰，未至，太祖崩㉜。文帝即王位，彰與諸侯就國。詔曰：「先王之道，庸勳親親㉝，並建母弟，開國承家，故能藩屏㉞大宗㉟，禦侮厭㊱難。彰前受命北伐，清定朔㊲土，厥功茂焉。增邑五千，并前萬戶。」黃初二年，進爵為公。三年，立為任城王。四年，朝京都，疾薨于邸，諡曰威。至葬，賜鑾輅㊳、龍旂，虎賁㊴百人，如漢東平王故事㊵。子楷嗣，徙封中牟㊶。五年，改封任城縣。太和六年㊷，復改封任城國，食五縣二千五百戶。青龍三年，楷坐私遣官屬詣中尚方㊸作禁物，削縣二千戶。正始七年，徙封濟南㊹，三千戶。正元㊺、景元㊻初，連增邑，凡四千四百戶。

【章　旨】以上是〈曹彰傳〉。文中首先記述曹彰厭文喜武，志在為帥；再寫他率軍討伐烏丸，平定北方，而把功勞歸於眾將，曹操大為誇讚；最後敘述曹丕即王位，曹彰回到封國，受到封賜，以及病死京中官邸。

【注　釋】❶任城威王彰　曹操子，魏黃初三年（西元二二二年）立為任城王。任城，國名。治所在今山東濟寧東南。❷膂力　體力；筋力。膂，脊骨。❸格　格擊；擊打。❹數　多次。❺抑　約束。❻汗馬　汗血馬。古代對大宛（今中亞費爾干納盆地）良種馬的稱呼。其特點為奔跑神速，所出之汗呈赤色，如血一般，故名。此處指馬。❼詩書　指《詩經》和《尚書》。兩書均是儒家經典。《禮記・經解》：「溫柔敦厚，《詩》教也；疏通知遠，《書》教也。」❽衛霍　指衛青和霍去病。衛青，西漢名將。字仲卿，河東平陽（今山西臨汾西南）人，為武帝所重用，官至大將軍，前後七次率軍討伐匈奴，解除了匈奴對漢王朝的威脅。封長平侯。霍去病，西漢名將。衛皇后姐少兒子。官至驃騎將軍，前後六次率軍出擊匈奴。封冠軍侯。❾戎狄　戎和狄皆古代族名。這裏是對北方各少數族的泛稱。❿博士　秦漢以前，博士不是官名，泛指博學之士。秦朝把博士作為官稱固定下來，掌通古今，備顧問。漢武帝時，設《五經》博士，掌經學教授。三國時，職掌略有變化，但教授之職仍沿襲不變。⓫嘗　曾經。⓬建安二十一年　西元二一六年。建安，東漢獻帝劉協年號，西元一九六—二二〇年。⓭代郡烏丸反　據本書卷一〈武帝紀〉建安二十三年載：「夏四月，代郡、上谷烏丸無臣氐等叛，遣鄢陵侯彰討破之。」代郡，郡名。治所在今河北蔚縣東北。⓮北中郎將　為統兵長官，帥師征伐，地位高於一般將領。魏有東、西、南、北四中郎將，北中郎將始置此時。⓯行驍騎將軍　兼代驍騎將軍。驍騎將軍，將軍名號，為雜號將軍，統軍出征。三國魏時置為內軍，有兵營。⓰涿郡　郡名。治所在今河北涿州。⓱卒　通「猝」。⓲用田豫計　見本書卷二十六〈田豫傳〉。田豫，字國讓，漁陽雍奴（今天津市武清東北）人，先為公孫瓚屬下，後歸曹操。先後任潁陰縣令、弋陽太守，有治績。曹魏建立後，歷任護烏丸校尉、汝南太守等職。⓳厲　猛烈。⓴北　敗走。此指敗逃者。㉑桑乾　即桑乾河，為永定河上游，在今河北省西北部和山西省北部。相傳每年桑椹成熟時河水乾涸，故名。㉒長史　官名。邊郡設長史，佐太守掌兵馬，秩六百石。㉓一　原作「二」，據宋本改。㉔常科　常規。㉕軻比能　鮮卑首領。東漢末中原戰亂，漢人多逃入鮮卑。軻比能用漢法統帥部眾，並從漢人學造兵器甲盾，勢力漸強。三國魏文帝封為「附義王」。後屢犯魏邊，魏明帝青龍三年（西元二三五年），為幽州刺史王雄所殺。㉖長安　中國古都之一。西漢及東漢（獻帝初）建都於此。故城在今陝西西安西北。㉗行在所　又簡稱行在，古代封建帝王所在的地方。

㉘鄴　邑名。東漢建安十八年（西元二一三年），曹操為魏公，定都於此。曹丕稱帝，定都洛陽。鄴仍為五都之一。其故城在今河北臨漳西南。㉙自伐　自我誇耀。㉚越騎將軍　將軍名號。東漢初置，統兵出征，後省。建安末曹操復置。㉛驛　驛站，古時供傳遞公文的人或來往官員暫住換馬的處所。此謂通過驛站迅速召曹彰至洛陽。㉜太祖崩　據本書卷一〈武帝紀〉載：建安二十五年正月二十三日，曹操死於洛陽，終年六十六歲。崩，天子死曰「崩」。㉝庸勳親親　任用有功勞的人，愛自己的親屬。㉞藩屏　捍衛。㉟大宗　古代宗法制度以嫡系長房為「大宗」，其他為「小宗」。㊱厭　通「壓」。抑制；鎮懾。㊲朔北方。㊳鑾輅　帝王乘坐的車子。㊴虎賁　勇士的稱號。㊵如漢東平王故事　漢東平王劉宇，宣帝子。甘露二年（西元前五二年）立為東平王。就國後，與壞人勾結，屢犯法紀。後又得罪太后，被罰守杜陵園。至於東平王死後的殯葬規格，《漢書》並未記載。東平，國名。治所在今山東東平東。㊶中牟　縣名。治所在今河南中牟東。㊷太和六年　西元二三二年。太和，魏明帝曹叡年號，西元二二七－二三三年。㊸中尚方　專為皇帝製作器物的官署。㊹濟南　國名。治所在今山東章丘西北。㊺正元　魏高貴鄉公曹髦年號，西元二五四－二五六年。㊻景元　魏元帝曹奐年號，西元二六〇－二六四年。

【語　譯】任城威王曹彰，字子文。年輕時即擅長射箭駕車，體力過人，赤手空拳與猛獸格鬥，不避艱難險阻。多次跟隨太祖出兵打仗，鬥志昂揚。太祖曾約束他說：「你不好好念書，追慕聖賢之道，而喜歡騎馬擊劍，這是一介武夫的本領，有什麼值得可貴的！」於是督促曹彰讀《詩經》、《尚書》。曹彰對身邊的人說：「大丈夫應該像衛青、霍去病那樣，率領十萬騎兵，馳騁沙漠，驅逐戎狄，建立功勳，獲得封號，怎麼能做一個經書博士呢？」太祖曾問他的幾個兒子的喜好，讓他們各自談談自己的志向。曹彰說：「喜歡當將帥。」太祖說：「怎樣做一名將帥？」曹彰回答說：「身披盔甲，手持利器，不懼危難，身先士卒；有功一定要獎賞，有罪一定要懲罰。」太祖大笑。建安二十一年，曹彰封為鄢陵侯。

2 建安二十三年，代郡烏丸反叛，任曹彰為北中郎將，代理驍騎將軍。臨行前，太祖告誡曹彰說：「在家時我們是父子，你接受任命後我們便是君臣，行動要按王法辦事，你要注意這點！」曹彰率軍北伐，進入涿郡郡界，叛亂的胡人數千騎兵突然到來。當時兵馬尚未集結，只有步兵千人，騎兵數百人。曹彰採用田豫的計策，堅守要道，敵人這才退走。曹彰追擊敵軍，親自搏殺敵軍，射擊胡人騎兵，敵軍應弦而倒者前後相連。

戰鬥超過半天，曹彰鎧甲上中了數箭，但他的鬥志更加昂揚，乘勝追擊敗逃的敵人，到達桑乾河畔，離代郡二百多里。長史和將領們都認為部隊剛剛長途跋涉，士兵、馬匹都很疲憊，又要受上司的節制調度，不得超越代郡，不能深入前進，違背命令輕視敵人。曹彰說：「率領軍隊出征，唯一的目的就是要取得勝利，哪有什麼節制調度？胡騎逃得還不遠，追擊敵人一定能夠打敗他們。服從命令放走敵人，不是好將領。」於是上馬，命令軍中：「晚出擊的斬首。」追了一天一夜趕上了敵人，發起攻擊，大敗敵軍，斬首和生擒的數以千計。曹彰於是以比平常加倍的標準賞賜將士，將士們沒有不歡喜的。當時鮮卑族首領軻比能率領數萬騎兵觀望形勢的強弱，看到曹彰的軍隊奮力作戰，兵鋒所到之處，無不攻破，就請求歸附朝廷。北方完全平定。當時太祖在長安，召曹彰到他的住所。曹彰從代郡出發，路過鄴城，太子對曹彰說：「你剛立功，現在西行去見魏王，應該不要自我誇耀，回答時要謙虛，稱自己還有許多不足的地方。」曹彰抵達長安，按照太子說的去做，把功勞都歸於眾將，太祖非常高興，拉著曹彰的鬍鬚說：「黃鬚兒竟然如此令人驚異！」

3 太祖東歸鄴城，任曹彰為代理越騎將軍，留守長安。太祖到達洛陽，得了病，透過驛站急召曹彰，曹彰未到，太祖就去世了。文帝即魏王位，曹彰和諸侯都回到自己的封國。文帝下詔說：「先王治理之道，任用功臣，親愛宗族，同時封立同胞弟弟，建立邦國，繼承家業，所以才能捍衛宗族社稷，抵禦侵侮，克服困難。曹彰以前受命北伐，平定了北方的疆土，功勞很大，增加食邑五千戶，連同以前的共一萬戶。」黃初二年，晉封曹彰為公爵。黃初三年，封為任城王。黃初四年，曹彰進京朝覲，病逝在京中的官邸。賜諡為「威」。到安葬時，文帝賜鑾車、龍旂，以及勇士百人，如同漢代東平王葬禮的舊例。兒子曹楷繼承王位，改封中牟。黃初五年，改封任城縣。太和六年，又改封任城國，食邑為五縣二千五百戶。青龍三年，曹楷因私下派遣官員到中尚方製作違禁器物獲罪，削減食邑一縣二千戶。正始七年，改封在濟南，食邑為三千戶。正元、景元初年，連續給曹楷增加食邑，共四千四百戶。

1 陳思王❶植，字子建。年十歲餘，誦讀詩、論❷及辭賦數十萬言，善屬文。太祖嘗視其文，謂植曰：「汝倩人❸邪？」植跪曰：「言出為論，下筆成章，顧當面試，柰何倩人？」時鄴銅爵臺❹新成，太祖悉將諸子登臺，使各為賦。植援筆立成，可觀，太祖甚異之。性簡易❺，不治威儀。輿馬服飾，不尚華麗。每進見難問❻，應聲而對，特見寵愛。建安十六年，封平原侯。十九年，徙封臨菑侯。太祖征孫權，使植留守鄴，戒之曰：「吾昔為頓丘令❼，年二十三。思此時所行，無悔於今。今汝年亦二十三矣，可不勉與！」植既以才見異，而丁儀、丁廙、楊修❽等為之羽翼。太祖狐疑，幾為太子者數矣。而植任性而行，不自彫勵❾，飲酒不節。文帝御之以術，矯情自飾，宮人左右，並為之說，故遂定為嗣。二十二年，增植邑五千，并前萬戶。植嘗乘車行馳道❿中，開司馬門⓫出。太祖大怒，公車令⓬坐死。由是重諸侯科禁，而植寵日衰。太祖既慮終始之變，以楊修頗有才策，而又袁氏之甥也，於是以罪誅修。植益內不自安。二十四年，曹仁為關羽所圍。太祖以植為南中郎將⓭，行征虜將軍⓮，欲遣救仁，呼有所勑戒。植醉不能受命⓯，於是悔而罷之。

2 文帝即王位，誅丁儀、丁廙并其男口。植與諸侯並就國。黃初二年，監國謁者⑯灌均希指⑰，奏「植醉酒悖慢，劫脅使者」。有司請治罪，帝以太后⑱故，貶爵安鄉侯。其年改封鄄城侯。三年，立為鄄城王，邑二千五百戶。

3 四年⑲，徙封雍丘王。其年，朝京都。上疏曰：

4 「臣自抱釁⑳歸藩，刻肌刻骨，追思罪戾，晝分㉑而食，夜分而寢。誠以天網㉒不可重離㉓，聖恩難可再恃。竊感相鼠㉔之篇，無禮遄死㉕之義，形影相弔㉖，五情㉗愧赧。以罪棄生，則違古賢『夕改』之勸㉘；忍活苟全，則犯詩人『胡顏』之譏㉙。伏惟陛下德象天地，恩隆父母，施暢春風，澤如時雨。是以不別㉚荊棘者，慶雲㉛之惠也；七子均養者，尸鳩之仁也㉜；舍罪責功者，明君之舉也㉝；矜愚愛能者，慈父之恩也㉞。是以愚臣徘徊於恩澤而不能自棄者也。

5 「前奉詔書，臣等絕朝㉟，心離志絕，自分黃耇無復執珪之望㊱。不圖聖詔猥垂齒召㊲，至止之日，馳心輦轂㊳。僻處西館㊴，未奉闕廷㊵，踊躍之懷，瞻望反仄㊶。謹拜表獻詩二篇，其辭曰：『於穆㊷顯考㊸，時惟武皇。受命于天，寧濟四方。朱旗㊹所拂，九土披攘㊺。玄化㊻滂流，荒服來王㊼。超商越周，與唐㊽比蹤。篤生我皇㊾，奕世載聰㊿。武則肅烈(51)，文則時雍(52)。受禪炎漢(53)，臨君萬邦。萬邦既化，率由舊則(54)。廣命懿親(55)，以藩(56)王國。帝(57)曰爾侯(58)，君茲青土(59)。奄有海濱，方[60]周于魯。車服有輝，旗章[61]有敘。濟濟雋乂[62]，我弼[63]我輔。伊予小子，恃寵驕盈[64]。舉挂時網[65]，動亂國經[66]。作藩作屏[67]，先軌是墮[68]。傲我皇使[69]，犯我朝儀。國有典刑，我削我絀[70]。將寘于理[71]，元兇是率[72]。明明天子，時篤同類[73]。不忍我刑，暴之朝肆[74]。違彼執憲[75]，哀予小子。改封兗邑[76]，于河之濱。股肱[77]弗置，有君無臣。荒淫[78]之闕，誰弼[79]予身？煢煢[80]僕夫，于彼冀方[81]。嗟予小子，乃罹斯殃[82]。赫赫天子，恩不遺物。冠我玄冕[83]，要[84]我朱紱[85]。朱紱光大，使我榮華。剖符[86]授玉[87]，王爵是加。仰齒[88]金璽，俯執聖策[89]。皇恩過隆[90]，祗承[91]怵惕。咨[92]我小子，頑凶是嬰[93]。逝慚陵墓[94]，存愧闕廷[95]。匪敢傲德[96]，實恩是恃。威靈[97]改加，足以沒齒[98]。昊天罔極[99]，性命不圖。常懼顛沛[100]，抱罪黃壚[101]。願蒙[102]矢石，建旗東嶽[103]。庶[104]立毫氂[105]，微功自贖。危軀授命，知足免戾[106]。甘赴江、湘[107]，奮戈吳、越。天啟其衷[108]，得會京畿。遲[109]奉聖顏，如渴如饑。心之云慕，愴[110]矣其悲。天高聽卑，皇肯照微！』又曰：『肅承[111]明詔，應會皇都。星陳夙駕[112]，秣馬[113]脂車[114]。命彼掌徒[115]，肅我征旅。朝發鸞臺[116]，夕宿蘭渚。芒芒原隰[117]，祁祁[118]士女。經彼公田[119]，樂我稷黍[120]。爰有樛木[121]，重陰[122]匪息。雖有餱糧[123]，饑不遑[124]食。望城不過，面邑匪游。僕夫警策[125]，平路是由。玄駟[126]藹藹[127]，揚鑣128漂沫129。流風翼衡130，輕雲承蓋131。涉澗之濱，緣山之隈132。遵133彼河滸，黃阪是階134。西濟關谷135，或降或升。騑驂136倦路，再137寢再興。將朝聖皇，匪敢晏寧138。弭節139長騖，指日140遄征。前驅舉燧141，後乘抗旌142。輪不輟運143，鸞144無廢聲。爰暨145帝室，稅146此西墉。嘉詔未賜，朝覲莫從。仰瞻城閾147，俯惟闕廷。長懷永慕，憂心如酲148。」

6 帝嘉其辭義，優詔149答勉之。

【章　旨】以上是〈曹植傳〉的第一部分。首段記述曹植才華出眾，被曹操寵愛，幾乎立為太子。但在與曹丕爭立為太子的鬥爭中失敗，羽翼楊修被殺。中段記述曹丕即王位後，剪除曹植最後的羽翼丁儀、丁廙，遣植就國，旋即削王爵，貶爵為侯。末段記述黃初四年，曹植為雍丘王，進京朝覲，上疏陳情。所載疏奏，情意綿綿，有對自己行為的責問，有請求試用、建功贖罪的渴望，有對文帝的頌揚。

【注　釋】❶陳思王　魏明帝太和六年（西元二三二年）二月，封曹植為陳王。陳，國名。治所在今河南淮陽。思，諡號。❷論　即《論語》。儒家經典之一。❸倩人　請人。❹銅爵臺　曹操於東漢建安十五年（西元二一〇年）冬構築，臺高十丈，有房屋一百間，樓頂鑄有一丈五尺高的大銅雀。遺址在今河北臨漳西南古鄴城西北隅，與金虎、冰井二臺合稱三臺，現臺基大部已為漳水沖毀。爵，亦作「雀」。❺簡易　謂性情簡樸平和。❻難問　詰難提問。❼頓丘令　頓丘縣令。頓丘，縣名。治所在今河南清豐西南。令，縣令，一縣的最高行政長官。漢制，一縣之長，萬戶以上的縣稱令，萬戶以下的縣稱長。❽丁儀丁廙楊修　丁儀，字正禮，沛人。曹操慕其才辟為掾。又欲以女配之，因其眇，曹丕反對，未成。曹操欲立曹植為太子，丁儀極力促成，因而與曹丕結怨。曹丕即帝位後將他殺害。丁廙，字敬禮，丁儀弟。少年有才，博學洽聞。建安中為黃門侍郎，與曹植友善。曹操欲立曹植為太子，他大力擁護。曹丕即帝位後，將丁廙與其兄一併殺害。楊修，字德祖，弘農華陰（今陝西華陰）人。好學能文，才思敏捷，任丞相曹操主簿。曹植引為羽翼。曹植失寵後，曹操因修有智謀，慮有後患，遂藉故將他殺害。❾彫勵　即修飾之意。彫，通「雕」。❿馳道　專供皇帝行駛車馬的道路。⓫司馬門　王宮的正門。一般人不許擅開此門，只有皇帝舉行典禮時才可開啟。⓬公車令　公車司馬令的簡稱。掌管皇宮司馬門警衛，夜間則巡察宮中。魏為六品，六百石。⓭南中郎將　東漢末年權置，為統兵將領，率師出征。魏時為方面大員，地位高於一般將領，職權頗重。⓮征虜將軍　武官名。屬雜號將軍，有時亦為高級文職官員的加官。⓯植醉不能受命　裴注引《魏氏春秋》：「植將行，太子飲焉，偪而醉之。王召植，植不能受王命，故王怒也。」⓰監國謁者　三國魏國置，由朝廷派遣監察諸侯王國的使者。⓱希指　逢迎皇帝的旨意。⓲太后　指武宣卞皇后。文帝即位後尊為皇太后，是曹丕、曹植的生母。⓳四年　黃初四年（西元二二三年）。⓴釁　罪過。㉑晝分　中午。分，半。㉒天網　喻國家法制。㉓離　通「罹」。遭受；觸犯。㉔相鼠　載《詩經．鄘風》。詩旨在於諷刺無禮之人。㉕遄死　快死。《相鼠》：「人而無禮，胡不遄死。」㉖形影相弔　謂人的形和影相對憐憫、悲傷。與形單影隻意思相同。㉗五情　指喜、怒、哀、樂、怨五種情感，這裏泛指情感。㉘則違古賢夕改之勸　意謂改過迅速。㉙則犯詩人胡顏之譏　句義與前文「無禮遄死」相同。意即還有什麼臉面不快些死去。詩人，指《詩經》的作者。按：今本《詩經》無「胡顏」二字。㉚不別　不分別。㉛慶雲　祥雲；瑞雲。㉜七子均養者二句　此典出自《詩經．曹風．尸鳩》：「尸鳩在桑，其子七兮。」尸鳩即今布穀鳥。傳說尸鳩養子，早晨自上而下，晚上自下而上，平均如一。㉝舍罪責功者二句　事出《史記．秦本紀》記載：秦繆公不聽百里傒、蹇叔之言，令孟明視、西乞術、白乙丙將兵擊晉，晉於殽大破秦軍，虜秦三將，旋即遣歸三將。三將至秦，「繆公素服郊迎，向三人哭曰：『孤以不用百里傒、蹇叔言，以辱三子，三子何罪乎！子其悉心雪恥無怠。』遂復三人官秩如故，愈益厚之。」㉞矜愚愛能者二句　謂憐憫愚笨的兒子愛護有才能的兒子，是慈父的恩情。矜，憐憫。㉟前奉詔書二句　魏明帝在太和五年（西元二三一年）八月於詔書中曾說：「先帝著令，不欲使諸王在京都者，謂幼主在位，母后攝政，防微以漸，關諸盛衰也。」臣等，指任城王彰、吳王彪等。㊱心離志絕二句　謂信念、意圖俱已破滅。黃，黃髮；耇，老人背傴僂，都是老年人特徵。執珪，古代諸侯朝見天子，必執珪以為贄，故執珪為朝見天子的代詞。㊲不圖聖詔猥垂齒召　意謂沒有料到聖上詔書屈尊降下，徵召錄用我。不圖，不料。猥，屈。垂，下達。齒召，以為有才能而加以徵召。齒，錄用。《禮記．王制》：「終身不齒。」㊳輦轂　天子的車輿，用以代指天子或京城。輦，本為推拉的人力車，漢以後特指君后所乘坐的車。轂，車輪中心的圓木，周圍與車輻的一端相接，中有圓孔，用來插軸。㊴西館　即下文的西墉，疑指洛陽的金墉城。㊵闕廷　喻指天子居住的地方。㊶反仄　即反側，忐忑不安的樣子。㊷於穆　壯美。於，讚美之詞。[43]顯考　對死去父親的美稱。與下句「武皇」均指曹操。[44]朱旗　根據五行說，漢政權為火德，色尚赤，所以旗幟為朱色。曹操為漢臣，仍建朱旗。[45]披攘　掃除。[46]玄化　德化。[47]荒服來王　邊遠之人也來歸附。荒服，荒遠之地。據《尚書・禹貢》，古代王畿外圍，以五百里為率，視距離遠近分為五等，名曰「五服」，即甸服、侯服、綏服、要服、荒服，荒服離王畿最遠。來王，來歸附。《風俗通義・皇霸》：「王者，往也，為天下所歸往也。」[48]唐　指唐堯。儒家理想的君王。[49]我皇　指曹丕。[50]奕世載聰　意謂累世聰慧。奕世，累世。載，語助詞。原誤作「再」。《三國志集解》云：「《文選》『再』作『載』，是。」今據改。[51]肅烈　威武。[52]時雍　和諧。[53]受禪炎漢　指漢獻帝讓帝位於曹丕。禪，以帝位讓人。炎漢，漢火德，故曰炎漢。[54]率由舊則　意謂遵循過去的法則。率，遵循。舊則，老法規。[55]懿親　指兄弟。懿，美。[56]藩　捍衛。[57]帝　疑指曹操。[58]爾侯　指臨菑侯曹植。[59]青土　東漢建安十九年（西元二一四年），曹操封曹植為臨菑侯。臨菑屬齊郡，在舊青州之境，故曰「青土」。[60]方　比方；如同。[61]章　旗幟。[62]雋乂　指德才兼備的人才。如邢顒為曹植家丞，司馬孚為植文學掾。[63]弼　輔佐。[64]恃寵驕盈　指曹植開司馬門，在馳道乘車行駛事。[65]舉挂時網　觸犯法律制度。[66]國經　國家經緯，指國家綱紀、國家法律。[67]作藩作屏　意謂分地以建諸侯，作為國家的屏障。藩、屏義同。[68]墮　通「隳」。廢棄。[69]傲我皇使　指謁者灌均彈劾曹植事。[70]我削我絀　謂削減食邑，貶黜爵位。東漢建安二十二年（西元二一七年），曹植食邑萬戶，魏黃初三年（西元二二二年），立為鄄城王，食邑減至二千五百戶。[71]理　執掌牢獄的官員。[72]率　類。[73]時篤同類　謂厚待兄弟。[74]暴之朝肆　即陳屍朝市。肆，街市；市肆。[75]執憲　執法官。[76]改封兗邑　魏黃初二年（西元二二一年），改封鄄城，屬東郡，在舊兗州之境。[77]股肱　喻輔佐之臣。[78]荒淫　指違法犯罪。[79]弼　匡正。[80]煢煢　孤獨的樣子。[81]冀方　曹植雖封安鄉侯，仍待罪於鄴城。鄴屬冀州，故云「冀方」。[82]殃　禍患。[83]玄冕　古代帝王、諸侯的禮帽，各有等級。《周禮・夏官》：「王之五冕，皆玄冕朱裏。」[84]要　同「腰」。用作動詞，繫於腰上。[85]朱紱　繫印的紅綬帶。[86]剖符　古代帝王分封諸侯功臣、任命將帥郡守，把符節剖分為二，雙方各執其一，作為信守的約證，叫做「剖符」。[87]授玉　即析珪受爵。[88]齒承受。[89]聖策　分封的策書。[90]隆　厚重；隆盛。[91]祗承　恭敬接受。[92]咨　發語詞。[93]嬰　纏繞。[94]陵墓　喻指曹操。[95]闕廷　喻指曹丕。[96]慠德　意謂弟弟對有德者傲慢。慠，同「傲」。德，有德者。[97]威靈　尊嚴。[98]沒齒　謂盡其天年。[99]昊天罔極　意謂如天之廣大，沒有極限。昊，大。指天。[100]顛沛　傾倒；跌仆。[101]黃壚　黃泉下的壚土，在地下深層。壚，黑色堅硬的土壤。[102]蒙　冒著。[103]東嶽　泰山。當時與孫吳疆域相接。在泰山樹旗，以鎮懾孫吳。[104]庶　也許可以，表示希冀。[105]毫氂　同「毫釐」。比喻微小。[106]免戾　免罪。[107]江湘　指長江、湘水。江、湘與下句吳、越，均為孫吳所占之地。[108]衷心。⑩9遲　等待。(110)愴　悲傷的樣子。(111)肅承　恭敬的承奉。(112)星陳夙駕　星夜準備車馬，早起駕車出行。陳，列。夙，早。(113)秣馬　餵馬。(114)脂車　把油塗在車軸上，使車輪容易轉動。(115)掌徒　負責出行人員的官吏。(116)鸞臺　虛擬的美名，並非確有其地。下句「蘭渚」同。(117)原隰　平原和溼地。廣平曰「原」，下溼曰「隰」。(118)祁祁　眾多的樣子。(119)公田　疑指曹魏時的屯田。(120)稷黍　高粱、黃米。(121)樛木　彎曲之木。(122)重陰　濃重的樹蔭。(123)餱糧　行人帶的乾糧。(124)不遑　無暇。(125)警策　揚起馬鞭。(126)駟　諸侯車駕四匹馬。(127)藹藹　整齊的樣子。(128)鑣　馬勒旁鐵。(129)漂沫　馬急馳時口中沫。漂，原作「潚」，今據《文選》改。(130)衡　車轅頭上的橫木。(131)承蓋　承接車蓋。(132)隈　彎曲的地方。(133)遵　沿著。(134)階　攀登。(135)濟關谷　曹植從東邊的雍丘到達西邊的洛陽，要經過一些關隘山谷，如洛陽南面的伊闕、轘轅等關口和東南的太谷。此所云「關谷」係泛指。(136)騤騑　指轅外之馬，左曰騤，右曰騑。(137)再　或作「載」。語助詞。(138)晏寧　安寧。(139)弭節　按節度使車緩行。(140)指日　限期。(141)燧　當作「旞」。插有羽毛用作前導的旗幟。古代旗竿首飾有犛牛尾曰旄，再以五采全羽繫於其上曰旞。(142)旌　《周禮・春官・司常》：「全羽為旞，析羽為旌。」旌是後乘所載，以催促後車前行。(143)輟運　停止運轉。(144)鸞　又作「鑾鈴」。指鸞鈴。古代車乘的馬鈴，青銅製作，一般套在軛的頂端。(145)暨　到。(146)稅　住宿；止宿。(147)城闕　指城門上的橫木。(148)酲　病酒曰酲。(149)優詔　寫有美好詞語的詔書。

【語　譯】陳思王曹植，字子建。十多歲時，能背誦《詩經》、《論語》以及辭賦數十萬字，擅長寫文章。太祖曾經看他的文章，對曹植說：「你是請人代寫的吧？」曹植跪下說：「我出口就成議論，下筆就成文章，可以當場考我，怎麼要請人代寫呢？」當時鄴城銅爵臺剛剛落成，太祖帶著兒子們登臺，讓他們各自作賦。曹植持筆一揮而就，文采可觀，太祖非常驚異他的才華。曹植性情簡樸平和，不重儀表。車馬服飾，不崇尚華麗。每次進見太祖，太祖提出問題，他都應聲回答，特別受到太祖寵愛。建安十六年，封平原侯。建安十九年，改封臨菑侯。太祖征討孫權，派曹植留守鄴城，告誡他說：「我從前當頓丘縣令時，年方二十三歲。回想那時所做的事，至今無悔。現在你也是二十三歲了，能不努力嗎！」曹植既因才華而被器重，而丁儀、丁廙、楊修等成為他的輔佐。太祖猶豫不定，好幾次差點立曹植為太子。然而曹植做事任性而行，從不粉飾自己，飲酒沒有節制。文帝則善於使用權謀，假情假意，自我粉飾，宮中的人和太祖身邊的人都為他說好話，所以被確立為繼承人。建安二十二年，增加食邑五千戶，加上以前封的共一萬戶。曹植曾乘車在馳道上行駛，打開司馬門出宮。太祖大怒，公車令為此被處死。由此加強了對諸侯的法令禁制，而對曹植的寵愛日漸衰減。太祖擔心日後會有變故，因為楊修很有才幹策略，又是袁氏的外甥，於是假借罪名殺了楊修。曹植內心更加惶恐不安。建安二十四年，曹仁被關羽圍困。太祖任命曹植為南中郎將，代理征虜將軍，想派他援救曹仁，太祖傳喚曹植想對他有所告誡。曹植醉酒不能接受王命，太祖為此後悔了，罷免了曹植的軍事職務。

2 文帝即王位，誅殺了丁儀、丁廙及他們家中的男子。曹植和諸侯全都回返封國。黃初二年，監國謁者灌均迎合皇帝的旨意，上奏「曹植醉酒後叛逆傲慢，要挾使者」。主管官吏請求治曹植的罪，文帝因為太后的緣故，貶曹植為安鄉侯。這一年又改封為鄄城侯。黃初三年，封為鄄城王，食邑二千五百戶。

3 黃初四年，改封雍丘王。這一年，進京朝覲，上疏說：

4 「我自從抱罪回到藩國，刻骨銘心，反省罪過，到中午才吃飯，半夜才睡覺。實在因為國法不可一再觸犯，不能再次依仗聖恩。我私下有感於《詩經．相鼠》「人若無禮，何不快死」的含義，形單影隻，內心羞愧。因為有罪就拋棄生命，就違背了古代賢人「早上有錯，晚上就改」的勸誡；若忍辱苟活，又違背了詩人「有何顏面再活下去」的譏諷。我俯伏在地，想著陛下的大德像天地一樣寬廣，恩情像父母一樣崇高，施恩如春風吹拂大地，像春雨一樣滋潤萬物。所以不把荊棘分離出去，是吉慶祥雲的恩惠；對七個兒子平均哺養對待，這是布穀鳥的仁愛之心；赦免罪過責令立功，這是英明君主的舉動；憐憫愚笨的愛護有才能的，這是慈父的恩情。所以愚臣徘徊在陛下的恩澤之中，而不能自暴自棄。

5 「先前接到詔書，禁止臣等進京朝會，我心碎志絕，自以為到老再也不會有執珪朝見的希望了。不料聖上屈尊降下詔書，徵召錄用我，詔書到達的那天，我的心早已飛馳到陛下的身邊。我住在幽僻的西館，還未能侍奉陛下，內心焦急，抬頭仰望，輾轉不安。我恭敬的上表獻上詩篇二篇，詩的內容是：『美好顯赫的父親，時代成就了武皇帝。受命於上天，安定拯救了四方。紅旗掠過的地方，九州無不臣服。美好的德化流溢四方，邊遠的人也來朝見歸附。他的功績超過了商、周，可與唐堯比美。我們的皇帝得天獨厚，世代聰慧。

武則威嚴勇武，文則天下和諧。接受漢帝禪位，君臨萬國。萬國已經得到教化，這都是遵循舊時的法制。廣為分封兄弟，用來屏障王國。皇帝說，封你曹植為侯，治理這青州地區。一直到達海邊，如同周代分封魯國。車輛服飾很有光輝，旗幟飄飄很有秩序。有眾多的賢才，輔佐著王國。我這小子，依仗皇帝的恩寵驕傲自大。舉動觸犯了國家的政令，擾亂了國家的法制。傲慢的對待皇帝的使臣，違犯了朝廷的禮制。國家有法律，對我貶削爵邑。準備把我送進監獄，和元兇同罪。聖明的天子，看重兄弟情誼。不忍加諸我刑法，陳屍朝市。違背了執法官的判決，憐憫我這小子。改封在兗州的鄄城，處於黃河岸邊。不再設置輔佐的官吏，有君無臣。如果我犯了荒淫的缺失，誰來匡正於我？孤獨的僕夫，還在冀州的鄴城。可嘆我這小子，竟然遭到這種災禍。顯赫的天子，恩惠普施，不遺一物。讓我頭戴王冠，腰繫紅色的綬帶。紅綬帶大放光彩，使我榮耀。天子剖分符節，授我玉珪，加封我王爵。我敬奉玉璽，俯身捧著皇上加封的神聖策書。皇上對我的恩德實在厚重，我要恭敬小心的安居王位。可憐我這小子，罪惡纏身。死了愧對先帝，活著愧對陛下。並非敢於傲慢無禮，實在是依仗著皇帝的恩寵。尊嚴的皇帝再次封我為王，足以使我沒齒難忘。上天廣闊無際，人的壽命不可圖謀。我常恐懼突然死去，使我負罪黃泉。我願意冒著弓箭和礌石，在泰山樹起大旗。建立一些微小的功勞，將功贖罪。我願意冒著危險獻出生命，這足以免去我的罪過。我甘願奔赴長江、湘水，到吳、越揮戈奮戰。皇帝敞開了寬大的胸懷，我才得以到京師朝會。等待奉侍皇帝聖顏，我如飢似渴。我心中思念，十分悲傷。希望崇高的陛下能聽到我這卑下的聲音，天子的光輝一定會照到卑小的我！』又說：『我恭敬的接到聖明的詔書，讓我到京城參加朝會。星夜備好車馬，清晨駕車出發，餵飽了馬，在車軸上塗好油。命令負責出行的官員，整頓好侍從隊伍。早晨從鸞臺出發，晚上在蘭渚住宿。茫茫的原野，眾多的男女。經過那些公田，高興的看到高粱和黃米。經過彎曲的大樹，雖有濃密的樹蔭，也不敢歇息。雖然帶著乾糧，餓了也沒有時間吃。看見城市也不進去，遇到村莊也不遊賞。駕車人揚鞭催馬，順著平坦大道前進。四匹駕車的黑馬整齊的行走，勒緊馬嚼子，馬累得口中流沫。微風從車旁吹過，輕雲飄在車蓋上。經過山澗邊，順著彎曲的山路。沿著河邊走，又登上黃土坡。西渡關谷，一會兒下一會兒上。拉車的馬路上很疲倦，稍加休息再行趕路。將要朝見聖明的皇上，不敢安息。按節度縱馬馳騁，指日迅速出發。前隊舉著引導的旗幟，後隊載著催促的旌旗。車輪不停的運轉，鸞鈴不斷發出聲響。來到了京城，住在這西墉。天子的美詔還未頒下，不能去朝見皇帝。抬頭仰望城門，低頭思念皇上。長久懷念，永遠仰慕，憂心忡忡，如同酒醉。』」

6 文帝讚賞他詩中文辭用義，好言回答了他的上書，又勉勵了他。

1 六年，帝東征❶，還過雍丘，幸植宮，增戶五百。太和元年，徙封浚儀❷。二年，復還雍丘。植常自憤怨，抱利器❸而無所施，上疏求自試曰：

2 「臣聞士之生世，入❹則事父，出❺則事君。事父尚於榮親❻，事君貴於興國。故慈父不能愛無益之子，仁君不能畜❼無用之臣。夫論德而授官者，成功之君也；量能而受❽爵者，畢命❾之臣也。故君無虛授❿，臣無虛受；虛授謂之謬舉⓫，虛受謂之尸祿⓬，詩之『素餐⓭』所由作也。昔二虢⓮不辭兩國之任，其德厚也；旦、奭⓯不讓燕、魯之封，其功大也。今臣蒙國重恩，三世⓰于今矣。正值陛下升平⓱之際，沐浴⓲聖澤，潛潤⓳德教，可謂厚幸矣。而竊位⓴東藩㉑，爵在上列㉒，身被輕煖，口厭百味㉓，目極華靡㉔，耳倦絲竹者，爵重祿厚之所致也。退念古之授爵祿者，有異於此，皆以功勤濟國，輔主惠民。今臣無德可述，無功可紀，若此終年㉕無益國朝，將挂㉖風人㉗『彼其』之譏㉘。是以上慚玄冕，俯愧朱紱。

3 「方今天下一統，九州晏如[29]，而顧西有違命之蜀[30]，東有不臣之吳[31]，使邊境未得脫甲，謀士未得高枕者，誠欲混同宇內[32]以致太和也。故啟滅有扈[33]而夏功昭，成克商、奄而周德著[34]。今陛下以聖明統世，將欲卒文、武之功[35]，繼成、康之隆[36]，簡賢授能，以方叔、召虎之臣鎮御四境[37]，為國爪牙[38]者，可謂當矣。然而高鳥[39]未挂於輕繳[40]，淵魚[41]未縣於鉤餌者，恐釣射之術[42]或未盡也。昔耿弇不俟光武，亟擊張步，言不以賊遺於君父[43]。故車右伏劍於鳴轂，雍門刎首於齊境[44]，若此二士，豈惡生而尚死哉？誠忿其慢主[45]而陵君[46]也。夫君之寵臣，欲以除患興利；臣之事君，必以殺身靖亂[47]，以功報主也。昔賈誼弱冠，求試屬國，請係單于之頸而制其命[48]；終軍以妙年使越，欲得長纓纓其王，羈致北闕[49]。此二臣，豈好為夸主而燿世哉？志或鬱結，欲逞其才力，輸能[50]於明君也。昔漢武為霍去病治第[51]，辭曰：『匈奴未滅，臣無以家為！』夫[52]憂國忘家，捐軀濟難，忠臣之志也。今臣居外，非不厚也，而寢不安席，食不遑[53]味者，伏以二方[54]未克為念。

4 「伏[55]見先武皇帝[56]武臣宿將，年耆即世[57]者有聞矣。雖賢不乏世，宿將舊卒，猶習[58]戰陣；竊不自量，志在效命，庶立毛髮[59]之功，以報所受之恩。若使陛下出不世[60]之詔，效臣錐刀[61]之用，使得西屬大將軍[62]，當一校之隊[63]，若東屬大司馬[64]，統偏舟[65]之任，必乘危蹈險，騁舟奮驪[66]，突刃觸鋒，為士卒先。雖未能禽權馘亮[67]，庶將虜其雄率[68]，殲其醜類[69]，必效須臾之捷，以滅終身之愧，使名挂史筆[70]，事列朝策[71]。雖身分蜀境，首縣吳闕，猶生之年也。如微才弗試，沒世無聞，徒榮其軀而豐其體，生無益於事，死無損於數[72]，虛荷上位而忝[73]重祿，禽息鳥視[74]，終於白首，此徒圈牢之養物[75]，非臣之所志也。流聞東軍失備[76]，師徒小衄[77]，輟食棄餐，奮袂攘衽[78]，撫劍東顧，而心已馳於吳會[79]矣。

「臣昔從先武皇帝南極[80]赤岸[81]，東臨滄海[82]，西望玉門[83]，北出玄塞[84]，伏見所以行軍用兵之勢，可謂神妙矣。故兵者不可豫言[85]，臨難[86]而制變[87]者也。志欲自效於明時，立功於聖世。每覽史籍，觀古忠臣義士，出一朝之命，以徇國家之難，身雖屠裂，而功銘著[88]於鼎鐘，名稱垂於竹帛[89]，未嘗不拊心[90]而歎息也。臣聞明主使臣，不廢有罪[91]。故奔北敗軍之將用，秦、魯以成其功[92]；絕纓盜馬之臣赦，楚、趙以濟其難[93]。臣竊感先帝[94]早崩，威王[95]棄世，臣獨何人，以堪長久！常恐先朝露[96]，填溝壑[97]，墳土未乾，而身名並滅。臣聞騏驥長鳴，則伯樂照其能[98]；盧狗悲號，則韓國知其才[99]。是以效之齊、楚之路[100]，以逞千里之任；

試之狡兔之捷，以驗搏噬之用(101)。今臣志狗馬之微功，竊自惟度(102)，終無伯樂、韓國之舉，是以於邑(103)而竊自痛者也。

6 「夫臨博(104)而企竦(105)，聞樂而竊抃(106)者，或有賞音(107)而識道(108)也。昔毛遂，趙之陪隸，猶假錐囊之喻，以寤主立功，何況巍巍大魏多士之朝(109)，而無慷慨死難之臣乎！夫自衒(110)自媒(111)者，士女之醜行也。干時求進(112)者，道家之明忌也(113)。而臣敢陳聞於陛下者，誠與國分形同氣(114)，憂患共之者也。冀以塵霧之微補益山海，熒燭(115)末光增輝日月，是以敢冒其醜而獻其忠。」

【章　旨】以上是〈曹植傳〉的第二部分，記載了曹植的求自試疏。疏中首先引經據典，述說自己尸位素餐，未立功勞；接著表明自己的志向，欲貢獻自己的才幹，平定吳、蜀二國，即使身首異處，也雖死猶生；然後進一步請求不要廢棄他的有罪之身，給予他自效聖世，功垂竹帛的機會。

【注　釋】❶帝東征　據本書卷二〈文帝紀〉：「黃初六年「三月辛未，帝為舟師東征。……冬十月，行幸廣陵舊城，臨江觀兵，戎卒十餘萬，旌旗數百里。是歲大寒，水道冰，舟不得入江，乃引還。」所謂「東征」即指此。❷浚儀　縣名。治所在今河南開封。❸利器　比喻傑出的才華。❹入　謂家居。❺出　謂出仕。❻事父尚於榮親　《孝經》：「立身行道，揚名於後世，以顯父母。」❼畜　養。❽受　原誤作「授」，據中華書局印本改。❾畢命　盡力效命。❿虛授　無故授官。⓫謬舉　錯誤的起用。⓬尸祿　謂白受俸祿而不盡職，尸位素餐。⓭素餐　《詩經・魏風・伐檀》：「彼君子兮，不素餐兮。」這本是諷刺奴隸主不勞而獲的，後世便把無功受祿叫「素餐」。⓮二虢　指虢仲和虢叔，二人是周初王季之子，周文王之弟，為文王卿士，有功於王室，虢仲被封於東虢，虢叔被封於西虢。⓯旦奭　指周公姬旦和召公姬奭。二人皆文王之子，武王之弟。

因輔佐武王伐紂有功，武王封姬旦於魯，封姬奭於燕。⑯三世　指魏武帝曹操、文帝曹丕和明帝曹叡三代。⑰升平　國家太平。⑱沐浴　謂身受其潤。⑲潛潤　浸潤。⑳竊位　即位居。竊為自謙之辭。㉑東藩　東方的藩國。時曹植為雍丘王，雍丘在今河南杞縣，位於洛陽之東，故稱。㉒上列　指王爵。㉓百味　多種佳肴美味。㉔華靡　華麗。指美色。㉕終年　終生；畢生。㉖挂　觸犯。㉗風人　即詩人。《詩經》中收有各國的歌謠，稱為「國風」，因稱詩人為「風人」。㉘彼其之譏　《詩經・曹風・候人》：「彼其之子，不稱其服。」這是諷刺在位官員的德行與他的尊貴服飾不相稱。其，原誤作「己」。㉙晏如　安然；太平。㉚蜀　蜀國，時劉禪在位。㉛吳　吳國，時孫權在位。㉜混同宇內　統一天下。㉝啟滅有扈　《史記・夏本紀》：「夏后帝啟，禹之子，其母塗山氏之女也。有扈氏不服，啟伐之，大戰於甘，……遂滅有扈氏，天下咸朝。」有扈為夏代氏族之一，約在今陝西戶縣。有，為發語詞。㉞成克商奄而周德著　據《史記・魯周公世家》：成王時，商紂王之子武庚與奄曾追隨管叔、蔡叔作亂，周公奉命平定之。後奄又叛變，成王親往討伐，滅奄。奄，古代氏族，在今山東曲阜境內。㉟卒文武之功　完成像周文王、周武王那樣開創統一天下的事業。㊱成康之隆　周成王、周康王鞏固發展了文武二王的事業，使周王朝出現了興盛的局面，史稱「成康之治」。《史記・周本紀》：「成、康之際，天下安寧，刑錯四十餘年不用。」㊲簡賢授能二句　方叔、召虎都是周宣王時期的卿士。方叔曾受命北伐玁狁，南征荊蠻，使之臣服周朝。召虎，又稱召伯虎，召公奭的後裔。原為周厲王大臣。周厲王暴虐，國人圍攻王宮，太子靖藏在召虎家中，虎以己子替死。厲王死後，擁立靖繼位，就是周宣王。曾率兵勝淮夷，事見《詩經・大雅・江漢》。簡，選拔。㊳爪牙　本是鳥獸的爪和牙，用來代指武將。㊴高鳥　高飛的鳥，喻蜀。㊵繳　生絲繩，繫在箭尾，用來射鳥。㊶淵魚　深淵之魚，喻吳。鍾會〈芻蕘論〉：「吳之玩水若魚鱉，蜀之便山若禽獸。」㊷釣射之術　喻征討吳、蜀的戰略戰術。㊸昔耿弇不俟光武三句　耿弇，東漢光武帝劉秀的大臣。據《後漢書・耿弇列傳》：建武五年，耿弇奉命征討張步，反為張步所圍。當時光武帝在魯，聽說之後，要率兵前去救援，陳俊對耿弇說：「劇虜兵盛，可閉營休士，須上來。」耿弇說：「乘輿且到，臣子當擊牛釃酒以待百官，反欲以賊虜遺君父耶？」乃出兵大戰，大破張步兵。俟，等待。君父，對皇帝的敬稱。㊹故車右伏劍於鳴轂二句　據《說苑・立節篇》：春秋時，齊王出外打獵，車左轂突然發出鳴聲。這雖說是造車匠人的過錯，但車右感到鳴聲驚動了齊王，因而自刎。後來，越國軍隊攻齊，還未交戰，齊雍門子狄說：「今越甲至，其鳴吾軍也，其車轂之下哉？」也自刎而死。越國人被此事所震撼，退兵七十里。車右，古代車制，陪乘的衛士居車右，衛士多勇武有力。雍門，即雍門子狄。㊺慢主　輕慢君主。指「鳴轂」事。㊻陵君　凌侮君主。指越人侵齊事。㊼靖亂　平亂。㊽昔賈誼弱冠三句　賈誼，西漢文帝時著名的政治家和辭賦家。少年有為，初為博士，不久遷太中大夫，好議國家大事，力主抗擊匈奴。後為權臣所忌，貶為長沙王太傅。他曾上書文帝：「陛下何不試臣為屬國之官，以主匈奴，行臣之計，請必繫單于之頸而制王命。」見《漢書．賈誼傳》。弱冠，古時男子二十歲行加冠禮，表示已經成人。此時體格猶未健壯，故稱「弱冠」。屬國，即典屬國，官名。掌管與外族交往之事。單于，匈奴君主的稱號。制，控制。(49)終軍以妙年使越三句　終軍，漢武帝時人，十八歲時被選為博士弟子，世稱終童。他曾上書武帝：「願受長纓，必羈南越王而致之闕下。」後被派去說服南越王歸附漢朝。見《漢書．終軍傳》。妙年，少年。越，其地在今之廣東、廣西一帶，秦末河北人趙佗在此自立為王。長纓，長繩子。北闕，古代宮殿北面的望樓，此代指朝廷。(50)輸能　貢獻才能。(51)治第　修建府舍。(52)夫　此字上原有「固」字。《三國志集解》云：「『固』或改作『故』，《文選》無『固』字。」今從《文選》。(53)遑　空閒。(54)二方　指吳國和蜀國。(55)伏　俯伏，敬詞。(56)先武皇帝　指曹操。(57)年耆即世　年老死去。六十日耆。(58)習　熟悉。(59)毛髮　喻細小。(60)不世　非當世所有；非同尋常。(61)錐刀　小刀，喻細小。(62)大將軍　指曹真。魏太和二年（西元二二八年）五月，魏遣大將軍曹真擊蜀諸葛亮於街亭。大將軍為將軍的最高稱號，掌統兵征戰，多由貴戚擔任，職位甚高。(63)一校之隊　古代軍中以五百人為一校。(64)大司馬　指曹休。魏太和元年（西元二二七年），以征東將軍曹休為大司馬。太和二年秋九月，曹休率諸軍至皖，與吳將陸遜戰於石亭，敗績。見本書卷二〈明帝紀〉。(65)偏舟　單船。此借指一部分船隊。(66)奮驪　使黑色的戰馬奮進。(67)禽權馘亮　擒獲孫權、諸葛亮。禽，同「擒」。馘，本指割取戰俘的左耳，這裏是擒獲的意思。(68)雄率　大將。(69)醜類　對敵軍將士的蔑稱。(70)史筆　史官之記載，指史書。(71)朝策　朝廷的策書，亦史書的意思。(72)數　指國家的運數。(73)忝　有愧於。(74)禽息鳥視　如鳥雀一樣的生活。(75)圈牢之養物　謂圈養的豬羊家畜之類。(76)流聞東軍失備　太和二年九月，魏軍分兩路進攻吳國，司馬懿從漢水東下，曹休進軍尋陽。孫權使周魴偽降曹休，曹休仗著兵馬眾多，深入吳境，與吳將陸遜戰於石亭，曹休大敗。見本書卷九〈曹休傳〉等。東軍，指曹休率領的部隊。失備謂失於戒備。(77)衄　戰敗；挫折。(78)奮袂攘衽　捋起袖子，扯開衣襟。(79)吳會　即吳郡和會稽郡。此以吳會指代吳國。(80)南極　南至。(81)赤岸　地名。確址待考。《寰宇記》：「赤岸山在六合縣東六十里。」《吳越春秋》卷四：「禹南行宇內，……南逾赤岸。」其地亦在今江蘇六合境內。東漢建安十七年（西元二一二年），曹操東征孫權，曹植隨行，或到過此地。(82)滄海　即渤海。東漢建安十二年（西元二〇七年），曹操北征烏丸，途中曾作〈夏門行〉，其中有「東臨碣石，以觀滄海」之句。曹植從行。(83)西望玉門　東漢建安十六年（西元二一一年）七月，曹植隨曹操西征馬超。十月，自長安北征楊秋，圍安定，楊秋降。安定在今甘肅鎮原，距玉門關尚遠，故曰「望」。(84)玄塞　指長城。古人以五色與東、西、南、北、中相配，北方黑色，故曰「玄」。此亦指東漢建安十二年（西元二〇七年）曹操征烏丸戰役。(85)豫言　即預言。(86)難　仇敵。(87)制變　隨機應變。(88)著　銘刻。古時將功績銘刻於鐘鼎，以傳久遠。(89)竹帛　指史冊。世上無紙時，人們以竹簡或絹帛作為書寫材料。(90)拊心　捶胸，喻情緒激動。(91)不廢有罪　不因臣下有過失而棄置不用。(92)故奔北敗軍之將用二句　據《史記‧晉世家》：春秋時，秦穆公使孟明視、西乞術、白乙丙將兵襲鄭，晉發兵在殽攔截，三人被晉俘，後還秦，秦穆公仍用他們為將，終於打敗晉軍，報仇雪恥。又據《史記‧刺客列傳》：魯將曹沫與齊戰，三戰三敗，魯國割地求和。後魯莊公與齊桓公盟於柯，曹沫在盟會上劫持了齊桓公，迫使齊桓公退還所占魯之地。奔北，敗北；敗走。(93)絕纓盜馬之臣赦二句　絕纓謂扯下結冠的帶子。據《韓詩外傳》卷七：楚莊王宴飲羣臣正歡，燈燭忽滅。有人暗扯王后之衣，王后扯下他結冠的帶子，告訴莊王，要求查辦。莊王不聽，卻叫大家都扯下冠纓盡歡而止。後吳兵攻楚，扯王后衣者奮力殺敵，以報莊王。又據《呂氏春秋‧愛士》：秦穆公坐騎走失，為野人所食。穆公見後不加責怪，又給他們酒喝，說吃駿馬肉不飲酒，會傷他們的身體。後來秦與晉人戰，穆公被圍，曾食馬肉的野人奮力參戰，遂大敗晉軍，並俘獲了晉獻公。趙，指秦。秦的遠祖造父為周穆王御，封於趙城，造父族由此為趙氏。這裏為避免與上文秦魯重複，故以「趙」代「秦」。(94)先帝　指文帝曹丕。(95)威王　指曹彰。曹彰死後諡號威，故稱威王。(96)先朝露　先於朝露而乾。比喻生命短暫。(97)填溝壑　指身死被埋。溝壑，引申為野死之處。(98)臣聞騏驥長鳴二句　《戰國策‧楚策》：騏驥駕鹽車上阪，負轅不能進，遇伯樂仰首而鳴，聲達於天，因為伯樂知己之故。騏驥，千里馬。伯樂，春秋時秦國人，善相馬。照，明白。(99)盧狗悲號二句　唐劉良注《文選》：「盧，黑色，謂黑狗也。齊人韓國相狗于市，遂有狗號鳴，而國知其善。」(100)齊楚之路　齊在北，楚在南，路途遙遠。(101)搏噬之用　搏鬥撕咬的能力。(102)惟度　思考。(103)於邑　即抑鬱。(104)博　古代弈棋之類的遊戲。(105)企竦　踮起腳跟觀看，形容看得入神。企，舉踵。竦，站立。(106)竊抃　暗自擊節拍。(107)賞音　懂音樂。指聞樂而竊抃者。(108)識道　懂棋路、棋理。指臨搏而企竦者。(109)昔毛遂五句　據《史記‧平原君虞卿列傳》：秦國趙邯鄲，趙王使平原君趙勝向楚國求救，門客毛遂請求同往。平原君說：「夫賢士之處世也，譬若錐之處囊中，其末立見。今先生處勝之門下，三年於此也，左右未有所稱誦，勝未有所聞，是先生無所有也。先生不能，先生留。」毛遂說：「臣乃今日請處囊中耳，乃穎脫而出，非特其末見而已。」於是與平原君同行。至楚，毛遂說服楚王，定合縱抗秦之約，解邯鄲之圍而立功。陪隸，這裏指家臣。假，借。寤，同「悟」。(110)自衒　指士子自我誇耀才能。(111)自媒　指女子自我作媒。(112)干時求進　指求合於時俗，以為世用。(113)道家之明忌也　道家學派以清靜無為為宗旨，而「干時求進」則為道家所忌諱。(114)分形同氣　指至親骨肉。分形，謂從同一身體分出來的形體。同氣，血脈相同。(115)熒燭　即「螢燭」。細微的燭光。

【語　譯】黃初六年，文帝東征吳國，回來時路過雍丘，親臨曹植王宮，給他增封食邑五百戶。太和元年，改封在浚儀縣。二年，又回到雍丘。曹植常常憤慨埋怨，空負才華卻無處施展，上書請求任用自己，說：

2 「我聽說士人生在世上，在家侍奉父親，出仕侍奉君主。侍奉父親最崇尚的是榮耀親人，侍奉君主最可貴的是興盛國家。因而慈父不會喜愛無用的兒子，仁愛的君王不會養活無用的臣子。根據德行授予官職，這是能成功立業的君主；衡量才能而接受爵位，是能效命盡力的臣子。所以君主不能無故授官，臣子不能無功受爵；無故授官是錯誤的舉用，無功而接受爵位那叫白吃俸祿，《詩經．伐檀》就是為尸位素餐者而作的。昔日周文王的弟弟虢仲、虢叔不推辭東虢西虢的任命，是因為他們的德行淳厚；周公旦、召公奭不推辭燕國、魯國的封贈，是因為他們的功勞很大。如今我蒙受國家的大恩，至今已經三代了。正值陛下太平盛世的時代，我沐浴著神聖的恩澤，浸潤著道德的教化，可以說是非常幸運的。我忝居東藩，爵位列在上等，身穿又輕又暖的衣服，吃膩了各種美味，看遍了豔麗的美色，聽厭了管絃奏出的樂聲，這都是爵高祿厚所導致的。回想古代被授爵祿的人，與此不同，他們都是因為功勞大有益於國家，輔佐君主造福人民。現在我無德行可稱述，無功勞可記載，如果像這樣終此一生無益於國家朝廷，這正好觸犯了采風人對那些在位的士大夫不配穿官服的諷刺。所以我上愧對王冠，下愧對赤色的印綬。

3 「現在天下統一太平，但看看西方還有違抗命令的蜀國，東方還有不臣服的吳國，使邊境的將士還不能脫去鎧甲，謀士不能高枕無憂，誠然都是為了統一天下，以使國家太平。因而夏啟滅掉有扈氏而使夏代功業昭著，周成王戰勝商紂後裔武庚及奄國，使周朝功德彰顯。如今陛下以聖明統治天下，想要完成周文王、周武王般的大業，繼續成王、康王的盛世，選拔賢才，任用有才幹的人，以方叔、召虎一樣的大臣鎮守四方邊境，成為國家的得力武將，可以說是用人得當。然而高飛的鳥未被射中，深潭裏的魚也沒有吞餌釣上來，這恐怕是射箭和垂釣的方法還不盡完善。從前耿弇不等光武帝到來就加緊進攻張步，說不能把賊人留給君父。所以車右伏劍自刎是因為車輪有響聲，雍門子狄自刎是因為越國人侵犯了齊的邊境，像這兩個人，難道是厭惡生存而崇尚死亡嗎？實在是憤恨車匠輕慢了君主，越國人欺凌了君主。君主的寵臣都想為君主除害興利；

臣子侍奉君主，必定不惜犧牲生命來平定動亂，以功勞來報答君主。從前，西漢的賈誼二十歲，請求任用他為典屬國，要用繩子捆住匈奴單于的脖子而將他制服；終軍青春年少，出使南越，想用長繩捆住南越王，押至闕廷。這兩位大臣，難道喜歡向君主誇口，向世人炫耀嗎？他們的志向被壓抑，想向君主施展才能。從前漢武帝要為霍去病修建府第，霍去病辭謝說：『匈奴還沒有消滅，我不考慮家事！』憂國忘家，為國捐軀救難，本來就是忠臣的志向。現在我身居外藩，皇上對我的恩德不算不優厚，而我卻睡不安穩，吃飯無暇品味，這是因為惦念著吳、蜀兩個敵國還未被消滅。

4 「我看見先帝武皇帝的武臣老將，因年老去世的時有所聞。雖然世間不乏賢才，老將老兵，還熟習戰陣；我不自量力，立志為國效命，希望可以立下些微的功勞，用來報答我受到的恩德。假若陛下能頒布特別的詔書，讓我貢獻出細微的用處，讓我西去歸屬大將軍，帶領一隊士兵，或東去歸屬大司馬，帶領一部分船隊，我一定乘危冒險，飛舟驅馬，衝鋒陷陣，身先士卒。即使不能活捉孫權，割下諸葛亮的耳朵，或許可以俘獲敵人的將帥，殲滅敵軍，取得一時的勝利，以消除我終生的羞愧，使我的名字載入史冊，事跡記載在朝廷的策書上。即使是在蜀境身首異處，頭顱懸於吳國的城門上，也雖死猶生。如果我這微薄的才能不能一試，終生沒沒無聞，只是身享榮華，養肥身體，活著無益於國事，死了對國家也沒有損失，徒居高位有愧厚祿，起臥如同禽鳥，直到老死，這只是圈牢裏豢養的家畜，不是我的志願啊。傳聞東邊的軍事失於防備，將士們受了小挫敗，我聽了這個消息後吃不下飯，激動的捋起衣袖，扯開衣襟，手持寶劍東望，我的心早已飛到了吳郡和會稽郡。

5 「臣過去跟隨先帝武皇帝出征，南到赤岸，東臨滄海，西望玉門關，北到邊塞，看到用來行軍用兵的情況，可以說是神機妙算。所以用兵不能事先預言，面臨危難而能隨機應變。我立志要效力於光明的時代，立功於聖朝。每每閱讀史籍，看到古代的忠臣義士，一朝奉獻性命，為國家危難獻身，身軀雖被屠戮，而功業銘刻在鐘鼎之上，名字永垂於史冊之中，沒有不拍胸嘆息的。我聽說聖明的君主任用臣子，不因有罪而廢置不用。所以秦、魯對打了敗仗的將軍也予以任用，得以成就功業；楚國、秦國被扯下帽纓、盜食御馬的罪臣被赦免，因此渡過了危難。我感嘆先帝文皇帝早逝，任城王去世，而我是何等樣人，卻能長壽！我常擔心很快死去，被埋在山溝裏，墳土還未乾，身軀和名聲都消失了。臣聽說千里馬長嘶，而伯樂能明白牠的才能；黑狗大聲吠叫，而韓國知道牠的本領。所以用齊、楚間的路程，來施展千里馬千里奔馳的能力；用矯健的兔子作試驗，來驗証黑狗撲咬的本領。現在臣下我要立志像犬馬一樣建些小功，但我私下考慮，終究沒有伯樂、韓國舉薦，所以我心情抑鬱而暗自悲傷。

6 「看見博戲就踮起腳跟觀看，聽到音樂就暗自拍打拍子的人中，或許有能欣賞音樂、懂得棋道的人。從前毛遂是趙國平原君的家臣，尚且假借錐子處在囊中的比喻，感悟平原君，立下功勞，何況我巍巍大魏國，人才濟濟的朝廷，難道能沒有慷慨為國死難的大臣嗎！自我誇耀才能，給自己做媒，這是士人女子的醜惡行為。迎合時俗請求進用，這是道家的忌諱。但是臣下我敢於向陛下提出請求試用，實在是因為我與君王軀體不同卻氣脈相通，憂患與共。希望以塵霧的微小去補益山海，以螢火般的燭光為日月增添光輝，因此才敢冒著羞恥而奉獻忠心。」

1 三年，徙封東阿❶。五年，復上疏求存問親戚❷，因致其意曰：

2 「臣聞天稱其高者，以無不覆；地稱其廣者，以無不載；日月稱其明者，以無不照；江海稱其大者，以無不容❸。故孔子曰：『大哉堯之為君！惟天為大，惟堯則之。』❹夫天德之於萬物，可謂弘廣矣。蓋堯之為教，先親後疏，自近及遠。其傳曰：『克明峻德，以親九族；九族既睦，平章百姓。』❺及周之文王亦崇厥化❻，其詩曰：『刑于寡妻，至于兄弟，以御于家邦。』❼是以雍雍❽穆穆❾，風人詠之。昔周公弔管、蔡之不咸，廣封懿親以藩屏王室[10]，傳曰：『周之宗盟，異姓為後。』[11]誠骨肉之恩爽而不離[12]，親親之義實在敦固，未有義而後其君，仁而遺其親者也[13]。

3 「伏惟陛下資帝唐[14]欽明[15]之德，體文王翼翼[16]之仁，惠洽椒房[17]，恩昭九族，羣后[18]百寮[19]，番休遞上[20]，執政不廢於公朝[21]，下情[22]得展於私室，親理[23]之路通，慶弔之情展，誠可謂恕己治人[24]，推惠施恩者矣。至於臣者，人道絕緒，禁錮明時，臣竊自傷也。不敢過望交氣類[25]，修人事[26]，敘人倫。近且婚媾[27]不通，兄弟乖絕[28]，吉凶之問塞，慶弔之禮廢，恩紀之違，甚於路人，隔閡之異，殊於胡越[29]。今臣以一切之制，永無朝覲之望，至於注心皇極[30]，結情紫闥[31]，神明知之矣。然天實為之，謂之何哉[32]！退唯[33]諸王常有戚戚具爾[34]之心，願陛下沛然[35]垂詔，使諸國慶問，四節[36]得展[37]，以敘骨肉之歡恩，全怡怡[38]之篤義。妃妾[39]之家，膏沐之遺[40]，歲得再通[41]，齊義[42]於貴宗[43]，等惠[44]於百司。如此，則古人之所歎，風雅[45]之所詠，復存於聖世矣。

4 「臣伏自惟省，無錐刀之用。及觀陛下之所拔授[46]，若以臣為異姓，竊自料度[47]，不後於朝士矣。若得辭遠遊[48]，戴武弁[49]，解朱組[50]，佩青紱[51]，駙馬、奉車[52]，趣得一號[53]，安宅京室，執鞭[54]珥筆[55]，出從華蓋[56]，入侍輦轂，承答聖問，拾遺[57]左右，乃臣丹誠[58]之至願，不離於夢想者也。遠慕鹿鳴君臣之宴[59]，中詠常棣匪他之誡[60]，下思伐木友生之義[61]，終懷蓼莪罔極之哀[62]；每四節之會，塊然[63]獨處，左右惟僕隸，所對惟妻子，高談無所與陳，發義[64]無所與展，未嘗不聞樂而拊心，臨觴而歎息也。臣伏以為犬馬之誠不能動人，譬人之誠不能動天。崩城[65]、隕霜，臣初信之，以臣心況，徒虛語耳。若葵藿[66]之傾葉，太陽雖不為之回光[67]，然向之者誠也。竊自比於葵藿，若降天地之施，垂三光[68]之明者，實在陛下。

5 「臣聞文子[69]曰：『不為福始，不為禍先[70]。』今之否隔[71]，友于[72]同憂，而臣獨倡言者，竊不願於聖世使有不蒙施之物[73]。有不蒙施之物，必有慘毒之懷[74]，故柏舟有『天只』之怨[75]，谷風有『棄予』之歎[76]。故伊尹恥其君不為堯舜[77]。孟子曰：『不以舜之所以事堯事其君者，不敬其君者也。』[78]臣之愚蔽[79]，固非虞、伊[80]，至於欲使陛下崇光被時雍之美[81]，宣緝熙章明之德[82]者，是為[83]慺慺[84]之誠，竊所獨守，實懷鶴立[85]企佇[86]之心。敢復陳聞者，冀陛下儻發天聰[87]而垂神聽也。」

6 詔報曰：「蓋教化所由，各有隆弊[88]，非皆善始而惡終也，事使之然。故夫忠厚仁及草木，則行葦[89]之詩作；恩澤衰薄，不親九族，則角弓[90]之章刺。今令諸國兄弟，情理簡怠(91)，妃妾之家，膏沐(92)疏略，朕縱不能敦而睦之，王援古喻義備悉矣，何言精誠不足以感通哉(93)？夫明貴賤，崇親親，禮賢良，順少長(94)，國之綱紀，本無禁固諸國通問之詔也。矯枉過正，下吏懼譴，以至於此耳。已敕有司，如王所訴。」

7 植復上疏陳審舉(95)之義，曰：

8 「臣聞天地協氣(96)而萬物生，君臣合德而庶政(97)成。五帝(98)之世非皆智，三季(99)之末非皆愚，用與不用，知與不知也。既時有舉賢之名，而無得賢之實，必各援其類而進矣。諺曰：『相門有相，將門有將。』夫相者，文德(100)昭者也；將者，武功烈者也。文德昭，則可以匡國朝，致雍熙，稷、契、夔、龍(101)是也；武功烈，則可以征不庭(102)，威四夷(103)，南仲(104)、方叔是矣。昔伊尹之為媵臣(105)，至賤也，呂尚之處屠釣(106)，至陋也，及其見舉於湯武、周文，誠道合志同，玄謨神通(107)，豈復假近習(108)之薦，因左右之介哉？書曰：『有不世之君，必能用不世之臣；用不世之臣，必能立不世之功。』殷周二王(109)是矣。若夫齷齪近步(110)，遵常守故，安足為陛下言哉？故陰陽不和，三光不暢(111)，官曠(112)無人，庶政不整者，三司(113)之責也。疆場騷動，方隅(114)內侵，沒軍喪眾，干戈不息者，邊將之憂也。豈可虛荷國寵而不稱其任哉？故任益隆者負益重，位益高者責益深，書稱『無曠庶官[115]』，詩有『職思其憂[116]』，此其義也。

9 「陛下體天真之淑聖[117]，登神機[118]以繼統，冀聞康哉之歌[119]，偃武行文[120]之美。而數年以來，水旱不時，民困衣食，師徒之發，歲歲增調[121]，加東有覆敗之軍[122]，西有殪沒之將[123]，至使蚌蛤浮翔於淮、泗[124]，鼲鼬讙譁於林木[125]。臣每念之，未嘗不輟食而揮餐，臨觴而搤腕[126]矣。昔漢文發代[127]，疑朝有變，宋昌[128]曰：『內有朱虛[129]、東牟[130]之親，外有齊、楚、淮南、琅邪[131]，此則磐石之宗，願王勿疑。』臣伏惟陛下遠覽姬文[132]二虢之援，中慮周成召、畢之輔[133]，下存[134]宋昌磐石之固。昔騏驥之於吳阪，可謂困矣，及其伯樂相之，孫郵[135]御之，形體不勞而坐[136]取千里。蓋伯樂善御馬，明君善御臣；伯樂馳千里，明君致太平；誠任賢使能之明效也。若朝司[137]惟良，萬機內理[138]，武將行師，方難[139]克弭。陛下可得雍容[140]都城，何事勞動鑾駕[141]，暴露於邊境哉？

10 「臣聞羊質虎皮，見草則悅，見豺則戰，忘其皮之虎也[142]。今置將不良，有似於此。故語曰：『患為之者不知，知之者不得為也。』昔樂毅奔趙，心不忘燕[143]；廉頗在楚，思為趙將[144]。臣生乎亂，長乎軍，又數承教于武皇帝，伏見行師用兵之要，不必取孫、吳[145]而闇與之合。竊揆[146]之於心，常願得一[147]奉朝覲，排金門[148]，蹈[149]玉陛，列有職之臣，賜須臾之間，使臣得一散所懷，攄舒[150]蘊積[151]，死不恨矣。

11 「被[152]鴻臚[153]所下發士息[154]書，期會[155]甚急。又聞豹尾[156]已建，戎軒[157]鶩駕，陛下將復勞玉躬，擾挂[158]神思。臣誠竦息[159]，不遑寧處。願得策馬執鞭，首當塵露，撮風后[160]之奇，接[161]孫、吳之要，追慕[162]卜商[163]起予左右，效命先驅，畢命輪轂，雖無大益，冀有小補。然天高聽遠[164]，情不上通，徒獨望青雲而拊心，仰高天而歎息耳。屈平曰：『國有驥而不知乘，焉皇皇而更索！』[165]昔管、蔡放誅，周、召作弼[166]；叔魚陷刑，叔向匡國[167]。三監[168]之釁，臣自當之；二南[169]之輔，求必不遠。華宗貴族，藩王之中，必有應斯舉者。故傳曰：『無周公之親，不得行周公之事。』唯陛下少留意焉。

12 「近者漢氏廣建藩王，豐則連城數十，約則饗食祖祭而已[170]，未若姬周之樹國，五等之品制[171]也。若扶蘇之諫始皇[172]，淳于越之難周青臣[173]，可謂知時變[174]矣。夫能使天下傾耳注目者，當權者是矣，故謀能移主[175]，威能懾下。豪右[176]執政，不在親戚；權之所在，雖疏必重，勢之所去，雖親必輕，蓋取齊者田族，非呂宗也[177]。分晉者趙、魏[178]，非姬姓[179]也。唯陛下察之。苟吉專其位，凶離其患者，異姓之臣也。欲國之安，祈家之貴，存共其榮，沒同其禍者，公族[180]之臣也。今反公族疏而異姓親，臣竊惑焉。

13 「臣聞孟子曰：『君子窮則獨善其身，達則兼善天下。』[181]今臣與陛下踐冰履炭，登山浮澗，寒溫燥濕，高下共之，豈得離陛下哉？不勝憤懣[182]，拜表陳情。若有不合，乞且藏之書府[183]，不便[184]滅棄，臣死之後，事或可思。若有豪釐少挂聖意者，乞出之朝堂，使夫博古之士[185]，糾臣表之不合義者。如是，則臣願足矣。」

14 帝輒優文答報。

15 其年冬，詔諸王朝六年正月。其二月，以陳[186]四縣封植為陳王，邑三千五百戶。植每欲求別見獨談，論及時政，幸冀試用，終不能得。既還，悵然絕望。時法制，待藩國既自峻迫[187]，寮屬皆賈豎[188]下才，兵人給其殘老，大數不過二百人。又植以前過，事事復減半，十一年中而三徙都[189]，常汲汲[190]無歡，遂發疾薨，時年四十一。遺令薄葬。以小子志，保家[191]之主也，欲立之。初，植登魚山[192]，臨東阿，喟然有終焉之心，遂營為墓。子志嗣，徙封濟北王。景初中詔曰：「陳思王昔雖有過失，既克己慎行，以補前闕，且自少至終，篇籍不離於手，誠難能也。其收黃初中諸奏植罪狀，公卿已下議尚書[193]、祕書[194]、中書[195]三府、大鴻臚[196]者皆削除之。撰錄植前後所著賦頌詩銘雜論凡百餘篇，副[197]藏內外。」志累增邑，并前九百九十戶。

【章旨】以上是〈曹植傳〉的第三部分，記載了明帝太和五年曹植求存問親戚疏和陳審舉之義疏，以及在「悵然絕望」、「汲汲無歡」中死去。前疏述說了自己被禁錮的處境，姻親兄弟不能往來，恩情斷絕。希望明帝聽到他的心聲，使諸王可以互相慶賀問候，姻親依時來往。後疏述說了察選官吏的道理，主張任賢使能。賢人是誰呢？是曹植自己。他請求明帝重用，為國盡力，成為當代的周公、召公。

【注釋】❶東阿　縣名。治所在今山東東阿。❷存問親戚　慰問父母兄弟等。❸臣聞天稱其高者八句　以天地、江海比喻皇恩浩大，無所不至。❹故孔子曰四句　語出《論語・泰伯》。則，效法。❺其傳曰五句　引文出自《尚書・堯典》。意思是說堯能任用德行高的人，使家族和睦，又能辨明百官的族姓。克，能。峻，高。九族，上自高祖，下至玄孫，是為九族。即高祖、曾祖、祖、父、己、子、孫、曾孫、玄孫。平章，辨別彰明的意思。百姓，百官。❻厥化　指堯之為政，「先親後疏，自近及遠」的教化。厥，其。❼其詩曰四句　見《詩經・大雅・思齊》。意思是說治國之道先從家庭開始，逐漸推廣到國家。刑，同「型」。樹立榜樣。寡妻，寡德之妻，謙稱。御，治。家邦，古時稱大夫的食邑為家，諸侯的封地為邦。這裏泛指國家。❽雍雍　本為鳥和鳴聲，這裏形容和順的樣子。❾穆穆　恭謹的樣子。❿昔周公弔管蔡二句　語本《左傳》僖公二十四年：「周公弔二叔之不咸，故封建親戚，以蕃屏周。」弔，痛心。不咸，不和。懿親，指王室宗親。據史載：周武王死後，成王年幼，周公攝政，管叔蔡叔不服，勾結商紂之子武庚及奄國作亂，周公討平他們，並廣封同姓為諸侯，以捍衛王室。⓫傳曰三句　據《左傳》隱公十一年，「滕侯、薛侯來朝，爭長。公（指魯隱公）使羽父請于薛侯曰『……周之宗盟，異姓為後。』」滕是周的同姓，薛是周的異姓，魯隱公的意思，參加周朝同宗的盟會，自然應以滕侯為長。⓬爽而不離　意為雖有過失，而不因此而疏遠。爽，差錯。⓭未有義而後其君二句　語本《孟子・梁惠王上》：「未有仁而遺其親者也，未有義而後其君者也。」仁、義，指行仁義的人。遺，遺棄。後，放在後面；不重視。⓮帝唐　即帝堯。《史記・五帝本紀》《正義》引徐廣注：「號陶唐。」又引《帝王紀》：「堯都平陽，於《詩》為唐國。」⓯欽明　恭敬明智。⓰翼翼　小心謹慎的樣子。

《詩經・大雅・大明》：「維此文王，小心翼翼。」⑰椒房　用椒泥塗飾的房屋，為后妃所住，這裏指代后妃。⑱羣后　指眾列侯。⑲百寮　即百僚，指百官。⑳番休遞上　輪流休息，交替上朝。㉑公朝　指朝廷。㉒下情　指臣下的私情。㉓親理　指親族間的倫理關係。㉔恕己治人　即以己度人之意。語本《論語・衛靈公》：「子貢問曰：『有一言而可以終身行之者乎？』子曰：『其恕乎，己所不欲，勿施於人。』」㉕氣類　指意氣相投的人。㉖人事　指人際間交往應酬的事。㉗婚媾　婚姻。這裏指通婚之家的關係。㉘乖絕　即斷絕。乖，違戾；不和諧。㉙胡越　胡在北，越在南，比喻關係非常疏遠。㉚注心皇極　一心嚮往皇帝。皇極，皇帝的住處，這裏指代皇帝。㉛結情紫闥　意同「注心皇極」。結情，情感凝聚。紫闥，指宮門。㉜然天實為之二句　語本《詩經・邶風・北門》：「出自北門，憂心殷殷。終窶且貧，莫知我艱。已焉哉，天實為之，謂之何哉！」㉝退唯　同「退惟」。退一步想。㉞戚戚具爾　語本《詩經・大雅・行葦》：「戚戚兄弟，莫遠具爾。」戚戚，情感相關的樣子。具爾，都是如此。具，同「俱」。㉟沛然　水充盛的樣子。這裏比喻皇恩下施。㊱四節　四季之節，指立春、立夏、立秋、立冬。㊲展　展禮；實行朝拜皇帝的禮節。㊳怡怡　和樂的樣子。㊴妃妾　指諸王之妃妾。㊵膏沐之遺　膏沐，婦女用來潤髮的油脂。遺，贈予。㊶再通　兩次通候。㊷齊義　使義理一致。㊸貴宗　指皇帝的外戚。㊹等惠　使恩惠相等。㊺風雅　指《詩經》中的〈國風〉、〈大雅〉、〈小雅〉之詩。㊻拔授　選拔任用。㊼料度　估量；料想。㊽遠遊　冠名。漢高祖劉邦製。《後漢書・輿服志下》：「遠游冠，制如通天，有展筒橫之於前，無山述，諸王所服也。」㊾武弁　一種皮帽子，侍中、常侍一類武官所戴。㊿朱組　紅色帶子，諸侯所佩。(51)青紱　青色帶子，二千石以上官員所佩。(52)駙馬奉車　俱為皇帝的侍從武官。駙馬，即駙馬都尉，掌天子副車之馬，故曰駙馬。奉車，即奉車都尉，掌供奉車輿。(53)號　官職名號。(54)執鞭　指為皇帝駕御車馬。(55)珥筆　即插筆。古時官員上朝，常插筆於冠側，以備隨時記錄。(56)華蓋　皇帝車駕的傘蓋。(57)拾遺　彌補缺漏，糾正皇帝的過失。(58)丹誠　即丹心。(59)鹿鳴君臣之宴　鹿鳴，《詩經・小雅》篇名。〈毛詩序〉：「〈鹿鳴〉，燕羣臣嘉賓也。」(60)常棣匪他之誡　常棣，《詩經・小雅》篇名。〈毛詩序〉：「〈棠棣〉，宴兄弟也。」匪他，出自《詩經・頍弁》：「豈伊異人，兄弟匪他。」即兄弟不是外人之意。常棣即棠棣。(61)伐木友生之義　伐木，《詩經・小雅》篇名。〈毛詩序〉：「〈伐木〉，燕兄弟故舊也。」詩中云：「相彼鳥矣，猶求友生。矧伊人矣，不求友生。」友生，朋友。(62)蓼莪罔極之哀　蓼莪，《詩經・小雅》篇名。〈毛詩序〉：「〈蓼莪〉，刺幽王也。民人勞苦，孝子不得終養耳。」詩中云：「父兮生我，母兮鞠我。……欲報之德，昊天罔極。」罔極，無窮。指父母之恩大無邊際。(63)塊然　孤獨的樣子。(64)發義　說明義理。(65)崩城　據劉向《列女傳》載，春秋時，杞梁殖在莒城戰死，他的妻子在城下哭了十天十夜，城牆為之崩塌。隕霜，據《淮南子》載，戰國時齊人鄒衍入燕，事燕惠王，竭誠盡忠，但為人讒毀，被捕下獄。鄒衍仰天而哭，天為之感動，夏天五月降霜。(66)葵藿　本是兩種植物名，這裏偏指葵。葵性向日，古代常用以比喻臣子心繫君主。(67)回光　指太陽回轉照射。(68)三光　指日、月、星。(69)文子　姓辛名鈃，葵丘濮上人，號計然，本受業於老子，范蠡師事之。以老子道家思想為宗，著《文子》十二卷。《漢書・藝文志》著錄為九篇。(70)不為福始二句　意為不論好事壞事都不要搶在別人前頭去做。(71)否隔　閉塞不通。指被疏遠隔絕。(72)友于　代指兄弟。語本《論語・為政》。(73)不蒙施之物　指不蒙受恩惠的人。(74)慘毒之懷　強烈的怨恨情緒。(75)柏舟有天只之怨　柏舟，《詩經・邶風》篇名。詩中有「母也天只，不諒人只」詩句。天只，猶言天啊。只，語氣詞。(76)谷風有棄予之歎　《詩經》中〈邶風〉和〈小雅〉中各有〈谷風〉篇，這裏指〈小雅〉中的〈谷風〉。詩中有「將安將樂，女轉棄予」之句。棄予，拋棄我。(77)故伊尹恥其君句　伊尹，商初賢臣，輔弼商湯。名伊，尹是官名。《尚書・說命下》：「予弗克俾厥后惟堯舜，其心愧恥，若撻於市。」意思是說：「我不能使君王成為堯舜，心裏感到羞愧和恥辱，好像在市上挨了打。」(78)孟子曰三句　見於《孟子・離婁上》。(79)愚蔽　愚昧，是作者自謙之詞。蔽，昏昧。(80)虞伊　指虞舜、伊尹。舜為有虞氏部落首領。(81)崇光被時雍之美　推崇堯的美德，語本《尚書・堯典》。時雍，指百姓和美融洽。(82)緝熙章明之德　形容周文王的功德。語本《詩經・周頌・敬之》。緝熙、章明皆光明之意。(83)為　《三國志集解》云：「《文選》『為』作『臣』。」(84)慺慺　忠懇、恭敬。(85)鶴立　像鶴一樣站立。(86)企佇　踮起腳跟久久站立。(87)天聰　聽的意思。下「神聽」同。言「天」言「神」，都是古代臣子對帝王的敬詞。(88)隆弊　興盛和衰敗。(89)行葦　《詩經・大雅》篇名。〈詩序〉云：「行葦，忠厚也。周家忠厚，仁及草木，故能內睦九族，外尊事黃耇（老人）」。(90)角弓　《詩經・小雅》篇名。〈詩序〉謂為周幽王族中的父兄輩所作，刺周幽王「不親九族而好讒佞，骨肉相怨。」(91)簡怠　輕忽怠慢。(92)膏沐　婦女用來潤髮的油脂。此借喻恩澤。(93)何言精誠句　指前文「臣伏以為犬馬之誠不能動人」以下六句。(94)順少長　即長幼有序。(95)審舉　明悉選拔官吏的道理。(96)協氣　調氣候適宜。(97)庶政　各種政務。(98)五帝　傳說中的上古帝王，所指有多種說法。據《史記・五帝本紀》，五帝為黃帝、顓頊、帝嚳、唐堯、虞舜。(99)三季　指夏、商、周三代。(100)文德　禮樂教化和道德。(101)稷契夔龍　輔佐舜治理國家的四位大臣。稷，主管農事的官名棄，相傳為周的始祖。契，相傳為商的始祖，曾佐大禹治水，被舜任命為司徒，掌教化。夔，舜時的樂官。他曾正六律，和五聲，以通八風，而天下大服。龍，舜任為納言，掌宣達帝命。(102)不庭　不朝。即不向朝廷臣服。(103)四夷　指華夏族以外的四方少數民族。(104)南仲　周宣王卿士。《詩經・小雅・出車》：「王命南仲，往城於方。出車彭彭，旂旐央央。天子命我，城彼朔方。赫赫南仲，玁狁於襄。」寫南仲率兵出征，平定玁狁的盛況。(105)媵臣　隨嫁的臣僕。相傳伊尹曾為有莘氏之媵臣。

(106)呂尚之處屠釣　呂尚為周代齊國始祖，姜姓呂氏，名望字尚父，佐周武王滅商有功，封於齊。相傳呂尚曾屠於朝歌，釣於磻溪。(107)玄謨神通　奧妙的計謀心領神會。(108)近習　指天子所親幸者。(109)殷周二王　指成湯和周文王。(110)齷齪近步　拘謹淺陋。(111)不暢　不通。(112)官曠　即官吏無賢人。(113)三司　即三公，指司徒、司馬、司空。(114)方隅　指邊境四方鄰國。(115)無曠庶官　即不要曠廢了各種官職。語見《尚書・皐陶謨》。(116)職思其憂　語見《詩經・唐風・蟋蟀》：「職思其憂，好樂無荒，良士休休。」意為職掌其事者要考慮他的責任。(117)體天真之淑聖　意謂具有天生的聖德。天真，天性。淑，善。(118)神機　比喻帝位。(119)康哉之歌　歌頌太平盛世。《尚書・益稷》：「乃賡載歌曰：元首明哉，股肱良哉，庶事康哉！」康，安。(120)偃武行文　停止武力，修治文教。(121)增調　增加兵員徵召的人數。(122)東有覆敗之軍　指曹休戰敗事。見前「求自試表」注。(123)西有殪沒之將　指魏將張郃戰死事。據本書卷十七〈張郃傳〉：「諸葛亮復出祁山，詔郃督諸將西至略陽。亮還保祁山，郃追至木門，與亮軍交戰，飛矢中郃右膝薨。」殪，死。(124)蚌蛤浮翔於淮泗　指東吳仍與魏對抗。蚌蛤，均為軟體動物，喻指吳國軍隊。淮，淮水。泗，泗水。這兩條河主要流經吳境，這裏代指吳國疆土。(125)鼲鼬讙譁於林木　喻蜀漢仍尋釁啟戰事。鼲，灰鼠。鼬，黃鼠狼。這裏指代蜀國軍隊。讙譁，即喧譁。(126)搤腕　即扼腕，以手握腕，表示內心激憤。(127)漢文發代　《史記・孝文本紀》：漢高祖平定代地，封文帝劉恒為代王，都中都（在今山西平遙西北）。呂后死後，呂氏家族欲為亂，大臣誅殺諸呂，謀立代王為帝。代王懷疑，派中尉宋昌馳赴長安觀察。發代，謂文帝從代地出發。(128)宋昌　當時為代國中尉，以力勸文帝即帝位有功，封壯武侯。(129)朱虛　朱虛侯劉章。(130)東牟　東牟侯劉興居，劉章之弟。當時俱在長安。(131)齊楚淮南琅邪　指齊王劉肥，高祖劉邦庶子。楚王劉交，高祖劉邦弟，同父異母。淮南王劉長，高祖劉邦少子。琅邪王劉澤，高祖劉邦昆弟。《史記・荊燕世家》稱澤為「諸劉遠屬」，是劉邦家族中較疏遠者。(132)姬文　指周文王。文王姬姓，故曰姬文。(133)周成召畢之輔　周成王有召公、畢公的輔佐。召公已見前注。畢公高，文王十五子，武王滅殷，封於畢。畢故地在今陝西西安、咸陽北。(134)存　想；念。(135)孫鄧　即鄧無恤，又名王良，趙簡子御者，擅長駕御之術。(136)坐　自然之詞。謂無故使之然。(137)朝司　即朝士。(138)內理　猶內治。(139)方難　指邊疆的危難。(140)雍容　從容優游的樣子。(141)鑾駕　又稱鑾輅，指天子之車。(142)臣聞羊質虎皮四句　引自揚雄《法言・吾子》。意在諷刺魏之邊防將帥貪婪而怯懦。戰，通「顫」。發抖。(143)昔樂毅奔趙二句　據《史記・樂毅列傳》：樂毅為燕將，率兵伐齊，大勝，只餘莒和即墨二城未下。這時燕昭王死，燕惠王立，中了齊人的反間計，懷疑樂毅，以騎劫代樂毅為將，召樂毅還。樂毅畏誅，遂西奔趙國，趙用為上卿。燕惠王怕趙用樂毅伐燕，去信責備樂毅。樂毅回信告訴燕惠王，自己不會忘記燕國的恩德，打算來往於燕、趙之間。(144)廉頗在楚二句　《史記・廉頗藺相如列傳》：

「楚聞廉頗在魏，陰使人迎之。廉頗一為楚將，無功，曰：『我思用趙人。』」(145)孫吳　孫武與吳起。孫武為春秋末軍事家，齊國人，著有兵書《孫子》。吳起為戰國時軍事家，魏國人，著有兵書《吳子》。(146)揆　揣度。(147)一　或。(148)金門　宮門名，又名金馬門。(149)蹈　踐踏。(150)攄舒　伸展。(151)蘊積　鬱結憂愁。(152)被　通「披」。翻閱。(153)鴻臚　官名。掌管諸侯封拜與朝貢行禮贊導等職。(154)發士息　徵調兵家子弟。曹魏時實行世兵制，兵家子弟要服兵役。(155)期會　猶言時限。(156)豹尾　即豹尾車。皇帝出巡時，最後一車，上懸豹尾，故云。(157)戎軒　兵車。(158)擾挂　猶言攪擾。(159)竦息　憂懼不安之意。竦，舉踵而立。息，呼吸緊迫。(160)風后　相傳為黃帝相，黃帝舉風后、力牧、常先、大鴻以治民，事見《史記・五帝本紀》。《漢書・藝文志》有《風后》十三篇，列於陰陽家，係後人偽託。(161)接　持。(162)追慕　猶仰慕。(163)卜商　孔子弟子子夏，姓卜名商。(164)天高聽遠　上天很高，聽覺遙遠。喻指魏明帝不採納曹植的建議。(165)屈平曰三句　屈平即屈原。清梁章鉅《三國志旁證》：「按此宋玉〈九辯〉第八章之詞，子建云屈平誤。」〈武帝紀〉裴注引《魏武故事》載令曰：「舍騏驥而弗乘，焉遑遑而更求。」與此意同。(166)昔管蔡放誅二句　管叔、蔡叔皆周武王之弟，周成王之叔。二人謀反，成王殺死管叔，放逐蔡叔，以周公旦為師，召公奭為保。事詳《史記・周本紀》、〈管蔡世家〉。作弼，為輔佐。(167)叔魚陷刑二句　據《左傳》昭公十四年載，晉國邢侯與雍子爭鄐田，很久沒有解決。叔魚負責斷這場官司。雍子把他的女兒送給叔魚，叔魚便袒護了雍子，判邢侯有罪。邢侯不服，一怒之下把叔魚、雍子都殺了。韓宣子要重審這個案子，徵求叔魚的哥哥叔向的意見。叔向說：三個人都有罪。雍子自知有罪而向叔魚行賄，叔魚受賄枉法，邢侯擅自殺人。於是加刑於邢侯，暴叔魚、雍子之屍於市，以示懲罰。(168)三監　武王滅商後，以商舊都封紂子武庚，並以殷都為衛，由武王弟管叔監之；殷都以西為鄘，以武王弟蔡叔監之；殷都以北為邶，以武王弟霍叔監之，總稱三監。(169)二南　成王分陝以東之地，命召公主之，陝以西之地命周公主之。《詩經》之〈周南〉、〈召南〉，即周公、召公之地的民歌。故以二南喻指周公、召公。(170)近者漢氏廣建藩王三句　《漢書・高帝紀贊》：「漢興，懲戒亡秦孤立之敗，於是封王子弟，大者跨州兼郡，小者連城數十。」這是言其豐者。《漢書・景帝紀贊》：「景帝遭七國之難，抑損諸侯，諸侯唯得衣食租稅，不與政事。」這是言其約者。(171)五等之品制　謂公、侯、伯、子、男五等封爵。(172)若扶蘇之諫始皇　扶蘇，秦始皇太子，為李斯、趙高、胡亥所害。其諫始皇之封建諸侯的言論，不見於《史記・秦始皇本紀》。(173)淳于越之難周青臣　據《史記・秦始皇本紀》：始皇三十四年，置酒咸陽宮，僕射周青臣頌揚始皇「以諸侯為郡縣，人人自安樂，無戰爭之患，傳之萬世」。「博士齊人淳于越進曰：『臣聞殷、周之王千餘歲，封子弟功臣，自為枝輔。今陛下有海內，而子弟為匹夫，卒有常田、六卿之臣，無輔拂，何以相救哉？事不師古而能長久者，非所聞也。今青臣又面諛以重陛下之過，非忠臣。』」難，駁詰。174時變　時代政治形勢的變化。175謀能移主　謂其智謀能改變主上的意旨。176豪右　謂士族中有權勢者。177蓋取齊者田族二句　指田氏代齊事。齊景公時，田氏家族日漸強大，田桓子用大斗貸出小斗收進等辦法收買人心，遂漸掌握了齊國的政權。周安王十一年（西元前三九一年），田和遷齊康公於海上。十六年，周安王正式承認田氏為諸侯。從此齊國姓田不姓呂了。呂，《史記·齊太公世家》載，齊國始祖呂尚，其先祖佐禹有功，封於呂。尚「本姓姜氏，從其封姓，故曰呂尚」。呂乃齊姓。178分晉者趙魏　趙、魏、韓三家分晉，這裏獨稱趙、魏而不言韓，李慈銘《三國志札記》解釋說：「不云三家者，以韓為曲沃桓叔之後，本晉公族也。」179姬姓　晉國姬姓。180公族　謂諸侯子孫。181孟子曰三句　見《孟子·盡心上》。窮，政治受挫。達，仕途通暢。182憤懣　煩悶，抑鬱。183書府　指收藏奏章的機構。據《冊府元龜》卷六二〇引：「魏武帝為魏王，置祕書令及二丞，典尚書奏事，即中書之任也。兼掌圖書祕記。」184不便　不要立即之意。185博古之士　指有豐富歷史知識的人。186陳　曹植封國陳，治所在今河南淮陽。187峻迫　嚴厲急迫。188賈豎　舊時對商人的賤稱。這裏泛指無德無才之人。189十一年中而三徙都　指鄄城徙雍丘，從雍丘徙東阿，最後從東阿徙陳。190汲汲　失意的樣子。191保家　謂能保護這個封國，使之延續下去。192魚山　在今山東東阿南。193尚書　即尚書臺，掌納奏出令，參預決策，總領全國政務的宮廷政治機構。194祕書　指祕書郎，掌管文書機要。195中書　中書省或中書門下省的簡稱。196大鴻臚　管理賓客、朝儀事務的高級長官，為九卿之一。197副　指抄錄副本。

【語譯】太和三年，改封在東阿縣。太和五年，又上疏請求慰問親戚，藉以表達他的心意說：

2 「臣聽說天所以稱它崇高，是由於沒有不被它覆蓋的；地所以稱它廣大，是沒有不被它承載的；日月所以稱它光明，是沒有不被它照耀的；江海所以稱它浩大，是沒有不被它容納的。所以孔子說：『偉大啊！堯為君主，只有天最大，也只有堯能效法天。』天對於萬物的恩德，可說是浩大了。堯施行教化，先親後疏，從近到遠。《傳》上說：『堯能任用德行高尚的人，使九族親睦；九族親睦後，再辨明百官的族姓。』及至周文王，也尊崇堯的教化措施。《詩經》上說：『周文王按禮法對待妻子，同樣按禮法對待兄弟，這樣才能治理好宗族和國家。』因此和順恭謹，詩人予以歌頌。從前周公悲傷管叔、蔡叔的不和，廣泛分封兄弟，來捍衛王室。《傳》上說：『周王盟會，異姓諸侯排在後面。』實在因為骨肉情深，即使有過錯也不分離，愛護親屬的情義實在堅實，沒有堅守道義的人而把君主放在後面，實施仁愛的人遺棄他的親屬。

3 「想到陛下有唐堯恭敬而明智的美德，懷有周文王小心謹慎的仁愛，恩惠遍施後宮，恩德昭示九族，列侯百官輪番休息，交替上朝，執行政事沒有荒廢，臣下的私情能夠展露於私室，親戚間問候之路暢通，慶賀弔唁的情懷可以抒展，實在可以稱為以自己的心去揣度他人的心，廣施恩惠了。至於為臣我，與親人斷絕了聯繫，在清明盛世受到禁錮，我暗自傷心。不敢奢望與志趣相投的朋友交往，做一般的人際往來應酬，享受天倫之樂。近的如姻親不能往來，兄弟隔絕，問候吉凶的道路被堵塞，慶賀弔唁的禮儀被廢除，恩情背棄，超過路人，隔閡造成的差異，大於胡越。現在臣因一時的規定，永遠沒有朝覲的希望，而我心念皇上，情繫皇宮，只有神明才知道了。但這實在是上天的安排，又有什麼辦法呢！退一步想想諸王常有思念兄弟之情，希望陛下開恩下詔，讓諸王侯慶賀問候，四季節令得以探望，用來敘說骨肉恩愛，成全親戚間和美的深厚情誼。妃妾的親屬，有膏沐的饋贈，允許他們一年有兩次往來，情義等同於貴戚，恩惠與百官一樣。如果這樣，那麼古人所讚嘆的，詩經〈風〉〈雅〉詩所歌詠的，又出現在盛世了。

4 「臣暗自省思，我沒有一點點用處。但看到陛下所選拔任用的官員，如果我是異姓之人，我暗自估量，也不輸朝廷上那些士大夫。如果得以脫去王冠，戴上武將的皮帽，解下王侯的紅佩帶，佩上官員的青佩帶，擔任駙馬都尉或奉車都尉，取得一個封號，置宅安居京城，手執馬鞭，帽旁插著筆，出宮跟隨著華蓋車，進宮侍奉在殿下身邊，回答皇上的問題，在左右拾遺補缺，這才是臣最赤誠的心願，時刻不離的夢想啊。遠的我仰慕〈鹿鳴〉所寫的君臣同宴，中間我頌念〈棠棣〉所寫的兄弟不是外人的告誡，近的我思念〈伐木〉中宴請朋友故舊的情義，最後懷念〈蓼莪〉中報答父母無限深恩的哀思；每逢四季節氣人們聚會時，我孤單獨處，左右只有奴僕，面對的只有妻兒，高談闊論無人可以陳說，闡述義理無人可以闡發，未嘗不聽到音樂就拍胸，舉起酒杯就嘆息。臣私下認為犬馬的忠誠不能感動人心，就如人的真誠不能感動上天。婦人能哭塌城牆，鄒衍能感動上天五月下霜，臣起初還相信這故事，以我的情況來對比，這只是虛構的假話罷了。像葵藿都傾斜葉子面向太陽，太陽雖然沒有特意光芒回照，但葵藿向著太陽卻是赤誠的。臣私下自比於葵藿，若能降下天地般的厚恩，灑下日、月、星辰一樣的光芒，的確在於陛下。

5 「臣聽說《文子》上講：『有福氣的事不先去做，有禍患的事不去搶先。』現在陛下與諸王疏遠隔絕，兄弟都很憂傷，而臣下我首先說出來，實在是不願意在聖明的治世還有沒有感受到陛下恩惠的。有得不到恩惠的，必然有憤懣不滿，所以〈柏舟〉中有不被父親信任之子的怨言，〈谷風〉中有被拋棄之子的哀嘆。因此伊尹為他的君主不是堯、舜而感到羞恥。孟子說：『不用舜用來服事堯的態度去服事君主，便是不敬他的君主。』臣愚昧淺陋，本來就不是虞舜、伊尹，至於想讓陛下推崇堯普及道德、周文王使百姓和美融洽的美政，發揚他們光明的品德，這是我恭謹的誠意，私下獨自堅守，實在是懷有翹首企盼的心情。我膽敢再次上表陳情，是希望陛下能開啟神聽，垂聽我的心聲。」

6 明帝下詔回答說：「教化的進程，各有興盛和衰落，不是都由好的開始壞的結束，事物內在因素使其如此。所以周王室忠厚仁愛，恩澤施及草木，〈行葦〉就是為此而作的；周幽王恩澤衰微，不親善九族，〈角弓〉就予以諷刺。現在使諸侯國兄弟情義輕忽怠慢，對妃妾之家忽略了膏沐饋贈，我縱然不能厚待親戚，使他們和睦，但王叔引經據典，說明道理已非常完備了，為什麼說赤誠之心不能感動我呢？分明貴賤，崇尚親愛家族，優禮賢良，老幼有序，這是國家的治國綱領，本來就沒有禁止諸王朝見的禁令。矯枉過正，下面的官吏害怕受到譴責，以致出現今天的情況。已經詔令有關官員，按照王叔上書所說的去做。」

7 曹植又上疏陳述察選官吏的道理，說：

8 「臣聽說天地間氣候和暢而萬物才能生長，君臣同心同德而各項政務才能完成。五帝時代的君主並不都是聰明的，三代末期的君主也不全是愚笨的，關鍵是用不用賢臣，了不了解賢臣。既然當時有推薦賢才的聲名，而沒有得到賢才的事實，那肯定都是援引自己的親朋好友推薦給朝廷。諺語說：『宰相門下出宰相，將軍門下出將軍。』宰相是文德昭著的人，將軍是武功顯赫的人。文德昭著，才可以匡輔國政，達到太平治世，稷、契、夔、龍就是這樣的大臣；武功顯赫，就可以征討那些不來朝廷臣服的人，威懾四夷，南仲、方叔就是這種武將。從前伊尹作為陪嫁臣僕時，至為卑賤，呂尚當屠夫漁翁時，至為卑下，等到他們被商湯、周文王提拔後，的確志同道合，玄機妙算，心神相通，難道還用借助皇上親信的薦舉，左右的介紹嗎？《書經》說：『有不凡的君主，一定能任用不凡的大臣；任用不凡的大臣，一定能建立不凡的功業。』商湯、周文王就是這樣的君主。如果拘謹淺陋，因循守舊，怎麼值得向陛下陳說呢？所以陰陽不和協，日、月、星就不明，職位空缺無人，各種政務得不到治理，這是三公的責任。邊疆動亂，鄰國入侵，軍隊覆沒，士兵戰死，戰爭不息，這是邊將的憂患。怎麼可以白白蒙受君主的寵信卻不稱職呢？所以官位越高所負的責任就越重大，職位越高責任就越深遠，《書經》說：『不要曠廢各種官職。』《詩經》也說：『任職的臣子要憂國憂民。』就是這個意思。

9 「陛下天性善良聖明，登上皇位繼承帝統，希望能聽到〈康哉〉的歌聲，實現停止戰爭推行德化的美政。然而幾年以來，水患旱災不時發生，百姓衣食匱乏，士兵的徵調，年年增加，再加上東邊有敗亡的軍隊，西邊有戰死的將軍。致使蚌蛤在淮水、泗水漂浮，灰鼠和黃鼠狼在樹林裏鼓噪喧譁。臣每每想到這些，沒有不停止吃飯，推開飯碗，面對酒杯，激憤扼腕的。從前漢文帝從代地出發，懷疑朝廷發生了叛亂，宋昌說：『內有朱虛侯、東牟侯這樣的親戚，外有齊、楚、淮南、琅邪這些封國，這些都是堅如磐石的宗族，希望大王不要懷疑。』臣希望陛下遠觀周文王時仲虢、叔虢的援助，繼而考慮周成王時召公、畢公的輔佐，最後再想想宋昌所說堅如磐石的宗族。過去千里馬在吳地的陡坡上拉車，可謂困窘了，等到伯樂相中了牠，郵無恤駕馭牠，千里馬形體沒有勞累就輕易行走了一千里。伯樂擅長駕馭駿馬，明君擅長駕馭臣子；伯樂馳騁千里，明君獲得太平；實在是任用賢能的明證。假若朝中官吏都是賢才，朝政得到治理，武將行軍布陣，邊境的危難就能弭平。陛下可以從容優閒的住在京城，哪裏用得著勞動您的車駕，讓您暴露在邊境呢？

10 「臣聽說羊披虎皮，見到草就高興，看到豺狼就戰慄，忘了牠的皮是虎皮。現在任用的將領無能，就猶如羊披著虎皮一樣。所以俗話說：『就怕做這件事的人不知如何做，知道如何做的人又不能做這件事。』從前樂毅投奔趙國，心裏不忘燕國；廉頗在楚國，心裏仍想著做趙國的將帥。臣生於亂世，長於軍旅，又常常承受武皇帝的教誨，看到他領軍用兵的要領，不一定取法孫、吳兵法，而是與孫、吳兵法暗中相合。我私下揣度，希望或許能進京朝見，推開金馬門，腳踏玉階，位列任職大臣，賜臣短時間的詢問，使臣得以一展抱負，直抒胸臆抒發鬱結，死也無憾了。

11 「看到鴻臚所下達徵調士兵子弟的命令，期限很緊。又聽說皇上出行的豹尾車已經造好，兵馬就要迅速進發，陛下又要勞累玉體，煩擾心神。臣實在惶恐不安，無暇安息。我希望能驅馬揮鞭，首冒塵露，撮取風后的奇妙計謀，把握孫、吳的兵法精要，仰慕能像子夏在孔子身邊那樣能給陛下啟發呀，冒死充當先鋒，獻身陛下車前，即使沒有太大的益處，也希望有些微的補益。然而上天的聽覺高遠，我的心意無法上達，只能遠望青雲而捶胸，仰望高空而嘆息罷了。屈原說：『國家有千里馬而不知騎乘，為什麼急急忙忙的四處尋找！』從前管叔被殺，蔡叔被流放，周公、召公輔佐成王；叔魚陷於法網，叔向匡扶國家。三監的罪過，臣自己承擔；周公、召公這樣的輔佐大臣，一定在不遠處就能找到。皇親貴族裏，諸侯藩王中，一定有符合這個薦舉標準的人。所以古書上說：『沒有周公那樣的親戚，就不能做周公的事。』希望陛下稍微留意。

12 「近代漢朝廣泛分封諸侯王，大的諸侯王有幾十座相連的城邑，小的則只夠祭祀祖宗而已，不如周朝分封王國，有公侯伯子男五個爵位等級。像扶蘇勸諫秦始皇，淳于越駁詰周青臣，可說是了解時勢的變化了。能使天下側耳注目的是掌握權力的人，所以他們的智謀能改變君主的主意，威嚴能震懾下屬。豪強執掌政權，權力不在親戚；權力掌握在手中，儘管血緣關係疏遠，地位也一定很重要；失去權勢，雖然有親戚關係，也一定受到輕視。取代齊國政權的是田姓世族，並非呂姓公族。瓜分晉國的是趙、魏，不是姬姓。希望陛下細心觀察這點。如果好的時候就占據官位，危險的時候就棄官遠離禍患的，這一定是異姓大臣。想要國家安定，祈求家族尊貴，掌權時同享榮華，失勢時一起承受災難的，是皇家公族大臣。現在反而疏遠皇室貴族而親近異姓大臣，臣私下困惑不解。

13 「臣聽孟子說：『君子失志時就獨自把品德修養好，發達時就兼善天下。』現在臣和陛下猶如腳踏在寒冰和火炭上，跋山涉水，寒熱燥溼，或高或下，我們共同承受，難道能離開陛下嗎？臣心中不勝煩悶，上表陳述情懷。如果有不妥的地方，乞求陛下暫且把它收藏書府，不要立即棄毀，臣死以後，事情或許有值得考慮的。如果稍許觸犯聖意，就請把它在朝廷上公布出來，使博知古代知識的士人，糾正臣表中不合道義的地方，如果這樣，那麼臣的心願就滿足了。」

14 明帝就用好言回覆了他。

15 這年冬天，下詔令諸侯於太和六年正月到京師朝見。同年二月，以陳地四縣封曹植為陳王，食邑三千五百戶。曹植常常要求另外召見，單獨談論時政，希望能被任用，終究沒有得到機會。返回封國後，惆悵絕望。當時的法制，對藩國十分嚴厲，屬官都是些無才無德的人，士兵又撥派一些老弱病殘之人，最多不超過二百人。又因為曹植以前犯有過失，每種待遇又減去半數，十一年裏面三次遷都，曹植時常悶悶不樂，終於得病去世，當時年僅四十一歲。遺囑吩咐薄葬。因為小兒子曹志是保護封國家業的人，想立他為嗣。當初，曹植登上魚山，俯看東阿，悵然嘆息，有了要葬在此地的想法，於是便營造了墳墓。兒子曹志繼承了爵位，改封為濟北王。景初年間下詔說：「陳思王過去雖然犯有過錯，之後能約束自己，謹慎行事，用來彌補以往的錯誤，而且從小到老死，書籍不離於手，實在難能可貴。收回黃初年間那些彈劾曹植罪過的奏書，公卿以下在尚書、祕書、中書三府、大鴻臚府所存奏疏，完全毀掉。抄錄曹植所著賦、頌、詩、銘、雜論共一百餘篇，錄寫副本，收藏在宮廷內外。」曹志屢次增加食邑，連同以前封的，共九百九十戶。

蕭懷王熊❶，早薨。黃初二年追封諡蕭懷公。太和三年，又追封❷爵為王。青龍二年，子哀王炳嗣，食邑二千五百戶。六年薨，無子，國除。

【章　旨】以上記載了曹熊的封諡以及後嗣簡況。

【注　釋】❶蕭懷王熊　曹操子，卞皇后所生第四子，早死。封於蕭（在今安徽蕭縣境）。❷封　原誤作「進」，據中華書局印本改。

【語　譯】蕭懷王曹熊早逝。黃初二年追封諡號為蕭懷公。太和三年，又追封爵位為王。青龍二年，兒子哀王曹炳繼承爵位，食邑二千五百戶。太和六年死，沒有兒子，封國取消。

評曰：任城武藝壯猛，有將領之氣。陳思文才富豔，足以自通後葉❶，然不能克讓❷遠防，終至❸攜隙❹。傳曰「楚則失之矣，而齊亦未為得也」，其此之謂歟！

【章　旨】以上是作者對本卷所載人物曹彰、曹植的概括性評價。

【注　釋】❶後葉　猶後代、後世。❷克讓　謙讓謹慎。❸至　中華書局印本作「致」。❹攜隙　隔閡、嫌隙。攜，離。

【語　譯】評論說：任城王武藝高強勇猛，有將領的氣度。陳思王文采華麗，撰著足以流傳後世，然而不能謙讓約束自己，早加防範，終於招來怨恨。古書說「楚國是錯了，齊國也不見得就正確」，大概說的是這類事吧！

【研　析】本卷主要記述了曹彰和曹植。曹彰以武揚名，曹植以文傳世。兩人的傳記中，緊緊圍繞一武一文來鋪敘。

曹彰之武，武得駭人，帶有一些魯莽。建安二十三年，彰為北中郎將，行驍騎將軍，出征代郡反叛的烏丸。敵人眾數千，彰僅有步卒一千人，騎兵幾百，他竟敢身自搏戰，射殺胡騎，鎧中數箭，仍乘勝進擊，遠離代地二百餘里。按照軍令，不得過代深進。但彰對將領們說：「率師而行，唯利所在，何節度乎！」於是，率軍追敵一日一夜，大獲全勝。一方面置軍令於不顧，一方面又以超常之勇取得戰爭的勝利，這就是曹彰這個一介武夫的多面性和複雜性。

曹植之文，文名大得彪炳史冊。傳中所載文帝黃初四年朝京都所上之疏、明帝太和二年所上求自試疏、五年所上求存問親戚疏和陳審舉之義疏，都是曹植言政陳情的名作。這些疏奏雖然寫於不同時期，側重的內容也迥然有別，但筆下流露出的思想卻是一致的，那就是自我譴責、請求自試、立功建業、報效國家。這是他失勢以後，一生一世的追求。他都迫近死亡了，還在陳審舉之義疏中幻想著「奉朝覲，排金門，蹈玉陛，列有職之臣，賜須臾之問，使臣得一散所懷」。但他得到的永遠是皇帝「優文答報」。

曹彰「數從征伐」，「好為將」，勇猛絕倫，又難於駕馭，對於太子曹丕來說，威脅太大；曹植才華出眾，特見寵愛，又有丁儀、丁廙、楊修為羽翼，幾乎多次要立為太子。對於這兩個強勢之人，曹丕用盡心機，必欲除之而後快。

曹彰伐北之役大勝，平定了北方。對此，曹操十分高興。可以想見，這時的曹彰在曹操心目中的地位大大提昇了。「太祖東還，以彰行越騎將軍，留長安」。這時的曹彰擁有重兵，又身居心臟地帶。但是，形勢瞬息萬變。曹彰傳云：「太祖至洛陽，得疾，驛召彰，未至，太祖崩。文帝即王位，彰與諸侯就國。」轉眼間，曹彰失去了強勢地位，被排擠出了國家上層權力範圍。過了四年，曹彰在進京朝覲時，死於京中官邸，曹彰的威脅永遠消除了。

對於曹丕來說，來自曹植的威脅遠大於曹彰。本卷中的〈曹植傳〉記述了威脅和反威脅的明爭暗鬥。在這場爭鬥中，曹植步步落敗。他「任性而行，不自彫勵，飲酒不節」，而曹丕「矯情自飾，宮人左右，並為之說」，遂定為嗣。從此，曹植的命運也就成為定局。曹丕繼位之後，曹植的封爵一貶再貶，封地一遷再遷，並有人對他嚴加監視。曹植終日戰戰兢兢，如履薄冰。六年之後，曹丕去世，曹叡登極，是為明帝。明帝對曹植的迫害雖然有些放鬆，在生活上也給予一定的優待，例如把他的封地遷到自然條件較好的東阿。但是對他的防範卻一點也沒有減弱。對於明帝，曹植也曾經抱過一線希望，希望能通過他來改善一下自己的處境。所以他上疏求自試，表述他不願「虛荷上位」而盼望立功報國的衷情，同時也抒發了他壯志難酬的苦悶，抒情誠摯懇切而又委婉含蓄。但是他的處境並沒有多大改變，最終抑鬱絕望，英年早逝，對皇權的最大威脅也消除了。

透過陳壽撰寫的曹彰、曹植傳，可以看到，曹彰只是一介武夫，勇力有餘，智謀不足，並不是一個可以問鼎皇位的政治人物；而曹植「文才富艷」，僅是一位文學異才，也不是一位政治大家，憑藉華茂的辭章是無法構建通往皇權之路的。（孟慶錫注譯）

卷二十 魏書二十

武文世王公傳第二十

【題解】本卷所記人物包括了魏武帝曹操的二十五個兒子、魏文帝曹丕的九個兒子。陳壽為他們立傳，一方面是史書記錄帝王子女情況、家庭關係體例的需要，另一方面也反映了作者對曹魏分封諸王制度的看法。作者力圖通過對一些王公曲折坎坷的命運、升沉不定的仕途的記載，揭示在政治作用的擠壓下，家庭間血肉親情、兄弟間手足之情的變態表現。

武皇帝❶二十五男❷：卞皇后❸生文皇帝❹、任城威王彰❺、陳思王植❻、蕭懷王熊❼，劉夫人生豐愍❽王昂、相殤❾王鑠，環夫人生鄧哀❿王沖、彭城王據、燕王宇，杜夫人生沛穆⓫王林、中山恭⓬王袞，秦夫人生濟陽懷王玹、陳留恭王峻，尹夫人生范陽閔王矩，王昭儀生趙王幹，孫姬生臨邑殤公子上、楚王彪、剛殤公子勤，李姬生穀城殤公子乘、郿戴公子整、靈殤公子京，周姬生樊安公均，劉姬生廣宗殤公子棘，宋姬生東平靈⓭王徽，趙姬生樂陵王茂。

【章　旨】以上總述曹操二十五個兒子的生母、封號、諡號。

【注　釋】❶武皇帝　即曹操，字孟德，小名阿瞞，沛國譙（今安徽亳州）人。東漢末起兵討黃巾，後參加袁紹討董聯盟。占據兗州後，收編黃巾軍三十餘萬，組成青州軍，先後擊敗袁術、陶謙、呂布、袁紹，統一了北方。任丞相，相繼封為魏公、魏王。曹丕建魏後，追封為魏武帝。詳見本書卷一〈武帝紀〉。武，諡號，唐張守節《史記正義》：「剛強直理曰武」、「威強敵德曰武」、「克定禍亂曰武」。❷男　兒子。❸卞皇后　曹操皇后，琅邪開陽（今山東臨沂北）人。年二十被曹操納為妾，生文帝曹丕。文帝即位尊為太后，明帝即位尊為太皇太后。詳見本書卷五〈武宣卞皇后傳〉。❹文皇帝　即曹丕，字子桓，沛國譙（今安徽亳州）人，曹操次子，魏國創建者，又是詩人、文學評論家。詳見本書卷二〈文帝紀〉。文，諡號，唐張守節《史記正義》：「經緯天地曰文」、「道德博聞曰文」、「學勤好問曰文」、「慈惠愛民曰文」。❺任城威王彰　即曹彰，字子文，曹操之子，善射御，膂力過人。歷任北中郎將、驍騎將軍，文帝黃初三年（西元二二二年）封為任城王，死後諡曰威。唐張守節《史記正義》：「猛以剛果曰威」、「彊義執正曰威」。詳見本書卷十九〈任城威王傳〉。❻陳思王植　即曹植，字子建，曹操之子。善屬文，言出為論，下筆成章，深得曹操賞識。政治上不得意，文學上造詣頗高。明帝太和六年封為陳王，死後諡曰思。詳見本書卷十九〈陳思王傳〉。❼蕭懷王熊　即曹熊，曹操之子，早卒。文帝黃初二年追封蕭懷公，明帝時追加為蕭懷王。詳見本書卷十九〈蕭懷王傳〉。❽愍　諡號。唐張守節《史記正義》：「在國遭憂曰愍」、「在國逢難曰愍」、「禍亂方作曰愍」、「使民悲傷曰愍」。❾殤　諡號。唐張守節《史記正義》：「短折不成曰殤」。❿哀　諡號。唐張守節《史記正義》：「蚤孤短折曰哀」、「恭仁短折曰哀」。⓫穆　諡號。唐張守節《史記正義》：「布德執義曰穆」、「中情見貌曰穆」。⓬恭　諡號。唐張守節《史記正義》：「尊德貴義曰恭」、「敬事供上曰恭」、「尊賢敬讓曰恭」、「既過能改曰恭」、「執事堅固曰恭」、「愛民長弟曰恭」。⓭靈　諡號。唐張守節《史記正義》：「不勤成名曰靈」、「死而志成曰靈」、「好祭鬼怪曰靈」。

【語　譯】武皇帝有二十五個兒子：卞皇后生文皇帝、任城威王曹彰、陳思王曹植、蕭懷王曹熊，劉夫人生豐愍王曹昂、相殤王曹鑠，環夫人生鄧哀王曹沖、彭城王曹據、燕王曹宇，杜夫人生沛穆王曹林、中山恭王曹袞，秦夫人生濟陽懷王曹玹、陳留恭王曹峻，尹夫人生范陽閔王曹矩，王昭儀生趙王曹幹，孫姬生臨邑殤公子曹上、楚王曹彪、剛殤公子曹勤，李姬生穀城殤公子曹乘、郿戴公子曹整、靈殤公子曹京，周姬生樊安公曹均，劉姬生廣宗殤公子曹棘，宋姬生東平靈王曹徽，趙姬生樂陵王曹茂。

豐愍王昂，字子修。弱冠舉孝廉❶。隨太祖南征，為張繡❷所害。無子。黃初二年❸追封，諡曰❹豐悼公。三年，以樊安公均子琬奉昂後，封中都公。其年徙封長子公。五年，追加昂號曰豐悼王。太和三年❺改昂諡曰愍王。嘉平六年❻，以琬襲昂爵為豐王。正元、景元中，累增邑❼，并前二千七百戶。琬薨，諡曰恭王。子廉嗣。

【章　旨】以上記載了曹昂的一生及其後代的情況。

【注　釋】❶弱冠舉孝廉　弱冠，指男子二十歲時。《禮記·曲禮上》：「二十曰弱，冠。」年少為弱，待至二十，即為成年，舉行冠禮。舉孝廉，當時用人制度之一。由各郡在所屬吏民中舉薦孝悌清廉者，被察舉為孝廉者往往被任為郎官。❷張繡　曹操部將。先投荊州劉表，曹操占領荊州後降曹。因曹操納其父張濟妻而生恨，遂起兵叛，後復降。任揚武將軍、破羌將軍等。詳見本書卷八〈張繡傳〉。❸黃初二年　西元二二一年。黃初，魏文帝曹丕年號，西元二二〇—二二六年。❹曰　原作「為」，中華書局印本作「曰」，據改。❺太和三年　西元二二九年。太和，魏明帝曹叡年號，西元二二七—二三三年。❻嘉平六年　西元二五四年。嘉平，魏齊王曹芳年號，西元二四九—二五四年。❼累增邑　多次增加封邑。

【語　譯】豐愍王曹昂，字子修。二十歲時被薦舉為孝廉。跟隨太祖南征，被張繡殺害。沒有子嗣。黃初二年追贈封號，賜諡號為豐悼公。黃初三年，以樊安公曹均的兒子曹琬尊奉曹昂做為他的後嗣，封為中都公。這年又改封為長子公。黃初五年，追加曹昂封號為豐悼王。太和三年改曹昂諡號為愍王。嘉平六年，讓曹琬承襲曹昂的爵位為豐王。正元、景元年間，多次給曹琬增加封邑，加上以前所封共二千七百戶。曹琬去世，賜諡號為恭王。兒子曹廉繼承爵位。

相殤王鑠，早薨，太和三年追封諡。青龍元年❶，子愍王潛嗣，其年薨。二年，子懷王偃嗣，邑二千五百戶，四年薨。無子，國除。正元二年❷，以樂陵王茂子陽都鄉公竦繼鑠後。

【章　旨】以上記載了曹鑠的一生。

【注　釋】❶青龍元年　西元二三三年。青龍，魏明帝曹叡年號，西元二三三—二三七年。❷正元二年　西元二五五年。正元，魏高貴鄉公曹髦年號，西元二五四—二五六年。

【語　譯】相殤王曹鑠，早逝，太和三年追加爵位諡號。青龍元年，兒子愍王曹潛繼承爵位，這一年去世。青龍二年，曹潛的兒子懷王曹偃繼承爵位，封邑二千五百戶，青龍四年去世，沒有子嗣，封國撤除。正元二年，以樂陵王曹茂的兒子陽都鄉公曹竦過繼給曹鑠為其後嗣。

鄧哀王沖，字倉舒。少聰察岐嶷❶，生五六歲，智意所及，有若成人之智。時孫權❷曾致巨象，太祖欲知其斤重，訪之羣下，咸莫能出其理❸。沖曰：「置象大船之上，而刻其水痕所至，稱物以載之❹，則校❺可知矣。」太祖大悅，即施行焉。時軍國多事，用刑嚴重。太祖馬鞍在庫，而為鼠所齧，庫吏懼必死，議欲面縛首罪，猶懼不免❻。沖謂曰：「待三日中，然後自歸❼。」沖於是以刀穿❽單衣，如鼠齧者，謬為失意❾，貌有愁色。太祖問之，沖對曰：「世俗以為鼠齧衣者，其主不吉。今單衣見齧，是以憂戚。」太祖曰：「此妄言耳，無所苦也❿。」俄而庫吏以齧鞍聞，太祖笑曰：「兒衣在側⓫，尚齧，況鞍縣柱乎？」一無所問。沖仁愛識達，皆此類也。凡應罪戮，而為沖微所辨理⓬，賴以濟宥者，前後數十。太祖數對羣臣稱述⓭，有欲傳後意。年十三，建安十三年⓮疾病，太祖親為請命⓯。及亡，哀甚。文帝寬喻太祖，太祖曰：「此我之不幸，而汝曹之幸也。」言則流涕，為聘甄氏亡女與合葬，贈騎都尉⓰印綬，命宛侯據子琮奉沖後。二十二年，封琮為鄧侯。黃初二年，追贈沖曰鄧哀侯，又追加號為公。三年，進琮爵，徙封冠軍公。四年，徙封己氏公。太和五年，加沖號曰鄧哀王。景初元年，琮坐於中尚方⓱作禁物，削戶三百，貶爵為都鄉侯。三年，復為己氏公。正始七年，轉封平陽公。景初、正元、景元中，累增邑，并前千九百戶。

【章旨】以上記載了曹沖的機智、仁愛，也記載了曹操對他的寵愛。

【注釋】❶聰察岐嶷　聰慧明察，聰明懂事。❷孫權　字仲謀，吳郡富春（今浙江富陽）人，孫策弟。孫策死後即位，被封討虜將軍，領會稽太守。黃武八年（西元二二九年）即帝位於武昌。死後諡大皇帝，廟號太祖。詳見本書卷四十七〈吳主傳〉。❸莫能出其理　沒有人能想出辦法。❹稱物以載之　在船上放使水痕到達同樣地方的東西。稱物，相稱之物，指使水痕到達同樣地方的東西。❺校　計算。❻不免　不能免遭死罪。❼自歸　投案自首。❽穿　戳破。❾謬為失意　假裝不高興的樣子。❿無所苦也　沒有什麼可擔心的。苦，憂慮；擔心。⓫在側　在身邊。⓬微所辨理　委婉含蓄的進行申辯。⓭稱述　稱讚。⓮建安十三年　西元二〇八年。建安，東漢獻帝劉協年號，西元一九六—二二〇年。⓯請命　向神靈請求延長生命。⓰騎都尉　統領騎兵，侍衛皇帝左右。⓱中尚方　官署名。主管製作帝王所用刀劍及其他鏤鑲金銀珠玉器皿。

【語譯】鄧哀王曹沖，字倉舒，幼年聰明懂事，五六歲時，智慧思維所達到的程度，就如同成年人的智力。當時孫權曾經致贈大象，太祖想知道牠的重量，詢問羣臣下僚，都無人能想出辦法。曹沖說：「把大象放在船上，在船舷上水痕到達之處刻上記號，在船上放入使水痕到達同樣地方的東西，計算東西的重量就可以知道了。」太祖大為高興，當即使用這個辦法。當時軍務國事繁多，刑罰嚴苛酷重。太祖的馬鞍放在庫房，被老鼠嚙咬，庫房小吏害怕必被處死，商量著綑綁自己自首認罪，尚且害怕不能免於一死。曹沖對他們說：「等待三天，然後去自首。」曹沖於是用刀戳破自己的單衣，就像被老鼠嚙咬一樣，假裝傷心的樣子，面帶憂愁。太祖問曹沖，曹沖回答說：「世俗認為老鼠嚙咬衣服，衣服的主人不吉利。現在我的單衣被嚙咬了，所以憂心。」太祖說：「這些不過是沒有根據的說法罷了，沒有什麼可苦惱的。」不久庫房小吏把老鼠咬馬鞍的事報告太祖，太祖笑著說：「我兒子的衣服就在身邊，尚且被咬，何況馬鞍懸掛在柱子上呢？」什麼也沒有追問。曹沖的心地仁慈見識通達，全都像是這樣。凡是應該獲罪被殺，而通過曹沖委婉含蓄的申辯，獲得濟助寬宥的，前後有幾十個人。太祖多次對羣臣稱讚曹沖，有把王位傳給他的意思。曹沖十三歲那年，建安十三年得了疾病，太祖親自為他祈禱延壽。到了曹沖去世，太祖十分悲痛。文帝勸慰太祖，太祖說：「這是我的不幸，然而是你們的幸運啊！」一說到曹沖太祖就流淚，為曹沖聘娶甄氏的亡女與他合葬，追贈騎都尉的印綬，命宛侯曹據的兒子曹琮當做曹沖的後嗣。建安二十二年，封曹琮為鄧侯。黃初二年，追贈曹沖為鄧哀侯，又追加封號為公。黃初三年，進升曹琮的爵位，改封為冠軍公。黃初四年，改封為己氏公。太和五年，加授曹沖封號為鄧哀王。景初元年，曹琮因在中尚方製作禁物而獲罪，削奪封戶三百戶，貶爵為都鄉侯。景初三年，又恢復為己氏公。正始七年，改封平陽公。景初、正元、景元年間，多次增加封邑，加上以前所封共一千九百戶。

彭城王據，建安十六年封范陽侯。二十二年，徙封宛侯。黃初二年，進爵為公。三年，為章陵王，其年徙封義陽❶。文帝以南方下濕❷，又以環太妃❸彭城❹人，徙封彭城。又徙封濟陰❺。五年，詔曰：「先王建國，隨時而制。漢祖❻增秦所置郡，至光武❼以天下損耗，并省郡縣。以今比之，益不及焉。其改封諸王，皆為縣王❽。」據改封定陶縣❾。太和六年，改封諸王，皆以郡為國❿，據復封彭城。景初元年⓫，據坐私遣人詣中尚方作禁物，削縣二千戶。三年，復所削戶邑。正元、景元中累增邑，并前四千六百戶。

【章　旨】以上記述了彭城王曹據封侯封王的一生。

【注　釋】❶義陽　郡名。治所在今湖北棗陽東南。❷下濕　低下潮溼。❸環太妃　曹操夫人，曹據的生母，文帝時封為太妃。❹彭城　郡名。治所在今江蘇徐州。❺濟陰　郡國名。治所在今山東定陶西北。❻漢祖　即漢高祖劉邦，字季，泗水沛縣（今江蘇沛縣）人。曾任亭長，秦末起兵響應陳勝，稱沛公。率先入關，攻占咸陽，接受秦王子嬰投降，實行約法三章。後經過四年楚漢戰爭打敗項羽，建立漢朝。詳見《史記·高祖本紀》、《漢書·高帝紀》。❼光武　即光武帝劉秀，東漢王朝建立者，字文叔，南陽蔡陽（今湖北棗陽西南）人。新莽末年起兵，西元二五年稱帝，定都洛陽。後征討赤眉軍，平定各地割據勢力，統一全國。詳見《後漢書・光武帝紀》。❽縣王　此前諸王封地為一郡，現縮小為一縣。❾定陶縣　縣名。治所在今山東定陶西北。❿以郡為國　恢復黃初五年之前的舊制。⓫景初元年　西元二三七年。景初，魏明帝曹叡年號，西元二三七—二三九年。

【語譯】彭城王曹據，建安十六年封為范陽侯，建安二十二年改封宛侯。黃初二年，進封爵位為公。黃初三年，封章陵王。這年改封義陽。文帝因為南方低窪潮溼，又因為環太妃是彭城人，改封到彭城。又改封到濟陰。黃初五年，下詔說：「前代帝王建立封國，隨著時勢的需要而建立制度。漢高祖增加了秦朝所置郡的數量，到光武帝時，因為天下人口減少，合併精簡了郡縣。以現在與那時相比，情況更加不如以前。因此改封原來的諸郡王，全都變為縣王。」曹據被改封到定陶縣。太和六年，又改封諸王，全都以郡為封國，曹據的封地又恢復為彭城。景初元年，曹據因為私自派人到中尚方製作違禁器物而犯罪，被削奪封地一縣兩千戶人家。景初三年，恢復了所削封地和民戶。正元、景元年間多次增加封邑，加上以前所封共四千六百戶。

燕王宇，字彭祖。建安十六年，封都鄉侯。二十二年，改封魯陽侯。黃初二年，進爵為公。三年，為下邳王。五年，改封單父縣❶。太和六年，改封燕王。明帝少與宇同止❷，常愛異之。及即位，寵賜與諸王殊。青龍三年，徵入朝。景初元年，還鄴❸。二年夏，復徵詣京都。冬十二月，明帝疾篤❹，拜宇為大將軍❺，屬❻以後事。受署❼四日，宇深固讓；帝意亦變，遂免宇官。三年夏，還鄴。景初、正元、景元中，累增邑，并前五千五百戶。常道鄉公奐❽，宇之子，入繼大宗❾。

【章　旨】以上記載了燕王曹宇封侯封王的一生以及政治上的沉浮。

【注　釋】❶單父縣　縣名。治所在今山東單縣。❷同止　同住。❸鄴　縣名。治所在今河北臨漳西南。❹疾篤　病重。❺大將軍　高級軍事統帥，內主朝政，外主征伐。❻屬　託付。❼受署　接受任命。❽常道鄉公奐　即曹奐，字景明，本名璜，燕王曹宇之子。魏甘露三年（西元二五八年）封安次縣常道鄉公，曹髦被殺後被立為帝。後「禪位」於司馬炎，被封為陳留王。❾大宗　始祖的嫡長子為大宗。此指帝統。

【語　譯】燕王曹宇，字彭祖。建安十六年，被封為都鄉侯。建安二十二年，改封為魯陽侯。黃初二年，進封爵位為公。黃初三年，為下邳王。黃初五年，改封在單父縣。太和六年，改封為燕王。明帝從小與曹宇同住生活，非常喜愛他。等到即帝位後，對他的寵愛和賞賜不同於其他諸王。青龍三年，被徵召入朝。景初元年，曹宇返回鄴縣。景初二年夏，又被徵召到京都。冬十二月，明帝病重，任命曹宇為大將軍，囑託後事給他。接受任命四天，曹宇堅決辭讓，明帝也改變了主意，於是免去曹宇官職。景初三年夏，返回鄴縣。景初、正元、景元年間，多次被增加封邑，加上以前所封共五千五百戶。常道鄉公曹奐，是曹宇的兒子，進宮做了皇位繼承人。

沛穆王林，建安十六年封饒陽侯。二十二年，徙封譙❶。黃初二年，進爵為公。三年，為譙王。五年，改封譙縣。七年，徙封鄄城❷。太和六年，改封沛❸。景初、正元、景元中，累增邑，并前四千七百戶。林薨，子緯嗣。

【章旨】以上記述了曹林封公封王的一生。

【注釋】❶譙　郡名。治所在今安徽亳州。❷鄄城　縣名。治所在今山東鄄城北。❸沛　縣名。治所在今江蘇沛縣。

【語譯】沛穆王曹林，建安十六年封為饒陽侯。建安二十二年，改封在譙郡。黃初二年，進封爵位為公。黃初三年，為譙王。黃初五年，改封在譙縣。黃初七年，改封在鄄城。太和六年，改封在沛縣。景初、正元、景元年間，多次增加他的封邑，加上以前所封共四千七百戶。曹林去世，兒子曹緯繼承爵位。

1 中山恭王袞，建安二十一年封平鄉侯。少好學，年十餘歲能屬文。每讀書，文學❶左右常恐以精力為病❷，數諫止之，然性所樂，不能廢也。二十二年，徙封東鄉侯，其年又改封贊侯。黃初二年，進爵為公，官屬皆賀，袞曰：「夫生深宮之中，不知稼穡❸之艱難，多驕逸❹之失。諸賢既慶其休❺，宜輔其闕。」每兄弟游娛，袞獨覃思❻經典。文學防輔❼相與言曰：「受詔察公舉錯，有過當奏，及有善，亦宜以聞，不可匿其美也。」遂共表稱陳❽袞美。袞聞之，大驚懼，責讓❾文學曰：「修身自守，常人之行耳，而諸君乃以上聞，是適所以❿增其負累也。且如有善，何患不聞，而遽共如是，是非益我者⓫。」其戒慎如此。三年，為北海王。其年，黃龍見鄴西漳水⓬，袞上書贊頌。詔賜黃金十斤，詔曰：「昔唐叔歸禾⓭，東平獻頌⓮，斯皆骨肉贊美，以彰懿親⓯。王研精墳典，耽味道真⓰，文雅煥炳⑰，朕甚嘉之。王其克慎明德，以終令聞⑱。」四年，改封贊王。七年，徙封濮陽⑲。太和二年就國，尚約儉，教敕妃妾紡績織絍，習為家人之事。五年冬，入朝。六年，改封中山⑳。

2 初，袞來朝，犯京都禁㉑。青龍元年，有司㉒奏袞。詔曰：「王素敬慎，邂逅㉓至此，其以議親之典議之㉔。」有司固執，詔削縣二，戶七百五十。袞憂懼，戒敕官屬愈謹。帝嘉其意，二年，復所削縣。三年秋，袞得疾病，詔遣太醫視疾，殿中虎賁㉕齎手詔、賜珍膳相屬，又遣太妃㉖、沛王林並就省疾。袞疾困，敕令官屬曰：「吾寡德忝寵㉗，大命將盡。吾既好儉，而聖朝著終詔之制㉘，為天下法。吾氣絕之日，自殯及葬，務奉詔書。昔衛大夫蘧瑗㉙葬濮陽，吾望其墓，常想其遺風，願託賢靈以弊髮齒㉚，營吾兆域㉛，必往從之。禮：男子不卒婦人之手㉜。亟以時成東堂㉝。」堂成，名之曰遂志之堂，輿疾㉞往居之。又令世子曰：「汝幼少，未聞義方㉟，早為人君，但知樂，不知苦；不知苦，必將以驕奢為失也。接大臣，務以禮。雖非大臣，老者猶宜答拜。事兄㊱以敬，恤弟㊲以慈；兄弟有不良之行，當造膝諫之㊳。諫之不從，流涕喻之；喻之不改，乃白其母。若猶不改，當以奏聞，并辭國土。與其守寵罹禍，不若貧賤全身也。此亦謂大罪惡耳，其微過細故，當掩覆㊴之。嗟爾小子，慎修乃身，奉聖朝以忠貞，事太妃以孝敬。閨闈㊵之內，奉令於太妃；閫閾㊶之外，受教於沛王。無怠乃心，以慰予靈。」其年薨。詔沛王林留訖葬，使大鴻臚㊷持節典護喪事，宗正㊸弔祭，贈賵甚厚。凡所著文章二萬餘言，才不及陳思王而好與之侔㊹。子孚嗣。景初、正元、景元中，累增邑，并前三千四百戶。

【章　旨】以上記述了曹袞封侯封王的經歷，褒揚了他謙恭謹慎、崇尚節儉的品德。此外還記述了曹袞對自己後事的安排，也記載了他禮義方面的修養。

【注　釋】❶文學　官名。曹操為兒子曹丕、曹植所置，由擅長文學的人擔任。曹魏建立後，文學作為宗室諸王的下屬官員，職掌有所變化，主要是監視舉報諸王的違法行為。❷以精力為病　因為過度耗損精力而得病。❸稼穡　播種和收穫。泛指農業勞動。❹驕逸　驕橫放縱。❺既慶其休　既然慶賀我的喜事。❻覃思　深思。❼防輔　官名。王國的屬官，用來監視舉報諸王的違法言行。❽稱陳　稱讚述說。❾責讓　批評責備。❿適所以　恰好用來。⓫是非益我者　這不是對我有好處的事。⓬漳水　漳河，衛河支流，在今河南、河北兩省邊界。⓭唐叔歸禾　唐叔，字子于，名虞，周成王的弟弟，始封於唐，後改稱晉。唐叔的封地內發現兩株禾的穗子連在一起，以為祥瑞之兆，獻給周成王，成王轉送給周公，並寫了〈饋禾〉之詩讚美此事。詳見《史記‧魯周公世家》。⓮東平獻頌　東平，即東漢東平王劉蒼，東漢光武帝劉秀之子，建武十五年（西元三九年）封東平公，後進爵為王。明帝時拜驃騎將軍，位在三公之上。後遭猜忌，退就藩國。章帝時重受禮遇。劉蒼的哥哥明帝劉莊，曾為父親劉秀撰寫〈光武本紀〉，劉蒼看了又寫一篇〈光武受命中興頌〉獻上，受到讚賞。詳見《後漢書‧東平憲王劉列傳》。⓯懿親　至親，特指皇室宗親。⓰耽味道真　酷愛和品味真理。⓱文雅煥炳　文雅之氣光彩煥發。⓲以終令聞　使美好的名聲完美無缺。聞，原作「問」，今從武英殿刻本。⓳濮陽　縣名。治所在今河北濮陽南。⓴中山　王國名。治所在今河北定州。㉑犯京都禁　觸犯了京都禁令。當時規定，來朝諸王公不得擅自在京城與人交往。曹袞觸犯了此禁令。㉒有司　官吏和官署的泛稱。古代設官分職，各有專司，故稱。㉓邂逅　偶然。㉔以議親之典議之　用評議皇親犯罪的條文規定評判。意為對曹袞從寬處理。㉕殿中虎賁　在皇宮內擔任警衛的武士。㉖太妃　曹袞的生母杜氏。㉗寡德忝寵　缺少美德，有愧於皇帝寵愛。此為曹袞自謙之詞。㉘終詘之制　曹丕生前制定的身後喪葬制度的規定。魏文帝黃初三年（西元二二二年），又自作終制曰：「禮，國君即位為椑，存不忘亡也。壽陵因山為體，無封樹，無立寢殿，造園邑，通神道。夫葬者藏也，欲人之不得見也。禮不墓祭，欲存亡不黷也。皇后及貴人以下不隨王之國者，有終沒，皆葬澗西，前又已表其處矣。」詳見《晉書・禮志中》。㉙蘧瑗　春秋末衛國大夫，字伯玉，勇於改過，能進能退，有賢名。孔子在衛國時曾住在他家。事見《左傳》襄公十四年、《左傳》襄公二十六年、《論語・衛靈公》等。㉚託賢靈以弊髮齒　依附賢人的靈魂埋於地下。弊髮齒，使頭髮和牙齒腐朽，指埋葬。㉛兆域　墳塋。㉜男子不卒婦人之手　《禮記・喪大記》：「男子不死於婦人之手，婦人不死於男子之手。」此處意為男子死時不由婦女送終。㉝東堂　曹袞為自己修的臨終住所，前往東堂是要避開女性家屬。㉞輿疾　帶病讓人抬著。㉟義方　為人應遵守的原則規矩。㊱兄　這裏指世子的庶兄。㊲弟　這裏指世子的庶弟。㊳造膝諫之　促膝勸諫。造膝，膝蓋挨著膝蓋，形容親切誠懇的樣子。㊴掩覆　掩蓋。㊵閨闈　婦女的臥室。㊶閫閾　婦女臥室的門檻。㊷大鴻臚　秦稱典客，漢稱大行令，後稱大鴻臚，掌賓禮。㊸宗正　官名。職掌管理皇室親族事務。㊹好與之侔　愛好與之相同。侔，等同。

【語　譯】中山恭王曹袞，建安二十一年被封為平鄉侯。年少好學，十多歲時就能寫作文章。每次讀書，侍奉左右的文學們常怕他因過度耗損精力而生病，多次勸他停止讀書，然而他生性樂於讀書，不能放棄。建安二十二年，改封東鄉侯，這一年又改封為贊侯。黃初二年，進封爵位為公，屬官們都來慶賀，曹袞說：「生長在深宮裏面，不知道農事的艱難，多有驕橫放縱的過失。你們既然慶賀了我的喜事，也應該幫助我改進缺失。」每當兄弟們遊玩娛樂時，曹袞卻獨自深思於經書典籍。文學、防輔們互相商議說：「我們受命監察王公，舉奏過失，有過錯應當上奏，有好的言行，也應該讓上邊知道，不能隱匿了他的優點啊。」於是共同上表稱述曹袞的美行。曹袞聽說後，大為驚恐，責備文學們說：「修養自身固守本分，是普通人的行為罷了，而你們卻向上奏聞，這正好用來給我增加負擔和拖累。況且如果有優點，何必憂慮上邊不知道，而你們卻急著一起這樣做，這不是對我有好處的事。」他警戒謹慎就是這樣。黃初三年，被封為北海王。這年，黃龍出現於鄴縣西漳河中，曹袞上書讚頌此事。文帝下詔賜黃金十斤，詔書說：「古時唐叔饋贈嘉禾，東平王獻讚頌之篇，這都是骨肉之親的讚美，用來彰顯至親的美德。北海王精通文獻經典，鑽研品味其中真理，文雅之氣光彩煥發，朕非常讚許你。北海王要持身嚴謹昭示品德，始終保持美好的名聲。」黃初四年，改封為贊王。黃初七年，改封在濮陽。曹袞於太和二年到封國就任，崇尚儉約，教令妃妾紡線織補，學習做普通百姓之事。太和五年冬，入朝。太和六年，改封中山。

2 當初，曹袞入京朝覲，觸犯了京都禁令。青龍元年，有關部門奏劾曹袞。明帝下詔說：「北海王素來恭敬謹慎，偶然如此，應該用評議皇親犯罪的條文規定評議這件事。」有關部門堅持己見，明帝下詔削減曹袞食邑二縣、七百五十戶。曹袞憂心恐懼，告誡約束下屬更加謹慎。明帝嘉許他的心意，青龍二年，恢復了他被削減的縣。青龍三年秋，曹袞患病，明帝下詔派遣太醫看病，殿中虎賁帶著皇帝手詔和賞賜珍饈膳食前去探望的接連不斷。明帝又派遣太妃杜氏、沛王曹林一起去探病。曹袞病重，飭令屬官說：「我缺少美德，愧受恩寵，壽命將盡。我生性喜好儉樸，而朝廷制定有喪葬制度，成為天下成法。我斷氣之日，從殯殮到下葬，務必要遵奉詔書。過去衛國大夫蘧瑗埋葬在濮陽，我看到他的墳墓，常想到他的遺風，希望依附賢人的靈魂埋於地下，營建我的墳墓時，一定要靠近它。《禮記》說：男子不死於婦人之手。趕快按時建成東堂。」東堂建成後，取名為「遂志之堂」，曹袞帶病讓人抬著前往居住。又教令繼承自己王位的兒子說：「你年紀還小，還不懂得做人的道理，太早成為人主，只知享樂，不知吃苦；不知吃苦，必將有驕傲奢華的過失。接待大臣，務必依禮。就算不是大臣，年紀大的還是應回禮答謝。對待兄長要恭敬，對待弟弟要慈愛；兄弟有不好的行為，應當懇切勸誡他。勸他不聽，就流著淚講道理曉諭他；曉諭他還不改，便告訴他的母親。如果還是不改，就當奏聞朝廷，辭去封國土地。與其讓他因受寵而遭禍，不如讓他居貧以保全自身。這也是說大罪惡罷了，至於那些細微的過錯，應當為他們掩蓋。你這個小孩子呀，謹慎的修養自身，忠貞的侍奉朝廷，侍奉太妃要孝敬。家門之內，要尊奉太妃的命令；家門之外，要接受沛王的教導。您的心不要懈怠，以慰藉我的靈魂。」這一年曹袞去世。明帝下詔讓沛王曹林留下待喪事辦完，讓大鴻臚持節主持喪事，宗正弔唁祭奠，贈送的喪葬物品十分豐厚。曹袞所著文章共兩萬多字，文才比不上陳思王而愛好卻與他相同。兒子曹孚繼承了王位。景初、正元、景元年間，多次增加封邑，加上以前所封共三千四百戶。

1 濟陽懷王玹，建安十六年封西鄉侯。早薨，無子。二十年，以沛王林子贊襲玹爵邑，早薨，無子。文帝復以贊弟壹紹玹後。黃初二年，改封濟陽侯。四年，進爵為公。太和四年，追進玹爵，謚曰懷公。六年，又進號曰懷王，追謚贊曰西鄉哀侯。壹薨，謚曰悼❶公。子恆嗣。景初、正元、景元中，累增邑，并前千九百戶。

2 陳留恭王峻，字子安。建安二十一年封鄗侯。二十二年，徙封襄邑❷。黃初二年，進爵為公。三年，為陳留王。五年，改封襄邑縣。太和六年，又封陳留❸。甘露四年薨。子澳嗣。景初、正元、景元中，累增邑，并前四千七百戶。

3 范陽閔王矩，早薨，無子。建安二十二年，以樊安公均子敏奉矩後，封臨晉侯。黃初三年追封謚矩為范陽閔公。五年，改封敏范陽王。七年，徙封句陽❹。太和六年，追進矩號曰范陽閔王，改封敏琅邪王。景初、正元、景元中，累增邑，并前三千四百戶。敏薨，謚曰原王。子焜嗣。

【章　旨】以上記述了濟陽王曹玹、陳留王曹峻、范陽王曹矩封侯封王的一生。

【注　釋】❶悼　謚號。唐張守節《史記正義》：「肆行勞祀曰悼」、「年中早夭曰悼」。❷襄邑　縣名。治所在今河南睢縣。❸陳留　郡名。治所在今河南開封東南。❹句陽　縣名。治所在今山東菏澤北。

【語　譯】濟陽懷王曹玹，建安十六年封西鄉侯。早逝，沒有兒子。建安二十年，朝廷以沛王曹林之子曹贊承襲曹玹的爵位和封邑，曹贊早逝，沒有子嗣。文帝又把曹贊之弟曹壹過繼給曹玹為後嗣。黃初二年，改封曹壹為濟陽侯。黃初四年，進封爵位為公。太和四年，追封晉升曹玹爵位，謚號為懷公。太和六年，又進號為懷王，追加曹贊謚號為西鄉哀侯。曹壹去世，謚號為悼公。兒子曹恆繼承爵位。景初、正元、景元年間，多次增加封邑，加上以前所封共一千九百戶。

2 陳留恭王曹峻，字子安，建安二十一年封郿侯。建安二十二年，改封在襄邑。黃初二年，進封爵位為公。黃初三年，為陳留王。黃初五年，改封在襄邑縣。太和六年，又封陳留。甘露四年曹峻去世。其子曹澳繼承爵位。景初、正元、景元年間，多次增加封邑，加上以前所封共四千七百戶。

3 范陽閔王曹矩，早逝，沒有子嗣。建安二十二年，以樊安公曹均之子曹敏尊奉曹矩當他的後代，封臨晉侯。黃初三年，追加曹矩的封號謚號為范陽閔公。黃初五年，改封曹敏為范陽王。黃初七年，改封在句陽。太和六年，追封進爵。曹矩封號為范陽閔王，改封曹敏為琅邪王。景初、正元、景元年間，多次增加封邑，加上以前所封共三千四百戶。曹敏去世，謚號為原王。兒子曹焜繼承了爵位。

趙王幹，建安二十年封高平亭侯。二十二年，徙封賴亭侯。其年改封弘農侯。黃初二年，進爵，徙封燕公。三年，為河間王。五年，改封樂城縣❶。七年，徙封鉅鹿❷。太和六年，改封趙王。幹母有寵於太祖。及文帝為嗣❸，幹母有力❹。

文帝臨崩，有遺詔，是以明帝常加恩意。青龍二年，私通賓客，為有司所奏，賜幹璽書誡誨之，曰：「易稱『開國承家，小人勿用❺』，詩著『大車惟塵❻』之誡。自太祖受命創業，深覩治亂之源，鑒存亡之機❼，初封諸侯，訓以恭慎之至言，輔以天下之端士，常稱馬援之遺誡❽，重諸侯賓客交通之禁❾，乃使與犯妖惡同❿。夫豈以此薄骨肉哉？徒⓫欲使子弟無過失之愆⓬，士民無傷害之悔耳。高祖踐阼⓭，祗慎萬機，申著諸侯不朝之令。朕感詩人常棣⓮之作，嘉采菽⓯之義，亦緣⓰詔文曰『若有詔得詣京都』，故命諸王以朝聘之禮。而楚、中山⓱並犯交通之禁，趙宗、戴捷咸伏其辜⓲。近東平王復使屬官毆壽張⓳吏，有司舉奏，朕裁削縣。今⓴有司以曹纂、王喬等因九族時節㉑，集會王家㉒，或非其時，皆違禁防。朕惟㉓王幼少有恭順之素，加受先帝顧命，欲崇恩禮，延乎後嗣，況近在王之身乎？且自非聖人，孰能無過？已詔有司宥王之失。古人有言：『戒慎乎其所不睹，恐懼乎其所弗聞，莫見乎隱，莫顯乎微，故君子慎其獨焉㉔。』叔父茲率㉕先聖之典，以纂乃先帝之遺命，戰戰兢兢，靖恭厥位，稱朕意焉。」景初、正元、景元中，累增邑，并前五千戶。

【章　旨】以上記載了趙王曹幹封公封王的一生，披露了曹魏朝廷對諸王的控制和防範。

【注　釋】❶樂城縣　縣名。治所在今河北獻縣東南。❷鉅鹿　縣名。治所在今河北平鄉西南。❸文帝為嗣　指曹丕被立為太子之事。❹幹母有力　曹幹的母親出了力。❺開國承家二句　為《周易・師卦》的象辭，意為建國立家都不能任用小人。❻大車惟塵　《詩經・無將大車》：「無將大車，惟塵冥冥。」字面意思是不要去推車，揚起的塵土一片昏暗。隱含意思是不要任用小人，以免被他們蒙蔽。❼鑒存亡之機　審查存亡的關鍵。❽馬援之遺誡　馬援，字文淵，扶風茂陵（今陝西興平東北）人，劉秀手下名將。先在新莽朝任漢中太守，王莽敗，避地涼州，依附隗囂。後歸劉秀，屢建戰功。任隴西太守、伏波將軍等。他曾寫信告訴在京城的姪兒，不要亂交朋友。又告誡部下，不要在皇親王室的門下頻繁出入，以免遭到殺身之禍。詳見《後漢書・馬援列傳》。❾重諸侯賓客句　嚴禁諸侯賓客間私下交往。交通，交往。❿與犯妖惡同　與犯妖惡同罪。⓫徒　只是。⓬愆　罪過。⓭高祖踐阼　文帝曹丕登上帝位。明帝時加曹丕廟號高祖，故言。⓮常棣　《詩經・小雅》有〈常棣〉篇，周人為宴請兄弟而作。詩人藉此寓兄弟間應和睦相處，互相幫助。常棣，木名，今稱郁李。⓯采菽　《詩經・小雅》有〈采菽〉篇，讚美古代天子優禮來朝諸侯，刺周幽王「侮慢諸侯」之舉。⓰緣　依據。⓱楚中山　即楚王曹彪、中山王曹袞。⓲伏其辜　伏法處死。⓳壽張　縣名。治所在今山東東平西南，當時為東平王國的都城。⓴今　原作「令」。《三國志集解》云：「何焯校改『令』作『今』。」今據改。㉑九族時節　本家族聚會的日子。㉒王家　指趙王曹幹家。㉓惟　考慮。㉔戒慎乎其所不睹五句　語出《禮記・中庸》，意思是對看不見的東西要有所警惕，對聽不到的東西要有所畏懼，沒有比看不見的東西更清晰可見，沒有比幽微的東西更明顯，所以君子在獨處的時候也要極為謹慎。㉕茲率　更加遵守。

【語　譯】趙王曹幹，建安二十年，封高平亭侯。建安二十二年，改封為賴亭侯。這一年又改封為弘農侯。黃初二年，進升爵位，改封為燕公。黃初三年，為河間王。黃初五年，改封在樂城縣。黃初七年，改封在鉅鹿縣。太和六年，改封為趙王。曹幹的母親受太祖寵愛。文帝成為王位繼承人，曹幹的母親是出了力的。文帝臨死時，留下遺詔，所以明帝對曹幹經常恩寵有加。青龍二年，曹幹私自交結賓客，被有關部門所奏劾，明帝賜曹幹璽書告誡教誨他，璽書上說：「《周易》說『開國承家，小人勿用』，《詩經》也寫著『大車惟塵』的告誡。自從太祖稟受天命開創大業，深刻看到治亂的根源，明察存亡的關鍵，開始分封諸侯的時候，用恭敬謹慎的至理名言對他們加以訓誡，用天下正直的人士輔助他們，常常引用馬援對姪兒和部下的告誡，嚴禁諸侯賓客間私下交往，以至於把這種行為看作與犯妖惡罪一樣。難道是用來使骨肉親情變得淡薄嗎？只不過是想讓曹氏子弟沒有過失之罪，士人和民眾沒有受到傷害的悔恨罷了。高祖登上帝位，恭敬慎重的處理各種國家政務，申明頒布了諸侯不得私自入朝的命令。我有感於詩人〈常棣〉的詩篇，稱美《詩經・采菽》的主旨，也依據詔書所說『如果有詔才得進京』的規定，所以命令諸侯王們行朝覲之禮。而楚王、中山王同時觸犯了不得私自交往的禁令，趙宗、戴捷全都因此伏法被處死。最近東平王又讓屬官毆打壽張縣的屬吏，有關部門舉報此事，我只是裁決削減封縣。如今有關部門認為曹纂、王喬等人借宗室家族聚會的機會，在趙王家聚集，或許不合時宜，都違背了禁令。我考慮趙王自幼素性恭敬孝順，加上接受先帝的遺命，想對您厚加恩寵禮遇，並延及到您的後人，何況現在您本人呢？況且人非聖賢，誰能沒有過錯？我已下詔讓有關部門寬宥您的過失。古人說過：『對看不見的東西要有所警惕，對聽不到的東西要有所畏懼，沒有比看不見的東西更清晰可見，沒有比幽微的東西更明顯，所以君子在獨處的時候要謹慎。』叔父您現在要遵守先聖的法度，以繼承先帝的遺命，戰戰兢兢，恭恭敬敬恪守王位，以符合我的心意。」景初、正元、景元年間，多次增加封邑，加上以前所封共有五千戶。

1 臨邑殤公子上，早薨。太和五年，追封諡。無後。

2 楚王彪，字朱虎。建安二十一年，封壽春侯。黃初二年，進爵，徙封汝陽公。三年，封弋陽王。其年徙封吳王。五年，改封壽春縣❶。七年，徙封白馬❷。太和五年冬，朝京都。六年，改封楚。初，彪來朝，犯禁，青龍❸元年，為有司所奏，詔削縣二，戶千五百。二年，大赦，復所削縣。景初三年，增戶五百，并前三千戶。嘉平元年，兗州刺史令狐愚❹與太尉王淩❺謀迎彪都許昌❻。語在淩傳。乃遣傅❼及侍御史❽就國案驗，收治諸相連及者。廷尉❾請徵彪治罪。於是依漢燕王旦❿故事，使兼廷尉大鴻臚持節賜彪璽書切責之，使自圖⓫焉。彪乃自殺。妃及諸子皆免為庶人，徙平原⓬。彪之官屬以下及監國謁者，坐知情無輔導之義，皆伏誅。國除為淮南郡⓭。正元元年⓮詔曰：「故楚王彪，背國附姦，身死嗣替⓯，雖自取之，猶哀矜焉。夫含垢藏疾⓰，親親之道也，其封彪世子嘉⓱為常山⓲真定王。」景元元年，增邑，并前二千五百戶。

【章旨】以上記述了臨邑殤公子曹上、楚王曹彪的生平，從一個側面披露了曹魏末年的政治鬥爭。

【注釋】❶壽春縣　縣名。治所在今安徽壽縣。❷白馬　縣名。治所在今河南滑縣東。❸青龍　原無此二字。《三國志集解》引錢大昕、錢大昭說認為當有「青龍」二字，今據補。❹兗州刺史令狐愚　兗州，州名。治所在今山東鄄城東北。刺史，州中最高行政長官。令狐愚，字公治，本名浚，曹魏司空王淩外甥。任和戎護軍、兗州刺史。嘉平元年（西元二四九年），與王淩謀廢齊王曹芳，另立楚王曹彪，事未成病死。詳見本書卷二十八〈王淩傳〉及裴松之注引《魏書》。❺太尉王淩　太尉，官名，綜理軍政，與司徒、司空合稱三公。王淩，字彥雲，太原祁縣（今山西祁縣）人，漢司徒王允之姪。與其姪令狐愚謀廢曹芳，事洩，服毒死。詳見本書卷二十八〈王淩傳〉。❻許昌　縣名。治所在今河南許昌東。❼傅　官名。王國屬官，國王師傅，輔導國王行善政。❽侍御史　官名。御史大夫屬官，執掌監察、察舉非法行為。❾廷尉　官名。九卿之一，主管刑獄。❿漢燕王旦　西漢燕王劉旦，漢武帝之子，元狩六年封燕王。坐藏匿亡命被削國三縣。謀廢昭帝，殺霍光，事敗自殺，國除，諡曰剌王。詳見《漢書・燕剌王傳》。⑪自圖　自己想主意，即自殺。⑫平原　郡名。治所在今山東平原南。⑬淮南郡　治所在今安徽壽縣。⑭正元元年　原脫，宋本有，據補。⑮嗣替　繼承人被廢棄。⑯含垢藏疾　比喻容忍他人的過失。⑰嘉　即曹嘉，曹魏亡後入晉，封高邑公，任國子博士、東莞太守等職。詳見本卷裴松之注。⑱常山　郡名。治所在今河北元氏。

【語　譯】臨邑殤公子曹上，早逝。太和五年，追加封爵諡號，沒有後嗣。

2 楚王曹彪，字朱虎，建安二十一年，封為壽春侯。黃初二年，進封爵位，改封汝陽公。黃初三年，封為弋陽王。這一年又改封吳王。黃初五年，改封在壽春縣。黃初七年，改封在白馬縣。太和五年冬，入京都朝覲。太和六年，改封楚。當初，曹彪入京朝覲，違犯禁令，青龍元年，被有關部門上奏彈劾，明帝詔令削減曹彪封地三縣、一千五百戶。青龍二年，大赦，恢復了曹彪被削減的縣。景初三年，增加封邑五百戶，加上以前所封共三千戶。嘉平元年，兗州刺史令狐愚與太尉王淩圖謀迎立曹彪定都許昌。此事記載在〈王淩傳〉。朝廷於是派遣王國師傅及侍御史到曹彪封國核實驗證，逮捕懲治那些與此事有干連的人。廷尉請求召曹彪進京治罪。於是依照西漢燕王劉旦舊例，派兼廷尉、大鴻臚持節賜曹彪璽書嚴厲譴責他，讓他自盡。曹彪於是自殺。曹彪的妃子及諸子全都免為庶人，流放到平原郡。曹彪的官屬以下及監國謁者，因為犯了知情而沒有輔正教導的罪過，都伏法處死。將其國除為淮南郡。正元元年下詔說：「已故楚王曹彪，背叛國家附從奸人，自己喪命繼承人被廢，雖然是咎由自取，還是令人哀憐。容忍他人的過失，是親愛親人的方法，封曹彪世子曹嘉為常山真定王。」景元元年，增加他的封邑，加上以前所封共二千五百戶。

1 剛殤公子勤，早薨。太和五年追封諡。無後。

2 穀城殤公子乘，早薨。太和五年追封諡。無後。

3 郿戴公子整，奉從叔父郎中紹後。建安二十二年，封郿侯。二十三年薨。無子。黃初二年追進爵，諡曰戴公。以彭城王據子範奉整後。三年，封平氏侯。四年，徙封成武❶。太和三年，進爵為公。青龍三年薨。諡曰悼公。無後。四年，詔以範弟東安鄉公闡為鄖公，奉整後。正元、景元中，累增邑，并前千八百戶。

4 靈殤公子京，早薨。太和五年追封諡。無後。

5 樊安公均，奉叔父薊恭公彬後。建安二十二年，封樊侯。二十四年薨。子抗嗣。黃初二年，追進公爵，諡曰安公❷。三年，徙封抗薊公。四年，徙封屯留公。景初元年薨，諡曰定公。子諶嗣。景初、正元、景元中，累增邑，并前千九百戶。

6 廣宗殤公子棘，早薨。太和五年追封諡。無後。

7 東平靈王徽，奉叔父朗陵哀侯玉後。建安二十二年，封歷城侯。黃初二年，進爵為公。三年，為廬江王。四年，徙封壽張王。五年，改封壽張縣。太和六年，改封東平。青龍二年，徽使官屬撾壽張縣吏，為有司所奏。詔削縣一，戶五百。其年復所削縣。正始三年薨。子翕嗣。景初、正元、景元中，累增邑，并前三千四百戶。

8 樂陵王茂，建安二十二年封萬歲亭侯。二十三年，改封平輿侯。黃初三年，進爵，徙封乘氏公。七年，徙封中丘❸。茂性傲佷❹，少無寵於太祖。及文帝世，又獨不王❺。太和元年，徙封聊城公，其年為王。詔曰：「昔象❻之為虐至甚，而大舜猶侯之有庳❼。近漢氏淮南❽、阜陵❾，皆為亂臣逆子，而猶或及身而復國，或至子而錫土。有虞❿建之於上古，漢文、明、章⓫行之乎前代，斯皆敦敘⓬親親之厚義也。聊城公茂少不閑⓭禮教，長不務善道。先帝以為古之立諸侯也，皆命賢者，故姬姓有未必侯者，是以獨不王茂。太皇太后⓮數以為言。如聞⓯茂頃來少知悔昔之非，欲修善將來。君子與其進⓰，不保其往⓱也。今封茂為聊城王，以慰太皇太后下流之念⓲。」六年，改封曲陽王。正始三年，東平靈王薨，茂稱嗌痛⓳，不肯發哀，居處出入自若⓴。有司奏除國土，詔削縣一，戶五百。五年，徙封樂陵㉑，詔以茂租奉少，諸子多，復所削戶，又增戶七百。嘉平、正元、景元中，累增邑，并前五千戶。

【章　旨】以上或詳或簡的記述了剛殤公子曹勤、穀城殤公子曹乘、郿戴公子曹整、靈殤公子曹京、樊安公曹均、廣宗殤公子曹棘、東平靈王曹徽、樂陵王曹茂等人的生平。

【注　釋】❶成武　縣名。治所在今山東成武。❷安公　此二字上原有「樊」字，金陵書局刻本無，據刪。❸中丘　縣名。治所在今河北內丘西。❹傲佷　傲慢兇橫。❺不王　不封王。❻象　傳說為虞舜的異母弟。性傲佷，多次謀殺舜，均未得逞，後被流放。事見《史記·五帝本紀》。❼大舜猶侯之有庳　虞舜仍把他封在有庳。有庳，地名。在今湖南道縣北。❽淮南　即淮南王劉長，漢高祖少子，高帝十一年立為淮南王。文帝即位後，劉長自以為最親，驕奢淫逸，枉法殺人，圖謀造反。事發後被召到長安，廢黜王位，流放途中絕食而死。詳見《漢書・淮南王傳》。❾阜陵　即東漢阜陵王劉延，光武帝劉秀之子。建武十五年封淮陽公，後進爵為王。明帝時因造作圖讖被告發，徙為阜陵王。章帝時因圖謀造反被告發，遭貶爵。詳見《後漢書・阜陵王列傳》。❿有虞　即虞舜，傳說中有虞氏部落長，名重華，接替堯王位，剪除「四凶」，平水土，開山澤，天下大治。事見《史記・五帝本紀》。⓫漢文明章　即西漢文帝、東漢明帝、章帝。漢文帝名劉恆，劉邦之子，高帝十一年立為代王，周勃等平定諸呂之亂後迎立其為帝。在位期間推行與民休息政策，使社會穩定，經濟發展，人口增長，史稱「文景之治」。詳見《史記・孝文本紀》、《漢書・文帝紀》。明帝名劉莊，字子麗，光武帝第四子。在位期間整頓吏治，嚴明法令，儉省徭賦，民生安定，史稱「明章之治」。詳見《後漢書・明帝紀》。章帝名劉炟，明帝第五子。在位期間興儒學，定漢禮，獎勵人口生育，民生安定，生產發展，史稱「明章之治」。詳見《後漢書・章帝紀》。⓬敦敘　同「敦序」。重視親情和睦。⓭不閑　不熟悉。⓮太皇太后　即曹操卞皇后。⓯如聞　聽說。⓰與其進　讚許今天的進步。⓱不保其往　不死死盯住過去。⓲下流之念　對子孫的顧念。⓳嗌痛　咽喉痛。⓴自若　像沒事一樣。㉑樂陵　王國名。治所在今山東樂陵東南。

【語譯】 剛殤公子曹勤，早逝。太和五年追加封爵諡號。沒有後嗣。

2 穀城殤公子曹乘，早逝。太和五年追加封爵諡號。沒有後嗣。

3 郿戴公子曹整，尊奉堂叔父郎中曹紹當他的後代。建安二十二年，封郿侯。建安二十三年去世。沒有子嗣。黃初二年追封進升爵位，諡號為戴公。以彭城王曹據之子曹範過繼為曹整後代。黃初三年，封平氏侯。黃初四年，改封地為成武縣。明帝太和三年，進升爵位為公。青龍三年去世。諡號為悼公。沒有後嗣。青龍四年，下詔以曹範弟弟東安鄉公曹闡為郿公，過繼為曹整後代。正元、景元年間，多次增加封邑，加上以前所封共一千八百戶。

4 靈殤公子曹京，早逝。太和五年追加封爵諡號。沒有後嗣。

5 樊安公曹均，尊奉叔父薊恭公曹彬當他的後代。建安二十二年，封樊侯。建安二十四年去世。兒子曹抗繼承爵位。黃初二年，追封進升公爵，諡號為安公。黃初三年，改封曹抗為薊公。黃初四年，改封為屯留公。景初元年去世，諡號為定公。兒子曹諶繼承爵位。景初、正元、景元年間，多次增加封邑，加上以前所封共一千九百戶。

6 廣宗殤公子曹棘，早逝。太和五年追加封爵謚號。沒有後嗣。

7 東平靈王曹徽，尊奉叔父朗陵哀侯曹玉當他的後代。建安二十二年，封歷城侯。黃初二年，進爵為公。黃初三年，為廬江王。黃初四年，改封壽張王。黃初五年，改封在壽張縣。太和六年，改封在東平郡。青龍二年，曹徽讓手下毆打壽張縣吏，被有關部門奏劾。詔令削減他的封地一個縣，五百戶。這一年又恢復被削減的縣。正始三年曹徽去世。兒子曹翕繼承爵位。景初、正元、景元年間，多次增加封邑，加上以前所封共三千四百戶。

8 樂陵王曹茂，建安二十二年封為萬歲亭侯。建安二十三年，改封平輿侯。黃初三年，進升爵位，改封乘氏公。黃初七年，改封在中丘。曹茂性格傲慢兇橫，從小就不得太祖寵愛。到了文帝的時期，又唯獨他沒有封王。太和元年，改封聊城公，這年又封為王。明帝下詔說：「從前象這個人暴虐到了極點，而大舜仍然封他為有庳侯。近代西漢淮南王、東漢阜陵王，都是亂臣逆子，而他們有的在在世時就被恢復封國，有的到兒子時被賜予土地。在上古時虞舜就創建了這種做法，漢文帝、明帝、章帝又於前代推行，這都是他們重視親情和睦的深情厚意呀。聊城公曹茂自幼不懂禮教，長大後不務正道。先帝認為古代封立諸侯，都任命賢良的人，所以周朝姬姓的皇親也不一定都封侯，因此唯獨曹茂不封為王。太皇太后屢次提及這件事。聽說曹茂近來稍稍知道悔改從前的錯誤，想在日後修身向善。君子讚許一個人的進步，不追究過往的錯誤。現在封曹茂為聊城王，用來安慰太皇太后對子孫的顧念。」太和六年，改封為曲陽王。正始三年，東平靈王曹徽去世，曹茂稱說咽喉痛，不肯發哀痛哭，起居出入若無其事。有關部門上奏削除曹茂封國國土，朝廷下詔削減封地一縣，五百戶。正始五年，改封在樂陵，詔令認為曹茂封地租賦俸祿少，孩子多，恢復被削奪的民戶，又增加七百戶。嘉平、正元、景元年間，多次增加封邑，加上以前所封共五千戶。

文皇帝九男：甄氏皇后❶生明帝❷，李貴人生贊哀王協，潘淑媛生北海悼王蕤，朱淑媛生東武陽懷王鑒，仇昭儀生東海定❸王霖，徐姬生元城哀王禮，蘇姬生邯鄲懷王邕，張姬生清河悼王貢，宋姬生廣平哀王儼。

【章旨】以上總述魏文帝曹丕九個兒子的生母、封號、諡號。

【注釋】❶甄氏皇后　魏文帝曹丕皇后，中山無極（今河北無極）人。明帝曹叡生母。黃初二年（西元二二一年）被賜死。詳見本書卷五〈文昭甄皇后傳〉。❷明帝　即曹叡，字元仲，文帝之子。文帝病重時才立其為太子。即位後大興土木，耽意遊玩，也關心文化，鼓勵學術。詳見本書卷三〈明帝紀〉。❸定　諡號。唐張守節《史記正義》：「大慮靜民曰定」、「純行不爽曰定」、「安民大慮曰定」、「安民法古曰定」。

【語譯】文皇帝九個兒子：甄皇后生明帝曹叡，李貴人生贊哀王曹協，潘淑媛生北海悼王曹蕤，朱淑媛生東武陽懷王曹鑒，仇昭儀生東海定王曹霖，徐姬生元城哀王曹禮，蘇姬生邯鄲懷王曹邕，張姬生清河悼王曹貢，宋姬生廣平哀王曹儼。

1 贊哀王協，早薨。太和五年追封諡曰經殤公。青龍二年，更追改號諡。三年，子殤王尋嗣。景初三年，增戶五百，并前三千戶。正始九年薨。無子。國除。

2 北海悼王蕤，黃初七年，明帝即位，立為陽平縣王。太和六年，改封北海❶。青龍元年薨。二年，以琅邪王子贊奉蕤後，封昌鄉公。景初二年，立為饒安王。

正始七年，徙封文安❷。正元、景元中，累增邑，并前三千五百戶。

3 東武陽懷王鑒，黃初六年立。其年薨。青龍三年賜諡。無子。國除。

4 東海定王霖，黃初三年立為河東王。六年，改封館陶縣❸。明帝即位，以先帝遺意，愛寵霖異於諸國。而霖性麤暴，閨❹門之內，婢妾之間，多所殘害。太和六年，改封東海❺。嘉平元年薨。子啟嗣。景初、正元、景元中，累增邑，并前六千二百戶。高貴鄉公髦❻，霖之子也，入繼大宗。

5 元城哀王禮，黃初二年封秦公，以京兆郡❼為國。三年，改為京兆王。六年，改封元城王。太和三年薨。五年，以任城王楷❽子悌嗣禮後。六年，改封梁王。景初、正元、景元中，累增邑，并前四千五百戶。

6 邯鄲懷王邕，黃初二年封淮南公，以九江郡❾為國。三年，進為淮南王。四年，改封陳❿。六年，改封邯鄲⓫。太和三年薨。五年，以任城王楷子溫嗣邕後。六年，改封魯陽⓬。景初、正元、景元中，累增邑，并前四千四百戶。

7 清河悼王貢，黃初三年封。四年薨。無子。國除。

8 廣平哀王儼，黃初三年封。四年薨。無子。國除。

【章　旨】以上記載了贊王曹協、北海王曹蕤、東武陽王曹鑒、東海王曹霖、元城王曹禮、邯鄲王曹邕、清河王曹貢、廣平王曹儼的生平。

【注　釋】❶北海　郡國名。治所在今山東濰坊西南。❷文安　縣名。治所在今河北文安東北。❸館陶縣　縣名。治所在今河北館陶。❹闔　原作「闓」，今從宋本。❺東海　郡名。治所在今山東郯城西北。❻高貴鄉公髦　即曹髦，字彥士，曹丕之孫，正始五年封高貴鄉公。齊王曹芳被廢後立為皇帝。後被司馬昭派人殺害。詳見本書卷四〈高貴鄉公紀〉。❼京兆郡　郡名。治所在今陝西西安西北。❽任城王楷　即曹楷，任城王曹彰之子。繼承曹彰任城王爵位。青龍三年，因派屬官到中尚方私自製作禁物被削奪戶邑。詳見本書卷十九任城威王附傳。❾九江郡　治所在今安徽壽縣。❿陳　郡國名。治所在今河南淮陽。⓫邯鄲　縣名。治所在今河北邯鄲。⓬魯陽　縣名。治所在今河南魯山縣。

【語　譯】贊哀王曹協，早逝。太和五年追贈封爵諡號為經殤公。青龍二年，又追改諡號。青龍三年，兒子殤王曹尋繼承爵位。景初三年，增加封戶五百，加上以前所封共三千戶。正始九年曹尋去世。沒有子嗣，封國廢除。

2　北海悼王曹蕤，黃初七年，明帝即位，立為陽平縣王。太和六年，改封北海王。青龍元年去世。青龍二年，以琅邪王之子曹贊尊奉曹蕤當他的後代，封昌鄉公。景初二年，立為饒安王。正始七年，改封在文安。正元、景元年間，多次增加封邑，加上以前所封共三千五百戶。

3　東武陽懷王曹鑒，黃初六年冊立。當年過世。青龍三年賜諡號。沒有子嗣，封國廢除。

4　東海定王曹霖，黃初三年冊立為河東王。黃初六年，改封在館陶縣。明帝即位，因為先帝的遺願，所以對曹霖的寵愛與其他諸王不同。然而曹霖性情粗暴，在家庭內，對待侍婢妻妾，多所殘害。太和六年，改封在東海郡。嘉平元年去世。兒子曹啟繼承了爵位。景初、正元、景元年間，多次增加封邑，加上以前所封共六千二百戶。高貴鄉公曹髦，是曹霖的兒子，入宮成為皇位繼承人。

5　元城哀王曹禮，黃初二年封為秦公，以京兆郡作為封國。黃初三年，改封為京兆王。黃初六年，改封元城王。太和三年去世。太和五年，以任城王曹楷之子曹悌繼承曹禮後代。太和六年，改封曹悌為梁王。景初、正元、景元年間，屢次增加封邑，加上以前所封共四千五百戶。

6 邯鄲懷王曹邕，黃初二年封為淮南公，以九江郡作為他的封國。黃初三年，進升爵位為淮南王。黃初四年，改封在陳郡。黃初六年，改封在邯鄲縣。太和三年曹邕去世。太和五年，以任城王曹楷之子曹溫過繼給曹邕當後代。太和六年，改封在魯陽縣。景初、正元、景元年間，多次增加曹溫的封邑，加上以前所封共四千四百戶。

7 清河悼王曹貢，黃初三年封王。黃初四年去世。沒有子嗣，封國廢除。

8 廣平哀王曹儼，黃初三年封王。黃初四年去世。沒有子嗣，封國廢除。

評曰：魏氏王公，既徒有國土之名，而無社稷❶之實，又禁防壅隔❷，同於囹圄❸；位號靡定❹，大小歲易❺；骨肉之恩乖❻，常棣之義廢。為法之弊，一至于此乎！

【章旨】以上為陳壽對曹魏宗室王公之間關係的評論，論述了對諸王政策的弊端。

【注釋】❶社稷　土神、穀神。此指王國政權。❷禁防壅隔　用禁令防備阻隔。❸囹圄　監獄。❹靡定　不固定。❺歲易　一年之內改變。❻乖　背離。

【語譯】評論說：曹魏的王公們，空有封國土地之名，卻沒有實際的政權，又受到禁令的防備，如同被關進監獄一樣；他們的爵位封號沒有固定，封國的大小一年內就有所改易；骨肉之情乖違背離，〈常棣〉詩中的兄弟和睦情義被廢棄。制定法度的流弊，竟然到了這種地步！

【研析】曹操的兒子中山恭王曹袞臨死前飭令官屬說：「吾寡德忝寵，大命將盡。吾既好儉，而聖朝著終誥之制，為天下法。吾氣絕之日，自殯及葬，務奉詔書。」曹袞遺令的意思是，死後薄葬的意願，既是自己的天性，也是國家制度的要求。這就披露了作為「天下法」的「終詔之制」內容就是喪葬從儉。所謂「終詔之制」，是魏文帝曹丕對自己後事的安排。他於臨死前自作終制曰：「禮，國君即位為椑，存不忘亡也。……壽陵因山為體，無為封樹，無立寢殿，造園邑，通神道。夫葬也者，藏也，欲人之不得見也。……禮不墓祭，欲存亡之不黷也，……皇后及貴人以下，不隨王之國者，有終沒皆葬澗西，前又以表其處矣。」其實，當時薄葬之風的先導者，當首推魏武帝曹操。早在建安十年（西元二〇五年），他就下達了禁止厚葬的命令。建安二十二年，曹操為自己選定葬所時又下令說：「古之葬者，必居瘠薄之地。其規西門豹祠西原上為壽陵，因高為基，不封不樹。」《晉書・禮志》也記載說，曹操規定的為自己送終之制，在什麼季節死去，就用什麼季節的衣服陪葬，不准用金鉺珠玉銅鐵之物陪葬。曹丕的終制正是遵循了曹操所規定的制度。曹操、曹丕的率行薄葬，對皇親國戚的喪葬具有很大的約束作用。曹丕的弟弟曹植，死前也有薄葬遺囑。曹丕妻子郭后的外甥孟武欲厚葬其母，郭后知道後馬上進行制止，要求他遵從曹操規定的制度。後來郭后死於許昌，也以曹丕終制營陵薄葬。不但皇親國戚如此，朝廷官員中實行薄葬的人也不少。司馬朗死前，「遺命布衣幅巾，殮以時服」。賈逵病危，對左右說：「喪事一不得有所修作。」徐晃病篤，「遺令薄葬」。徐宣死，「遺令布衣疏巾，殮以時服」。沐並六十歲時，自慮性命無常，預作終制，誡其子以儉葬。裴潛死，「遺令薄葬，墓中惟置一坐，瓦器數枚，其餘一無所設」。韓暨臨終遺言說：「歷見前代送終過制，失之甚矣。若爾曹敬聽吾言，殮以時服，葬以土藏，穿畢便葬，送以瓦器，慎勿有增益。」王觀死於家，「遺令藏足容棺，不設明器，不封不樹」。高堂隆死，「遺令薄葬，殮以時服」。以上事例，可見曹魏時薄葬之風。

曹魏時期的薄葬之風，首先與當時社會政治環境有關。從東漢末黃巾之起到曹操統一，北方地區經歷了長期的社會動亂，動盪不安的社會政治環境，長期的戎馬倥傯的征戰生涯，使曹魏統治者既不可能精心營造墓穴，也更要考慮死後陵墓安全問題。葬厚墳高，發掘必速，這是魏晉以前不斷發生的歷史事實。正是這種事實的教訓，使統治者主張在葬事上除厚務薄。

經濟發展的狀況是影響曹魏時期葬風的又一個因素。東漢末年的社會大動亂，造成土地荒蕪，生產凋敝。南朝梁任昉《述異記》中描寫東漢末年北方經濟凋敝的情景說：「袁紹在冀州時，滿市黃金而無斗粟，餓者相食，人為之語曰：『虎豹之口，不如飢人。』」「漢末大饑，江淮間童謠云：『太嶽如市，人死如林，持金易粟，貴於黃金。』」「洛中童謠曰：『雖有千黃金，無如我斗粟。斗粟自可飽，千金何所直。』」曹魏政權正是在這種社會經濟背景下建立起來的。在這種情況下，厚葬既為社會經濟水準所限制，也會使本來惡化的經濟雪上加霜，導致社會的進一步動盪不安。作為政治家的曹操，自然要努力避免這種情況的發生。史書上所說「魏武帝以天下凋敝，下令不得厚葬」，正說明經濟對曹魏喪葬的影響。

孝的觀念是曹魏薄葬之風的道德約束。魏文帝曹丕在薄葬終制最後說：「若違今詔，妄有所變改造施，吾為戮尸地下，戮而重戮，死而重死。臣子為蔑死君父，不忠不孝，使死者有知，將不福汝。」可見尊父命行薄葬，在當時被認為是孝的表現之一。（梁滿倉注譯）

◎新譯公羊傳

雪克／注譯　周鳳五／校閱

《公羊傳》是一部為解釋《春秋》大義而作的儒家重要典籍，它所強調的始元、大一統、尊王行法、撥亂反正等觀念，對戰國以來的思想文化，特別是西漢的政治社會產生深遠影響。本書專為讀者理解《公羊傳》而作，其中「原文」採清阮元校勘《十三經注疏》中之《公羊傳疏》為底本，「說明」是每年傳義的分條概述，「注釋」主要就史事、制度、名物等詞語作簡要的注解，「語譯」則以直譯的方式為主，意譯為輔。綜上四部分，相輔相成，讓讀者掌握傳文的各層意涵。

◎新譯穀梁傳

顧寶田／注譯　葉國良／校閱

在《春秋》三傳中，《穀梁傳》雖不如《左傳》、《公羊傳》影響之大，但唐代列為九經之一，宋代列為十三經之一，可見亦是儒家經典中頗具權威的一部，對中國古代思想文化有相當重要的影響。本書之注譯力求準確、簡明、通俗，不旁徵博引、羅列眾說，極適合一般讀者研讀。

◎新譯明夷待訪錄

李廣柏／注譯　李振興／校閱

《明夷待訪錄》是明末學者黃宗義以經術為根柢，研究歷代治亂之故和明朝亡國教訓之後的結論，書中提出了一部治國大綱，包括政治、經濟、法律、軍事、教育、文化等等各方面的規劃與建議，還有關於政治上最高原理的闡發。而書中激烈的反專制思想和超前的民主意識，對近代中國民主思想之啟蒙有著莫大貢獻。

◎新譯新書讀本

饒東原／注譯　黃沛榮／校閱

《新書》乃是集西漢學者賈誼學說大成的著作，其觀點新穎、內容鴻博，所述皆切中時弊。賈誼文章議論風發，氣勢縱橫，歷來膾炙人口。然其文章風格高古，一般讀者難於閱讀，本書注釋詳盡，語譯淺近通俗，書首寫有導讀，篇有篇旨，段有段意，凡具中等文化程度之讀者，均可讀懂。另外，本書還附錄了賈誼現存的賦五篇及〈陳政事疏〉等奏疏，幫助讀者了解賈誼著作與思想之全貌。

◎新譯新語讀本

王毅／注譯　黃俊郎／校閱

《新語》乃漢初學者陸賈於天下初定，為總結歷史教訓，鞏固漢朝政權，應劉邦之命所撰寫的著作。書中闡述「秦所以失天下，漢所以得之者何，及古今成敗之故」，提出了各種進步的思想，融會貫通，博采眾家之長，開啟漢代文化思想發展的道路。而其語言精煉優美，講究對稱和韻律，也是漢代文章之典範。此書歷來流傳、翻刻訛誤之處甚多，本書以明刊李廷梧本為據，參酌各家版本加以校正，並詳為導讀和注譯解析，以為現代讀者研讀之用。

◎新譯潛夫論

彭丙成／注譯　陳滿銘／校閱

《潛夫論》為東漢思想家王符以儒家仁政愛民思想為主而兼採各家，總結上古至兩漢之歷史經驗教訓，對東漢後期之各種「衰世之務」進行廣泛而深入之批評與檢討。本書各篇仍依王符舊次，重新分章標點，務使眉目清晰。書前「導讀」頗能反映大陸近年研究王符之成果，注釋力求簡明，譯文則務在通俗，俾使讀者一目了然。